V&R unipress

V&R unipress

Nicole Schulte-Kulkmann

Rechtszusammenarbeit mit der Volksrepublik China

Deutsche und amerikanische Initiativen im Vergleich

V&R unipress

FSC

Mixed Sources

Product group from well-managed forests and other controlled sources

Cert no. GFA-COC-1229
www.fsc.org
© 1996 Forest Stewardship Council

„Dieses Hardcover wurde auf FSC-zertifiziertem Papier gedruckt. FSC (Forest Stewardship Council) ist eine nichtstaatliche, gemeinnützige Organisation, die sich für eine ökologische und sozialverantwortliche Nutzung der Wälder unserer Erde einsetzt."

Bibliografische Information Der Deutschen Bibliothek

Die Deutsche Bibliothek verzeichnet diese Publikation in der Deutschen Nationalbibliografie; detaillierte bibliografische Daten sind im Internet über <http://dnb.ddb.de> abrufbar.

ISBN 3-89971-228-5

Gedruckt auf alterungsbeständigem Papier.

Inhalt

Abkürzungen[1]

ABA	American Bar Association
ACLA	All China Lawyers Association *zhongguo quanguo lüshi xiehui*
AF	Asia Foundation
ALRG	Administrative Law Research Group *quanguo renda changweihui fazhi gongzuo weiyuanhui xingzhenglifa yanjiuzu*
BCLC	Business and Comparative Law Center
BMJ	Bundesministerium der Justiz
BMZ	Bundesministerium für wirtschaftliche Zusammenarbeit und Entwicklung
CANGO	China Association for NGO Cooperation *zhongguo guoji minjian zuzhi hezuo cujinhui*
CASS	Chinese Academy of Social Sciences *zhongguo shehui kexueyuan*
CDHK	Chinesisch-Deutsches Hochschulkolleg
CDIR	Chinesisch-Deutsches Institut für Rechtswissenschaft *zhongde faxueyuan*
CECC	Congressional-Executive Commission on China

1 Hinweis: Wo sich englische Bezeichnungen bzw. Abkürzungen für chinesische Institutionen auf der Grundlage englischer Bezeichnungen fest eingebürgert haben, wurden diese auch in der vorliegenden Studie übernommen. In allen anderen Fällen werden die chinesischen Institutionen zunächst mit ihrer chinesischen und deutschen Bezeichnung angegeben; dann wird auf Grundlage der deutschen Bezeichnung eine Abkürzung gewählt.

CEGP	China Environmental Governance Project
CLC	China Law Centre
CLEEC	U.S.-China Committee for Legal Education Exchange
CUPR	Chinesische Universität für Politik und Recht *zhongguo zhengfa daxue*
DAAD	Deutscher Akademischer Austauschdienst
DCIR	Deutsch-Chinesisches Institut für Rechtswissenschaft der Universitäten Göttingen und Nanjing
DCMRD	Deutsch-Chinesischer Menschenrechtsdialog (der FES)
DoL	Department of Labour
DRL	Bureau of Democracy, Rights, and Labour
EZ	Entwicklungszusammenarbeit
FES	Friedrich-Ebert-Stiftung
FF	Ford Foundation
GTZ	Deutsche Gesellschaft für Technische Zusammenarbeit
HBS	Heinrich-Böll-Stiftung
HRDF	Human Rights and Democracy Fund
IECG	International Experts Consulting Group
IPR	Intellectual Property Rights
IRI	International Republican Institute
KAS	Konrad-Adenauer-Stiftung
KPC	Kommunistische Partei Chinas *zhongguo gongchandang*

MFN	Most Favoured Nation
MOFCOM	Ministry of Commerce *zhonghua renmin gongheguo shangwubu*
MoLSS	Ministry of Labour and Social Security *zhonghua renmin gongheguo laodong he shehuibaozhangbu*
MPI	Max-Planck-Institut
NCUSCR	National Committee on United States-China Relations
NED	National Endowment for Democracy
NRA	Nationale Richterakademie *guojia faguan xueyuan*
NRO	Nichtregierungsorganisation
NVA	Nationale Verwaltungsakademie *guojia xingzheng xueyuan*
NVK	Nationaler Volkskongress *quanguo renmin daibiao dahui*
NVK FiWi	NVK Fachausschuss für Finanzen und Wirtschaft *quanguo renmin daibiao dahui caizheng he jingji weiyuanhui*
OVG	Oberstes Volksgericht *zui gao renmin fayuan*
PIL	Public Interest Lawyer / Public Interest Lawyering
PLRC	Procedural Law Research Center (der CUPR) *zhongguo zhengfa daxue susongfa yanjiu zhongxin*
PNTR	Permanent Normal Trade Relations

SA	Ständiger Ausschuss (des NVK) *quanguo renda changweihui*
SCUEL	South Central University of Economics and Law (Wuhan) *zhongnan jingji zhengzhi daxue*
SR	Staatsrat *guowuyuan*
UNDP	United Nations Development Program
USAID	United States Agency for International Development
USCBC	United States-China Business Council
USCLCF	U.S.-China Legal Cooperation Fund
VRC	Volksrepublik China

Vorwort[2]

Der Autor Rolf Stober beklagt in einer Veröffentlichung über deutsch-chinesische Rechtszusammenarbeit aus dem Jahr 2002 die Schwierigkeit, »umfassende und präzise Informationen über die einzelnen Initiativen und ihre Bedeutung« zu erhalten.[3] Auch drei Jahre später kann dieser Befund noch aufrechterhalten werden. Obwohl es seit 1999 einen »Deutsch-Chinesischen Rechtsstaatsdialog« gibt und die deutsche Gesellschaft für Technische Zusammenarbeit (GTZ) bereits seit 1994 unter Aufwendung beträchtlicher (Steuer-)Gelder ein groß angelegtes Rechtsberatungsprogramm durchführt, ist dieser Bereich der deutsch-chinesischen Zusammenarbeit bisher weder empirisch aufgearbeitet noch einer wissenschaftlichen Analyse zugeführt worden. Dies führt zu einer weitgehenden Unklarheit über die in diesem Bereich angesiedelten Programme, ihre Aktivitäten und Zielsetzungen – nicht nur in der breiten Öffentlichkeit und in akademischen Kreisen, sondern häufig auch unter den einzelnen in der deutsch-chinesischen Rechtszusammenarbeit engagierten Akteuren.

Verschärfen lässt sich diese Aussage noch hinsichtlich der Rechtsberatung, die seitens der USA als einem weiteren wichtigen Geber gegenüber der Volksrepublik China (VRC) angeboten wird. Zwar ist fast jeder, der an der deutsch-chinesischen Rechtszusammenarbeit beteiligt ist, »den Amerikanern« bei seiner Tätigkeit schon einmal begegnet, weiß, dass diese »viel Geld« in diesen Bereich investieren und ihr Rechtssystem mit »missionarischem Eifer« anpreisen. Vor welchem politischen Hintergrund die amerikanisch-chinesische Rechtszusammenarbeit anzusiedeln ist, welche Akteure beteiligt sind und welche Ziele verfolgt werden, darüber besteht jedoch keine Klarheit. So stand am Anfang der Vorbereitungen zu der vorliegenden Studie zunächst die Neugier der Verfasserin, mehr über diese weitgehend im Dunkeln liegenden Aktivitäten, mit denen zwei für die VRC politisch und auch wirtschaftlich bedeutende Staaten versuchen, den chinesischen Rechtsreformprozess zu unterstützen, zu erfahren.

---

2 Weitere Informationen zur deutsch-chinesischen und amerikanisch-chinesischen Rechtszusammenarbeit sowie eine Linkliste mit Einträgen zu allen in dieser Studie genannten deutschen und amerikanischen Organisationen sind abrufbar unter http://www.translecs.com. Diese Seite ist Teil des Forschungsportals http://www.chinapolitik.de

3 Stober 2002: 550.

Aber auch in akademischer Hinsicht erschien der Gegenstand schon bald sehr reizvoll. Vor dem Hintergrund der Erkenntnis, dass »[t]here is no free lunch in this world«[4] stellt sich aus politikwissenschaftlicher Sicht die zentrale Frage nach den *Interessen*, welchen die mit hohem personellen und finanziellen Aufwand betriebene Unterstützung des Rechtsreformprozesses in der VRC durch deutsche und amerikanische Rechtsberatung dienen soll. Da bei der Rechtszusammenarbeit weiterhin offensichtlich die Übertragung deutschen bzw. amerikanischen Rechts eine wichtige Rolle spielt, erweiterte sich der Fokus der Analyse auch um rechtswissenschaftliche Überlegungen zum Phänomen der Migration von Rechtsnormen.

Mit der Untersuchung der deutsch-chinesischen bzw. der amerikanisch-chinesischen Rechtszusammenarbeit wurde, wie erwähnt, weitgehend Neuland betreten, sodass sich die vorliegende Studie nicht auf umfängliche Sekundärliteratur stützen konnte. Dem entsprechend stellen Interviews mit amerikanischen, deutschen und chinesischen Beteiligten und Ergebnisse der Feldforschung eine wichtige Informationsquelle dar. So erhielt die Verfasserin die Möglichkeit, im Sommer 2002 für drei Monate im GTZ-Büro Beijing im Bereich »Monitoring and Evaluation« zu arbeiten und dabei wichtige Einblicke in die Arbeit der GTZ vor Ort zu gewinnen. Darüber hinaus ergab sich während dieser Zeit auch die Gelegenheit, zahlreiche Interviews mit Vertretern deutscher und amerikanischer Organisationen, die Rechtsberatungsmaßnahmen anbieten, zu führen und mit chinesischen Rechtswissenschaftlern, die an derartigen Maßnahmen teilgenommen hatten, in Kontakt zu kommen. Im Februar 2004 konnte darüber hinaus eine Interviewreise in die USA, nach Washington, D.C., unternommen werden, während derer erneut Mitarbeiter amerikanischer im Bereich der Rechtszusammenarbeit mit der VRC tätiger Organisationen sowie Mitarbeiter amerikanischer Regierungsstellen befragt wurden. Schließlich standen in Deutschland Mitarbeiter oberster Bundesbehörden, der GTZ, sowie zahlreiche Rechtswissenschaftler für Gespräche zur Verfügung. Die Einschätzungen aller dieser Personen waren wesentlich für das Verständnis des Gegenstandes. Da die befragten Individuen jedoch nachdrücklich darum ersuchten, nicht namentlich genannt und mit den Organisationen, bei denen sie beschäftigt sind, in Verbindung gebracht zu werden, können die Interviews in der vorliegenden Studie nur weitgehend anonymisiert wiedergegeben werden.

Eine weitere wichtige Informationsquelle stellte schließlich das Internet dar, dem Dokumente, Tätigkeitsberichte der einzelnen Organisationen, Projektbeschreibungen etc. entnommen werden konnten. Die ganz überwiegende Mehrzahl der verwendeten Internetinhalte ist auch gegenwärtig noch zugänglich und kann über die jeweils angegebenen URL abgerufen werden.

---

4 Aussage eines chinesischen Ministerialbeamten; zitiert in Woodman 2004: 36.

Die Aufbereitung aller Informationen zur deutsch-chinesischen und zur amerikanisch-chinesischen Rechtszusammenarbeit soll schließlich neben der wissenschaftlichen Aufarbeitung Licht auf einen weitgehend unbekannten Bereich der deutsch-chinesischen und amerikanisch-chinesischen Beziehungen werfen. Wenn es auf dieser Grundlage den deutschen wie auch den amerikanischen Akteuren möglich wird, die Aktivitäten der jeweils anderen Seite besser kennen zu lernen und gegebenenfalls Lehren aus den unterschiedlichen Vorgehensweisen zu ziehen, dann hat die vorliegende Studie ihr Ziel erreicht.

Nicht zuletzt ist an dieser Stelle auch denjenigen Personen, von deren fachlicher und persönlicher Unterstützung die Studie sehr profitiert hat, zu danken. Neben den zahlreichen Personen, die ihre Zeit und ihr Wissen während der Interviews in Beijing, Washington, D.C. sowie in Deutschland zur Verfügung stellten, sind dies Herr Prof. Dr. Sebastian Heilmann und Herr PD Dr. Jörn-Carsten Gottwald. Die Landesgraduiertenförderung Rheinland-Pfalz sowie die DFG haben die Arbeit an der vorliegenden Studie finanziell unterstützt.

Kapitel I. Thematik und Forschungsüberblick

1. Einführung in die Thematik

Das 3. Plenum des 11. Zentralkomitees der Kommunistischen Partei Chinas (KPC) im Dezember 1978 stellte nicht nur den Auftakt für die Einleitung umfassender wirtschaftlicher Reformen und die außenwirtschaftliche Öffnung der VRC dar. Hand in Hand mit den wirtschaftlichen Reformen sollten auch Reformen im Bereich des Rechtswesens vorgenommen werden. Ziel der reformorientierten KPC-Kräfte um Deng Xiaoping war die Errichtung eines »sozialistischen Rechtswesens«. So stellt das Kommuniqué des 3. Plenums des 11. ZK der KPC fest: »Wir benötigen ein umfassendes und vollständiges Gesetzeswerk von allerhöchster Autorität, welches strikt, zuverlässig und ohne Ausnahmen angewendet wird.«[5]

Die Reformen im Rechtswesen und im wirtschaftlichen Bereich sollten jedoch nicht als zwei gleichberechtigte Ziele nebeneinander stehen, sondern wurden von den Reformern um Deng Xiaoping in einer hierarchischen Beziehung zueinander gesehen: Die wirtschaftlichen Reformen waren der Schrittmacher der Rechtsreformen, während sich die Gestalt der letzteren an den Bedürfnissen der sich modernisierenden Wirtschaft und der außenwirtschaftlichen Öffnung ausrichten sollte. Der Reformprozess orientierte sich also an dem Grundsatz »form follows function«, wobei als »Funktion« die angestrebte wirtschaftliche Modernisierung und Integration in den Weltmarkt angesehen werden kann, während sich die »Form« auf die nach westlichem Vorbild erlassene (Wirtschafts-) Gesetzgebung bezieht.[6]

Hintergrund dieser Neukonzeptionisierung des Rechts als Mittel zur Unterstützung der Wirtschaftsreformen waren vor allem folgende Überlegungen.

Zum einen wollte sich die neue KPC-Führung um Deng Xiaoping von der Willkür der Kulturrevolution der Jahre 1966 bis 1976 dadurch absetzen, dass sie eine Durchsetzung ihrer Direktiven gegenüber der Bevölkerung durch Gesetze und nicht länger durch ausgedehnte Kampagnen anstrebte.[7] Weiterhin sollten verbindliche Gesetze helfen, die Umsetzung der zentralen Parteivorgaben auch auf den unteren Verwaltungsebenen des Staates zu verbessern, da davon ausgegangen wurde, dass Gesetze den lokalen Kadern weniger

5 *Renmin Ribao*, 22.12.1978; übersetzt nach Shen 2000: 39, FN 1.

6 Vgl. Tetzlaff 1999: 44.

7 Lubman 1999: 124; Shen 2000: 25.

Ermessensspielraum bei der Interpretation der politischen Linie ließen.[8] Die Rechtsreformen zielten damit auch auf eine Eindämmung der Fragmentierung der zentralstaatlichen Autorität.[9] Weiterhin wurde das Recht als ein wirksames Mittel angesehen, die öffentliche Ordnung aufrecht zu erhalten und Angriffe auf das Herrschaftsmonopol der KPC – z. B. durch die Forderung nach Demokratie und Rechtsstaatlichkeit im Sinne einer Begrenzung und Unterwerfung der Macht der KPC unter das Gesetz, wie sie von Dissidenten wie Wei Jingsheng erhoben wurden – abzuwehren.[10] Auf diese Weise sollte gesellschaftliche Stabilität als Grundvoraussetzung für wirtschaftliche Reform und Entwicklung gewährleistet werden.[11] Schließlich bedurften die vielfältigen neuen Aktionsformen, die sich mit der außenwirtschaftlichen Öffnung ergaben, der gesetzlichen Fixierung und Ausgestaltung. Es galt, die Rechte und Pflichten aus- bzw. inländischer wirtschaftlicher Akteure untereinander zu definieren und ihnen im Streitfall zur Durchsetzung zu verhelfen wie auch einen Schutz vor staatlicher Willkür zu etablieren. Dieses Bedürfnis der sich entwickelnden Wirtschaft nach regelbasiertem staatlichem Handeln musste insbesondere auch mit Blick auf die dringend benötigten ausländischen Direktinvestitionen und in jüngerer Zeit vor allem im Zusammenhang mit den Verpflichtungen, die sich für die VRC aus dem WTO-Beitritt Ende des Jahres 2001 ergeben, erfüllt werden,[12] da eine unklare Rechtslage und unzureichende Möglichkeiten, die eigenen Rechte durchzusetzen, von ausländischen Investoren als bedeutende Hemmschwelle für ein Engagement in der VRC angesehen wurden und immer noch werden.[13]

Dem Bedarf an Reformen im Rechtswesen kann die VRC heute bereits einige Fortschritte sowohl im Hinblick auf die Gesetzeslage wie auch auf die personelle Ausstattung entgegenhalten. So wurde in der Zeit von 1978 bis heute eine Vielzahl an Gesetzen und Entscheidungen des Nationalen Volkskongresses (*quanguo renmin daibiao dahui* – NVK) sowie zahlreiche Verordnungen der Zentralregierung verabschiedet, die sich in ihrer Mehrzahl auf

---

8 Shen 2000: 25.

9 Im Zuge der Wirtschaftsreformen hatten zum Beispiel auch die lokalen Gebietskörperschaften Möglichkeiten erhalten, unternehmerisch tätig zu werden und so eigene Ressourcen zu generieren. Dies führte zur Entwicklung von Eigeninteressen, die die lokalen Gebietskörperschaften häufig auch gegen die Vorgaben der Zentralregierung in Beijing durchzusetzen versuchten und so die Umsetzung einer einheitlichen Politik gefährdeten (siehe Lubman 1999: 102–118; Heilmann 2002b: 102–104).

10 Shih 1993: 39.

11 Lo 1995: 10; Shen 2000: 25.

12 Wang Shenguang 1997: 12.

13 Vgl. Julius 2002: 39–41.

wirtschaftsrechtliche Fragen beziehen.[14] Auch die Ausbildung dringend benötigten juristischen Personals wurde stetig ausgebaut. So gab es im Jahr 1980 – kurz nach Einleitung der Rechtsreformen – insgesamt nur 3000 Rechtsanwälte in der VRC.[15] Diese Zahl hat sich bis zur Gegenwart auf ca. 110.000 Anwälte erhöht, die in 9000 Anwaltskanzleien arbeiten.[16] Auch die Qualifizierung des juristischen Personals wurde stetig verbessert. Bereits seit 1986 gab es eine staatliche Zulassungsprüfung jedenfalls zum Anwaltsberuf, die halbjährlich stattfand.[17] Seit dem 1.1.2002 sind darüber hinaus das neue Anwalts- und Richtergesetz in Kraft, welche vorsehen, dass Anwälte, Staatsanwälte und Richter nur dann zugelassen werden, wenn sie erfolgreich eine einheitliche Staatsprüfung absolviert haben.[18] Dieses »Staatsexamen« fand erstmals vom 30. bis 31. März 2002 statt.[19]

Die Rechtsreformen in der VRC seit dem Ende der 1970er Jahre sind gleichwohl kein autochthoner Prozess. Vielmehr orientierte sich die VRC bei der Rechtsreform vielfach an ausländischen (westlichen) Rechtsordnungen als Vorbildern.[20] Auch hatten westliche Staaten sowohl durch Maßnahmen der Rechtsberatung im Rahmen der zwischenstaatlichen Technischen Zusammenarbeit (TZ) wie auch im Rahmen der nicht-staatlichen Rechtszusammenarbeit (z. B. durch politische Stiftungen, Nichtregierungsorganisationen (NRO), akademische Einrichtungen) die Möglichkeit, einen direkten Einfluss auf die Gestaltung der innerstaatlichen chinesischen Rechtsordnung zu nehmen. Durch derartige Rechtsberatungsmaßnahmen kam und kommt es damit zu einer »Migration«[21] oder Transplantation bzw. Rezeption von Rechtsnormen und Konzepten.[22] Die Rechtsreformen in der VRC sind somit ein Beispiel dafür, dass im Zuge der Globalisierung und mit zunehmender Integration eines Staates vor allem in das internationale wirtschaftliche System auch dessen innere Institutionen – zu denen das Rechtssystem als solches wie auch konkrete Rechtsnormen und Konzepte zählen – in immer höherem Maße

14 Heilmann 2002b: 126–127.

15 Peerenboom 1998: 17, FN 67.

16 »China to Allow Lawyers More Autonomy«; in: *China Top News*, 26.12.2002

17 Gelatt 1991: 9.

18 »Laws Effective as Year Begins«; in: *South China Morning Post (SCMP)*, 02.01.2002

19 »Judicial Candidates Hit the Books for Exam«; in: *SCMP*, 08.02.2002

20 Julius 2002: 1.

21 Der Terminus »Migration« von Rechtsnormen stammt von Schauer 2000.

22 Die Begriffe »Migration«, »Transplantation« und »Rezeption« bezeichnen jeweils das Phänomen, dass einzelne konkrete Rechtsnormen und/oder abstrakte, umfassende Rechtskonzepte – »Rechtsideen« –, die einer bestimmten Rechtsordnung entstammen, von einer anderen Rechtsordnung in mehr oder weniger modifizierter Form übernommen werden und lassen sich daher synonym verwenden.

unter den Einfluss weltweit dominierender Standards und allgemein gültiger »Spielregeln« gelangen. Diese Anpassungsleistung seitens der VRC bezieht sich bisher jedoch in der Hauptsache nur auf Normen des formellen (das heißt des Verfahrens-) und des materiellen Rechts; die Übernahme eines umfassenden Rechtskonzeptes wie der Rechtsstaatlichkeit aus westlichen Kontexten, welches in letzter Konsequenz eine Unterordnung der Macht von Staat und KPC unter das Recht verlangte, ist trotz einer im März 1999 vorgenommenen Änderung der chinesischen Verfassung, die nun in Art.5 die Schaffung eines »sozialistischen Rechtsstaates« vorsieht, von der politischen Führung der VRC nicht gewünscht.[23]

2. Stand der Forschung und Kritik an bisherigen Analysen

Generell lässt sich feststellen, dass der hier skizzierte Prozess der Rechtsreformen in der VRC bereits Gegenstand zahlreicher Analysen war. Die zunehmende Bedeutung aber, die dabei der Unterstützung dieses Reformprozesses seit Mitte der 1990er Jahre durch die deutsche und amerikanische Rechtszusammenarbeit zukommt, spiegelt sich gleichwohl kaum in der wissenschaftlichen Auseinandersetzung wider. Dies gilt insbesondere auch für die Untersuchung der Frage, inwieweit westliche Rechtsberatung den Verlauf der Rechtsreformen und – vor dem Hintergrund eines »Rule of Law Revival«[24] in der Rechtszusammenarbeit – vor allem auch eine Entwicklung der VRC in Richtung von Rechtsstaatlichkeit beeinflussen kann.

Mit Blick auf den im Folgenden näher darzustellenden Forschungsstand lassen sich vorab bereits drei zentrale Bereiche identifizieren, in denen sich Bedarf an weiteren Untersuchungen manifestiert und wo somit die besondere Relevanz der Studie zu sehen ist.

Zum einen fehlt eine umfassende empirische Darstellung der Rechtsberatungsmaßnahmen, die die BRD und die USA sowie deutsche und amerikanische nichtstaatliche Akteure gegenwärtig gegenüber der VRC durchführen. Hier setzt die vorliegende Studie zunächst bei einer Sichtung und Erläuterung der verschiedenen Aktivitäten an. Das auf diese Weise gewonnene empirische Material dient dabei weiterhin als Grundlage für die Durchführung eines systematischen Vergleichs der Besonderheiten deutsch-chinesischer und

23 Art.5 der chinesischen Verfassung lautet nun: »Die VRC praktiziert eine auf Gesetze gestützte Regierung und errichtet einen sozialistischen Rechtsstaat [...] Keine Organisation und kein Individuum darf das Privileg genießen, die Verfassung und die Gesetze zu überschreiten.« (Übersetzung nach Heilmann 2002b: 75). Trotz dieser Vorschrift, die die Verfassung *über* die Partei stellt, verhält es sich jedoch faktisch so, dass die KPC der Verfassung nicht unterworfen ist und weiterhin eine unangefochten hegemoniale Stellung einnimmt (ibid.: 79).

24 Carothers 1998.

amerikanisch-chinesischer Rechtszusammenarbeit. Anhand der Ergebnisse dieses Vergleichs lassen sich Stärken und Schwächen der jeweiligen Rechtsberatungsaktivitäten ablesen. Damit sind die hier gewonnenen Ergebnisse auch für die Praxis relevant, da sie eine Grundlage für die mögliche Verbesserung der deutschen bzw. der amerikanischen Rechtszusammenarbeit mit der VRC bilden können.

Weiteres Ziel der Studie ist die systematische wissenschaftliche Analyse der durch die empirische Darstellung gewonnenen Erkenntnisse. Diese Analyse setzt bei der Fragestellung an, welche Faktoren eine Übertragung von Rechtsnormen und Konzepten aus westlichen Rechtssystemen in das der VRC beeinflussen. Dabei soll davon ausgegangen werden, dass vor allem die in der Rechtszusammenarbeit tätigen kollektiven und individuellen *Akteure* sowohl auf deutscher und amerikanischer Seite wie auch auf chinesischer Seite eine entscheidende Rolle zur Erklärung des Phänomens der Migration von Rechtsnormen und Konzepten spielen. Besondere Bedeutung wird diesen Akteuren dabei im Hinblick auf eine mögliche Übertragung von Rechtskonzepten wie der Rechtsstaatlichkeit in die VRC beigemessen. Zweites Anliegen dieser Studie ist damit die Erweiterung der bisherigen Forschung zur Migration von Rechtsnormen und Konzepten um eine akteursbezogene, transnationale Dimension.

Im Zusammenhang mit der Analyse des Einflusses von Akteuren auf die Migration von Rechtsnormen und Konzepten wie der Rechtsstaatlichkeit und damit auch auf den Prozess der Rechtsreformen in der VRC wird die vorliegende Studie schließlich auf das von Peter Haas entwickelte Konzept der »epistemischen Gemeinschaften« zurückgreifen.[25] Dieses geht davon aus, dass Akteure als Mitglieder von grenzüberschreitenden »Netzwerken« und auf der Grundlage gemeinsamer Wertvorstellungen wesentlich dazu beitragen, derartige Wertvorstellungen (wie z. B. die Rechtsstaatlichkeit) über nationale und kulturelle Grenzen hinweg zu verbreiten. Mit der Untersuchung, ob sich epistemische Gemeinschaften auch zwischen den in der chinesisch-deutschen und chinesisch-amerikanischen Rechtszusammenarbeit tätigen Akteuren herausbilden und wie sich dies auf eine Migration von Rechtsnormen und Konzepten wie der Rechtsstaatlichkeit auswirkt, möchte die vorliegende Studie somit ein weiteres Anwendungsfeld für das Konzept der epistemischen Gemeinschaften erproben und damit auch einen theoretisch-konzeptionellen Beitrag zur Verfeinerung dieses Konzeptes liefern.

Anhand der Darstellung dessen, was von der Forschung bisher geleistet wurde sowie der Identifikation von noch bestehenden Defiziten sollen im Folgenden nun die neuen Ansätze, die die vorliegende Studie verfolgt, darge-

---

25 Siehe Haas 1989; 1992; Adler/Haas 1992.

legt werden, um auf dieser Grundlage zu einer begründeten Herleitung der maßgeblichen Forschungsfragen zu gelangen.

2.1 Empirische Aufarbeitung

Eine umfassende empirische Zusammenstellung der Aktivitäten der deutsch-chinesischen und der amerikanisch-chinesischen Rechtszusammenarbeit liegt bisher nicht vor.[26] Diese empirische Lücke möchte die vorliegende Studie durch die Dokumentation der verschiedenen Programme zur Rechtszusammenarbeit mit der VRC schließen. Als Untersuchungszeitraum wird dabei die Zeit von 1997 bis zur Gegenwart gewählt. Diese Auswahl lässt sich wie folgt begründen.

Die deutsche Rechtszusammenarbeit, die sowohl von staatlicher Seite wie auch von nichtstaatlichen Akteuren mit der VRC durchgeführt wird, reicht – als Bestandteil der allgemeinen Entwicklungszusammenarbeit (EZ) – schon weit länger als bis Ende der 1990er Jahre zurück. 1999 jedoch vereinbarten Bundeskanzler Gerhard Schröder und der damalige chinesische Ministerpräsident Zhu Rongji eine Intensivierung der Zusammenarbeit zwischen der BRD und der VRC im Rechtsbereich. Durch die Initiierung des »Deutsch-Chinesischen Rechtsstaatsdialoges«[27] wurde somit die Rechtszusammenarbeit mit der VRC aus der allgemeinen EZ herausgelöst und erhielt als »Kanzlerinitiative«[28] besonderes Gewicht. Damit einher ging auch organisatorisch eine Bündelung aller deutschen staatlichen und nicht-staatlichen Rechtsberatungsmaßnahmen unter dem »Dach« des Rechtsstaatsdialoges, welcher nun in den Verantwortungsbereich des Bundesjustizministeriums überging. Hinsichtlich dieser Verstärkung und Neuorganisation der deutschen Rechtszusammenarbeit mit der VRC im Zuge des Rechtsstaatsdialoges erscheint somit die Wahl des Untersuchungszeitraumes gerechtfertigt.

Auch auf amerikanischer Seite können vor allem private amerikanische Geber, wie Stiftungen und Universitäten, bereits auf eine teilweise sehr lange Tradition in der Rechtszusammenarbeit mit der VRC zurückblicken.[29] Doch auch im Fall der USA wurde Ende der 1990er Jahre der Versuch unternommen, die amerikanisch-chinesische Rechtszusammenarbeit durch eine zwischenstaatliche Vereinbarung zu institutionalisieren und zu vertiefen. So einigten sich die damaligen Präsidenten Bill Clinton und Jiang Zemin anläss-

26 Darauf weist auch explizit Woodman hin (Woodman 2004: 28).

27 Ausführlich zum deutsch-chinesischen Rechtsstaatsdialog siehe unten, Kapitel V, Abschnitt 2

28 Gebhardt 2002: 250.

29 So sind zum Beispiel die Asia Foundation und die Ford Foundation bereits seit 1979 im Bereich der Rechtsberatung gegenüber der VRC engagiert; siehe hierzu ausführlich unten Kapitel VI, Abschnitt 3.4.1 und Abschnitt 3.4.2

lich des amerikanisch-chinesischen Gipfeltreffens im November 1997 in Washington, D.C. in einer Gemeinsamen Erklärung auf eine Verstärkung der »Zusammenarbeit im Rechtsbereich«.[30] Wenn auch diese amerikanisch-chinesische zwischenstaatliche »Zusammenarbeit im Rechtsbereich« in den folgenden Jahren aufgrund der Weigerung des amerikanischen Kongresses, die notwendigen Finanzmittel zur Verfügung zu stellen, nicht mit Leben gefüllt werden konnte, so verbesserte sie dennoch die politischen Rahmenbedingungen und diente somit als Initialzündung für die Planung und Implementierung einer großen Anzahl an hauptsächlich privaten amerikanischen Rechtsberatungsprojekten in der VRC. Insofern ist auch im Fall der USA mit dem Versuch der Initiierung einer »Zusammenarbeit im Rechtsbereich« mit der VRC Ende der 1990er Jahre ein wichtiger politischer Einschnitt festzustellen, der auch hier die Wahl des Untersuchungszeitraumes gerechtfertigt erscheinen lässt. Gleichwohl werden in beiden Fallstudien auch Entwicklungen, die den Untersuchungszeitraum überschreiten, dargestellt, sofern sie als Grundlagen und Voraussetzungen für die Analyse von Bedeutung sind.

2.2 Forschung zum Prozess der Rechtsreformen in der VRC

Der Prozess der Rechtsreformen in der VRC selbst ist umfassend untersucht worden.[31] Die Forschung bezieht sich hier jedoch in der Hauptsache auf eine endogene Betrachtung der Rechts- und Justizreformen, wobei vor allem die Analyse der innerchinesischen Gegebenheiten, die zu Reformmaßnahmen führten, im Mittelpunkt des Interesses steht – wie zum Beispiel die Entscheidung für die außenwirtschaftliche Öffnung, die Reformen im Rechtsbereich erforderte. Weiterhin stehen die Zusammenhänge von Wirtschaftsentwicklung und Rechtsreform[32] sowie eine mögliche Demokratisierung des politischen Systems der VRC durch Reformen im Rechtsbereich und die Entstehung von Rechtsstaatlichkeit im Mittelpunkt der Betrachtung.[33] Auch einzelne Aspekte der Rechtsreformen wie der Erlass wichtiger neuer Gesetze wurden eingehend kommentiert.[34] Ebenso sind die mit den Rechtsreformen ein-

---

30 Siehe ausführlich zur Bill Clinton-Jiang Zemin Initiative einer »Zusammenarbeit im Rechtsbereich« unten, Kapitel VI, Abschnitt 1.1

31 Für diese Forschungen exemplarisch zu nennen sind das Standardwerk von Lubman (1999), weiterhin die Arbeiten von Turner/Feinerman/Guy (eds.) (2000), Wang/Wei (eds.) (1996), Heuser (1996), von Senger (1994) sowie die Sonderausgabe der China Quarterly No.141, 1995 und (im Hinblick auf die Entwicklung der juristischen Profession in der VRC) Gelatt (1991), Cooper (1999).

32 Stucken 1993.

33 Potter 1998.

34 Potter 1994a; Potter 1994b; Song 1996; Ebsen 1999.

hergehenden institutionellen Veränderungen wie die gestärkte Rolle des NVK gegenüber der KPC Gegenstand der wissenschaftlichen Analyse.[35]

Die Arbeiten in diesem Bereich widmen sich damit gleichwohl nur einer »Innenperspektive« der chinesischen Rechtsreformen. Der Einfluss, der von Individuen und Organisationen »von außen« auf eine Migration von Rechtsnormen und Konzepten im Zuge der Rechtszusammenarbeit und damit auf den Prozess der chinesischen Rechtsreformen ausgeübt werden kann, wird dagegen nicht ausdrücklich thematisiert. Dadurch bleiben jedoch wichtige Fragen unbeantwortet: *Wer* ist an der Migration von Rechtsnormen beteiligt? *Warum* kommt es zu einer Migration von Rechtsnormen, das heißt warum werden bestimmte Rechtsnormen und Konzepte in einzelnen Staaten wie hier der VRC erfolgreich transplantiert und andere nicht?

Zur Beantwortung dieser Fragen möchte die vorliegende Studie die Analyse um eine *akteursbezogene* Dimension erweitern. Es wird hier davon ausgegangen, dass Rechtsnormen und Konzepte wie die Rechtsstaatlichkeit, die durch die Rechtszusammenarbeit in die VRC hinein transplantiert werden sollen, grundsätzlich immobil – »Laws do not have wings«[36] – und daher zu ihrer Verbreitung auf das Handeln von (kollektiven und individuellen) Akteuren angewiesen sind. Diese Akteure (*wer* ist an der Migration von Rechtsnormen beteiligt?) finden sich in der deutsch-chinesischen und amerikanisch-chinesischen Rechtszusammenarbeit in Gestalt der jeweiligen Regierungen, NRO und akademischen Einrichtungen (kollektive Akteure) sowie als Rechtsexperten, Richter, Anwälte, Angehörige der Legislative, Verwaltungspersonal, Wissenschaftler und Studenten (individuelle Akteure), die als Individuen oder als Angehörige der kollektiven Akteure Rechtsberatung gegenüber der VRC in Zusammenarbeit mit ihren chinesischen Partnern bzw. Partnerorganisationen betreiben.

Die akteursbezogene Dimension der Auseinandersetzung mit der deutsch-chinesischen und der amerikanisch-chinesischen Rechtsberatung geht weiter davon aus, dass diese Akteure über spezifische eigene *Interessen* verfügen, die ihr Handeln und damit auch die Verbreitung von Rechtsnormen und Konzepten beeinflussen (*warum* kommt es zu einer Migration von Rechtsnormen?), da sie so auch (mit)bestimmen, in welchen Bereichen Beratung angeboten wird (z. B. im Bereich Wirtschaftsrecht, Verwaltungsrecht, Strafrecht), in welcher Form Beratung erfolgt (z. B. als Gesetzgebungsberatung, in Form von Maßnahmen zur Ausbildung von chinesischen Juristen) und auf welche Ziele sich Beratung richtet (z. B. Schaffung von Rechtssicherheit für Wirtschaftssubjekte, Verankerung von Grundsätzen des Menschenrechtsschutzes im Strafrecht). Denkbare Interessen sowohl auf chinesischer Seite wie auch

35 Tanner 1994a, 1994b, 1999; O'Brien 1994.
36 Schauer 2000: 19.

auf Seiten der deutschen und amerikanischen Partner sind z. B. wirtschaftlicher Art. So ist die VRC bestrebt, durch die Rechtsreformen ein Umfeld zu schaffen, welches dem der Herkunftsländer der wichtigsten Investoren möglichst ähnlich ist, um für diese Reibungsverluste, wie sie durch das Agieren in einem gänzlich unbekannten institutionellen Umfeld entstehen, zu minimieren und dadurch die Bereitschaft zu einem Engagement in der VRC zu erhöhen. Dies führt dazu, dass vor allem die Rechtssysteme der wichtigsten Wirtschaftspartner der VRC, also der USA sowie Deutschlands, als Vorbilder für die Rechtsreformen in der VRC herangezogen wurden.[37] Eine entsprechende Motivation, aus der heraus Rechtsberatung gegenüber der VRC betrieben wird, findet sich auch auf Seiten der westlichen Geber. Diese versuchen ebenfalls, durch Maßnahmen der Rechtszusammenarbeit die jeweils eigene Rechtsordnung der VRC als einen geeigneten institutionellen Rahmen vor allem zur Reform des Wirtschaftsrechts vorzustellen. Kommt es dann zu einer (wenigstens teilweisen) Übernahme des eigenen Rechts durch die VRC, kann es den Investoren aus dem eigenen Land auf diese Weise sehr erleichtert werden, auf dem chinesischen Markt Fuß zu fassen, wenn diesen die rechtlichen Rahmenbedingungen bereits aus ihrer heimatlichen Umgebung vertraut sind.

Hier zeigt sich, dass die Übertragung von Recht immer auch eine Machtfrage ist, da sich in dieser Rezeption eine politische Einflussnahme seitens des die Rechtsnormen und Konzepte »exportierenden« Staates verbergen kann: so ist das rezipierte Recht nicht zuletzt auch ein Aktivum für den Geber-Staat, wenn es darum geht, den Rezipienten an sich zu binden und so vor allem auch den Handel mit diesem zu erleichtern.[38]

Durch diese Darstellung wird deutlich, dass die in der Rechtsberatung gegenüber der VRC tätigen Akteure und die von diesen verfolgten Interessen eine wichtige unabhängige Variable sind, die die Migration von Rechtsnormen und Konzepten und damit den Prozess der Rechtsreformen in der VRC als abhängige Variable beeinflussen.

37 Blaurock 1994: 13. Auch die Rechtsordnung Japans – ebenfalls ein wichtiger Wirtschaftspartner der VRC –hatte einen starken Einfluss auf die chinesischen Rechtsreformen. Da das japanische Rechtssystem jedoch selbst in wesentlichen Elementen auf fremden Rechtssystemen – vor allem dem deutschen – beruht, also auch einen Fall von Migration von Rechtsnormen darstellt, handelt es sich bei der Übernahme japanischer Normen in das chinesische Recht letztlich um eine Übernahme ursprünglich westlicher Rechtsnormen und Konzepte über den »Umweg« von deren Transplantation nach Japan.

38 Vgl. Bünger 1950: 179, FN 21.

2.3 Forschungsarbeiten im Bereich der Rechtszusammenarbeit

Ein wichtiger Forschungsstrang, auf den die vorliegende Studie zurückgreifen kann, ist das Gebiet der *Technischen- und Entwicklungszusammenarbeit im Bereich Recht und Justiz.* Hier liegen sowohl Analysen allgemeiner Natur[39] vor wie auch Arbeiten, die sich verstärkt einzelnen Aspekten wie Gender-Fragen im Bereich EZ und Recht zuwenden[40] oder die besonderen Erfahrungen, die einzelne Staaten in der Rechtszusammenarbeit gemacht haben, herausstellen. So beleuchtet Sevastik[41] die skandinavische Perspektive, während Merryman[42] im Hinblick auf die USA eine kritische Betrachtung des frühen, in der Folge diskreditierten amerikanischen *Law and Development* Ansatzes der 1960er und 1970er Jahre liefert. Die Vorgehensweise und Schwierigkeiten der heutigen staatlichen amerikanischen EZ im Bereich Recht und Justiz werden in jüngerer Zeit von Carothers[43] beschrieben, wie auch die ebenfalls sehr bedeutsame Arbeit der amerikanischen privaten Stiftungen in der Rechtszusammenarbeit Gegenstand eingehender Analyse ist.[44]

Länder- bzw. regionsspezifische Rechtsberatungsmaßnahmen dagegen wurden bisher in der Hauptsache nur bezogen auf die Staaten Lateinamerikas sowie auf die mittel- und osteuropäischen Transformationsstaaten und Nachfolgestaaten der Sowjetunion analysiert.[45] Die Entwicklungszusammenarbeit mit der VRC im Bereich Recht und Justiz dagegen ist bisher nur unzureichend wissenschaftlich aufgearbeitet worden. Ausnahmen hiervon sind die knappe Beschreibung der Arbeit des Deutsch-Chinesischen Instituts für Rechtswissenschaft der Universitäten Göttingen und Nanjing von Blaurock[46] sowie eine ältere Überblicksdarstellung von Tomsa.[47] In jüngerer Zeit befasst sich die Arbeit von Xu[48] in einer Fallstudie mit Rechtsberatung gegenüber der

---

39 Wichtige Arbeiten stellen hier die Standardwerke von Seidman/Seidman/Wälde (eds.)(1999) sowie Seidman/Seidman (1994) dar.
Siehe auch die Beiträge zu: »Comprehensive Legal and Judicial Development. Towards an Agenda for a Just and Equitable Society in the 21st Century.« World Bank Convention, Washington, D.C. (June 5–7, 2000); Fundstelle: http://www4.worldbank.org/legal/ljr_2k/ljrconference.html [Zugriff: 25.07.2005]

40 Holthaus 1998.

41 Sevastik (ed.) 1997.

42 Merryman 1997.

43 Carothers 1999; siehe auch Alford 2000.

44 Für die Arbeit der Ford Foundation siehe hier McClymont/Golub (eds.) 2000.

45 Hier sind exemplarisch die Arbeiten von Ahrens/Nolte (Hrsg.) 1999, Knieper 1998 und Dietrich 2000 bzw. verschiedene Fallstudien in McClymont/Golub (eds.) 2000 zu nennen.

46 Blaurock 1994.

47 Tomsa 1997.

48 Xu 1999.

VRC (Patentgesetzgebung), beschreibt aber ansonsten die allgemeinen Aspekte der deutsch-chinesischen EZ. Seidman/Seidman/Payne[49] behandeln als einzige ein spezielles Projekt der Rechtszusammenarbeit mit der VRC. Es handelt sich hier um ein UNDP-Projekt in den Jahren 1992–1997, das in Kooperation mit dem Rechtsamt des Staatrates (SR) (*guowuyuan fazhi bangongshi*) der VRC beratend die Ausarbeitung von 22 Schwerpunktgesetzen (vor allem im wirtschaftlichen Bereich) unterstützte.

Das große Ausmaß der EZ im Bereich Recht mit der VRC steht somit in einem krassen Missverhältnis zu der bisherigen Forschungstätigkeit. Die vorliegende Studie will hier, neben der empirischen Darstellung, auch die bisher unzureichende theoretisch angeleitete Analyse der chinesisch-westlichen Rechtszusammenarbeit anhand der Fallbeispiele der deutsch-chinesischen und der amerikanisch-chinesischen Rechtszusammenarbeit ergänzen.

2.4 Forschungsarbeiten zum Phänomen der Migration von Rechtsnormen und Konzepten

Bei dieser Analyse steht die Wirkung der Rechtszusammenarbeit auf die Migration von Rechtsnormen und Konzepten im Mittelpunkt. Das heißt es geht um die Beantwortung der Frage, wie durch die Rechtsberatung Rechtsnormen und Konzepte aus der Rechtsordnung des beratenden Staates /Organisation in die Rechtsordnung des Empfängerstaates übergehen. Die Migration bezieht sich dabei zum einen auf konkrete rechtliche Normen wie z. B. vom beratenen Staat übernommene fremde gesetzliche Regelungen (auch »Rechtssätze«). Von größerer Bedeutung ist aber die Frage, inwieweit durch die Rechtszusammenarbeit auch eine Übertragung von Rechts*konzepten* wie der Rechtsstaatlichkeit aus dem Kontext des Geberlandes in das Rechtssystem der VRC hinein möglich ist.

Eine solche durch die Rechtszusammenarbeit westlicher Staaten mit der VRC geförderte Migration von Rechtsnormen und Konzepten bzw. die Existenz von »legal transplants« in den von ausländischen Rechtssystemen beeinflussten Rechtsordnungen einzelner Staaten wie der der VRC ist auch in der juristischen Disziplin der Rechtsvergleichung[50] Gegenstand eingehender Untersuchungen. Jedoch richtet sich hier das Erkenntnisinteresse in der Hauptsache darauf, die »Transplantate« in einzelnen Rechtsordnungen und deren Ursprünge nachzuweisen sowie die Bedingungen aufzuzeigen, unter denen eine Transplantation erfolgreich verlaufen kann.[51] Hier folgt dic Literatur überwiegend der Ansicht, dass die *Effizienz* einer Rechtsnorm für die

49 Seidman/Seidman/Payne (eds.) 1997.

50 Das Standardwerk für diese Forschungsrichtung stellt Zweigert/Kötz ^{3}1996 dar.

51 Siehe hierzu z. B. Kahn-Freund 1978; Watson 1976; Hirsch 1981.

Lösung eines Problems im Empfängerstaat der entscheidende erklärende Faktor dafür ist, welche Rechtsnormen aus welchen Staaten durch den Empfängerstaat übernommen werden.[52]

Rechtsberatung wird damit konzipiert als das neutrale Angebot verschiedener rechtlicher Regime an einen Empfängerstaat, aus dem dieser dann die für ihn am besten passenden Rechtsnormen und Konzepte auswählt. Zum speziellen Aspekt des Rechtstransfers liefern bereits Bryde[53] sowie von Münch[54] wichtige allgemeine Anhaltspunkte. Zum Rechtsvergleich mit dem asiatischen Raum äußert sich Blaurock,[55] und Holmes[56] thematisiert die für die vorliegende Studie besonders interessante Frage nach der Möglichkeit eines Transfers von Rechtskonzepten wie der Rechtsstaatlichkeit durch die Rechtszusammenarbeit.

Die Rechtsberatung liefert in der Sichtweise der Rechtsvergleichung aber stets nur neutrale Informationen über ausländische rechtliche Regime, die der Empfängerstaat mit den eigenen institutionellen Gegebenheiten (z. B. gehört das eigene Rechtssystem zum *common law* oder zum *civil law* Rechtskreis; welche Gesetze bestehen schon, mit denen die rezipierten Normen harmonieren müssen) vergleicht und dann das für seine Zwecke am besten geeignete rechtliche Regime auswählt – nach dem pragmatischen Grundsatz »best wins«. Damit werden in der Analyse vor allem strukturelle Faktoren als Erklärungsgründe für die Migration von Rechtsnormen und Konzepten angeführt. Eine derartige statische Analyse lässt aber insbesondere die Frage außer acht, *auf welche Weise* sich das beobachtbare Phänomen der Migration von Rechtsnormen vollzieht, welches also die »Kanäle« sind, über die Rechtsnormen und Konzepte aus westlichen Rechtssystemen ihren Weg in ein Rechtssystem wie das der VRC finden.

Zur Beantwortung dieser Frage ist wiederum auf die in der Rechtszusammenarbeit tätigen Akteure abzustellen. Dabei ist hier – neben den schon dargestellten Interessen als Triebkräfte für die Rechtszusammenarbeit und damit für die Migration von Rechtsnormen – der spezifische Einfluss zu untersuchen, der sich aus der *Interaktion* dieser Akteure ergibt. So kommt es im Zuge der zahlreichen Maßnahmen der deutsch-chinesischen und der amerikanisch-chinesischen Rechtszusammenarbeit auch zu einer Vielzahl von Kontakten zwischen chinesischen und ausländischen Rechtsexperten. Die amerikanischen und deutschen juristischen Berater können dabei den chinesischen Mitgliedern der Profession vor allem Einblicke in die kulturellen Hin-

52 Schauer 2000: 1.

53 Bryde 1986.

54 von Münch 1994.

55 Blaurock 1994.

56 Holmes 1999.

tergründe, normativen Grundlagen sowie in die professionelle Ethik des amerikanischen und deutschen Rechtssystems vermitteln. Durch eine derartige verstärkte Interaktion von Spezialisten aus der VRC und aus anderen Staaten kommt es im Idealfall zu einer »Globalisierung« von Expertenansichten bestimmte Aspekte der Rechtsreformen betreffend.[57] Dies kann sich sowohl darauf beziehen, wie ein konkreter Bereich (z. B. Konkursgesetzgebung) gesetzlich auszugestalten ist wie auch darauf, dass in westlichen Rechtssystemen verwurzelte Standards des Menschenrechtsschutzes den chinesischen Juristen von ihren westlichen Partnern verdeutlicht werden. Eine solche »Globalisierung« ist besonders bedeutsam vor dem Hintergrund, dass mit fortschreitender Integration der VRC vor allem in das internationale Wirtschaftssystem – der Ende 2001 vollzogene WTO-Beitritt verstärkt die bereits bestehende Verflechtung nochmals in hohem Maße – die VRC auch in ihrem eigenen politischen System Voraussetzungen schaffen und Werte anerkennen muss, die konstitutive Bestandteile dieser internationalen (Wirtschafts-)Ordnung sind. Nur dann wird die VRC in die vorgefundenen Strukturen »hineinpassen« und zum eigenen wie zum Nutzen aller anderen Beteiligten in diesem Rahmen agieren können.[58] Zu diesen Voraussetzungen zählen ganz allgemein Prinzipien wie die Rechtsstaatlichkeit, aber auch konkretere Regelungen, z. B. die Durchsetzung von vertraglichen Ansprüchen betreffend, gesetzliche Regelungen zum Schutz des geistigen und sonstigen Eigentums von ausländischen Investoren und einer speziellen Gerichtsbarkeit zur Durchsetzung dieser Rechte.[59]

Insofern liegt die Schlüsselrolle der Juristen darin, dass sie als »creative ideologists« und »symbol traders«[60] die Träger neuer Rechtsnormen und Konzepte sind, mit diesen Normen und Konzepten neue Perspektiven in das chinesische System hinein tragen und vor allem allgemein anerkannte Standards verbreiten, an denen die VRC ihr Verhalten messen lassen muss.[61] Die aktive Beteiligung der Juristen an den Rechtsberatungsprogrammen erlaubt es diesen daher, sowohl auf die konkrete Ausgestaltung bestimmter rechtlicher Regime Einfluss zu nehmen wie auch die diesen Regimes in ihren Ursprungskontexten zugrunde liegenden Rechtskonzepte und -ideen zu vermitteln.[62]

Um diese Interaktion zwischen den (individuellen) in der deutsch-chinesischen und amerikanisch-chinesischen Rechtszusammenarbeit tätigen

57 Lampton 2001: 10.
58 ibid.: 10–11.
59 ibid.: 28.
60 Picciotto 1996: 106.
61 Lampton 2001: 11.
62 Piciotto 1996: 108.

Akteuren näher zu untersuchen, soll auf das von Peter Haas entwickelte Konzept der »epistemischen Gemeinschaften«[63] zurückgegriffen werden.

2.5 Forschung zum Gegenstand der epistemischen Gemeinschaften

Ausgangspunkt für die Hinzuziehung des Konzeptes der epistemischen Gemeinschaften ist die Überlegung, dass die skizzierten Beziehungen zwischen den an den Rechtsberatungsmaßnahmen beteiligten chinesischen und deutschen bzw. amerikanischen Rechtsexperten eine gewisse Qualität erreichen müssen, um die Funktion von »Kanälen«, die die Migration von Rechtsnormen und Konzepten ermöglichen, erfüllen zu können. Nur sporadische Begegnungen und fachlicher Austausch z. B. auf Symposien oder während Workshops sind nicht geeignet, tragfähige »Netzwerke« zwischen diesen Rechtsexperten entstehen zu lassen, über die Rechtsnormen und Konzepte in die VRC hinein getragen werden können. Dies gilt weniger in Bezug auf die Vermittlung von rein »rechtstechnischem«[64] Wissen durch Rechtsberatung, umso mehr jedoch, wenn es darum geht, die Rechtskonzepte und Ideen, die westlichen Rechtssystemen wie auch konkreten Einzelnormen zugrunde liegen, den chinesischen Partnern zu vermitteln. Vor allem im Hinblick auf die Förderung von Rechtsstaatlichkeit in der VRC durch Rechtszusammenarbeit ist es unerlässlich, dass sich zwischen den beteiligten chinesischen und westlichen Rechtsexperten ein Konsens über Inhalt und Bedeutung eines solchen Konzeptes sowie über die Notwendigkeit, für die Verwirklichung von Rechtsstaatlichkeit in der VRC einzutreten, herausbildet. Derartige Netzwerke von chinesischen und westlichen Rechtsexperten, die sowohl über anerkannte Expertise und Kompetenz in rechtstechnischen Fragen verfügen wie auch bestimmte normative und prinzipielle Überzeugungen – zum Bei-

---

63 Siehe Haas 1989; 1992; Haas/Adler 1992.

64 Als »rechtstechnisch« soll in der vorliegenden Studie eine solche Rechtsauffassung angesehen werden, die bestimmte Rechtsnormen und Kataloge von Rechtsnormen als »Bauanleitungen« ansieht, wie bestimmte Probleme durch entsprechende Rechtssätze zu lösen sind. Die diesen Rechtssätzen zugrunde liegenden normativen Rechtskonzepte und Rechtsideen werden dabei bewusst ausgeklammert. Die fehlende normative Verankerung in Rechtskonzepten führt dann zum einen dazu, dass die Rechtsnormen jederzeit verworfen werden können, falls sie für eine Problemlösung unter veränderten Umständen nicht mehr angemessen erscheinen; dies entspricht also einer rein instrumentellen Rechtsauffassung. Zum anderen führt ein solches »technisches« Rechtsverständnis häufig dazu, dass Rechtsnormen »lettre morte« bleiben: die Rechtssätze werden nicht qua normativer Verankerung als »Werte an sich« angesehen und damit selbstverständlich eingehalten. Vielmehr muss eine Einhaltung erzwungen werden, sodass die Umsetzung der Rechtsnormen zumeist unzureichend bleibt.

spiel im Hinblick auf das Konzept der Rechtsstaatlichkeit – teilen, bilden nach Peter Haas eine »epistemische Gemeinschaft«.[65]

Epistemische Gemeinschaften sind eine Ausprägung der transnationalen Beziehungen,[66] da sich ihre Mitgliedschaft – wie im Fall der an den Rechtsberatungsmaßnahmen beteiligten amerikanischen, deutschen und chinesischen Rechtsexperten – nicht auf Individuen aus nur einem bestimmten Staat bezieht; vielmehr verhält es sich so, dass durch die Diffusion der gemeinsamen Wertvorstellungen – z. B. durch den Austausch auf Konferenzen, Forschungszusammenarbeit, Veröffentlichungen und vielfältige persönliche informelle Kommunikation – eine epistemische Gemeinschaft mit der Zeit eine multinationale Mitgliedschaft erwerben kann,[67] das heißt sich durch ihre Aktivitäten über staatliche Grenzen hinweg zu einem transnationalen Akteur entwickelt. Haas nimmt die Existenz einer transnationalen epistemischen Gemeinschaft immer dann an, wenn sich eine Zusammenarbeit von Individuen in verschiedenen Staaten feststellen lässt, welche nicht durch materielle Interessen motiviert ist, sondern auf die Verfolgung einer gemeinsamen politischen Agenda zurückgeht.[68]

Durch den Rückgriff auf das Konzept der epistemischen Gemeinschaften soll die transnationale und akteursbezogene Dimension des Prozesses der Rechtsreform in der VRC verdeutlicht werden. Derartige transnationale Beziehungen, die sich wie ein »Spinnennetz« über die Nationalstaaten legen, tragen durch die Rechtsberatungstätigkeit maßgeblich zur Verbreitung von Werten und internationalen Standards entsprechenden Rechtsnormen und Konzepten wie der Rechtsstaatlichkeit über nationale und kulturelle Grenzen hinweg bei.[69] Sie sind damit wichtige Einflussfaktoren für den Wandel der inneren Rechtsordnung der VRC durch die Migration von Recht.

Das Konzept der epistemischen Gemeinschaften ist bisher noch nicht auf den Rechtsbereich angewendet worden.[70] Seit seiner Einführung[71] hat im

---

65 Haas 1989; Haas 1992; Adler/Haas 1992.

66 Die Bedeutung von transnationalen Beziehungen wurde zunächst von Keohane/Nye (eds.) ^{2}1973 in ihrem Standardwerk aufgezeigt. In neuerer Zeit hat Risse-Kappen (Hrsg.) 1995 das Konzept wieder aufgenommen.

67 Haas 1992: 17.

68 ibid. Als eine solche gemeinsame politische Agenda könnte im vorliegenden Fall die Verwirklichung von Rechtsstaatlichkeit in der VRC angesehen werden.

69 Risse-Kappen 1995b: 4; Picciotto 1996: 95.

70 Lutter/Stiefel/Hoeflich (Hrsg.)(1993) beschreiben interessanterweise das *Phänomen* einer »epistemischen Gemeinschaft« im Rechtsbereich, ohne aber das Konzept zu verwenden. In ihrer Arbeit geht es um deutsche jüdische Rechtswissenschaftler, die 1933 bis 1935 in die USA emigrierten. Diese hinterließen durch ihre Tätigkeit an amerikanischen Universitäten deutliche Spuren des Einflusses deutscher Rechtskonzepte im amerikanischen Recht. Weiterhin initiierten sie nach

Kontext der modernen Chinaforschung bisher nur Hsu[72] in seiner Analyse der chinesischen Umweltpolitik auf das Konzept der epistemischen Gemeinschaften zurückgegriffen.

Anhand der zwei Fallstudien der deutsch-chinesischen und der amerikanisch-chinesischen Rechtszusammenarbeit möchte die vorliegende Studie nun die Möglichkeiten einer Verwendung des Konzeptes der epistemischen Gemeinschaften im Bereich der Analyse der westlichen Rechtsberatung gegenüber der VRC ausloten und dabei insbesondere auch auf mögliche Stärken und Schwächen des Ansatzes hinweisen.

3. Zusammenfassung

Zusammenfassend lässt sich zum Forschungsstand feststellen, dass zum einen eine umfassende empirische Darstellung der verschiedenen deutschen und amerikanischen Rechtsberatungsmaßnahmen gegenüber der VRC bisher fehlt. Diese empirische Lücke möchte die vorliegende Studie schließen.

Darüber hinaus ist eine systematische wissenschaftliche Analyse des Gegenstandes »Zusammenarbeit im Rechtsbereich« bisher noch nicht erfolgt. Der Schwerpunkt liegt auf deskriptiven Arbeiten, die sich zudem in der Hauptsache mit Rechtsberatung gegenüber mittel- und osteuropäischen Transformationsstaaten befassen; die Rechtsberatung gegenüber der VRC wurde bisher nur in einzelnen Spezialbereichen thematisiert. Hier möchte die vorliegende Studie anhand der zwei ausgewählten Fallstudien eine sozialwissenschaftliche Analyse der Rechtszusammenarbeit mit der VRC unter besonderer Berücksichtigung der transnationalen und akteursbezogenen Dimension der Rechtsberatung liefern.

Vor allem ist in diesem Zusammenhang das Phänomen der Migration von Rechtsnormen und Konzepten bisher nur unter strukturellen Gesichtspunkten bearbeitet worden. Die vorliegende Studie dagegen möchte insbesondere den Einfluss, den transnationale individuelle und kollektive Akteure und deren Interessen auf die Migration von Rechtsnormen und Konzepten, vor allem auf das Konzept der Rechtsstaatlichkeit, nehmen, verdeutlichen. Hierzu soll der Analyseansatz der epistemischen Gemeinschaften verwendet und auf seine Tauglichkeit hin überprüft werden.

Kriegsende Austauschprogramme zwischen ihren ehemaligen Heimatfakultäten und ihren amerikanischen Gastuniversitäten, die bis heute Bestand haben und so für einen fortgesetzten Austausch zwischen amerikanischen und deutschen Juristen sorgen.

71 Siehe den Band *International Organization* Vol.46, No.1 (Winter 1992).

72 Hsu 2000.

Kapitel II. Der Einfluss von Akteuren auf die Transplantation von Rechtsnormen und Konzepten

Im Folgenden soll zunächst eine akteurszentrierte Dimension der Analyse des Phänomens der Transplantation von Rechtsnormen und Konzepten ausgehend von den Erkenntnissen der juristischen Disziplin der Rechtsvergleichung hergeleitet werden. Dabei stehen insbesondere zwei Gruppen von Einflüssen, die die Transplantation von Rechtsnormen beeinflussen, im Mittelpunkt der Betrachtung. Dies sind zum einen die verschiedenen Interessen, die von den Akteuren im Zuge der Rechtszusammenarbeit verfolgt werden. Zum anderen sind die Einflüsse zu berücksichtigen, die sich aus den Interaktionen von individuellen Akteuren im Rahmen von »transnationalen Expertennetzwerken« ergeben. Hier soll insbesondere untersucht werden, welchen Nutzen das von Peter Haas entwickelte Konzept der »epistemischen Gemeinschaften« für die praktische, empirische Untersuchung von Expertennetzwerken in der deutsch-chinesischen und der amerikanisch-chinesischen Rechtszusammenarbeit bieten kann.

Für die Notwendigkeit, Akteursinteressen wie auch das Wirken transnationaler Expertennetzwerke in die Analyse der Migration von Rechtsnormen mit einzubeziehen, liefert bereits die juristische Disziplin der Rechtsvergleichung erste Anhaltspunkte.

1. »Legal Transplants« und die Übertragung von Rechtsnormen und Konzepten

Die Übertragung von Rechtsnormen und Konzepten wie auch der Ausdruck »legal transplants« bezeichnen beide »the moving of a rule or a system of law from one country to another, or from one people to another«.[73] Dabei ist die Transplantation von Recht ein durchaus häufig zu beobachtender Vorgang;[74] viele Staaten, die sich – wie auch die VRC seit 1978 – in einem tief greifenden wirtschaftlichen, sozialen und gesellschaftlichen Modernisierungsprozess befinden und daher auch ihre Rechtsordnungen den neuen Gegebenheiten anpassen müssen, greifen für eigene Rechtsreformen auf Beispiele aus den Rechtssystemen anderer Staaten zurück, um so nicht »das Rad

73 Watson 1974: 21.
74 Teubner 1998: 239.

neu erfinden« zu müssen.[75] Diese Übernahme kann sich dabei sowohl auf einzelne Rechtsnormen beziehen wie auch auf die Gestaltung eigener Rechtsnormen nach ausländischem Vorbild und mit Hilfe ausländischer Rechtsberatung.

Aber auch grundlegende Konzepte wie die Rechtsstaatlichkeit werden wegen des vermeintlich positiven Einflusses rechtsstaatlicher Verhältnisse vor allem im Hinblick auf die Gewährleistung von Eigentumsrechten, Durchsetzung von vertraglichen Ansprüchen und Kontrolle des Verwaltungshandelns auf die wirtschaftliche Entwicklung[76] immer häufiger importiert. Auch die politische Führung der VRC unter Jiang Zemin hat dementsprechend bereits anlässlich des XV. Parteikongresses der KPC im September 1997 ein Bekenntnis zur »Rechtsstaatlichkeit« abgegeben, um so die Entwicklung einer »Marktwirtschaft mit chinesischen Besonderheiten« zu fördern.[77] 1999 fand daraufhin diese politische Erklärung Eingang in die Verfassung der VRC, die nun in Art.5 vorsieht, dass die VRC »eine auf Gesetze gestützte Regierung praktiziert [*yi fa zhi guo*] und einen sozialistischen Rechtsstaat [*shehuizhuyi fazhi guojia*] errichtet«.[78] Darüber hinaus wurde mit der jüngsten Revision der chinesischen Verfassung im März 2004 auch der Schutz des Privateigentums in die Verfassung aufgenommen.[79]

---

75 Vgl. von Münch 1994: 3146; Watson 1996: 335.

76 Die Behauptung eines positiven Zusammenhanges zwischen rechtsstaatlichen Institutionen und wirtschaftlicher Entwicklung hat bereits eine sehr lange Tradition; Denker wie der Jurist John Fortescue (England, 15. Jhd.), Thomas Hobbes, Adam Smith und Max Weber betonten die Bedeutung transparenten und kontrollierbaren Verwaltungshandelns sowie der Gewährleistung und Durchsetzung von vertraglichen Ansprüchen und Eigentumsrechten für die wirtschaftliche Entwicklung. Auch gegenwärtig schätzen Unternehmer und Investoren fehlende Rechtssicherheit und rechtsstaatliche Garantien als Haupthindernis für ihre Geschäftstätigkeit in der VRC ein (Julius 2002: 2; zum Zusammenhang zwischen Rechtsstaatlichkeit und wirtschaftlicher Entwicklung siehe auch Peerenboom 2002: 451–462). Trotz dieser theoretischen Postulate und praktischen Einschätzungen fehlt aber bislang noch der exakte empirische Beweis, dass es tatsächlich einen positiven Zusammenhang zwischen rechtsstaatlichen Zuständen und wirtschaftlicher Entwicklung gibt (siehe hierzu Messick 1999: 120–123). An dieser Stelle soll auf die Problematik daher nur hingewiesen, die Frage aber nicht weiter vertieft werden.

77 Chen, Albert 1999/2000: 128; Lee 2000: 367; Orts 2001: 45.

78 Übersetzung nach Heilmann 2002b: 75 (Ergänzungen der Verfasserin).

79 Art.13 der chinesischen Verfassung lautet nun: »Das legale Privateigentum der Bürger darf nicht verletzt werden. Der Staat schützt gemäß den gesetzlichen Bestimmungen das Recht der Bürger auf Privateigentum und die Erbschaft. Der Staat kann, wenn öffentliche Interessen es erfordern, in Übereinstimmung mit den gesetzlichen Bestimmungen das Privateigentum der Bürger einziehen oder zur Nut-

Die Übernahme bzw. die Orientierung an ausländischen Rechtsnormen *zum Zweck der Unterstützung der wirtschaftlichen Modernisierung* deutet jedoch gleichwohl auf ein in hohem Maße instrumentalistisches Rechtsverständnis in der VRC hin. Diese instrumentalistische Rechtsauffassung entfaltet sich in verschiedenen Dimensionen.

Zum einen soll durch die Verbesserung der (wirtschafts-)rechtlichen Rahmenbedingungen für inländische, vor allem aber auch für ausländische Wirtschaftssubjekte ein günstiges und verlässliches Umfeld für wirtschaftliche Aktivitäten in der VRC geschaffen werden;[80] in jüngerer Zeit tritt die Notwendigkeit, die Verpflichtungen hinsichtlich eines gewissen Standards in den Bereichen Gesetzgebung[81] und Rechtsdurchsetzung, die sich für die VRC aus dem WTO-Beitritt Ende 2001 ergeben, umzusetzen als wichtige Aufgabe der Rechtsreformen hinzu.

In einem weniger offensichtlichen Zusammenhang möchte die politische Führung der VRC durch die Rechtsreformen eine möglichst effektive Politikimplementation und Kontrolle der Gesellschaft – ebenfalls zum Nutzen der wirtschaftlichen Modernisierung – erreichen. Gesetze sind damit nicht als Ausdruck bestimmter abstrakt-genereller normativer Vorgaben konzipiert, die in den verschiedensten Lebenssachverhalten Anwendung finden. Gleichermaßen werden Gesetze auch nicht als eine Begrenzung staatlichen Handelns angesehen; vielmehr dient ihr Erlass unmittelbar der Um- bzw. Durchsetzung ganz konkreter politischer Vorgaben. Das Recht ist also keine Schranke staatlichen Handelns, sondern vielmehr ein Instrument zur Ausübung der staatlichen Macht.[82] Die Ursache für den Rückgriff der politischen

---

zung beanspruchen und leistet hierfür Entschädigung.« (Übersetzung nach Schulte-Kulkmann/Heilmann/Shih 2004: 8)

80 Von diesem Bemühen zeugen beispielsweise die wichtigsten Kodifikationen seit 1978 im Bereich des Wirtschaftsrechts: Joint-Venture-Gesetz (1979), Zivilprozessrecht (1979), Vertragsgesetz (1981, neue Fassung 1999), Allgemeine Prinzipien des Zivilrechts (1986), Markenrecht (1983, neue Fassung 1993), Patentgesetz (1985, neue Fassung 1992), Gesellschaftsrecht (1993), Gesetz gegen den unlauteren Wettbewerb (1994), Wertpapiergesetz (1998) – um nur einige zu nennen. Siehe auch Potter 1998: 161.

81 Hier ist vor allem das Gebiet der Intellectual Property Rights (IPR) zu nennen.

82 Potter 1998: 161. Diese Sichtweise des Rechts als Instrument zur Durchsetzung staatlicher politischer Vorgaben wird auch in der Konzeptionierung von »Rechtstaatlichkeit« in der VRC deutlich. So existiert in der VRC kein einheitlicher Terminus zur Wiedergabe des Wortes »Rechtsstaatlichkeit«. Zum einen taucht der Ausdruck »*fazhi guojia*« als Übersetzung und auch mit explizitem Bezug zum deutschen Begriff »Rechtsstaatlichkeit« auf. Da hier »Rechtsstaat« jedoch stets durch »sozialistisch« qualifiziert wird (*shehuizhuyi fazhiguojia*), wird deutlich, dass es sich nicht um einen Verfassungsstaat handelt, der dem westlichen Rechts-

Führung der VRC gerade auf das Recht zur Durchsetzung politischer Vorgaben und die damit einhergehende Propagierung von Rechtsstaatlichkeit resultiert aus einem mit dem Fortschreiten der (wirtschaftlichen) Modernisierung der VRC sich verstärkenden Schwund der die Herrschaft der KPC stützenden ideologischen Basis. So fällt es der KPC zunehmend schwer, ihre Legitimität aus dem historischen Determinismus der sozialistischen Lehre abzuleiten und die Ausübung von Zwang zur Umsetzung ihrer politischen Linie durch den Rückgriff auf dieselbe zu rechtfertigen.[83] Das entstehende ideologische Vakuum soll durch das Recht gefüllt werden.[84] Die politische Führung versucht, »im Namen des Gesetzes« politische Macht auszuüben[85] und ihre Handlungen dadurch, dass diese »den Gesetzen entsprechen«, zu legitimieren. Dies bezieht sich insbesondere auch auf die Eindämmung von sozialem oder politischem Protest.[86] Indem derartige Verhaltensweisen als »rechtswidrig« dargestellt werden, lässt sich eine Rechtfertigung des Vorgehens gegen diese erreichen.[87] Das Recht ist damit nicht nur ein »bloßes Werkzeug zur Erreichung des [...] Zieles der sozialistischen Modernisierung«,[88] sondern gleich-

---

staatsverständnis entspricht. Auch der daneben gebräuchliche Ausdruck »gesetzesgestütztes Regieren« (*yifa zhiguo*) ist von der Idee des Rechtsstaates, wie sie im westlichen Kontext vorkommt, zu unterscheiden. So unterstreicht »gesetzesgestütztes Regieren« wieder die angesprochene instrumentelle Auffassung des Rechtes als ein mögliches Mittel zur Herrschaftsausübung, nicht aber die *Unterordnung* von Regierenden (und Partei) unter das Gesetz, wie es Element der Rechtsstaatlichkeit ist. »Gesetzesgestütztes Regieren« stellt also höchstens ein Bekenntnis zur Rechts*sicherheit* dar, eine zwar notwendige, aber nicht hinreichende Bedingung für Rechtsstaatlichkeit.

Zur differenzierteren Auseinandersetzung mit dem Konzept »Rechtsstaatlichkeit« in chinesischen akademischen Kreisen siehe »Zusammenfassung der Konferenz zu ›Rechtsstaatlichkeit und Reform des Rechtssystems‹« (*yifa zhiguo yu sifa tizhi gaige yantaohui jiyao*); in: *Faxue Yanjiu*, Vol.21, No.4 (1999): 151–160; Yin, Yijun 1999: 7–10; Chen, Albert 1999/2000; Peerenboom 2004b.

83 Potter 1994b: 325.

84 Lubman 1999: 306.

85 Epstein 1994: 20.

86 Shih 1993: 39; Alford 2000: 1707.

87 So vertrat z. B. der stellvertretende Direktor der Chinesischen Gesellschaft für das Studium der Menschenrechte, Dong Yunhu, in einer Erwiderung auf den Menschenrechtsbericht der amerikanischen Regierung 2003 (»Supporting Human Rights and Democracy: The US Record 2002–2003«; Fundstelle: http://www.state.gov/g/drl/rls/shrd/2002/ [Zugriff: 20.07.2005]) die Auffassung, dass in der rechtsstaatlichen VRC niemand wegen seiner Meinung oder seiner religiösen Überzeugungen verurteilt werde, *solange er nicht gegen geltende Gesetze des Staates verstoßen habe* (*SCMP*, 02.07.2003).

88 von Senger 1994: 99.

zeitig ein Instrument zur Aufrechterhaltung der sozialen Kontrolle des Staates über die Gesellschaft. Zu diesen Zwecken übernimmt bzw. orientiert sich die VRC an konkreten westlichen Rechtsnormen (im Bereich der rechtlichen Begleitung der wirtschaftlichen Modernisierung) sowie an Rechtskonzepten wie der Rechtsstaatlichkeit (zum Aufbau eines »sozialistischen Rechtswesens«).

Unterstützung bei der Übernahme von ausländischen Rechtsnormen und Konzepten erhielt die VRC durch eine Vielzahl von Rechtsberatungsmaßnahmen westlicher Geber wie der BRD und den USA. Ziel dieser Rechtszusammenarbeit ist es ebenfalls, durch Gesetzgebungsberatung, Ausbildung von juristischem und Verwaltungspersonal sowie durch rechtliche Schulung der Bevölkerung sowohl den Aufbau eines den Erfordernissen der wirtschaftlichen Modernisierung entsprechenden Grundstocks an Gesetzeswerken wie auch die Entstehung von rechtsstaatlichen Verhältnissen in der VRC zu fördern. Die damit einhergehende Transplantation von Rechtsnormen kann dabei wiederum als ein »mechanistischer« oder als ein »organischer« Prozess interpretiert werden.

1.1 Transplantation von Recht als ein mechanistischer Prozess

In einer mechanistischen Sichtweise wird davon ausgegangen, dass es sich bei Rechtsnormen und Konzepten um »Güter« handelt, die sich beliebig »importieren« bzw. »exportieren« lassen.[89] Ähnlich, wie auch der Im- bzw. Export anderer Güter einen einmaligen Akt darstellt, wird auch die Transplantation von Recht als ein Vorgang der Herausnahme von Recht aus dem Ursprungskontext und der Übergabe in einen neuen Kontext betrachtet, der dann abgeschlossen ist, wenn die Norm in Gesetzesform gebracht und verkündet ist: Transplantation von Recht besteht in dieser Sichtweise also darin, »dass rechtliches Gedankengut ohne Rücksicht auf seine Herkunft [...] aus den Sätzen des [...] ausländischen Gesetzesrechts, [...] ausländischen Gewohnheitsrechts, [...] ausländischen wissenschaftlichen oder politischen Schrifttums nach bestimmten Gesichtspunkten ausgewählt und in die Form eines Gesetzesentwurfs [...] gebracht, in wissenschaftlichen, politischen, parlamentarischen Diskussionen gesichtet, gesiebt, ergänzt, umgestaltet und schließlich in derjenigen Gestalt und mit demjenigen Gehalt in Kraft gesetzt wird, die der gesetzgebenden Instanz angemessen erscheint.«[90]

---

89 Dies schildert von Munch 1994: 3145, ohne jedoch diese mechanistische Auffassung zu teilen.

90 Hirsch 1981: 16 (Kürzungen durch die Verfasserin). Wie von Münch (1994) schildert auch Hirsch (1981) diese mechanistische Auffassung einer Transplantation von Recht, ohne sie zu teilen; er spricht vielmehr von »der *unrichtige[n]* Vorstel-

Ein Beispiel für eine derartige mechanistische Auffassung der Transplantation von Rechtsnormen stellt die »Law and Development«-Bewegung dar. Die Law and Development-Bewegung hatte ihren Ursprung in den 1960er und 1970er Jahren in den USA. Mit massiver Unterstützung durch die Ford Foundation und die Unites States Agency for International Development (USAID) wurde eine »Offensive des Rechtstransfers« vor allem in die Staaten Lateinamerikas begonnen.[91] Dabei wurde davon ausgegangen, dass Entwicklung – verstanden als »Fortschritt zum Besseren« – in den Zielländern möglich sei, wenn hierzu die richtigen Instrumente zum Einsatz kämen.[92] Als ein solches Instrument wurde von der Law and Development-Bewegung das Recht sowie dessen korrekte Anwendung angesehen:[93] »Die Aufgabe, Recht zum Instrument der Entwicklung zu machen, wird in erster Linie als die Suche nach juristischen *Erfindungen* verstanden, mit deren Hilfe sich Entwicklungsziele verfolgen lassen.«[94] Daher war es ein wichtiger Bestandteil der Law and Development-Bewegung, den Bestand an Rechtsnormen in den Empfängerländern zu reformieren – häufig auch dadurch, dass amerikanische Gesetze, übersetzt in die jeweilige Landessprache, erlassen wurden.[95] Durch eine solche Übertragung »moderner« Institutionen sollten somit die »rückständigen« Gesellschaften entwickelt werden.[96]

Ein weiterer Schwerpunkt der Law and Development-Bewegung lag auf der Rolle des Rechtsanwaltes als »social engineer« im Prozess der Modernisierung und des Fortschrittes, die sich wiederum hauptsächlich vom Rollenverständnis des Anwaltes im amerikanischen Rechtssystem ableitet. Hier wird der Anwalt als ein Medium angesehen, welches für die Durchsetzung und den Schutz der sozialen Interessen Einzelner oder von Gruppen eintritt; gestützt auf das Gesetz sollen so die Anwälte legitimen sozialen Interessen und sozialer Gerechtigkeit zum Durchbruch verhelfen und auf diese Weise ebenfalls zum Fortschritt der Gesellschaft beitragen.[97] Um einen solchen Anwaltsstand, der die vorgesehene Rolle des Aktivisten für progressiven sozialen Wandel erfüllen konnte, aufzubauen, war auch die Juristenausbildung nach amerikanischem Vorbild ein wichtiger Bestandteil der Law and Development-Bewegung.[98]

---

lung, die [Transplantation] sei ein einmaliger Akt« (Hirsch 1981: 17; Hervorhebung und Ergänzungen der Verfasserin).

91 Gaul 2001: 65.

92 Merryman 1977: 462/463.

93 ibid.: 466.

94 Bryde 1986: 14 (Hervorhebung der Verfasserin).

95 Merryman 1977: 483.

96 Gaul 2001: 65.

97 Merryman 1977: 465–466; Carothers 1999: 24.

98 Heinz 1998: 80.

Die Law and Development-Bewegung, die sehr stark von amerikanischem Sendungsbewusstsein und Idealismus getragen war,[99] konnte jedoch nicht die Erfolge verzeichnen, auf die sich gemäß dem etwas naiven Postulat »exportiertes amerikanisches Recht fördert – kontextunabhängig – wirtschaftlichen und sozialen Fortschritt« die Hoffnung der Bewegung gerichtet hatte. Die Folge war eine Phase der starken (Selbst-)Kritik an der Bewegung[100] und schließlich ihr Abflachen.

1.2 Transplantation von Recht als Wandel des Rechtsdenkens

Das Scheitern der Law and Development-Bewegung veranschaulicht damit, dass Rechtsnormen und Konzepte nicht wie »Bauteile einer Maschine« beliebig austauschbar sind.[101] Vielmehr bedeutet die Transplantation einer jeden neuen Norm zunächst die »Übertragung und Einpflanzung von rechtlichem *Gedankengut*«,[102] welches seinerseits wieder in dem politischen, gesellschaftlichen, sozialen und wirtschaftlichen Umfeld, in dem die Norm ihren Ursprung hat, wurzelt. Dieses Umfeld prägt die Rechtsnormen und Konzepte, ihre spezifische Bedeutung, Anwendung und Interpretation wesentlich. Dies gilt umso mehr, je mehr Rechtsnormen mit den politischen Machtstrukturen einer Gesellschaft verwoben sind[103] und damit vor allem für Normen aus dem Bereich Verfassungsrecht, Verfahrensrecht und Strafrecht.[104] Weniger stark mit dem sozialen Kontext verwobene Rechtsnormen »technischer« Natur[105] lassen sich dieser Sichtweise entsprechend leichter von einem Kontext in einen fremden transplantieren; gleichwohl ist aber auch in diesen Fällen festzustellen, dass unterschiedliche Stile der juristischen Argumentation und verschiedene – kontextabhängige – Interpretationen der Norm nicht mit transplantiert werden, sodass sich auch derartige Normen nicht reibungslos in den neuen Kontext einpassen und dort nicht immer die gleiche Wirkung wie in ihrer Ursprungsjurisdiktion erzeugen.[106]

Dieses Problem wird in der Praxis vor allem daran deutlich, dass es der VRC seit Einleitung der Rechtsreformen Ende der 1970er Jahre zwar gelungen ist, in vielen Bereichen eine große Anzahl tauglicher Gesetze zu erlassen. Viele dieser Gesetze entstanden jedoch – entsprechend der oben dargestellten mechanistischen Sicht einer Transplantation von Recht – nach dem Muster,

99 Bryde 1986: 12.
100 Siehe hierzu vor allem: Trubek/Galanter 1974.
101 Teubner 1998: 233.
102 Hirsch 1981: 12 (Hervorhebung der Verfasserin).
103 Kahn-Freund 1978: 305; Teubner 1998: 240.
104 Kahn-Freund 1978: 303; 309; 312.
105 Hierzu lassen sich z. B. Normen aus dem Bereich des Wirtschaftsrechts zählen.
106 Teubner 1998: 243.

dass ausländische Gesetze als Standard-Vorgaben für die Regelung bestimmter Bereiche im Prozess der chinesischen Gesetzesausarbeitung kopiert wurden.[107] Diese Gesetze aus unterschiedlichen politischen und gesellschaftlichen Kontexten sind gleichwohl nicht den politischen, gesellschaftlichen und sozialen Gegebenheiten in der VRC angepasst, sodass die verschiedenen Adressaten der Normen deren Autorität nicht anerkennen und dementsprechend ihr Verhalten nicht an den Vorgaben der Normen ausrichten; das nach ausländischem Vorbild entworfene Gesetz bleibt also »*lettre morte*«.[108] Dies wird deutlich an der in der VRC unzureichenden Durchsetzung bestehender Gesetze, die sowohl von ausländischer[109] wie auch von chinesischer Seite[110] als schwerwiegendes Problem identifiziert wird. Als besonders augenfälliges Beispiel ist hier der mangelnde Schutz geistigen Eigentums (IPR) zu nennen.[111] Bereits 1983 bzw. 1985 wurden in der VRC ein Marken- und Patentgesetz erlassen, die im Rahmen deutsch-chinesischer Rechtszusammenarbeit mit Unterstützung des Max-Planck-Instituts für ausländisches und internationales Patent-, Urheber- und Wettbewerbsrecht (München) sowie des Deutschen Patentamtes (München) ausgearbeitet worden waren.[112] Das nach wie vor erhebliche Ausmaß von IPR-Verletzungen in der VRC zeigt jedoch, dass die bestehenden Gesetze kaum das Verhalten der Normadressaten im intendierten Sinne beeinflussen können. Weder auf Seiten der Rechtsunterworfenen noch auf Seiten der rechtsanwendenden Justiz hat sich das Rechtsbewusstsein hinsichtlich der Notwendigkeit des IPR-Schutzes und der legitimen Interessen der Inhaber von Patent- und Markenrechten nennenswert gewan-

107 Seidman/Seidman 1997: 7–8.

108 Hirsch 1981: 23; Chen 1999/2000: 153. Hirsch (1981) spricht in diesem Zusammenhang vom Zustand der »Idealität« von Rechtsnormen gegenüber dem Zustand der »Realität« von Normen. Im ersten Fall ist lediglich davon auszugehen, dass die Normen gelten *sollten*, während sie im zweiten Fall auch *tatsächlich gelten*, das heißt die Normadressaten auch ohne die unmittelbare Androhung von Zwang dazu bringen, ihr Verhalten an den Normvorgaben auszurichten (Hirsch 1981: 131–132). Transplantierte Rechtsnormen bleiben demnach solange reine »Ideale«, bis sie im neuen Kontext von den Rechtsunterworfenen verinnerlicht und damit auch ohne die Androhung von Zwang befolgt werden (siehe hierzu Epstein 1994: 28–31).

109 Nach Julius (2002) bezeichnen zahlreiche westliche in der VRC tätige Unternehmen den dringendsten Handlungsbedarf im Hinblick auf die Rechtsreformen in der VRC als »Durchsetzung des Rechts« (Julius 2002: 37–43, passim).

110 »Die Autorität des Rechtssystems stärken« (*shuli fazhi de quanwei*); in: *Renmin Ribao*, 14.03.2003

111 Siehe hierzu auch Blume 2004

112 Blaurock 1994: 14; Xu 1999: 5.

delt; IPR-Verletzungen sind nach wie vor »an elegant offence«.[113] Um hier Verbesserungen zu erreichen, ist es erforderlich, dass Rechtsberatung sich nicht nur auf die Unterstützung bei der Ausarbeitung entsprechender gesetzlicher Regelungen beschränkt, sondern darüber hinaus juristisches Personal für die Bekämpfung von IPR-Verstößen schult und insbesondere versucht, auch auf Seiten der Bevölkerung und der Konsumenten ein Bewusstsein für den Nutzen und die Notwendigkeit von IPR-Schutz zu erzeugen.

An diesem Beispiel wird deutlich, dass transplantierte Rechtsnormen und Konzepte nur dann auch in der Rechtswirklichkeit Geltung beanspruchen, also ein Verhalten entsprechend dieser Gesetze bewirken können, wenn durch die Schulung von Justizangehörigen als Rechtsanwendern wie auch durch einen Wandel des Rechtsbewusstseins der Bevölkerung neben den importierten Normen auch ein neues Rechts*denken* in das Rechtssystem der VRC Eingang finden kann. Eine erfolgreiche Transplantation von Rechtsnormen und Konzepten hängt also mit anderen Worten davon ab, »ob und inwieweit das importierte rechtliche Gedankengut im Laufe der Zeit seinen Charakter als fremdes verliert und als Bestandteil oder Wirkungsfaktor im nationalen Recht aufgeht.«[114]

Nachdem nun unter Rückgriff auf die Erkenntnisse der juristischen Disziplin der Rechtsvergleichung dargelegt wurde, dass eine Transplantation von Recht – aufgefasst als ein »organischer« Prozess – immer auch einen Wandel des Rechtsdenkens auf der Empfängerseite voraussetzt, soll nun herausgearbeitet werden, welche Triebkräfte zu benennen sind, die es überhaupt erst zu einer Transplantation von Rechtsnormen und Konzepten kommen lassen: ist es die Überzeugungskraft, die bestimmte Rechtsnormen und Konzepte ausstrahlen, die zu ihrer Übernahme in fremde Rechtsordnungen führt oder können andere Faktoren zu einem Verständnis des Prozesses der Transplantation von Recht herangezogen werden?

2. Die Bedeutung von Akteuren für die Transplantation von Rechtsnormen und Konzepten

Vor allem in der juristischen Disziplin der Rechtsvergleichung wird teilweise der Standpunkt vertreten, dass allein aufgrund der rechtsdogmatischen Überzeugungskraft von Rechtsnormen und Konzepten eine allmähliche Annäherung der rechtlichen Standpunkte und eine Verringerung der rechtlichen Divergenzen zwischen einzelnen Rechtsordnungen möglich ist. Langfristig soll damit durch die Transplantation der »besten« Normen sukzessive eine – von »unsichtbarer Hand« geleitete – Harmonisierung der Rechtsordnungen aller Staaten nach dem Vorbild universell anerkannter Rechtsnormen und in

113 Siehe hierzu die Studie von Alford 1995.

114 Hirsch 1981: 136.

letzter Konsequenz eine Entwicklung hin zu einem »droit commun de l'humanité« erreicht werden.[115]

Die Praxis zeigt jedoch, dass nur in den seltensten Fällen eine vorherige eingehende Beschäftigung mit fremden Rechtsnormen und eine auf der Basis der daraus gewonnenen Erkenntnisse getroffene Entscheidung für die besten Normen zu einer Transplantation führt.[116] Dies wirft somit die Frage auf, welche Faktoren – wenn nicht die objektive Überzeugungskraft von Rechtsnormen und Konzepten – eine Transplantation beeinflussen. Weiterhin ist auch der Hinweis auf die »unsichtbare Hand«, die die Transplantation von Recht bewirken soll, nur eine unbefriedigende Erklärung für dieses Phänomen.

Statt dessen möchte die vorliegende Studie anhand der ausgewählten Fallstudien auf die Bedeutung von (kollektiven und individuellen) Akteuren in der Rechtszusammenarbeit für eine Transplantation von Rechtsnormen und Konzepten hinweisen. Schauer stellt zutreffend fest: »Laws do not have wings«[117] – Rechtsnormen und Konzepte sind zu ihrer Verbreitung vielmehr auf das Handeln von Akteuren angewiesen; die Transplantation von Recht ist somit als »Funktion« menschlichen Handelns aufzufassen und unterliegt damit insbesondere auch dem Einfluss der verschiedenen *Anreize und Interessen*, die wiederum das Handeln der Akteure bestimmen.[118] Insbesondere im Hinblick auf Staaten als kollektive Akteure gibt es Anhaltspunkte für die Vermutung, dass diese die Rechtsberatung in den Dienst anderweitiger, vor allem außenpolitischer und außenwirtschaftlicher Interessen stellen, sodass hier außerrechtliche Motive einen Einfluss auf die Migration von Rechtsnormen erhalten. Auch in der Rechtsberatung aktive NRO und akademische Einrichtungen sowie Individuen verfolgen wirtschaftliche wie auch Prestigeinteressen, die damit Auswirkungen auf die Transplantation von Rechtsnormen und Konzepten haben.

Im Folgenden soll zunächst dargelegt werden, welche Interessen, die individuelle und kollektive Akteure in der deutsch-chinesischen und amerikanisch-chinesischen Rechtszusammenarbeit verfolgen, generell denkbar sind. Aufgabe des empirischen Teils der vorliegenden Studie (Kapitel V und VI) wird es dann sein zu erhärten, welche dieser Interessen in welchem Maße in der deutschen und amerikanischen Rechtsberatung gegenüber der VRC tatsächlich wirken.

---

115 Zweigert/Kötz 1996: 2–3; vgl. Schauer 2000: 19.

116 Sacco 1991: 4; Interview 03/2003

117 Schauer 2000: 19.

118 ibid.

2.1. Akteure und Akteursinteressen

2.1.1 Wirtschaftliche Interessen

Eine wichtige Rolle in der Rechtszusammenarbeit spielen wirtschaftliche Interessen. So ist ein wichtiger Beweggrund für westliche Staaten wie die BRD und die USA, durch Rechtsberatungsmaßnahmen Rechtsnormen und Konzepte aus der eigenen Rechtsordnung in die VRC zu exportieren, darin zu sehen, dass Investoren aus dem eigenen Land der Zugang zum chinesischen Markt erleichtert werden soll. Hier steht vor allem die Überlegung im Mittelpunkt, dass die Übernahme von Elementen der eigenen Rechtsordnung durch die VRC es diesen Investoren erheblich erleichtert, auf dem chinesischen Markt Fuß zu fassen, wenn diesen die dort zur Anwendung kommenden rechtlichen Regelungen bereits aus ihrer heimatlichen Umgebung vertraut sind.[119]

Auch Rechtsberatungsmaßnahmen zur Qualifizierung von juristischem wie auch von Verwaltungspersonal folgen dem Interesse der Geber-Staaten, die Rahmenbedingungen für Investoren aus dem eigenen Land im Hinblick auf (gerichtlichen) Schutz und Durchsetzung von Rechten zu verbessern. Rechtszusammenarbeit in diesen Bereichen dient somit der Erleichterung des Markteintrittes und damit letztlich der Förderung der eigenen inländischen Wirtschaft der Berater-Staaten.[120]

Ebenso wie die Erleichterung des Markteintrittes ist auch das Streben nach Schutz für eigene Unternehmen ein wichtiger Beweggrund für westliche Staaten, sich im Bereich der Rechtsberatung gegenüber der VRC zu engagieren. In diesen Bereich fällt zum Beispiel die Gesetzgebungsberatung zum Schutz des geistigen Eigentums, wie sie von Seiten der BRD und der USA in hohem Maße durchgeführt wurde und wird. Insgesamt spiegelt sich das starke Interesse an einer (Mit-)Gestaltung der rechtlichen Ordnung des chinesischen Marktes wider in dem großen Anteil, den deutsche und amerikanische staatliche und nicht-staatliche Stellen der Beratung im Bereich des Wirtschaftsrechts einräumen.[121]

Auch nicht-staatliche Akteure erwarten einen wirtschaftlichen Nutzen von einer Beteiligung an Rechtsberatungsmaßnahmen. So gehen beispielsweise große private Anwaltskanzleien, die sich um von staatlichen Stellen öffentlich ausgeschriebene Rechtsberatungsleistungen (z. B. die Ausarbeitung von Gesetzesentwürfen) bewerben, davon aus, dass sich für sie Folgeaufträge aus den Staaten, um deren Gesetzgebung es geht, ergeben werden.[122]

---

119 Vgl. Röhl/Magen 1996: 46.

120 Xu 1999: 1; Tomsa 1997: 1000.

121 Woodman 2004: 30.

122 Von Münch 1994: 3146.

Ebenso wie das Angebot an Rechtsberatungsmaßnahmen wirtschaftlichen Interessen der Rechts-»Exporteure« unterliegt, wirken auch wirtschaftliche Motive auf die Entscheidung der VRC, als »Importeur« bestimmte Rechtsnormen zu übernehmen, ein. So entsprach die VRC im Jahr 1992 mit der Revision des Patentgesetzes den massiven Forderungen des amerikanischen Kongresses nach einer Verbesserung des Schutzes des geistigen Eigentums ausländischer Investoren.[123] In diesem Fall diente die Anpassung an international geltende rechtliche Standards der Verbesserung der durch die Frage des unzureichenden Schutzes geistigen Eigentums schwer belasteten Handelsbeziehungen der VRC zu den USA.

Weiterhin haben insbesondere die tatsächlich bestehenden oder angestrebten außenwirtschaftlichen Beziehungen besonderen Einfluss auf die Entscheidung, aus welchem Staat Rechtsnormen übernommen werden sollen. So wird häufig das (Wirtschafts-)Recht derjenigen Staaten rezipiert, zu denen bereits intensive Handelsbeziehungen bestehen.

2.1.2 Außenpolitische Interessen

Die Rechtsberatung gegenüber der VRC ist auf Seiten der »Exporteure« von Rechtsnormen immer auch eingebettet in weiterführende außenpolitische Interessen. Dies sind vor allem die Förderung von Demokratie und Rechtsstaatlichkeit sowie der Schutz der Menschenrechte. Aufgrund der allgemeinen welt- und sicherheitspolitischen Stellung der VRC als Ständiges Mitglied des UN-Sicherheitsrates und als aufstrebende Regionalmacht in Ostasien sowie der Bedeutung der chinesischen Wirtschaft und des Zuganges zum chinesischen Markt für ausländische Investoren und Produkte ist es gleichwohl für westliche Staaten wie die BRD und die USA nicht unproblematisch, offen außenpolitischen und wirtschaftlichen Druck auf die VRC zur Verbesserung der Menschenrechtssituation und zur Förderung von Rechtsstaatlichkeit auszuüben. Vor diesem Hintergrund wird die Rechtsberatung häufig als ein Vehikel angesehen, mit dessen Hilfe Menschenrechtsstandards und Rechtsstaatlichkeitsideale unter dem Vorwand rein rechtstechnischer Zusammenarbeit in die VRC hinein geschleust werden sollen. Mit einer solchen Rechtsberatung als »Trojanisches Pferd« verbindet sich die Hoffnung, dass durch die Beratung reformbereite Kräfte in der VRC gestärkt werden und sich so ein Druck »von innen« für mehr Reformen in den Bereichen Rechtsstaatlichkeit und Menschenrechtsschutz aufbaut, den die chinesische Führung langfristig nicht wird unterdrücken können.[124] Rechtsberatung soll hier der deutschen wie der amerikanischen Regierung dazu dienen, eine Anpassung der VRC an internationale Menschenrechts- und Rechtsstaatlichkeitsstan-

123 Tanner 1999: 7.

124 Stephenson 2000: 14.

dards herbeizuführen, jedoch ohne zu diesem Zweck kostenintensiven außenpolitischen und wirtschaftlichen Druck auf die VRC ausüben zu müssen. Gleichzeitig kann die Rechtszusammenarbeit aber auch eine Alibi-Funktion erfüllen, wenn Regierungen nicht dazu bereit sind, gute (wirtschaftliche) Beziehungen zur VRC durch Auseinandersetzungen in Menschenrechts- und Rechtsstaatlichkeitsfragen zu belasten, sich aber gleichwohl gezwungen sehen, gegenüber einer kritischen Öffentlichkeit ein Engagement zur Verbesserung der Menschenrechtssituation in der VRC vorzuweisen. Hier kann die Rechtszusammenarbeit helfen, kritische Fragen aus den Bereichen Rechtsstaatlichkeit und Menschenrechtsschutz auf einem Nebenschauplatz zu bearbeiten, ohne dadurch die substanziellen Beziehungen zu belasten.

2.1.3 Prestigeinteressen

Schließlich haben auch Prestigeinteressen – auf Seiten der beratenden Staaten wie auch der VRC als Empfänger, sowie auf Seiten der teilnehmenden Individuen und Organisationen auf beiden Seiten – einen wichtigen Einfluss auf die Migration von Rechtsnormen.

So erhöht es international das Ansehen und die Reputation der Rechtsordnung und Jurisprudenz eines Staates, wenn es diesem gelingt, durch die Rechtsberatung die Rechtsordnung eines potenziell so bedeutenden staatlichen Akteurs wie der VRC gemäß dem Vorbild der eigenen Rechtsordnung zu prägen.[125]

Derartige Prestigeinteressen gelten in gleichem Maße auch für die an der Rechtsberatung beteiligten Organisationen und Individuen auf chinesischer wie auf westlicher Seite. So bedeutet es einen Ansehensgewinn für eine westliche Organisation oder akademische Einrichtung, wenn sie zu Rechtsberatungsmaßnahmen in der VRC herangezogen wird.[126] Dieser Prestigegewinn erhöht sich, je höher stehend die chinesische Partnerorganisation ist. Insbesondere diejenigen nicht-staatlichen beratenden Organisationen (vor allem in den USA), die sich aus Zuwendungen von Steuergeldern finanzieren, können einen solchen Prestigegewinn nutzbar machen, um öffentliche Gelder für die eigene Arbeit einzuwerben und so auf dem »Markt« der Anbieter von Rechtsberatung erfolgreich zu bestehen. Dies führt auch dazu, dass sich die amerikanische und deutsche Rechtsberatung jedenfalls teilweise auf oberste chinesische Institutionen auf der Zentralebene konzentriert, wie zum Beispiel den NVK, den SR, das Oberste Volksgericht (*zui gao renmin fayuan* – OVG) und das dem OVG angegliederte oberste Ausbildungsinstitut für Richter, die Nationale Richterakademie (*guojia faguan xueyuan* – NRA). Westlichen Organisationen fällt es nach Aussage von Experten leichter, Gelder für die

125 Vgl. Schauer 2000: 21.
126 Vgl. ibid.: 19.

eigene Arbeit zu akquirieren, wenn auf derartige hochrangige chinesische Partnerorganisationen verwiesen werden kann.[127]

Auch von den Organisationen auf chinesischer Seite wird ein Ansehenszuwachs aus der Teilnahme an Rechtszusammenarbeit erwartet. Dabei versuchen einzelne Institutionen wie der NVK, diesen Prestigegewinn dahingehend nutzbar zu machen, dass sich ihr Gewicht gegenüber anderen chinesischen Institutionen, vor allem dem SR, erhöht und sich daraus im oft unklaren Kompetenzgefüge ein stärkerer Einfluss des NVK auf die chinesische Rechtssetzung ergibt.[128]

Des Weiteren ist noch der von den beteiligten Individuen auf chinesischer und deutscher bzw. amerikanischer Seite durch die Teilnahme an den Rechtsberatungsmaßnahmen erwartete persönliche Prestigegewinn anzusprechen. So erhoffen sich die chinesischen Teilnehmer sehr häufig einen positiven Einfluss auf ihre persönliche Karriere von der Zusammenarbeit mit namhaften westlichen Rechtsexperten.[129] Für westliche Berater ergibt sich aus der Rechtsberatung ein interessantes neues Tätigkeitsfeld sowie eine Aufwertung ihrer bisherigen (wissenschaftlichen) Arbeit durch die Berufung als »Experte«.

Hinzu treten schließlich noch die Aussichten auf mit den Rechtsberatungsmaßnahmen verbundene Auslandsreisen. Der ganz überwiegende Teil vor allem der deutschen Rechtsberatungsprogramme beinhaltet Studienreisen für chinesische Teilnehmer bzw. Aufenthalte von westlichen Experten in der VRC als wichtige Programmbestandteile. Diese »Reise-Renten« sind insbesondere für die chinesischen Teilnehmer, denen sich – meist aus finanziellen Gründen – kaum die Möglichkeit eines Auslandsaufenthaltes in den USA oder Europa bietet, ein nicht zu unterschätzender Anreiz für die Teilnahme an Rechtsberatungsmaßnahmen. Diese Anreizstruktur ist auch den westlichen Koordinatoren von Rechtsberatungsprogrammen bewusst; so wurde darauf hingewiesen, dass man in der Frage der »Reise-Renten« keinerlei Illusionen im Hinblick auf die Motivationen der Teilnehmer an Rechtsberatungsmaßnahmen hegen dürfe.[130]

2.1.4 Zwischenbetrachtung

Anhand dieser Ausführungen sollte deutlich geworden sein, dass es eine Vielzahl denkbarer außerrechtlicher Interessen gibt, die das Angebot bzw. die Übernahme von Rechtsnormen und Konzepten durch die Rechtszusammenarbeit zwischen westlichen Staaten wie der BRD und den USA mit der VRC

---

127 Interview 02/2002

128 ibid.

129 ibid.

130 ibid.

beeinflussen. Auch für individuelle Akteure gibt es vielfältige Anreize, sich an der Rechtszusammenarbeit zu beteiligen. Gleichzeitig deutet der Hinweis darauf, dass verschiedene Akteursinteressen wichtige Einflussfaktoren für die Transplantation von Rechtsnormen und Konzepten sind, Akteure mit dem Export bzw. Import von Rechtsnormen also eigene Interessen fördern wollen, auch darauf hin, dass mit der Transplantation von Recht immer auch die Ausübung von Macht verbunden ist. So kann auf Seiten der Geber das Bestreben, durch den Export eigener Rechtsnormen den Empfänger stärker an sich zu binden, da dieser sich durch die Übernahme von Rechtsnormen und Konzepten auch in eine gewisse »geistige Abhängigkeit [...] von der rechtsphilosophischen, rechtstechnischen und rechtswissenschaftlichen Entwicklung« im Ursprungsland der Norm begibt,[131] Anreiz sein, sich in der Rechtszusammenarbeit zu engagieren. Der gleiche Zusammenhang führt auch dazu, dass Empfänger von Rechtsnormen häufig eher Transplantate aus den Rechtsordnungen unbedeutender Staaten übernehmen, da hier die unvermeidliche Abhängigkeit aufgrund deren geringeren Machtpotenzials weniger bedrohlich erscheint.[132]

Die Bedeutung von Akteursinteressen, die hier nur skizziert wurde und im empirischen Teil der Studie näher untersucht werden soll, ist gleichwohl nur ein Aspekt der akteurszentrierten Dimension der Transplantation von Rechtsnormen und Konzepten. Die Betonung von Akteursinteressen erleichtert das Verständnis, *warum* es zu einer Transplantation von Recht kommt. Wenn – wie oben geschehen – der Hinweis auf die »unsichtbare Hand«, deren Wirken zu einer Verbreitung von Rechtsnormen und Konzepten beiträgt,[133] als nicht hinreichende Erklärung betrachtet wird, so stellt sich weiterhin die Frage, *auf welche Weise* es zu einer Transplantation von Recht kommen kann. Hier ist für das Verständnis des Phänomens der Transplantation auf die Wirkungen abzustellen, die sich aus der *Interaktion* der an der Rechtszusammenarbeit beteiligten chinesischen und deutschen bzw. amerikanischen Rechtsexperten ergeben. Es wird hier die Auffassung vertreten, dass Netzwerke zwischen diesen Rechtsexperten, die im Zuge ihrer Interaktion und Kommunikation entstehen, wichtige Kanäle sind, über die eine Transplantation von Rechtsnormen und Konzepten möglich wird. Durch die Einbeziehung des Konzeptes der »epistemischen Gemeinschaften« erhält das Verständnis der Transplantation von Rechtsnormen und Konzepten darüber hinaus eine *transnationale* Dimension, die im Folgenden erläutert werden soll.

131 Hirsch 1981: 26 (Auslassung durch die Verfasserin).

132 Interview 03/2003; vgl. Röhl/Magen 1996: 44.

133 Vgl. Schauer 2000: 19.

2.2 Kontakte zwischen Rechtsexperten im Rahmen der Rechtszusammenarbeit: Die transnationale Dimension

Rechtsexperten sind auf vielfältige Weise an der Durchführung von Rechtsberatungsmaßnahmen beteiligt. Denkbar ist z. B. ihr Einsatz als Kurzzeit- oder Langzeit-Experten bei der Gesetzgebungsberatung, als Trainer in Programmen zur Schulung von Justiz- und Verwaltungspersonal, als Gastdozent oder Austauschwissenschaftler bzw. Gaststudent an chinesischen und ausländischen Universitäten, als Programmkoordinator ebenso wie als Mitarbeiter in chinesischen Ministerien, Behörden und Gerichten, die an den Beratungsprogrammen teilnehmen. Immer jedoch kommt es im Zuge der vielfältigen Formen von Rechtszusammenarbeit zu einer Vielzahl von Kontakten zwischen deutschen und amerikanischen Rechtsexperten und ihren chinesischen Kollegen. Dabei können derartige Kontakte als eine Form der transnationalen Beziehungen angesehen werden.

Keohane/Nye definieren transnationale Beziehungen als »contacts, coalitions, and interactions across state boundaries that are not controlled by the central foreign policy organs of governments.«[134] Interaktionen zwischen deutschen bzw. amerikanischen und chinesischen Rechtsexperten lassen sich als derartige transnationale Beziehungen definieren, da es sich auch hier um grenzüberschreitende Kontakte zwischen Akteuren handelt, die auch selbst in dem Fall, dass die Kontakte im Rahmen zwischenstaatlicher Rechtsberatungsprogramme zustande kommen, nicht den außenpolitischen Apparaten ihrer jeweiligen Regierungen unterstehen. Vielmehr treten die westlichen Experten in ihren Eigenschaften als individuelle Rechtswissenschaftler auf, die ihre eigenen Standpunkte zu den Gegenständen der Zusammenarbeit darlegen und nicht notwendig der Linie der Regierungen der Geber-Staaten folgen. Auch für die Rechtsexperten auf chinesischer Seite trifft zu, dass es diesen – jedenfalls im akademischen Bereich – möglich ist, weitgehend unabhängig mit ihren westlichen Kollegen in einen Gedankenaustausch zu treten[135] und sich von offiziellen Vorgaben zu lösen.

Die Interaktionen zwischen chinesischen und westlichen Rechtsexperten, die die transnationalen Beziehungen ausmachen, sind weiterhin in der Lage, »the movement of tangible or *intangible* items across state boundaries when at least one actor is not an agent of a government or an international organization«[136] zu ermöglichen. Damit tragen transnationale Beziehungen, die sich wie ein »Spinnennetz« über die Nationalstaaten legen, maßgeblich mit bei zur Verbreitung auch von »nicht-stofflichen« Objekten wie eben im vor-

134 Keohane/Nye 1973: xi.

135 Interview 02/2002; 12/2002; 07/2003

136 Keohane/Nye 1973: xi (Hervorhebung der Verfasserin).

liegenden Fall konkreten Rechtsnormen und den diesen zugrunde liegenden Rechtsgedanken über nationale und kulturelle Grenzen hinweg.[137]

Durch die Interaktion von chinesischen und deutschen bzw. amerikanischen Rechtsexperten, die sich mit zunehmender Rechtszusammenarbeit mit der VRC in vielen Bereichen verstärkt hat und sich noch weiter verstärken wird, entsteht ein »weltweites Netz rechtlicher Kommunikation«,[138] welches im Idealfall zu einer »Globalisierung« der Expertenansichten[139] in bestimmten Rechtsfragen oder auch hinsichtlich der Einschätzung von Rechtsstaatlichkeit führt. Eine solche Globalisierung ist besonders bedeutsam vor dem Hintergrund, dass mit fortschreitender Integration der VRC vor allem in das internationale Wirtschaftssystem – der Ende 2001 vollzogene WTO-Beitritt verstärkt hier die bereits bestehende Verflechtung noch einmal in hohem Maße – die VRC auch in ihrem eigenen Rechtssystem Voraussetzungen schaffen und Werte anerkennen muss, die konstitutive Bestandteile dieser Wirtschaftsordnung sind.[140]

Insofern liegt die Schlüsselrolle der Rechtsexperten gerade darin, dass sie als »creative ideologistst« und »symbol traders«[141] die Träger sowohl von konkreten Rechtsnormen wie auch von grundlegenden Rechtskonzepten wie der Rechtsstaatlichkeit sind. Die aktive Beteiligung der Rechtsexperten an den Rechtsberatungsprogrammen erlaubt es diesen daher sowohl, auf die konkrete Ausgestaltung bestimmter rechtlicher Regime Einfluss zu nehmen wie auch die diesen Regimes in ihren Ursprungskontexten zugrunde liegenden Rechtsgedanken zu vermitteln.[142]

Der interpersonelle Einfluss auf die Transplantation von Rechtsnormen und Konzepten, der sich durch die zahlreichen Kontakte zwischen chinesischen und deutschen bzw. amerikanischen Rechtsexperten im Rahmen der Rechtszusammenarbeit ergibt, ist damit von großer Bedeutung für das Verständnis der Ursachen, die zur Übernahme von Rechtsnormen und Konzepten aus dem deutschen bzw. amerikanischen Kontext in das chinesische Rechtssystem führen. Die Transplantation von Rechtsnormen kann somit als »Konsequenz der interpersonellen Kooperation« zwischen den im Bereich der Rechtsberatung tätigen Experten angesehen werden.[143]

---

137 Risse-Kappen 1995a: 4; Picciotto 1996: 95.

138 Teubner 1998: 238.

139 Lampton 2001: 10.

140 ibid.: 10–11. Dies gilt vor allem hinsichtlich der Umsetzung zentraler WTO-Prinzipien wie ausreichende Transparenz (in Bezug auf die Veröffentlichung und Zugänglichkeit von Rechtsnormen) und Angleichung der chinesischen nationalen Gesetzgebung im Bereich IPR an internationale Standards.

141 Picciotto 1996: 106.

142 ibid.: 108.

143 Schauer 2000: 18, FN 40.

Diese »transnationale Kommunikation«[144] zwischen chinesischen und deutschen bzw. amerikanischen Rechtsexperten ist damit wichtig für das Verständnis der Übertragung westlicher Rechtsnormen und Konzepte in das chinesische Rechtssystem hinein; transnationale Akteure wie die Rechtsexperten sind also wichtige »Kanäle« für eine grenzüberschreitende Verbreitung von Recht. Des weiteren aber wird hier davon ausgegangen, dass diese »transnationale Kommunikation« auch das Rechtsdenken und -bewusstsein der chinesischen Juristen entsprechend der in westlichen Rechtssystemen wurzelnden Wertvorstellungen beeinflusst und damit, wie oben bereits angesprochen, eine wichtige Voraussetzung für eine erfolgreiche Transplantation von Recht im Zuge der Rechtszusammenarbeit darstellt.

Zusammenfassend lässt sich somit an dieser Stelle festhalten, dass in der vorliegenden Studie davon ausgegangen wird, dass sich die Transplantation von Rechtsnormen aus dem deutschen bzw. amerikanischen Kontext in das Rechtssystem der VRC hinein zum einen nicht als ein mechanistischer Vorgang des Im- bzw. Exportes eines »Gutes« Recht begreifen lässt, sondern dass eine erfolgreiche Transplantation von Rechtsnormen und Konzepten einen Wandel des Rechtsdenkens auf Seiten der chinesischen Juristen voraussetzt. Wichtige Einflüsse auf dieses Rechtsdenken und damit auf die Transplantation von Recht ergeben sich aus den transnationalen Kontakten zwischen chinesischen und amerikanischen bzw. deutschen Rechtsexperten im Zuge der Rechtszusammenarbeit.

Die Kontakte zwischen chinesischen und deutschen bzw. amerikanischen Rechtsexperten können dabei sehr unterschiedliche Formen annehmen. So entstehen Kontakte z. B. im Rahmen von Vorträgen westlicher Rechtsexperten vor chinesischen Kollegen, bei Symposien und Workshops. Längere und intensivere Kontakte können sich bei Schulungsmaßnahmen für chinesische Juristen sowie bei Aufenthalten von Gastwissenschaftlern und -studenten an deutschen und amerikanischen bzw. chinesischen Universitäten und Forschungseinrichtungen ergeben. Aber auch die unpersönliche Form des Austausches, die sich aus der gegenseitigen Wahrnehmung und gegebenenfalls Rezeption der Publikationstätigkeit chinesischer und westlicher Juristen ergibt, kann als ein solcher transnationaler Kontakt gewertet werden. Daher ist nun in einem zweiten Schritt danach zu fragen, wie die Kontakte beschaffen sein sollten, damit sie zum einen als Kanäle für eine Übertragung von Recht dienen können und zum anderen in der Lage sind, das Rechtsdenken der chinesischen Juristen zu beeinflussen und damit eine erfolgreiche Transplantation von Rechtsnormen und Konzepten zu ermöglichen.

Dabei wird im Folgenden die Auffassung vertreten, dass insbesondere transnationale Kontakte zwischen Rechtsexperten in Gestalt von *Netzwerken*

---

144 Röhl/Magen 1996: 25.

oder *epistemischen Gemeinschaften* eine Beeinflussung des Rechtsdenkens und damit eine erfolgreiche Transplantation von Rechtsnormen zulassen. Zunächst ist daher das Konzept der transnationalen Expertennetzwerke oder epistemischen Gemeinschaften, das im Wesentlichen auf Peter Haas zurückgeht, vorzustellen und weiterhin kritisch hinsichtlich seiner Verwendungsmöglichkeiten für die Analyse der transnationalen Kontakte zwischen Rechtsexperten in der chinesisch-deutschen und chinesisch-amerikanischen Rechtszusammenarbeit zu betrachten.

2.2.1 Epistemische Gemeinschaften als Experten-Netzwerke (Peter Haas)

Haas definiert epistemische Gemeinschaften als ein Netzwerk von Experten, die über anerkannte Expertise und Kompetenz in einem bestimmten Fachgebiet verfügen.[145] Haas nennt einige Charakteristika, welche die Mitglieder einer epistemischen Gemeinschaft kennzeichnen:[146] Zum einen teilen diese bestimmte normative und prinzipielle Überzeugungen, die die wertrationale Basis für das Handeln der Mitglieder darstellen, also eine gewisse professionelle Ethik. Des Weiteren herrscht ein gemeinsames Verständnis von Kausalzusammenhängen vor, auf Grund dessen die epistemische Gemeinschaft bestimmte Lösungsansätze für Probleme und bestimmte Politikergebnisse bevorzugt. Dabei sind es neben dieser Einsicht in Kausalzusammenhänge aber vor allem auch die normativen und prinzipiellen Überzeugungen der Mitglieder, die eine epistemische Gemeinschaft kennzeichnen.[147] Weiterhin besteht unter den Mitgliedern der Gemeinschaft ein Konsens über Vorstellungen von wissenschaftlicher Gültigkeit, anhand derer Wissen intersubjektiv überprüfbar gemacht wird. Schließlich ist als Motivation für das Tätigwerden der epistemischen Gemeinschaft ein gemeinsames politisches Anliegen anzusehen, welches zu realisieren die Mitglieder unter Rückgriff auf ihre fachliche Expertise anstreben – nicht zuletzt aus der Überzeugung heraus, auf diese Weise einen Beitrag zur Steigerung der Qualität menschlichen Zusammenlebens leisten zu können. Dabei spielt es keine Rolle, welchem Fachgebiet die Mitglieder der epistemischen Gemeinschaft angehören, das heißt es muss sich nicht notwendig um z. B. Naturwissenschaftler handeln, auch wenn eine solche Zuordnung auf Grund der Betonung der in der Gemeinschaft geteilten Vorstellungen über Kausalzusammenhänge und des intersubjektiv überprüfbaren Wissens nahe zu liegen scheint.[148] Auch beschränkt sich die Mitgliedschaft einer epistemischen Gemeinschaft nicht auf Individuen aus einem bestimmten Staat; vielmehr verhält es sich so, dass

145 Haas 1992: 3.

146 ibid.; Schaber/Ulbert 1994: 150.

147 Haas 1992: 20.

148 Vgl. Schaber/Ulbert 1994: 15.

durch die Diffusion der Überzeugungen und Werte, welche die Gemeinschaft teilt – z. B. durch den Austausch auf Konferenzen, Forschungszusammenarbeit, Veröffentlichungen und vielfältige persönliche informelle Kommunikation – eine epistemische Gemeinschaft mit der Zeit eine multinationale Mitgliedschaft erwerben kann,[149] das heißt sich durch ihre Aktivitäten über staatliche Grenzen hinweg zu einem transnationalen Akteur entwickelt.

Es stellt sich nach dieser Einführung in das Konzept der epistemischen Gemeinschaften nunmehr die Frage, inwieweit die transnationalen Kontakte zwischen chinesischen und westlichen Rechtsexperten im Rahmen der chinesisch-deutschen bzw. chinesisch-amerikanischen Rechtszusammenarbeit ebenfalls als eine Form der epistemischen Gemeinschaften aufgefasst werden können.

2.2.2 Epistemische Gemeinschaften als Konzept zur Analyse von Expertennetzwerken in der chinesisch-deutschen und chinesisch-amerikanischen Rechtszusammenarbeit

Epistemische Gemeinschaften zeichnen sich dadurch aus, dass ihre Mitglieder bestimmte kognitive und normative Einsichten teilen. Bei dem Versuch der Identifikation von epistemischen Gemeinschaften zwischen chinesischen und deutschen bzw. amerikanischen Rechtsexperten soll zum einen davon ausgegangen werden, dass zunächst auf Seiten der westlichen Rechtsexperten durch ihre Ausbildung als Juristen ein einheitliches Wissen hinsichtlich grundlegender Techniken der Gesetzesanwendung und Auslegung von juristischen Grundsätzen gegeben ist. Dieses Wissen schlägt sich nicht nur in einer geteilten Einsicht in Kausalzusammenhänge nieder, z. B. dass Gesetze und ein Rechtssystem, die in Aufbau und Systematik den Kriterien der Rechtswissenschaft genügen sowie eine Gesetzesanwendung und -auslegung nach rechtswissenschaftlichen Methoden ursächlich und unerlässlich sind für die Entfaltung und Prosperität der Wirtschaft, für effiziente und transparente Verwaltung und damit schließlich insgesamt für einen leistungsfähigen Staat. Auch teilen zunächst die westlichen Mitglieder der juristischen Profession normative und prinzipielle Überzeugungen wie vor allem die positive Bewertung des Konzeptes der Rechtsstaatlichkeit gegenüber einer *rule of man* sowie die Achtung der Menschenrechte. Eine Weitergabe konkreten rechtlichen Wissens wie auch insbesondere der normativen Überzeugungen von westlichen Juristen an ihre chinesischen Kollegen durch die Rechtszusammenarbeit und damit eine Beeinflussung des Rechtsdenkens der chinesischen Juristen ließe auf die Entstehung einer epistemischen Gemeinschaft zwischen den westlichen und chinesischen Rechtsexperten schließen.

---

149 Haas 1992: 17.

Epistemische Gemeinschaften sind, wenn sie zwischen chinesischen und deutschen bzw. amerikanischen Juristen entstehen, Kanäle, über die sowohl konkretes Rechtswissen und damit auch Rechtsnormen den chinesischen Juristen vermittelt werden. Gleichzeitig erfolgt aber auch eine Angleichung normativer Überzeugungen, also des Rechtsdenkens, sodass – wie oben dargelegt – überhaupt erst die Voraussetzung für eine erfolgreiche Transplantation von Recht im Rahmen der Rechtszusammenarbeit geschaffen werden kann. Damit wird der Einfluss epistemischer Gemeinschaften zunächst auf der Ebene des Individuums (Wandel des Rechtsdenkens) wie auf der Ebene des Subsystems Rechtssystem (erfolgreiche Transplantation von Rechtsnormen und Konzepten) deutlich. Gleichwohl ist aber auch ein Einfluss der epistemischen Gemeinschaften auf der Ebene des politischen Systems der VRC insgesamt denkbar.

Ein wesentliches Merkmal epistemischer Gemeinschaften ist, dass diese über Expertise und Kompetenz in einem bestimmten Fachgebiet verfügen. Dieses Fachwissen ist nun nicht nur im engen Rahmen der Profession relevant, sondern auch für politische Entscheidungsträger von Bedeutung. Diese sehen sich häufig, vor allem angesichts komplexer Probleme wie der Rechtsreform in der VRC, Situationen gegenüber, die von großer Unsicherheit geprägt sind. Vor diesem Hintergrund bedürfen Entscheidungsträger vielfältiger Informationen, die von den Mitgliedern epistemischer Gemeinschaften zur Verfügung gestellt werden können.[150] Epistemische Gemeinschaften wirken hier als »carriers of scientific knowledge into politics«[151] und verfügen damit auch über die Möglichkeit, auf konkrete staatliche Politiken einzuwirken, indem sie für die Entscheidungsträger die nötigen fachlichen Informationen zur Verfügung stellen.[152] Neben der fachlichen Expertise gelangen, wenn Mitglieder einer epistemischen Gemeinschaft beratend wirken, immer auch deren normative Wertvorstellungen mit in den politischen Prozess; dies ist umso mehr der Fall, wenn die Mitglieder einer epistemischen Gemeinschaft in staatlichen Beratungsgremien, *think tanks* oder Behörden angesiedelt und so in der Lage sind, bürokratische Macht auszuüben.[153] Wenn es den Mitgliedern einer epistemischen Gemeinschaft auf diese Weise gelingt, als anerkannte Experten in politische Entscheidungsprozesse eingebunden zu werden, können sie die Autorität entwickeln, die notwendig ist, um bei politi-

---

150 ibid.: 4.

151 »Science and Progress in International Relations – Conversation with Ernst B. Haas«; Fundstelle: http://globetrotter.berkeley.edu/people/Haas/haas-con0.html [Zugriff: 20.07.2005]

152 Haas 1992: 15–16.

153 ibid.: 30–31.

schen Entscheidungsträgern Gehör zu finden.[154] Eine solche »Infiltration« an Stellen politischer Entscheidungsfindung erlaubt es damit den epistemischen Gemeinschaften, ihre Vorstellungen und Überzeugungen in politischen Entscheidungen zum Tragen zu bringen.[155] Es stellt sich nun jedoch die Frage, inwieweit das politische System der VRC eine solche Einflussnahme auf politische Entscheidungen durch Experten überhaupt zulässt.

Wenn auch der Ständige Ausschuss des Politbüros der KPC das höchste politische Führungsgremium der VRC darstellt, so ist der politische Entscheidungsprozess in der VRC gleichwohl nicht länger als in höchstem Maße zentralisiert anzusehen. Während in der Ära Mao Zedongs (1949-1976) und Deng Xiaopings (1978-1994) alle Entscheidungsmacht in den Händen dieser charismatischen Führungspersönlichkeiten ruhte, die ihre Autorität auch zu einem wichtigen Teil aus ihrer Rolle in der chinesischen Revolution zogen, ist mit dem Machtantritt der »Dritten Führungsgeneration« um Jiang Zemin (1992/1993) und der »Vierten Führungsgeneration« um Staats- und Parteichef Hu Jintao (2002/2003) ein Übergang zu einer mehr kollegialen Führung festzustellen.[156] Diese Technokraten[157] verfügen zum einen über ein relativ hohes Bildungsniveau und fachliche Kompetenz;[158] da ihnen jedoch revolutionäres Charisma und (vor allem im Fall von Hu Jintao) eine umfassende parteiinterne Machtbasis fehlen, sind sie nicht in der Lage, Entscheidungsprozesse zu dominieren und somit vielmehr auf Konsultationen zur Entscheidungsfindung angewiesen.[159] Im Zuge einer solchen Entscheidungsfindung kommt der Überzeugung eine immer stärkere Bedeutung zu.[160] Daher greifen die politischen Entscheidungsträger der Dritten und Vierten Führungsgeneration verstärkt auf Expertise, wie sie von Mitgliedern epistemischer Gemeinschaften angeboten wird, zurück, um ihre Entschlüsse zu fundieren.[161] Durch diesen neuen Führungsstil, der sich zunehmend der Hilfe von Argumenten und nicht von revolutionärem Charisma bedienen muss, öffnet sich somit das politische System der VRC für den Einfluss von Wissen und normativen

154 Haas 1989: 398.

155 »Science and Progress in International Relations – Conversation with Ernst B. Haas«; Fundstelle: http://globetrotter.berkeley.edu/people/Haas/haas-con0.html [Zugriff: 20.07.2005]

156 Heilmann 2002b: 39–40.

157 Es besteht Uneinigkeit darüber, was den »Technokraten« im einzelnen ausmacht. Ein Vorschlag lautet, Technokraten zu definieren als »a person who is concurrently specialized by training in a technical science, holds a professional occupation, and has a leadership position« (Cheng/White 1998: 235).

158 Heilmann 2002b: 41.

159 Cheng/White 1998: 233/234; Heilmann 2002b: 63.

160 Vgl. Lampton 2001: 11.

161 Vgl. ibid.: 28; Glaser/Saunders 2002: 598.

Überzeugungen, wie sie von Mitgliedern epistemischer Gemeinschaften verbreitet werden.

Dabei vollzieht sich dieser Einfluss zunächst in Kontakten zwischen Individuen, wenn diese die durch die epistemischen Gemeinschaften vermittelten Fakten und Überzeugungen verinnerlichen. Dieser Einfluss auf einer interpersonellen Ebene kann sich aber langfristig auch in institutionellem und politischem Lernen niederschlagen,[162] sodass von epistemischen Gemeinschaften eine Beeinflussung des politischen Systems der VRC im vorliegenden Fall hin zu mehr Rechtsstaatlichkeit möglich ist.

Besonders stark ist dieser Einfluss von epistemischen Gemeinschaften dann anzunehmen, wenn deren Mitglieder Positionen in den mittlerweile sehr zahlreichen der Regierung unterstellten Forschungsinstituten oder *think tanks*, die einen wesentlichen fachlichen Input in die Entscheidungen der politischen Führung der VRC liefern,[163] innehaben. Dabei tragen die Auslandserfahrungen, über die Mitglieder epistemischer Gemeinschaften zumeist durch Studien- und Forschungsaufenthalte oder durch Studienreisen im Rahmen von Rechtsberatungsprogrammen verfügen sowie deren Kontakte zu ausländischen Experten im Zuge der Rechtszusammenarbeit maßgeblich dazu bei, deren Autorität zu erhöhen und damit auch den Einfluss ihrer Expertise auf die politische Entscheidungsfindung zu verstärken.[164]

3. Zusammenfassung

Ausgangspunkt für die vorangegangenen Ausführungen ist, dass sich die Transplantation von Recht aus westlichen Kontexten in das Rechtssystem der VRC hinein nicht als das Resultat des Wirkens einer »unsichtbaren Hand«, die Rechtsnormen und Konzepten aufgrund deren dogmatischer Überzeugungskraft zur Verbreitung verhilft, begreifen lässt. Vielmehr ist davon auszugehen, dass Akteure sowohl kollektiver Art (Staaten, NRO, akademische Einrichtungen etc.) wie auch in Gestalt individueller Rechtsexperten im Rahmen der deutsch-chinesischen und der amerikanisch-chinesischen Rechtszusammenarbeit eine wichtige Rolle spielen bei der Übertragung von Recht. Diese Fokussierung der Analyse auf eine solche akteursbezogene Dimension der Transplantation führt weiterhin zu der Notwendigkeit zu untersuchen, welche Faktoren ihrerseits das Handeln der Akteure in der Rechtszusammenarbeit und damit die Transplantation von Rechtsnormen und Konzepten bedingen. Hier wurde auf verschiedene denkbare außerrechtliche Interessen z. B. wirtschaftlicher und außenpolitischer Art hingewiesen, die

162 Moore/Yang 2001: 194.

163 Zu diesem Einfluss von *think tanks* auf die Politik der VRC siehe die Beiträge in *China Quarterly*, Vol. 171 (September 2002).

164 Vgl. Glaser/Saunders 2002: 613.

einzelne Akteure durch die Rechtszusammenarbeit fördern möchten. Diese Interessen bestimmen somit, in welchen Bereichen,[165] in welcher Form[166] und mit welchen Partnern[167] Rechtszusammenarbeit durchgeführt wird. Es besteht also Anlass zur Aufstellung der Hypothese, dass »sich die Leidenschaft [Rechtsnormen und Konzepte durch Rechtszusammenarbeit in die VRC zu übertragen] nicht nur aus der Quelle der besseren Erkenntnis speist, sondern daß bisweilen handfeste, bisweilen imaginäre Interessen sie antreiben.«[168] Die verschiedenen Akteursinteressen sind also entscheidende Triebkräfte, die bestimmen, welche Rechtsnormen und Konzepte im Zuge der Rechtszusammenarbeit überhaupt Gegenstand der Transplantation werden. Diese Identifikation der Antriebskräfte für eine Transplantation von Recht beantwortet gleichwohl noch nicht die Frage, *auf welche Weise* Rechtsnormen und Konzepte transplantiert werden.

Der Rückgriff auf die Erkenntnisse der Rechtsvergleichung hat gezeigt, dass die Transplantation von Recht nicht als ein mechanistischer Prozess des »Aus- und Einbaus« von Normen und Konzepten zu verstehen ist. Vielmehr handelt es sich um einen organischen Prozess, in dessen Verlauf neben den schriftlich fixierten Normen vor allem auch das diesen zugrunde liegende Rechtsdenken an die Mitglieder der juristischen Profession in der VRC vermittelt werden muss. In diesem Zusammenhang erhält der zweite Aspekt der akteurzentrierten Dimension der Transplantation von Recht Bedeutung. Neben den Interessen der Akteure, die in einem ersten Schritt bestimmen, warum es überhaupt zu einer Rechtszusammenarbeit in bestimmten Bereichen kommt, sind die Akteure selbst – und vor allem die Interaktion zwischen ihnen – wichtige Kanäle, durch die die Verbreitung von Rechtsnormen und des diesen zugrunde liegenden Rechtsdenkens erst erfolgen kann. So kommt es im Zuge der Rechtszusammenarbeit im Rahmen von Symposien, Workshops und Studienaufenthalten an Gastuniversitäten zu einer Vielzahl von Kontakten zwischen chinesischen und westlichen Rechtsexperten. Wenn diese in einen Austausch treten und gemeinsame Überzeugungen einzelne Rechtsfragen und normative Überzeugungen betreffend entwickeln, so können aus diesen Experten-Netzwerken epistemische Gemeinschaften entstehen, die die besagten Kanäle bilden, über die Rechtsnormen und Konzepte

165 Z. B. die Bereiche Wirtschafts- und Verwaltungsrecht, Menschenrechtsschutz

166 Z. B. Gesetzgebungsberatung, Ausbildung von Juristen, Justiz- und Verwaltungsangehörigen, Maßnahmen zur Verbesserung des Rechtsbewusstseins der Bevölkerung

167 Z. B. mit chinesischen staatlichen Stellen wie dem Handelsministerium (MOFCOM), dem Rechtsarbeitsausschuss des SA NVK; mit Ausbildungseinrichtungen staatlicher Institutionen (z. B. die NRA des OVG) oder mit Universitäten; mit legal aid Zentren oder einzelnen Anwaltsfirmen.

168 Knieper 1998: 356 (Ergänzungen der Verfasserin).

sowie bestimmte Kategorien des Rechtsdenkens in die VRC Eingang finden. Je nach Position der Mitglieder epistemischer Gemeinschaften kann deren Einfluss über die Expertise, die sie in Fragen der Rechtsreform anzubieten in der Lage sind, sogar bis zu den politischen Entscheidungsträgern in der VRC reichen.

Nach dieser theoretisch begründeten Darstellung der Bedeutung einer akteurzentrierten Analyse des Prozesses der Transplantation von Recht sollen nun im Anschluss zunächst einige methodische Überlegungen zur Operationalisierung des Konzeptes der epistemischen Gemeinschaften sowie hinsichtlich der Identifikation der durch die chinesisch-deutsche bzw. chinesisch-amerikanische Rechtszusammenarbeit transplantierten Rechtsnormen angestellt werden. Dabei soll insbesondere auf mögliche Schwierigkeiten der empirischen Anwendung des Konzeptes der epistemischen Gemeinschaften sowie der Identifikation von »Transplantaten« hingewiesen werden.

Überleitend zum empirischen Teil der vorliegenden Studie wird im Anschluss an die methodischen Überlegungen eine Typologie entwickelt, anhand derer eine Einteilung der verschiedenen Arten von Rechtsberatungsmaßnahmen, die von deutscher und amerikanischer Seite mit der VRC durchgeführt werden, vorgenommen werden kann. Dabei nimmt diese Typologie vor dem Hintergrund der soeben erläuterten theoretischen Grundlagen vor allem auch die Frage in den Blick, welche Arten von Rechtsberatungsmaßnahmen die Bildung von epistemischen Gemeinschaften zwischen chinesischen und deutschen bzw. amerikanischen Rechtsexperten begünstigen und daher eine besonders wirkungsvolle Transplantation von Rechtsnormen und Konzepten unterstützen.

Aufgabe des sich anschließenden empirischen Teils ist es dann, anhand der zwei Fallstudien »Deutsch-chinesische Rechtszusammenarbeit« und »Amerikanisch-chinesische Rechtszusammenarbeit« herauszuarbeiten, welche Akteure und Interessen in der Rechtszusammenarbeit der USA bzw. der BRD mit der VRC zu identifizieren sind. Weiterhin ist der Frage nachzugehen, ob sich im Verlauf dieser Rechtszusammenarbeit epistemische Gemeinschaften zwischen chinesischen und deutschen bzw. amerikanischen Rechtsexperten identifizieren lassen und inwieweit diese die Transplantation von Recht beeinflussen.

Kapitel III. Methodik

1. Methodische Überlegungen zur Operationalisierung des Konzeptes der epistemischen Gemeinschaften in der deutsch-chinesischen und amerikanisch-chinesischen Rechtszusammenarbeit sowie zur Identifikation von »Transplantaten«

1.1 Operationalisierung des Konzeptes der epistemischen Gemeinschaften

Die vorangegangenen Ausführungen sollten verdeutlichen, dass Netzwerke zwischen chinesischen und deutschen bzw. amerikanischen Rechtsexperten in Gestalt epistemischer Gemeinschaften wichtige Kanäle sein können, über die es zu einer Verbreitung von Rechtsnormen und Konzepten in die VRC kommt und die weiterhin durch eine Beeinflussung des Rechtsdenkens der chinesischen Juristen auch die Voraussetzungen für eine erfolgreiche Transplantation dieser Normen und Konzepte schaffen helfen.

Damit wird bereits ein wesentliches Kriterium der epistemischen Gemeinschaften, welches diese von reinen Netzwerken unterscheiden soll, angesprochen. Während von »Netzwerken« häufig nur als einer Metapher für die Existenz von nicht näher definierten wechselseitigen Beziehungen zwischen verschiedenen Akteuren gesprochen wird,[169] stellen epistemische Gemeinschaften gleichsam Netzwerke anderer Qualität dar: So spricht Haas davon, dass es ein konstitutives Merkmal von epistemischen Gemeinschaften sei, dass deren Mitglieder einerseits über gemeinsames Fachwissen und des weiteren über geteilte normative Überzeugungen verfügen.[170]

Das Merkmal des gemeinsamen Fachwissens auf Seiten der chinesischen und amerikanischen bzw. deutschen Juristen ist empirisch relativ leicht nachzuweisen; dieses ergibt sich aus der juristischen Ausbildung, die chinesische und westliche Rechtsexperten genossen haben, auch wenn sich hier bereits die Schwierigkeit stellt, dass die Ausbildung vor allem der älteren chinesischen Juristen nicht mit der westlicher Juristen zu vergleichen ist.

Weit schwieriger als das Merkmal des gemeinsamen Fachwissens ist demgegenüber die Existenz von normativen Überzeugungen, die die Mitglieder einer epistemischen Gemeinschaft nach Haas teilen, zu beurteilen.[171] Hier

---

169 Vgl. Peterson 2004: 126/127.

170 Haas 1992: 20.

171 Vgl. Woodman 2004: 28.

handelt es sich um rein persönliche, individuelle Merkmale, die als solche keiner Messung und damit empirischen Beurteilung zugänglich sind. Es stellt sich somit die Frage, in welcher Weise sich diese Eigenschaften operationalisieren, also in beobachtbare, manifeste Merkmale übersetzen lassen. Es gilt also festzulegen, worin beobachtbare Anhaltspunkte, Indikatoren, für die Existenz gemeinsamer normativer Überzeugungen auf Seiten der chinesischen und deutschen bzw. amerikanischen Rechtsexperten zu sehen sein könnten.[172]

Zum einen kann als Indikator für die Existenz von epistemischen Gemeinschaften die Bereitschaft chinesischer Rechtsexperten, mit ihren deutschen und amerikanischen Kollegen in einen Gedankenaustausch konkrete Rechtsnormen, aber auch Rechtskonzepte wie die Rechtsstaatlichkeit betreffend zu treten, angesehen werden. Eine Grundvoraussetzung hierfür ist jedoch, dass die chinesischen und deutschen bzw. amerikanischen Rechtsexperten überhaupt die Möglichkeit haben, sich untereinander zu verständigen. Dies gilt ebenso für die Fähigkeit, Publikationen und Schrifttum wechselseitig wahrzunehmen und gegebenenfalls zu rezipieren wie auch für die Fähigkeit, im Rahmen von Workshops, Symposien und Studienreisen, die im Zuge der Rechtszusammenarbeit stattfinden, miteinander direkt ins Gespräch zu kommen. Wo dies aufgrund fehlender Sprachkenntnisse nicht möglich ist, kann es auch nicht zu einem (Gedanken-)Austausch und mithin zur Entstehung von epistemischen Gemeinschaften zwischen chinesischen und deutschen bzw. amerikanischen Rechtsexperten kommen.

Ein weiterer Indikator für die Existenz einer epistemischen Gemeinschaft als transnationaler Akteur lässt sich aus deren relativer Unabhängigkeit von der Politik schließen. Wenn chinesische und deutsche bzw. amerikanische Rechtsexperten in der Lage sind, auch über sensible Themen wie das Strafrecht, den Menschenrechtsschutz etc., die in einem regierungsoffiziellen Dialog nicht angesprochen werden können, in einen offenen und konstruktiven Austausch zu treten, so deutet dieses Interesse an einem gemeinsamen fachlichen und konzeptionellen Austausch unabhängig von politischen Rahmenvorgaben darauf hin, dass sich chinesische und deutsche bzw. amerikanische Juristen bereits als eine Gemeinschaft von Experten ansehen, bei der die Verständigung über fachliche Fragen im Vordergrund steht und die auch über genug gegenseitiges Vertrauen verfügt, um in politisch brisanten Bereichen

172 Dabei besteht jedoch grundsätzlich das Problem der Validität der Indikatoren. Das heißt es ist oft problematisch zu gewährleisten, dass die – aufgrund theoretischer Überlegungen – ermittelten Indikatoren tatsächlich zu der zu erhebenden latenten Variablen in einer empirischen Beziehung stehen. Dabei ist die Zuordnung von Indikatoren zu latenten Variablen sowohl *ex ante* auf theoretischer wie auch *ex post* auf empirischer Ebene angreifbar.

alle Fragen zu diskutieren und so zu einer Lösung bestehender Probleme beizutragen. Dieses Gefühl, einer von der Politik weitgehend unabhängigen Expertengemeinschaft anzugehören, kann sich auch darin äußern, dass die Kontakte zwischen chinesischen und deutschen bzw. amerikanischen Rechtsexperten weitgehend unabhängig sind vom bilateralen Verhältnis ihrer jeweiligen Heimatstaaten und dass Kontakte somit auch trotz Verschlechterungen in diesem Verhältnis weiter bestehen.

Die Entstehung von epistemischen Gemeinschaften wird weiterhin gefördert durch einen gemeinsamen Ausbildungshintergrund wie den Besuch derselben Universität[173] sowie durch Alumni-Aktivitäten der jeweiligen Ausbildungsinstitution. Die auf diese Weise zwischen chinesischen und deutschen bzw. amerikanischen Rechtsexperten entstehenden Netzwerke dienen dabei nicht nur einer Angleichung des Rechtsdenkens und damit der Schaffung von Voraussetzungen für eine erfolgreiche Transplantation von Rechtsnormen und Konzepten. Auch greifen dort, wo epistemische Gemeinschaften entstehen konnten, deren Angehörige in neu auftretenden Fragen der Rechtsreform immer wieder zuerst auf die Expertise ihrer Kollegen zurück. Das heißt die im Zuge der Rechtszusammenarbeit entstehenden epistemischen Gemeinschaften dienen auf diese Weise auch unabhängig von konkreten Rechtsberatungsmaßnahmen als Kanäle, durch die Rechtsnormen und Konzepte aus einem bestimmten Staat *aufgrund dessen* in die VRC importiert werden, weil bereits Kontakte zwischen Rechtsexperten dieses Staates und deren chinesischen Kollegen bestehen.[174]

Da es nicht möglich ist, die jeweiligen individuellen normativen Überzeugungen der einzelnen chinesischen, amerikanischen und deutschen Juristen, die an Rechtsberatungsmaßnahmen beteiligt sind, zu ermitteln, ist es somit nötig, auf Indikatoren für die Existenz gemeinsamer Überzeugungen und mithin für die Existenz von epistemischen Gemeinschaften zurückzugreifen, wobei die hier vorgeschlagene Aufstellung an möglichen Indikatoren sicherlich angreifbar ist. Daher kann die vorliegende Studie auch nicht beanspruchen, einen empirischen *Nachweis* der Existenz epistemischer Gemeinschaften zwischen chinesischen und deutschen bzw. amerikanischen Rechtsexperten zu führen; vielmehr kann anhand des zur Verfügung stehenden empirischen Materials nur auf Aspekte hingewiesen werden, die die Existenz einer epistemischen Gemeinschaft *plausibel* erscheinen lassen.

1.2 Identifikation von »Transplantaten«

Es wurde weiterhin theoretisch dargelegt, dass epistemische Gemeinschaften einen wichtigen Kanal für die Transplantation von Rechtsnormen und

173 Vgl. Schaber/Ulbert 1994: 151, FN 12.

174 Interview 03/2003

Konzepten aus deren deutschem bzw. amerikanischem Ursprungskontext in das chinesische Rechtssystem hinein darstellen. Hier stellt sich ein weiteres methodisches Problem. So ist es nicht möglich, zwischen der Existenz epistemischer Gemeinschaften zwischen chinesischen und deutschen bzw. amerikanischen Rechtsexperten einerseits und bestimmten Entwicklungen im chinesischen Rechtssystem andererseits einen *eindeutigen Kausalzusammenhang* herzustellen. Auf dieses Problem wird auch im Zusammenhang mit der Evaluation von Rechtsberatungsmaßnahmen und deren Wirkung hingewiesen.[175] So sind Rechtsberatungsmaßnahmen stets in einem sehr komplexen politischen, sozialen, gesellschaftlichen und politischen Umfeld angesiedelt. Aus diesem Umfeld selbst wirken – neben den Rechtsberatungsmaßnahmen – zahlreiche andere Einflüsse auf den Prozess der Rechtsreformen ein. Zwischen diesen externen und den sich aus der Rechtszusammenarbeit – und damit auch aus der Existenz epistemischer Gemeinschaften – ergebenden Einflüssen ist nicht trennscharf zu unterscheiden. Die Folge ist, dass zwischen beobachtbaren Veränderungen im Prozess der Rechtsreformen (wie z. B. dem Erlass eines Gesetzes) und den Maßnahmen der Rechtsberatung immer eine »Zuordnungslücke« bestehen bleiben muss;[176] ein eindeutiger Kausalzusammenhang kann mithin nicht hergestellt werden.[177]

Auch hier muss es in der empirischen Darstellung somit erneut darum gehen, Indizien dafür aufzuzeigen, dass eine *Korrelation* zwischen der angebotenen Rechtsberatungsmaßnahme und einer Veränderung im chinesischen Rechtsystem (z. B. dem Erlass eines Gesetzes) besteht. Eine mögliche Vorgehensweise besteht hier darin, den Inhalt konkreter Beratungsleistungen – z. B. die Vorträge deutscher oder amerikanischer Rechtsexperten anlässlich verschiedener Symposien mit chinesischen Partnern, von amerikanischen oder deutschen Experten entworfene oder überarbeitete Entwürfe zu chinesischen Gesetzgebungsvorhaben – mit dem Arbeitsergebnis der beratenen chinesischen Institution – z. B. einem Gesetzesentwurf des Rechtsarbeitsausschusses des SA NVK – zu vergleichen. Finden sich zentrale Vorschläge, die in den Beratungsleistungen der westlichen Experten enthalten waren, auch in dem chinesischen Gesetzesentwurf wieder, so kann mit einiger Wahrscheinlichkeit davon ausgegangen werden, dass dies auf die Beratungsleistung zurückzuführen ist. Weiterhin sollte dann vor dem geschilderten theoretischen Hintergrund davon auszugehen sein, dass in den Fällen deutscher oder amerikanischer Rechtsberatung, in denen von der Herausbildung epistemischer Gemeinschaften zwischen westlichen und chinesischen Rechtsexperten gesprochen werden kann, eine solche Übertragung des »Beratungsinput« in

175 Siehe hierzu Berlage/Stokke 1992; Lobb-Rabe 2000; Schulte-Kulkmann 2002.

176 GTZ 1998; Lobb-Rabe 2000: 10.

177 Borrmann u. a. 1999: 38; Woodman 2004: 28.

das Arbeitsergebnis auf chinesischer Seite häufiger vorkommt als in den Fällen, in denen epistemische Gemeinschaften zwischen den jeweiligen Rechtsexperten fehlen.

Die Überprüfung einer derartigen Transplantation im Sinne einer Manifestation von Beratungsinput in konkreten chinesischen Rechtsnormen oder Regelungen steht jedoch auch vor einem praktischen Problem. So setzt ein entsprechender Abgleich von Beratungsinput und Reformergebnis zum einen voraus, dass sämtliche Materialien, das heißt alle Informationen, die im Zuge der Beratung von deutscher bzw. von amerikanischer Seite – zum Beispiel in Form von Expertenvorträgen, schriftlichen Stellungnahmen, Musterentwürfen für Gesetze etc. – geliefert wurden, wie auch alle von chinesischer Seite angefertigten Gesetzesentwürfe sowie das verabschiedete Gesetz selbst für die abgleichende Analyse zur Verfügung stehen. Insofern stellt ein derartiger Abgleich eine Aufgabe dar, die typischerweise von der internen Evaluation der Anbieter von Rechtsberatungsmaßnahmen durchgeführt und die den Rahmen der vorliegenden Studie sprengte. Daher ist an dieser Stelle festzuhalten, dass in der Identifikation der geschilderten Probleme der Operationalisierung des Konzeptes der epistemischen Gemeinschaften und der daraus resultierenden Schwierigkeiten, diese empirisch nachzuweisen, bereits ein Ergebnis der vorliegenden Studie zu sehen ist. Das Konzept der epistemischen Gemeinschaften erscheint *theoretisch* anspruchsvoll, wenn auch der Versuch von dessen Anwendung an den beiden Fallstudien der deutsch-chinesischen und amerikanisch-chinesischen Rechtszusammenarbeit zeigt, dass das Konzept nur von begrenztem *empirischen* Nutzen ist.

Dies sollte jedoch nicht zu einer rigorosen Verwerfung dieses Ansatzes führen. Auch wenn es empirisch schwer fällt, exakte Nachweise für die Existenz von epistemischen Gemeinschaften zu erbringen, so schärft das Konzept gleichwohl in hohem Maße den Blick für die mögliche Bedeutung von transnationalen Expertennetzwerken – auch wenn das Ausmaß dieser Bedeutung letztlich einer Messung nicht zugänglich ist. So erlaubt es erst das Konzept der epistemischen Gemeinschaften, derartige Phänomene überhaupt in den Blickpunkt der Wissenschaft zu rücken und damit in die Analyse mit einzubeziehen. Darin ist sein eigentlicher Verdienst zu sehen.[178]

2. Typologie von Rechtsberatungsmaßnahmen

Angesichts der Vielzahl an Einzelmaßnahmen, die von deutscher und amerikanischer Seite im Bereich der Rechtszusammenarbeit mit der VRC durchgeführt werden, ist es vor Beginn der empirischen Aufarbeitung erforderlich, zunächst eine Kategorisierung der Rechtsberatungsmaßnahmen zu

178 Vgl. Peterson 2004: 127.

finden. Anhand dieser Kategorisierung können dann insbesondere auch Aussagen über die Konzentration von Rechtsberatungsaktivitäten in einzelnen Bereichen getroffen werden. Eine solche Typologie soll im Folgenden unter Rückgriff auf die Einteilungskriterien verschiedener Autoren entwickelt werden.

Als ein erstes Einteilungskriterium kann die von Heinz/Lingnau/Waller vorgeschlagene Einteilung nach Maßnahmen zur Reform des öffentlichen Sektors, der Staatsgewalt, sowie Maßnahmen zur Stärkung der die Staatsgewalt kontrollierenden Zivilgesellschaft herangezogen werden.[179] Tritt in einem weiteren Schritt die Einteilung nach Interventionsebenen, also die Kategorisierung anhand des Merkmals, welche staatlichen bzw. gesellschaftlichen Kräfte oder Gruppierungen die Maßnahmen zur Rechtszusammenarbeit unterstützen sollen,[180] hinzu, ergibt sich zunächst eine Einteilung von Rechtsberatungsprogrammen in *Maßnahmen auf der staatlichen Ebene*, also *Rechtsberatungsprogramme in Zusammenarbeit mit Partnerregierungen und staatlichen Gremien zur Reform des öffentlichen Sektors*.

Diese Programme richten sich zum einen auf die *Unterstützung des legislativen Systems*: In diese Gruppe fallen Projekte, die das Ziel haben, die Empfängerregierung beim Aufbau bzw. bei der Reform der formellen Rechtsordnung zu unterstützen. Hier finden sich vor allem Programme, die Beratung im Bereich der Wirtschaftsgesetzgebung liefern und damit auf eine Verbesserung der Rahmenbedingungen für die Entwicklung einer marktwirtschaftlichen Wirtschaftsordnung im Empfängerland hinwirken.[181] Über dieses engere Ziel der Veränderung der wirtschaftlichen Rahmenbedingungen hinaus gehen die ebenfalls in dieser Gruppe angesiedelten Projekte zur Gestaltung des Verfassungs- sowie des Straf- und Strafprozessrechtes. Hier ist das Ziel die Unterstützung beim Aufbau eines demokratischen Staatswesen. In dieser Gruppe sind somit Maßnahmen angesiedelt, die darauf zielen, spezifische, von der Empfängerregierung für die Regelung und Ausgestaltung bestimmter Bereiche angestrebte Gesetze oder Gesetzespakete zu schaffen. Dies kann entweder durch den Import von ausländischen Gesetzeswerken geschehen oder durch die Anleitung einheimischer Gesetzgeber. Diese werden dann geschult, mit Hilfe der von ausländischer Seite vermittelten Techniken der Gesetzestextredaktion eigene Gesetze zu entwerfen.[182]

---

179 Siehe Heinz/Lingnau/Waller 1995: 22.

180 Siehe Holthaus 1998: 11.

181 Carothers 1999: 167.

182 Die Schulung von im Bereich der Ausarbeitung von Gesetzesentwürfen arbeitendem Personal in der VRC erläutert ausführlich die Studie von Seidman/Seidman 1997. Die Autoren befassen sich hier mit einem vom UNDP geförderten Projekt, welches von 1992 bis 1997 in Zusammenarbeit mit dem Rechtsamt des SR der VRC die Ausarbeitung von 22 Schwerpunktgesetzen begleitete.

Weiterhin richten sich Programme, die auf der staatlichen Ebene ansetzen, auf eine *Unterstützung für die Exekutive*: Programme dieser Gruppe zielen auf die Unterstützung der Verwaltung, um hier die Anwendung bestehender Gesetze zu verbessern und damit die Diskrepanz zwischen dem geschriebenen Recht (»law on the books«) und der Rechtswirklichkeit zu verringern. Dazu ist zum einen die Schulung des Personals zur Verbesserung der Rechtskenntnisse notwendig, aber auch die materielle Ausstattung von Behörden z. B. mit Computern zur modernen EDV, der Aufbau von Registern, die Zusammenstellung, Veröffentlichung und Verbreitung von Gesetzestexten.[183] Neben der Verbesserung der fachlichen Kenntnisse der Angehörigen der Verwaltung stellt deren Sensibilisierung für die Rechte und Interessen der Bürger (vor allem in der Verwaltung) und für die Menschenrechte (vor allem im Bereich der Polizei) einen weiteren Schwerpunkt der Programme in dieser Kategorie dar.[184] Da von Seiten der Geber jedoch häufig, insbesondere im Hinblick auf autoritäre politische Systeme wie das der VRC, eine im Verhältnis zu den anderen Staatsgewalten übermächtige Exekutive als Hindernis für die Entwicklung hin zu mehr Rechtsstaatlichkeit und schließlich Demokratie angesehen wird, sollte nur ein relativ geringer Anteil der Programme zur Rechtszusammenarbeit auf die Exekutive entfallen;[185] als Schwerpunkt der Aktivitäten der Geber bietet sich vielmehr die *Unterstützung für die Judikative*: Hier wird das Ziel angestrebt, ein verlässliches, gerechtes und unabhängiges Gerichtssystem in den Empfängerländern zu etablieren.[186] Typische Instrumente in diesem Bereich sind Maßnahmen zur Rationalisierung und Stärkung der Justizverwaltung, Verbesserung der finanziellen Ausstattung der Judikative sowie der Einkommen der Richter,[187] Reform der Auswahlverfahren für Richter, Verbesserung des Zuganges zu Fachliteratur, Gesetzestexten, Urteilstexten für Richter, Fortbildungsveranstaltungen für Richter, Staatsanwälte und Anwälte.[188] Diese Schulungen beziehen sich jedoch nicht nur auf die Vermittlung von rein rechtstechnischem Wissen, sondern streben gleichzeitig auch eine Verbesserung bzw. den gänzlichen Neuaufbau einer professionellen Ethik an.[189] Dabei geht es um die Entwicklung eines neuen Selbstverständnisses der Richter, Staatsanwälte und Anwälte im Hinblick auf ihre Rolle im Prozess, gegenüber dem rechtsuchenden Bürger sowie gegen-

183 Vgl. Kempken 1999: 328.

184 Heinz/Lingnau/Waller 1995: 22.

185 Carothers 1999: 159.

186 Heinz/Lingnau/Waller 1995: 22.

187 Ziel ist hier vor allem, der verbreiteten Korruption entgegen zu wirken wie auch eine Tätigkeit in Justiz und Verwaltung für hoch qualifizierte Bewerber gegenüber einer Beschäftigung im Bereich der Wirtschaft attraktiv zu machen.

188 Carothers 1999: 166.

189 Carothers 1998: 100.

über dem Staat. Im Kontext des chinesischen Rechtssystems bedeutet dies beispielsweise, dass Anwälte nicht länger als »state legal workers« angesehen werden sollten, die in erster Linie die Interessen des Staates fördern, sondern als Fürsprecher für die Interessen des Klienten eintreten, auch wenn sich diese gegen den Staat richten. Weiterhin fällt auch die Verbesserung der Ausbildung des juristischen Nachwuchses an den Universitäten in diese Kategorie. Hier geht es vor allem um die Reform von Lehrplänen der juristischen Fakultäten, Modernisierung der Bibliotheken, Unterstützung von legal aid Zentren,[190] in denen Studenten bei der Bürgerberatung erste praktische Erfahrungen sammeln können sowie Austauschprogramme für Studenten und Lehrende mit ausländischen Partneruniversitäten.[191]

Neben den geschilderten Maßnahmen, die auf der staatlichen Ebene ansetzen, sind Programme zu unterscheiden, die auf der *Ebene der Gesellschaft* ansetzen, also zum *Aufbau und zur Unterstützung einer Zivilgesellschaft* beitragen wollen. Programme auf dieser Ebene wenden sich beratend an gesellschaftliche Gruppen und nicht-staatliche Organisationen, die zwischen der gesellschaftlichen Basis und den staatlichen Institutionen vermitteln und gleichzeitig auch eine Kontrollfunktion gegenüber den staatlichen Organen wahrnehmen sollen. Ziel der Aktivitäten in diesem Bereich ist die Sensibilisierung und Stärkung der Zivilgesellschaft und der allgemeinen Bevölkerung in einem Maße, dass diese in die Lage versetzt werden, ihre gesetzmäßigen Rechte zu kennen und diese gegenüber den staatlichen Stellen auch einzufordern. Maßnahmen hierzu sind z. B. die Unterstützung beim Aufbau und der Organisation einer chinesischen Anwaltskammer, die Förderung von Frauenrechtsverbänden und vor allem die Unterweisung von Bürgern in ihren Rechten, Kampagnen zur Förderung des Rechtsbewusstseins der Bevölkerung[192] sowie die Ermöglichung und Erleichterung des Zugangs zum Recht für benachteiligte Bevölkerungsgruppen.

---

190 Das legal aid System ist ein spezifisches Element des amerikanischen Rechtssystems. Im Rahmen von legal aid wird bedürftigen Bürgern unentgeltlich oder zu verminderten Gebühren rechtliche Beratung oder Vertretung durch einen Anwalt im Gerichtsverfahren angeboten. Darüber hinaus ist das legal aid System auch fest in die amerikanische Juristenausbildung integriert, da vor allem Studenten in universitären legal aid Einrichtungen mitarbeiten und auf diese Weise bereits während ihres Studiums wichtige praktische Kenntnisse in der Mandantenberatung, Fallvorbereitung und -präsentation sammeln. Darüber hinaus können sich auch Anwälte auf den Bereich legal aid spezialisieren. Da die deutsche Übersetzung »Prozesskostenhilfe« bzw. »Rechtshilfe« der Komplexität des legal aid Systems nicht gerecht wird, soll im Folgenden der Terminus »legal aid« weiter verwendet werden.

191 Carothers 1999: 168–169.

192 Heinz/Lingnau/Waller 1995: 22.

Diese Aufgaben werden in der VRC überwiegend von Beratungsstellen, die unentgeltlich rechtliche Beratung und Vertretung anbieten – so genannten legal aid Zentren (*falü yuanzhu zhongxin*) – übernommen, die sich auf die Durchführung von Sammelklagen für bestimmte benachteiligte Gesellschaftsgruppen wie Behinderte, Frauen, unqualifizierte Arbeiter etc. spezialisiert haben und dementsprechend auch häufig Partner der Rechtsberatungsmaßnahmen auf dieser Ebene sind.

Gleichwohl ist die hier vorgenommene Einteilung und strikte Trennung von staatlicher Ebene und Ebene der Gesellschaft bzw. Zivilgesellschaft im Hinblick auf die VRC nicht unproblematisch. So ist die Zivilgesellschaft in der VRC noch sehr stark unterentwickelt, und autonome gesellschaftliche Gruppen und nichtstaatliche Organisationen fehlen. Vielmehr ist eine mehr oder weniger enge institutionelle und oft auch personelle Verknüpfung chinesischer NRO mit staatlichen Stellen nach wie vor die Regel,[193] sodass eine Kontrolle der Regierung durch derartige NRO schwer fällt.

Für eine Typisierung der Rechtsberatungsmaßnahmen, die von deutscher und amerikanischer Seite mit der VRC durchgeführt werden, bietet es sich daher an, das Gewicht von der Betrachtung der Interventionsebene hin zu einer stärkeren Berücksichtigung der *Wirkungsrichtung* (»top-down« oder »bottom-up«) sowie der *Eingriffsintensität* zu verschieben.

Unter *Wirkungsrichtung* ist dabei zu verstehen, von wo der eigentliche Reformimpuls ausgeht:[194] Handelt es sich um ein von der Regierung geplantes Reformvorhaben, welches von deutscher bzw. von amerikanischer Seite unterstützt wird und welches dann ausschließlich »von oben nach unten« implementiert werden soll? Oder verbessert eine Beratungsmaßnahme den Zugang der Bürger zu Informationen über ihre Rechte sowie zu unentgeltlich arbeitenden Anwälten, sodass diese Bürger »von unten« Druck auf staatliche Stellen ausüben können, auf dem Papier bereits bestehende Rechte zu effektuieren bzw. gegen Rechtsverletzungen vorzugehen? Es geht also darum festzustellen, ob Reformen von der Regierung (»von oben«) dekretiert oder von der Gesellschaft oder von einzelnen Bürgern (»von unten«) erzwungen werden.

Die Betonung der Wirkungsrichtung und des Potenzials, welches unter Umständen von Maßnahmen zur Unterstützung eines »bottom-up« Reformimpulses ausgeht, ist auch vor dem Hintergrund der dieser Studie zugrunde liegenden Fragestellung von Bedeutung, inwieweit durch die verschiedenen deutschen und amerikanischen Rechtsberatungsmaßnahmen die Voraussetzungen für die Entstehung von epistemischen Gemeinschaften (mit Mit-

193 Zu den Besonderheiten von NRO in der VRC siehe ausführlich unten, Kapitel VI, Abschnitt 2.2.1.1

194 Carothers 1999: 169.

gliedern dann auch in kritischer Masse) geschaffen werden können, die als Kanäle für die Verbreitung des Konzeptes der Rechtsstaatlichkeit in der VRC dienen und dadurch unter chinesischen Juristen für die Entstehung eines Reformpotenzials sorgen, das die weitere Entwicklung in Richtung Rechtsstaatlichkeit »von unten« auch in dem Fall gewährleistet, dass die Regierung die Reformen »von oben« stoppen oder zurücknehmen will.

Das Kriterium der *Eingriffsintensität* schließlich zielt *nicht* darauf ab festzustellen, wie nachhaltig die Effekte einer Maßnahme im Zielland sind. So kann beispielsweise die Beratung und Ausarbeitung eines kompletten Strafgesetzbuches sehr weit reichende Auswirkungen haben. Eingriffsintensität fragt vielmehr danach, inwieweit die Programme einen neutralen, a-politischen Ansatz verfolgen, oder bewusst darauf setzen, einen Prozess des kritischen Hinterfragens auf Seiten der Adressaten der Programme anzustoßen, der dann auch in das Aufstellen von Forderungen an die Regierung, Probleme zu beheben, münden könnte. Ein anderer Fall höherer Eingriffsintensität wäre die Unterstützung von Organisationen der Zivilgesellschaft oder die Schulung von Bürgern in ihren Rechten gegenüber dem Staat, was dann zu einer verstärkten Einforderung dieser Rechte und entsprechendem Druck auf die Regierung führen kann.

In der Zusammenschau der Kriterien Wirkungsrichtung, Eingriffsintensität sowie (in modifizierter Form) der Interventionsebene lässt sich nun eine Typologie von Rechtsberatungsmaßnahmen aufstellen. Damit umfassen *Rechtsberatungsmaßnahmen des Typs I* die Maßnahmen, die auf der staatlichen Ebene rein mit der Gesetzgebungsberatung befasst sind. Von diesen Programmen ist, wie oben dargestellt, ein reiner »top-down« Effekt zu erwarten; die Eingriffsintensität ist dabei nur sehr gering, da es sich bei Maßnahmen dieser Kategorie zum einen meist um Projekte handelt, die sich auf rein rechtstechnische Probleme beziehen (wie z. B. die Ausarbeitung eines neuen Gesetzes) und prinzipielle Fragen wie die nach der Verwirklichung von Rechtsstaatlichkeit oder dem Schutz der Menschenrechte bewusst ausklammern. Damit liegt Projekten in dieser Kategorie auch häufig ein instrumentalistisches Rechtsverständnis zugrunde. Das Recht wird hier somit als ein Instrument zur Erreichung weitergehender außerrechtlicher Ziele aufgefasst. Die Beratung richtet sich dem entsprechend in der Hauptsache darauf, rechtliche Regelungen für bestimmte Bereiche zu erzielen, die international kompatibel sind und so vor allem für ausländische Investoren Erleichterungen bieten. Dies gilt z. B. in den Bereichen wie dem Schutz geistigen Eigentums (Patent-, Markenrechts-, Urheberschutzgesetzgebung etc.), der Durchsetzung von Vertragsbestimmungen etc.

In dieser Konzentration auf rechtstechnische Fragen sind derartige Rechtsberatungsmaßnahmen aber gleichzeitig in hohem Maße kompatibel zu der von der politischen Führung der VRC vertretenen instrumentellen Rechtsauffassung. Daher ist auch die Eingriffsintensität dieser Maßnahmen als nur sehr gering anzusehen: Die Beratung erfolgt im Einverständnis mit der chinesischen Regierung, die Ziele der Beratung sind mit der Regierung klar abgesteckt und werden in der Regel keine unerwünschten Nebeneffekte über die angestrebten Resultate hinaus oder politische Implikationen haben.

Rechtsberatungsmaßnahmen des Typs II sind ebenfalls auf der Makroebene angesiedelt und wollen in erster Linie Hilfe beim Aufbau und bei der Stärkung von rechtlich relevanten Institutionen (z. B. Gerichten, Ministerien, Behörden, Parlamenten) leisten. Neben der – von der Empfängerregierung angestrebten – »top-down« Wirkung (z. B. verbesserte technische Ausstattung von Behörden, Gerichten etc.; besser qualifizierte Richter, die z. B. ausländischen Vertragsparteien in Streitigkeiten zu ihrem Recht verhelfen können und damit das Ansehen der VRC im Bereich der für ausländische Investoren so wichtigen Rechtssicherheit verbessern) lässt sich hier auch ein Potenzial zur Entstehung von »bottom-up« Effekten erkennen: Durch Schulungen im Bereich der professionellen Ethik wie auch durch den verstärkten Kontakt mit deutschen bzw. mit amerikanischen Richtern, Staatsanwälten, Anwälten etc. erfahren die chinesischen Beteiligten mehr als nur allgemeine Kenntnisse z. B. des Verfahrensablaufs im Strafprozess nach deutschem oder amerikanischem Recht. Gleichzeitig werden auch Wertvorstellungen, Muster eines Selbstverständnisse von Richtern und Anwälten, Einsichten in die Bedeutung ihrer Tätigkeiten für die Entwicklung von Rechtsstaatlichkeit etc. kommuniziert, die auf Seiten der chinesischen Adressaten der Beratungsmaßnahmen zu einer kritischen Hinterfragung des eigenen Systems und unter Umständen auch zu Verhaltensänderungen, die die Verinnerlichung neuer Werte widerspiegeln, führen können. Derartige zunächst individuelle Effekte können, wenn durch ausgedehnte und intensivierte Rechtszusammenarbeit immer mehr im Bereich der Justiz Tätige erreicht werden, zu Forderungen dieser Gruppen an die Regierung, rechtsstaatliche Reformen zu verwirklichen, führen. Damit ist infolge dieser möglichen unintendierten Effekte auch eine größere Eingriffsintensität dieses Programmtyps festzustellen.

Programme des Typs III schließlich umfassen die oben auf der gesellschaftlichen Ebene angesiedelten Programme. Da es sich – wie bei den Programmen der Typen I und II auch – um Maßnahmen handelt, die sich an staatliche oder an mit staatlichen Stellen verknüpfte Adressaten wenden, ist hier das Kriterium der Eingriffsintensität und der Wirkungsrichtung ausschlaggebend. Hauptaugenmerk dieser Programme liegt auf der Herstellung von Partizipation, das heißt die Bürger, die von einzelnen gesetzgeberischen oder Verwaltungsmaßnahmen betroffen sind, sollen stärker an legislativen und administrativen Prozessen beteiligt werden.[195] Dies wiederum macht es erforderlich, dass die Bürger zum einen über ihre Rechte aufgeklärt sind und

195 von Brandt 2000: 48.

zum anderen Unterstützung finden, wenn es darum geht, diese Rechte nicht nur gegen andere Bürger, sondern insbesondere auch gegenüber dem Staat, z. B. im Verwaltungsverfahren, vor Gericht durchzusetzen. Inhaltlich finden sich daher in dieser Kategorie hauptsächlich Programme zur Rechtsverbreitung (z. B. Schulung der Landbevölkerung und gesellschaftlicher Randgruppen wie Frauen, Behinderten, Wanderarbeiter, Druck und Verbreitung von Rechtshandbüchern) und Hilfe für Rechtssuchende in konkreten Fällen wie die unentgeltliche Vertretung durch einen Anwalt im Rahmen von legal aid. Langfristiges Ziel derartiger Maßnahmen ist in erster Linie ein Wandel des Rechtsbewusstseins breiter Bevölkerungsschichten. Der leitende Gedanke ist hier, dass eine Bevölkerung, die sich ihrer Rechte bewusst ist, deren Beachtung und Effektuierung auch von den staatlichen Stellen erzwingen kann, wenn ihr der Zugang zur Gerichtsbarkeit erleichtert wird. Gleichzeitig soll die Bevölkerung auch Vertrauen in das Rechts- und Justizsystem sowie in die in ihm Tätigen als wirksame Instrumente zur Erlangung von Gerechtigkeit aufbauen und damit das Ansehen der juristischen Profession verbessert werden. Denn nur wenn vor allem die Anwälte in ihrer Funktion von der Bevölkerung anerkannt werden, können sie glaubwürdig für deren Belange gegenüber Staat und Partei eintreten.

Schließlich ist ein weiterer angestrebter Effekt der Rechtsberatungsmaßnahmen des Typs III, dass dadurch, dass den Bürgern z. B. durch legal aid Zentren Klagen gegen die Verwaltung ermöglicht werden, die staatlichen Stellen gezwungen werden, bestehende Gesetze korrekt anzuwenden und ihre Willkür gegenüber den Bürgern zurückzunehmen. Die bestehende Gesetzgebung allein hat dies bisher noch nicht vermocht; geschriebenes Gesetz und Rechtswirklichkeit klaffen noch weit auseinander. Daher ist die Aktion von Bürgern in Gestalt von Klagen gegen die Verwaltung nötig, um diese zu einem gesetzmäßigen Arbeiten zu bewegen und damit auch ein wichtiges Element der Rechtsstaatlichkeit verwirklichen zu helfen.

Vor dem Hintergrund dieser Programmziele wird deutlich, dass Rechtsberatungsmaßnahmen des Typ III die höchste Eingriffsintensität aufweisen. Hier werden den Bürgern Mittel in die Hand gegeben, (im Rahmen der bestehenden Gesetze) Gerechtigkeit zu »erobern«[196] und staatliche Stellen zu zwingen, eine Kontrolle ihrer Maßnahmen durch den Bürger zuzulassen. Damit kommt insbesondere dem Verwaltungsrecht in den Händen aufgeklärter und mit Rechtsbeistand ausgestatteter Bürger ein Potenzial zu, auf die Verwirklichung von Rechtsstaatlichkeit (also auf die Möglichkeit der Kontrolle staatlicher Handlungen durch die Judikative) zu drängen, wie es gegenwärtig mit der Rechtsauffassung der politischen Führung der VRC nur schwer zu vereinbaren ist.

---

196 Carothers 1999: 169.

Die vorgestellte Kategorisierung von Rechtsberatungsmaßnahmen nach Typ I (Wirkungsrichtung »top-down«, geringe Eingriffsintensität), Typ II (Wirkungsrichtung »top-down«, aber »bottom-up« möglich, mittlere Eingriffsintensität) und Typ III (Wirkungsrichtung »bottom-up«, hohe Eingriffsintensität) wird auch bei der empirischen Darstellung sowie der Analyse der deutsch-chinesischen und amerikanisch-chinesischen Rechtszusammenarbeit von Bedeutung sein. Vorab soll jedoch in einem kurzen Exkurs die Beeinflussung bereits des vor-volksrepublikanischen chinesischen Rechts durch westliche Rechtssysteme erläutert werden, um so die historische Kontinuität des chinesisch-westlichen Austausches im Rechtsbereich zu verdeutlichen.

Kapitel IV. Historischer Rückblick
Beeinflussung des vor-volksrepublikanischen chinesischen Rechts durch westliche Rechtsberatung

Bereits in der vor-volksrepublikanischen Zeit lässt sich eine Beeinflussung des chinesischen Rechts durch westliche Rechtssysteme feststellen. So haben chinesische Rechtsreformer bereits gegen Ende der Qing-Dynastie (Ende des 19./Anfang des 20. Jahrhunderts) direkt bzw. über eine vorherige Rezeption in Japan vermittelt auf westliche Rechtssysteme als Beispiele für die Modernisierung des traditionellen chinesischen Rechts zurückgegriffen. So wurden erstmals in den Jahren 1872 bis 1875 in staatlichem Auftrag Gruppen von insgesamt 120 jungen chinesischen Studenten zum rechtswissenschaftlichen Studium in die USA entsandt; diesen folgten in der Zeit von 1905 bis 1946 etwa 4500 Studenten, die, gefördert durch staatliche Stipendien, in den USA, in Japan oder in Europa ein Jurastudium aufnahmen.[197] Viele dieser Juristen gelangten nach ihrer Rückkehr in die VRC in einflussreiche Positionen im akademischen und/oder politischen Bereich, zum Beispiel als Professoren oder Minister der Guomindang (GMD)-Regierung, sodass es ihnen möglich war, durch ihre publizistische und Lehrtätigkeit bzw. durch ihre politische Stellung das chinesische Rechtssystem maßgeblich zu beeinflussen.[198]

Schon zu Beginn der Phase der Rechtsreformen lassen sich Anhaltspunkte dafür aufzeigen, dass die Übernahme von bzw. Orientierung an westlichen Rechtssystemen sowohl für China als auch für die »Geber« eng mit außerrechtlichen Interessen verbunden war. Vor allem (außen)politische und wirtschaftliche, aber auch ideologische Interessen hatten einen starken Einfluss darauf, mit welchen Staaten eine Rechtszusammenarbeit eingegangen wurde und welche Rechtsnormen dabei in das chinesische Rechtssystem übernommen wurden. Dies soll im Folgenden an einigen Beispielen verdeutlicht werden.

---

197 Hao, Tiechuan 1997: 4. Im Einzelnen gingen von 1872 bis 1908 90 Studenten in die USA; von 1905 bis 1908 gingen 1144 Studenten nach Japan; von 1908 bis 1911 gingen 958 Studenten in die USA, nach Japan und nach Europa; von 1913 bis 1917 gingen 1050 Studenten in die USA, nach Japan und nach Europa; von 1929 bis 1936 gingen 1049 Studenten in die USA, nach Japan und nach Europa; von 1937 bis 1946 gingen 346 Studenten in die USA, nach Japan und nach Europa (ibid.)

198 Siehe Hao, Tiechuan 1997: 4–22 (Übersichten 1 bis 3).

Mit der Zunahme des Handelsaustausches zwischen dem chinesischen Kaiserreich und westlichen Staaten machte sich das Fehlen rechtlicher Normen vor allem für die ausländischen Handelspartner negativ bemerkbar. Daher wurden Forderungen, ein modernes Handelsrecht nach europäischem Beispiel einzuführen, seit den 1860er Jahren vor allem von englischer Seite mit immer mehr Nachdruck an den chinesischen Kaiserhof herangetragen.[199] Aber erst die Niederlage des chinesischen Kaiserreiches im chinesisch-japanischen Krieg 1895 führte dann dazu, dass auch in der chinesischen Beamtenschaft eine Rechtsreform als Instrument zur Überwindung der Rückständigkeit, zur Modernisierung und Stärkung des Landes mehr und mehr befürwortet wurde, ohne jedoch die Widerstände des Qing-Hofes gegenüber einer solchen Maßnahme gänzlich überwinden zu können. Erst die Aufgabe der exterritorialen Rechte der Fremdmächte, die China im chinesisch-britischen Handelsvertrag von 1902 für den Fall in Aussicht gestellt wurde, dass China Rechtsreformen nach westlichem Muster durchführte, lieferte den entscheidenden Anreiz für den Beginn von Reformmaßnahmen.[200]

Im Verlauf dieser Reformen kam es sowohl zum Import ganzer Gesetzeswerke wie der Sechs Kodifikationen aus Japan[201] wie auch zu einer intensiven rechtsvergleichenden Auseinandersetzung mit westlichem – und hier vor allem deutschen – Recht, deren Ergebnisse dann als Grundlage für die Ausarbeitung neuer chinesischer Gesetze dienten. 1904 konnten so erste Gesetzestexte veröffentlicht werden.[202] Der Einfluss des deutschen Rechts war in dieser Zeit sehr deutlich, da auch die aus Japan importierten Sechs Kodifikationen letztlich auf Vorbilder im deutschen Recht zurückgingen. In diesem Fall waren somit die Wiedererlangung der staatlichen Souveränität sowie das Streben nach nationaler Stärke vor allem zur Absicherung gegen äußere Bedrohungen die entscheidenden außenpolitischen Beweggründe, die überhaupt erst zu einer Einleitung von Rechtsreformen im China der Qing-Zeit führten. Die Übernahme westlichen Rechts erfolgte dann auch nicht auf Grund der Überzeugung von dessen rechtsdogmatischer Überlegenheit, sondern weil dieses Recht die Überlegenheit und nationale Stärke moderner souveräner Staaten symbolisierte, die das chinesische Kaiserreich zu dieser Zeit auch für sich erreichen wollte.

Auch während der Republikzeit (1912 bis 1949) behielt das deutsche Recht seinen prägenden Einfluss bei, insbesondere auf die Kodifikation des

---

199 Bünger 1950: 169; 169, FN 3.

200 ibid.: 170.

201 Verfassungs-, Zivil-, Straf- und Verwaltungsrecht, Zivil- und Strafprozessrecht (Epstein 1994: 31).

202 Allgemeine Bestimmungen über Kaufleute, Verordnungen über Handelsgesellschaften, Bergrecht, Eisenbahnen (Bünger 1950: 170–171).

chinesischen Zivilgesetzbuches (1929/30). Ausschlaggebend für die Wahl des deutschen Rechts als Vorbild waren gleichwohl nicht rechtsdogmatische Überlegungen, sondern vielmehr die Tatsache, dass Deutschland als erster europäischer Staat nach dem Ersten Weltkrieg mit der »Deutsch-chinesischen Vereinbarung über die Wiederherstellung des Friedenszustandes« vom 20.5.1921 seine exterritorialen Rechte in China aufgab und damit die Republik China als gleichberechtigten Staat anerkannte.[203] Gleichzeitig hatte Deutschland durch die Niederlage im Ersten Weltkrieg keine bedeutende weltpolitische Rolle mehr inne und musste der Republik China demnach nicht mehr als ein ihr machtpolitisch überlegener Staat erscheinen; eine Übernahme deutschen Rechts war daher auch aus politischen Überlegungen eher angebracht als die Rezeption von Rechtsnormen eines Staates, von dem China auch weiterhin hegemoniale Ambitionen fürchten musste.[204]

Hier zeigt sich, dass die Rezeption von Recht immer auch eine Machtfrage ist, da sich in der Übernahme von Rechtsnormen eine politische Einflussnahme verbergen kann: So ist das rezipierte Recht nicht zuletzt auch ein Aktivum für den Geberstaat, wenn es darum geht, den Rezipienten an sich zu binden und vor allem auch den Handel mit diesem zu vereinfachen.[205] Eben diese Gefahr, durch die Übernahme von Recht unter den Einfluss des Geberstaates zu gelangen, bestand bei dem nach dem Ende des Ersten Weltkrieges geschwächten Deutschland der Weimarer Republik nicht mehr. Es ist daher davon auszugehen, dass es diese weltpolitische Konstellation war, welche dem deutschen Bürgerlichen Gesetzbuch die Vorbildfunktion für das chinesische Zivilrecht gegenüber dem französischen Code Civil sicherte,[206] obwohl sich die zu dieser Zeit tätige chinesische Kodifikationskommission auch von zwei Franzosen beraten ließ,[207] während keinerlei Beratung oder Mitwirkung von deutscher amtlicher oder privater Seite erfolgte.[208]

Trotz dieser eindeutigen Orientierung des chinesischen Rechts seit dem Reformbeginn Ende der Kaiserzeit am kontinentaleuropäischen *civil law* – und insbesondere am deutschen Recht – gab es unmittelbar nach dem Ende der Zweiten Weltkrieges in der Republik China Bestrebungen, sich gänzlich vom Vorbild des *civil law* abzuwenden und stattdessen das angloamerikani-

203 Von Senger 1994: 13.

204 Bünger 1950: 178–179.

205 ibid.: 179, FN 21.

206 Eine andere Ansicht, dass nämlich politische Erwägungen keinerlei Rolle gespielt hätten, vertritt hier Manthe 2002: 3.

207 Georges Padoux und Jean Escarra gehörten dieser im Jahr 1911 von der Regierung der Republik China gegründeten Kommission seit 1916 bzw. seit 1921 an (Bünger 1950: 171).

208 ibid.: 178.

sche Rechtssystem (*common law*) zu übernehmen.[209] Hintergrund dieser Überlegungen war, dass die chinesische GMD-Regierung während des Krieges gegen Japan massive Unterstützung durch die USA erhalten hatte und sich diese auch für die Zukunft sichern wollte. Die Übernahme des Rechtssystems sollte somit die freundschaftlichen Beziehungen zu den USA stärken und überdies auch den Handel zwischen China und Amerika erleichtern.[210] Hier veranlassten somit außenpolitische und außenwirtschaftliche Interessen die Hinwendung zu einem neuen Rechtssystem und damit auch zu einem neuen Geberstaat, obwohl rechtsdogmatisch ein solcher Bruch mit der bestehenden Rechtstradition (*civil law*) in keiner Weise sinnvoll erschien. Eine derartige Instrumentalisierung des Rechts zur Förderung außerrechtlicher Interessen und damit deren potenzieller Einfluss auf die Rechtsentwicklung in China kommt auch in den Ausführungen eines chinesischen Juristen jener Zeit zum Ausdruck: »I do not see any particular good reason for China to adhere to it [i.e. the Chinese law as it had been borrowed from the continental – and especially german – system] to the end. ... It may be pointed out that the system referred to is unquestionably on the decline as a result of the end of the war, and the influence of the Anglo-American law will henceforth make itself more and more felt. ...No doubt her (Chinas) dealings with Great Britain, the United States, and Sovjet Russia will be more frequent. *With a view to adjusting her foreign relations, it seems wise for her to remold her laws a little, especially commercial laws, and put them, if possible, on the same track as they* [i.e. the English, American and Russian legal systems] *are going*«.[211]

Unmittelbar vor der formellen Konstituierung der Volksrepublik (1.10.1949) wurden auf Beschluss der Politischen Konsultativkonferenz des chinesischen Volkes vom 29.9.1949 alle zuvor von der GMD-Regierung erlassenen Gesetze und Verordnungen außer Kraft gesetzt;[212] das so entstandene rechtliche Vakuum wurde in der Hauptsache mit Vorgaben der KPC gefüllt. 1954 setzte dann eine kurze Phase der erneuten »Verrechtlichung«

---

209 Das *civil law* basiert auf kodifizierten Rechtsnormen, die vom parlamentarischen Gesetzgeber erlassen und von den Gerichten angewendet und ausgelegt werden. Das *common law* dagegen besteht nur zu einem geringen Anteil aus kodifizierten Rechtsnormen, zum Großteil dagegen aus »Fall-Recht«: Diese früheren Entscheidungen höherer Gerichte binden untergeordnete Gerichte in allen nachfolgenden ähnlichen Fällen. Damit wirken im *common law* insbesondere die Richter durch ihre Entscheidungen rechtsschöpfend und rechtsfortbildend.

210 Bünger 1950: 175.

211 YU, Kwei: »Some Judicial Problems Facing China.« In: *Washington Law Review*, Vol.23 (1948): 363–374; zitiert nach Bünger 1950: 175 (Ergänzungen und Hervorhebungen der Verfasserin).

212 Von Senger 1994: 11.

ein, während der vor allem das aus der Sowjetunion importierte Recht an Bedeutung gewann.[213]

Auch hier spiegeln sich außenpolitische und wirtschaftliche Interessen in der Neugestaltung des Rechtssystems und der Anlehnung an einen neuen Geber wider: Die junge Volksrepublik benötigte zum Wiederaufbau der Wirtschaft nach Beendigung des Krieges gegen Japan und des Bürgerkrieges die Unterstützung durch die UdSSR wie diese auch angesichts der durch den Systemwechsel bedingten Feindschaft zwischen dem chinesischen Festland und den USA eine wichtige außenpolitische Stütze der VRC sein sollte.[214] Hinzu tritt in diesem Fall der Anlehnung an das sozialistische Recht auch der Systembezug zwischen der neu gegründeten VRC und der Sowjetunion. Die zu Beginn der 1950er Jahre enge Orientierung der VRC sowohl in wirtschaftlicher, politischer wie auch ideologischer Weise an der UdSSR[215] erforderten konsequenterweise auch die Übernahme des Rechtssystems der Sowjetunion. Dies gilt umso mehr, als insbesondere im sozialistischen Recht sowjetischer Prägung (als eigener Rechtskreis neben dem *common law* und dem *civil law*)[216] das Recht eng mit den ideologischen Grundlagen des Sozialismus verknüpft ist: »The *differentia specifica* of Marxist-socialist legal systems does not lie in the concepts, procedures, structure and basic provisions of Soviet law, but in the extra-legal presuppositions about the nature and function of law in the economic context, and in the rejection of law as independent of the state in practice.«[217] Dabei stellt die Übernahme des sowjetischen sozialistischen Rechts nicht nur die Hinwendung zu einem Recht dar, das sich in *Form* und *Methode* vom zuvor prägenden deutschen Recht (*civil law*) bzw. amerikanischen Recht (*common law*) unterscheidet; durch die enge Verknüpfung des Rechts mit dem *Inhalt* und den ideologischen Prägungen des Sozialismus[218] manifestiert sich hier in der Anlehnung an das sozialistische Rechtssystem auch der innenpolitische und wirtschaftliche Systemwechsel sowie die neue ideologische Ausrichtung der VRC. Die Übernahme von Rechtsnormen hat somit auch Symbolcharakter dafür, wo sich der Importeur von Rechtsnormen ideologisch verorten möchte. Weiterhin zeigt die Hinwendung innerhalb kurzer Zeit zu diametral verschiedenen Rechtssystemen im Fall der VRC, dass rechtsdogmatische Überlegungen kaum eine

213 Epstein 1994: 33; Lo 1995: 1; 9.

214 Vgl. Wang, James 1999: 21.

215 Vgl. ibid.

216 Lo 1995: 2.

217 TAY, Alice E.S./KAMENKA, Eugene: »Marxism, Socialism and the Theory of Law.« In: *Columbia Journal of Transnational Law*, Vol. XXIII (1985), S. 244, FN 23; zitiert nach Lo 1995: 3 (Hervorhebungen im Original).

218 Lo 1995: 2.

Rolle bei der Entscheidung für die Übernahme bestimmter Rechtsnormen durch die VRC gespielt haben.

Es wird aus diesen Ausführungen somit deutlich, dass die Migration von Normen aus westlichen Rechtssystemen – also der Import ausländischer Gesetzeswerke und Rechtsgedanken oder die Schaffung einheimischer Gesetze nach dem Vorbild von ausländischen Normen – in das chinesische Rechtssystem in hohem Maße von außerrechtlichen Interessen, vor allem außenpolitischer, wirtschaftlicher wie auch systemischer und ideologischer Art, bestimmt war. Dies zeigt, dass die Rechtsreformen in China bereits in der Vergangenheit kein rein juristisch angeleiteter Prozess waren, in dessen Verlauf die ausländischen Rechtsnormen übernommen worden wären, die den größten rechtstechnischen Nutzen für den chinesischen Staat versprochen hätten oder auf Grund ihrer (international) anerkannten Güte eine Übernahme zur Optimierung der chinesischen Rechtsordnung nahe gelegt hätten.[219] Vielmehr war die Entscheidung, welche ausländische Rechtsordnung Pate für die Reform des chinesischen Rechts stehen sollte, aufs Engste verwoben mit der damaligen außenpolitischen und wirtschaftlichen Lage sowie ideologischen Orientierung Chinas; die Rechtsreformen und damit auch die Migration von Rechtsnormen und Konzepten sind damit nicht nur als ein rein juristisches Phänomen zu betrachten, sondern stellen einen in hohem Maße *politischen* Prozess dar, in dem die (politischen, wirtschaftlichen und Macht-) Interessen und ideologischen Orientierungen von (kollektiven und individuellen) Akteuren in weit höherem Maße Kausalität für die Migration von Rechtsnormen besitzen als rechtsdogmatische Überlegungen.

Es stellt sich nun die Frage, inwieweit sich für diesen Befund, der sich aus der Betrachtung des ausländischen Einflusses auf die Rechtsreformen in China von der Qing-Zeit bis in die 1950er Jahre ergibt, auch Hinweise in den seit dem Ende der 1970er Jahre wieder aufgenommenen Rechtsreformen finden lassen. Es sollen daher im Folgenden die verschiedenen Akteure und Interessen, die die Reform des Rechtsystems der VRC im Zuge der deutsch-chinesischen sowie der amerikanisch-chinesischen Rechtszusammenarbeit prägen, dargestellt werden.

219 Vgl. Schauer 2000: 2.

Kapitel V. Überblick über die Rechtszusammenarbeit zwischen der Volksrepublik China und der Bundesrepublik Deutschland – Akteure und Projekte

In der Rechtszusammenarbeit mit der VRC ist auf deutscher Seite eine Vielzahl von staatlichen und nicht-staatlichen Akteuren aktiv, die in unterschiedlichen Bereichen des Rechts Zusammenarbeit anbieten (z. B. in den Bereichen Wirtschaftsrecht, Verwaltungsrecht etc.), unterschiedliche Arten der Beratung betreiben (z. B. Gesetzgebungsberatung, Ausbildung von Justiz- und Verwaltungspersonal, akademischer Austausch) und entsprechend dieser verschiedenen Schwerpunktsetzung auch unterschiedliche Ziele mit den jeweiligen Beratungsmaßnahmen verfolgen.

Hinsichtlich der staatlichen Akteure ist zum einen die Bundesregierung selbst zu nennen; diese hat seit der Initiierung des deutsch-chinesischen Rechtsstaatsdialoges 1999 Rechtsberatungsaktivitäten verschiedener anderer staatlicher Akteure (z. B. einzelner Ministerien) sowie auch nicht-staatlicher Akteure unter dem »Dach« des Rechtsstaatsdialoges vereint.[220] Innerhalb der Bundesregierung nimmt weiterhin das Bundesministerium für Wirtschaftliche Zusammenarbeit und Entwicklung (BMZ) mit seiner Durchführungsorganisation, der Deutschen Gesellschaft für Technische Zusammenarbeit (GTZ), eine bedeutende Rolle in der deutsch-chinesischen Rechtszusammenarbeit ein, da sowohl in finanzieller wie auch in inhaltlicher Hinsicht der ganz überwiegende Teil der staatlichen Rechtsberatung der BRD gegenüber der VRC über die GTZ abgewickelt wird. Auch andere Bundesministerien unterhalten Maßnahmen zur Rechtszusammenarbeit mit der VRC.[221] Diese Aktivitäten sind jedoch nur von sehr punktueller Reichweite und – da den Ministerien ausreichende eigene Budgets für die Rechtszusammenarbeit sowie auch eigene Durchführungsorganisationen wie die GTZ fehlen – vollständig in den Rechtsstaatsdialog integriert.

Die staatliche Rechtszusammenarbeit der BRD mit der VRC ist eingebettet in die generelle außenpolitische Linie der BRD gegenüber der VRC. Dies bedeutet, dass die Rechtszusammenarbeit insbesondere der staatlichen Akteu-

---

220 Zum Rechtsstaatsdialog ausführlich siehe unten Abschnitt 2.

221 Zu diesen zählen das Bundesjustizministerium, das Bundesinnenministerium, das Auswärtige Amt; siehe hierzu die Übersicht »Synopse: Projekte des Rechtsstaatsdialoges mit der VR China (2003–2005)«; Fundstelle: http://www.bmj.de/media/archive/910.pdf [Zugriff: 21.07.2005]

re in ihrer praktischen Ausführung auf der operativen Ebene wesentlich von den Vorgaben der deutschen China-Politik geprägt ist und diese ebenfalls auch in ihrer Realisierung unterstützen soll. Gleichzeitig wird an der praktischen Ausgestaltung der staatlichen deutschen Rechtsberatung gegenüber der VRC auch deutlich, welche Ziele die deutsche Politik prioritär gegenüber der VRC verfolgt; dies gilt insbesondere im Hinblick auf die in der deutschen China-Politik besonders bedeutsamen Parameter der wirtschaftlichen Zusammenarbeit sowie der Förderung von Rechtsstaatlichkeit und Menschenrechten.

Ausgehend von diesen Zusammenhängen werden im Folgenden zunächst die Grundlagen der deutschen China-Politik unter der rot-grünen Bundesregierung seit 1998* herausgearbeitet. Dies geschieht auf der Grundlage des Asienkonzeptes der Bundesregierung von 1993 bzw. von 2002 und der Koalitionsvereinbarungen zwischen SPD und Bündnis90/Die Grünen von 1998 und 2002. Weiterhin wird auch der besondere Stellenwert der VRC sowie der Rechtszusammenarbeit in der deutschen EZ, wie ihn das BMZ in eigenen Asienkonzepten und Positionspapieren umreißt, als Grundlage der deutschen China-Politik und damit auch der Rechtszusammenarbeit mit der VRC dargestellt.

Die in diesem konzeptionellen Teil erarbeiteten Befunde dienen sodann als Basis für die Darlegung der praktischen Maßnahmen der staatlichen wie der nicht-staatlichen deutschen Rechtszusammenarbeit mit der VRC in den sich anschließenden, mit der operativen Ebene der Rechtszusammenarbeit befassten Abschnitten 3 bis 6.

1. Politischer Hintergrund: Grundlagen der deutschen China-Politik

Den Grundstein für eine Rechtszusammenarbeit zwischen der BRD und der VRC als ein Bestandteil von EZ bildet das »Abkommen zwischen der Regierung der Bundesrepublik Deutschland und der Regierung der Volksrepublik China über technische Zusammenarbeit« vom 13.10.1982.[222]

Dabei ist die Zusammenarbeit im Bereich Recht zwischen der BRD und der VRC eingebettet in die allgemeine China-Politik der Bundesregierung, deren Grundlagen nun skizziert werden sollen.

1.1. Das Asienkonzept der Bundesregierung von 1993

Bis zum Jahre 2002 wurde die Asien- und damit auch die China-Politik der 1998 ins Amt gekommenen rot-grünen Bundesregierung konzeptionell noch von dem 1993 von der CDU/CSU/FDP-Regierung verabschiedeten

---

* Stand der Ausführungen: Juli 2005

222 Abgedruckt in Leutner 1995: 228–233 (Dok. 93).

Asienkonzept[223] geprägt. Die überragende Bedeutung, die die VRC für die BRD in Asien spielt, rechtfertigt es überdies, dass im Folgenden für die Untersuchung der Grundlinien der deutschen *China*-Politik auf die *Asien*-Konzepte zurückgegriffen wird, denn: »Asienpolitik [ist] vor allem Chinapolitik.«[224]

Das Asienkonzept (1993) sollte als Leitlinie für die deutsche Politik gegenüber so verschiedenartigen Staaten wie Indien, Pakistan, Nord- und Südkorea, Japan, China, Indonesien sowie den zentralasiatischen Nachfolgestaaten der ehemaligen Sowjetunion dienen; die »grandiose Nivellierung«[225] der zwischen diesen Staaten und Regionen bestehenden wirtschaftlichen, politischen, sozialen und kulturellen Unterschiede deutet bereits darauf hin, dass das Asienkonzept (1993) letztlich dazu diente, die deutsche Politik gegenüber der vielfältigen Großregion »Asien« auf einen übergeordneten gemeinsamen Nenner zu bringen: die Wahrung der wirtschaftlichen Interessen.[226] Diese Fokussierung erklärt sich aus dem Umstand, dass zur Zeit der Entstehung des Asienkonzeptes (1993) die europäische und damit auch die deutsche Wirtschaftsentwicklung zunehmend an Dynamik verlor, während viele asiatische, und vor allem ost-/südostasiatische Staaten wie die VRC, Japan, Indonesien und Singapur demgegenüber einen wirtschaftlichen Aufschwung verzeichnen konnten. Von dieser Entwicklung wollte die BRD nicht abgekoppelt werden, sondern vielmehr als Wirtschaftspartner daran teilhaben.[227] Die einzig schlüssige Antwort auf diese »asiatische Herausforderung« lautete somit, »in Asien stärker und besser präsent zu sein,« denn »Erfolge in Asien sind der Beweis für eigene Stärke und Kreativität.«[228] Auf diese Weise wurde der Asienpolitik die »prioritäre Aufgabe der Zukunftssicherung für Deutschland« zugesprochen.[229]

Trotz – oder gerade wegen – der überragenden Bedeutung, die sich aus dem Asienkonzept (1993) im Hinblick auf die Verwirklichung der wirtschaftlichen Interessen gegenüber »Asien« und insbesondere gegenüber der VRC als wichtigstem Partner der BRD in der Region ablesen lässt, fehlt eine expli-

---

223 Auswärtiges Amt (Hrsg.) *Das Asienkonzept der Bundesregierung.* Bonn, 1994; *im Folgenden: Asienkonzept (1993)*

224 Gottwald 2003: 137.

225 ibid.: 135.

226 Klose 2000: 3.

227 Gottwald 2003: 134; »Für eine aktive deutsche Asienpolitik« – Informationsaufzeichnung des Botschafters Dr. Klaus Zeller, Beauftragter für Asienpolitik im Auswärtigen Amt, vom 10. Mai 1993; *im Folgenden: Zeller 1993.*

228 Zeller 1993; siehe auch Asienkonzept (1993), Abschnitt I.2

229 »Zehn Leitlinien zur deutschen Asienpolitik vom 26. Januar 1994« – Botschafterkonferenz Asien-Pazifik vom 24.–26. Januar in Bonn, Punkt 1 (*im Folgenden: Zehn Leitlinien*); siehe auch Asienkonzept (1993), Abschnitt I.1

zite Nennung von Menschenrechtsschutz und Förderung von Rechtsstaatlichkeit als Zielvorgabe für die deutsche Asienpolitik.[230] Diese Aspekte spielen nur indirekt eine Rolle, wenn das Asienkonzept (1993) zum einen die übergeordneten Ziele der deutschen EZ mit Asien beschreibt.[231] Zu diesen zählen insbesondere die Verbesserung der wirtschaftlichen Situation der Menschen in der Region und die Armutsminderung[232] sowie – vor allem im Hinblick auf die VRC – Unterstützung beim Übergang von der Plan- zur Marktwirtschaft.[233] Als wesentliche Voraussetzung zur Erreichung dieser Ziele werden Rechtssicherheit und Achtung vor den Menschenrechten genannt;[234] indem das Asienkonzept (1993) jedoch die Erreichung wirtschaftlicher Prosperität als Oberziel an die Förderung von Rechtssicherheit und Menschenrechtsschutz knüpft, Letztgenanntes somit in den Dienst der Wirtschaftsentwicklung in den Staaten Asiens stellt, wird deutlich, dass die Sicherung von Rechtsstaatlichkeit und Menschenrechten im Asienkonzept (1993) nicht den Rang eines eigenständigen Zieles deutscher EZ mit Asien und vor allem mit der VRC einnimmt, sondern hauptsächlich instrumentellen Charakter hat.

Ebenfalls nur indirekt kommen die Aspekte Menschenrechtsschutz und Förderung von Rechtssicherheit im Asienkonzept (1993) zum Tragen, wenn dieses im Schwerpunktbereich Außen- und Sicherheitspolitik einen erweiterten Sicherheitsbegriff zugrunde legt, der neben militärischen Aspekten auch die Bedeutung von »rechtsstaatlichen, demokratischen und auf soziale Marktwirtschaft ausgerichteten Verfassungen der Staaten der Region« für die Wahrung von Frieden und Sicherheit in Asien hervorhebt.[235] Im Hinblick auf die praktische Umsetzung von Maßnahmen zur Förderung von Rechtsstaatlichkeit und Menschenrechtsschutz im Dienste der wirtschaftlichen Entwicklung der asiatischen Staaten nimmt das Asienkonzept (1993) aber eine sehr zurückhaltende Position ein. Vor allem mit Blick auf die VRC wird festgehalten, dass eine Menschenrechtspolitik in keinem Falle gegen die asiatischen Staaten, sondern nur in enger Kooperation mit diesen umzusetzen ist.[236] Daher müsse diese sensible Thematik mit »Takt und Vorsicht« behandelt werden, wobei als erster Schritt die Initiierung eines Dialoges über Rechtssysteme und über die Bedeutung von Rechtssicherheit für die wirtschaftliche Entwicklung vorgeschlagen wird.[237] Konkrete Maßnahmen zu einer externen

230 Hammer 2000: 12; Gottwald 2003: 135.

231 Asienkonzept (1993), Abschnitt II.5.1

232 ibid.

233 Asienkonzept (1993), Abschnitt II.5.2

234 Asienkonzept (1993), Abschnitt II.5.1

235 Asienkonzept (1993), Abschnitt I.6; Gottwald 2003: 135.

236 Asienkonzept (1993), Abschnitt I.2; Asiendebatte im deutschen Bundestag – Rede des Bundesministers des Auswärtigen, Dr. Kinkel, am 1. Dezember 1993.

237 Asienkonzept (1993), Abschnitt II.6.7; siehe auch »Zehn Leitlinien«, Punkt 7.

Demokratieförderung bzw. zur Förderung von Rechtsstaatlichkeit und Menschenrechten finden sich gleichwohl nicht im Asienkonzept (1993); statt dessen wird zum einen der Dialog in diesen Fragen nur punktuell und in aller Regel hinter verschlossenen Türen als »stille Diplomatie« geführt.[238] Zum anderen strebt die Bundesregierung im Asienkonzept (1993) eine engere Einbindung der Staaten Asiens und damit auch der VRC in die internationale Politik und Wirtschaft an.[239] Hier liegt der Gedanke zugrunde, dass eine solche Einbindung in internationale Regelwerke zwangsläufig auch innerhalb von Staaten wie der VRC zu einer Verrechtlichung der Politik führen wird und damit auf lange Sicht die Voraussetzungen für die Entstehung rechtsstaatlicher Strukturen, die wiederum Grundlage für die Wahrung von Menschenrechten sind, geschaffen werden können.[240] Des Weiteren sollen durch eine intensivierte wirtschaftliche Verflechtung die chinesischen Reformbestrebungen für Öffnung und Liberalisierung, die auf dem XIV. Parteitag der KPC mit dem Bekenntnis zur »sozialistischen Marktwirtschaft« bekräftigt worden waren, unterstützt werden.[241] Das Asienkonzept (1993) folgt hierbei somit der Theorie des »Wandels durch Handel«, wonach einer wirtschaftlichen Liberalisierung der VRC – gestärkt durch außenwirtschaftliche Zusammenarbeit – Reformen auch im politischen und gesellschaftlichen Bereich, die langfristig auf eine Demokratisierung zusteuern, folgen werden.[242] Dieser Logik, die Wirtschaftsentwicklung in der VRC durch eine Zusammenarbeit im Rechtsbereich zu fördern, folgend, kam es 1997 zur Initiierung von zwei groß angelegten Beratungsprojekten zum Wirtschaftsrecht, die unter Leitung des BMZ von der GTZ in der VRC durchgeführt und bis heute fortgesetzt werden.[243]

Mit der Übernahme der Regierungsverantwortung durch die Koalition aus SPD und Bündnis90/Die Grünen unter Bundeskanzler Gerhard Schröder im Jahr 1998 ergab sich für die neue Regierung die Möglichkeit, die von SPD wie Bündnis90/Die Grünen zu Oppositionszeiten stets als dem Diktat wirtschaftlicher Interessen unterworfen charakterisierte Politik der Regierung Kohl gegenüber der VRC stärker an den Vorgaben des Menschenrechtsschutzes und der Förderung von Rechtsstaatlichkeit zu orientieren. Auf der programmatischen Ebene setzt bereits die Koalitionsvereinbarung zwischen SPD und Bündnis90/Die Grünen von 1998 deutliche Akzente, indem festge-

---

238 Hammer 2000: 12; Heilmann 2002a: 2.

239 Asienkonzept (1993), Abschnitt II.7.1; II.8

240 Klose 2000: 3; Runge 2003: 71.

241 Vgl. Fonari 1999: 148–150.

242 Vgl. ibid.: 150.

243 Eine detaillierte Darstellung der Projekte »Deutsch-chinesische Zusammenarbeit beim MOFCOM« und »Beratung des Wirtschafts- und Finanzausschusses des Nationalen Volkskongresses der VRC« erfolgt unten in Abschnitt 3.1.2.

legt wird, dass »Achtung und Verwirklichung der in der Allgemeinen Erklärung der Menschenrechte proklamierten und in den Menschenrechtsverträgen festgeschriebenen Menschenrechte [...] Leitlinien für die gesamte internationale Politik der Bundesregierung [sind].«[244] Im Koalitionsvertrag zwischen SPD und Bündnis90/Die Grünen aus dem Jahr 2002 wird in diesem Sinne der Menschenrechtsschutz und die Förderung von Rechtsstaatlichkeit als eine der »Grundlagen für ihr außenpolitisches Handeln« beschrieben.[245] Auf der operativen Ebene strebte die Regierung dementsprechend an, den Menschenrechtsschutz und die Förderung von Rechtsstaatlichkeit zu einer »Querschnittsaufgabe« zu machen, an der sich die Arbeit aller Ressorts orientieren sollte.[246]

Die erste zentrale Initiative der neuen Bundesregierung, Menschenrechten und Rechtsstaatlichkeit in der Politik gegenüber der VRC mehr Gewicht zu verleihen, stellt der so genannte Deutsch-Chinesische Rechtsstaatsdialog dar, der während des Staatsbesuches von Bundeskanzler Schröder in der VRC im November 1999 mit dem damaligen chinesischen Ministerpräsidenten Zhu Rongji ausgehandelt wurde.[247]

In einem nächsten Schritt legte die rot-grüne Bundesregierung im Mai 2002 ein neues Asienkonzept vor, das – unterteilt in drei Teilkonzepte für die Regionen Südasien, Südostasien und Ostasien – eine bessere Abstimmung der deutschen Politik gegenüber den verschiedenen Staaten der Region ermöglichen sollte.

1.2 Das Asienkonzept der Bundesregierung von 2002

Während das Asienkonzept (1993) noch den Aufstieg der Region Asien in eine wirtschaftlich dominierende Position als größte Herausforderung für die deutsche Politik darstellte, hatte sich der Schwerpunkt vor dem Hintergrund der »Asienkrise« 1997/1998 und der Terroranschläge vom 11. September 2001 verschoben.[248] Asien gilt zwar nach wie vor als wirtschaftlicher »Konkurrent«, vor allem aber als »Ausgangspunkt krisenhafter Entwicklungen mit potenziell weltweiten Folgen«.[249] Zu diesen Entwicklungen, von denen »globale Wirkung ausgeht« und die damit auch die deutschen Belange unmittelbar berühren,[250] zählen insbesondere auch die Ausweitung von Korruption und anderen Formen der Wirtschaftskriminalität sowie die verbreitete

244 SPD/Bündnis90/Die Grünen 1998: 45; Pfeil 2003: 179.

245 SPD/Bündnis90/Die Grünen 2002: 59; Pfeil 2003: 179.

246 Pfeil 2003: 180.

247 Zum deutsch-chinesischen Rechtsstaatsdialog siehe unten Abschnitt 2.

248 Gottwald 2003: 136.

249 Auswärtiges Amt 2002: 1; *im Folgenden: Asienkonzept (2002).*

250 Asienkonzept (2002): 2.

Rechtsunsicherheit in den Staaten der Region Ostasien. Hierdurch werden ausländische Investoren abgeschreckt und so die gleichmäßige wirtschaftliche Entwicklung behindert; wo nur wenige in der Lage sind, von wirtschaftskriminellem Verhalten in einem nur ungenügend ausgebauten rechtlichen Umfeld zu profitieren, kommt es weiterhin zu einer Spaltung der Bevölkerung in kleine reiche und immer größere verarmende Schichten, sodass die Gefahr sozialer Spannungen mit ebenfalls negativen Auswirkungen auf die Entwicklung der ostasiatischen Staaten stetig steigt.[251]

Vor dem Hintergrund dieser Einschätzung der Situation nennt das Asienkonzept (2002) als die zentralen Anliegen, die in der deutschen Politik gegenüber Ostasien – und damit auch gegenüber der VRC als dem wichtigsten Akteur in der Region – zum Tragen kommen sollen, die folgenden Bereiche:[252] Demokratie, Rechtsstaatlichkeit und Menschenrechte; Frieden und Stabilität; wirtschaftliche Interessen; Umwelt; Entwicklungspolitische Zusammenarbeit; Kultur, Wissenschaften, Hochschulen, Medien; multilaterale Ostasienpolitik im Rahmen der EU.

Während im Asienkonzept (1993) kein eigener Schwerpunkt »Demokratie, Rechtsstaatlichkeit und Menschenrechte« enthalten war,[253] überrascht zunächst die Nennung dieses Punktes direkt an erster Stelle; es wird weiterhin explizit darauf hingewiesen, dass in der Verbesserung der Menschenrechtslage insbesondere in der VRC ein »zentrales Anliegen« der deutschen Außenpolitik zu sehen ist und dass Menschenrechtsfragen »einen wichtigen Bestandteil des politischen Dialoges« der BRD mit der VRC bilden sollen.[254] Der 1999/2000 vereinbarte deutsch-chinesische Rechtsstaatsdialog wird hier als wichtiges Instrument zur Umsetzung dieser Vorhaben genannt.

Die genauere Analyse zeigt gleichwohl, dass der deutsche Einsatz für die Förderung von Menschenrechten und Rechtsstaatlichkeit nicht als Selbstzweck erfolgt; vielmehr betont das Asienkonzept (2002) »den stabilisierenden Effekt eines auf den Menschenrechten gründenden politischen Handelns [der VRC]«,[255] das sich auch auf die wirtschaftliche Entwicklung der VRC positiv auswirkt. Damit stellt auch das Asienkonzept (2002) – wie zuvor bereits das Asienkonzept (1993) – die Förderung von Menschenrechten und Rechtsstaatlichkeit in den Dienst ökonomischer Interessen. Auch im Folgenden betrachtet das Asienkonzept (2002) Rechtsstaatlichkeit und Menschen-

251 ibid.: 1–2.

252 ibid.: 5–13.

253 Diese Aspekte behandelt das Asienkonzept (1993) unter der Überschrift »Zusammenarbeit im Bereich Ausbildung, Wissenschaft und Kultur; Berufsausbildung; Medien; soziopolitischer Dialog« (Asienkonzept (1993), Abschnitt II.6.7).

254 Asienkonzept (2002): 5.

255 Asienkonzept (2002): 5/6 (Ergänzung der Verfasserin)

rechte nicht isoliert, sondern ordnet diese Aspekte stets der tragenden »Säule« der deutschen Beziehungen zur VRC, den wirtschaftlichen Interessen,[256] zu. So werden bei der Beschreibung der EZ, die Deutschland gegenüber dem »Schwerpunktland« VRC leistet, als ein Bereich der Zusammenarbeit »Unterstützung der Wirtschaftsreform *und* Zusammenarbeit beim Auf- und Ausbau des Rechtsstaates« genannt.[257] Das Aufgabenprofil der deutschen Politik gegenüber Ostasien und der VRC im Besonderen legt in einem Punkt zusammengefasst »Menschenrechte, Demokratie und Rechtsstaatlichkeit [...]; Förderung der wirtschaftlichen und politischen Transformationsprozesse, auch im Interesse politischer Stabilität« sowie »Sicherung und Förderung unserer wirtschaftlichen Interessen [durch]: Öffnung der Märkte für Waren und Dienstleistungen, Rechtssicherheit und Schutz deutscher Investitionen, Förderung von Investitionen aus Ostasien in Deutschland« als Schwerpunkte fest.[258] Weiterhin fällt auf, dass das Asienkonzept (2002) den Menschenrechten und dem Konzept der Rechts*staatlichkeit* auf der einen Seite sowie dessen Teilaspekt, der Rechts*sicherheit* auf der anderen Seite, je unterschiedliche Aufgaben zuweist. So wird die Förderung von Menschenrechten und Rechts*staatlichkeit* im Dienste der politischen Stabilität als eine unabdingbare Voraussetzung für wirtschaftliche Entwicklung gesehen, während Rechts*sicherheit* unmittelbar wirtschaftlichen Interessen, vor allem dem Schutz ausländischer (und damit auch deutscher) Investoren in der VRC dienen soll.

1.3 Stellenwert der Rechtszusammenarbeit in der deutschen EZ gegenüber der VRC

Ein weiterer wichtiger staatlicher Akteur in der deutsch-chinesischen Rechtszusammenarbeit, vor allem im Hinblick auf deren konkrete Ausgestaltung und Durchführung, ist – wie oben einleitend bereits angesprochen – das BMZ. In konzeptioneller Hinsicht gründet die Arbeit des BMZ im Bereich der Rechtszusammenarbeit mit der VRC ebenfalls auf den allgemeinen Vorgaben der deutschen China-Politik, wie sie in den Asienkonzepten von 1993 bzw. von 2002 enthalten sind und oben dargestellt wurden. Darüber hinaus setzt das BMZ aber auch eigene Schwerpunkte in der Zusammenarbeit mit der VRC, unter die sich auch die Rechtszusammenarbeit als spezieller Bereich der EZ einordnen lässt und die im Folgenden kurz erläutert werden sollen.

Generell ist die »überwölbende Aufgabe« der deutschen EZ in der Bekämpfung von Armut zu sehen.[259] Hier ordnet sich die Rechtszusammenar-

256 ibid.: 8.

257 ibid.: 10 (Hervorhebung der Verfasserin).

258 ibid.: 14 (Hervorhebung der Verfasserin).

259 BMZ 2002a: 6.

beit dergestalt ein, dass diese auf die Herstellung von Rechtsstaatlichkeit und Rechtssicherheit als wesentliche Voraussetzungen für nachhaltige Entwicklung abzielt. So sieht das BMZ Rechtssicherheit und Rechtsstaatlichkeit in verschiedener Hinsicht als förderlich für diese nachhaltige Entwicklung an. Zum einen wird von einem engen Zusammenhang zwischen rechtsstaatlichen Strukturen und demokratischer Entwicklung ausgegangen. Die mit dem Konzept der Rechtsstaatlichkeit verbundene Gleichberechtigung aller gesellschaftlichen Gruppen und Individuen ist eine wichtige Voraussetzung für die allgemeine politische Beteiligung und damit für die Herstellung von sozialem Frieden. Darüber hinaus liefern rechtsstaatliche Institutionen konkrete Möglichkeiten, Konflikte zwischen gesellschaftlichen Gruppen und zwischen Individuen friedlich beizulegen. Durch die Erleichterung von Demokratisierung und die Bereitstellung von Mechanismen zur Konfliktlösung soll Rechtsberatung somit helfen, entwicklungshemmende Krisen und Konflikte zu vermeiden.[260]

Zum anderen dient die Herstellung von Rechtsstaatlichkeit und insbesondere von Rechtssicherheit durch Rechtszusammenarbeit auch dazu, Defizite im Rechtssystem des Empfängerlandes wie z. B. langwierige und intransparente Verfahren, Korruption in der Justiz, Gesetze von schlechter Qualität, fachlich schlecht ausgebildetes Justizpersonal, erschwerter Zugang zu geltenden Rechtsnormen, was für ausländische Investoren hohe Risiken bedeuten kann, abzubauen und so ebenfalls die wirtschaftliche Entwicklung der Empfängerstaaten zu erleichtern.[261]

Da jedoch ohne ein gewisses, bereits bestehendes Maß an Rechtsstaatlichkeit und Rechtssicherheit Maßnahmen der EZ nicht mit Aussicht auf Erfolg durchgeführt werden können,[262] sind (die mindestens im Ansatz gegebene Existenz bzw. Herstellung von) Rechtsstaatlichkeit und Rechtssicherheit sowohl Förderkriterium als auch Förderbereich von EZ im Bereich Recht.[263] Dies schlägt sich in den bereits 1991 vom damaligen Minister im BMZ, Carl-Dieter Spranger, aufgestellten und bis heute – in der Theorie – maßgeblichen Vergabekriterien für die Durchführung von EZ nieder. Diese Kriterien sind mit 1. Achtung der Menschenrechte; 2. Beteiligung der Bevölkerung am politischen Prozess; 3. Rechtsstaatlichkeit und Gewährung von Rechtssicherheit; 4. Schaffung einer marktfreundlichen und sozial orientierten Wirtschaftsordnung; 5. Entwicklungsorientierung staatlichen Handelns umschrie-

---

260 ibid.: 6–7.

261 ibid.: 6.

262 »Bestimmungsfaktoren für Art und Umfang der bilateralen Entwicklungszusammenarbeit«; in: BMZ 2002a: 74 (*im Folgenden: Bestimmungsfaktoren*); siehe auch Fonari 1999: 30.

263 BMZ 2002a: 6.

ben.[264] Anhand eines Kataloges von Indikatoren, die hauptsächlich auf den in der Menschenrechtskonvention der Vereinten Nationen sowie in den UN-Pakten über Bürgerliche und Politische Rechte sowie über Wirtschaftliche, Soziale und Kulturelle Rechte enthaltenen Bestimmungen basieren,[265] ist zu prüfen, ob ein Empfängerstaat den mit den fünf Vergabekriterien aufgestellten Bedingungen für die Gewährung von EZ genügt. Wo diese politische Konditionalität aufgrund der inneren Strukturen des Empfängerstaates nicht erfüllt ist, tritt der Voraussetzungsaspekt der Vergabekriterien zugunsten des Zielaspektes zurück:[266] Mit Hilfe von so genannten »Positivmaßnahmen« soll in diesem Fall auf die Verbesserung der Rahmenbedingungen hingewirkt werden.[267] Dies bedeutet somit, dass auch die Vergabekriterien der Durchführung einer (politisch erwünschten) EZ nicht entgegen stehen; wo die Beachtung der Kriterien eine EZ nicht zuließe, ist über die Einleitung von Positivmaßnahmen eine Kooperation dennoch möglich. Das Konstrukt der Positivmaßnahme dient damit auch als Rechtfertigung für die umfängliche EZ der BRD mit der VRC, obwohl eine strenge Auslegung der Vergabekriterien vor dem Hintergrund fortwährender Verstöße der VRC gegen Kriterien wie den Menschenrechtsschutz und Beteiligung der Bevölkerung am politischen Prozess der Gewährung von EZ entgegen stehen sollte. Rechtszusammenarbeit eignet sich dabei in besonderem Maße für den Einsatz als Positivmaßnahme, da durch sie häufig erst der Grundstein zum Aufbau eines Rechtssystems gelegt werden soll.

In dem Asienkonzept, das vom BMZ gesondert im September 2001 erstellt wurde,[268] wird Rechtszusammenarbeit zur Förderung von Menschenrechten sowie zur Herstellung von Rechtsstaatlichkeit demgegenüber als eigenständiges Ziel der deutschen EZ insbesondere gegenüber der VRC wie

264 »Bestimmungsfaktoren«; van de Sand 1997: 121–122.

265 Indikatoren zu 1.: Freiheit von Folter; Rechte bei Festnahme und im Justizverfahren; keine Strafe ohne Gesetz; Religionsfreiheiten; Minderheitenschutz;
zu 2.: Vereinigungsfreiheit; demokratische Wahlen; Meinungs- und Pressefreiheit;
zu 3.: Unabhängigkeit der Justiz; gleiches Recht für alle; Transparenz und Berechenbarkeit staatlichen Handelns;
zu 4.: Eigentumsschutz; Art des Bodenrechts; Preisfindung durch Marktmechanismen; Gewerbe- und Niederlassungsfreiheit; Wettbewerb;
zu 5.: Wahrnehmung der Eigenverantwortung für Armutsbekämpfung, Umweltschutz, Bevölkerungspolitik; Verzicht auf überzogene Rüstungsausgaben und unwirtschaftliche Prestigeprojekte (van de Sand 1997: 121–122).

266 Fonari spricht in diesem Zusammenhang von der »Zweidimensionalität des Instrumentariums der politischen Konditionalität« (Fonari 1999: 34).

267 Kempken 1999: 326.

268 BMZ 2001.

auch gegenüber anderen Empfängerstaaten ausgewiesen.[269] Gleichzeitig stellt Rechtszusammenarbeit mit den genannten Zielen aber auch eine Querschnittsaufgabe dar,[270] die in jedem der drei prioritären Aktionsfelder der deutschen EZ in Asien – Reduzierung der Armut, Umwelt- und Ressourcenschutz, Demokratisierung von Staat und Gesellschaft und Krisenprävention – von Bedeutung ist.[271]

Das BMZ legt in seiner EZ im Bereich Recht und Justiz weiterhin einen sehr umfassenden Begriff von Rechtsstaatlichkeit zugrunde. In enger Verbindung mit dem Prinzip der demokratischen Grundordnung werden dem Konzept der Rechtsstaatlichkeit folgende Elemente zugeordnet: Achtung der Menschenrechte; Bestehen eines staatlichen Gewaltmonopols; Gewaltenteilung und -kontrolle zwischen Legislative, Exekutive und Judikative; Gesetzmäßigkeit der Verwaltung; eine unabhängige, funktionierende Justiz; Gleichheit der Bürger in Rechtsetzung und Rechtsanwendung.[272] Aus dieser Begriffsbestimmung ergeben sich dann auch die wichtigsten Bereiche, in denen die deutsche Rechtszusammenarbeit ansetzen soll. Es sind dies die Umsetzung von Menschenrechtskonventionen in nationales Recht der Partnerländer; sowie Gleichstellung von Männern und Frauen sowie Minderheitenschutz; Schaffung von rechtlichen Rahmenbedingungen für die Entwicklung einer sozialen Marktwirtschaft; Zusammenarbeit in den Bereichen Strafverfahren und Strafvollzug sowie im Verfassungs- und Verwaltungsrecht; Verankerung demokratischer Rechte, z. B. durch Mediengesetze, Wahlgesetze, Parteiengesetze.[273]

Schließlich setzt die deutsche EZ im Bereich Recht mit verschiedenen Beratungsformen auf unterschiedlichen Ebenen an, um eine Förderung von Rechtsstaatlichkeit und Menschenrechten zu erzielen. So werden zum einen

---

269 ibid.: 11.

270 BMZ 2002b: 16.

271 BMZ 2001: 11. So bedarf es zur wirksamen Armutsminderung z. B. auch struktureller Anpassungen, um privates Kapital und ausländische Investitionen für die Wirtschaften der Entwicklungsländer zu mobilisieren. Rechtszusammenarbeit kann hier bei Reformen des Wirtschaftsrechts wichtige Unterstützung liefern (ibid: 14). Umwelt- und Ressourcenschutz benötigen ihrerseits gesetzliche Grundlagen zu ihrer Durchsetzung, welche durch Rechtszusammenarbeit geschaffen werden können. Schließlich sollen durch Rechtszusammenarbeit Möglichkeiten für eine stärkere Partizipation der Bürger an politischen Entscheidungsprozessen sowie die Wahrung der Menschenrechte als Grundvoraussetzungen »Guter Regierungsführung« geschaffen werden, welche ihrerseits wiederum Voraussetzung für nachhaltige Entwicklung und Armutsbekämpfung und damit für das Erreichen des übergreifenden Zieles deutscher EZ ist (ibid.: 23).

272 BMZ 2002b: 7.

273 ibid.: 9–10.

Maßnahmen durchgeführt, die Unterstützung beim Aufbau bzw. bei der Reform der formellen Rechtsordnung leisten sollen.[274] Ziel ist es hier, z. B. staatliche Organe wie den NVK der VRC bei der Ausarbeitung marktfreundlicher Gesetze aus dem Bereich des Wirtschaftsrechts zu unterstützen bzw. das Straf- und Strafprozessrecht so zu gestalten, dass es den Anforderungen grundlegender Menschenrechtsstandards genügt. Weiterhin arbeitet die EZ im Bereich Recht darauf hin, die Rechtsanwendung und -durchsetzung zu verbessern. Konkrete Maßnahmen aus diesem Bereich sind z. B. die Aus- und Fortbildung von Juristen und Verwaltungspersonal, die Veröffentlichung von Rechtstexten, Verbesserung des Zuganges zu Fachliteratur und Urteilstexten für Richter, Staatsanwälte und Rechtsanwälte, sowie Unterstützung beim Aufbau bzw. der Neuorganisation des Gerichtswesens.[275] Schließlich soll die Rechtszusammenarbeit auch dazu dienen, der Bevölkerung wie auch insbesondere gesellschaftlichen Randgruppen den Zugang zum Recht zu ermöglichen. In diesem Bereich sollen konkrete Maßnahmen wie die Unterstützung von legal aid Zentren, Aufklärung über das Recht und Möglichkeiten des Rechtsschutzes und auch zielgruppenspezifische Beratung (z. B. für Frauen, Behinderte) durchgeführt werden.[276]

1.4 Zusammenfassung

Wenn die neue rot-grüne Bundesregierung nach ihrer Amtsübernahme 1998 auch zunächst noch am Asienkonzept (1993) der Vorgängerregierung, das – wie gezeigt – konzeptionell die wirtschaftliche Bedeutung Asiens und hier vor allem der VRC in den Mittelpunkt der Asienpolitik der Bundesregierung stellte, festhielt, so schien sich gleichwohl mit dem Koalitionsvertrag zwischen SPD und Bündnis90/Die Grünen eine stärkere Gewichtung der Aspekte Menschenrechtsschutz und Rechtsstaatlichkeit in der Politik gegenüber der VRC abzuzeichnen. Verstärkt wurden diese Anzeichen für eine »Trendwende« auch durch den Empfang des chinesischen Dissidenten Wei Jingsheng im Bundeskanzleramt unmittelbar nach dem rot-grünen Wahlerfolg 1998.[277] Auch der im November 1999 zwischen Bundeskanzler Schröder und dem damaligen chinesischen Ministerpräsidenten Zhu Rongji verabredete und im Juni 2000 unterzeichnete Rechtsstaatsdialog wurde als eine »Abkehr vom Ritual« der stillen Menschenrechtsdiplomatie hinter verschlossenen Türen zunächst sehr positiv eingeschätzt, da die »chinesisch-deutschen Beziehungen tatsächlich um einen Aspekt reicher geworden« seien.[278]

---

274 Kempken 1999: 328; BMZ 2002b: 9.

275 Kempken 1999: 328; BMZ 2002b: 9.

276 Kempken 1999: 328; BMZ 2002b: 9.

277 Gottwald 2003: 137/138.

278 »Abkehr vom Ritual«; in: *Frankfurter Allgemeine Zeitung* (*FAZ*), 03.07.2000.

Aus dieser Initiative auf eine tief greifende Neuausrichtung der deutschen Politik gegenüber der VRC zu schließen, erwies sich gleichwohl als verfrüht, wie eine Betrachtung des neuen Asienkonzeptes der Bundesregierung vom Mai 2002 zeigt. So erhebt das Asienkonzept (2002) Menschenrechtsschutz und Rechtsstaatlichkeit nicht zu eigenständigen Zielen deutscher Politik gegenüber der VRC. Weiterhin bleibt die Wahrung guter wirtschaftlicher Beziehungen bestimmend, in deren Dienst die Förderung von Rechts*sicherheit* als unerlässlicher Voraussetzung für eine erfolgreiche wirtschaftliche Entwicklung der VRC gestellt wird. Ebenfalls im Hinblick auf wirtschaftliche Prosperität wird im Asienkonzept (2002) als weitere Voraussetzung die Wahrung gesellschaftlicher und politischer Stabilität in der VRC betont. Diesem Ziel soll die Förderung von Menschenrechten und Rechts*staatlichkeit* dienen. Diese werden somit in erster Linie in einer Ventil-Funktion gesehen; durch eine graduelle Ausweitung der Rechte der Menschen und ihrer Möglichkeiten, das Handeln der Regierung mit Hilfe des Rechts zu überprüfen, soll der Druck, der durch das im Zuge der Modernisierung entstandene stärkere Verlangen der Menschen nach Mitsprache sowie nach »Heilmitteln« gegen unerwünschte Folgen dieser wirtschaftlichen und gesellschaftlichen Modernisierung[279] entstanden ist, gemildert werden, sodass es nicht zu destabilisierenden sozialen und politischen Verwerfungen kommt. Vor diesem Hintergrund erscheint die zunächst durch die hervorgehobene Position als erstgenanntes der »zentralen Anliegen der deutschen Ostasienpolitik« im Asienkonzept (2002) gestärkte Bedeutung von Rechtsstaatlichkeit und Menschenrechten sowie deren Förderung durch Rechtszusammenarbeit als letztlich nur »rhetorische Akzentverschiebung.«[280]

Die hier skizzierten Hauptanliegen der deutschen Politik gegenüber der VRC, wie sie in den Asienkonzepten von 1993 und 2002 zu Tage treten und mit Förderung der wirtschaftlichen Entwicklung sowie Vermeidung von wirtschaftlicher, sozialer und politischer Instabilität sowie daraus möglicherweise resultierender krisenhafter Entwicklungen globalen Ausmaßes umrissen werden können, finden sich in gleicher Weise auch in den Leitlinien wieder, welche die praktische deutsche EZ, wie sie durch das BMZ geleistet wird, anleiten. Übereinstimmung herrscht auch hinsichtlich der Einschätzung, dass Rechtsstaatlichkeit bzw. Rechtssicherheit sowie ein wirksamer Menschenrechtsschutz wirksame *Instrumente* sind, um die Anliegen der deutschen China-Politik verwirklichen zu helfen. In der Praxis der deutschen EZ – auch gegenüber der VRC – spielt daher die Rechtszusammenarbeit zur

279 Zu diesen Folgen gehören z. B. der Verlust des Arbeitsplatzes; Enteignung und Umsiedlung im Zuge städtebaulicher Maßnahmen; zunehmende Korruption; Scheidungs- und Unterhaltsstreitigkeiten etc.

280 Gottwald 2003: 137.

Herstellung rechtsstaatlicher Verhältnisse eine besonders wichtige Rolle. Während in den Jahren bis 1999/2000 die allgemeine deutsche Chinapolitik der Bundesregierung und konkrete Einzelmaßnahmen im Rahmen der EZ mit der VRC unter der Federführung des BMZ gleichberechtigt nebeneinander standen, wie es auch in der Existenz von jeweiligen Asienkonzepten und Strategiepapieren sowohl der Bundesregierung als auch des BMZ zum Ausdruck kommt, wurde mit der Initiierung des deutsch-chinesischen Rechtsstaatsdialoges eine andere Situation geschaffen. Auch als »Kanzlerinitiative« bezeichnet,[281] stellt der Rechtsstaatsdialog gleichsam eine Zentralisierung der deutschen staatlichen, aber auch nichtstaatlichen Maßnahmen der Rechtszusammenarbeit mit der VRC dar. Diese werden nun unter dem »Dach« des Rechtsstaatsdialoges zusammengeführt und vom Bundesjustizministerium (BMJ) koordiniert. Auf diese Weise erhalten sowohl der Regierungschef als auch das BMJ verstärkten Einfluss auf die Rechtszusammenarbeit als spezifischem Teil der deutschen EZ mit der VRC.

Im Folgenden sollen nun die Genese wie auch die Inhalte des deutsch-chinesischen Rechtsstaatsdialoges dargestellt werden.

2. Der deutsch-chinesische Rechtsstaatsdialog

2.1 Genese des deutsch-chinesischen Rechtstaatsdialoges und politischer Hintergrund seiner Initiierung

Während des Staatsbesuches von Bundeskanzler Schröder in der VRC im November 1999 kam es zu einer ersten Verständigung mit dem damaligen chinesischen Ministerpräsidenten Zhu Rongji darüber, eine Zusammenarbeit zwischen der BRD und der VRC im Rechtsbereich zu initiieren. Auslöser dieser Initiative war dabei das Bestreben beider Seiten, einen Austausch über konkrete Rechtsfragen einzurichten, der zum einen der Unterstützung bei der Reform und Anpassung des chinesischen Rechtssystems an die Anforderungen der sich immer stärker in den Welthandel integrierenden Wirtschaft der VRC dienen sollte. Gleichzeitig wurde aber auch zwischen Bundeskanzler Schröder und Ministerpräsident Zhu explizit die Aufnahme von Fragen den Menschenrechtsschutz und die Förderung von Rechtsstaatlichkeit betreffend in den Dialog vereinbart.[282]

Am 30. Juni 2000 folgte dann zwischen den Justizministerien der BRD und der VRC der Abschluss der »Deutsch-Chinesischen Vereinbarung zu

281 Gebhardt 2002: 250.

282 »Premier Vows Wider Democracy Talk«; in: *SCMP*, 05.11.1999.

dem Austausch und zu der Zusammenarbeit im Rechtsbereich.«[283] Diese Vereinbarung listet als Schwerpunkte der Zusammenarbeit die Bereiche Verwaltungsrecht, Zivil- und Handelsrecht, Arbeits- und Sozialrecht sowie Verbesserung der Durchführung und Durchsetzung bestehender Gesetze, Schutz der Rechte und rechtlich verbürgten Interessen der Bürger und schließlich die Bekämpfung von Wirtschaftkriminalität und Korruption auf. Dabei war vorgesehen, diese Gebiete der Zusammenarbeit im Laufe des Rechtsstaatsdialoges sukzessive zu erweitern. Im Hinblick auf die konkrete Durchführung der Zusammenarbeit sieht die Vereinbarung gegenseitige Besuche auf der Regierungs- und der Arbeitsebene vor, ferner die Veranstaltung von Seminaren auch unter Einbeziehung von chinesischen und deutschen Institutionen aus den Bereichen Wissenschaft, Forschung, Bildung und Erziehung sowie die Aus- und Fortbildung von chinesischen, mit der Gesetzesanwendung- und durchsetzung betrauten Verwaltungs- und Justizpersonals.

Ein Jahr später, am 22. Juni 2001, wurde die noch sehr allgemein gehaltene Vereinbarung durch ein »Zweijahresprogramm zur Durchführung der Deutsch-Chinesischen Vereinbarung zu dem Austausch und zu der Zusammenarbeit im Rechtsbereich«[284] konkretisiert, welches 18 Projekte in den einzelnen Kooperationsbereichen sowie die jeweiligen deutschen und chinesischen Projektpartner benennt.

Die politischen Hintergründe für die Initiierung des Rechtsstaatsdialoges finden sich auf deutscher wie auf chinesischer Seite vor allem in der Unzufriedenheit mit der Art und Weise, wie bis dahin die Probleme von Rechtsstaatlichkeit und Menschenrechtsschutz in den bilateralen Beziehungen bearbeitet worden waren. So bestand auf beiden Seiten der Wunsch, die Behandlung der Menschenrechtsproblematik in den deutsch-chinesischen Beziehungen möglichst ohne negative Auswirkungen für das bilaterale Verhältnis in anderen, vor allem wirtschaftlichen, Bereichen in die Zusammenarbeit zu integrieren.[285] Vor allem die Bundesregierung war durch die in der Koalitionsvereinbarung festgeschriebene Funktion der Menschenrechte als »Leitlinie« ihrer Außenpolitik[286] einem starken Erwartungsdruck seitens der Öffentlichkeit ausgesetzt, diesem Anspruch insbesondere in der Gestaltung des

---

283 Fundstelle: http://www.bundesregierung.de/Anlage254834/Deutsch-Chinesische+Vereinbarung+zu+dem+Austausch+und+der+Zusammenarbeit+im+Rechtsbereich+.pdf [Zugriff 22.07.2005]; *im Folgenden: die Vereinbarung*

284 Fundstelle: http://www.bundesregierung.de/Anlage254838/Zweijahresprogramm+zur+Durchf%fchrung+der+Deutsch-Chinesischen+Vereinbarung+zu+dem+Austausch+und+der+Z.pdf [Zugriff: 22.07.2005]; *im Folgenden: Zweijahresprogramm (2001)*

285 Vgl. »Abkehr vom Ritual«; in: *FAZ*, 03.07.2000

286 SPD/Bündnis90/Die Grünen 1998: 45.

Verhältnisses zur VRC gerecht zu werden. Gleichwohl hatte sich in der Vergangenheit gezeigt, dass durch die Praxis der »symbolischen« Kritik an der Menschenrechtssituation in der VRC, wie sie auch schon der Vorgängerregierung Kohl zur Befriedigung moralischer Ansprüche in der Außenpolitik gedient hatte, das bilaterale Verhältnis insgesamt negativ beeinflusst wurde. Vor allem das Überreichen von Listen mit den Namen politischer Gefangener und die Bitte um Überprüfung der jeweiligen Fälle anlässlich der Treffen zwischen deutschen und chinesischen Spitzenpolitikern wurde zunehmend als »lästig« und schädlich vor allem für die wirtschaftliche Zusammenarbeit empfunden.[287] Die Bundesregierung und insbesondere Bundeskanzler Schröder erkannten weiterhin die bisherige Vorgehensweise als den Versuch, nur an den Symptomen der unbefriedigenden Menschenrechtslage in der VRC zu arbeiten und strebten vielmehr an, die dieser Situation zugrunde liegenden, tiefer gehenden Probleme – identifiziert als Mangel an rechtsstaatlichen Standards genügenden gesetzlichen Regelwerken und deren unzureichende Implementierung – durch die Zusammenarbeit im deutsch-chinesischen Rechtsstaatsdialog zu beheben.[288] Angesichts der intensiven Beschäftigung mit der Menschenrechtslage in der VRC auch auf der Ebene der EU im Rahmen des politischen Dialoges sowie des Menschenrechtsdialoges, welche die EU seit 1994 bzw. 1995 mit der VRC führt,[289] wurde schließlich zunehmend die Frage laut, ob eine zusätzliche, gesonderte Bearbeitung dieser Problematik im bilateralen deutsch-chinesischen Austausch zu substanziell verbesserten Ergebnissen führen könne oder ob sich hieraus Doppelungen ergäben, die auch angesichts der nur begrenzten Aufnahmekapazität der chinesischen Seite keine effiziente bilaterale Behandlung der Menschenrechtsfrage mehr zuließen.[290] Bereits seit Anfang der 1990er Jahre waren vor dem Hintergrund derartiger Überlegungen einzelne Mitgliedstaaten der EU dazu übergegangen, politischen Druck auf die VRC zur Verbesserung der Menschenrechtslage nicht länger bilateral zum Tragen zu bringen, sondern diesen einheitlich in die Verantwortung der EU zu stellen, während sich die eigenen Bemühungen gegenüber der VRC stärker auf den Ausbau der wirtschaftlichen Beziehungen konzentrierten.[291] Diese innerhalb der EU zwischen supranationaler und nationaler Ebene entstandene »Arbeitsteilung« im Hinblick auf die Bedienung moralischer Imperative einerseits und die Förderung von Wirtschaftsbeziehungen andererseits erleichterte so auch für die Regierung Schröder den Schritt, Fragen den Schutz von Menschenrechten und Rechtsstaatlichkeit

287 Interview 09/2003

288 ibid.

289 Siehe Heilmann 2002a: 3.

290 Interview 11/2003

291 Friedrich 2000: 70.

betreffend in den gesonderten Rechtsstaatsdialog zu überführen und dort in einer auch von der chinesischen Seite als nicht provokativ empfundenen Weise zu behandeln, während Gespräche in anderen Bereichen von den negativen Auswirkungen unterschiedlicher Auffassungen im Bereich Menschenrechte und Rechtsstaatlichkeit entlastet wurden.[292] Für die deutsche Öffentlichkeit entstand gleichzeitig der Eindruck einer engagiert für eine Verbesserung der Menschenrechtssituation in der VRC eintretenden Bundesregierung. Der Erfolg dieser Politik, durch Dialog und Austausch statt durch öffentliche Anprangerung Schritte zur Verbesserung der Lage eingeleitet zu haben, wurde noch zusätzlich dadurch untermauert, dass die Bundesregierung für sich in Anspruch nahm, als einzige Regierung mit der VRC eine solche Vereinbarung zur Zusammenarbeit im Rechtsbereich getroffen zu haben.[293] Gleichwohl muss hier darauf hingewiesen werden, dass es bereits 1997/1998 zur Vereinbarung einer dem deutsch-chinesischen Rechtsstaatsdialog ähnlichen Initiative zur »Zusammenarbeit im Rechtsbereich« zwischen den damaligen Präsidenten Bill Clinton und Jiang Zemin gekommen war. Diese amerikanisch-chinesische »Rule of Law Initiative« scheiterte jedoch an der Weigerung des US-Kongresses, die notwendigen finanziellen Mittel für die Durchführung konkreter Projekte zur Verfügung zu stellen.[294]

Auch für die chinesische Regierung war die öffentliche Anprangerung der Menschenrechtslage durch ausländische Regierungen sowie die Notwendigkeit, die Probleme mit den in den Augen der internationalen Öffentlichkeit nicht sehr glaubwürdigen Argumenten, in Ausübung nationaler Souveränität und angesichts chinesischer Besonderheiten zu handeln, rechtfertigen zu müssen, sehr »unbefriedigend«.[295] Dementsprechend bot sich auch hier mit der Initiierung des Rechtsstaatsdialoges die Möglichkeit, die Gespräche über die Menschenrechtssituation von der politischen Ebene auf die Ebene des fachlichen Austausches unter Juristen zu verlegen und damit zu erreichen, dass die Menschenrechtsproblematik nun nicht mehr explizit – und »vor laufenden Kameras« – sondern nur noch im von der Öffentlichkeit weitestgehend unbeachteten Rahmen von Symposien und Workshops unter Rechtsexperten behandelt wird.[296] Darüber hinaus bot die durch die Beteiligung am Rechtsstaatsdialog demonstrierte Bereitschaft der VRC, über Probleme im Bereich von Menschenrechten und Rechtsstaatlichkeit zu sprechen, auch die Möglichkeit für die chinesische politische Führung, internationale Kritik

292 Vgl. »Abkehr vom Ritual«; in: *FAZ*, 03.07.2000
293 ibid.
294 Ausführlich zur amerikanisch-chinesischen »Zusammenarbeit im Rechtsbereich« siehe unten, Kapitel VI, Abschnitt 1.1
295 »Abkehr vom Ritual«; in: *FAZ*, 03.07.2003
296 Interview 9/2003

durch den Beweis ihrer Bereitschaft, »von den Erfahrungen anderer Staaten zu lernen«[297] abzuwehren.[298] Schließlich muss auch das Bestreben der VRC, zur »Weltmacht« aufzusteigen, berücksichtigt werden. In diesem Zusammenhang hat die politische Führung der VRC erkannt, dass ein gewisser Standard an Rechtsstaatlichkeit oder zumindest Rechtssicherheit zu den unverzichtbaren Attributen einer solchen Weltmacht zählt. Diesen Standards bemüht sich die VRC durch Reformen im Rechtsbereich mit ausländischer Unterstützung anzunähern und auch auf Vorschläge zur Zusammenarbeit im Bereich der Menschenrechte einzugehen.[299] Diese Demonstration »guten Willens« soll auch dazu beitragen, den Paria-Status der VRC hinsichtlich der Menschenrechtslage abzubauen, da dieser in den Augen der politischen Führung der VRC von anderen Staaten – vor allem von den USA – häufig als Vorwand herangezogen wird, Druck auf die VRC auszuüben und auf diese Weise ihren Aufstieg zur Weltmacht zu behindern. Diesen Vorwänden möchte die VRC durch Kooperationsbereitschaft, wie sie die Teilnahme am Rechtsstaatsdialog demonstriert, den Boden entziehen.[300]

Inwieweit der Rechtsstaatsdialog somit in der Tat vorrangig der Förderung deutscher, aber auch chinesischer wirtschaftlicher Interessen sowie als »Feigenblatt« der Abwehr übermäßiger Kritik an der Menschenrechtslage in der VRC dient oder aber in der Lage ist, durch konstruktive Zusammenarbeit eine Verbesserung von Rechtsstaatlichkeit und Menschenrechtsschutz in der VRC zu erzielen, soll die folgende Darstellung der Organisation sowie der inhaltlichen Schwerpunkte des deutsch-chinesischen Rechtsstaatsdialoges verdeutlichen.

2.2 Organisation und inhaltliche Schwerpunktsetzung des deutsch-chinesischen Rechtsstaatsdialoges

Wenn oben durchweg von »dem« Rechtsstaatsdialog die Rede war, so ist diese Formulierung gleichwohl etwas unpräzise, da bei genauerer Betrachtung von »einem« Rechtsstaatsdialog nicht gesprochen werden kann. So bildet der »Rechtsstaatsdialog«, wie bereits erwähnt, vielmehr das »Dach«, unter dem die zahlreichen Rechtsberatungsmaßnahmen, die verschiedene staatliche und nichtstaatliche deutsche Akteure gegenüber der VRC durchführen, zusammengeführt wurden. Ziel war es dabei, »die vorhandenen Ansätze fort[zu]führen, systematisch zusammen[zu]fügen und zugleich auf eine breitere Grundlage [zu] stellen«.[301] Die Grundlage für diese Bündelung stel-

297 »Premier Vows Wider Democracy Talk«; in: *SCMP*, 05.11.1999

298 »Business statt Menschenrechte«; in: *Der Spiegel*, 02.11.2001

299 Interview 09/2003

300 Vgl. ibid.

301 »Deutsch-Chinesischer Rechtsstaatsdialog«; Fundstelle:

len die »Deutsch-Chinesische Vereinbarung zu dem Austausch und zu der Zusammenarbeit im Rechtsbereich« sowie die diese Vereinbarung konkretisierenden Zweijahresprogramme zur Durchführung des Rechtsstaatsdialoges dar;[302] die Leitung des offiziellen Rechtsstaatsdialoges wurde von Bundeskanzler Schröder an das BMJ delegiert.[303]

Damit zählen auch – nominell – die Beratungsmaßnahmen, von BMZ/GTZ, der politischen Stiftungen sowie der akademischen Einrichtungen und Einzelmaßnahmen anderer Akteure wie Wirtschaftsverbände und Standesvereinigungen zum Rechtsstaatsdialog.[304] Gleichwohl lässt sich hinsichtlich des Gesamtbildes des Rechtsstaatsdialoges eine Unterteilung vornehmen. So erarbeiten BMZ/GTZ, die politischen Stiftungen sowie die akademischen Einrichtungen eigenständig mit den jeweiligen chinesischen Partnern Beratungsprogramme, einigen sich über deren Inhalt und Zielsetzung[305] und führen die Programme mit eigenem Budget aus. Diese verschiedenen Aktivitäten zählen jedoch nur formal zum Rechtsstaatsdialog, da sie nicht vom BMJ koordiniert werden.[306]

Neben diesen vielfältigen Aktivitäten kann man – wesentlich enger gefasst – vom »offiziellen Rechtsstaatsdialog« sprechen. Dieser umfasst die jährlich auf hoher politischer Ebene angesiedelten »Symposien« im Rahmen des deutsch-chinesischen Rechtsstaatsdialoges. Wenn im Folgenden vom »Rechtsstaatsdialog« gesprochen wird, so soll sich dieser zunächst auf den Rechtsstaatsdialog als »Dach« der verschiedenen deutschen Rechtsberatungsaktivitäten und seine politischen Grundlagen, die genannte Vereinbarung sowie die Zweijahresprogramme beziehen. Auf den »offiziellen« Teil des Rechtsstaatsdialoges, die Symposien, wird unten gesondert eingegangen.[307]

---

http://www.bmj.bund.de/enid/38954860bfcd414f9be4cd907a672eb5,0/Internationale_Zusammenarbeit/Deutsch-Chinesischer_Rechtsstaatsdialog_8p.html [Zugriff: 20.07.2005]

302 Interview 06/2003

303 Interview 09/2003

304 »Deutsch-Chinesischer Rechtsstaatsdialog«; Fundstelle: http://www.bmj.bund.de/enid/38954860bfcd414f9be4cd907a672eb5,0/Internationale_Zusammenarbeit/Deutsch-Chinesischer_Rechtsstaatsdialog_8p.html [Zugriff: 20.07.2005]

305 Die Beratungsmaßnahmen von BMZ/GTZ werden zunächst in deutsch-chinesischen Regierungsverhandlungen vorab vereinbart; im Anschluss daran beginnen die in den Regierungsvereinbarungen benannten deutschen und chinesischen Partnerorganisationen mit der Ausarbeitung der konkreten Programme (Interview 09/2003).

306 Interview 06/2003

307 Siehe unten, Abschnitt 2.3

2.2.1 Auftakt des Rechtsstaatsdialoges: Inhaltliche Schwerpunkte im Rechtsstaatsdialog 2001 bis 2003

Der inhaltliche Schwerpunkt der Zusammenarbeit liegt beim Rechtsstaatsdialog gemäß dem Zweijahresprogramm (2001) vor allem auf der Gesetzgebungsberatung; die Bereiche Verbesserung der Implementierung von Recht und Schulung von Juristen bzw. von Justiz- und Verwaltungspersonal werden kaum abgedeckt. Mit dieser Ausrichtung folgt der Rechtsstaatsdialog den Vorstellungen der chinesischen Seite; hier verhält es sich zumeist so, dass die chinesischen Partnerinstitutionen – zu diesen zählen vor allem das Justizministerium (JM), der Rechtsarbeitsausschuss des SA NVK, der NVK Fachausschuss für Finanzen und Wirtschaft (*quanguo renmin daibiao dahui caizheng he jingji weiyuanhui* – NVK FiWi), das Handelsministerium (*Ministry of Commerce* – MOFCOM), das Ministerium für Arbeit und Soziale Sicherung (*Ministry of Labour and Social Security* – MoLSS)[308] – sich mit einem bestimmten konkreten Rechtssetzungsproblem (z. B. einem Gesetzesentwurf) konfrontiert sehen und bei der deutschen Seite um eine sehr spezifische, punktgenaue Gesetzgebungsberatung im Rahmen des Rechtsstaatsdialoges nachsuchen.[309] Dementsprechend sind auch die in dem Zweijahresprogramm (2001) aufgezählten Projekte fast ausschließlich mit der Beratung zur Gestaltung von rechtlichen Regelungen in verschiedenen Bereichen befasst; von insgesamt 18 hier genannten Projekten befassen sich nur zwei mit Fragen der Rechtsanwendung und Durchsetzung;[310] zum Thema des Menschenrechtsschutzes, welcher ausdrücklich auch Schwerpunkt des Rechtsstaatsdialoges sein sollte,[311] findet sich nur eine einzige Veranstaltung, in der die Menschenrechte darüber hinaus auch nur einen Teilaspekt darstellen.[312]

Aus der Zusammenschau der Themengebiete, die Gegenstand des Rechtsstaatsdialoges sind, lässt sich ablesen, dass dieser in hohem Maße an der Behandlung rein rechtstechnischer Fragen orientiert ist und sensible Gebiete

---

308 Siehe Nennungen im Zweijahresprogramm (2001)

309 Interview 06/2003

310 Austausch über Techniken und Methoden der Bekämpfung von Kriminalität und die Vervollkommnung des strafrechtlichen Ermittlungsverfahrens sowie über wissenschaftliche Forschungsergebnisse auf dem Gebiet der Strafrechtslehre und Kriminologie (Zweijahresprogramm (2001): 6); Fortbildung der auf dem Gebiet des Außenhandels tätigen Juristen (ibid.: 4); dieses Projekt wird unter dem Titel »Deutsch-Chinesische Zusammenarbeit zum Wirtschaftsrecht beim MOFCOM« von der GTZ durchgeführt (siehe unten, Abschnitt 3.1.2)

311 Vereinbarung, Punkt 2; »Rechtsstaatsdialog mit China vereinbart«; in: *FAZ*, 23.06.2001

312 Austausch- und Dialogsymposium über soziale, wirtschaftliche, kulturelle und menschenrechtliche Entwicklungen (Zweijahresprogramm (2001): 6).

– wie z. B. den Menschenrechtsschutz im Strafrecht, die Unterordnung des Staatshandelns unter das Recht, Rechtsschutz des Einzelnen gegenüber staatlichen Maßnahmen – weder in der Vereinbarung noch im Zweijahresprogramm (2001) explizit als Kooperationsgebiete benennt. Dies erstaunt zum einen vor dem Hintergrund des von SPD/Bündnis90/Die Grünen im Koalitionsvertrag von 1998 getroffenen Aussagen zu Menschenrechtsschutz und Rechtsstaatlichkeit als »Leitlinien für die gesamte internationale Politik der Bundesregierung«[313] wie auch angesichts des Umstandes, dass ein erstes Vorschlagspapier des BMJ mit möglichen Themengebieten für die inhaltliche Ausgestaltung des Rechtsstaatsdialoges vom April 2000[314] eine wesentlich offensivere Behandlung dieser Themen vorschlägt.

Dieses Vorschlagspapier geht bereits von einem sehr umfassenden Verständnis von Rechtsstaatlichkeit aus, welche bedeutet, »dass die Ausübung staatlicher Macht nur auf der Grundlage der Verfassung und von formell und materiell verfassungsgemäß erlassenen Gesetzen mit dem Ziel der Gewährleistung von Menschenwürde, Freiheit, Gerechtigkeit und Rechtssicherheit zulässig ist«. Weiterhin werden die Elemente »Existenz einer geschriebenen Verfassung (Verfassungsstaatlichkeit), Gewährleistung von Grundrechten (Freiheit, Gleichheit, Eigentum), Gewaltenteilung, Vorrang und Vorbehalt des Gesetzes, Rechtssicherheit und Vertrauensschutz, gerichtlicher Schutz des Einzelnen, Recht auf faires Verfahren, Haftung des Staates, Grundsatz der Verhältnismäßigkeit« als wesentlich für Rechtsstaatlichkeit angesehen. Für die konkrete Zusammenarbeit mit der VRC im Rechtsstaatsdialog schlägt das Papier folgende Bereiche vor: »1. Verfassungsrecht und Rechtsetzung;[315] 2. Rechtspflege;[316] 3. Strafrecht;[317] 4. Zivilrecht;[318] 5. Handels- und Wirt-

---

313 SPD/Bündnis90/Die Grünen 1998: 45.

314 Papier des BMJ; liegt der Verfasserin vor

315 Rechtssetzungszuständigkeit, Rechtsbereinigung, Implementierung von Rechtsnormen, Aufbau einer Verfassungsgerichtsbarkeit, Schaffung eines Staatshaftungsrechtes

316 Gerichtsverfassungsrecht, rechtsstaatliche Gestaltung des Zivilprozessrechts, Ausarbeitung eines Zwangsvollstreckungs- und Insolvenzrechtes, Ausarbeitung eines Streitschlichtungs-/Mediationsverfahrens, Reformierung des Strafprozessrechts im Hinblick auf einen stärkeren Schutz der Menschenwürde und vor Übergriffen der Strafverfolgungsorgane, Ausarbeitung von Regelungen, die die Überprüfung von Verwaltungshandeln durch unabhängige Gerichte zum Ziel haben

317 Ausarbeitung von Regelungen zur Bekämpfung der Wirtschaftskriminalität und Korruption, Ausarbeitung von Regelungen hinsichtlich des Strafrechtsschutzes der Umwelt, Modernisierung des Strafvollzuges, Aufbau einer Bewährungshilfe und Straffälligenhilfe

schaftsrecht;[319] 6. Verwaltungsrecht;[320] 7. Arbeits- und Sozialrecht;[321] 8. Aus- und Weiterbildung.«[322] Vor allem mit dem besonders menschenrechtsrelevanten Bereich des Strafrechts sollte ein neuer Schwerpunkt in der deutsch-chinesischen Rechtszusammenarbeit geschaffen werden.

Indem das Vorschlagspapier auf die Behebung »defizitäre[r] Bereiche der Rechts*staats*entwicklung«[323] abzielte und damit nicht nur Probleme der Rechtsentwicklung in der VRC in den Blick nahm, war es sehr umfassend angelegt und wollte sich gerade nicht auf Probleme der Rechtsentwicklung und deren Behebung z. B. durch Gesetzgebungsberatung beschränken. Es ging dem Papier also nicht nur um die Schaffung von Rechts*sicherheit* vor allem für (deutsche) Investoren in der VRC, sondern explizit auch um die Verwirklichung von Rechts*staatlichkeit* und damit ebenfalls um den Menschenrechtsschutz, der in enger Verbindung mit den oben genannten Elementen von Rechtsstaatlichkeit steht. Damit zeigt das Konzept inhaltlich eine große Nähe zu den programmatischen Aussagen bezüglich des Menschenrechtsschutzes und der Förderung von Rechtsstaatlichkeit, wie sie dem Koalitionsvertrag von SPD und Bündnis90/Die Grünen zu entnehmen sind.

Da für die chinesische Seite in der Rechtszusammenarbeit die Priorität gleichwohl eindeutig auf dem Aspekt der »rule *by* law« liegt,[324] also auf dem Bestreben, durch die Rechtsberatung in die Lage versetzt zu werden, *mit Hilfe* tauglicher Gesetze das Land zu regieren, ohne dabei aber Gefahr zu laufen, sich »die Instrumente aus der Hand nehmen zu lassen, mit denen das Machtmonopol der [KPC] gewahrt werden kann«,[325] ist eine explizite Bearbeitung rechtsstaatlicher und menschenrechtlicher Aspekte im Rechtsstaatsdialog problematisch, zumal die chinesische Seite in dieser Hinsicht auch nur

318 Gestaltung und Durchsetzung von zivilrechtlichen Verträgen (Schuldrecht), Ausgestaltung des zivilrechtlichen Schutzes absoluter Rechte, Modernisierung des Ehe-, Familien- und Unterhaltsrechts, Vereins- und Stiftungsrecht

319 Vervollkommnung rechtlicher Regelungen zum Schutz des geistigen Eigentums und der Patentgerichtsbarkeit als Schlüssel wirtschaftlichen Fortschritts, Aktienrecht und Publizität, Wettbewerbsrecht (UWG, Kartellrecht), Ausgestaltung des Medienrechts sowie des Rechts für neue Kommunikationstechnologien

320 Ausarbeitung von Verwaltungsgesetzen, rechtliche Regelung staatlicher Infrastrukturmaßnahmen (Verkehrswege, Versorgungssysteme, Kommunikationsnetze) und die Rechte der Betroffenen

321 Gestaltung von Arbeitslöhnen zwischen individueller Gerechtigkeit und marktwirtschaftlicher Realität

322 Unterstützung bei der Juristenaus- und -weiterbildung, Deutsch-chinesischer Juristenaustausch, Fortbildungsveranstaltungen über Völkerrecht

323 Zitiert aus dem Vorschlagspapier (Hervorhebung der Verfasserin)

324 Interview 06/2003

325 Zitiert aus dem Vorschlagspapier (Ergänzung der Verfasserin)

eine eingeschränkte Gesprächsbereitschaft zeigt.[326] Der Versuch, den Rechtsstaatsdialog inhaltlich auf der Grundlage des Vorschlagspapiers auszugestalten, hätte somit die Gefahr in sich getragen, dass es nicht zum Abschluss der offiziellen Vereinbarung gekommen wäre, was für die deutsch-chinesischen Beziehungen eine schwere Belastung dargestellt hätte.

Diese Überlegungen zu den Auswirkungen des Rechtsstaatsdialoges auf das deutsch-chinesische Verhältnis führte damit zum Abschluss der Vereinbarung und des Zweijahresprogramms (2001), in denen sich keine sensiblen, explizit rechtstaats- und damit menschenrechtsrelevanten Bereiche in der deutsch-chinesischen Rechtszusammenarbeit mehr finden und die überdies wesentlich stärker dem Interesse der VRC an einer rechtstechnisch ausgerichteten Gesetzgebungsberatung entgegen kommen. Damit hatte sich die rotgrüne Bundesregierung jedoch gleichzeitig in der praktischen Außenpolitik gegenüber der VRC wieder von Rechtsstaatlichkeit und Menschenrechtsschutz als »Leitlinie« entfernt.

2.2.2 Der Rechtsstaatsdialog in der nächsten Runde: Das Zweijahresprogramm 2004 bis 2005

Anlässlich des erneuten Staatsbesuches von Bundeskanzler Schröder in Beijing im Dezember 2003 zeigte sich auch die neue politische Führung der VRC um Staatspräsident Hu Jintao bereit, den deutsch-chinesischen Rechtsstaatsdialog weiter fortzusetzen. So wurde am 01.12.2003 ein weiteres »Zweijahresprogramm zur Durchführung der Deutsch-Chinesischen Vereinbarung zu dem Austausch und der Zusammenarbeit im Rechtsbereich 20042005«[327] von der deutschen Justizministerin Brigitte Zypries und ihrem chinesischen Amtskollegen Cao Kangtai unterzeichnet.[328]

Das neue Zweijahresprogramm (2003) weist eine leicht veränderte Schwerpunktsetzung in thematischer Hinsicht wie auch im Hinblick auf die Formen der Rechtszusammenarbeit auf. Zunächst sieht das Zweijahresprogramm (2003) – wie auch das Zweijahresprogramm (2001) – eine Zusammenarbeit in den Bereichen 1. Verwaltungsrecht, 2. Zivil-, Handels- und Wirtschaftsrecht, 3. Arbeits- und Sozialrecht und 4. Durchführung der Gesetze und deren Kontrolle, Schutz der legitimen Rechte und Interessen der Bürger, Regelwerke zur Bekämpfung der Wirtschaftskriminalität und Korruption vor. In diesen Gebieten werden teilweise Projekte, die bereits im Zweijahresprogramm (2001) enthalten waren, fortgeführt, wie auch neue Projekte initi-

326 Interview 06/2003

327 Fundstelle: http://www.bmj.bund.de/media/archive/614.pdf [Zugriff: 20.07.2005]; *im Folgenden: Zweijahresprogramm (2003)*

328 »Schröder in China«; in: *Süddeutsche Zeitung*, 01.12.2003

iert. Zu diesen zählen Rechtsberatung im Haushalts- und Steuerrecht,[329] Ausbildung von Regierungsmitarbeitern im Bereich der Gesetzgebung, Studien gesetzlicher Notstandsregelwerke, Deutsch-Chinesisches Symposium zum Thema Regelwerke über die Registrierung von Immobilien, vergleichende Studie der Regelwerke in China und Deutschland im Bereich des Rundfunks und Fernsehens, Zusammenarbeit bei der Modernisierung der Gerichtsorganisation und Juristenausbildung. Damit werden drei neue Projekte im Bereich Verwaltungsrecht initiiert, zwei neue Projekte kommen im Zivil-, Handels- und Wirtschaftsrecht hinzu sowie eines im Bereich Durchführung der Gesetze und deren Kontrolle, Schutz der legitimen Rechte und Interessen der Bürger, Regelwerke zur Bekämpfung der Wirtschaftskriminalität und Korruption. Das Verwaltungsrecht wird somit im Zweijahresprogramm (2003) schwerpunktmäßig ausgebaut.

Weiterhin treten im Zweijahresprogramm (2003) die Bereiche 5. Staatliche Achtung und Schutz der Menschenrechte sowie 6. Deutsch-Chinesische Hochschulzusammenarbeit im Rechtsbereich ganz neu hinzu. Damit nennt das Zweijahresprogramm (2003) erstmals explizit den Menschenrechtsschutz als Gegenstand des Rechtsstaatsdialoges. Dieser Bereich umfasst zum einen die Fortführung des Austausch- und Dialogsymposiums über soziale, wirtschaftliche, kulturelle und menschenrechtliche Entwicklungen, das von der Friedrich-Ebert-Stiftung veranstaltet wird.[330] Dieses Projekt war bereits im Zweijahresprogramm (2001) enthalten und dort dem Bereich »5. Durchführung der Gesetze und deren Kontrolle, Schutz der legitimen Rechte und Interessen der Bürger, Regelwerke zur Bekämpfung der Wirtschaftskriminalität und Korruption« zugeordnet. Hier handelt es sich somit nicht um eine Erweiterung des Rechtsstaatsdialoges im Menschenrechtsbereich, sondern nur um eine Fortführung bereits bestehender Programme. Neu ist hingegen, dass nun der deutsch-chinesische Menschenrechtsdialog, den die BRD bisher bilateral, das heißt neben dem EU-China Menschenrechtsdialog, zusätzlich zum Rechtsstaatsdialog führte, in den Rechtsstaatsdialog integriert wurde.[331] Insgesamt betrachtet bedeutet dies, dass außer der expliziten Nennung des Menschenrechtsschutzes in Abschnitt 5 des Zweijahresprogramms (2003) keine substanzielle Erweiterung der deutsch-chinesischen Zusammenarbeit im Bereich Menschenrechte erfolgt, da beide hier zusammengefassten Maßnahmen bereits in der Vergangenheit existierten. Die – jedenfalls formale – Auf-

329 Hier handelt es sich um ein von der GTZ mit der Haushaltskommission des SA NVK durchgeführtes Projekt (siehe unten, Abschnitt 3.1.4).

330 Zu den Aktivitäten der Friedrich-Ebert-Stiftung siehe unten, Abschnitt 6.2

331 »Schröder begrüßt Öffnung Chinas«; Fundstelle: http://www.bundesregierung.de/artikel-,413.570214/Schroeder-begruesst-Oeffnung-C.htm [Zugriff: 20.07.2005]

nahme eines gesonderten Abschnittes »Staatliche Achtung und Schutz der Menschenrechte« in das Zweijahresprogramm (2003) geht dabei auf den von Bundeskanzler Schröder während seines Staatsbesuches in der VRC im Dezember 2003 im Zusammenhang mit dem Rechtsstaatsdialog geäußerten Wunsch zurück, die Frage der Menschenrechtslage in der VRC zwar zu thematisieren, dies aber nicht über die »Lautsprecher« zu tun.[332] Die Integration des bislang separat geführten bilateralen Menschenrechtsdialoges in den Rechtsstaatsdialog bot statt dessen die Möglichkeit, die »Doppelbelastung« der deutsch-chinesischen Beziehungen, die sich aus der Führung des Menschenrechtsdialoges einerseits und des Rechtsstaatsdialoges andererseits ergab, aufzulösen. Menschenrechtliche Aspekte der Rechtsreformen finden nun ihren Platz im Menschenrechtsdialog, sodass die Gespräche im Rechtsbereich von Menschenrechtsfragen weitgehend entlastet werden und folglich eine Konzentration auf konkrete technische (Wirtschafts-)Rechtsfragen möglich ist. Wenn die Bundesregierung vor dem Hintergrund dieses Befundes gleichwohl die Auffassung vertritt, dass der Rechtsstaatsdialog mit dem Abschluss des neuen Zweijahresprogramms (2003) »eine *Beschränkung* rechtspolitischer Gespräche auf die Frage der Menschenrechte vermeiden« soll[333] und auf diese Weise den Eindruck erweckt, der Rechtsstaatsdialog sei in der Vergangenheit vorrangig mit Menschenrechtsbelangen befasst gewesen – was, wie oben dargelegt, nicht der Fall ist – so deutet auch dies darauf hin, dass der Rechtsstaatsdialog der Bundesregierung in wesentlichen Teilen als *Demonstration* eines politischen Engagements in Menschenrechtsfragen gegenüber der deutschen Öffentlichkeit und damit der vordergründigen Einlösung der von dieser in der China-Politik geforderten moralischen Ansprüche dient, diesen aber in der Substanz nicht gerecht werden kann.

Neue Schwerpunkte setzt hingegen Abschnitt 6 »Deutsch-Chinesische Hochschulzusammenarbeit im Rechtsbereich.« Hier ist die »Fortführung und Intensivierung der Zusammenarbeit zwischen wissenschaftlichen Einrichtungen der Bundesrepublik Deutschland und der Volksrepublik China« vorgesehen, die a) Stipendienprogramme für chinesische Studenten und junge Wissenschaftler, b) Entsendung deutscher Kurzzeitdozenten an chinesische Hochschulen sowie eines Langzeitdozenten an das Deutsch-Chinesische Institut für Rechtswissenschaft der Universität Nanjing[334] zur Förderung der Kenntnis über das deutsche Rechtssystem und c) Übersetzung deutscher

---

332 »Schroder in China«; in: *Süddeutsche Zeitung*, 01.12.2003.

333 »Schröder für Ende des Waffenembargos gegen China«; in: *FAZ*, 02.12.2003 (Hervorhebung der Verfasserin)

334 Zur Arbeit des Deutsch-Chinesischen Instituts für Rechtswissenschaft siehe unten, Abschnitt 5.1

Rechtsliteratur zur Förderung der Kenntnis des deutschen Rechts und Rechtsverständnisses[335] umfasst.

Die neue Entwicklung bedeutet nicht nur eine inhaltliche Erweiterung des Rechtsstaatsdialoges um die genannten Bereiche. Darüber hinaus liegt hier auch die stärkere Gewichtung eines weiteren Typs von Rechtsberatungsmaßnahmen, der Juristenausbildung als Typ II, gegenüber der Gesetzgebungsberatung (Typ I) vor. Rechtsberatungsmaßnahmen des Typ I setzen, wie einleitend dargelegt, auf der Ebene der Recht*setzung* an und streben mithin eine »top-down« Wirkungsrichtung an. Maßnahmen des Typ II (Ebene der Recht*sanwendung* bzw. *-durchsetzung*) dagegen versuchen neben einer »top-down« Wirkung auch einen »bottom-up« Effekt zu erzielen, da in gut ausgebildeten Juristen ein großes Potenzial zur Reform des chinesischen Rechtswesens »von innen heraus« gesehen wird. Damit zeigt sich in der Erweiterung des Rechtsstaatsdialoges um Beratungsmaßnahmen des Typ II auch eine gewisse Veränderung der Strategie der deutschen Rechtsberatung gegenüber der VRC. Hier scheint sich somit die Erkenntnis durchgesetzt zu haben, dass ein wesentliches Hindernis auf dem Weg der VRC hin zur Errichtung eines Rechtsstaates im umfassenden Sinne nicht nur in einem Mangel an tauglichen Gesetzen besteht, sondern dass vor allem auch die Verbesserung der Anwendung bestehender Gesetze durch Justiz und Verwaltung unerlässlich für die Entwicklung von Rechtsstaatlichkeit in der VRC ist.

So war die Vernachlässigung von Maßnahmen zur Juristenausbildung zugunsten der fast ausschließlich betriebenen Gesetzgebungsberatung seit langer Zeit von vielen Seiten kritisiert worden.[336] Da aber, wie ebenfalls häufig beklagt wurde, der Rechtsstaatsdialog kaum auf China-spezifisches Fachwissen bei der Erarbeitung der Projekte zurückgreift,[337] ist nachvollziehbar, dass die Einschätzung, dass viele der Probleme im chinesischen Rechtssystem nicht allein aus fehlenden Gesetzen, sondern vor allem auch aus einem Mangel an gut ausgebildetem juristischen Personal resultieren, nicht ausreichend anerkannt war. Hier scheint sich nun der Einfluss der Berater auf die Ausgestaltung des Rechtsstaatsdialoges verschoben zu haben. So geht es auf die Initiative des Bundespräsidialamtes anlässlich der Planungen für den Staatsbesuch des damaligen Bundespräsidenten Rau in die VRC im September 2003 zurück, dass die Arbeit des – bereits seit 1989 bestehenden – Deutsch-Chinesischen Instituts für Rechtswissenschaft der Universitäten Göttingen und Nanjing hinreichend wahrgenommen wurde.[338] Durch den Besuch des Bundespräsidenten an der Universität Nanjing sollte dementsprechend die

335 Dieses Projekt wird vom DAAD finanziert; siehe unten, Abschnitt 4.1.3

336 Siehe z. B. Interview 11/2002; 07/2003; 10/2003

337 Interview 07/2003

338 Interview 12/2003

Arbeit des Instituts und damit auch der Stellenwert der Juristenausbildung im Rechtsstaatsdialog explizit aufgewertet werden.[339] Auch die Rede des Bundespräsidenten an der Universität Nanjing spiegelt wider, dass hier die besondere Bedeutung der Juristenausbildung für die Rechtsreformen in der VRC, die auch seitens des Instituts betont wird, anerkannt wurde.[340] Die Aufmerksamkeit, die der Arbeit des Instituts und damit auch der Bedeutung von Maßnahmen zur Juristenausbildung für den deutsch-chinesischen Rechtsstaatsdialog durch den Besuch des Bundespräsidenten zuteil wurde, führte schließlich dazu, dass dieser Bereich durch die explizite Nennung des Instituts und seiner Programme im Zweijahresprogramm (2003)[341] eine deutliche Aufwertung erfuhr.

Für den Herbst 2005 schließlich ist die Aushandlung eines dritten Zweijahresprogrammes für die Jahre 2006 bis 2007 mit der chinesischen Regierung geplant.[342] Inwieweit diese Pläne vor dem Hintergrund eines möglichen Wechsels der Bundesregierung umgesetzt werden, ist zum gegenwärtigen Zeitpunkt (Juli 2005) nicht abzusehen.

2.3 Der »offizielle« Rechtsstaatsdialog: Deutsch-chinesische Symposien

Neben den Rechtsberatungsmaßnahmen anderer staatlicher und nichtstaatlicher Akteure wie dem BMZ/GTZ bzw. der politischen Stiftungen und akademischen Einrichtungen, die unter dem »Dach« des deutsch-chinesischen Rechtsstaatsdialoges auf der Arbeitsebene mit der VRC durchgeführt werden, finden im Rahmen des »offiziellen« Rechtsstaatsdialoges auch einmal jährlich Veranstaltungen auf hoher politischer Ebene statt. Es handelt sich dabei um Symposien, an denen Vertreter der deutschen und der chinesischen Regierung sowie deutsche und chinesische Rechtswissenschaftler und hohe Regierungsbeamte teilnehmen.

Diese zweitägigen, jährlich in Beijing und Berlin stattfindenden Symposien bilden die »Meilensteine«[343] des offiziellen deutsch-chinesischen Rechts-

---

339 ibid.

340 »Das Rechtsstaatsprinzip – Voraussetzung für eine moderne Gesellschaft.« Rede von Bundespräsident Johannes Rau in der Universität Nanjing, 13.09.2003. Fundstelle: http://www.deutschebotschaft-china.org/de/home/pressemitteilungen/Presidaent-Rau-Rede2.htm [Zugriff: 20.07.2005]

341 Zweijahresprogramm (2003), Punkt 20(b)

342 »Deutsch-Chinesischer Rechtsstaatsdialog«; Fundstelle: http://www.bmj.bund.de/enid/16f2538340d06720d85417892bc05bc7,0/Internationale_Zusammenarbeit/Deutsch-Chinesischer_Rechtsstaatsdialog_8p.html [Zugriff: 20.07.2005]

343 Eckelmans 2002: 199.

staatsdialoges. Beteiligt sind auf deutscher Seite als politische Vertreter regelmäßig die Bundesjustizministerin sowie der Staatssekretär im BMZ; die chinesische Seite wird durch den Minister beim Rechtsamt des SR und den chinesischen Botschafter in Berlin repräsentiert. Auf Seiten der jeweiligen Rechtsexperten nehmen bekannte deutsche Rechtswissenschaftler und hochrangige Beamte chinesischer Regierungsorgane teil. Weiterhin sind auch Vertreter der deutschen Wirtschaft beteiligt. Bisher fanden Symposien zu den folgenden Themen statt: »Rechtsbindung der Verwaltung und Individualrechtsschutz« (Auftaktsymposium in Beijing, 12./13. Juni 2000); »Rechtlicher Rahmen für die unternehmerische Tätigkeit in der Marktwirtschaft – Staatliche Regulierung und Schutz der legitimen Interessen der Bürger und der Unternehmen« (Berlin, 08./09. Oktober 2001); »Die rechtsstaatliche Ordnung der Marktwirtschaft – Förderung der Kreditwürdigkeit und der Rechtssicherheit für Bürger und Unternehmen« (Beijing, 20./21. Mai 2002); »Rechtsfragen, Politik und globale Nutzungsmöglichkeiten der Informationstechnologie« (Berlin, 10./11. November 2003), »Befugnisse des Staates und Schutz der Bürgerrechte in Notstandssituationen« (Beijing, 17./18. Mai 2004) und »Die Offenlegung von Regierungs- und Verwaltungsinformationen« (Hamburg, 20./21. Juni 2005).[344]

Hinsichtlich der inhaltlichen Entwicklung der Symposien fällt auf, dass die thematische Ausrichtung nach der ambitionierten Befassung der Auftaktveranstaltung mit der Thematik Schutz der Grundrechte des Einzelnen durch die Verfassung, Bindung der Verwaltung an Recht und Gesetz, Rechtsschutz des Einzelnen im Verwaltungsverfahren und Verwaltungsprozess sowie Rolle der Anwaltschaft im gerichtlichen und außergerichtlichen Verfahren[345] verstärkt auf die Behandlung rechtstechnischer Fragen überging und insbesondere die Behandlung von Rechtsstaatlichkeit in einem umfassenden Sinne sowie die Bedeutung von Grund- und Menschenrechten deutlich in den Hintergrund trat. Statt dessen wurden Themen mit ausdrücklich wirtschaftlichem Bezug zum Gegenstand der nachfolgenden Symposien. Eine Rolle bei dieser Entwicklung spielte auch der nicht ganz reibungslose Ablauf der Auftaktveranstaltung.

Im Vorfeld des Symposiums hatte der deutsche Bundestag am 10.06.2000 eine Resolution verabschiedet, in der die Menschenrechtssituation in der VRC kritisch betrachtet wurde. Diese Mahnung der Parlamentarier an die Bundesregierung, dass es auch Aufgabe Rechtsstaatsdialoges sei, Unterstüt-

---

344 »Deutsch-Chinesischer Rechtsstaatsdialog«; Fundstelle: http://www.bmj.bund.de/enid/16f2538340d06720d85417892bc05bc7,0/Internationale_Zusammenarbeit/Deutsch-Chinesischer_Rechtsstaatsdialog_8p.html [Zugriff: 20.07.2005]

345 Drewes 2000.

zung dafür anzubieten, »dass das Volk umfangreiche Rechte und Freiheiten nach dem Gesetz genießt, dass die Menschenrechte respektiert und garantiert und alles staatliche Handeln gesetzmäßig durchgeführt werden«,[346] wurde damit der deutschen Delegation für das erste Symposium im Rahmen des Rechtsstaatsdialoges mit auf den Weg gegeben. Dies veranlasste den damaligen chinesischen Justizminister Gao Changli dazu, in seiner Eröffnungsansprache unmissverständlich darauf hinzuweisen, dass die VRC als ein souveräner Staat nicht länger bereit sei, sich durch westliche Staaten erniedrigen zu lassen;[347] dies konnte auch als Hinweis an die Adresse des Rechtsstaatsdialoges verstanden werden, diesen Prozess nicht als Forum zu benutzen, um von der chinesischen Seite unerwünschte Themen wie die Menschenrechtsfrage ausführlich anzusprechen. Eine entsprechende Abwehrhaltung der chinesischen Teilnehmer am Eröffnungssymposium war auch bei der Diskussion von Sachfragen wie der Problematik der Rechtswidrigkeit von Verwaltungsakten am Beispiel der in der VRC häufig verhängten Administrativstrafen oder der Frage der richterlichen Unabhängigkeit immer wieder festzustellen.[348] So wurde deutlich, dass eine konstruktive Bearbeitung sensibler Rechtsbereiche aufgrund der Verweigerung der chinesischen Seite sehr problematisch war. Wenn auch die deutsche Seite unter der damaligen Bundesjustizministerin Herta Däubler-Gmelin und der Bundestagsvizepräsidentin Antje Vollmer somit anlässlich des ersten Symposiums im Rahmen des Rechtsstaatsdialoges zunächst bereit war – nicht zuletzt auch unter dem Druck der zuvor verabschiedeten Bundestagsresolution und der daraus resultierenden hohen Erwartung der deutschen Öffentlichkeit, im Rechtsstaatsdialog nicht vor einer Behandlung der Menschenrechtsfrage zurückzuschrecken – auch kontroverse Fragen zu thematisieren, so verdeutlichte die Reaktion der Vertreter der chinesischen Regierung wie auch der chinesischen Juristen gleichwohl, dass die VRC nur dann bereit war, den Rechtsstaatsdialog zu akzeptieren, wenn dieser die ihm von chinesischer Seite zugedachte Funktion, die Debatte über Menschenrechte und Rechtsstaatlichkeit aus der Öffentlichkeit herauszuführen und in der Folge unbeobachtet – und damit auch nur schwer kritisierbar – auf einem sehr oberflächlichen und unverbindlichen Niveau ausklingen zu lassen, erfüllen würde. Die dahingehend sehr deutliche Reaktion der chinesischen Seite anlässlich des Auftaktsymposiums war dem entsprechend auch für die Bundesregierung ein Zeichen, dass der Rechtsstaatsdialog nur nach den Vorgaben der chinesischen Regierung zu führen ist, wenn ein Scheitern vermieden werden sollte. Nachdem jedoch der Rechtsstaatsdialog als »Flagschiff« der deutschen China-Politik und damit verbun-

346 Die Vereinbarung, Punkt 2.
347 Drewes 2000: 94.
348 ibid.: 96; 97.

den die Förderung von Rechtsstaatlichkeit und Menschenrechtsschutz in der VRC zur »Chefsache« Bundeskanzler Schröders aufgebaut worden war, wäre ein solches Scheitern für die Bundesregierung und insbesondere für den Regierungschef mit zu hohen politischen Kosten verbunden gewesen. Darüber hinaus ist auch die Bundesregierung auf den Erhalt des Rechtsstaatsdialoges angewiesen, da dieser es ihr ermöglicht, vor der deutschen Öffentlichkeit auf eine aktive Menschenrechtspolitik gegenüber der VRC zu verweisen und gleichzeitig diesen belastenden Bereich von den deutsch-chinesischen Wirtschaftsbeziehungen zu trennen. Ohne den Rechtsstaatsdialog wäre eine Rückkehr zur Politik der öffentlichen Kritik an der chinesischen Führung in Menschenrechtsfragen notwendig geworden, was das deutsch-chinesische Verhältnis sehr stark belastet hätte und daher unbedingt vermieden werden musste. Vor diesem Hintergrund erklärt sich somit die Beschränkung des Austausches auf rein rechtstechnische Fragen in den Folgeveranstaltungen 2001 bis 2004.

Weiterhin ist anzumerken, dass aufgrund der Ansiedlung auf hoher politischer Ebene und der Beteiligung von hochrangigen Beamten auf beiden Seiten die Symposien im Rahmen des Rechtsstaatsdialoges von ihrer Konzeption her auch nicht geeignet sind, einen offenen, konstruktiven und vertrauensvollen Austausch auch über sensiblere Fragen mit Bezug zu Rechtsstaatlichkeit und Menschenrechtsschutz unter den deutschen und chinesischen Teilnehmern zuzulassen. Daher beschäftigen sich die Diskussionen während der Symposien auch in erster Linie mit der Bearbeitung sehr konkreter, in hohem Maße technischer Fragen der chinesischen Seite zu einzelnen Rechtsgebieten. Die Vertreter der deutschen Seite liefern hierzu in der Regel nur sehr knappe, grundlegende Überblicksdarstellungen zu den behandelten deutschen Rechtsbereichen.[349] Eine eingehende Befassung mit den Themen ist auch deshalb nicht möglich, weil die Symposien jeweils nur zwei Tage dauern und neben den offiziellen Teilen der Eröffnungs- und Schlussansprachen durch die jeweiligen chinesischen und deutschen Regierungsvertreter nicht viel Zeit für die fachliche Diskussion verbleibt.

Da weiterhin auf chinesischer Seite nicht die Beamten auf der Arbeitsebene, die beispielsweise beim Rechtsarbeitsausschuss des SA NVK oder beim Rechtsamt des SR mit der Ausarbeitung spezieller Gesetzesentwürfe unmit-

---

349 Siehe hierzu die Beiträge in : *Rechtlicher Rahmen für die unternehmerische Tätigkeit in der Marktwirtschaft – staatliche Regulierung und Schutz der legitimen Rechte und Interessen der Bürger und Unternehmer.* Beiträge zum zweiten Symposium im Rahmen des deutsch-chinesischen Rechtsstaatsdialogs am 8. und 9. Oktober 2001 in Berlin / durchgeführt vom Bundesministerium der Justiz und Bundesministerium für Wirtschaftliche Zusammenarbeit und Entwicklung in Kooperation mit dem Rechtsamt beim Staatsrat der Volksrepublik China, 2001 (Deutsch-chinesischer Rechtsstaatsdialog Band 3).

telbar befasst sind, an den Symposien teilnehmen, sondern die politisch hochrangigen Vorsitzenden der genannten Organe, ist davon auszugehen, dass der eigentliche Zweck der Symposien nicht der Informationsvermittlung und dem Austausch über rechtliche und rechtsstaatliche Fragen dient. Eine solche Vorstellung wäre nach Aussagen von an den Symposien beteiligten deutschen Rechtsexperten auch »naiv«[350], da die VRC hinsichtlich der Erlangung von juristischem Fachwissen zur Unterstützung der Reform des chinesischen Rechtssystems in keiner Weise auf den deutsch-chinesischen Rechtstaatsdialog angewiesen ist.[351] So halten die Veranstaltungen während der nur zweitägigen Symposien in der Regel keine Informationen über das deutsche Recht bereit, die den chinesischen Teilnehmern nicht schon bekannt wären, da vor allem die Arbeitsgruppen beim Rechtsamt des SR sowie beim Rechtsarbeitsausschuss des SA NVK eigenständig intensive Studien über ausländische Rechtssysteme anstellen und auch auf umfangreiche Fachbibliotheken mit ausländischer rechtswissenschaftlicher Literatur zurückgreifen können.[352] Daher sind die überblicksartigen Informationen, die während der Symposien geboten werden, nicht geeignet, einen wesentlichen Erkenntniszuwachs für die chinesischen Teilnehmer zu liefern.[353] Dies wird inzwischen auch von der chinesischen Seite erkannt, sodass man hier dem Rechtsstaatsdialog – fachlich wie auch politisch – keine hohe Bedeutung mehr beimisst.[354]

Die Ursache für diesen inhaltlich für die chinesische Seite unbefriedigenden Verlauf des Rechtsstaatsdialoges ist vor allem darin zu sehen, dass auf deutscher Seite die beteiligten Ministerien, das federführende BMJ wie auch das BMZ, nicht in der Lage sind, den Rechtsstaatsdialog so auszugestalten, dass dieser ein für die chinesischen Teilnehmer ansprechendes Angebot darstellt. So wird seitens der deutschen Ministerien weitgehend darauf verzichtet, deutsche Rechtswissenschaftler in die Planung und Durchführung des Rechtsstaatsdialoges mit einzubeziehen, die ihrerseits über substanzielle Kenntnisse auch des chinesischen Rechts sowie über chinesische Sprachkenntnisse verfügen und auf diese Weise in der Lage sind, die Entwicklung des Rechtsreformprozesses in der VRC genau zu verfolgen und auf dieser Grundlage abzuschätzen, zu welchen spezifischen Problemen ein Beratungsbedarf auf chinesischer Seite besteht.[355] Statt dessen werden in der Regel sehr bekannte, aber im chinesischen Recht nicht bewanderte deutsche Rechtswis-

350 Interview 07/2003
351 ibid.; Interview 09/2004
352 Interview 12/2002; Interview 07/2003; Interview 09/2004
353 Interview 09/2004
354 ibid.
355 Interview 07/2003

senschaftler hinzugezogen, denen es daher auch nicht möglich ist, auf die spezifischen Probleme und Interessen der chinesischen Seite einzugehen.[356]

Zu diesen Problemen auf der fachlichen Ebene kommt hinzu, dass insbesondere das BMJ auch finanziell mit der Organisation und Durchführung des Rechtsstaatsdialoges überfordert ist. So stehen dem BMJ jährlich nur etwa 150.000 Euro für diese Initiative zur Verfügung. Demgegenüber verfügt das BMZ über wesentlich höhere Mittel für die Zusammenarbeit mit der VRC. Da jedoch das BMZ politisch den Schwerpunkt der EZ mit der VRC auf Wirtschaftsförderung, Armutsbekämpfung und Stärkung der Stellung der Frau in der Gesellschaft gelegt hat, besteht seitens des Ministeriums kein Interesse an einer stärkeren Beteiligung an Maßnahmen der Rechtszusammenarbeit mit der VRC über die Angebote der GTZ hinaus.[357] Somit handelt es sich bei den Veranstaltungen im Rahmen des Rechtsstaatsdialoges vor allem um politisch von höchster Stelle, das heißt von Seiten des Bundeskanzlers, gewünschte Maßnahmen der Zusammenarbeit mit der VRC, die aber aufgrund der mangelnden fachlichen und finanziellen Ausstattung letztlich nur den Zweck erfüllen, die politische Kommunikation zwischen den beteiligten deutschen und chinesischen Ministerien und mithin die allgemeinen deutsch-chinesischen Beziehungen zu pflegen.[358] Dass auch hierbei die wirtschaftlichen Beziehungen nicht zu kurz kommen, zeigt die Teilnahme auch von Wirtschaftsvertretern an den Symposien.

2.4 Zusammenfassung

Zusammenfassend lässt sich zur Organisation und inhaltlichen Ausrichtung des offiziellen Teils des deutsch-chinesischen Rechtsstaatsdialoges festhalten, dass es sich bei diesem in erster Linie um eine politisch motivierte Initiative handelt, die es den Regierungen der BRD wie auch der VRC erlaubt, Fragen die Situation von Menschenrechten und Rechtsstaatlichkeit in der VRC betreffend, die sich in der Vergangenheit belastend auf das allgemeine bilaterale Verhältnis ausgewirkt hatten, auf einen öffentlich weniger beachteten Nebenschauplatz zu verschieben. Damit gehorcht die deutsche Politik in diesem Bereich eindeutig wirtschaftlichen Interessen, da diese in besonderem Maße von einer Verschlechterung des deutsch-chinesischen Verhältnisses in Mitleidenschaft gezogen worden wären.

Vordergründig unterstreicht die Initiierung des Rechtsstaatsdialoges die Entschlossenheit beider Regierungen, auch in sensiblen Fragen zusammenzuarbeiten und die Situation von Menschenrechten und Rechtsstaatlichkeit in der VRC zu verbessern. Aufgrund der Beteiligung hoher chinesischer und

---

356 ibid.; Interview 09/2004

357 Interview 09/2004

358 Vgl. Interview 07/2004

deutscher Regierungsstellen aber bleibt der offizielle Rechtsstaatsdialog in diplomatischen Zwängen verfangen, sodass eine vertrauensvolle, konstruktive Arbeit zwischen deutschen und chinesischen Rechtsexperten in diesen Bereichen nicht möglich ist. Dies zeigt auch die inhaltliche Ausgestaltung der bis Juni 2005 abgehaltenen jährlichen Symposien. Somit stellt die Initiierung des deutsch-chinesischen Rechtsstaatsdialoges letztlich nur einen formalen Schritt dar, der der Zusammenfassung bereits existierender deutscher staatlicher und nichtstaatlicher Rechtsberatungsmaßnahmen mit der VRC unter dem »Dach« des Rechtsstaatsdialoges und unter der Federführung des BMJ dient. Dies signalisiert nicht zuletzt auch einen Versuch der »Zentralisierung« der deutschen Rechtszusammenarbeit mit der VRC und der stärkeren Einflussnahme auch des Regierungschefs auf diesen Aspekt der deutsch-chinesischen Beziehungen.

Inhaltlich konnte durch den Rechtsstaatsdialog kein Mehrwert für die deutsch-chinesische Rechtszusammenarbeit erzielt werden, da der Rechtsstaatsdialog keine neuen Rechtsberatungsprojekte auf den Weg gebracht hat, sondern bereits existierende Maßnahmen nur formal zusammenfasst. Einzig die jährlichen Symposien stellen eine zusätzliche Maßnahme dar, die aber, wie bereits dargelegt, keine substanziellen Ergebnisse zeitigt.

Im Folgenden wird nun zu klären sein, inwieweit die einzelnen staatlichen und nichtstaatlichen Maßnahmen der deutschen Rechtszusammenarbeit mit der VRC, die seit 1999/2000 Teil des Rechtsstaatsdialoges sind, ihrerseits einen Beitrag zur Verbesserung der Situation von Menschenrechten und Rechtsstaatlichkeit in der VRC leisten können. Dazu sollen die spezifischen Maßnahmen, deren Vorgehensweise und die damit verbundene Zielsetzung näher erläutert werden sowie das jeweilige Potenzial der Maßnahmen zur Förderung von epistemischen Gemeinschaften unter den beteiligten chinesischen und deutschen Rechtsexperten und mithin zur Unterstützung einer Migration von Rechtsnormen und Konzepten abgeschätzt werden.

3. Deutsche staatliche Rechtsberatungsmaßnahmen durch BMZ/GTZ

Die Deutsche Gesellschaft für Technische Zusammenarbeit GmbH (GTZ), deren Aktivitäten im Folgenden dargestellt werden sollen, ist eine Durchführungsorganisation der Bundesregierung im Bereich der EZ und so auch im Bereich der Rechtszusammenarbeit mit der VRC. In dieser Funktion geht die Arbeit der GTZ auf das am 13.10.1982 zwischen der BRD und der VRC verabschiedete »Abkommen zwischen der Regierung der Bundesrepublik Deutschland und der Regierung der Volksrepublik China über technische Zusammenarbeit« zurück. Im Rahmen der von der Bundesregierung vorgegebenen entwicklungspolitischen Linie wickelt die GTZ Aufträge für EZ-Projekte, die sie vom BMZ erhält, ab. Dabei kommt es im konkreten Fall der Rechtszusammenarbeit mit der VRC zunächst zu Gesprächen zwischen der

BRD und der VRC auf Regierungsebene, die zu Rahmenvereinbarungen über Inhalt und Umfang der Zusammenarbeit führen. Auf dieser Grundlage erarbeitet die GTZ einen konkreten Projektvorschlag für das BMZ, wie die politisch festgelegten Inhalte in der Projektarbeit umzusetzen sind. Nach Genehmigung und Finanzierung durch das BMZ werden die vorgeschlagenen Projekte und Maßnahmen von der GTZ vor Ort in der VRC durchgeführt. Neben dieser Rolle als Durchführungsorganisation für konkrete EZ-Projekte erfüllt die GTZ ebenfalls eine Beraterfunktion gegenüber der Bundesregierung und dem BMZ im Hinblick auf die Strategie und die Ausrichtung der EZ mit der VRC.[359]

Gegenwärtig führt das BMZ über die GTZ unter dem Dach des »Advisory Service to the Legal Reform in China«[360] eine Anzahl von Einzelprojekten durch, die mit einer finanziellen Ausstattung von insgesamt 18,76 Millionen Euro[361] und einer mehrjährigen Laufzeit zu den am umfassendsten angelegten deutsch-chinesischen Rechtsberatungsmaßnahmen zählen. Diese Projekte sollen im Folgenden im Hinblick auf Zielsetzung und durchgeführte Einzelmaßnahmen kurz dargestellt werden.

3.1 Programmbeschreibung

3.1.1 Beratung des Ministeriums für Arbeit und soziale Sicherheit der VRC

Seit Februar 1994 bestand eine Zusammenarbeit zwischen BMZ/GTZ und dem Ministerium für Arbeit und soziale Sicherheit (*Ministry of Labour and Social Security* – MoLSS) der VRC. Für das Projekt wurden von deutscher Seite Mittel im Umfang von insgesamt rund 4,6 Millionen Euro bereit gestellt.[362] Das Projekt wurde im Dezember 2003 abgeschlossen.

Ziel der Beratung im Rahmen des Projektes war es, »die Entscheidungsträger im MoLSS sowie in den nachgeordneten Behörden in die Lage zu versetzen, das chinesische Arbeits- und Sozialrecht selbstständig zu entwickeln und rechtsstaatlichen Grundprinzipien anzupassen.«[363] Im Rahmen

---

359 Interview 09/2003

360 Informationen abrufbar unter: http://www.gtz-legal-reform.org.cn

361 Berechnungen (Stand: Juli 2005) anhand der Angaben zu den Einzelprojekten auf der Seite: http://www.gtz-legal-reform.org.cn [Zugriff: 20.07.2005]

362 Informationen abrufbar unter: http://www.gtz-legal-reform.org.cn/english/projects/molss/pr_date.htm [Zugriff: 20.07.2005]

363 Soweit nicht anders angegeben, sind die im Folgenden zu den einzelnen Projekten angegebenen Informationen Unterlagen entnommen, die der Verfasserin während eines Forschungsaufenthaltes im Sommer 2002 im GTZ-Büro Beijing für diese Studie zur Verfügung gestellt wurden. Für die Unterstützung sei den

des Projektes fand daher eine Beratung von Mitarbeitern des MoLSS zur Ausarbeitung einer chinesischen Sozialversicherungsgesetzgebung statt. Insofern konzentrierte sich die Projektarbeit im Wesentlichen auf das Angebot von Rechtsberatungsmaßnahmen des Typ I. Die Beratung erfolgte durch Symposien und Workshops, auf denen ausländische Experten Kurzvorträge zu einzelnen Bereichen des Sozial- und Arbeitsrechts, in denen von chinesischer Seite zuvor besonderer Beratungsbedarf identifiziert worden war, hielten. Häufig standen dabei konkrete Gesetzesentwürfe, die von der chinesischen Seite aktuell bearbeitet wurden, im Mittelpunkt des Austausches. Aufgabe der ausländischen Experten war es dann, auf Schwachstellen in diesen Entwürfen hinzuweisen, Vorschläge für die Lösung von Problemen zu unterbreiten sowie auf bestimmte Regelungen, wie sie in der BRD und in anderen Staaten existieren, als Beispiele hinzuweisen. Im Anschluss an die Symposien und Workshops erfolgte die schriftliche Ausarbeitung von so genannten »Conclusions«, die die wesentlichen Ergebnisse der Veranstaltungen festhielten und als Grundlage für die weitere Arbeit des MoLSS an den Gesetzesvorhaben dienten. Ergänzend zu Symposien und Workshops wurden regelmäßig Studienreisen sowohl nach Deutschland als auch in andere europäische Staaten organisiert, um den Teilnehmern aus dem MoLSS die Gelegenheit zu geben, vor Ort Einblicke in das deutsche bzw. europäische Arbeits- und Sozialrecht zu erhalten.

Neben dieser Unterstützung des MoLSS bei der Rechtsetzung arbeitete das Projekt auch mit den zuständigen Instanzen auf Provinzebene zusammen, um hier durch Schulungsmaßnahmen zum einen die Umsetzung zentralstaatlicher Gesetze zu verbessern und des weiteren die Instanzen auf Provinzebene besser in die Lage zu versetzen, selbstständig die notwendigen Ausführungsbestimmungen zu einzelnen arbeits- und sozialrechtlichen Gesetzen zu erarbeiten. Schließlich beteiligte sich das Projekt am Aufbau eines Fachdokumentationszentrums zum Arbeits- und Sozialrecht und veröffentlichte regelmäßig Studien zu diesen Rechtsgebieten.

Inhaltlich wurde im Rahmen des MoLSS Projekts Gesetzgebungsberatung zu verschiedenen Gesetzesentwürfen angeboten, so zum Armeesozialversicherungsgesetz, Beschäftigungsförderungsgesetz, Tarifvertragsgesetz, Rentenversicherungsgesetz, Sozialversicherungsgesetz und Arbeitslosenversicherungsgesetz.

Projektverantwortlichen im GTZ-Büro Beijing an dieser Stelle ausdrücklich gedankt.

3.1.2 Beratung des NVK Fachausschusses für Finanzen und Wirtschaft sowie Deutsch-Chinesische Zusammenarbeit zum Wirtschaftsrecht beim MOFCOM

Von Oktober 1997 bis Dezember 2005 führt die GTZ ein mit finanziellen Mitteln im Umfang von 4,59 Millionen Euro ausgestattetes Projekt zur Beratung des NVK Fachausschusses für Finanzen und Wirtschaft (*quanguo renmin daibiao dahui caizheng he jingji weiyuanhui* – NVK FiWi) durch. Ziel dieses Projektes ist es, den chinesischen Gesetzgeber bei der Ausarbeitung von marktwirtschaftskonformen Wirtschaftsgesetzen zu unterstützen und so die Entwicklung einer (sozialistischen) Marktwirtschaft in der VRC durch eine entsprechende Gesetzgebung flankieren zu helfen.

Zeitgleich, von Oktober 1997 bis jedoch nur Dezember 2004 wurde ein Projekt zur Zusammenarbeit im Bereich Wirtschaftsrecht beim Handelsministerium der VRC (*Ministry of Commerce* – MOFCOM) mit einem finanziellen Volumen von bisher 3,32 Millionen Euro aufgelegt.[364] Durch dieses Projekt sollen den Mitarbeitern des MOFCOM »mit einer sozialistischen Marktwirtschaft konforme wirtschafts- und außenhandelsrechtliche Fachkenntnisse« vermittelt werden, um diese in die Lage zu versetzen, bestehende Gesetze korrekt anzuwenden und so zu mehr Rechtssicherheit in der VRC beizutragen.

Beide Projekte im Bereich Wirtschaftsrecht sind darauf ausgelegt, die VRC bei der Schaffung geeigneter rechtlicher Rahmenbedingungen für die Ende der 1970er Jahre eingeleiteten Wirtschaftsreformen zu unterstützen. Als Haupthindernisse für die erfolgreiche Umsetzung dieser Reformen werden seitens der GTZ zum einen eine (Wirtschafts-)Rechtsordnung genannt, die noch nicht ausreichend rechtsstaatlichen und marktwirtschaftlichen Kriterien entspricht; weiterhin ist die mangelnde rechtsstaatliche Anwendung bestehender Rechtsnormen problematisch. Die sich aus diesen Defiziten ergebende Rechtsunsicherheit wird daher als großes Hindernis für die weitere wirtschaftliche Entwicklung der VRC beschrieben, da diese abschreckend auf in- und ausländische Investoren wirke. Daher muss gemäß der Projektkonzeption »die Herstellung von Rechtssicherheit durch neue Wirtschaftsgesetze und eine rechtsstaatliche Anwendung dieser Rechtsnormen oberste Priorität genießen«, »um die für den weiteren Aufbau der Wirtschaft dringend benötigten in- und ausländischen Investitionen zu fördern.« Ausdrücklich steht hierbei die Absicht im Vordergrund, Rechts*sicherheit* für die *wirtschaftlichen*

364 Zu diesen Projekten siehe http://www.gtz-legal-reform.org.cn/english/projects/moc/pr_date.htm (MOFCOM)
bzw. http://www.gtz-legal-reform.org.cn/english/projects/fec/pr_date.htm (NVK FiWi)

Akteure in der VRC zu schaffen. Beide Projekte greifen in ihrer Arbeit ineinander, indem sie auf verschiedenen Ebenen ansetzen.

Auf der Ebene der *Gesetzgebung* (Rechtsberatungsmaßnahmen Typ I) bietet das NVK FiWi Projekt Beratung bei der Anpassung wirtschaftsrechtlicher Normen an marktwirtschaftliche Prinzipien an. Hier erfolgt die Beratung – in gleicher Weise wie beim MoLSS-Projekt – zum einen über Symposien und Workshops, auf denen unter Beteiligung westlicher Experten konkrete Gesetzgebungsvorhaben diskutiert werden.[365] Neben der Beratung zu konkreten Gesetzesentwürfen werden auch für die Mitarbeiter des NVK FiWi Fortbildungsmaßnahmen zur Technik der Anfertigung von Gesetzesentwürfen angeboten.

Auf der Ebene der *Rechtsanwendung* (Rechtsberatungsmaßnahmen Typ II) bieten sowohl das NVK FiWi Projekt wie auch das MOFCOM Projekt verschiedene Fortbildungsmaßnahmen für die jeweiligen Mitarbeiter im NVK sowie im Ministerium an. Zu diesen zählen einerseits ein- bis mehrwöchige Schulungseinheiten zu verschiedenen rechtlichen Teilbereichen,[366] an denen auch Mitarbeiter von Volkskongressen auf Provinzebene teilnehmen, sowie ein- bis mehrmonatige, teilweise auch bis zu zwölfmonatige, Aufbaustudiengänge an ausländischen Universitäten. Daneben werden Delegationsreisen zu bestimmten rechtlichen Themengebieten nach Deutschland und in das europäische Ausland angeboten.

Schließlich möchten beide Projekte auch auf der Ebene der *Bildung eines veränderten Rechtsbewusstseins* auf Seiten der dem Recht unterworfenen Wirtschaftssubjekte eine positive Wirkung dahin gehend erzielen, dass z. B. Streitigkeiten unter Beachtung rechtsstaatlicher Verfahrensweisen zu regeln sind und daher beispielsweise Versuche der Einflussnahme auf Entscheidungen zum Nachteil der Gegenseite durch persönliche Kontakte zum Gericht zu unterlassen sind. Ein solches verändertes Rechtsbewusstsein versuchen die Projekte dadurch zu erzielen, dass nicht nur Mitarbeiter des NVK FiWi und des MOFCOM, sondern auch Mitarbeiter aus den Rechtsabteilungen von Außenhandelsbetrieben in die Schulungen einbezogen werden. Darüber hinaus bieten die Projekte auch in Zusammenarbeit mit der NRA des OVG einwöchige Schulungen für Richter in ausgewählten Bereichen des Wirtschaftsrechts an. Das MOFCOM Projekt zur Ausbildung chinesischer Behördenmitarbeiter und Richter am OVG endete am 31.12.2004.

Im Rahmen des NVK FiWi Projektes wurde während der Projektlaufzeit in großem Umfang Gesetzgebungsberatung zu verschiedenen chinesischen Gesetzgebungsvorhaben angeboten. Zu diesen zählen das Konkursgesetz,

365 Siehe unten, Anhang I

366 Übersicht unter http://www.gtz-legal-reform.org.cn/english/projects/moc/moc_pl.htm [Zugriff 20.07.2005]

Unternehmensgesetz, Investmenfondsgesetz, Devisengesetz, Partnerschaftsgesetz, Gesetz zur Förderung kleiner und mittlerer Betriebe, Aktiengesetz, Ausschreibungsgesetz, Treuhandschaftsgesetz, Eigentumsgesetz. Zu den gleichen Rechtsbereichen wurden jeweils parallel im MOFCOM-Projekt Schulungen angeboten.

3.1.3 Deutsch-Chinesische Zusammenarbeit zur Verwaltungsgesetzgebung

Die deutsch-chinesische Zusammenarbeit in diesem Rechtsbereich geht auf eine bereits 1997/1998 vom damaligen Bundespräsidenten Roman Herzog in Zusammenarbeit mit der Nationalen Verwaltungsakademie der VRC (*guojia xingzheng xueyuan* – NVA) ins Leben gerufene »Herzog-Initiative« zurück[367] und wird in jüngerer Zeit durch ein Projekt der GTZ[368] fortgesetzt. Hier soll zunächst die Herzog-Initiative kurz dargestellt werden.

3.1.3.1 Die »Herzog-Initiative« als Ausgangspunkt der deutsch-chinesischen Zusammenarbeit im Bereich Verwaltungsrecht

Übergeordnetes Ziel der Herzog-Initiative war es, »ausgewählte Entscheidungsträger aus chinesischen Verwaltungsbehörden und Volksgerichten sowie ausgewiesene Verfassungs- und Verwaltungswissenschaftler mit den Grundlagen des deutschen und europäischen Verfassungs- und Verwaltungsrechtes vertraut zu machen.«[369] Zu diesem Zweck wurden unter der Federführung der GTZ im März und Juli 1998 zwei zweitägige Symposien zum Verwaltungs-/Verwaltungsgenehmigungsrecht bzw. zum Verwaltungsverfahrensrecht in Beijing und Suzhou organisiert. Partner auf chinesischer Seite war die NVA (Beijing, März 1998) sowie die Universität Suzhou (Juli 1998). Weiterhin fand im Juni 1998 ein eintägiges Seminar beim OVG zum Thema »Verwaltungsprozessrecht in China und Deutschland« statt.

Im Rahmen dieser Veranstaltungen wurden von deutschen Rechtsexperten Einführungen in die angegebenen Bereiche des deutschen Rechts vorgetragen, welche anschließend mit den chinesischen Teilnehmern diskutiert wurden. Zu diesen zählten sowohl leitende Ministerialbeamte (Abteilungsleiter), höhere Verwaltungsbeamte von Behörden auf Provinz- und Stadtebene wie auch Professoren verschiedener chinesischer Universitäten und Richter am

---

367 Bohnet 2001: 99–100.

368 Zu diesem Projekt »Beratung des Rechtsarbeitsausschusses des SA NVK auf dem Gebiet des Verwaltungsrechts« siehe http://www.gtz-legal-reform.org.cn/english/projects/lac/pr_date.htm [Zugriff: 20.07.2005]

369 Die Informationen zur Herzog-Initiative sind – wenn nicht anders angegeben – den Berichten eines deutschen Rechtswissenschaftlers entnommen, der als Kurzzeitexperte im März und Juli 1998 an Rechtsberatungsmaßnahmen in der VRC im Rahmen der Herzog-Initiative teilgenommen hat.

OVG. Neben diesen relativ hochrangigen Teilnehmern wurden aber – insbesondere im Rahmen der Veranstaltung auf Provinzebene, an der Universität Suzhou – auch Nachwuchswissenschaftler einbezogen, die erst zukünftig in Spitzenpositionen in Politik, Verwaltung und Justiz aufrücken sollten, sodass hier mit der Veranstaltung bewusst auch eine Förderung künftiger Juristen und Beamtengenerationen angestrebt wurde.

Der Zuschnitt der Veranstaltungen orientierte sich hinsichtlich des Inhaltes wie auch der angestrebten Wirkungen an jeweils zwei Aspekten. Inhaltlich bezogen sich die Veranstaltungen zum einen darauf, den chinesischen Teilnehmern zunächst einen groben Überblick über das deutsche und europäische Verwaltungs- und Verfassungsrecht zu geben. Diese Einführungen sollten der chinesischen Seite deutsche gesetzliche Regelungen in diesem Bereich als Beispiele für zu jener Zeit anstehende Ausarbeitungen chinesischer Gesetzgebungsvorhaben vorführen. Dabei war es auch explizit das Ziel der chinesischen Seite, auf den Symposien Anregungen für eigene Rechtssetzungsvorhaben zu erhalten;[370] dies wird auch daran deutlich, dass der auf chinesischer Seite für die Durchführung der Symposien Verantwortliche ein Mitglied des NVK und engerer Mitarbeiter des damaligen chinesischen Ministerpräsidenten Zhu Rongji[371] mit Einfluss auf die Gesetzgebung war.

Einen weiteren inhaltlichen Schwerpunkt stellte die Erläuterung des engen Zusammenhanges zwischen Verwaltungsrecht und Rechtsstaatlichkeit sowie der Wahrung der Grundrechte/Menschenrechte dar. Hier herrschte zunächst auf Seiten der deutschen Rechtsexperten eine gewisse Unsicherheit darüber, inwieweit diese sensiblen Bereiche offen im Zuge der Rechtsberatung angesprochen werden konnten.[372] Hier zeigte sich gleichwohl eine sehr große Offenheit und Diskussionsbereitschaft der chinesischen Teilnehmer, und es wurde bereits ausdrücklich vom Aufbau des »chinesischen Rechtsstaates« gesprochen[373] – noch bevor dieses Konzept im März 1999 Eingang in die Verfassung der VRC fand.[374] Es wird somit deutlich, dass bereits zu einem

370 Interview 10/2003

371 Bericht eines GTZ-Ansprechpartners über das erste Symposium im Rahmen der Herzog-Initiative in Beijing, 23.–26. März 1998; liegt der Verfasserin vor.

372 Bericht eines beteiligten deutschen Rechtswissenschaftlers, April 1998; Interview 10/2003

373 Bericht eines beteiligten deutschen Rechtswissenschaftlers, April 1998

374 Zum Zeitpunkt des Symposiums (März 1998) war das Konzept des »Rechtsstaates« (*fazhi guojia*) – im Gegensatz zu dem sehr ambivalenten Begriff »Rechtssystem« (*fazhi*) – verstarkt in die chinesische juristische Diskussion getreten, da der damalige stellvertretende Vorsitzende des SA NVK, Tian Jiyun, in seinem Arbeitsbericht anlässlich der ersten Plenarsitzung des IX. NVK im März 1998 ausdrücklich vom »Rechtsstaat« spricht (Chen, Albert H.Y. 1999/2000: 128). Die beschriebene Diskussion während des Symposiums zeigt, dass dieses neue

relativ frühen Zeitpunkt die Möglichkeit bestand, in der Rechtszusammenarbeit mit der VRC auch sensible Themen wie die Rechtsstaatlichkeit zu behandeln. Gleichwohl muss hier dahingehend eine Einschränkung vorgenommen werden, dass nach Einschätzung der beteiligten deutschen Rechtsexperten eine eher instrumentalistische Sichtweise von Rechtsstaatlichkeit auf Seiten der chinesischen Teilnehmer dominierte: So war auf chinesischer Seite erkannt worden, dass eine erfolgreiche wirtschaftliche Entwicklung ein gewisses Maß an Rechtsstaatlichkeit – hier vor allem verstanden als Rechts*sicherheit* – voraussetzt, sodass im Dienste der Förderung von wirtschaftlicher Entwicklung und Prosperität auch die Bereitschaft bestand, sich mit dem Konzept der Rechtsstaatlichkeit auseinanderzusetzen.[375]

Im Hinblick auf die mit den Veranstaltungen angestrebten Wirkungen zielten diese zum einen darauf, den chinesischen Teilnehmern mit den Einführungen in das deutsche Verwaltungsrecht praktisch verwertbares juristisches Wissen an die Hand zu geben (Seminar in Kooperation mit dem OVG, Beijing, Juni 1998).[376] Der Schwerpunkt der Symposien in Beijing (März 1998) und Suzhou (Juli 1998) lag gleichwohl darauf, die chinesischen Teilnehmer subjektiv zu befähigen, das chinesische Recht den sich wandelnden wirtschaftlichen und sozialen Gegebenheiten anzupassen.[377] Daher wurde in den Beiträgen der deutschen Rechtsexperten nicht nur Grundwissen über das deutsche Recht vermittelt, sondern starkes Gewicht auch auf rechtssoziologische Wirkungsforschung gelegt. Hier bemühten sich die deutschen Juristen vor allem zu verdeutlichen, dass jedem Gesetzgebungsvorhaben eine eingehende Analyse des Regelungszieles, der Prognose, wie ein zu erarbeitendes Gesetz das Verhalten der Rechtsunterworfenen mit Blick auf die Erreichung dieses Regelungszieles beeinflusst sowie der Auswirkungen der Implementierung und der hier gegebenenfalls auftretenden Probleme auf die Erreichung des Regelungszieles vorausgehen muss.[378] In dieser Betonung der Bedeutung der Gesetzgebungslehre für ein erfolgreiches Gesetzgebungsvorhaben gleicht die Ausrichtung der Symposien im Rahmen der Herzog-Initiative einem sehr viel umfangreicher angelegten Beratungsprojekt des UNDP gegenüber dem Rechtsamt des SR in den Jahren 1991 bis 1995.[379] Dieses Projekt unterstützte die chinesische Regierung bei der Ausarbeitung von 22 Gesetzen, wobei insbesondere auch die für die Ausarbeitung von

---

Konzept sehr bereitwillig von den chinesischen Rechtswissenschaftlern aufgenommen wurde.

375 Interview 10/2003

376 Bericht eines beteiligten deutschen Rechtswissenschaftlers, August 1998

377 ibid.

378 ibid.

379 Siehe Seidman/Seidman/Payne 1997 sowie Seidman/Seidman 1996

Gesetzesentwürfen verantwortlichen Mitarbeiter des Rechtsamtes des SR in Methoden der Gesetzgebungstechnik unterwiesen wurden.[380] Zu diesem Zweck wurden die Mitglieder der Arbeitsstäbe beim SR geschult, auf der Basis rechtstheoretischer Annahmen und empirischer Daten über das Verhalten von Rechtsadressaten Rechtsnormen so auszuarbeiten, dass diese eine Verhaltensänderung der Rechtsunterworfenen, mithin die gewünschte *Wirkung* erzielen konnten.[381] Auf diese Weise sollte das in der VRC weit verbreitete Problem der unzureichenden Implementierung – bzw. Implementier*barkeit* – von Rechtsnormen, die nicht der sozialen Wirklichkeit in der VRC angemessen sind, behoben werden.[382] Mit der gleichen Zielsetzung, die Rechtsdurchsetzung in der VRC zu verbessern, wurde auch die Gesetzgebungslehre in den Vorträgen der deutschen Rechtsexperten während der Symposien im Rahmen der Herzog-Initiative behandelt.

Trotz der ambitionierten Ausrichtung der Veranstaltungen, vor allem auch im Hinblick auf den Versuch, Hilfestellung bei einer verbesserten Implementierung von Rechtsnormen zu leisten, konnte die Herzog-Initiative keine tief greifende Wirkung entfalten. Insbesondere folgten den genannten Auftakt-Veranstaltungen keine weiteren Maßnahmen der Zusammenarbeit.[383] Daher war es nicht möglich, über einen ersten Überblick über das deutsche Verwaltungsrecht hinaus, den die Veranstaltungen in den jeweils ein bzw. zwei Sitzungstagen bieten konnten, zu einer fachlich oder auch persönlich vertieften Zusammenarbeit zwischen den beteiligten deutschen und chinesischen Rechtsexperten zu kommen.[384]

Eine Hauptursache für diesen mangelnden Erfolg stellt nach Ansicht von Beteiligten wiederum ein auf chinesischer Seite vorherrschendes instrumentalistisches Rechtsverständnis dar. So richtete sich die Erwartung der chinesischen Teilnehmer hinsichtlich der Symposien vor allem darauf, »Blaupausen« für die (Um-)Gestaltung des chinesischen Verwaltungs- und Verwaltungsverfahrensrechts zu erhalten, um so in die Lage versetzt zu werden, anhand derartiger Muster eine Verwaltung aufbauen zu können, die den Ansprüchen der sich entwickelnden Wirtschaft genügt. Das Gewicht, das seitens der beteiligten deutschen Rechtsexperten auch auf die Verdeutlichung der Notwendigkeit einer effektiven Implementierung von Rechtsnormen für die Entstehung rechtsstaatlicher Verhältnisse und in diesem Zusammenhang auf

380 Seidman/Seidman 1996: 17.

381 Seidman/Seidman/Payne 1997: 44 ff.

382 Auch in der chinesischen rechtswissenschaftlichen Diskussion wird vielfach darauf hingewiesen, dass die fehlende Orientierung vieler Gesetze an der sozialen Wirklichkeit in der VRC die eigentliche Ursache für die Ineffektivität dieser Normen darstellt (Chen, Albert H.Y. 1999/2000: 153).

383 Interview 10/2003

384 Vgl. Stober 2002: 553.

die Bedeutung der Gesetzgebungslehre gelegt wurde, deckte sich dagegen nicht mit den Interessen der Mehrzahl der chinesischen Beteiligten.[385] Insbesondere auch die Ausbildung von Verwaltungspersonal, die von den deutschen Rechtsexperten als unabdingbar für den Aufbau einer rechtsstaatlichen Verwaltung herausgestellt wurde, wurde zum Zeitpunkt der Veranstaltung der Symposien 1998 von den chinesischen Teilnehmern nicht in gleicher Weise als bedeutsam eingeschätzt. Gegenüber einer solchen Reform der Verwaltung »von innen heraus« wurde vielmehr eine von der chinesischen Regierung gelenkte, »top-down« ausgerichtete Reform angestrebt, deren Hauptinstrument der Erlass neuer Gesetze sein sollte.[386] Aufgrund dieser unterschiedlichen Wahrnehmungen auf chinesischer und auf deutscher Seite hinsichtlich der Hauptprobleme der Verwaltungsreform wurden die Symposien von den chinesischen Teilnehmern als weniger nutzbringend hinsichtlich der von ihnen verfolgten Fragestellungen eingeschätzt. Daher kam es zunächst zu keinen Nachfolgeveranstaltungen.[387]

Insgesamt ist somit der Verlauf der Veranstaltungen im Rahmen der Herzog-Initiative im Jahr 1998 als ein Beispiel dafür anzusehen, dass das zur damaligen Zeit vorherrschende instrumentalistische Rechtsverständnis der chinesischen Seite dazu führte, dass Veranstaltungen, die sich nicht auf die Vermittlung rein rechtstechnischen Wissens beschränkten, sondern auch Probleme der Implementierung und der Qualifizierung von Mitarbeitern mit einbezogen, wenig Erfolg zeigten. Ohne an dieser Stelle einen eindeutigen Kausalzusammenhang zwischen den geschilderten Erfahrungen der Herzog-Initiative herstellen zu können, zeigt sich, dass die deutsche Rechtsberatung gegenüber der VRC in der Folgezeit keine weiteren umfänglichen Versuche unternommen hat, die Probleme der Rechtsimplementation unter Rückgriff auf Gesetzgebungslehre und rechtssoziologische Wirkungsforschung in der Zusammenarbeit zu thematisieren. Vielmehr ist eine Konzentration auf eine auf der Vermittlung von rechtstechnischem Wissen basierende Gesetzgebungsberatung festzustellen, die sich damit den Erwartungen der VRC, wie sie aus dem auf Seiten der chinesischen politischen Entscheidungsträger verbreiteten instrumentellen Rechtsverständnis resultieren, angleicht.

3.1.3.2 Beratung des Rechtsarbeitsausschusses des SA NVK auf dem Gebiet des Verwaltungs- und Zivilrechts

Da die Vereinbarung (2000) zum deutsch-chinesischen Rechtsstaatsdialog ausdrücklich auch eine Zusammenarbeit zwischen der BRD und der VRC im

385 Interview 10/2003

386 ibid.

387 ibid.

Bereich des Verwaltungsrechts vorsieht,[388] wurde trotz des geringen Erfolges der Maßnahmen im Rahmen der Herzog-Initiative im August 2000 ein weiteres Rechtsberatungsprojekt in diesem Bereich aufgelegt. Partner ist in diesem Fall der Rechtsarbeitsausschuss des SA NVK. Im Jahr 2004 wurde das Projekt um die zusätzliche Beratungskomponente Zivilrecht erweitert und auf eine Laufzeit bis 31.12.2006 festgelegt. Für die Implementierung der Maßnahmen, für die von deutscher Seite insgesamt 4,25 Millionen Euro zur Verfügung gestellt werden, ist erneut die GTZ zuständig.

Ziel der Zusammenarbeit ist es ganz allgemein, den Rechtsarbeitsausschuss bei der Ausarbeitung von Verwaltungsrechtsnormen, die rechtsstaatlichen Ansprüchen entsprechen, zu unterstützen. Gleichzeitig berät das Projekt die chinesische Seite zum Aufbau und zur Neugestaltung einer an Recht und Gesetz gebundenen Verwaltungsstruktur.

Im Rahmen des Projektes werden, analog zu der Vorgehensweise bei der Beratung zum Wirtschaftsrecht, im Wesentlichen Symposien und Workshops zu ausgewählten Fragen des Verwaltungsrechts unter Beteiligung deutscher Rechtsexperten angeboten. Darüber hinaus finden auch im Rahmen dieses Projektes Delegationsreisen hochrangiger chinesischer Mitglieder des Rechtsarbeitsausschusses des SA NVK nach Deutschland und in andere europäische Staaten statt, um während dieser Reisen einen Einblick in die Verwaltungsrechtspraxis dieser Staaten zu erhalten. Eine Ausbildung von chinesischen Beamten zur verbesserten Anwendung verwaltungsrechtlicher Normen oder eine Schulung von Richtern im Verwaltungsrecht wird bisher nicht angeboten. Damit beschränkt sich die Arbeit dieses Projektes rein auf die Gesetzgebungsberatung, mithin auf das Angebot von Rechtsberatungsmaßnahmen des Typ I.

Während der Projektarbeit wurden bisher einige vom Rechtsarbeitsausschuss des SA NVK gegenwärtig erstellte Gesetzesentwürfe im Rahmen von Symposien mit Beteiligung ausländischer Experten beraten.[389] Zu diesen zählen das Verwaltungsgenehmigungsgesetz, das Verwaltungsverfahrensgesetz, das Verwaltungsvollstreckungsgesetz sowie das Verwaltungsprozessgesetz. Seit Frühjahr 2004 bietet das Projekt auch Gesetzgebungsberatung zum Beamtenrecht an. Gegenwärtig verfügt die VRC noch über kein umfassendes Regelwerk über die Beamten in allen Bereichen der staatlichen Verwaltung; das GTZ-Projekt soll bei der Ausarbeitung eines derartigen Systems Unterstützung leisten. Im Bereich der neu hinzugekommenen Komponente Zivilrecht schließlich werden vor allem Beratungsmaßnahmen zum Zivilgesetzbuch der VRC angeboten.

---

388 Vereinbarung (2000), Punkt 3.

389 Zu den Projektaktivitäten siehe: http://www.gtz-legal-reform.org.cn/en/LAC_activity-plan.html [Zugriff: 20.07.2005]

3.1.4 Deutsch-chinesische Zusammenarbeit zur Steuer- und Finanzgesetzgebung

Das bislang jüngste Projekt im Rahmen der von der GTZ durchgeführten deutsch-chinesischen Rechtszusammenarbeit stellt eine Kooperation mit der Haushaltskommission des SA NVK (*quanguo renmin daibiao changwuweiyuanhui yusuan gongzuo weiyuanhui*) dar, die offiziell im Januar 2004 begann und zunächst bis 31.12.2007 befristet ist. Die deutsche Seite hat für dieses Projekt finanzielle Mittel im Umfang von zunächst insgesamt 2,0 Millionen Euro zur Verfügung gestellt.[390]

Die Haushaltskommission des SA NVK ist ein noch relativ junges Gremium; sie wurde im Dezember 1998 vom SA NVK als ein ständiges Arbeitsorgan neben den Fachausschüssen gebildet. Die Hauptaufgabe der Haushaltskommission stellt die Kontrolle der Regierung in Budgetfragen dar.[391] Darüber hinaus ist die Haushaltskommission auch mit der Ausarbeitung von Haushalts-, Steuer- und Finanzgesetzgebung beauftragt; bei dieser Arbeit will das GTZ-Projekt die Haushaltskommission unterstützen.[392]

In gleicher Weise wie bei den bereits beschriebenen Rechtsberatungsprojekten der GTZ bilden auch bei dieser jüngsten Maßnahme Gesetzgebungsberatung durch deutsche und europäische Rechtsexperten während Symposien und Workshops, Studienreisen nach Deutschland und in andere europäische Staaten sowie Ausbildungsmaßnahmen für Angehörige der Haushaltskommission das Projektportfolio. Dies bedeutet, auch hier werden schwerpunktmäßig Beratungsmaßnahmen des Typ I, ergänzt durch Maßnahmen des Typ II, angeboten.[393]

Bisher haben aufgrund der erst kurzen Laufzeit des Projektes noch keine umfangreichen Aktivitäten stattgefunden. Zu den schon im Vorfeld implementierten Maßnahmen zählen ein Symposium und eine Studienreise zum Körperschaftssteuergesetz (November 2003). Weiterhin wurden bereits Symposien und Studienreisen zum Haushaltsgesetz, zum Gesetz zur Bekämpfung der Geldwäsche, zum Erbschaftssteuergesetz sowie zum Recht der Kapitalübertragung durchgeführt.[394]

---

390 Informationen abrufbar unter: http://www.gtz-legal-reform.org.cn/english/projects/bac/ac_pl.htm [Zugriff: 20.07.2005]

391 Heilmann 2002b: 136.

392 Informationen abrufbar unter: http://www.gtz-legal-reform.org.cn/english/projects/bac/bac_pr.htm [Zugriff: 20.07.2005]

393 Informationen abrufbar unter: http://www.gtz-legal-reform.org.cn/english/projects/bac/pr_date.htm [Zugriff: 20.07.2005]

394 ibid.

Anhang I gibt einen Überblick über die verschiedenen Gesetzesentwürfe, zu denen die GTZ im Rahmen des Programms »Advisory Service to the Legal Reform in China« bisher Beratungsmaßnahmen angeboten hat.

3.1.5 Sonstige Programmaßnahmen

Neben den genannten Rechtsberatungsmaßnahmen zum Wirtschafts-, Verwaltungs-, Steuer- und Finanzrecht werden im Rahmen des Programms »Advisory Service to the Legal Reform in China« auch noch weitere Einzelmaßnahmen angeboten, die im Folgenden kurz dargestellt werden sollen.

3.1.5.1 Richterschulung

Zum einen führt die GTZ im Rahmen der Rechtszusammenarbeit mit der VRC regelmäßig Richterschulungen in Zusammenarbeit mit der NRA des OVG durch. Im Zuge dieser meist einwöchigen Veranstaltungen werden mit den teilnehmenden Richtern spezielle Fragen aus einzelnen Rechtsgebieten, vor allem dem Wirtschaftsrecht, erläutert.[395] Ziel dieser Rechtsberatungsmaßnahmen des Typ II ist es, die Richter zum einen mit dem materiellen Recht vertraut zu machen und des Weiteren auch die Anwendung entsprechender Rechtsnormen in konkreten Fällen zu verbessern. Zu diesem Zweck werden im Rahmen der Veranstaltungen so genannte »moot courts« abgehalten, das heißt Simulationen von Gerichtsverfahren anhand fiktiver Fälle. An den einzelnen Schulungsmaßnahmen nehmen in der Regel 30 bis 40 Richter teil. Ab Oktober 2005 soll dieser Bereich im Rahmen eines neuen Projektes ggf. ausgebaut werden.[396]

3.1.5.2 Juristische Berufsethik

Neben der Schulung von Richtern im materiellen und im Prozessrecht wurden im Rahmen des GTZ Beratungsprogramms im August 2001 zwei Veranstaltungen zur juristischen Berufsethik abgehalten. Auch diese Maßnahmen zählen zur Rechtsberatung des Typ II.

Während der ersten, fünftägigen Veranstaltung diskutierten deutsche Rechtsexperten mit Angehörigen der NRA des OVG den von einer Arbeits-

---

395 Zum Beispiel: Kurs zum Bürgschafts- und Pfandrecht (11.–15.06.2001); Kurs zum Vertragsrecht (27.07.–04.08.2002); Kurs zum Unternehmensgesetz (11.–18.08.2002); Kurs zum Vertragsrecht (07.–11.04.2003); Kurs zum Unternehmensgesetz (13.–18.10.2003); Kurs zum Schutz geistigen Eigentums (18.–22.10.2004). Quelle: Verschiedene GTZ-Newsletter.

396 GTZ Advisory Service to the Legal Reform in China *Newsletter* 02/2005; Fundstelle: http://www.gtz-legal-reform.org.cn/en/newsletter.php?cid=38 [Zugriff: 02.08.2005]

gruppe der NRA erarbeiteten Entwurf einer Richtlinie zur juristischen Berufsethik. Anlässlich der zweiten, eintägigen Veranstaltung fand in der deutschen Botschaft in Beijing eine Vortragsreihe deutscher und chinesischer Rechtsexperten zur juristischen Berufsethik und zu Methoden der Juristenausbildung in Deutschland und in der VRC statt.[397] Diese Projektmaßnahmen wurden jedoch nicht weitergeführt.

3.1.5.3 Juristenausbildung

Schließlich wurde im Jahr 2002 begonnen, in Zusammenarbeit mit der juristischen Fakultät der Peking Universität (*Beijing Daxue* – Beida) Vorlesungen für chinesische Studenten im Bereich des Vertragsrechts anzubieten.

Die ersten, zweistündigen Vorlesungen dieser Reihe fanden zunächst nur einmal monatlich statt und beschäftigten sich mit ausgewählten Aspekten des Vertragsrechts.[398] In Laufe des Jahres 2002 wurden diese Vorlesungen zu einem festen Bestandteil des Curriculums der juristischen Ausbildung an der Beida etabliert und auch im Sommersemester 2003 fortgeführt. Die wöchentlichen, zweistündigen Vorlesungen konnten von den Studenten als ergänzende Wahlveranstaltungen im Rahmen ihres Studiums belegt werden; die erbrachten Leistungsnachweise wurden auf die erforderlichen Studienleistungen angerechnet. Insofern stellten die Vorlesungen eine punktuelle Ergänzung des Curriculums dar. Dieses Angebot wurde regelmäßig von etwa 35 bis 50 Studenten der Beida angenommen.[399]

Inhaltlich beschäftigten sich die Vorlesungen mit verschiedenen Aspekten und Problemen des Zivil- und Vertragsrechts, die jeweils vergleichend aus der Perspektive des deutschen, chinesischen und internationalen Vertragsrechts behandelt wurden. Anhand von konkreten Fallstudien sollten die Studenten in die Lage versetzt werden, ihr theoretisches Wissen in der Praxis zu erproben; dabei wurde vor allem schwerpunktmäßig die Fähigkeiten der Studenten zu juristischer Argumentation geschult.

Analog zu den Vorlesungen an der Beida im Zivil- und Vertragsrecht wurde im Sommersemester 2003 an der Chinesischen Universität für Politik und Recht, Beijing (*zhongguo zhengfa daxue* – CUPR) eine Vorlesungsreihe zum deutschen Verwaltungsrecht eingerichtet, die insgesamt acht Einzelveranstaltungen zum allgemeinen deutschen Verwaltungsrecht sowie zu Aufbau

---

397 Zu diesen Maßnahmen siehe: Advisory Service to the Reform of Commercial Laws in China *Newsletter* 03/2001

398 April 2002: Vorlesung zu förmlichen Vertragsvoraussetzungen; Juni 2002: Vorlesung zu Stellvertretung und Vorlesung zur Vertretung ohne Vollmacht; Juli 2002: Vorlesung zu Vertragsdurchführung und zum Gefahrübergang (GTZ Advisory Service to the Legal Reform in China *Newsletter* 02/2002).

399 GTZ Advisory Service to the Legal Reform in China *Newsletter* 01/2003

und Arbeitsweise der Verwaltungsgerichtsbarkeit in der BRD umfasste. Auch in dieser Veranstaltung lag der Schwerpunkt, neben der Vermittlung von Kenntnissen im materiellen Recht, auf der Einübung von praktischen Fähigkeiten der Fallbearbeitung und der juristischen Argumentation.[400]

Gleichwohl konnten sich sowohl die Vorlesungsreihe an der Beida wie auch die Veranstaltungen an der CUPR nicht etablieren, sodass beide Maßnahmen mit dem Ausscheiden des verantwortlichen GTZ-Mitarbeiters bereits Ende 2003 eingestellt wurden.[401]

3.2 Strategie und möglicher Einfluss auf die Migration von Rechtsnormen und Konzepten

Es zeigt sich bei der Darstellung der von der GTZ durchgeführten Rechtsberatungsprojekte gegenüber der VRC zum einen eine Schwerpunktsetzung im Bereich des Wirtschaftsrechts sowie eine Entwicklung der inhaltlichen Schwerpunkte zunächst über die Behandlung weitgehend rechtstechnischer Fragen aus den Bereichen Arbeits-, Sozial- und Wirtschaftsrecht (MoLSS- sowie NVK FiWi- und MOFCOM-Projekt) bis zur Aufnahme sensiblerer Bereiche wie dem Verwaltungsrecht in die Zusammenarbeit (Beratung gegenüber dem Rechtsarbeitsausschuss des SA NVK). Hieran lassen sich zwei grundlegende Strategien, denen die GTZ in ihrer Arbeit folgt, ablesen.

Die schwerpunktmäßige Beratung zum Wirtschaftsrecht deutet zum einen auf die Verfolgung einer Strategie des »Wandels durch Handel« hin.[402] Hier wird davon ausgegangen, dass durch die zunehmende außenwirtschaftliche Öffnung der VRC sowie durch deren vertiefte Integration in das internationale Wirtschaftssystem infolge des WTO-Beitritts ein erheblicher Druck auf die Institutionen in der VRC ausgeübt wird, sich internationalen Standards anzupassen. Dies gilt insbesondere für Verwaltung, Recht und Justiz.[403]

---

400 ibid.

401 GTZ Advisory Service to the Legal Reform in China *Newsletter* 02/2003

402 Interview 09/2003

403 Heilmann 2002b: 185. Hier muss die VRC für eine den WTO-Prinzipien entsprechende Gesetzgebung und Rechtsanwendung sorgen; weiterhin muss die umfassende Veröffentlichung von Gesetzen und Verordnungen gewährleistet sein, um so die WTO-Forderungen nach Transparenz und Rechtssicherheit zu erfüllen. Schließlich müssen chinesische Gerichte in der Lage sein, Streitigkeiten unter Berücksichtigung der WTO-Regularien zu entscheiden (Potter 2001: 599–600). Einen ersten Schritt, um in diesem letztgenannten Bereich Verbesserungen zu erzielen, stellt zum Beispiel die Einrichtung einer Kammer für die Entscheidung von Streitigkeiten mit Bezug zu WTO-Regularien am Mittleren Volksgericht Nr. 2 in Beijing im Februar 2002 dar, die Vorbild für die landesweite Einsetzung derartiger spezialisierter Richterkollegien sein soll. Aufgabe dieser Kammer ist es insbesondere, Fälle, die ausländische Parteien und verschiedene Jurisdiktionen

Neben den juristischen Institutionen selbst sind gleichwohl auch die diese bestimmenden politischen »Spielregeln« einem wachsenden Druck ausgesetzt. So ist beispielsweise der weit verbreitete Lokalprotektionismus vieler Provinzregierungen, der ausländische Unternehmen beim Marktzugang oder auch bei dem Versuch, deren Ansprüche gegen lokale Unternehmen gerichtlich durchzusetzen, behindert,[404] als ein gravierender Verstoß gegen das Gebot der Unparteilichkeit der WTO zu nennen. Doch auch die Zentralregierung der VRC ist im Interesse einer gesunden gesamtwirtschaftlichen Entwicklung und um das Unterlaufen nationaler wirtschaftspolitischer Vorgaben zu verhindern, daran interessiert, derartige Tendenzen einzugrenzen.[405] Hier dient der WTO-Beitritt und die sich daraus ergebenden Verpflichtungen denjenigen Kräften in der chinesischen Zentralregierung, die sich für eine Verstärkung von Rechtssicherheit und marktwirtschaftlichen Reformen einsetzen, als wichtige Argumentationshilfe.[406] In einem begrenzten Rahmen ist somit davon auszugehen, dass die Strategie des »Wandels durch Handel« Erfolg zeigen könnte.

Gleichwohl sind dieser Strategie auch enge Grenzen gesetzt. So verlangte eine Angleichung von Institutionen an von der WTO aufgestellte Maßstäbe beispielsweise auch eine Änderung der chinesischen Verfassung dahingehend, dass der allumfassende Führungsanspruch der KPC auch im Bereich des Rechtssystems (siehe z. B. Präambel der Verfassung der VRC) und daraus resultierend die Möglichkeit der KPC, Kontrolle über die Justiz auszuüben, revidiert würde, da sich hierin ein gravierender Verstoß gegen Rechtsstaatlichkeit und Unabhängigkeit der Justiz manifestiert.[407] In diesem Kernbereich jedoch, wo der Machtanspruch der KPC berührt ist, kann die Strategie des »Wandels durch Handel« nicht greifen.[408] Von einer strikten »Wechselwirkung von außenwirtschaftlicher und politischer Liberalisierung«[409] ist somit nicht auszugehen.

Gleichwohl scheint nach Einschätzung von in der deutsch-chinesischen Rechtszusammenarbeit tätigen Experten die chinesische politische Führung zu erkennen, dass langfristig die weitere Entwicklung der VRC einer verbesserten Rechtsstaatlichkeit und verstärkten Beteiligung der Bürger am politischen Prozess bedarf. Daraus resultiert auch die Bereitschaft der chinesischen Führung, in der Rechtszusammenarbeit mit dem Verwaltungsrecht auch Be-

berühren, WTO-konform zu entscheiden (»New Court System to Handle Foreign Cases«; in: *China Daily*, 05.02.2002).

404 Peerenboom 2002: 311.

405 ibid.: 311/312.

406 Interview 06/2003

407 Potter 2001: 603.

408 Interview 09/2003

409 Heilmann 2002b: 185.

reiche, in denen es darum geht, den Bürgern die Möglichkeit zu verschaffen, sich gegen behördliche Entscheidungen zur Wehr zu setzen und damit letztlich staatliches Handeln der Kontrolle durch die Gerichte und das Recht zu unterwerfen, in die deutsch-chinesische Rechtszusammenarbeit einzubeziehen.[410] Um eine Zusammenarbeit in diesem, gegenüber dem Wirtschaftsrecht sensiblen Bereich, erfolgreich durchführen zu können, bedarf es nach Ansicht von an der Rechtszusammenarbeit Beteiligten gleichwohl eines hohen Maßes an gegenseitigem Vertrauen. Daher verfolgt die GTZ des weiteren die Strategie, über eine Zusammenarbeit in technischen Bereichen wie dem Wirtschaftsrecht zunächst dieses Vertrauen aufzubauen, um dann auf dieser Basis die Zusammenarbeit auf Bereiche des Verwaltungsrechts, die auch Aspekte des Menschenrechtsschutzes und des Verhältnisses von Staat/KPC zum Recht berühren, auszudehnen.[411]

Der Schritt, auch in dem noch stärker menschenrechtsrelevanten Bereich des Strafrechts Rechtsberatung anzubieten, wie dies auch in der »Vereinbarung« und den Zweijahresprogrammen 2001 und 2003 vorgesehen ist,[412] wurde gleichwohl Seitens der GTZ noch nicht getan. Während in der deutsch-chinesischen Rechtszusammenarbeit tätige Experten teilweise davon ausgehen, dass das gegenseitige Vertrauen noch nicht ausreiche, um derartige »hochsensible« Bereiche zu bearbeiten, machen Vertreter der GTZ Koordinierungs- und Zuständigkeitsprobleme für diesen Mangel verantwortlich.[413] Auch wenn das Gebiet des Strafrechtes gegenwärtig nicht im Portfolio der von der GTZ angebotenen Beratungsmaßnahmen enthalten ist, wird es gleichwohl als nachteilig eingeschätzt, hier von anderer Seite Beratungsangebote an die VRC zu richten. So ist es nach Auffassung von Verantwortlichen der GTZ von großer Bedeutung für den Erfolg der deutsch-chinesischen Rechtszusammenarbeit, dass die deutsche Seite als Geber geschlossen auftritt; anderenfalls bestehe die große Gefahr, dass die chinesische Seite einzelne Anbieter auf deutscher Seite gegeneinander ausspiele und so die Wirksamkeit der deutschen Rechtsberatung gegenüber der VRC leide.[414] Ebenfalls sei es nicht von Vorteil, wenn neben der bereits bestehenden Außenstruktur der GTZ in der VRC, über welche Rechtsberatungsmaßnahmen abgewickelt werden, von anderen Akteuren Parallelstrukturen aufgebaut würden; dies führe zu einer unnötigen Aufwendung von Ressourcen.[415] Daher ist die GTZ

410 Interview 09/2003

411 ibid.

412 Siehe: Vereinbarung (2000): Punkt 3; Zweijahresprogramm (2001): Punkt 5; Zweijahresprogramm (2003): Punkt 4.

413 Interview 09/2003

414 ibid.

415 ibid.

darum bemüht, die Aktivitäten anderer deutscher Akteure in der Rechtszusammenarbeit mit der VRC zu bündeln, um auf diese Weise gegenüber der chinesischen Seite Geschlossenheit und damit Glaubwürdigkeit als Partner in der Rechtszusammenarbeit zu demonstrieren.

Somit ergibt sich das Verharren der deutschen staatlichen Rechtsberatung gegenüber der VRC schwerpunktmäßig im Bereich des Wirtschaftsrechts und die erst ansatzweise Ausdehnung auf den stärker menschenrechtsrelevanten Bereich des Verwaltungsrechts neben der Einschätzung, es fehle noch an gegenseitigem Vertrauen für die Zusammenarbeit auch in sensibleren Rechtsbereichen vor allem aus der mangelnden Diversifizierung des deutschen Rechtsberatungsangebotes. Da die GTZ schwerpunktmäßig im Bereich Wirtschaftsrecht Beratung anbietet, gleichzeitig aber von der Aufnahme umfänglicher Beratungsaktivitäten durch andere deutsche Akteure in anderen Rechtsbereichen abrät, wird somit die inhaltliche Ausgestaltung der deutschen Rechtsberatung gegenüber der VRC bis auf weiteres von den Vorgaben der GTZ abhängen.

Neben dem Schwerpunkt der Arbeit der GTZ im Bereich des Wirtschafts- und zunehmend auch des Verwaltungsrecht lassen sich die Rechtsberatungsmaßnahmen hinsichtlich des Beratungs*typs* vorwiegend den als Typ I (Gesetzgebungsberatung) sowie als Typ II (Hilfe beim Aufbau bzw. bei der Stärkung rechtlich relevanter Institutionen) bezeichneten Beratungsmaßnahmen zuordnen.

Die Gesetzgebungsberatung steht bei den Projekten NVK FiWi, Beratung des Rechtsarbeitsausschuss des SA NVK und Zusammenarbeit mit dem MoLSS im Vordergrund, während sich das MOFCOM-Projekt auf die Ausbildung von Mitarbeitern des MOFCOM sowie von dessen nachgeordneten Behörden und auch von Mitarbeitern aus Rechtsabteilungen von Außenhandelsbetrieben konzentriert; hier steht somit die Verbesserung der Fähigkeit staatlicher Organisationen (im Hinblick auf das MOFCOM und dessen Behörden), geltendes Recht korrekt anzuwenden und damit für mehr Rechtssicherheit zu sorgen, im Mittelpunkt der Bemühungen. Die im Rahmen des Projektes durchgeführten Schulungen richten sich dabei nicht nur an Mitarbeiter auf der Zentralebene in Beijing, sondern beziehen auch Angehörige von Behörden auf Provinzebene mit ein.[416] Auf diese Weise soll die Rechtsanwendung nicht nur auf der Zentralebene, im MOFCOM selber, verbessert werden, sondern vor allem auch auf Provinzebene, wo nach wie vor ein großer Mangel an Verwaltungskräften mit ausreichenden rechtlichen Kenntnissen besteht; die juristische Ausbildung von Verwaltungspersonal wird dabei

416 So fanden Schulungen beispielsweise in Jiangsu, Hainan, Yunnan, Fujian, Shandong, Anhui, Jilin, Xinjiang und Zhejiang statt (siehe Übersicht http://www.gtz-legal-reform.org.cn/english/projects/moc/moc_pl.htm [Zugriff: 03.07.2005]).

insbesondere auch von den in der VRC tätigen deutschen Unternehmen als besonders dringlich angesehen.[417]

Mit der Initiierung der Vorlesungsreihen zum Zivil- und Vertragsrecht sowie zum deutschen Verwaltungsrecht an der Beida bzw. CUPR erweiterte sich das Projektportfolio punktuell um Maßnahmen zur Ausbildung der heranwachsenden chinesischen Juristengeneration. Diese ersten Schritte im Bereich der Juristenausbildung, die sich jedoch nicht etablieren konnten, sind hinsichtlich ihrer Intensität und Bandbreite jedoch nicht vergleichbar mit der umfassenden Arbeit, die das Deutsch-Chinesische Institut für Rechtswissenschaft der Universitäten Göttingen und Nanjing und zukünftig auch das Chinesisch-Deutsche Institut für Rechtswissenschaft an der CUPR mit dem Angebot kompletter BA-, MA- und Promotionsstudiengänge für chinesische Jurastudenten unterhalten.[418] Auch die Angebote amerikanischer Geber im Bereich der Juristenausbildung[419] gehen weit über die im Rahmen der Rechtsberatung durch die GTZ gezeigten Ansätze hinaus.

Rechtsberatungsmaßnahmen des Typ III, zum Beispiel zur Verbesserung des Zugangs zum Recht für die Bevölkerung oder zur Förderung von legal aid Einrichtungen, sind in den Programmen der GTZ nicht enthalten.

Die Arbeit der GTZ im Bereich der Gesetzgebungsberatung (Typ I) zielt auf eine »top-down« Wirkungsrichtung, das heißt es geht darum, durch nationale Gesetzgebungsaktivitäten ein bestimmtes vorgegebenes Ziel – z. B. im Hinblick auf das NVK FiWi Projekt: »wichtige Wirtschaftsgesetze entsprechen den Grundanforderungen der chinesischen Marktwirtschaft«[420] – zu erreichen. Inhaltlich konzentriert sich die Beratung rein auf die Erläuterung rechtstechnischer Aspekte zu einzelnen Gesetzgebungsvorhaben; grundsätzliche Fragen wie Rechtsstaatlichkeit sowie den Bürger- und Menschenrechtsschutz betreffend werden zumeist nicht thematisiert.

Auch die Maßnahmen zur Stärkung juristischer Institutionen bzw. der Juristenausbildung (Typ II) – Richterausbildung und Vorlesungen an der Beida bzw. CUPR sowie Schulung von Verwaltungspersonal im Rahmen des MOFCOM Projektes – sind im wesentlichen auf die Behandlung ausschließlich rechtstechnischer Fragen beschränkt. Bis auf die einmalige Durchführung von Veranstaltungen zur juristischen Ethik im August 2001 ist auch im Bereich des Verwaltungsrechts oder der Richterausbildung Beratung explizit

417 Julius 2002: 4.

418 Zur Arbeit des DCIR und des CDIR siehe unten Abschnitt 5.1 bzw. 5.2

419 Zum Beispiel das LL.M. Kooperationsprogramm der Temple University mit den Universitäten Qinghua und CUPR sowie das CLEEC Programm der Ford Foundation (siehe unten, Kapitel VI, Abschnitte 3.1.1 und 3.4.2.1.1)

420 Zitiert aus den NVK FiWi-Projektunterlagen; liegen der Verfasserin vor.

die Aspekte des Menschenrechtsschutzes oder des Konzeptes der Rechtsstaatlichkeit betreffend nicht Gegenstand der Zusammenarbeit.

Weiterhin fällt auf, dass die durch die GTZ angebotene Rechtsberatung in hohem Maße schematisch vorgeht. So finden sich in allen Projekten, die im Rahmen des Programms »GTZ Advisory Service to the Legal Reform in China« angeboten werden, immer wieder die gleichen Einzelmaßnahmen Symposium, Workshop und Studienreise. Auch der Ablauf der Symposien und Workshops, während derer ausländische Rechtsexperten zu einzelnen, von der chinesischen Seite gewünschten Themenbereichen Fachvorträge halten, die anschließend zwischen den chinesischen und deutschen Teilnehmern diskutiert werden, ist sehr stark standardisiert. Darüber hinaus sind schließlich die Studienreisen kritisch einzuschätzen, da diese in der Regel als Gefälligkeiten für die – überwiegend hochrangigen – chinesischen Teilnehmer angesehen werden müssen, die kaum einen substanziellen inhaltlichen Nutzen erbringen können.[421]

Auch das Potenzial für die Herausbildung von epistemischen Gemeinschaften zwischen chinesischen und deutschen Rechtsexperten im Zuge der von der GTZ angebotenen Rechtsberatung ist nur als gering anzusehen. So fehlt zum einen auf chinesischer wie auch auf deutscher Seite die notwendige personelle Kontinuität. Auf chinesischer Seite nehmen an den einzelnen Beratungsmaßnahmen (Symposium, Workshop, Studienreise) jeweils verschiedene Mitarbeiter der beratenen Institutionen teil wie auch die deutschen Rechtsexperten als so genannte »Kurzzeitexperten« jeweils für eine bestimmte Veranstaltung in Deutschland angeworben werden und zu ihren Vorträgen in die VRC reisen, dort aber nicht ständig als Ansprechpartner präsent sind. Darüber hinaus haben die Symposien und Workshops nicht den Charakter von Arbeitsgruppen, die in ähnlicher personeller Besetzung auch zwischen den einzelnen Veranstaltungen fortbestehen und so in diesen Zeiten eine auch informelle Kommunikation und Kooperation zwischen den chinesischen und deutschen Rechtsexperten ermöglichten. Schließlich besteht in der Regel keine Arbeitsbeziehung zwischen den deutschen Kurzzeitexperten und ihren chinesischen Kollegen; da die für die Veranstaltungen angeworbenen deutschen Rechtsexperten zumeist über keine umfassenden Kenntnisse des chinesischen Rechts und Rechtssystems verfügen, mithin die chinesischen Rechtsreformen nicht zu ihrem eigentlichen Arbeitsgebiet gehören, ist es schwierig, eine gemeinsame Basis für den Austausch mit ihren chinesischen Kollegen dieses Gebiet betreffend zu finden.

Auch die Zusammensetzung der chinesischen Teilnehmergruppen erschwert einen offenen Austausch zwischen den chinesischen und deutschen

421 Auf dieses Problem der Studienreisen im Rahmen von Rechtsberatungsmaßnahmen weist Woodman 2004: 43 sowie Interviews 04/2002, 11/2002 hin.

Rechtsexperten. So setzen sich die Gruppen in der Regel aus einigen relativ hochrangigen (Abteilungsleitern, Direktoren, stellvertretenden Direktoren) Mitgliedern der chinesischen Gesetzgebungsinstitutionen und einer größeren Anzahl von Angehörigen des Arbeitsstabes zusammen. Dies führt dazu, dass die Diskussion von den hochrangigen Vorgesetzen dominiert wird, während die Angehörigen der Arbeitsebene infolge der hierarchischen Strukturen keine Möglichkeit haben, sich offen und intensiv mit den deutschen Rechtsexperten auszutauschen. Erschwerend kommt hinzu, dass die hochrangigen Delegationsleiter zumeist in einer *politischen* Funktion, als Repräsentanten der chinesischen Seite in der deutsch-chinesischen Rechtszusammenarbeit, an den Veranstaltungen teilnehmen und ihrerseits häufig nicht über das notwendige fachliche Interesse verfügen.

Fehlende personelle Kontinuität und Arbeitsbeziehungen sowie die hierarchische Struktur der chinesischen Teilnehmer an den Rechtsberatungsmaßnahmen behindern somit den Austausch zwischen den chinesischen und deutschen Juristen erheblich, sodass es kaum zu einer Angleichung von Einschätzungen bestimmte Rechtsprobleme oder normative Grundlagen des Rechts betreffend und mithin zur Entstehung von epistemischen Gemeinschaften kommen kann.

Im Hinblick auf den möglichen Einfluss der von der GTZ angebotenen Rechtsberatung auf die Migration von deutschen Rechtsnormen und Konzepten in das chinesische Rechtssystem ist zum einen darauf hinzuweisen, dass die Beratung sich durchweg an hochrangige chinesische Gesetzgebungsinstitutionen auf der Zentralebene wie den NVK FiWi und den Rechtsarbeitsausschuss des SA NVK richtet. Dies bedeutet, dass die Beratungsleistungen prinzipiell an höchster Stelle in den chinesischen Gesetzgebungsprozess eingespeist werden. Jedoch ist hier zu bedenken, dass es sich bei der von der GTZ angebotenen Rechtsberatung nicht um eine Zusammenarbeit handelt, die auf der Arbeitsebene, zwischen den unmittelbar beteiligten chinesischen und deutschen Organisationen, angeregt wurde. Vielmehr handelt es sich um eine zunächst *politisch* gewünschte Zusammenarbeit, die zwischen den Regierungschefs der BRD und der VRC ausgehandelt wurde.[422] Die GTZ auf deutscher Seite wie auch die chinesischen Gesetzgebungsinstitutionen wurden in der Folge beauftragt, diese politische Vereinbarung durch konkrete Maßnahmen der Zusammenarbeit umzusetzen. Dies bedeutet, dass in diesen Fällen nicht der Wunsch einer bestimmten chinesischen Institution, mit einer bestimmten deutschen Institution eine Zusammenarbeit einzugehen, zur Aufnahme der Rechtsberatung geführt hat, sondern vielmehr eine politische Vorentscheidung. Insofern ist davon auszugehen, dass eine derartige »von oben« dekretierte Rechtszusammenarbeit – im Gegensatz zu einer »von unten«

422 Interview 07/2004

gewachsenen Zusammenarbeit – auf chinesischer Seite als eine Beratungsmaßnahme unter vielen angesehen werden wird, die mit den Angeboten verschiedener ausländischer Geber konkurriert. Da es, wie oben dargelegt, insbesondere an der Herausbildung von epistemischen Gemeinschaften zwischen den an der Rechtsberatung beteiligten deutschen und chinesischen Juristen fehlt, ist auch ein wichtiger Kanal für die Migration von Rechtsnormen und Konzepten nicht gegeben. Dies bedeutet, dass im Fall der deutschen Rechtsberatung durch die GTZ mit einer Migration von deutschem Recht nur dann zu rechnen ist, wenn sich dieses anderen Normen, zum Beispiel amerikanischen Ursprungs, rechtsdogmatisch überlegen erweist. Da aber eine derartige »Überlegenheit« von Rechtsnormen und Konzepten, wie oben dargelegt, als Ursache für die Migration nicht immer hinreichend ist, ist der Erfolg der deutschen Rechtszusammenarbeit hinsichtlich der Transplantation von deutschen Rechtsnormen und Konzepten trotz der Beteiligung hochrangiger chinesischer Gesetzgebungsinstitutionen an der Rechtszusammenarbeit nicht automatisch gewährleistet. Insbesondere erwächst durch die von der GTZ angebotene sehr schematische und formalisierte Rechtszusammenarbeit auch kaum eine Affinität der chinesischen Juristen zum deutschen Recht, wie sie häufig durch persönliche Erfahrungen, zum Beispiel der langjährigen Zusammenarbeit mit ausländischen Kollegen oder eines Studiums an einer ausländischen Universität, auf Seiten der chinesischen Juristen entstehen kann. Diese Affinität zu einem bestimmten Rechtssystem aber ist in vielen Fällen dafür ausschlaggebend, an welchen Rechtsnormen bzw. Rechtssystemen in einem Prozess der Rechtsreformen eine Orientierung erfolgt.

Aus diesem Grund bemühen sich insbesondere private deutsche Akteure, vor allem aus dem akademischen Bereich, darum, chinesische Juristen durch spezielle Studiengänge an das deutsche Recht heranzuführen und überdies dauerhafte Beziehungen zwischen deutschen und chinesischen Juristen durch einen gemeinsamen Ausbildungshintergrund entstehen zu lassen. Dieses Ziel verfolgt auch der Deutsche Akademische Austauschdienst als privater, staatlich finanzierter Anbieter von Rechtszusammenarbeit mit der VRC. Im Folgenden sollen daher die genannten Aktivitäten der privaten Akteure näher erläutert und analysiert werden.

4. Staatliche Finanzierung privater deutscher Rechtsberatungsmaßnahmen
Der Deutsche Akademische Austauschdienst

Der Deutsche Akademische Austauschdienst (DAAD) wurde im Jahr 1950 als ein eingetragener Verein des Privatrechts gegründet und führt damit eine Eigeninitiative deutscher Hochschulen zum internationalen Wissenschaftleraustausch, die bereits auf das Jahr 1925 zurückgeht, fort. Mitglieder im DAAD sind deutsche Hochschulen, die in der Hochschulrektorenkonferenz (HRK) vertreten sind, und die diesen angehörenden Studentenschaften.[423]

Seiner Organisation nach ist der DAAD eine Selbstverwaltungsorganisation der Mitgliedshochschulen. Auch wenn der DAAD seine Entscheidungen, welche Projekte der internationalen Hochschulkooperation gefördert werden, unabhängig nach eigenen akademischen Maßstäben trifft, stehen die Aktivitäten des DAAD gleichzeitig auch im Dienste der deutschen Entwicklungspolitik, da die Arbeit des DAAD zum ganz überwiegenden Teil aus öffentlichen Finanzmitteln finanziert wird.[424] Auf diese Weise nimmt der DAAD – und damit auch dessen Mitgliedshochschulen – eine »Mittlerfunktion« zwischen (unabhängigem) akademischem Bereich und dem Bereich der deutschen auswärtigen Politik ein.[425]

Im Mittelpunkt der Arbeit des DAAD in der VRC steht vor allem die Förderung der Rechtswissenschaft. Die verschiedenen Maßnahmen in diesem Bereich sollen im Folgenden kurz vorgestellt werden.

4.1 Programmbeschreibung[426]

4.1.1 Förderung der Juristenausbildung

Einen Schwerpunkt der Arbeit des DAAD bildet die Förderung von Promotionen ausländischer Wissenschaftler an deutschen Hochschulen. Insbesondere eröffnet die Vergabe derartiger Stipendien auch chinesischen Juristen die Möglichkeit, in Deutschland intensiv Studien des deutschen Rechts zu betreiben. Das Interesse unter chinesischen Juristen an Studienaufenthalten ist groß; seit 1990 haben 22 Rechtswissenschaftler als Stipendiaten des DAAD in Deutschland studiert bzw. geforscht, elf dieser Stipendiaten haben bereits promoviert. Gegenwärtig studieren und promovieren noch sieben chinesische Juristen mit Unterstützung durch den DAAD im deutschen Recht.[427]

---

423 Siehe: http://www.daad.de/portrait/de/1.1.1.html [Zugriff: 23.07.2005]

424 Die Gelder für die Arbeit des DAAD stellen der Bund (hier vor allem: Auswärtiges Amt, Bundesministerium für Bildung und Forschung, BMZ, Bundesministerium für Wirtschaft; im Jahr 2003 insgesamt 218,7 Mio. Euro), die Länder (im Jahr 2003 insgesamt 0,7 Mio. Euro) sowie auch die EU (im Jahr 2003 insgesamt 20,3 Mio. Euro) zur Verfügung (Informationen abrufbar unter: http://www.daad.de/portrait/de/1.8.html [Zugriff: 23.07.2005])

425 Siehe: http://www.daad.de/portrait/de/1.1.2.html [Zugriff: 23.07.2005]

426 Wenn nicht anders angegeben, sind alle Informationen Unterlagen entnommen, die der Verfasserin vom DAAD zur Verfügung gestellt wurden.

427 Informationen des DAAD

4.1.2 Förderung der Institutionalisierung der deutsch-chinesischen Rechtszusammenarbeit im Bereich der Juristenausbildung

Weiterhin stellt der DAAD auch finanzielle Mittel für den Aufbau bzw. für die Arbeit von Institutionen zur Verfügung, die in Deutschland bzw. in der VRC im Bereich der Ausbildung chinesischer Juristen im deutschen Recht arbeiten. So entsendet und finanziert der DAAD seit 1998 einen Langzeitdozenten an das Deutsch-Chinesische Institut für Rechtswissenschaften an der Universität in Nanjing.[428] Dieser Langzeitdozent ist gleichzeitig der Vizedirektor des Instituts vor Ort in der VRC und im Bereich der Lehre wie auch der Verwaltung eingesetzt. Darüber hinaus finanziert der DAAD kontinuierlich den Aufenthalt von deutschen Juristen am Institut, die als Kurzzeitdozenten das Lehrangebot des Instituts ergänzen.

Seit Anfang 2005 unterstützt der DAAD ebenfalls die Arbeit des Chinesisch-Deutschen Instituts für Rechtswissenschaft an der CUPR (Beijing).[429] Schließlich fördert der DAAD die Bemühungen der Universität des Saarlandes und der South Central University of Economics and Law (*zhongnan jingji zhengfa daxue* – SCUEL) in Wuhan zum Aufbau eines Zentrums für deutsches und europäisches Recht.[430]

Über die finanzielle Unterstützung von Projekten, die von dritter Seite mit chinesischen Partnern umgesetzt werden, hinaus unterhält der DAAD seit 1999 im Rahmen des deutsch-chinesischen Rechtsstaatsdialoges ein eigenes Projekt zur Übersetzung deutscher Rechtsliteratur ins Chinesische. Diese Maßnahme soll im Folgenden näher erläutert werden.

4.1.3 Übersetzung deutscher juristischer Standardwerke ins Chinesische

Mit zusätzlicher finanzieller Unterstützung durch den Stifterverband für die deutsche Wissenschaft initiierte der DAAD bereits im Jahr 1999 ein Projekt zur Übersetzung wichtiger deutscher Rechtsliteratur ins Chinesische. Chinesischer Partner des Projektes ist Mi Jian, Professor für Recht an der CUPR.[431]

Im Rahmen des Projektes arbeiten unter der Leitung von Prof. Mi Jian namhafte deutsche Rechtswissenschaftler, die ihrerseits auch Experten auf dem Gebiet des chinesischen Rechts sind und teilweise die chinesische Spra-

428 Zur Arbeit des DCIR siehe ausführlich unten, Abschnitt 5.1

429 Ausführlich zur Arbeit des CDIR an der CUPR siehe unten, Abschnitt 5.2

430 Zu der Zusammenarbeit zwischen den juristischen Fakultäten der Universität des Saarlandes und der SCUEL siehe ausführlich unten, Abschnitt 5.3.1

431 Alle Informationen zu diesem Projekt sind, wenn nicht anders angegeben, der folgenden Quelle entnommen: http://idw-online.de/pages/de/news73205 [Zugriff: 23.07.2005]

che beherrschen, mit chinesischen Rechtswissenschaftlern an den Übersetzungen der einzelnen Bände. Bisher konnten neun der übersetzen Bände veröffentlicht werden. Insgesamt sollen bis zum Abschluss des Projektes im Jahr 2005 36 ausgewählte Titel deutscher Rechtsliteratur aus den Bereichen Rechtsphilosophie und Rechtstheorie, Rechtsgeschichte, Staatsrecht, Zivilrecht, Handelsrecht, Wirtschaftsrecht, Strafrecht, Verwaltungsrecht und europäisches Privatrecht ins Chinesische übersetzt werden.[432] Anhang II enthält eine Übersicht über die Werke, die im Zuge des Projektes übersetzt werden sollen.

4.2 Strategie und möglicher Einfluss auf die Migration von Rechtsnormen und Konzepten

Das Projekt zur Übersetzung deutscher Rechtsliteratur versucht zum einen, an die Tradition der chinesischen Rechtsentwicklung zu Beginn des 20. Jahrhunderts anzuknüpfen. Wie bereits oben kurz dargelegt, orientierten sich die Rechtsreformen, die in China unter der Qing-Dynastie sowie unter der GMD-Regierung eingeleitet wurden, teilweise stark am kontinentaleuropäischen *civil law* und hier wiederum am deutschen Recht. Insbesondere wurden zu jener Zeit auch schriftliche Materialien zum deutschen Recht von chinesischen Rechtswissenschaftlern gesichtet und zur Grundlage der Ausgestaltung des chinesischen Rechtssystems zu jener Zeit gemacht.

Auch das DAAD Projekt versucht nun, durch die Übersetzung deutscher Rechtsliteratur ins Chinesische dieses Quellenmaterial wieder für die chinesische Rechtswissenschaft zugänglich zu machen. Dabei wird insbesondere dem Umstand Rechnung getragen, dass Kenntnisse der deutschen Sprache – im Gegensatz zu englischen Sprachkenntnissen – unter chinesischen Juristen kaum verbreitet sind. Nur durch die Übersetzung ist es also möglich, einer großen Anzahl von chinesischen Juristen Zugang zu deutscher juristischer Literatur zu vermitteln.[433]

Dabei versucht das Projekt vor allem derartige Werke zu übersetzen, die in besonderem Maße als repräsentativ für die deutsche Rechtswissenschaft angesehen und als »Klassiker« auch in der deutschen Juristenausbildung verwendet werden. Auf diese Weise sollen die Materialen sowohl als Grundlage für die konkrete Gesetzgebung (nach dem Vorbild deutscher Rechtsinstitute) dienen, in der chinesischen juristischen Ausbildung eingesetzt werden und schließlich die Etablierung einer neuen chinesischen, an der deutschen

---

432 Hornberger/Sund 2001: 11–12; »Repräsentative deutsche Rechtsliteratur der Gegenwart«; Fundstelle: http://www.unusuniversus.com/dd/indexe1.htm [Zugriff: 23.07.2005]

433 »Repräsentative deutsche Rechtsliteratur der Gegenwart«; Fundstelle: http://www.unusuniversus.com/dd/indexe1.htm [Zugriff: 23.07.2005]

Dogmatik, Theorie und Methodologie orientierten rechtswissenschaftlichen Schule unterstützen. Damit wird dem Projekt vor allem von chinesischer Seite »größte[...] praktische[...] Bedeutung für den Aufbau des Rechtssystems und die Entwicklung der Rechtswissenschaft« in der VRC und damit eine »langfristige[...] rechtskulturelle[...] Tragweite« beigemessen.[434]

Weiterhin stellt das Übersetzungsprojekt ein wichtiges Beispiel für den Einfluss epistemischer Gemeinschaften zwischen chinesischen und deutschen Juristen auf die Migration von Rechtsnormen und Konzepten dar. So geht das Projekt zunächst auf die Initiative von Prof. Mi, einem in Deutschland ausgebildeten Juristen, und mehreren deutschen Rechtswissenschaftlern, die sich in ihrer Arbeit intensiv mit dem chinesischen Recht befassen, zurück.[435] Es handelt sich hier also um eine Maßnahme der Rechtszusammenarbeit, die von chinesischen und deutschen Juristen, zunächst auf einer persönlichen Ebene, angestoßen wurde. Dabei spielt die Affinität zum deutschen Recht, die der Initiator des Projektes Prof. Mi während seiner Ausbildung gewinnen konnte, eine große Rolle dafür, dass Prof. Mi sich in erster Linie für die Verbreitung deutschen Rechts in der VRC durch die Übersetzung grundlegender Standardwerke einsetzte und zu diesem Zweck den Kontakt zu seinen deutschen Kollegen suchte. Auch bei den Übersetzern, die an dem Projekt arbeiten, handelt es sich ganz überwiegend um in Deutschland ausgebildete und auch promovierte, in ganz China tätige chinesische Juristen.[436] Diese Rechtswissenschaftler, die sich mit deutschem Recht beschäftigen, stehen untereinander in engem Kontakt und fachlichem Austausch. Daher konnten sie durch Prof. Mi rasch für die Mitarbeit an dem Übersetzungsprojekt gewonnen werden. Auch wenn die einzelnen chinesischen Universitäten, denen die beteiligten Juristen angehören, durchaus miteinander in Konkurrenz um Ansehen und Einfluss in der chinesischen Rechtswissenschaft stehen, so war es doch möglich, die Rechtswissenschaftler zur Förderung der Verbreitung deutschen Rechts in der VRC zu einer Kooperation zu bewegen.[437] Es kann somit davon ausgegangen werden, dass es sich hier um eine epistemische Gemeinschaft unter den chinesischen Juristen handelt, deren Mitglieder jeweils über eine Ausbildung in Deutschland im deutschen Recht verfügen, auf diesem Gebiet lehrend und forschend aktiv sind und sich gemeinsam für die Verbreitung deutschen Rechts in der VRC einsetzen.

Erweitert wird diese epistemische Gemeinschaft durch die am Projekt beteiligten deutschen Rechtswissenschaftler. Diese treffen einmal im Jahr mit ihren chinesischen Kollegen zusammen und tauschen sich über fachliche

434 ibid. (Auslassungen der Verfasserin)

435 Interview 07/2004

436 ibid.

437 ibid.

Fragen, die im Zuge der Übersetzungsarbeiten aufgetreten sind, aus. Weiterhin halten sich an den Übersetzungen beteiligte chinesische Rechtswissenschaftler für mehrere Monate in Deutschland auf, um hier an juristischen Fakultäten die Übersetzungen unter Rücksprache mit ihren deutschen Kollegen zu bearbeiten. Auf diese Weise trägt das Übersetzungsprojekt nicht nur zur Verbreitung deutscher Rechtsliteratur in der VRC bei, sondern fördert auch den Austausch chinesischer und deutscher Rechtswissenschaftler zum deutschen Recht. Auf diese Weise stellt das Übersetzungsprojekt des DAAD eine Institutionalisierung eines Netzwerkes in Gestalt einer epistemischen Gemeinschaft dar, die bereits vor Einsatz der formellen Förderung durch den DAAD gewachsen war. Es stellt sich jedoch die Frage, in welchem Maße das DAAD Projekt in der Praxis Einfluss auf die Transplantation deutscher Rechtsnormen und Konzepte in das chinesische Rechtssystem hinein nehmen kann.

Das Projekt trägt zum einen dazu bei, mit der Übersetzung der ausgewählten Werke, bei denen es sich überwiegend um Lehrbücher handelt, ein Schlaglicht auf den gegenwärtigen Stand der deutschen Rechtswissenschaft zu werfen. Dabei geben die Werke jeweils die – wenn auch in den meisten Fällen »herrschende« – Meinung der Autoren wieder. Dadurch handelt es sich gleichwohl um eine sehr statische Präsentation des deutschen Rechts. Die dynamische Entwicklung des Rechts dagegen spiegelt sich auch in den (höchst-)richterlichen Entscheidungen deutscher Gerichte sowie in den Debatten über einzelne Probleme, die in den einschlägigen Fachzeitschriften geführt werden, wider. Da durch das Übersetzungsprojekt die Ursache für die geringe Kenntnis des deutschen Rechts in der VRC, die mangelnden Sprachkenntnisse chinesischer Juristen, nicht beseitigt werden, sind chinesische Rechtswissenschaftler, auch wenn sie Zugang zu den ausgewählten übersetzten Werken der deutschen Rechtsliteratur haben, dennoch von dieser dynamischen Entwicklung des deutschen Rechts abgeschnitten, da sie die Veröffentlichungen in den Zeitschriften sowie einschlägige Urteile nicht wahrnehmen können. Darüber hinaus fällt es auch schwer, ohne die Kenntnis dieser Materialien, auf die auch in den übersetzten Werken stets Bezug genommen wird, die entsprechenden deutschen Rechtsgebiete vollständig zu erfassen.

Auch setzt die Initiative des DAAD zur Verbreitung deutscher Rechtsliteratur in der VRC erst sehr spät ein. So wurden beispielsweise bereits zu Beginn der 1980er Jahre die juristischen Bibliotheken von acht großen chinesischen Universitäten durch das CLEEC Programm der amerikanischen Ford Foundation[438] mit amerikanischer Rechtsliteratur sowie mit Online-Zugängen zu amerikanischen juristischen Materialien, zum Beispiel Gerichtsentscheidungen, ausgestattet. Auch heute dauern die Bemühungen von amerikani-

438 Zum CLEEC Programm siehe unten, Kapitel VI, Abschnitt 3.4.2.1.1

scher Seite, amerikanische Rechtsliteratur für chinesische Juristen und Studenten zugänglich zu machen, an. Vor dem Hintergrund, dass die englische Sprache unter chinesischen Juristen sehr weit verbreitet ist, bedeutet dies, dass diese in der Lage sind, die neuesten Entwicklungen des amerikanischen Rechts und Rechtssystems unmittelbar, ohne die Verzögerung, die durch Übersetzungen entsteht, wahrzunehmen. Daher wird gerade in den Rechtsbereichen, die für die alltägliche juristische und vor allem anwaltliche Praxis in der VRC von Relevanz sind, das heißt vor allem auf dem Gebiet des Wirtschaftsrechts, das amerikanische Recht in der Lage sein, einen wesentlich stärkeren Einfluss auf die chinesische Rechtsentwicklung auszuüben als dass deutsche Recht.

Das DAAD Projekt dagegen richtet sich mehr an akademische juristische Kreise in der VRC. Hier ist das Interesse an der Erforschung der Grundlagen des deutschen Rechts und der deutschen Rechtsdogmatik sehr groß,[439] sodass die übersetzten Werke deutscher Rechtsliteratur durchaus befruchtend für die chinesische Rechtswissenschaft wirken können. Im wissenschaftlichen Bereich lässt sich daher davon ausgehen, dass eine Migration von Rechtsnormen und Konzepten stattfindet. Eine solche Migration wird weiterhin dadurch gefördert, dass viele der an den Übersetzungen beteiligten, in Deutschland ausgebildeten chinesischen Juristen auch beratend an Gesetzgebungsprozessen in der VRC beteiligt sind. So ist der Leiter des Projektes, Prof. Mi, gegenwärtig maßgeblich an der Reform des chinesischen Zivilrechts, das heißt an der Ausarbeitung des chinesischen Zivilgesetzbuches, wie auch an der Justizreform beteiligt.[440] Auf diese Weise können die chinesischen Rechtswissenschaftler als Kanäle wirken, um deutsche Rechtsnormen und Konzepte über ihre Beratertätigkeit in das chinesische Rechtssystem einzuspeisen.

Es stellt sich jedoch die Frage, inwieweit sich diese Versuche in jüngerer Zeit, dem deutschen Recht einen stärken Einfluss auf die Rechtsreformen in der VRC zu vermitteln, auch gegen den starken amerikanischen Einfluss in diesem Bereich, der sich in ähnlicher Weise durch in den USA ausgebildete Juristen ergibt, werden durchsetzen können. So stehen Rechtspraktiker in der VRC den häufig sehr theoretischen, dogmatischen und daher als praxisfern und zu abstrakt erachteten Vorschlägen der »Liebhaber[...] des deutschen Rechts« für Gesetzesvorhaben kritisch gegenüber und präferieren dogmatisch weniger durchgebildete, dafür aber leichter handhabbare Regelungen.[441] Da

439 Interview 07/2003

440 Siehe: »Gastvortrag am 15. Januar 2003 von Prof. Dr. Mi Jian: Zivilrechtsreform in China«; Fundstelle: http://www.mpipriv-hh.mpg.de/deutsch/main/Pressemitteilungen/Pressemitteilungen2002.html [Zugriff: 28.07.2005]

441 Münzel 2003 (Auslassung der Verfasserin)

die deutschen Initiativen zur Beeinflussung der chinesischen Rechtswissenschaft, im Gegensatz zu den amerikanischen, erst in jüngerer Zeit eingesetzt haben, bleibt abzuwarten, ob sich die »Deutschrechtler«[442] gegen Strömungen aus dem anglo-amerikanischen *common law* hinsichtlich der praktischen Ausgestaltung des chinesischen Rechts werden durchsetzen können.

Insbesondere ist nicht davon auszugehen, dass die Initiative des DAAD zur Übersetzung deutscher rechtswissenschaftlicher Literatur über die interessierten akademischen Kreise hinaus einen großen Einfluss auf die Ausbildung der breiten Masse der chinesischen Juristen und damit auch einen merklichen Einfluss auf die von diesen zukünftig bestimmte chinesische Rechtspraxis haben werden. Da aufgrund der Sprachkenntnisse wie auch aufgrund der Anziehungskraft, die allgemein von der amerikanischen Kultur ausgeht, der Zugang zum amerikanischen Recht für junge chinesische Juristen leichter und auch reizvoller ist, strebt eine große Anzahl chinesischer Juristen eine Ausbildung in den USA oder eine Teilnehme an amerikanischen Programmen in der VRC an.[443] Daher wird der Einfluss des amerikanischen Rechts auf die Rechtspraxis in der VRC durch die entsprechend ausgebildete und auch sozialisierte neue Generation an chinesischen Juristen weiterhin sehr stark bleiben, während das deutsche Recht voraussichtlich in einer zunächst nur akademischen Nische wird Fuß fassen können.

Für die Verbreitung deutschen Rechts und der deutschen Rechtswissenschaft in der VRC setzen sich auch verschiedene Rechtsberatungsprogramme deutscher Universitäten ein, deren Arbeit im Folgenden dargelegt werden soll.

5. Universitäre Programme zur Rechtszusammenarbeit mit der VRC

5.1 Das Deutsch-Chinesische Institut für Rechtswissenschaft

Das Deutsch-Chinesische Institut für Rechtswissenschaft (DCIR) wurde 1989 als »Deutsch-Chinesisches Institut für Wirtschaftsrecht« von den Universitäten Göttingen und Nanjing gegründet. Es ist die erste Einrichtung, die den deutsch-chinesischen Rechtsaustausch auf akademischer Ebene über einen losen Studenten- und Wissenschaftleraustausch hinaus in einem eigenen Institut mit eigenem Studiengang und Abschluss für chinesische Studenten institutionalisiert hat. Dem gegenüber hat das Chinesisch-Deutsche Institut für Rechtswissenschaft an der CUPR, das ebenfalls einen Abschluss für chinesische Studenten im deutschen Recht anbieten wird, erst seit Ende 2004 seine Arbeit aufgenommen.[444]

---

442 Der Terminus »Deutschrechtler« wird verwendet von Münzel (2003).

443 Interview 11/2004

444 Ausführlich zur Arbeit des CDIR an der CUPR siehe unten, Abschnitt 5.2

5.1.1 Programmbeschreibung

Das DCIR bietet ein dreizügiges Studium für chinesische Studierende an. Ein Bachelor-Studiengang findet an der Universität Nanjing statt, der darauf aufbauende Magisterstudiengang (drei Jahre) wird die ersten zwei Jahre in Nanjing unterrichtet; im letzten Jahr, während dessen auch die abschließende Magisterarbeit (in deutscher Sprache) abgefasst wird, absolvieren die chinesischen Juristen ihr Studium in Göttingen. Die Studenten erwerben nach Abschluss ihres Studiums einen »Doppelmaster«, das heißt den *Magister juris* der Universität Göttingen und den *Master of Law* der Universität Nanjing. Diejenigen chinesischen Absolventen des DCIR, die sich für eine Promotion entscheiden, erarbeiten ihre Dissertation teils in Deutschland und teils in der VRC, wobei das Promotionsverfahren wahlweise in Deutschland oder in der VRC durchgeführt werden kann. Da aber gerade eine deutsche Promotion mit sehr guten Karriereaussichten in der VRC verbunden ist, entscheiden sich die meisten chinesischen Doktoranden für eine Promotion in Göttingen.[445]

Zusätzlich zum BA-, MA- und Promotionsstudiengang für chinesische Studenten ist die Einrichtung eines Programms »Rechtsstaatsverständnis für chinesische Studierende« geplant. Ziel dieses Programms ist es, für eine Gruppe chinesischer Studenten (etwa 15) jährlich einen etwa sechswöchigen Sommerkurs anzubieten, der sich explizit auf die Vermittlung des deutschen Rechtsstaats- und Demokratieverständnisses richtet. Für diese Kurse werden hoch qualifizierte chinesische Juristen ausgewählt, die die Möglichkeit haben, rasch in führende Positionen in der chinesischen Justiz, Verwaltung und Wirtschaft aufzusteigen. Diese Personen, die nicht nur über umfassendes rechtstechnisches Wissen, sondern auch über ein positives Verständnis von Rechtsstaatlichkeit und Demokratie verfügen, können, wenn sie an derartigen Schlüsselpositionen eingesetzt sind, zum einen dieses Rechtsstaats- und Demokratieverständnis in ihren jeweiligen Organisationen verbreiten; weiterhin stellen sie auch wichtige Anknüpfungspunkte dar, wenn es darum geht, neue Partner für den deutsch-chinesischen Rechtsstaatsdialog zu finden und diesen so auf eine langfristige Basis zu stellen. Somit sollen die entsprechend ausgebildeten chinesischen Juristen in doppelter Weise als Multiplikatoren wirken.[446] In Folge knapper Ressourcen konnte das Programm bislang gleichwohl noch nicht realisiert werden.[447]

---

445 Drewes 2002: 27; Interview 07/2003

446 Deutsch-Chinesisches Institut für Rechtswissenschaft: »Zielsetzungen und Aktivitäten«; Fundstelle: http://lehrstuhl.jura.uni-goettingen.de/kontakte/institut1.html [Zugriff: 06.07.2005]

447 Interview 07/2003

Für deutsche Studierende bietet das DCIR weiterhin die Möglichkeit, während sechs- bis zwölfwöchiger Sommer- oder Herbstkurse in Nanjing Kenntnisse der chinesischen Sprache wie auch des chinesischen Rechts zu erwerben. Neben diesen fachlichen Qualifikationen soll durch den Aufenthalt auch insbesondere das Verständnis deutscher Juristen für die chinesische Rechtskultur sowie die spezifischen Herausforderungen, denen sich das chinesische Rechtssystem in der gegenwärtigen Phase der Reformen gegenüber sieht, geschult werden.[448]

Der inhaltliche Schwerpunkt der Ausbildung für chinesische Juristen am DCIR lag bei seiner Gründung zunächst auf dem Wirtschaftsrecht.[449] Dies bedeutet gleichwohl nicht, dass damit die Behandlung grundlegender Fragen wie der Bedeutung von Rechtsstaatlichkeit in einem umfassenden Sinne neben der Beschäftigung mit rechtstechnischen Bereichen wie dem Wirtschaftsrecht keinen Raum in der Arbeit des DCIR gehabt hätte. Vielmehr erlaubte es die Krise der Reformen in der VRC nach der Niederschlagung der städtischen Protestbewegung im Juni 1989 nicht, sensible Themen wie die Rechtsstaatlichkeit offen in der Arbeit des DCIR zu verfolgen. Es bestand somit die Notwendigkeit, diese Fragen eingekleidet in die neutrale Thematik des Wirtschaftsrechts zu behandeln. Mit der zunehmenden Öffnung der VRC infolge des endgültigen Durchbruchs des Transformationskurses im Jahr 1992 sind diese Beschränkungen jedoch mehr und mehr aufgeweicht worden, sodass schließlich – auch im Zusammenhang mit der Aufnahme des deutsch-chinesischen Rechtsstaatsdialoges und dessen Schwerpunktsetzung im Bereich Verwaltungsrecht – mit der Eröffnung einer Abteilung für öffentliches Recht im November 2001[450] die Arbeit des DCIR auch formell auf den stärker rechtsstaatlichkeits- und menschenrechtsrelevanten Bereich des Verwaltungsrechts ausgedehnt wurde.[451] Neben dieser Veränderung der politischen Rahmenbedingungen spielte gleichwohl auch die Notwendigkeit, zunächst über eine Zusammenarbeit in neutralen Bereichen wie dem Wirtschaftsrecht Vertrauen gegenüber der chinesischen Seite aufzubauen und auf dieser Vertrauensbasis die Zusammenarbeit auf sensiblere Bereiche auszudehnen, eine Rolle bei der schrittweisen Erweiterung der Arbeitsbereiche des DCIR auf das Verwaltungsrecht.[452]

Finanzielle Unterstützung erhält das DCIR vor allem durch den DAAD. Darüber hinaus förderte auch das Land Niedersachen die Ausbildung chinesischer Juristen am DCIR, indem bisher jährlich sechs Stipendien für den Auf-

448 ibid.

449 Drewes 2002: 27.

450 Drewes 2002: 27.

451 Interview 07/2003

452 ibid.

enthalt chinesischer Studenten in Göttingen bereit gestellt wurden. Diese Unterstützung wird jedoch im Jahr 2006 eingestellt werden. Ein Teil dieser Unterstützung kann gleichwohl durch das Engagement der Anwaltskanzlei Rödl & Partner kompensiert werden, die, beginnend im März 2004, drei Stipendien für chinesische Studenten zur Verfügung stellt.[453] Darüber hinaus gewähren die Deutsch-Chinesische Juristenvereinigung sowie deutsche und internationale Anwaltskanzleien regelmäßig Sachmittelzuschüsse. Hinzu kommen Zuwendungen privater Geldgeber.[454]

5.1.2 Strategie und möglicher Einfluss auf die Migration von Rechtsnormen und Konzepten

Bei dem Programm des DCIR spielen sowohl die Vermittlung von Kenntnissen über die konzeptionellen Grundlagen des deutschen Rechts – insbesondere Demokratie- und Rechtsstaatsverständnis, Ausstrahlung der Grundrechte auf das materielle und das Verfahrensrecht, Gewaltenteilung etc. – wie auch eine fundierte Ausbildung in der praktischen Rechtsanwendung eine wichtige Rolle. Hier liegt eine Besonderheit der Arbeit des DCIR: durch das Studium sollen die chinesischen Absolventen in die Lage versetzt werden, in einzelnen Gebieten des deutschen Rechts selbstständig zu arbeiten; das heißt die Studenten werden geschult, unter Rückgriff auf die wissenschaftliche Literatur, einschlägige Urteile und Kommentare, Gesetze auszulegen und konkrete Fälle zu lösen.[455]

Diese Art der Ausbildung dient dabei aber nicht nur dazu, Kenntnisse über das deutsche Recht in der VRC zu verbreiten und so zu einer möglichen Transplantation von Recht beizutragen. Zusätzlich kann das DCIR dadurch, dass die Absolventen in der praktischen und kritischen Anwendung und Auseinandersetzung mit dem Recht geschult werden und ihrerseits – insbesondere im Verlauf einer akademischen Karriere – zukünftig an der Ausbildung künftiger Generationen chinesischer Juristen mitwirken, dem System der chinesischen Juristenausbildung wichtige neue Impulse geben. So besteht in diesem Bereich nach wie vor das Problem, dass in der Rechtsausbildung in der VRC die schematische Verinnerlichung von Rechtstexten zu stark im Mittelpunkt steht, während die kritische Auseinandersetzung mit dem Recht, die Anwendung abstrakt-genereller Normen auf konkrete Fälle sowie die Subsumtionstechnik nicht hinreichend eingeübt werden. Dies führt dazu, dass Absolventen in ihren späteren Aufgabenbereichen als Anwälte bzw. Richter häufig nicht in der Lage sind, juristisch korrekt zu argumentieren bzw. kon-

453 Informationen des DAAD

454 »Finanzierung«; Fundstelle: http://lehrstuhl.jura.uni-goettingen.de/kontakte/institut4.html [Zugriff: 20.07.2005]

455 Interview 07/2003

krete Fälle auf Grundlage der einschlägigen Gesetze zu entscheiden.[456] Die Folgen dieser Defizite sind insbesondere verstärkte Rechtsunsicherheit, da Urteile nicht aufgrund juristischer Sachkenntnis getroffen werden – und damit in ähnlichen Fällen auch ähnliche Entscheidungen zu erwarten sind –, sondern die Richter häufig ihrem Rechtsempfinden folgen bzw. aus Unsicherheit schwierige Fälle an höhere Instanzen verweisen oder dem Rechtsprechungsausschuss des Gerichts vorlegen.[457] Wenn Absolventen des DCIR Aufgaben in der Juristenausbildung bzw. in der Rechtspflege übernehmen, können sie so die dringend erforderlichen Reformen im Ausbildungsbereich verbessern helfen bzw. selbst als Richter oder Anwälte eine verbesserte und damit der Schaffung von Rechtssicherheit dienende Rechtsanwendung gewährleisten.

Die Arbeit des DCIR – wie auch die der im Folgenden darzustellenden Hochschulprogramme – lässt sich somit als Rechtszusammenarbeit des Typ II charakterisieren, wobei der Schwerpunkt gleichwohl nicht in einer »top-down« Wirkungsrichtung auf dem Aufbau und der Stärkung rechtlich rele-

---

456 Li, Yuwen (2000).

457 Bei dem Rechtsprechungsausschuss (*shenpan weiyuanhui*) handelt es sich um ein Gremium, dem die ranghöchsten Richter eines jeweiligen Gerichts sowie die Funktionäre der KPC am jeweiligen Gericht angehören. Dieser Ausschuss trifft auf Grundlage von Partei- und Regierungsvorgaben Vorentscheidungen in allen wichtigen Verfahren (Peerenboom 2002: 284; Heilmann 2002b: 143). Da die Richter in der VRC zum ganz überwiegenden Teil Mitglieder der KPC sind und ihre Ernennung bzw. Abberufung faktisch von KPC Organen kontrolliert wird, genießen sie keinerlei richterliche Unabhängigkeit (Peerenboom 1998: 1–2; Heilmann 2002b: 143; Interview 12/2002); ein Abweichen von der Vorgaben des Rechtsprechungsausschusses ist daher kaum zu erwarten.
Gleichwohl muss hier vor dem Hintergrund neuer Erkenntnisse, die aus Umfragen unter chinesischen Richtern gewonnen wurden, inzwischen relativiert werden. Die Einmischung von KPC-Funktionären in die gerichtliche Entscheidungsfindung ist heute rückläufig und kommt im Vergleich zur Beeinflussung durch Vertreter von Regierungsorganen und Volkskongressen nunmehr relativ selten vor; dies ist zumeist nur der Fall, wenn eine direkte persönliche Beziehung zwischen dem KPC-Funktionär und einer Prozesspartei besteht. Auch richtet sich die Einflussnahme durch die KPC – falls sie vorkommt – interessanterweise häufig darauf, eine Lösung des Rechtsstreites *gemäß dem geltenden Recht* herbeizuführen und zu einem von allen Seiten als fair empfundenen Ergebnis zu gelangen. Dies resultiert vor allem daraus, dass die politische Führung der VRC beträchtliche Ressourcen in den Aufbau des Rechtswesens investiert hat mit dem Ziel, auf diese Weise vor allem für ausländische Investoren ein möglichst hohes Maß an Rechtssicherheit und damit Anreize für Investitionen in der VRC zu schaffen. Diese Investoren sollen nicht durch die Erfahrung politsicher Einflussnahme auf gerichtliche Entscheidungen abgeschreckt werden (Peerenboom 2002: 307–309).

vanter Institutionen auf staatlicher Ebene (wie Gerichte, Behörden etc.) liegt. Das übergeordnete Ziel, das das DCIR – wenn auch nur mit begrenzten Möglichkeiten – erreichen möchte, besteht darin, junge chinesische Juristen auszubilden, »die zukünftig innerhalb der Volksrepublik in führenden Positionen des Staates, der Wirtschaft oder der Anwaltschaft als Multiplikatoren deutschen und europäischen Rechtsdenkens wirken wollen.«[458] Das heißt, das DCIR möchte durch die Ausbildung dazu beitragen, dass zunächst auf der Ebene des Individuums Rechtskenntnisse und ein Verständnis der für das deutsche Rechtswesen grundlegenden Werte der Rechtsstaatlichkeit, Demokratie und Achtung vor den Menschenrechten entwickelt werden. Erreichen die so ausgebildeten chinesischen Juristen Schlüsselpositionen in der chinesischen Politik und Wirtschaft, so ist es ihnen möglich, die erworbenen Einsichten bzw. das erlernte Fachwissen in Entscheidungsprozesse einzuspeisen und so Veränderungen »von unten« anzustoßen. Wenn dieser Prozess allein aufgrund der geringen Anzahl an Juristen, die das DCIR ausbildet, sehr langfristig ausgerichtet ist, so richtet sich die Erwartung dennoch explizit darauf, dass das von den Absolventen erworbene Fachwissen und insbesondere das vom Konzept der Rechtsstaatlichkeit beeinflusste Rechtsdenken sich langsam, »in Jahrzehnten« in der VRC durchsetzen und Wirkung zeigen wird.[459]

Somit ist die Arbeit des DCIR auch stark auf die Schaffung von epistemischen Gemeinschaften zwischen chinesischen und deutschen Juristen ausgerichtet.[460] Insbesondere die Offenheit und Vertrautheit, die die akademische Zusammenarbeit am DCIR zulässt, ist einem intensiven Austausch zwischen deutschen und chinesischen Juristen über spezifische Rechtsfragen wie auch über Fragen die Rechtsstaatlichkeit und den Menschenrechtsschutz betreffend in hohem Maße zuträglich. Darüber hinaus bietet auch der Aufenthalt chinesischer Doktoranden in Deutschland diesen die Möglichkeit, im täglichen Leben mit den praktischen Auswirkungen eines auf Rechtsstaatlichkeit und Wahrung der Menschenrechte gründenden Staates in Berührung zu kommen. In vielen Fällen bessert sich daraufhin das Verständnis der chinesischen Juristen für die Bedeutung dieser Aspekte.[461] So ist es möglich, durch den Austausch mit deutschen Juristen wie auch durch das Erleben der Praxis von Rechtsstaatlichkeit einen Bewusstseinswandel auf Seiten der chinesischen Juristen dahingehend zu bewirken, dass diese die Bedeutung einer

---

458 Drewes 2002: 27.

459 Inteview 07/2003

460 ibid.

461 ibid. Diese Wirkung, die von einem »praktischen Erleben« von Rechtsstaatlichkeit ausgeht, wird auch für andere Rechtsberatungsprogramme, die längerfristige Aufenthalte für chinesische Juristen in europäischen Staaten organisieren, bestätigt (siehe Interview 04/2002)

umfassenden Umsetzung von Rechtsstaatlichkeit und menschenrechtlichen Standards auch in der VRC erkennen und nach ihrer Rückkehr auch für entsprechende Reformen in der VRC eintreten werden. Insbesondere, wenn diese Mitglieder der so entstehenden epistemischen Gemeinschaften nach ihrer Rückkehr in die VRC in Positionen gelangen, in denen sie eine Multiplikatorfunktion ausüben können, ist es möglich, dass die chinesischen Juristen den Rechtsreformprozess im Sinne der von ihnen während ihrer Ausbildung in de BRD verinnerlichten Werte beeinflussen. Durch die Erfahrungen des Austausches mit deutschen Juristen und der Ausbildung in Deutschland wächst darüber hinaus auch die Affinität der chinesischen Juristen zum deutschen Recht. Dies wiederum kann die Transplantation deutscher Rechtsnormen in die VRC erleichtern, wenn die chinesischen Juristen während ihrer Laufbahn in Positionen gelangen, in denen sie an Entscheidungen über konkrete Rechtsreform- oder Gesetzgebungsprojekte beteiligt sind.

Praktisch versucht das DCIR die Transplantation deutschen Rechts in die VRC darüber hinaus durch eigene Übersetzungen deutscher Rechtsliteratur ins Chinesische[462] sowie durch die personelle Unterstützung des entsprechenden DAAD Übersetzungsprojektes voranzutreiben, indem Mitarbeiter des DCIR, wie zum Beispiel der chinesische Kodirektor Prof. Shao Jiandong, an der Übersetzung mitwirken.

Gleichwohl darf die Wirkung, die das DCIR durch seine Arbeit im Bereich der Juristenausbildung hinsichtlich einer Transplantation deutscher Rechtsnormen und Konzepte in die VRC zu erzielen vermag, nicht überschätzt werden. Zum einen erfolgt die gesamte Ausbildung im Magister- und Promotionsstudiengang in deutscher Sprache; auch die Abschlussarbeiten werden auf Deutsch verfasst.[463] Vor dem Hintergrund, dass der ganz überwiegende Teil der chinesischen Studenten neben der englischen Sprache keine weitere Fremdsprache beherrscht, ist der Kreis derjenigen angehenden chinesischen Juristen, die durch das Angebot des DCIR angesprochen werden, nur sehr klein. Der weitaus größte Teil der chinesischen Studenten entscheidet sich aufgrund dieser Sprachbarriere daher auch für Studienangebote in den USA bzw. für Studiengänge an chinesischen Fakultäten, die in Kooperation mit amerikanischen Universitäten angeboten werden. Auf diese Weise ist der Einfluss, den die amerikanische Rechtskultur über die Juristenausbildung auf das chinesische Rechtssystem ausüben kann, wesentlich größer als der Einfluss, der in diesem Bereich von deutscher Seite auszugehen ver-

462 Eine Übersicht über bisher am DCIR, teilweise mit finanzieller Unterstützung des DAAD, ins Chinesische übersetzte deutsche Rechtsliteratur ist abrufbar unter: http://lehrstuhl.jura.uni-goettingen.de/kontakte/grafiken/tabelle.pdf [Zugriff: 23.07.2005]

463 Drewes 2002: 27.

mag.[464] Vor diesem Hintergrund wird mit dem geplanten Programm »Rechtsstaatsverständnis für chinesische Studierende« des DCIR auch dadurch eine größere Breitenwirkung angestrebt, dass der Unterricht hier in englischer Sprache abgehalten werden wird.[465]

Des Weiteren ist das DCIR – vor allem aufgrund knapper Ressourcen – bisher nur in der Lage, jährlich etwa neun chinesische Studenten zum Magisterstudiengang anzunehmen.[466] Im Vergleich dazu bilden amerikanische Programme wie zum Beispiel das LL.M. Kooperationsprogramm der Temple University[467] jährlich etwa 30 bis 50 chinesische Juristen im amerikanischen Recht aus. Solange also die finanzielle Ausstattung des DCIR, zum Beispiel durch Mittel des DAAD oder des Landes Niedersachsen, nicht deutlich verbessert wird, ist aufgrund der geringen Ausbildungskapazität des DCIR trotz des, wie oben erläutert, prinzipiell Erfolg versprechenden Programmansatzes auch langfristig nicht mit einer wesentlichen Einflussnahme der Arbeit des Instituts – und damit des deutschen Rechts – auf den Rechtsreformprozess in der VRC zu rechnen.

5.2 Das Chinesisch-Deutsche Institut für Rechtswissenschaft

Neben dem DCIR existiert mit dem Chinesisch-Deutschen Institut für Rechtswissenschaft (*zhongde faxueyuan* – CDIR) an der CUPR (Beijing) seit kurzem eine weitere deutsch-chinesische Hochschulkooperation, die ebenfalls eine vollwertige Ausbildung im deutschen Recht anbietet.

Das CDIR wurde bereits im Jahr 2002 auf Beschluss der CUPR gegründet.[468] Zuvor war an der CUPR in Kooperation mit der juristischen Fakultät der Universität Hamburg und unterstützt durch den DAAD bereits ein »Ergänzungsstudiengang für deutsches und europäisches Wirtschaftsrecht« angeboten worden. Dieses Pilotprojekt bot jedoch für die chinesischen Studenten noch nicht die Möglichkeit, einen vollwertigen Abschluss im deutschen Recht zu erwerben; möglich war nur die Erteilung eines »Zertifikates«.[469]

Nachdem das im Jahr 2002 neu gegründete CDIR zunächst nur auf dem Papier bestand, kam es während der folgenden Jahre, vor allem durch den intensiven persönlichen Einsatz von Prof. Mi Jian, zunächst zu informellen Diskussionen zwischen den beteiligten chinesischen und deutschen Rechtswissenschaftlern auf der persönlichen Ebene über die konkrete Ausgestaltung

464 Vgl. Stober 2002: 551/552.

465 Interview 07/2003

466 ibid.

467 Ausführlich zu diesem Programm siehe unten, Kapitel VI, Abschnitt 3.1.1

468 Informationen über das CDIR sind abrufbar unter: http://www.unusuniversus.com/index3.html [Zugriff: 23.07.2005]

469 Informationen des DAAD

der Arbeit des CDIR. Ende 2004 einigten sich die CUPR sowie fünf deutsche Universitäten – Universität und Max-Planck-Institut für ausländisches und internationales Strafrecht Freiburg, Universität Hamburg, Universität München, Universität Köln und Universität Frankfurt – darauf, gemeinsam einen Masterstudiengang im deutschen Recht an der CUPR für chinesische Juristen zu etablieren. Die Arbeit des CDIR wird durch den DAAD finanziell gefördert.[470]

5.2.1 Programmbeschreibung

Das CDIR bietet ab Sommer 2005 einen Magisterstudiengang im deutschen Recht für graduierte chinesische Juristen an; geplant ist die Aufnahme von 20 bis 25 Studenten pro Jahr für diesen Studiengang.[471] Auf Initiative von Prof. Mi Jian, dem chinesischen Direktor des CDIR, wurde jedoch bereits informell im Herbst 2004 mit der Ausbildung von 15 chinesischen Juristen begonnen.

Während der insgesamt dreijährigen Ausbildung werden den chinesischen Juristen im ersten Studienjahr zunächst grundlegende Kenntnisse des deutschen Rechts vermittelt wie auch die Deutschkenntnisse der Studenten verbessert. Im zweiten Studienjahr erfolgt ein Studienaufenthalt an den juristischen Fakultäten der teilnehmenden deutschen Universitäten. Der Studiengang schließt ab mit der Verfassung der Magisterarbeit an der CUPR, wobei die Studenten die Möglichkeit haben, entweder den Magistergrad der CUPR oder der deutschen Universität, an welcher sie das zweite Studienjahr verbracht haben, zu erwerben.[472]

Gegenstand der Ausbildung am CDIR soll das gesamte Spektrum des deutschen materiellen und Verfahrensrechts sein. Dies bedeutet, dass keine prinzipielle Beschränkung auf eher rechtstechnische Bereiche wie das Wirtschaftsrecht erfolgt, sondern auch sensiblere Bereiche wie das Strafrecht und auch menschenrechtliche Fragen Gegenstand des Studiums sein werden. Darüber hinaus wird insbesondere von deutscher Seite großer Wert darauf gelegt, dass in der Ausbildung nicht nur der Stand des aktuellen geltenden deutschen Rechts vermittelt wird, sondern auch die Grundlagen der Methodik und Dogmatik des deutschen Rechts vermittelt werden.[473] Schließlich erhalten die chinesischen Studenten die Gelegenheit, während ihres Studiums in

470 Interview 07/2004

471 Interview 08/2004

472 »Satzung des Chinesisch-Deutschen Instituts für Rechtswissenschaft der China-Universität für Politik- und Rechtswissenschaft«, Kapitel III: Gründung und Einrichtung des CDIR; Fundstelle: http://www.unusuniversus.com/zd/indexe.htm [Zugriff: 23.07.2005]

473 Interview 08/2004

Deutschland und mit der Abfassung der Magisterarbeit eigene Schwerpunkte in einzelnen Rechtsbereichen zu setzen, wobei davon auszugehen sein wird, dass sich die Mehrzahl der Studenten für eine Vertiefung ihrer Kenntnisse im deutschen Wirtschaftsrecht entscheiden wird, da dies für die spätere Karriere den größten Nutzen verspricht.[474]

Zu den weiteren Aktivitäten des CDIR zählt auch die Ausbildung von deutschen Juristen im chinesischen Recht. Während drei- bis sechsmonatiger Kurse sollen deutsche Studenten auf diese Weise mit den Grundlagen des chinesischen Rechts vertraut gemacht werden.[475] Darüber hinaus bildet das CDIR auch chinesische Juristen, die im Bereich des deutschen Rechts forschen oder lehren, als Lehrkräfte für deutsches Recht aus.[476] Auf diese Weise sollen neben den Absolventen des Magisterstudienganges, von denen voraussichtlich die Mehrzahl eine Karriere als Juristen in der Wirtschaft anstreben wird, auch explizit Universitätsdozenten ausgebildet werden, die nach Abschluss ihrer Ausbildung am CDIR an ihren Heimatuniversitäten in der VRC als Multiplikatoren wirken. Auf diese Weise kann chinesischen Studenten auch an den Universitäten, die über keine Zentren für deutsches Recht oder über Kooperationen mit deutschen Universitäten verfügen, über die Lehre der Zugang zum deutschen Recht vermittelt werden.

Über Forschung und Lehre hinaus versteht sich das CDIR schließlich auch als think tank. Über die »Abteilung für Rechtsberatung« bietet das CDIR der deutschen und der chinesischen Regierung, aber auch sonstigen Organisationen sowie Wirtschaftsunternehmen Beratung im deutschen und im chinesischen Recht an.[477]

Organisatorisch wird das CDIR von einem chinesischen und einem deutschen Direktor geleitet.[478] Diese Funktion wird gegenwärtig auf chinesischer Seite von Prof. Mi Jian wahrgenommen;[479] als deutscher Direktor ist Prof. Uwe Blaurock, der frühere Direktor des DCIR vorgesehen.

---

474 ibid.

475 »Satzung des Chinesisch-Deutschen Instituts für Rechtswissenschaft der China-Universität für Politik- und Rechtswissenschaft«, Kapitel III: Gründung und Einrichtung des CDIR; Fundstelle: http://www.unusuniversus.com/zd/indexe.htm [Zugriff: 23.07.2005]

476 ibid.

477 ibid.; Interview 08/2004

478 »Satzung des Chinesisch-Deutschen Instituts für Rechtswissenschaft der China-Universität für Politik- und Rechtswissenschaft«, Kapitel V: Struktur und Mitgliedschaft; Fundstelle: http://www.unusuniversus.com/zd/indexe.htm [Zugriff: 23.07.2005]

479 Siehe: http://www.unusuniversus.com/zd/doc-2e.htm [Zugriff: 23.07.2005]

5.2.3 Strategie und möglicher Einfluss auf die Migration von Rechtsnormen und Konzepten

Die Arbeit des CDIR ist ähnlich angelegt wie die des DCIR der Universitäten Göttingen und Nanjing. Auch das CDIR möchte chinesischen Juristen eine fundierte Ausbildung im deutschen Recht sowie Einblicke in die deutsche Rechtskultur vermitteln und betreibt somit Rechtsberatung des Typ II. Über einen Aufenthalt in Deutschland sollen darüber hinaus Kontakte zu deutschen Juristen wie auch Einblicke in die deutsche Rechtspraxis ermöglicht werden.

Inhaltlich dagegen ist die Arbeit des CDIR breiter angelegt als die des DCIR. Während die Arbeit des letztgenannten sich bis zum Jahr 2001 im Wesentlichen auf das Wirtschaftsrecht konzentrierte und erst im November 2001 eine Abteilung für öffentliches Recht eröffnet wurde, beschäftigt sich die Arbeit des CDIR bereits von Anfang an mit allen Aspekten des deutschen Rechts und schließt auch sensible Rechtsbereiche wie das Strafrecht und Menschenrechtsfragen nicht aus. Dabei kann die deutsch-chinesische Zusammenarbeit auch hier auf das Vertrauen gründen, welches durch die Arbeit des Vorläuferprogramms »Ergänzungsstudiengang für deutsches und europäisches Wirtschaftsrecht« aufgebaut wurde.

Darüber hinaus trägt das CDIR in vielfältiger Weise zur Entstehung von epistemischen Gemeinschaften zwischen chinesischen und deutschen Juristen bei. Durch die Ausbildung chinesischer Juristen in Deutschland und den Aufenthalt deutscher Studenten am CDIR wird Juristen beider Staaten bereits zu einem sehr frühen Zeitpunkt ihrer Laufbahn die Möglichkeit eröffnet, mit den Angehörigen der Profession im jeweils anderen Land in Kontakt zu kommen und in einen Austausch zu treten. Hieraus ergeben sich häufig Bindungen, die für die weitere berufliche Zukunft und Orientierung prägend bleiben. Darüber hinaus bemüht sich das CDIR auch darum, in regelmäßigen Abständen Seminare, Vorlesungen und Forschungsprojekte unter Beteiligung deutscher und chinesischer Rechtswissenschaftler abzuhalten, um auf diese Weise den Austausch über aktuelle Rechtsentwicklungen zu beleben.[480] Schließlich ist die Einrichtung des CDIR selbst als das Ergebnis des Zusammenwirkens der Mitglieder einer epistemischen Gemeinschaft zu betrachten. Wie oben bereits erwähnt, gingen der Einrichtung des CDIR zunächst zahlreiche informelle Kontakte zwischen deutschen und chinesischen Rechtswissenschaftlern voraus. Auch existiert eine Vernetzung über persönliche und fachliche Kontakte mit dem DCIR. So wurden die jeweiligen chinesischen

480 »Satzung des Chinesisch-Deutschen Instituts für Rechtswissenschaft der China-Universität für Politik- und Rechtswissenschaft«, Kapitel IV: Rahmen und Ziel der Arbeit; Fundstelle: http://www.unusuniversus.com/zd/doc-2e.htm [Zugriff: 23.07.2005]

Direktoren der Institute, Prof. Mi Jian (CDIR) und Prof. Shao Jiandong (DCIR), beide in Deutschland ausgebildet und pflegen auch untereinander freundschaftliche Beziehungen; Prof. Uwe Blaurock (Universität Freiburg), der auf deutscher Seite für die Zusammenarbeit mit dem CDIR federführend verantwortlich sein soll, war ehemals deutscher Direktor des DCIR. Aus dem gemeinsamen Anliegen heraus, die Verbreitung deutschen Rechts in der VRC zu fördern, bemühten sich somit die Juristen auf deutscher und chinesischer Seite mit der Initiierung des CDIR um den Aufbau eines weiteren Zentrums für deutsches Recht in der VRC.

Auf diese Weise können somit die Institute der Universitäten Göttingen/Nanjing bzw. CUPR als Knotenpunkte angesehen werden, die deutsche und chinesische Rechtswissenschaftler miteinander vernetzen und so zur Herausbildung von epistemischen Gemeinschaften unter den beteiligten Juristen beitragen können. Diese epistemischen Gemeinschaften wiederum dienen als wichtige Kanäle, um die Migration von Rechtsnormen und Konzepten aus dem deutschen Rechtssystem in das chinesische hinein zu fördern.

So unterhalten chinesische Juristen, die am CDIR arbeiten, überwiegend sehr enge persönliche Beziehungen zu zentralen chinesischen Gesetzgebungsorganen wie dem Rechtsarbeitsausschuss des SA NVK und nehmen diesen gegenüber auch offiziell Beratungsfunktionen wahr.[481] Darüber hinaus bestehen auch dadurch enge Verbindungen zum chinesischen Justizsystem, dass einige der am CDIR tätige chinesische Professoren, wie zum Beispiel Prof. Mi Jian, hohe Richterämter bekleiden. Auf diese Weise können über die Beratungstätigkeit wie auch über die praktische Arbeit, zum Beispiel in der Justiz, der am CDIR zum deutschen Recht arbeitenden und in Deutschland ausgebildeten chinesischen Juristen deutsche Rechtsnormen und Konzepte in das chinesische Rechtssystem übertragen werden. Durch die Beteiligung am Übersetzungsprojekt des DAAD sowie durch die Einrichtung eines Informationszentrums zum deutschen Recht, das mittlerweile eine Bibliothek mit mehr als 380 Bänden unterhält,[482] wird darüber hinaus auch die Verbreitung von Materialen zum deutschen Recht unterstützt.[483]

Die CUPR ist hinsichtlich der Verbreitung deutschen Rechts in der VRC ein sehr günstiger Standort für das CDIR. So verfügt die juristische Fakultät der CUPR bereits heute über einen größeren Anteil an in Deutschland ausge-

---

481 Interview 08/2004

482 Eine Übersicht über die in der Bibliothek des CDIR zur Verfügung stehenden Materialien ist abrufbar unter: http://www.unusuniversus.com/zd/doc-3.asp?page=1 [Zugriff: 23.07.2005]

483 »Satzung des Chinesisch-Deutschen Instituts für Rechtswissenschaft der China-Universität für Politik- und Rechtswissenschaft«, Kapitel IV: Rahmen und Ziel der Arbeit; Fundstelle: http://www.unusuniversus.com/zd/doc-2e.htm [Zugriff: 23.07.2005]

bildeten Rechtwissenschaftlern als jede andere chinesische Universität. Insofern erscheint die Einrichtung eines Zentrums für deutsches Recht an der CUPR nur folgerichtig. Darüber hinaus ist die CUPR führend in der VRC hinsichtlich der Ausbildung von Juristen; der Großteil der heute in der VRC nachwachsenden Juristengeneration, die vor allem als Richter und in staatlichen Institutionen tätig ist, hat ihre Ausbildung an der CUPR genossen. Insofern bietet das Angebot einer weiterführenden Ausbildung im deutschen Recht an der CUPR eine gute Möglichkeit, künftige chinesische juristische Führungspersönlichkeiten an das deutsche Recht heranzuführen und so den Einfluss des deutschen Rechts auf die Rechts- und Justizreformen in der VRC zu fördern. Es stellt sich jedoch die Frage, wie der Beitrag der Arbeit des CDIR in dieser Hinsicht und auch im Vergleich zu den von amerikanischer Seite durchgeführten Rechtsberatungsmaßnahmen, einzuschätzen ist.

So existiert an der CUPR bereits seit 1999 ein LL.M. Programm, das in Kooperation mit der amerikanischen Temple University (Philadelphia) und der Qinghua Universität (Beijing) durchgeführt wird.[484] Das neu gegründete CDIR sieht sich auch explizit als ein Gegenangebot und damit in Konkurrenz zu dem Temple LL.M. Programm in dem Versuch, die Verbreitung des deutschen Rechts gegenüber dem amerikanischen zu fördern.[485] Auch hier setzen aber die deutschen Bemühungen, ähnlich wie im Fall der Übersetzung deutscher Rechtsliteratur ins Chinesische, erst sehr spät ein. Aufgrund nur geringer finanzieller Mittel kann das Angebot des CDIR darüber hinaus auch nur einer vergleichsweise geringen Zahl an chinesischen Juristen eine Ausbildung im deutschen Recht anbieten. Während geplant ist, jährlich 15 bis 20 Juristen am CDIR auszubilden, konnten von 1999 bis 2003 insgesamt 104 chinesische Juristen das LL.M. Programm der Universitäten Temple, Qinghua und CUPR absolvieren; weitere 37 Studenten haben im Laufe des Jahres 2004 ihr Studium aufgenommen.[486] Ermöglicht wird die breit angelegte Arbeit des Temple LL.M. Kooperationsprogramms durch substanzielle finanzielle Unterstützung sowohl von staatlicher als auch von privater amerikanischer Seite. So erhielt das Programm in den Jahren 1999 bis 2004 Fördergelder in Höhe von mehr als elf Millionen US$.[487]

---

484 Siehe unten, Kapitel VI, Abschnitt 3.1.1

485 Interview 08/2004

486 Informationen von USAID; Fundstelle: http://www.usaid.gov/policy/budget/cbj2005/ane/pdf/china_cbj_fy05.pdf [Zugriff: 29.07.2005]

487 ibid.; »AIG Donates Additional $2,5 Million to Temple in China«; in: *Temple Esquire*, Vol.2 (Fall 2002); Fundstelle: http://www2.law.temple.edu/files/ESQ_fall02.pdf [Zugriff: 29.07.2005]; »China to Get Lessons in the Rule of Law«; in: *Asia Times*, 04.10.2001; GAO 2004: 5. Zur Finanzierung des Programms siehe unten, Kapitel VI, Abschnitt 3.1.1.1

Vor diesem Hintergrund wird deutlich, dass die deutschen Bemühungen um die Ausbildung chinesischer Juristen im deutschen Recht an einer starken Unterfinanzierung leiden. Daher ist es nur möglich, eine vergleichsweise sehr geringe Anzahl chinesischer Studenten an das deutsche Recht heranzuführen. Hinzu kommt der erst relativ späte Zeitpunkt, zu dem die Juristenausbildung von deutscher Seite – mit Ausnahme des DCIR – einsetzt. Auf diese Weise wird eine Einflussnahme auf die Rechtsentwicklung in der VRC sehr erschwert.

5.3 Sonstige Rechtsberatungsmaßnahmen im akademischen Bereich

5.3.1 Kooperation der juristischen Fakultät der Universität des Saarlandes mit der South Central University of Economics and Law (Wuhan)

Seit 1996 besteht eine Austauschinitiative zwischen der South Central University of Economics and Law (*zhongnan jingji zhengzhi daxue* – SCUEL) (Wuhan) und der juristischen Fakultät der Universität des Saarlandes (Saarbrücken).[488] Diese Initiative geht auf den Forschungsaufenthalt von Zheng Yongliu, Professor für Recht an der SCUEL, an der Universität des Saarlandes von 1993 bis 1995 zurück. Nach seiner Rückkehr an die SCUEL setzte er sich für eine Fortsetzung des Kooperation der beiden juristischen Fakultäten ein; diese wurde 1996 vertraglich vereinbart. Durch den DAAD erhält die Initiative finanzielle Unterstützung.

Die Initiative bestand bis vor kurzem zunächst aus drei Säulen. Zum einen findet ein Studentenaustausch zwischen den juristischen Fakultäten beider Universitäten statt. Dabei nehmen die chinesischen Juristen an einem LL.M. Studiengang, der an der Universität des Saarlandes allgemein für ausländische Juristen im deutschen Recht angeboten wird, teil. Jährlich absolvieren etwa vier bis fünf chinesische Studenten diesen LL.M. Studiengang. Deutsche Studenten besuchen im Rahmen der Kooperation für einige Monate die SCUEL und nehmen dort an allgemeinen Lehrveranstaltungen zum chinesischen Recht teil, um auf diese Weise einen ersten Eindruck von der chinesischen Rechtskultur und dem chinesischen Rechtssystem zu gewinnen.

Als zweite Säule der Initiative entsendet die juristische Fakultät der Universität des Saarlandes jährlich zwei Juristen für etwa zwei Wochen als Dozenten an die SCUEL. Während dieser Vorlesungsaufenthalte bieten die deutschen Rechtswissenschaftler vor allem Einführungsveranstaltungen aus den Bereichen Rechtsvergleichung und Europarecht an.

Im Gegenzug besucht jährlich eine Delegation von Juristen der SCUEL die Universität des Saarlandes, um sich dort an der juristischen Fakultät vor

488 Alle Informationen zu diesem Programm sind, wenn nicht anders angegeben, entnommen aus Chen/Martinek/Peters 2000 sowie Interview 10/2004.

allem über die Organisation und den Aufbau des juristischen Studiums in Deutschland zu informieren.

Als zusätzliche vierte Säule der Initiative nehmen schließlich seit jüngster Zeit jährlich zwei chinesische Nachwuchsjuristen der SCUEL für zwei bis drei Monate einen Forschungsaufenthalt an der Universität des Saarlandes wahr, um in dieser Zeit an der juristischen Fakultät ihre Untersuchungen zum deutschen Recht zu vertiefen.

Insgesamt zielt die Initiative in erster Linie darauf ab, chinesische und deutsche Juristen miteinander in Kontakt zu bringen und einen Austausch anzuregen. Die Initiative beinhaltet, anders als die Angebote des DCIR Göttingen/Nanjing und des CDIR keinen eigenen Studiengang für chinesische Juristen im deutschen Recht an; diese nehmen am allgemeinen LL.M. Programm der Universität des Saarlandes für ausländische Studenten teil. Die Einrichtung eines eigenständigen Graduiertenstudienganges für chinesische Juristen ist auch für die Zukunft nicht geplant.

Da die Kooperation somit nur sehr punktuell eine Ausbildung von einigen wenigen chinesischen Juristen, zumeist Doktoranden, im deutschen Recht betreibt, ist die Breitenwirkung dieser Initiative als eher gering einzuschätzen. Adressaten sind in erster Linie wissenschaftlich am deutschen Recht interessierte chinesische Juristen und nicht die breitere Masse der chinesischen Juristen, die eine Ausbildung im deutschen Recht auch für ihre spätere praktische juristische Tätigkeit anstrebt. Insofern antwortet die Initiative auf das Bedürfnis in erster Linie chinesischer akademischer Kreise, einen Austausch vor allem auch über die Grundlagen des deutschen Rechts sowie seiner Dogmatik und Methodik anzuregen. Damit trägt die Maßnahme zu einer Verbreitung deutscher rechtswissenschaftlicher Konzepte auch abseits der großen chinesischen Universitätszentren bei. Aufgrund der geringen Anzahl der teilnehmenden chinesischen Juristen und der eher untergeordneten Bedeutung der SCUEL ist der Einfluss, den die Initiative auf die Transplantation deutschen Rechts in die VRC ausüben kann, als nur sehr gering anzusehen.

5.3.2 Kooperation der juristischen Fakultät der Universität Frankfurt mit der Universität Chongqing

Zwischen den juristischen Fakultäten der Universität Frankfurt – welche ebenfalls mit dem CDIR der CUPR kooperiert – und der Universität von Chongqing besteht ebenfalls eine lose Kooperation zum Austausch von deutschen und chinesischen Juristen. Bisher umfasst diese Initiative nur ein loses gegenseitiges Kurzvorlesungs- und Vortragsprogramm, in dessen Rahmen deutsche bzw. chinesische Juristen das jeweilige Partnerinstitut besuchen. Eine Intensivierung des Austausches scheiterte bisher an mangelnden finanziellen Mitteln. Mittelfristig ist gleichwohl die Etablierung eines dreijährigen

Ausbildungsprogramms im deutschen bzw. im chinesischen Recht in Kooperation mit dem Zentrum für deutsches Recht an der Universität Chongqing geplant, für welches Mittel beim DAAD beantragt werden sollen.

Auch diese Zusammenarbeit zwischen den juristischen Fakultäten der Universitäten Frankfurt und Chongqing ist ein Beispiel für das Wirken von Netzwerken zwischen deutschen und chinesischen Juristen bei der Übertragung deutschen Rechts in die VRC. So geht die Initiative für die Einrichtung des Aufbaustudienganges im deutschen Recht auf den Leiter des Zentrums für deutsches Recht an der Universität Chongqing, Prof. Wu Zhongfu, zurück, welcher selbst an der Universität Frankfurt promoviert hat. Somit stellten auch hier persönliche Kontakte und Erfahrungen die Grundlage für das Bemühen um eine Institutionalisierung der deutsch-chinesischen Rechtszusammenarbeit im Bereich der Juristenausbildung dar.

5.3.3 Chinesisch-Deutsches Hochschulkolleg

Das Chinesisch-Deutsche Hochschulkolleg (CDHK) wurde als eine Kooperation des DAAD, der deutschen Wirtschaft und der Tongji Universität (Shanghai) im Februar 1998 gegründet.[489] Aufgabe des CDHK ist es vor allem, chinesische Fachkräfte in den Bereichen Elektrotechnik, Maschinenwesen und Wirtschaftswissenschaften sowie in der deutschen Sprache auszubilden. Auf diese Weise soll das CDHK helfen, den Bedarf deutscher Unternehmen, die in der VRC tätig sind, an qualifizierten chinesischen Mitarbeitern zu decken.

Da die deutsche Wirtschaft jedoch insbesondere an der Ausbildung von chinesischen Fachkräften interessiert ist, die unmittelbar in die Arbeitsabläufe deutscher Unternehmen in der VRC integriert werden können, war bisher das Interesse der deutschen Wirtschaft an der Finanzierung eines juristischen Ausbildungsganges im Rahmen des CDHK nur gering. Die Ursache für diese Haltung ist darin zu sehen, dass die deutsche Wirtschaft allgemein den Zusammenhang zwischen der Ausbildung chinesischer Juristen im deutschen Recht und den sich daraus ergebenden Einflüssen auf das chinesische Rechtssystem, welche dazu führen können, dass sich das chinesische Recht dem deutschen angleicht und damit auch für deutsche Investoren ein vertrauter Handlungsrahmen entsteht, als für die Praxis nicht relevant ansieht.[490] Daher waren deutsche Unternehmen bisher auch nicht bereit, finanzielle Mittel für die Einrichtung von Stiftungslehrstühlen für deutsches Recht am CDHK zur Verfügung zu stellen. Erst auf Anregung von Bundeskanzler Schröder, der während seines Aufenthaltes in der VRC im Dezember 2002 auch das CDHK

---

489 Informationen über die Arbeit des CDHK sind abrufbar unter: http://cdhk.tongji.edu.cn/de/ueber_cdhk.php [Zugriff: 30.07.2005]

490 Interview 07/2004; Interview 02/2005

und die Tongji Universität besuchte, erklärten sich die Unternehmen *Siemens* und *Thyssen-Krupp* bereit, gemeinsam einen Stiftungslehrstuhl für Wirtschaftsrecht am Fachbereich Wirtschaftswissenschaften des CDHK einzurichten. Ein weiterer Stiftungslehrstuhl ist in Aussicht gestellt.[491]

Im Gegensatz zur amerikanischen Wirtschaft sehen deutsche Unternehmen somit generell keine starke Verbindung zwischen der Wahrnehmung ihrer Interessen in der VRC und der Ausbildung chinesischer Juristen im deutschen Recht.[492] Angesichts des insgesamt sehr starken Engagements der USA in der Rechtszusammenarbeit mit der VRC trägt somit das mangelnde Engagement der deutschen Wirtschaft nicht dazu bei, den Stand des deutschen Rechts gegenüber dem des amerikanischen in der VRC zu stärken.

5.3.4. Max-Planck-Institut für ausländisches und internationales Strafrecht (Freiburg)

Seit 1996 besteht eine Zusammenarbeit zwischen dem Max-Planck-Institut (MPI) für ausländisches und internationales Strafrecht (Freiburg) mit dem Center for Criminal Law and Justice an der CUPR.[493] Darüber hinaus ist das MPI auch Partner des CDIR an der CUPR.

Im Rahmen der Kooperation mit der CUPR wird dabei vor allem Grundlagenforschung zum deutschen und chinesischen Strafrecht betrieben, wobei Themengebiete wie die Stellung der Staatsanwaltschaft in beiden Rechtssystemen, Zwangsmaßnahmen nach dem Strafprozessrecht sowie Möglichkeiten der Verbesserung der Stellung des Strafverteidigers in Prozessen, in denen die Verhängung der Todesstrafe droht, im Mittelpunkt der Zusammenarbeit stehen. Dabei sieht das MPI seine Arbeit jedoch nicht explizit als einen Beitrag zur deutschen Rechtsberatung gegenüber der VRC, sondern vielmehr als einen Austausch zwischen deutschen und chinesischen Rechtswissenschaftlern auf der akademischen Ebene.[494] Zu diesem Zweck finden in regelmäßigen Abständen Kolloquien und Konferenzen zwischen deutschen und chinesischen Juristen an verschiedenen Universitäten in der VRC bzw. in der BRD statt. Im Rahmen dieser Wissenschaftskooperation werden gegenwärtig schwerpunktmäßig folgende Projekte bearbeitet: Reform des Strafverfahrensrechts in der VRC (z. B. Wiederaufnahmeverfahren, Diversion im Strafverfahren, Untersuchungshaft, Beweisrecht); Zwangsmaßnahmen im Ermittlungsverfahren im deutsch-chinesischen Vergleich; Todesstrafe in China – Normative und empirische Untersuchung über Verhängung und Vollstre-

491 Informationen des DAAD
492 Interview 07/2004; 08/2004; 10/2004; 02/2005
493 Albrecht 1998: 1.
494 Interview 11/2004

ckung; Bekämpfung des Terrorismus in der VRC.[495] Darüber hinaus erhalten chinesische Nachwuchsjuristen die Möglichkeit, am MPI zu arbeiten und zu promovieren. Auf diese Weise ist auch die Arbeit des MPI als ein Beitrag zur Rechtszusammenarbeit des Typ II zu sehen.

6. Programme parteigebundener Organisationen

Neben den Rechtsberatungsmaßnahmen, die von Akteuren aus dem akademischen Bereich durchgeführt werden, bieten auch die deutschen politischen Stiftungen als formal privatrechtlich organisierte, aber an die jeweiligen sie tragenden Parteien gebundenen Organisationen Rechtszusammenarbeit mit der VRC an. Diese Maßnahmen der Konrad-Adenauer-Stiftung, Friedrich-Ebert-Stiftung und Heinrich-Böll-Stiftung sollen im Folgenden näher dargestellt werden.

6.1 Konrad-Adenauer-Stiftung

6.1.1 Programmbeschreibung

Die Konrad-Adenauer-Stiftung (KAS) unterhält bereits seit 1996 ein Verbindungsbüro in Beijing und begann im Jahr 1997 mit der Durchführung verschiedener Rechtsberatungsmaßnahmen, die heute von zwei Büros, in Beijing und in Shanghai, organisiert werden. Hauptpartner der KAS in der VRC ist die Chinese Academy of Social Sciences (*zhongguo shehui kexueyuan* – CASS), die zugleich auch die Liaison-Organisation für die KAS darstellt. Einmal jährlich erfolgt eine Abstimmung zwischen beiden Partnern zur Jahresplanung. Anlässlich dieser Treffen tragen Vertreter des Rechtsinstituts der CASS ihre Wünsche nach Beratung in verschiedenen Rechtsbereichen an die KAS heran, woraufhin diese entscheidet, welche konkreten Projekte auch vor dem Hintergrund der zur Verfügung stehenden finanziellen Mittel umgesetzt werden können. Dabei verfolgt die KAS in erster Linie das Ziel, durch eine Zusammenarbeit mit einflussreichen chinesischen Partnerorganisationen wie der CASS und auch dem Rechtsarbeitsausschuss des SA NVK den Einfluss des deutschen Rechts auf die Rechtsentwicklung in der VRC zu fördern.[496]

Die Zusammenarbeit der KAS mit ihren chinesischen Partnern konzentriert sich hauptsächlich auf die Bereiche Wirtschafts- und Verwaltungsrecht, wobei hier Beratungsmaßnahmen vor allem zum Gesellschaftsrecht sowie zum Medien- und Wettbewerbsrecht (insbesondere Kartellrecht) durchge-

495 Siehe: »Synopse: Projekte des Rechtsstaatsdialogs mit der VR China (2003–2005)«; Fundstelle: http://www.bmj.de/media/archive/910.pdf [Zugriff: 21.07.2005]

496 Interview 02/2005

führt werden. Dabei diente der unsensible, technische Bereich des Wirtschaftsrechts als »Einfallstor« für die Rechtsberatung, und sensible Aspekte wie Fragen der Rechtsstaatlichkeit und des Menschenrechtsschutzes, in denen häufig unterschiedliche Auffassungen zwischen der deutschen und der chinesischen Seite bestehen, wurden zunächst ausgeklammert.[497] Dabei diente die Beschränkung auf rechtstechnische Aspekte aber häufig zunächst auch der »Beruhigung« der chinesischen staatlichen Aufsicht; wenn es unter diesem »Deckmantel« zu einer vertrauensvollen Zusammenarbeit mit den chinesischen Partnern kommt, ist in der Folge auch eine Ausweitung der Rechtsberatung auf sensiblere Rechtsbereiche möglich.[498] Auf diese Weise konnte auch die KAS ihren Beratungsschwerpunkt Wirtschaftsrecht um das sensiblere Gebiet des Verwaltungsrechts ergänzen.[499] Hier konzentriert sich die Beratung in rechtsvergleichender Perspektive vor allem auf allgemeine Fragen des deutschen und chinesischen Verwaltungsrechts sowie des Konstitutionalismus.[500] Seit 2000 bzw. 2004 bietet die KAS darüber hinaus auch Beratungsmaßnahmen im Bereich Menschenrechtsschutz zur Umsetzung der UN-Menschenrechtskonvention in chinesisches Recht sowie zur Humanisierung des Strafvollzugs in der VRC an.

6.1.2 Strategie und möglicher Einfluss auf die Migration von Rechtsnormen und Konzepten

Das Rechtsberatungsangebot der KAS umfasst hauptsächlich Maßnahmen zur Gesetzgebungsberatung (Rechtsberatungsmaßnahmen Typ I) mit einer »top-down« ausgerichteten Wirkungsrichtung. Zu diesen zählen in erster Linie zwei- und mehrtägige Symposien zu einzelnen Rechtsgebieten, während derer chinesische Gesetzesentwürfe von den teilnehmenden namhaften deutschen Juristen sowie hochrangigen Vertretern chinesischer staatlicher Organe (Rechtsarbeitsausschuss des SA NVK, Rechtsamt des SR, SA des Volkskongresses der Stadt Shanghai), chinesischen Rechtswissenschaftlern und Vertretern chinesischer Wirtschaftsorganisationen diskutiert werden.[501] In jüngerer Zeit wurden derartige Symposien von der KAS zu den Themen »Wettbewerbsrecht« (Beijing, 11./12. Mai 2004), »Medienrecht« (Beijing, Nanjing, Shanghai, 12. bis 19. September 2004) und »Gesellschaftsrecht«

497 Interview 03/2002; 02/2005

498 Interview 03/2002

499 ibid.

500 Informationen KAS; Interview 02/2005

501 Interview 02/2005; siehe auch Informationen zum »Deutsch-Chinesischen Symposium zur Reform des chinesischen Gesellschaftsrechts«; Fundstelle: http://www.kas.de/proj/home/events/37/1/index.html [Zugriff: 14.07.2005]

(Shanghai, 22./23. Januar 2005) angeboten.[502] Neben der Veranstaltung derartiger Symposien zur Gesetzgebungsberatung fördert die KAS die Durchführung von Studien chinesischer Rechtswissenschaftler zu spezifischen rechtlichen Fragestellungen und gibt in regelmäßigen Abständen Publikationen deutscher und chinesischer Rechtswissenschaftler zu ausgewählten Rechtsbereichen heraus. Schließlich unterstützt die KAS auch die Übersetzung deutscher rechtswissenschaftlicher Literatur ins Chinesische (»Recht der Kapitalgesellschaften« von Prof. Thomas Raiser, Humboldt-Universität Berlin).[503] Anhang III bietet eine Übersicht über die von der KAS seit 1997 veranstalteten Rechtsberatungsmaßnahmen und herausgegebenen Studien.

Rechtsberatungsmaßnahmen des Typ II, das heißt die Ausbildung chinesischer Juristen im deutschen Recht, zählen gleichwohl nicht zum Programmangebot der KAS.[504] Dies erstaunt insbesondere vor dem Hintergrund, dass auch seitens der KAS die besondere Bedeutung von in Deutschland ausgebildeten chinesischen Juristen für einen Export deutschen Rechts in die VRC erkannt wird.[505] So haben die meisten chinesischen Juristen, die heute als Angehörige der CASS oder staatlicher Organe an Rechtsberatungsmaßnahmen der KAS teilnehmen, in Deutschland studiert oder auch promoviert und bilden so einen Pool an »Deutschrechtlern«,[506] die nicht nur untereinander gut vernetzt sind und so Merkmale einer epistemischen Gemeinschaft aufweisen, sondern als Ansprechpartner der KAS in den akademischen und staatlichen Institutionen eine »Mittlerfunktion« einnehmen und so bei der Initiierung neuer Rechtsberatungsmaßnahmen eine wichtige Rolle spielen.[507]

Für das Fehlen eines Angebotes an Rechtsberatungsmaßnahmen des Typ II lassen sich verschiedene Gründe anführen. Zum einen bestehen finanzielle Engpässe, sodass die KAS generell eine Aufstockung der von staatlicher Seite für die Ausbildung chinesischer Juristen im deutschen Recht zur Verfügung gestellten Mittel befürwortete.[508] In diesem Zusammenhang würde auch ein stärkeres Engagement der deutschen Wirtschaft für diese Form der Rechtszusammenarbeit sehr begrüßt werden, z. B. bei der Finanzierung von Lehrstühlen für deutsches Recht an chinesischen Universitäten oder von

502 Informationen abrufbar unter: http://www.kas.de/proj/home/events/37/1/index.html [Zugriff: 14.07.2005]

503 Interview 02/2005

504 Durch die allgemeine Studienförderung der KAS (Stipendien) werden u. a. auch Studenten aus der VRC, die Rechtswissenschaft studieren oder in diesem Fach promovieren, gefördert; ein spezielles Studienförderprogramm für chinesische Juristen bietet die KAS jedoch nicht an.

505 Interview 02/2005

506 ibid.

507 ibid.

508 ibid.

Stipendien.[509] Wie bereits oben im Zusammenhang mit der Darstellung des CDHK erwähnt, sieht aber auch die KAS hier das Problem, dass für deutsche Unternehmen der Zusammenhang zwischen der Ausbildung chinesischer Juristen im deutschen Recht und einer möglichen Angleichung des chinesischen Rechtssystems an das deutsche Recht und die damit verbundenen positiven Auswirkungen auf die Geschäftstätigkeit im chinesischen Rechts- und Wirtschaftsraum nicht ausreichend klar wird, sodass die deutsche Wirtschaft nicht ausreichend bereit ist, derartige Zukunftsinvestitionen zu tätigen.[510]

Eine Veränderung des Beratungsangebotes der KAS selber, das zu einer stärkeren Gewichtung von Maßnahmen zur Juristenausbildung führen könnte, wird ebenfalls als problematisch angesehen. So sieht sich die KAS mit der Schwierigkeit konfrontiert, dass die Ausbildung chinesischer Juristen im deutschen Recht nur sehr langfristig und mittelbar einen Einfluss auf das chinesische Rechtssystem nehmen kann. Dies führt dazu, dass ein eindeutiger und unmittelbarer Zusammenhang zwischen Rechtsberatungsmaßnahmen des Typ II und den intendierten Wirkungen kaum herzustellen ist. Im Gegensatz dazu wird davon ausgegangen, dass dieser Zusammenhang bei der Gesetzgebungsberatung, während derer beispielsweise Beratung zu einem konkreten Gesetzesentwurf angeboten wird, sehr viel eindeutiger ist. Vor dem Hintergrund, dass die KAS als Geber, der durch öffentliche Gelder finanziert wird, einer ständigen Evaluation ihrer Maßnahmen unterworfen ist, führt diese Sichtweise dazu, dass Rechtsberatungsmaßnahmen des Typ I gegenüber der Juristenausbildung bevorzugt angeboten werden.[511]

Bereits im methodischen Teil dieser Studie wurde jedoch darauf hingewiesen, dass generell bei allen Rechtsberatungsmaßnahmen ein eindeutiger Zusammenhang zwischen »Beratungsleistung« – z. B. einem Symposium zu einem konkreten Gesetzesentwurf – und »Beratungserfolg« – z. B. der Erlass eines bestimmten Gesetzes – nur schwer herzustellen ist;[512] da Rechtsreformen immer in einem sehr komplexen politischen, sozialen und gesellschaftlichen Umfeld angesiedelt sind und von diesem (mit) beeinflusst werden, ist eine derartige »Zuordnungslücke« nicht zu vermeiden.[513] Insofern erscheint es verfehlt, Rechtsberatungsmaßnahmen, die wie die Juristenausbildung vermeintlich besonders unter der genannten »Zuordnungslücke« leiden, zugunsten von Maßnahmen wie der Gesetzgebungsberatung, die ihrerseits auch nur *vordergründig* eine eindeutige Verbindung von Beratungsmaßnahmen

509 ibid.

510 ibid.

511 ibid.

512 Siehe hierzu z. B. Berlage/Stokke 1992; Lobb-Rabe 2000; Schulte-Kulkmann 2002; Woodman 2004: 28.

513 Lobb-Rabe 2000: 10.

und -erfolg gestatten, zu vernachlässigen. In diesem Fall führt somit das Diktat der Evaluationsmethoden dazu, dass Rechtsberatungsmaßnahmen wie die Ausbildung chinesischer Juristen, die in der Praxis durch den Aufbau von Netzwerken in Gestalt epistemischer Gemeinschaften auch nach Ansicht von Gebern wie der KAS langfristig einen starken Einfluss auf die Migration deutschen Rechts in die VRC nehmen können, vernachlässigt werden. Angesichts des Umstandes, dass die chinesischen »Deutschrechtler« ohnehin gegenüber den in den USA ausgebildeten chinesischen Juristen deutlich in der Minderzahl sind, kann davon ausgegangen werden, dass sich ohne eine stärkere Gewichtung der Juristenausbildung der Einfluss des deutschen Rechts auf die chinesischen Rechtsreformen langfristig allein durch Rechtsberatungsmaßnahmen des Typ I, wie sie von der KAS schwerpunktmäßig angeboten werden, nicht wird ausweiten lassen.

6.2 Friedrich-Ebert-Stiftung

Auch die Friedrich-Ebert-Stiftung (FES) blickt auf ein längeres Engagement in der Zusammenarbeit mit der VRC zurück. So wurde bereits 1985 ein Büro in Shanghai eröffnet (Partnerinstitut: Shanghai Institute for International Studies), 1987 folgte in Kooperation mit der Chinese Association for International Understanding die Einrichtung eines zusätzlichen Büros in Beijing.[514]

6.2.1 Programmbeschreibung

Die FES möchte mit ihrer Arbeit in der VRC vor allem die internationale Öffnung der VRC sowie die Durchführung marktwirtschaftlicher Wirtschaftsreformen unterstützen. In diesem Zusammenhang werden Projekte zur Förderung der Entwicklung eines Rechtsstaates als ein Teilaspekt dieser Arbeit angesehen.[515]

Die FES arbeitet in der VRC vor allem mit regierungsnahen Einrichtungen, Forschungsinstitutionen und Universitäten zusammen; zu diesen zählen das Shanghai Institute for International Studies, das Shanghai Administration Institute, das Shanghai Municipal Labour and Social Security Bureau, das Shanghai Municipal Trade Union Council, die Tongji-Universität, der Frauenverband von Shanghai, das Shanghai Municipal Personnel Bureau, das

514 »Internationale Verständigung fördern«;
Fundstelle: http://www.feschina.net/html/german/home/work_in_china.htm [Zugriff: 20.07.2005]

515 Reddies 2003: 80.

Shanghai Environmental Protection Bureau sowie das Shanghai Development Research Center.[516]

Die Hauptbereiche, in denen die FES mit ihren chinesischen Partnern im Rahmen des Rechtsstaatsdialoges kooperiert, sind die Zusammenarbeit im Bereich des Aufbaus sozialer Sicherungssysteme, der Stärkung der Arbeitnehmerrechte sowie bei der Durchführung des Deutsch-Chinesischen Menschenrechtsdialoges.[517]

6.2.2 Strategie und möglicher Einfluss auf die Migration von Rechtsnormen und Konzepten

Bei der Zusammenarbeit in den beiden erstgenannten Bereichen, Aufbau sozialer Sicherungssysteme und Stärkung der Arbeitnehmerrechte, orientiert sich die inhaltliche Gestaltung der einzelnen Maßnahmen vor allem an den Interessen und Vorgaben der chinesischen Partner. Dabei identifiziert die FES zunächst Bereiche, in denen sich bereits Reformansätze in der VRC abzeichnen und erarbeitet in der Folge auf dieser Grundlage Vorschläge für die chinesischen Partner, auf welche Weise die FES Beratung anbieten könnte. Daraufhin wird gemeinsam mit den chinesischen Partnern ein Konzept der Zusammenarbeit ausgearbeitet.[518] Auf diese Weise soll gewährleistet werden, dass nur solche Themen in der Rechtszusammenarbeit behandelt werden, zu denen tatsächlich ein Beratungsbedarf auf chinesischer Seite besteht; des weiteren wird davon ausgegangen, dass das Engagement der chinesischen Partner bei der Durchführung derartiger »Nachfrage orientierter« Maßnahmen deutlich höher ist als bei zwischen Regierungsinstitutionen vorab ausgehandelten Projekten.[519] In den Bereichen Aufbau sozialer Sicherungssysteme und Stärkung der Arbeitnehmerrechte richtet sich die Beratung durch die FES gleichwohl nur auf die Makroebene; das heißt, es erfolgt keine detaillierte Gesetzgebungsberatung zu einzelnen arbeits- oder sozialversicherungsrechtlichen Fragestellungen, sondern die von der FES hinzugezogenen deutschen Experten bieten allgemeine Informationen zum deutschen Sozialversicherungssystem oder zur Rolle der Gewerkschaften bei der Stärkung von Arbeitnehmerrechten an.[520]

---

516 Siehe: »Partner – Übersicht«; Fundstelle: http://www.feschina.net/html/german/partner/index.htm [Zugriff: 20.07.2005]

517 Interview 03/2005

518 ibid.

519 Reddies 2003: 79.

520 Interview 03/2005

Den zweiten Schwerpunkt der Arbeit der FES in der VRC bildet der Deutsch-Chinesische Menschenrechtsdialog (DCMRD).[521] Die Initiierung des DCMRD der FES wurde im Jahr 1999 von der damaligen Bundesjustizministerin Herta Däubler-Gmelin im Zusammenhang mit den Verhandlungen über den deutsch-chinesischen Rechtsstaatsdialog angeregt; Frau Prof. Däubler-Gmelin ist auch bis heute die Schirmherrin des DCMRD der FES. Chinesischer Partner bei der Durchführung des DCMRD ist die Chinesische Stiftung für die Entwicklung der Menschenrechte (*zhongguo renquan fazhan jijin*) sowie die Abteilung für internationale Verständigung beim Zentralkomitee der KPC (*zhonggong zhongyang duiwai lianjiebu*).[522]

Seit 1999 finden einmal jährlich Symposien im Rahmen des DCMRD zu verschiedenen Fragestellungen statt; die bisherigen Veranstaltungen befassten sich mit den Themen »Menschenrechte – Interkulturelle und sozialökonomische Aspekte« (Beijing 1999);[523] »Die konkrete Situation der Menschenrechtspolitik in der VRC und in Deutschland« (2000); »Entwicklung der Menschenrechte und Rechtssysteme – Praxis und Erfahrungen in China und Deutschland« (Beijing 2001);[524] »Gleichstellung von Frauen in sich wandelnden Gesellschaften« (Stuttgart 2002 und Beijing 2003);[525] »Grundauffassungen und praktische Ausgestaltung bürgerschaftlichen Engagements und die Organisation von Zivilgesellschaft in der VRC und in Deutschland« (Berlin 2004); »Die Verfassung und der Schutz der Menschenrechte« (Beijing 2005).[526] An den Veranstaltungen im Rahmen des DCMRD nehmen auf deutscher Seite neben Vertretern der FES auch Bundestagsabgeordnete, Mitarbeiter von Bundesregierung, Gewerkschaften, NRO sowie Rechtswissenschaftler und Sinologen teil. Auf chinesischer Seite sind neben der Stiftung für die

---

521 Der von der FES durchgeführte DCMRD ist nicht zu verwechseln mit dem auf regierungsoffizieller Ebene angesiedelten bilateralen deutsch-chinesischen Menschenrechtsdialog, den die BRD über das Auswärtige Amt mit der chinesischen Regierung führt; auch dieser wurde mit dem Zweijahresprogramm (2003) in den deutsch-chinesischen Rechtsstaatsdialog integriert.

522 Interview 03/2005

523 Siehe zu diesem Symposium auch die Publikation: Chinesische Stiftung für die Entwicklung der Menschenrechte/FES (Hrsg.)(2000). *Menschenrechte. Interkulturelle und sozialökonomische Aspekte (zhongde renquan fazhan yu shehui jingji wenhua).* Beijing: Xinxing chubanshe.

524 Siehe zu diesem Symposium auch die Publikation: Chinesische Stiftung für die Entwicklung der Menschenrechte/FES (Hrsg.)(2002). *Entwicklung der Menschenrechte und Rechtssysteme in China und Deutschland (renquan fazhan yu fazhi jianshe).* Beijing: Xinxing chubanshe.

525 Siehe hierzu Dethlefsen 2002.

526 Informationen der FES

Entwicklung der Menschenrechte jeweils verschiedene staatliche Organisationen, NRO und Rechtswissenschaftler beteiligt.[527]

Dadurch, dass die FES weder konkrete Gesetzgebungsberatung anbietet und auch keine spezifischen Programme zur Ausbildung chinesischer Juristen[528] oder zur Stärkung der Position von Bürgern im Rechtssystem (z. B. durch legal aid) unterhält, grenzt sich die Arbeit der FES von der anderer deutscher Geber ab. So sieht die FES ihre Aufgabe nicht so sehr in der punktuellen Beratung zu einzelnen konkreten Reformvorhaben, zum Beispiel im Bereich der Gesetzgebung, sondern möchte vielmehr den – wirtschaftlichen und gesellschaftlichen – Reformprozess in der VRC allgemein unterstützen.[529] Zu diesem Zweck bemüht sich die FES darum, mit ihren chinesischen Partnern »Grundfragen« des Reformprozesses wie die Strukturierung und Finanzierung der sozialen Sicherungssysteme oder die Bedeutung der Menschenrechte zu bearbeiten und damit auf die »aktuellen gesellschaftlichen Diskussionen« in der VRC zu antworten.[530] Es geht der FES somit nicht um die Übertragung konkreter Rechtsnormen, sondern vielmehr darum, den chinesischen Partnern konzeptionelle Grundlagen vorzustellen; erst wenn auf chinesischer Seite über diese Klarheit besteht, kann in einem nächsten Schritt die konkrete (gesetzliche) Regelung dieser Bereiche in Angriff genommen werden, wobei dann andere Geber wie zum Beispiel die GTZ ihre Unterstützung in Form von Gesetzgebungsberatung anbieten.

Im Gegensatz zu anderen deutschen Gebern ist es der FES mit dem DCMRD auch gelungen, mit ihren chinesischen Partnern ein Programm zu etablieren, das sich explizit mit dem Thema »Menschenrechte« befasst. Nachdem die Veranstaltungen im Rahmen des DCMRD zu Beginn eher symbolischer Natur waren und, vor allem seitens der chinesischen Teilnehmer, über vorgefertigte Absichtserklärungen, Statements und Vorträge nicht hinaus kamen, konnte im Laufe der Zusammenarbeit ein immer höheres Maß an Vertrauen zwischen der deutschen und der chinesischen Seite aufgebaut werden, so dass sich die Veranstaltungen inzwischen zu einem relativ kritischen und offenen, konstruktiven Dialog gewandelt haben.[531] Diese Entwick-

527 Siehe zum Beispiel: Dethlefsen 2002.

528 Durch die allgemeine Studienförderung der FES (Stipendien) werden u. a. auch Studenten aus der VRC, die Rechtswissenschaft studieren oder in diesem Fach promovieren, gefördert; in diesem Bereich kooperiert die FES mit dem CDHK an der Tongji Universität (Siehe: »Partner – Übersicht«; Fundstelle: http://www.feschina.net/html/german/partner/index.htm [Zugriff: 20.07.2005]). Ein spezielles Studienförderprogramm für chinesische Juristen bietet die FES jedoch nicht an.

529 Vgl. Reddies 2003: 80.

530 ibid.: 83.

531 Interview 03/2005

lung wurde nicht zuletzt auch dadurch begünstigt, dass auf chinesischer Seite kaum aktive Angehörige bedeutender politischer Organisationen vertreten sind. Vielmehr nehmen in der Regel ältere ehemalige Mitarbeiter hoher Regierungsinstitutionen sowie der KPC teil, die keine offiziellen Ämter mehr inne haben. Auf diese Weise können diese Personen freier auch an kritischen Diskussionen zu sensiblen Themen wie den Menschenrechten teilnehmen, da hier keine Verbindung zum offiziellen Standpunkt der Regierung der VRC hergestellt werden kann. Gleichzeitig bedeutet diese Konstellation der Teilnehmer aber auch eine Schwäche. Zwar verfügen die chinesischen Teilnehmer in der Regel noch über gute informelle Kontakte zu ihren ehemaligen Organisationen, über die Erkenntnisse, die während der Veranstaltungen im Rahmen des DCMRD gewonnen wurden, auch in diese Organisationen hineingetragen werden können.[532] Auf der anderen Seite hat die weitgehende Abwesenheit aktiver Angehöriger hochrangiger chinesischer Regierungsorganisationen aber auch eine politische Unverbindlichkeit der Beteiligung der chinesischen Seite am DCMRD zur Folge. Aus diesem Grund bemüht sich die FES darum, für zukünftige Veranstaltungen verstärkt Persönlichkeiten zu gewinnen, die z. B. als Richter und Angehörige des NVK noch aktiv in staatlichen Institutionen wirken und auf diese Weise in höherem Maße als Kanäle für die Vermittlung von den im DCMRD diskutierten Inhalten in ihre Organisationen hinein wirken können.[533] In diesem Fall ist mit einer stärkeren Ausstrahlungswirkung des DCMRD zu rechnen.

6.3 Heinrich-Böll-Stiftung

Im Gegensatz zu KAS und FES, die jeweils auf ein langjähriges Engagement in der Rechtszusammenarbeit mit der VRC zurückblicken können, ist die Heinrich-Böll-Stiftung (HBS) erst seit 2004 in diesem Bereich tätig. Den Auftakt der Aktivitäten der HBS stellt ein Beratungsprojekt zur Aus- und Fortbildung im deutschen Vereins- und Stiftungsrecht für Regierungsangestellte und Vertreter chinesischer NRO dar.

6.3.1 Programmbeschreibung

Der offizielle Kooperationspartner der HBS in der VRC ist die China Association for NGO Cooperation (*zhongguo guoji minjian zuzhi hezuo cujinhui* – CANGO). Bei der CANGO handelt es sich um einen nichtstaatlichen Dachverband chinesischer NRO, der sich darum bemüht, dem Führungspersonal dieser NRO, vor allem auch von »grass-roots« NRO, Beratung und Weiterbildung anzubieten, um auf diese Weise eine Organisation und Leitung

532 ibid.
533 ibid.

der NRO zu gewährleisten, die den in dieser Hinsicht strengen Vergaberichtlinien ausländischer Geber entspricht. So sollen für chinesische NRO die Voraussetzungen geschaffen werden, sich erfolgreich um ausländische Fördergelder für eigene Projekte zu bewerben. Neben dieser Unterstützung im Bereich »capacity building« vermittelt CANGO für chinesische NRO auch Kontakte zu internationalen Partnern. Gemeinsam mit CANGO hat die HBS seit 2004 einige Kooperationsmaßnahmen initiiert, die zum einen dazu dienen sollen, das System der Regulierung des chinesischen NRO Sektors aufzubauen. Zu diesem Zweck bietet die HBS Beratung zur NRO Gesetzgebung an. Darüber hinaus zielt die Zusammenarbeit auf eine Stärkung der Verwaltungs- und Organisationsstrukturen chinesischer NRO.[534]

Zu den bisherigen Beratungsangeboten der HBS im Bereich der Stärkung des chinesischen NRO Sektors zählt zum einen eine Studienreise zum deutschen Vereins- und Stiftungsrecht, die für chinesische Vertreter aus dem NRO Bereich im Juni 2004 nach Deutschland organisiert wurde. Auf chinesischer Seite nahmen der CANGO Geschäftsführer, der Leiter der für NRO zuständigen Abteilung beim Ministerium für zivile Angelegenheiten, zwei Vertreter chinesischer NRO, ein Vertreter der CUPR sowie Prof. Wang Ming, der Leiter des NGO Research Center an der Qinghua Universität, an dieser Studienreise teil. Während der Reise erhielten die chinesischen Teilnehmer die Gelegenheit, auf deutscher Seite mit Vertretern der Bundesregierung wie auch von verschiedenen Organisationen, die in der BRD im NRO Sektor tätig sind und teilweise auch über Erfahrungen bei der Kooperation mit chinesischen Partner-NRO verfügen, in Kontakt zu kommen.[535] Ziel der Studienreise war zum einen, Informationen zum deutschen NRO Sektor für die chinesischen Teilnehmer bereitzustellen und darüber hinaus auch die Kommunikation unter den Vertretern der einzelnen chinesischen Organisationen zu verbessern, um so deren Vernetzung und Zusammenarbeit nach der Rückkehr in die VRC zu verbessern. Im Anschluss an die Studienreise bereitet die HBS eine Buchpublikation zum deutschen Vereins- und Stiftungsrecht in chinesischer Sprache vor.

534 Alle Informationen zu den Beratungsmaßnahmen der HBS wurden, wenn nicht anders angegeben, Interview 01/2005 entnommen.

535 Auf deutscher Seite beteiligten sich das BMJ, das deutsche Zentralinstitut für soziale Fragen, verschiedene Steuerberatungsfirmen, deutsche NRO (Bund für Umwelt- und Naturschutz BUND, Save our Future), die Beratungsstelle für private Träger in der Entwicklungszusammenarbeit (BENGO), das Centrum für internationale Migration und Entwicklung (CIM), das International Center for Graduate Studies der Universität Hamburg sowie eine Hamburger Rechtsanwaltskanzlei an der Fortbildungsmaßnahme (Interview 01/2005).

Einen weiteren Schwerpunkt der Arbeit der HBS stellt die Initiierung einer Zusammenarbeit mit dem Center for NGO Research (*NGO yanjiu zhongxin – im Folgenden: »das Zentrum«*) an der Qinghua Universität dar. Dieses Zentrum wurde im Oktober 1998 an der Qinghua Universität gegründet und nahm im April 1999 seine Arbeit auf. Im Oktober 2000 erfolgte die Angliederung des Zentrums an die an der Qinghua Universität neu gegründete School of Public Policy and Management.[536] Im Mittelpunkt der Arbeit des Zentrums steht zum einen die Ausbildung im Bereich NRO Management, die sich als Aufbaustudiengang sowohl an Graduierte richtet, aber auch in Kurzzeitkursen für Mitarbeiter aus dem NRO Sektor angeboten wird. Darüber hinaus fertigt das Zentrum Übersetzungen ausländischer Literatur zum Themengebiet NRO an, führt Feldforschung und Evaluation im chinesischen NRO Bereich durch, organisiert Konferenzen und den Austausch mit internationalen Organisationen und bietet schließlich Beratung für Regierungsvertreter an. Auf diese Weise hat sich das Zentrum bereits zu einem wichtigen think tank im NRO Bereich entwickelt. Leiter des Zentrums ist Prof. Wang Ming.[537]

Gegenwärtig arbeitet das Zentrum für das Ministerium für zivile Angelegenheiten an einem Expertenentwurf zu einem chinesischen NRO-Gesetz; die Informationen, die der Leiter des Zentrums, Prof. Wang Ming, während der von der HBS angebotenen Studienreise auf diesem Gebiet sammeln konnte, fanden auf diese Weise bereits Eingang in den Gesetzesentwurf.[538] Das Zentrum ist auch Kooperationspartner der HBS bei der Erstellung der genannten Publikation zum deutschen Vereins- und Stiftungsrecht.

6.3.2 Strategie und möglicher Einfluss auf die Migration von Rechtsnormen und Konzepten

Die HBS bietet bei ihrem Engagement in der Rechtszusammenarbeit sowohl Gesetzgebungsberatung (Rechtsberatung Typ I) als auch Maßnahmen zur Ausbildung von Mitarbeitern im chinesischen NRO Bereich an (Rechtsberatung Typ II). Dabei werden die »top-down« ausgerichteten Beratungsmaßnahmen zum Vereins- und Stiftungsrecht kombiniert mit Ausbildungsangeboten, die eine Professionalisierung der Arbeit chinesischer NRO zum Ziel haben, um diese in die Lage zu versetzen, sich erfolgreicher um ausländische Förderung zu bemühen und auf diese Weise die Ressourcen zu erhal-

536 »NGO Research Center Tsinghua University«; Fundstelle: http://www.fon.org.cn/index.php?id=2702 [Zugriff: 04.07.2005]

537 »Visit of Qinghua University's Professor Wang Ming and Dr. Deng Guosheng«; Fundstelle: http://www.tpic.org.tw/EPhilNews/show_news.asp?ENEWSID=4060 [Zugriff: 04.07.2005]

538 Interview 01/2005

ten, die sie benötigen, um sich effektiver für die Belange der chinesischen Bürger einzusetzen. Damit weisen die Schulungsmaßnahmen eine »bottom-up« Wirkungsrichtung auf.[539]

Inwieweit durch die Maßnahmen der HBS bereits eine Beeinflussung des chinesischen Rechts im NRO Bereich erfolgen konnte, muss aufgrund der erst kurzen Laufzeit des Projektes noch offen bleiben. Generell scheint aber das Potenzial für einen Transfer von Recht und Organisationsstrukturen im NRO Bereich dadurch, dass mit der CANGO als wichtiger Dachorganisation zum einen die Arbeitsebene eingebunden werden konnte und darüber hinaus mit dem NGO Research Center der Qinghua Universität ein wichtiger nationaler think tank mit Einfluss auf die Regelungsebene, das heißt auf die Gesetzgebung, gewonnen werden konnte, recht hoch zu sein. Gegenwärtig überprüft die HBS den Erfolg dieser ersten Rechtsberatungsmaßnahmen, sodass bis zum Abschluss dieser Evaluierung zunächst keine weiteren Maßnahmen geplant sind.

7. Zwischenbetrachtung

An der Darstellung der deutsch-chinesischen Rechtszusammenarbeit lassen sich einige charakteristische Merkmale ablesen, die zum Abschluss dieses Kapitels kurz zusammengefasst werden sollen.

Zum einen wird deutlich, dass die direkte staatliche Rechtsberatung, wie sie über die GTZ umgesetzt wird, sowohl hinsichtlich des Umfanges der Programme als auch in Bezug auf die eingesetzten Ressourcen deutlich die deutsch-chinesische Rechtszusammenarbeit dominiert. Dem gegenüber sind private Akteure, die wie der DAAD und die politischen Stiftungen mit öffentlichen Geldern finanziert werden sowie die universitären Programme des DCIR und des CDIR vor allem aufgrund unzureichender Finanzierung nur in der Lage, das Angebot der GTZ punktuell zu ergänzen. Aus dieser dominierenden Stellung der GTZ resultiert auch, dass sich die deutsche staatliche Rechtszusammenarbeit mit der VRC im Wesentlichen auf Gesetzgebungsberatung, also auf Rechtsberatung des Typ I, beschränkt. Dabei werden hauptsächlich die Bereiche des Wirtschaftsrechts und des wirtschaftlich relevanten Verwaltungsrechts abgedeckt; stärker menschenrechtsrelevante Aspekte oder sensiblere Rechtsgebiete wie zum Beispiel das Strafrecht, finden keinen Eingang in die konkreten Beratungsmaßnahmen.

Auf Seiten der politischen Stiftungen muss dieser Befund differenziert werden. Während die KAS ihre Arbeit ebenfalls schwerpunktmäßig auf das Angebot von »top-down« ausgerichteten Maßnahmen zur Gesetzgebungsberatung, vor allem im Bereich des Wirtschafts- und Verwaltungsrechts aus-

539 ibid.

richtet, gehen die FES und die HBS zumindest teilweise andere Wege. Für die FES steht die Zusammenarbeit im sensiblen Bereich der Menschenrechte in Gestalt des DCMRD sowie Beratung zur Reform der Sozialsysteme im Mittelpunkt der Bemühungen. Durch dieses Angebot versucht die FES, die gesellschaftlichen Rahmenbedingungen in der VRC insgesamt positiv zu beeinflussen und damit die Grundlagen zu schaffen, auf denen konkrete Rechtszusammenarbeit, z. B. als Gesetzgebungsberatung, aufbauen kann. Die HBS schließlich kombiniert in ihrem erst kürzlich initiierten Projekt »top-down« ausgerichtete Rechtsberatung des Typ I mit der Stärkung zivilgesellschaftlicher Kräfte, indem sowohl Gesetzgebungsberatung als auch die Ausbildung von chinesischen Aktivisten im NRO Bereich angeboten wird. Dabei ist der NRO Sektor bisher in der deutschen Rechtszusammenarbeit noch nicht bearbeitet worden; die HBS antwortet daher mit ihrem Angebot auf eine in der VRC immer bedeutsamer werdende Entwicklung, die über ein hohes Potenzial verfügt, »von unten« eine bessere Durchsetzung der Interessen und Belange der chinesischen Bürger zu erreichen. Angesichts der großen Bedeutung, die NRO in der VRC bei der Umsetzung der Sozial-, Gesundheits- und Umweltpolitik bereits heute spielen,[540] ist das Engagement der HBS zur Stärkung und Professionalisierung des chinesischen NRO Sektors von besonders großer Bedeutung.

Die privaten Akteure aus dem akademischen Bereich bemühen sich mit den von ihnen schwerpunktmäßig angebotenen Maßnahmen zur Juristenausbildung (Rechtsberatung Typ II) um eine stärkere Integration dieser letztgenannten Aspekte in die deutsch-chinesische Rechtszusammenarbeit. Da diese Programme aber mit den ihnen zur Verfügung stehenden Mitteln nur eine sehr begrenzte Anzahl chinesischer Juristen erreichen können, ist nicht davon auszugehen, dass von den wenigen im deutschen Recht ausgebildeten chinesischen Juristen ein nachhaltiger Einfluss auf das chinesische Rechtssystem ausgehen wird.

Im Vergleich zur deutschen Rechtsberatung gegenüber der VRC weist die amerikanisch-chinesische Rechtszusammenarbeit sowohl hinsichtlich des Gewichtes der direkt von staatlicher Seite angebotenen Programme gegenüber privaten Maßnahmen wie auch in Bezug auf die schwerpunktmäßig angebotenen Typen von Rechtsberatung und die inhaltliche Ausrichtung der Projekte deutliche Unterschiede auf. Diese sollen anhand der sich in Kapitel

---

540 Zur Bedeutung der Rolle von NRO in der VRC siehe zum Beispiel: BRIE, Marie/PIETZKER, Hagen (2004). *NGOs in China. Die Entwicklung des Dritten Sektors.* Discussion Paper SP III 2004-110. Berlin: Wissenschaftszentrum für Sozialforschung. Fundstelle: http://skylla.wz-berlin.de/pdf/2004/iii04-110.pdf [Zugriff: 12.07.2005]

III der vorliegenden Studie anschließenden empirischen Aufarbeitung der amerikanisch-chinesischen Rechtszusammenarbeit dargelegt und analysiert werden.

Kapitel VI. Überblick über die Rechtszusammenarbeit zwischen den USA und der Volksrepublik China – Akteure und Projekte

1. Politischer Hintergrund

Während amerikanische *private* Akteure bereits auf eine sehr lange Tradition der Unterstützung des chinesischen Rechtsreformprozesses durch Rechtsberatungsmaßnahmen zurückblicken können, ist das Angebot von amerikanischen *staatlichen* Initiativen zur Unterstützung der chinesischen Rechtsreformen ein recht neues Phänomen. Wie im Folgenden dargelegt werden soll, ist das Engagement der amerikanischen Regierung im Bereich der Rechtszusammenarbeit mit der VRC sehr eng verknüpft mit dem Bestreben, die Menschenrechtssituation in der VRC unter Zuhilfenahme von außenpolitischen und außenwirtschaftlichen Druckmitteln zu verbessern.

1.1 Erste Schritte zur Vorbereitung einer amerikanisch-chinesischen staatlichen Rechtszusammenarbeit: die Bill Clinton-Jiang Zemin »Rule of Law Initiative«

Seit der Niederschlagung der städtischen Protestbewegung in Beijing im Juni 1989 übte vor allem der amerikanische Kongress starken Druck auf die US-Regierung aus, wirksame Maßnahmen zur Verbesserung der Menschenrechtssituation in der VRC zu ergreifen. Ein wichtiges Druckmittel des Kongresses stellten in dieser Hinsicht die jährlichen Verhandlungen um die Gewährung des Meistbegünstigungsstatus für wirtschaftliche Transaktionen zwischen den USA und der VRC (*Most Favoured Nation – MFN*) dar. So versuchte der Kongress, die Gewährung des MFN Status an die Verbesserung der Menschenrechtssituation in der VRC zu koppeln; in dem Fall, dass hier keine Fortschritte zu verzeichnen seien, drohte der Kongress damit, MFN für die VRC zu verweigern. Auch wenn angesichts der Abhängigkeit der wirtschaftlichen Prosperität auch der USA von einem reibungslosen Handel mit der VRC diese Drohung nicht als uneingeschränkt wirksam angesehen werden kann, belasteten die jährlichen Auseinandersetzungen um den MFN-Status die amerikanisch-chinesischen Beziehungen doch erheblich.[541]

Aus diesem Grund entschied sich der damalige US-Präsident Clinton im Jahr 1994 für eine Entkoppelung des Problems der Menschenrechtssituation

541 Stephenson 2000: 5.

in der VRC von der Frage der Gewährung des MFN-Status. Durch die Abkehr von einer konfrontativen Behandlung der Menschenrechtsfrage vor allem im Kongress sollte die Möglichkeit für eine konstruktive Zusammenarbeit mit der VRC, die letztlich größeren Erfolg für eine Verbesserung der Menschenrechtslage versprach, geschaffen werden.

Wichtiger Bestandteil der neuen Strategie der amerikanischen Regierung war es dabei, in der VRC bereits erkennbare Ansätze für eine Stärkung von Rechtsstaatlichkeit und einen verbesserten Menschenrechtsschutz von außen zu unterstützen[542] – ohne dabei jedoch in diesen sensiblen Fragen eine zu stark konfrontative Haltung einzunehmen.[543] Gleichwohl konnten zu dieser Zeit, 1994, noch keine konkreten Maßnahmen zur Umsetzung der neuen Strategie ergriffen werden,[544] da insbesondere zahlreiche amerikanische gesetzliche Regelungen eine offizielle Zusammenarbeit mit Staaten wie der VRC, die der Verletzung von Menschenrechten beschuldigt wurden, untersagten. Darüber hinaus war auch der amerikanische Kongress nicht bereit, finanzielle Mittel für die von Präsident Clinton angestrebte konstruktive Zusammenarbeit mit der VRC in Menschenrechtsfragen bereit zu stellen.[545]

Das Gipfeltreffen zwischen den ehemaligen Präsidenten Bill Clinton und Jiang Zemin in den USA im Oktober 1997 veränderte diese Situation gleichwohl. Ende 1996, kurz vor dem Gipfel, war von der Clinton-Administration die Position eines »Special Coordinator for Global Rule of Law« beim Außenministerium geschaffen worden. Dieses Amt wurde zunächst von Paul Gewirtz, Professor der juristischen Fakultät der Harvard University, übernommen.[546] So war es vor allem der Überzeugung von Professor Gewirtz, dass die Unterstützung von Rechtsreformen in der VRC sowohl für die weitere Entwicklung der VRC wie auch für das amerikanisch-chinesische Verhältnis generell von großer Bedeutung sei, zu verdanken, dass die Frage einer möglichen amerikanisch-chinesischen Zusammenarbeit im Rechtsbereich überhaupt Gegenstand der Gipfelgespräche wurde.[547] Schließlich einigten sich die Präsidenten Clinton und Jiang Zemin in ihrer Gemeinsamen Abschlusserklärung 1997 darauf, dass eine Vertiefung der Zusammenarbeit im

542 »U.S. Renews Most-Favored-Nation Trade Status for China« – President Clinton Opening statement at a news conference, Washington, DC, May 26, 1994; U.S. Department of State Dispatch Vol.5, No.22 (May 30, 1994); Fundstelle: http://dosfan.lib.uic.edu/ERC/briefing/dispatch/1994/html/Dispatchv5no22.html [Zugriff: 01.07.2007].

543 Vgl. Carothers 1998: 106.

544 Gewirtz 2003: 604.

545 Stephenson 2000: 6.

546 ibid.

547 Vgl. Gewirtz 2003: 608.

Rechtsbereich »im Interesse beider Staaten liege.«[548] Als mögliche Bereiche der Zusammenarbeit benennt die Gemeinsame Abschlusserklärung den Austausch von Rechtsexperten; Unterstützung bei der Ausbildung von Anwälten und Richtern; den Ausbau juristischer Informationssysteme sowie den Austausch von juristischen Materialien; Zusammenarbeit im Bereich der Reform von Verwaltungsverfahren; Stärkung der Entwicklung von Wirtschaftsrecht und Schiedsverfahren.[549]

Es ist wichtig, an dieser Stelle darauf hinzuweisen, dass die anlässlich des amerikanisch-chinesischen Gipfeltreffens eingeleitete Initiative der Präsidenten Clinton und Jiang Zemin offiziell nicht als »Initiative zur Stärkung von *Rechtsstaatlichkeit*«, sondern als Vereinbarung über die »Zusammenarbeit im Rechtsbereich« bezeichnet wurde. Diese neutrale Bezeichnung wurde maßgeblich auf Drängen der chinesischen Seite gewählt, da der Terminus »Rechtsstaatlichkeit« in der VRC selbst sehr umstritten ist.[550] So ist das Konzept der Rechtsstaatlichkeit in der chinesischen Diskussion mit einer Vielzahl von Bedeutungen verbunden, die von mehr rechtstechnischen Aspekten der Rechtsstaatlichkeit, wie z. B. Fragen der Verfahrensführung, bis hin zu einer expliziten Verknüpfung von Rechtsstaatlichkeit mit westlichen Modellen liberaler Demokratie reichen.[551] Daher befürchtete die chinesische Seite, dass eine Einigung auf eine Zusammenarbeit in Fragen der Rechtsstaatlichkeit einer *carte blanche* für die amerikanische Regierung gleichgekommen wäre, sich im Zuge dieser Zusammenarbeit explizit auch für politische Reformen in der VRC einzusetzen. Die chinesische Seite war sich somit durchaus der Möglichkeit bewusst, dass die amerikanische Regierung versuchen könnte, die Vereinbarung über die »Zusammenarbeit im Rechtsbereich« als »Hebel« zur Durchsetzung ihrer außenpolitischen Interessen gegenüber der VRC, vor allem im Hinblick auf eine Verbesserung der Menschenrechtssituation sowie auf politische Reformen in der VRC, zu nutzen. Eine derartige Einmischung in die inneren Angelegenheiten der VRC sollte in keinem Falle durch den Wortlaut der Gemeinsamen Abschlusserklärung legitimiert werden. Weiterhin erlaubte es der neutrale Wortlaut der Einigung auf eine »Zusammenarbeit im Rechtsbereich« der chinesischen Führung aber auch, intern Unterstützung für diese Initiative zu sichern, insbesondere, da gegenüber konservativen Mitgliedern der chinesischen Führung darauf verwiesen werden konnte, dass

548 »China-US Joint Statement« – October 29, 1997; Fundstelle: http://www.shaps.hawaii.edu/fp/us/us-china-jc4.html [Zugriff: 01.07.2004]

549 ibid.

550 Zu der Diskussion um das Konzept der »Rechtsstaatlichkeit« in chinesischen rechtswissenschaftlichen Kreisen siehe Chen, Albert H.Y. 1999/2000; siehe auch Peerenboom 2004b.

551 Gewirtz 2003: 609.

die Zusammenarbeit sich jederzeit auf rein rechtstechnische und damit politisch nicht sensible Bereiche beschränken ließe.

Im Jahr 1999 hatte sich die Lage bereits etwas verändert. So konnte die chinesische Führung um Jiang Zemin das Bestreben, in der VRC einen »Rechtsstaat« (*fazhi guojia*) zu etablieren, endgültig politisch durchsetzen. Bereits im März 1999 war das Prinzip »Rechtsstaatlichkeit« in der chinesischen Verfassung verankert worden,[552] sodass seitens der VRC auch keine Vorbehalte mehr dahin gehend bestanden, die Zusammenarbeit mit der BRD als »Rechtsstaatsdialog« (*fazhi guojia duihua*) zu bezeichnen. Darüber hinaus gab es für die politische Führung der VRC aufgrund der allgemeinen Linie der deutschen Chinapolitik und der hier sehr starken Betonung der gemeinsamen Wirtschaftsbeziehungen auch kaum Anlass für die Befürchtung, die Vereinbarung des Rechtsstaatsdialoges könnte von der deutschen Regierung als ein Hebel für die Durchsetzung umfassender Forderungen nach Reformen auch im politischen und im Menschenrechtsbereich ausgenutzt werden; aufgrund der Gestaltung ihrer Chinapolitik wurde der amerikanischen Regierung von chinesischer Seite jedoch nicht das gleiche Vertrauen entgegen gebracht.

Vielmehr verfolgten die amerikanische und die chinesische Regierung jeweils sehr unterschiedliche Ziele mit der Vereinbarung über die »Zusammenarbeit im Rechtsbereich.« So erhoffte sich die chinesische Regierung zum einen, dass die mit ausländischer Unterstützung durchgeführten Rechtsreformen ein wirksames Mittel darstellen, um die Willkür lokaler Behörden wie auch die weit verbreitete Korruption durch die Schaffung eines verbindlichen rechtlichen Rahmens vor allem für wirtschaftliche Transaktionen zu bekämpfen. Nur so ist es möglich, ausreichende Rechtssicherheit, welche vor allem nach dem WTO-Beitritt der VRC eine wesentliche Voraussetzung für die weitere erfolgreiche Integration Chinas in das internationale wirtschaftliche System darstellt, zu garantieren. Weiterhin bietet das Rechtssystem auch der breiteren Bevölkerung die Möglichkeit, Streitigkeiten z. B. im Bereich des Arbeits- und Familienrechtes, die häufig aus der sich rapide verändernden wirtschaftlichen und sozialen Situation der VRC resultieren, in geordneter Weise durch Beschreiten des Rechtsweges zu lösen. Ein funktionierendes Rechtssystem sollte damit in der Lage sein, Probleme, die zwischen einzelnen Bürgern, aber auch zwischen Bürgern und staatlichen Stellen entstehen, zu kanalisieren und so eine eruptive und unkontrollierbare Entladung derartiger sozialer Spannungen zu verhindern. Schließlich strebte die politische Führung der VRC an, mit der Stärkung des Rechtssystems auch eine neue Legitimationsbasis für die Herrschaft der KPC zu etablieren, die die über-

552 Der geänderte Wortlaut des Art.5 der chinesischen Verfassung besagt nun: »Die VRC praktiziert eine auf Gesetze gestützte Regierung und errichtet einen sozialistischen Rechtsstaat.« (Übersetzung nach Heilmann 2002b: 75).

kommene sozialistische Ideologie in Zeiten des tief greifenden wirtschaftlichen und sozialen Umbruchs ersetzen könne.[553]

Einer der wichtigsten Befürworter der Zusammenarbeit mit den USA im Rechtsbereich auf chinesischer Seite war der damalige Justizminister (und heutige Präsident des OVG) Xiao Yang. Während seines Besuches in Washington, D.C. im November 1997 war Xiao Yang zusammen mit dem »Special Coordinator for Global Rule of Law«, Prof. Paul Gewirtz, maßgeblich an der Ausarbeitung erster möglicher Schritte zur praktischen Umsetzung der zwischen Bill Clinton und Jiang Zemin vereinbarten »Zusammenarbeit im Rechtsbereich« beteiligt.[554] Diese ersten konkreten Maßnahmen im Rahmen der »Zusammenarbeit« wurden anlässlich des Folge-Gipfels zwischen Bill Clinton und Jiang Zemin im Juni 1998 in Beijing offiziell verkündet.[555]

553 Gewirtz 2003: 604–605.

554 ibid.: 612.

555 Die folgenden Aktivitäten wurden vereinbart:
Im Bereich der Ausbildung von Juristen und Rechtsanwälten: eine Konferenz für die Dekane amerikanischer und chinesischer juristischer Fakultäten (Beijing, 17.–19.06.1998); Ausbau des juristischen Austausches, u. a. ein Besuch des Richters am amerikanischen Supreme Court, Anthony Kennedy, in der VRC; Organisation von Seminaren in der VRC zur Ausbildung chinesischer Nachwuchsjuristen; Unterstützung des United States Information Service für die Übersetzung englischsprachiger juristischer Literatur und Lehrmaterialien ins Chinesische; Einrichtung eines Austauschprogramms zwischen der American Bar Association und chinesischen Standesorganisationen.
Im Bereich des Menschenrechtsschutzes: Symposium (November 1998) über Möglichkeiten der rechtlichen Durchsetzung von Menschenrechtsstandards unter Rückgriff auf internationale Menschenrechtspakte und Strafverfahrensregeln, sowie über Möglichkeiten des Schutzes von Religionsfreiheit.
Im Bereich des Verwaltungsrechts: Symposium für chinesische und amerikanische Verwaltungsrechtsexperten sowie Entscheidungsträger über den Vergleich verschiedener Verwaltungsrechtssysteme.
Im Bereich legal aid für Bedürftige: Symposium in Beijing
Im Bereich Handelsrecht und Schiedsgerichtsbarkeit: Austausch zwischen chinesischen und amerikanischen Rechtsexperten zu Möglichkeiten der Regulierung von Wertpapiermärkten; Seminare für amerikanische und chinesische Rechtsexperten, Wirtschafts- und Regierungsvertreter zu Fragen des elektronischen Warenverkehrs, Gesellschaftsrechts und der Beilegung handelsrechtlicher Streitigkeiten; Aufbau eines Schulungsprogramms für Mitglieder von Schiedsgerichten.
(Fact Sheet: Achievements of the U.S.-China Summit (Beijing Summit agreements build on October 1997 Summit), June 27, 1998; Fundstelle: http://canberra.usembassy.gov/hyper/WF980629/epf104.htm [Zugriff: 02.07.2005])

Obwohl es sich bei der Übereinkunft über die »Zusammenarbeit im Rechtsbereich« um eine zwischenstaatliche Initiative handelte, war gleichwohl vorgesehen, dass auf amerikanischer Seite ausschließlich NRO mit der Durchführung der konkreten Maßnahmen betraut werden sollten. Dies wurde vor allem damit begründet, dass private Akteure bereits über ein hohes Maß an Kompetenz und Erfahrung im Bereich der Rechtszusammenarbeit auch mit der VRC verfügten, während staatlichen Akteuren, wie z. B. dem State Department, eine derartige Expertise weitgehend fehle. Darüber hinaus jedoch bietet eine Implementierung der Rechtsberatungsmaßnahmen durch NRO den Vorteil, dass so die amerikanische Regierung – außer hinsichtlich der Finanzierung der Projekte – weitgehend im Hintergrund bleibt. Auf diese Weise lässt sich eventuell auf der chinesischen Seite bestehendes Misstrauen, die USA verfolgten mit der »Zusammenarbeit im Rechtsbereich« weiter gehende außenpolitische Interessen, die sich auch auf die Reform des gesamten politischen Systems der VRC richteten und damit die Herrschaft der KPC gefährdeten, eher zerstreuen. Dabei ist gleichwohl davon auszugehen, dass Seitens der amerikanischen Regierung die »Zusammenarbeit im Rechtsbereich« in der Tat als ein Instrument angesehen wurde, um außenpolitische Ziele gegenüber der VRC durchzusetzen. Diese Ziele wurden allgemein und eher vage unter dem Begriff »Förderung von Rechtsstaatlichkeit« zusammengefasst, lassen sich aber in verschiedene konkretere außenpolitische Zielvorstellungen untergliedern.

Wesentlich für die Initiierung der »Zusammenarbeit im Rechtsbereich« waren zum einen wirtschaftliche Interessen. So war es für die Clinton-Administration von großer Bedeutung, durch die Förderung von Rechtsstaatlichkeit in der VRC ein rechtliches Umfeld aufbauen zu helfen, welches insbesondere den Bedürfnissen amerikanischer Firmen, die auf dem chinesischen Markt tätig sind, entspricht. Nur wenn grundlegende Standards der Erfüllung vertraglicher Zusagen, faire Genehmigungsverfahren und allgemein ein hoher Grad an Zuverlässigkeit hinsichtlich der Einhaltung der Verpflichtungen, die sich für die VRC aus dem WTO-Beitritt ergeben, gewährleistet sind, ist es für amerikanische Unternehmen sowie für amerikanische Güter und Dienstleistungen möglich, unter gleichen Bedingungen auf dem chinesischen Markt mit einheimischen Anbietern zu konkurrieren.[556] Insbe-

---

556 »Remarks by Secretary of State Madeleine K. Albright to U.S. Business Representatives, Sheraton International Club, Beijing, China, April 30, 1998«; Fundstelle: http://www.usconsulate.org.hk/uscn/state/1998/0430a.htm [Zugriff: 02.07.2005]; »Promoting Rule of Law in China« – Roundtable before the Congressional-Executive Commission on China, One Hundred Seventh Congress, Second Session (May 24, 2002): Statement of William Sullivan, Director of Executive Education Programs, Maxwell School of Public Affairs, Syracuse University (*im Folgenden: Statement of William Sullivan, 24.05.2002*).

sondere seit mit dem WTO-Beitritt der VRC Zugangsbeschränkungen für chinesische Unternehmen, Produkte und Dienstleistungen zum amerikanischen Markt aufgehoben wurden, ist es ein wesentliches Anliegen der US-Regierung, sich zum Schutz amerikanischer Unternehmen dafür einzusetzen, dass die gleichen fairen Bedingungen, von denen chinesische Unternehmen in den USA profitieren, auch für amerikanische Unternehmen in der VRC umgesetzt werden.

Neben diesen wirtschaftlichen Interessen verfolgt die »Zusammenarbeit im Rechtsbereich« weiterhin das Ziel, eine Verbesserung der Menschenrechtssituation in der VRC zu erreichen.[557] Die Förderung von Menschenrechten wie auch von Rechtsstaatlichkeit und Demokratie wird als ein bedeutender Aspekt des amerikanischen nationalen Interesses angesehen und stellt daher traditionell einen wichtigen Bestandteil amerikanischer Außenpolitik dar.[558] Die Orientierung amerikanischer Administrationen seit der Präsident-

557 Gewirtz 2003: 606. Vgl. auch die Ausführungen der damaligen amerikanischen Außenministerin Madeleine K. Albright: »A half century ago, a generation of American leaders led by President Truman and Secretary of State Marshall offered a plan for re-building a Europe decimated by war. Their goals then were similar to our goals today. They understood that nations working together as trading partners and partners in peace would be less likely to fall into the abyss of war. They believed that gaining the commitment of nations to high standards of law and human rights would make the world less brutal and less unjust.« (Secretary of State Madeleine K. Albright Luncheon Remarks – Wilmington, Delaware May 1997; Fundstelle: http://www.usembassy-china.org.cn/press/release/1997/wwwhit24.html [Zugriff: 02.07.2005]; *im Folgenden: Secretary of State Madeleine K. Albright Remarks, May 1997*)

558 Carothers 1999: 3–4. Auf die enge Verbindung zwischen Demokratieförderung, Menschenrechtsschutz und Rechtsstaatlichkeit einerseits sowie amerikanischen außenpolitischen Interessen andererseits wird auch durch Kenneth Wollack hingewiesen: »The promotion of democracy is not some idealistic crusade, but a rather quintessential exercise in *realpolitik*. Nothing better serves the interests of the United States – economic, political, ideological – than the promotion of democratic practices and institutions. A more democratic world is not simply a more orderly and humane place. It is a more peaceful and more prosperous place. [...] [T]here must be a new urgency in the promotion of the rule of law, pluralism and respect for human rights. Democracy and human rights are not only ideals to be pursued by all nations – they are also pragmatic tools that are powerful weapons against extremism.« (Statement by Kenneth Wollack, President, National Democratic Institute for International Affairs, before the Committee on International Relations, U.S. House of Representatives, July 9, 2003; Fundstelle: http://www.ndi.org/front_page/testimony_070903.asp [Zugriff: 19.07.2005]; *im Folgenden: Statement by Kenneth Wollack, 09.07.2003*); Hervorhebung im Original, Ergänzung der Verfasserin

schaft von Woodrow Wilson (1913-1921) am Konzept des »Demokratischen Friedens« spielt hier eine wichtige Rolle.[559] Dieses Konzept geht auf Immanuel Kant zurück und lässt sich kurz dahin gehend skizzieren, dass Demokratien untereinander nur sehr selten Kriege führen. Daher trägt die Unterstützung von demokratischen Reformen – und als ein Bestandteil dieser Reformen die Förderung von Rechtsstaatlichkeit – wesentlich dazu bei, die Voraussetzungen für eine friedfertige und damit auch prosperierende Staatengemeinschaft zu schaffen.[560] Diese Zusammenhänge liegen auch der Initiierung der »Zusammenarbeit im Rechtsbereich« mit der VRC zugrunde.[561] Dementsprechend beschränken sich die Inhalte der Zusammenarbeit auch nicht auf die eher rechtstechnischen Bereiche des Wirtschafts- und Handelsrechts, sondern schließen menschenrechtsrelevante Bereiche wie das Verwaltungsrecht und legal aid explizit mit ein.[562]

Schließlich versuchte die Clinton-Administration dadurch, dass inoffiziell die Förderung von Rechtsstaatlichkeit als das übergeordnete Ziel der »Zusammenarbeit im Rechtsbereich« mit der VRC hervorgehoben wurde,[563]

559 Carothers 1999: 3.

560 Vgl. ibid.: 45. Mit der Bedeutung des Konzeptes für die internationalen Beziehungen der Gegenwart beschäftigt sich z. B. LIPSON, Charles (2003). *Reliable Partners. How Democracies Have Made a Separate Peace*. Princeton/Oxford: Princeton University Press. In jüngerer Zeit, vor allem seit den Anschlägen des 11. September 2001 in New York, wird darüber hinaus auch die große Bedeutung demokratischer Reformen für die Bekämpfung von Extremismus und Terrorismus hervorgehoben (vgl. Statement by Kenneth Wollack, 09.07.2003).

561 Vgl. die Aussage der damaligen amerikanischen Außenministerin Madeleine K. Albright: »I think a China that is engaged constructively in the region and throughout the world is very important for peace, stability and prosperity, which is what the major goals of American foreign policy are.« (Albright Remarks to U.S. Business Community in Beijing, 30.04.1998; Fundstelle: http://hongkong.usconsulate.gov/uscn/state/1998/0430a.htm [Zugriff: 01.07.2005]. Auch die George W. Bush Administration weist auf die Bedeutung, die die Entwicklung von Demokratie und Rechtsstaatlichkeit in der VRC für die internationale Stabilität und Prosperität haben, hin: »Democratically governed nations are more likely to secure peace, deter aggression, expand open markets, promote economic development, combat international terrorism and crime, rule responsibly, uphold human rights and fundamental freedoms, avoid man-made humanitarian crises, and improve human health.« (»A Comprehensive Human Rights Strategy for China« – Assistant Secretary of State Lorne W. Craner, Carnegie Endowment for International Peace, Washington, D.C., January 29, 2004; Fundstelle: http://www.state.gov/g/drl/rls/rm/28693.htm [Zugriff: 19.07.2005])

562 Gewirtz 2003: 609/610.

563 In dieser Hinsicht ist es interessant darauf hinzuweisen, dass sowohl in den Aussagen amerikanischer politischer Akteure wie auch in der amerikanischen Li-

möglichst breite Unterstützung für die Initiative zu sichern. So ist das Konzept der Rechtsstaatlichkeit seinen konkreten Inhalten nach nicht sehr klar umrissen, sodass eine Vielzahl von Bedeutungen und Zielvorstellungen mit Rechtsstaatlichkeit verbunden werden können. So wird Rechtsstaatlichkeit zum einen als wichtige Voraussetzung für wirtschaftliche Entwicklung durch Korruptionsbekämpfung und Verbesserung der Rechtsdurchsetzung angesehen, aber auch als unerlässlich für die Erreichung so breit gefächerter Ziele wie die Verhinderung von Menschenrechtsverletzungen, den Schutz der Umwelt und verbesserte Möglichkeiten der Bürgerbeteiligung in einem Gemeinwesen.[564] Da die Förderung von Rechtsstaatlichkeit auf diese Weise einer Vielzahl von Interessen entgegenkommt, ging die Clinton-Administration davon aus, dass es auch möglich sein sollte, für eine Initiative, die die Verwirklichung von Rechtsstaatlichkeit in der VRC anstrebte, politische und auch finanzielle Unterstützung aus möglichst breiten Teilen der Gesellschaft sowie des politischen Spektrums zu gewinnen.[565]

Gleichwohl, wie bereits oben erwähnt wurde, äußerte sich die Gemeinsame Abschlusserklärung der Präsidenten Bill Clinton und Jiang Zemin hinsichtlich der Initiierung der »Zusammenarbeit im Rechtsbereich« nicht aus-

teratur zum Thema kaum die offizielle Bezeichnung für die vereinbarte Zusammenarbeit mit der VRC – »*Cooperation in the Field of Law*« – verwendet wird; statt dessen wird regelmäßig von der »*Rule of Law Initiative*« gesprochen. Dies verdeutlicht, dass jedenfalls aus amerikanischer Sicht die Zusammenarbeit eindeutig auf die Förderung von Rechtsstaatlichkeit in der VRC ausgerichtet war und die neutrale offizielle Bezeichnung allein zu dem Zweck gewählt wurde, um eine Einwilligung der chinesischen Seite in die »Zusammenarbeit im Rechtsbereich« überhaupt erst zu ermöglichen.

564 Auch die ehemalige amerikanische Außenministerin Madeleine K. Albright benennt die verschiedenen Zielvorstellungen, denen die Verwirklichung von Rechtsstaatlichkeit in der VRC entspricht: »If you are a business person, you will care whether China's legal structure respects individual rights, and whether the political and security environment is stable. If you are a military planner, you will want to see China moving ahead with economic and political reform because you know that an open society contributes to peace. If you are a human rights activist, you will welcome the long-term liberalizing effects created by expanded commerce, creation of a strong private sector, and a broad dialogue between China and the world's democracies. And if you are Secretary of State, you will be determined to move ahead on all fronts, encouraging the full integration of China into the international system.« (Secretary of State Madeleine K. Albright Remarks, May 1997); Stephenson 2000:10–11.

565 ibid.: 10; »Promoting Rule of Law in China« – Roundtable before the Congressional-Executive Commission on China, One Hundred Seventh Congress, Second Session (May 24th, 2002): Statement of Robert Kapp, President, U.S.-China Business Council (*im Folgenden: Statement of Robert Kapp, 24.05.2004*).

drücklich zu diesem Spektrum an verschiedenen Zielvorstellungen, die mit der Zusammenarbeit verfolgt werden konnten; die Gemeinsame Abschlusserklärung stellt lediglich eine Verständigung darauf dar, *dass* eine Kooperation zwischen den USA und der VRC im Rechtsbereich gewünscht ist – nicht aber darauf, *welchen Zielen* diese Kooperation im Einzelnen dienen soll.[566] Diese Uneindeutigkeit ist jedoch nicht nur als Nachteil der Abschlusserklärung zu sehen; vielmehr war es nur dadurch, dass der Wortlaut der Erklärung der chinesischen wie auch der amerikanischen Seite jeweils ausreichend Spielraum zur eigenen Interpretation des Zweckes und der Intention der »Zusammenarbeit im Rechtsbereich« ließ, überhaupt möglich, eine Einigung über diese bilaterale Kooperation auf höchster Ebene zu erzielen. *Dass* es zu einer solchen Einigung kam, war schließlich für die Clinton-Administration aus dem Grund von großer Bedeutung, weil die »Zusammenarbeit im Rechtsbereich« letztlich als Alternative zur Debatte der chinesischen Menschenrechtssituation im amerikanischen Kongress, die jährlich an die MFN-Verhandlungen gekoppelt war, dienen sollte. Eine Entkoppelung der MFN-Verhandlungen von der öffentlichen Diskussion der chinesischen Menschenrechtslage im Kongress hätte zu einer wesentlichen Entlastung der amerikanisch-chinesischen Wirtschaftsbeziehungen geführt. Dem Kongress wäre in diesem Falle die »Zusammenarbeit im Rechtsbereich« als alternative Möglichkeit, die Menschenrechtslage in der VRC auch unabhängig von den MFN-Verhandlungen positiv zu beeinflussen, angeboten worden. Dieses Vorgehen der Clinton-Administration gleicht dabei in seiner Zielsetzung dem deutsch-chinesischen Rechtsstaatsdialog, der 1999 zwischen Bundeskanzler Schröder und dem damaligen chinesischen Ministerpräsidenten Zhu Rongji vereinbart wurde. Auch der Rechtsstaatsdialog diente, wie oben dargelegt, dazu, die deutsch-chinesischen Beziehungen von Debatten über die Menschenrechtssituation in der VRC zu entlasten und statt dessen ein alternatives Forum für die Behandlung dieser Frage zu schaffen.

Anders als der deutschen Bundesregierung gelang es der Clinton-Administration jedoch nicht, auf diese Weise die Diskussion der chinesischen Menschenrechtssituation durch die Vereinbarung der »Zusammenarbeit im Rechtsbereich« von den amerikanisch-chinesischen Wirtschaftsbeziehungen zu lösen. So lehnte es der amerikanische Kongress ab, einige entscheidende rechtliche Bestimmungen des *Foreign Relations Act*, welche eine Verwendung öffentlicher Mittel für die offizielle EZ mit kommunistischen Staaten – zu denen die VRC gemäß dem *Foreign Relations Act* nach wie vor zu zählen ist – verbieten, zu revidieren. Auch stellte der Kongress der Clinton-Administration keine anderweitigen finanziellen Mittel für die Implementierung der »Zusammenarbeit im Rechtsbereich« mit der VRC zur Verfügung,

566 Gewirtz 2003: 609.

sodass es nicht möglich war, die im Rahmen der Zusammenarbeit geplanten Maßnahmen umzusetzen.[567] Insbesondere konservative Mitglieder des amerikanischen Kongresses waren nicht bereit, in der »Zusammenarbeit im Rechtsbereich« eine nicht-konfrontative und daher wirksame Strategie zur Förderung von Menschenrechten und Rechtsstaatlichkeit in der VRC zu sehen und verweigerten grundsätzlich jegliche Zusammenarbeit mit der chinesischen Regierung.

Trotz dieser Entwicklungen sollte die »Zusammenarbeit im Rechtsbereich« gleichwohl nicht gänzlich als Misserfolg gewertet werden. Auch wenn es im Rahmen der Zusammenarbeit nicht zur Implementierung konkreter Maßnahmen kam, blieb die zwischen Bill Clinton und Jiang Zemin getroffene Vereinbarung dennoch nicht ohne Auswirkungen. So legte sich die chinesische politische Führung unter Jiang Zemin mit der Abgabe der Gemeinsamen Abschlusserklärung darauf fest, dass eine »Zusammenarbeit im Rechtsbereich« mit den USA »den Interessen und Bedürfnissen der VRC dient.« Auf der einen Seite verlieh diese Aussage den zahlreichen nicht-staatlichen Rechtsberatungsprojekten sowie informellen Formen des Austausches, die zwischen amerikanischen und chinesischen Partnern seit langer Zeit bestehen, zusätzliche Legitimität.[568] Weiterhin führte die Vereinbarung über die »Zusammenarbeit im Rechtsbereich« auch zur Initiierung einer Vielzahl an neuen Rechtsberatungsprojekten, da sich nun in der VRC der politische Freiraum für derartige Maßnahmen wesentlich erweitert hatte. Dies bedeutet, dass die Vereinbarung zwischen den Präsidenten Bill Clinton und Jiang Zemin als wichtige politische Grundlage angesehen werden kann, die eine Proliferation von Rechtsberatungsprogrammen, vor allem seitens amerikanischer NRO, nach sich zog. Somit ebnete die Vereinbarung auch ohne die Implementierung eigener Maßnahmen der privaten amerikanisch-chinesischen Rechtszusammenarbeit den Weg und gab dieser neue Impulse.

1.2 Die Verhandlungen über Permanent Normal Trade Relations als Katalysator für die amerikanisch-chinesische Rechtszusammenarbeit

Zwei Jahre, nachdem die regierungsoffizielle »Zusammenarbeit im Rechtsbereich« mit der VRC durch die Weigerung des amerikanischen Kongresses, entsprechende Finanzmittel zur Verfügung zu stellen, zum vorzeitigen Erliegen gekommen war, führten der bevorstehende WTO-Beitritt der VRC und die damit verbundenen Verhandlung zwischen der VRC und den USA über die Gewährung von *Permanent Normal Trade Relations* (PNTR) zu einem Wechsel der Vorzeichen.

567 Gewirtz 2003: 614–615.
568 ibid.: 610.

So hatte der amerikanische Kongress regelmäßig die jährlichen Verhandlungen über die Gewährung des MFN-Status für die VRC mit einer kritischen Diskussion über die Menschenrechtssituation in China verbunden und weiterhin die Drohung erhoben, die Gewährung von MFN zu verweigern, sollte sich die amerikanische Regierung nicht für eine Verbesserung dieser Lage einsetzen. Die Gewährung des PNTR-Status für die VRC im Zuge der amerikanisch-chinesischen WTO-Beitrittsverhandlungen führte nun dazu, dass die Notwendigkeit der jährlichen Erneuerung des MFN-Status und damit auch die damit verbundene Debatte über die chinesische Menschenrechtssituation im Kongress entfielen. Dadurch drohte der amerikanische Kongress gleichwohl die Möglichkeit zu verlieren, sich offiziell mit dieser Problematik zu befassen wie auch ein wichtiges Druckmittel gegenüber der amerikanischen Regierung einzubüßen, sich für die Verbesserung der Menschenrechtslage in der VRC einzusetzen. Aus diesem Grund rief der Kongress die amerikanische Regierung nun seinerseits dazu auf, geeignete Rechtsberatungsmaßnahmen zu ergreifen und umzusetzen, um so zu gewährleisten, dass die amerikanische Regierung auf diese Weise für die Verbesserung der Menschenrechtssituation in der VRC eintrete. Weiterhin forderte der Kongress eine bessere Koordination der zahlreichen, aber weitgehend unabhängig voneinander arbeitenden, zumeist privaten amerikanischen Rechtsberatungsinitiativen gegenüber der VRC. Damit machte sich also der Kongress vor dem Hintergrund der Gewährung von PNTR exakt die Linie in der Menschenrechtspolitik gegenüber der VRC zu eigen, die Präsident Clinton bereits 1997/1998 mit der Vereinbarung über die »Zusammenarbeit im Rechtsbereich« hatte einschlagen wollen.

Dem entsprechend verpflichtet *House Resolution* (H.R.) 4444 »the Departments of Commerce, State, and Labor to provide training and technical assistance in China for purposes of developing the rule of law with respect to commercial and labor market standards and with respect to democracy-building. The Departments will establish programs to assist China in bringing its laws into compliance with international requirements, including WTO rules and ILO […] conventions, and in developing processes to enforce the rule of law.«[569] Auch der *U.S.-China Trade Relations Act* (2000),[570] mit dem der VRC PNTR gewährt wird, fordert die Einrichtung von verschiedenen Rechtsberatungsprogrammen durch amerikanische Ministerien.[571] Im Zusammenhang mit dieser Gesetzgebung genehmigte der amerikanische Kon-

569 H.R. 4444, Subtitle B, Section 511–514; Fundstelle: http://rpc.senate.gov/~rpc/releases/1999/L71tr083100.htm [Zugriff: 08.07.2005]; Auslassung der Verfasserin

570 Publ. L. No. 106–286, §511, 114 Stat. 880, 905–06 (2000)

571 Orts 2001: 73.

gress erstmals im Haushaltsjahr 1999/2000 die Verwendung von staatlichen Entwicklungshilfegeldern (das heißt Gelder aus dem *Economic Support Fund*) für die Implementierung von Rechtsberatungsmaßnahmen in der VRC, die auf die Förderung von Demokratie und Rechtsstaatlichkeit zielen;[572] im Haushaltsjahr 2002/2003 schließlich stellte der Kongress Gelder zur Verfügung, die eigens für derartige Programme ausgewiesen waren.[573] Dies bedeutet, dass seit 1999/2000 erstmals direkt von der amerikanischen Regierung finanzierte Rechtsberatungsmaßnahmen zur Förderung von Demokratie und Rechtsstaatlichkeit in der VRC existieren.

Neben dem Auftrag an die amerikanische Regierung, Rechtsberatungsmaßnahmen gegenüber der VRC durchzuführen, verlangte H.R. 4444 weiterhin die Einrichtung eines »Aufsichtsorgans« zur Beobachtung der Menschenrechtssituation in der VRC.[574] Dem entsprechend wurde im Oktober 2000 durch den *China Relations Act* (2000) die »Congressional-Executive Commission on China« ins Leben gerufen.[575]

1.3 Institutionalisierung der Überwachung der Menschenrechtssituation in der VRC: Die Einrichtung der Congressional-Executive Commission on China

Die Congressional-Executive Commission on China (CECC) setzt sich aus neun Senatoren, neun Abgeordneten des Repräsentantenhauses sowie aus fünf hochrangigen Regierungsbeamten, die direkt vom Präsidenten benannt werden, zusammen.[576] Die Hauptaufgabe der CECC besteht darin, die Einhaltung der Verpflichtungen, die die VRC durch den Beitritt zu internationalen Menschenrechtsregimes eingegangen ist, zu überwachen und den Fortschritt bei der Entwicklung von Rechtsstaatlichkeit in der VRC zu beobachten. Weiterhin unterhält die CECC eine Datenbank mit den Namen politischer Gefangener in der VRC, die aufgrund der Ausübung ihrer Menschenrechte auf freie Meinungsäußerung, Versammlungsfreiheit, Religionsfreiheit etc. in Haft

---

572 Pub. L. No. 105–277, §527

573 Pub. L. No. 107–115, §526; United States General Accounting Office (GAO) (2004): 1–2.

574 H.R.4444, Title III, Section 301; Fundstelle: http://rpc.senate.gov/~rpc/releases/1999/L71tr083100.htm [Zugriff: 08.07.2005]

575 »Human Rights in China in the Context of the Rule of Law« – Hearing before the Congressional-Executive Commission on China, One Hundred Seventh Congress, Second Session (February 7, 2002): Opening statement of Hon. Max Baucus, a U.S. Senator from Montana, Chairman, Congressional-Executive Commission on China (*im Folgenden: Statement of Max Baucus, 07.02.2002*).

576 H.R.4444, Title III, Sec. 303; Fundstelle: http://www.cecc.gov/pages/general/HR4444_Title3.pdf [Zugriff: 16.07.2005]

gehalten werden. Schließlich sammelt die CECC Informationen über alle Rechtsberatungsmaßnahmen, die von amerikanischer privater wie auch staatlicher Seite in der VRC durchgeführt werden; auf diese Weise soll gemäß den Vorgaben von H.R. 4444 eine Koordination dieser vielfältigen Aktivitäten erleichtert werden.[577] Dabei führt die CECC selbst jedoch keine Rechtsberatungsmaßnahmen aus; ihre Aufgabe beschränkt sich darauf, Informationen über die diesbezüglichen Aktivitäten anderer Organisationen zu sammeln und diese Informationen der amerikanischen Regierung wie auch der gesamten amerikanischen Öffentlichkeit zur Verfügung zu stellen.[578]

Da die CECC die Entwicklung von Rechtsstaatlichkeit und Fortschritte beim Menschenrechtsschutz in der VRC als eng miteinander verbunden ansieht, liegt ein Schwerpunkt der Arbeit der CECC auf der Beobachtung des chinesischen Rechtsreformprozesses. Dabei versucht die CECC, umfassende Veränderungen im politischen System der VRC zu unterstützen. Dies bedeutet, dass die CECC als ein »Instrument der amerikanischen Regierung« zur Umsetzung der amerikanischen Menschenrechtspolitik gegenüber der VRC angesehen werden kann.[579] Als solches erarbeitet die CECC Strategien, »how the United States can pursue policies and programs that will increase the respect for law in China [...].«[580]

Ein wichtiger Ansatz zur Förderung von Rechtsstaatlichkeit wird dabei in der Unterstützung für den Aufbau rechtlicher Institutionen gesehen. Dazu zählt z. B. die Ausbildung von Rechtsanwälten und Richtern, die Verbesserung der Transparenz des Gesetzgebungsprozesses und der Verwaltungsverfahren wie auch die Erleichterung des Zugangs zum Recht für möglichst breite Teile der chinesischen Bevölkerung. Die CECC sieht ihre diesbezügliche Funktion vor allem darin, als ein »Katalysator« für die Initiierung amerikanischer, aber auch ausländischer sowie multilateraler Rechtsberatungsmaßnahmen in diesen Bereichen zu dienen.[581] Da es trotz der Bereitstellung von Finanzmitteln durch den Kongress im Zuge der PNTR-Gesetzgebung gegenwärtig noch kein umfassendes staatliches Rechtsberatungsprogramm

577 Die Aufgaben der CECC sind beschrieben in H.R.4444, Title III, Sec. 302; Fundstelle: http://www.cecc.gov/pages/general/HR4444_Title3.pdf [Zugriff: 16.07.2005]

578 »Human Rights in China in the Context of the Rule of Law« – Hearing before the Congressional-Executive Commission on China, One Hundred Seventh Congress, Second Session (February 7, 2002): Opening statement of Hon. Doug Bereuter, a U.S. Representative from Nebraska, Co-Chairman, Congressional-Executive Commission on China (*im Folgenden: Statement of Doug Bereuter, 07.02.2002*)

579 Statement Max Baucus, 07.02.2004

580 ibid.; Auslassung der Verfasserin

581 Statement of Doug Bereuter, 07.02.2002

der USA gegenüber der VRC gibt, bemüht sich die CECC schließlich auch darum, die Ausarbeitung eines solchen Programms als Ergänzung zu den vielen privaten amerikanischen Aktivitäten in diesem Bereich voranzutreiben. Zu diesem Zweck stellt die CECC der amerikanischen Regierung Informationen zur Verfügung, in welchen Bereichen eine derartige zwischenstaatliche Rechtszusammenarbeit von größtmöglichem Nutzen sein könnte. Dabei greift die CECC auch auf die Erfahrungen zurück, die andere Staaten im Rahmen offizieller Rechtsberatungsprogramme gegenüber der VRC sammeln konnten.[582]

Da die CECC unilateral im Zuge der PNTR-Gesetzgebung eingerichtet wurde, reagierte die chinesische Regierung sehr kritisch auf die Arbeit dieser Institution, welche nach chinesischer Auffassung eine Einmischung in die inneren Angelegenheiten der VRC darstellt. Aus diesem Grund gibt es auch keinerlei Kooperation zwischen der CECC und offiziellen chinesischen Regierungsstellen. Die CECC versucht gleichwohl, reformorientierte Persönlichkeiten in der chinesischen Regierung, KPC und Wirtschaft zu identifizieren und auf diese Weise Reformansätze, die in der VRC selbst bereits vorhanden sind, gezielt zu unterstützen.[583] Dieses Vorgehen erinnert dabei sehr stark an eine so genannte »Trojan Horse« Strategie: diese Strategie nutzt Rechtsberatungsmaßnahmen als Instrumente, um nicht nur konkretes rechtstechnisches Wissen, sondern verdeckt auch Anstöße zu weitergehenden politischen und rechtsstaatlichen Reformen im Empfängerstaat, zu verbreiten. Die Regierung der VRC ist sich durchaus der Möglichkeit bewusst, dass diese Strategie von ausländischen Anbietern von Rechtsberatungsmaßnahmen verfolgt wird. So wurden beispielsweise im Sommer 2003 im Zuge der Diskussionen um die Änderungen der Verfassung der VRC von chinesischen Rechtswissenschaftlern viele konstruktive, aber auch kritische Aspekte in die Debatte eingebracht.[584] Aus Furcht, die Kontrolle über diese Diskussion zu verlieren, unterband die politische Führung der VRC schließlich den Fortgang der Debatte.[585] In diesem Zusammenhang veröffentlichte die Kanzlei

582 ibid.

583 Statement of Max Baucus, 07.02.2002

584 Zu einer eingehenden Analyse der Diskussionen um die Änderung der chinesischen Verfassung im Jahr 2003/2004 siehe: Heilmann/Schulte-Kulkmann/Shih 2004a; eine Analyse der Verfassungsänderungen selbst liefern Schulte-Kulkmann/Shih/Heilmann 2004.

585 Ein wesentlicher Teil der Diskussion um die Verfassungsänderungen wurde auf rechtswissenschaftlichen Konferenzen sowie in Internetforen geführt. Im Zuge des Einschreitens gegen eine weitere Ausweitung der Diskussion wurden die entsprechenden Internetseiten geschlossen, und Rechtswissenschaftlern wurde die weitere Teilnahme an entsprechenden Konferenzen und Tagungen untersagt. Einige der Rechtswissenschaftler, die sich am engagiertesten an der Diskussion

des Zentralkomitees (ZK) der KPC (*zhonggong zhongyang bangongting*) einen Aufruf, in dem ausländische Rechtsberatungsmaßnahmen ausdrücklich beschuldigt wurden, subversive Ideen in die Debatte um die chinesischen Verfassungsänderungen einzuschleusen. Durch die Verfolgung einer solchen »Trojan Horse« Strategie solle die VRC destabilisiert und geschwächt werden.[586] Mit der Anschuldigung, ausländische Rechtsberatung verfolge eine »Trojan Horse« Strategie gegenüber der VRC werden somit derartige Rechtsberatungsmaßnahmen diskreditiert wie auch insbesondere chinesische NRO und chinesische Befürworter von umfassenden Rechtsreformen, die in vielen Fällen mit privaten amerikanischen Organisationen im Rechtsbereich zusammen arbeiten, indirekt der Mittäterschaft verdächtigt. Dies führt auch dazu, dass diese chinesischen Organisationen bzw. Individuen in ihrer Arbeit sehr verletzbar im Hinblick auf strenge Kontrollen und mögliche Einmischung durch staatliche Stellen werden.

Gleichwohl wird seitens der Angehörigen der CECC stets betont, dass die Arbeit der Kommission nicht darauf gerichtet sei, amerikanische Menschenrechts- und Rechtsstaatlichkeitsstandards in die VRC zu exportieren oder eine subversiv ausgerichtete »Trojan Horse« Strategie zu verfolgen.[587] Hierzu ist jedoch festzuhalten, dass die oben geschilderte Vorgehensweise der CECC, in der VRC reformbereite Kräfte zu identifizieren und diese bei ihren Bemühungen um Rechtsreformen zu unterstützen sowie die Beschreibung der CECC als ein »Instrument« zur Durchsetzung der Menschenrechtspolitik der amerikanischen Regierung gegenüber der VRC[588] Ähnlichkeiten mit der »Trojan Horse« Strategie aufweist.

Die Befürchtung, dass von chinesischer Seite amerikanische Rechtsberatungsmaßnahmen in diesem Sinne als Vehikel für die Durchsetzung amerikanischer außenpolitischer Interessen in der VRC angesehen werden könnten

---

beteiligt hatten, wurden zeitweilig unter polizeiliche Aufsicht gestellt (siehe Heilmann/Schulte-Kulkmann/Shih 2004a).

586 Siehe »China Cracks Down on Ongoing Debate over Political Reform«; in: *The Wall Street Journal*, 24.09.2003. In der Tat gibt es einige amerikanische Organisationen, die mit chinesischen Partnern auch in Fragen der Verfassungsreform zusammenarbeiten und somit ein Ziel der von der KPC geäußerten Anschuldigungen wurden. So arbeitet das China Law Center der juristischen Fakultät der Universität Yale (zur Arbeit des Yale CLC siehe unten Abschnitt 3.1.2) mit chinesischen Rechtswissenschaftlern Möglichkeiten der Etablierung eines Systems der Verfassungsaufsicht in der VRC aus (siehe: »The China Law Center – The Law School Engages China«; in: *Yale Law Review*, Winter 2003. Fundstelle: http://chinalaw.law.yale.edu//china_Winter03.pdf [Zugriff: 19.07.2005]).

587 Statement of Max Baucus, 07.02.2002; persönliche Gespräche in Washington, D.C., Frühjahr 2004

588 Statement of Max Baucus, 07.02.2002

und so die Rechtszusammenarbeit diskreditiert und erschwert wird, hat auch dazu geführt, dass einige amerikanische Organisationen es prinzipiell ablehnen, staatliche Gelder für ihre Arbeit zu akzeptieren.[589] Eine staatliche Finanzierung der Arbeit dieser Organisationen könnte so zur Folge haben, dass die Rechtsberatung nicht als unabhängig von der amerikanischen Regierung und gekoppelt an amerikanische außenpolitische Interessen angesehen wird, was die Zusammenarbeit in stärkerem Maße der Aufsicht durch die chinesischen Behörden aussetzen und somit Rechtsberatung vor allem auch in sensiblen, menschenrechtsrelevanten Rechtsbereichen wie dem Strafrecht oder dem Verwaltungsrecht behindern könnte.[590]

Diese Darstellung unterstützt das oben vorgebrachte theoretische Argument, dass Rechtsberatungsmaßnahmen in vielen Fällen als wirkungsvolle Instrumente wahrgenommen werden, um die außenpolitischen Interessen eines Staates gegenüber anderen Staaten durchzusetzen. Trotz des hieraus resultierenden Misstrauens auch der VRC gegenüber amerikanischen staatlichen Rechtsberatungsmaßnahmen hat aber das Interesse der VRC an einer schnellen Bewilligung des PNTR-Status, wodurch erst die Voraussetzungen für den WTO-Beitritt geschaffen wurden, dazu geführt, dass die chinesische Seite bereit war, in einzelnen Bereichen, wo von Seiten der USA besonderer Reformbedarf identifiziert worden war, Kooperationsbereitschaft zu zeigen. So kam es zur Initiierung einiger erster Maßnahmen der bilateralen Rechtszusammenarbeit zwischen den USA und der VRC, die nicht zuletzt das Ziel verfolgen, in einzelnen Rechtsbereichen wie dem Wirtschaftsrecht WTO-konforme Reformen in der VRC anzustoßen. Diese Maßnahmen sollen im Folgenden ausführlicher dargestellt werden.

2. Amerikanische staatliche Rechtsberatungsmaßnahmen

2.1 Kooperation im Bereich des Arbeitsrechts zwischen dem amerikanischen Arbeitsministerium und dem chinesischen Ministerium für Arbeit und soziale Sicherung

2.1.1 Programmbeschreibung

Auch die Kooperation zwischen dem amerikanischen Arbeitsministerium (Department of Labor – DoL) und dem chinesischen Ministerium für Arbeit und soziale Sicherung (MoLSS) steht in direktem Zusammenhang mit der PNTR-Gesetzgebung. So verlangt H.R.4444 die Initiierung von Ausbildungsmaßnahmen und technischer Zusammenarbeit im Rechtsbereich durch

589 Die Ford Foundation ist eine der Organisationen, die ihre Arbeit rein aus privaten Mitteln finanzieren (siehe unten Abschnit 3.4.2)

590 Siehe: Statement of William Sullivan, 24.05.2002

das DoL.[591] Im Jahr 2002 wurden daher von der Arbeitsministerin Elaine Chao Mittel in Höhe von insgesamt 6,4 Millionen US$ für Rechtsberatungsmaßnahmen im Bereich Arbeitsrecht zur Verfügung gestellt. Von diesem Betrag wurden 2,3 Millionen US$ für Maßnahmen zur Verbesserung der Arbeitsbedingungen in der VRC verwendet, während 4,1 Millionen US$ in Projekte zur Reform des Arbeitsrechts in der VRC flossen.[592]

Dieser Betrag von 4,1 Millionen US$ wurde einem Konsortium dreier privater amerikanischer Organisationen – Worldwide Strategies, Inc.,[593] Asia Foundation und National Committee on United States-China Relations (NCUSCR)[594] – zur Verfügung gestellt, welches mit der Ausarbeitung und Implementierung der durch die PNTR-Gesetzgebung vorgeschriebenen Rechtsberatungsmaßnahmen beauftragt worden war. Im Zuge der Rechtszusammenarbeit kooperiert dieses Konsortium mit dem chinesischen MoLSS, mit chinesischen Behörden auf Provinz- und Stadtebene wie auch mit NRO und Arbeitnehmer- und Arbeitgeberverbänden. Die TZ richtet sich dabei insbesondere auf Ausbildungsmaßnahmen, um so die Fähigkeit chinesischer Behörden, arbeitsrechtliche Regelungen zu erlassen, die internationalen Standards entsprechen, zu erhöhen. Schulungen richten sich aber auch an chinesische Arbeiter und Angestellte selbst, um diese über ihre Rechte gegenüber den Arbeitgebern zu informieren. Schließlich wird im Rahmen der Rechtszusammenarbeit auch das Angebot von legal aid, insbesondere für die besonders benachteiligten weiblichen Arbeiter und Wanderarbeiter, unterstützt.[595] Im Einzelnen werden die Rechtsberatungsmaßnahmen des Typ II zur Unterstützung der Rechtsetzung und Durchsetzung von arbeitsrechtlichen Regelungen sowie die Schulung von im Bereich des Arbeitsrechts tätigen Beamten vom NCUSCR durchgeführt. Die Asia Foundation konzentriert ihre

591 H.R.4444, Subtitle B, Section 511–514

592 »U.S. Labor Department to Provide Technical Assistance to China on Labor Law, Worker Rights, and Mine Safety«; Fundstelle: http://www.dol.gov/opa/media/press/ilab/ILAB2002584.htm [Zugriff: 08.07.2005]

593 Worldwide Strategies, Inc. ist eine private Organisation, die im Bereich der Förderung von wirtschaftlicher und sozialer Entwicklung tätig ist.

594 Das NCUSCR wurde 1966 gegründet und ist eine private, gemeinnützige und nicht parteigebundene Organisation, die sich in erster Linie für »Verständigung und Zusammenarbeit zwischen den USA und der Region Greater China einsetzt.« Die Arbeit des NCUSCR wird durch Zuwendungen anderer privater Organisationen, aber auch durch Zahlungen des amerikanischen Außenministeriums, Erziehungsministeriums und Arbeitsministeriums sowie durch private Spenden von Bürgern und Unternehmen finanziert (»Our Mission«; Fundstelle: http://www.ncuscr.org/About_Us/AboutUs.htm [Zugriff: 08.07.2005]).

595 »Labor Programs at the National Committee«; Fundstelle: http://www.ncuscr.org/labor.htm [Zugriff: 08.07.2005]

Arbeit auf das Angebot von legal aid, insbesondere für weibliche Wanderarbeiter (Rechtsberatung Typ III).[596]

Im Jahr 2003 unterzeichneten DoL und MoLSS ein Memorandum of Understanding (MoU) über die amerikanisch-chinesische Zusammenarbeit im Arbeitsrecht. Im darauf folgenden Jahr, 2004, wurde dieses MoU durch die Unterzeichnung von vier Gemeinsamen Erklärungen zwischen dem DoL und verschiedenen chinesischen Behörden ergänzt.[597] Auf diese Weise konnte die Rechtszusammenarbeit zwischen den USA und der VRC im Bereich des Arbeitsrechts sukzessive immer stärker formalisiert werden. Dies führt dazu, dass es für beide Seiten schwieriger wird, diese Zusammenarbeit in Zukunft aufzugeben; auch wenn ein MoU keine rechtlich verbindlichen Verpflichtungen begründet, so ist doch die Aufkündigung jeweils mit nicht unerheblichen politischen Kosten verbunden. Dabei haben vor allem die USA ein starkes Interesse an einer Fortführung der Zusammenarbeit, da insbesondere das Arbeitsrecht einen Bereich darstellt, in dem sich nationale Interessen und innenpolitische sowie wirtschaftliche Erwägungen miteinander verbinden.

So steht die amerikanische Regierung vor allem durch die amerikanische Öffentlichkeit wie auch seitens des Kongresses unter starkem Druck, sich für die Verbesserung der Arbeitsbedingungen in der VRC einzusetzen, vor allem hinsichtlich der Verbesserung von Arbeitssicherheit, Durchsetzung von Arbeitnehmerrechten sowie der Abschaffung von Kinderarbeit und Zwangsarbeit durch Strafgefangene oder Insassen von Umerziehungslagern. Durch die Initiierung von Rechtsberatungsmaßnahmen ist die amerikanische Regierung nun bemüht, dieser von Kongress und Öffentlichkeit geforderten Verantwortung gerecht zu werden.

---

596 Dieses Programm wird unten detailliert dargestellt, siehe Abschnitt 3.4.1.1.2

597 Die erste Gemeinsame Erklärung (*Joint Letter of Understanding*) wurde zwischen dem DoL und dem MoLSS unterzeichnet und bezieht sich auf Fragen der Festlegung und Durchsetzung von Bestimmungen zu Arbeitszeit und Mindestlöhnen; die zweite Gemeinsame Erklärung zwischen dem DoL und der chinesischen State Administration of Work Safety vereinbart eine verstärkte Kooperation in den Bereichen Arbeitssicherheit und Gesundheitsschutz für Arbeitnehmer. Auch die dritte Gemeinsame Erklärung wurde zwischen dem DoL und der chinesischen State Administration of Work Safety geschlossen und befasst sich mit der Verbesserung der Sicherheit in chinesischen Bergwerken, sowie mit Möglichkeiten, die Arbeitsgesundheit zu verbessern und durch private Versicherungen abzusichern. Gegenstand der vierten Gemeinsamen Erklärung zwischen dem DoL und dem MoLSS ist die Verbesserung der amerikanisch-chinesischen Kooperation im Bereich der Regulierung, Verwaltung und Aufsicht über das Pensionswesen (»The U.S. Department of Labor and the People's Republic Sign Four Joint Letters of Understanding«; Fundstelle: http://www.dol.gov/opa/media/press/opa/OPA20041117.htm [Zugriff: 08.07.2005]).

Darüber hinaus beteiligen sich auch amerikanische Unternehmen an der Förderung von Rechtszusammenarbeit im Bereich des Arbeitsrechts, zum Beispiel durch die Finanzierung entsprechender Projekte aus Mitteln des vom U.S.-China Business Council bereit gestellten U.S.-China Legal Cooperation Fund.[598] Da auch amerikanische Unternehmen häufig der Kritik der Öffentlichkeit ausgesetzt sind, ihrerseits durch die Verlagerung der Produktion in die VRC von den dortigen niedrigen Standards für Arbeitssicherheit zu profitieren,[599] liegt es auch im Interesse dieser Unternehmen, die Zusammenarbeit mit der VRC im Arbeitsrecht zu unterstützen und damit den Forderungen der amerikanischen Öffentlichkeit nach Wahrnehmung ihrer »corporate responsiveness« gerecht zu werden.

Gleichzeitig aber ergeben sich aus der Unterstützung für Verbesserungen im chinesischen Arbeitsrecht auch erhebliche wirtschaftliche Vorteile für amerikanische Unternehmen. So zielt die Zusammenarbeit im Arbeitsrecht in der Hauptsache darauf ab zu gewährleisten, dass die VRC ihre mit dem WTO-Beitritt eingegangenen Verpflichtungen erfüllt und international verbindliche Arbeitsrechtsstandards umsetzt. Dabei sind Verbesserungen hinsichtlich der Sicherheit und des Gesundheitsschutzes am Arbeitsplatz, Unterstützung für Arbeiter bei der Durchsetzung ihrer Rechte sowie Garantien über Mindestlöhne nicht nur für chinesische Arbeiter und Angestellte von Vorteil. Investitionen in Sicherheitsvorkehrungen an den Arbeitsplätzen und höhere Löhne resultieren vor allem in einer Erhöhung der Lohnstückkosten der in der VRC produzierten Güter, was wiederum zu einem Wettbewerbsvorteil amerikanischer Produkte führt. Da die Umsetzung von Arbeitsrechtsstandards somit indirekt zu einer Erhöhung der Produktionskosten chinesischer Güter und einer Steigerung der Wettbewerbsfähigkeit amerikanischer Produkte führt, kann die Zusammenarbeit im Arbeitsrecht in gewisser Hinsicht auch als eine Maßnahme zum Schutz der einheimischen amerikanischen Produktion angesehen werden – auch wenn in der VRC produzierende amerikanische Unternehmen gegebenenfalls von der verbesserten Umsetzung arbeitsrechtlicher Bestimmung negativ beeinflusst werden.

Auf diese Weise ist es somit möglich, durch die Zusammenarbeit im Arbeitsrecht sowohl wirtschaftlichen Interessen der USA als auch innenpolitischen und wirtschaftlichen Aspekten gerecht zu werden.

---

598 Zur Arbeit des U.S. China Business Council siehe unten, Abschnitt 3.3

599 Vgl. die Ausführungen der Abgeordneten Marcy Kaptur, Mitglied der CECC (»Human Rights in China in the Context of the Rule of Law« – Hearing before the Congressional-Executive Commission on China, One Hundred Seventh Congress, Second Session, February 7, 2002); Fundstelle: http://www.cecc.gov/pages/hearings/020702/index.php [Zugriff: 20.07.2005]

2.1.2 Strategie und möglicher Einfluss auf die Migration von Rechtsnormen und Konzepten

Ein positiver Einfluss der amerikanisch-chinesischen Zusammenarbeit auf die Migration von Rechtsnormen und Konzepten im Bereich des Arbeitsrechts ist schon allein aufgrund des Umstandes zu erwarten, dass die VRC durch den Beitritt zur WTO verpflichtet ist, bestimmte international gültige Arbeitsrechtsstandards national umzusetzen. Diese internationalen Standards wiederum spiegeln im Wesentlichen arbeitsrechtliche Vorschriften, wie sie auch in den USA gelten, wider. Hier zeigt sich somit eine indirekte Form des Exportes von amerikanischen Rechtsnormen und Konzepten. Bislang ist es den USA gelungen, internationale rechtliche Regime, wie sie die WTO oder auch die ILO darstellen, stark durch das amerikanische Recht und Rechtsdenken zu beeinflussen. Dies bedeutet, dass Staaten, die diesen Regimes beitreten und daher verpflichtet sind, sich den entsprechenden »internationalen« rechtlichen Standards anzupassen, faktisch eine Harmonisierung ihres innerstaatlichen Rechts mit amerikanischen bzw. stark amerikanisch geprägten Rechtsnormen und Konzepten vornehmen müssen.[600] Daher kann man davon sprechen, dass in bestimmten Bereichen wie zum Beispiel dem Arbeitsrecht eine Migration von amerikanischen Rechtsnormen und Konzepten durch die »extraterritoriale Reichweite« des amerikanischen Rechts ermöglicht wird.[601]

Neben der geschilderten direkten amerikanisch-chinesischen Rechtszusammenarbeit im Arbeitsrecht erfolgt der weitaus größere Teil des staatlichen amerikanischen Engagements in der Rechtszusammenarbeit mit der VRC gleichwohl auf indirektem Wege über die Förderung privater Initiativen mit staatlichen Geldern. In der Hauptsache verantwortlich für die Bereitstellung dieser öffentlichen Mittel für Rechtsberatungsprojekte, die von privaten amerikanischen Akteuren umgesetzt werden, sind das Bureau of Democracy, Rights, and Labor, das dem State Department untersteht sowie das National Endowment for Democracy.

2.2 Staatliche Finanzierung privater amerikanischer Rechtsberatungsmaßnahmen

2.2.1 Bureau of Democracy, Rights, and Labor

Das Bureau of Democracy, Rights, and Labor (DRL) wurde 1977 durch den amerikanischen Kongress ins Leben gerufen und ist heute Teil des State Department; der jeweilige Stellvertretende Außenminister ist der Vorsitzende des DRL. Gegenwärtig (Juli 2005) wird diese Position von Glyn T. Davies

600 DeLisle 1999: 202.
601 ibid.: 208.

besetzt. Ursprünglich bestand die Aufgabe des DRL hauptsächlich in der Beobachtung und Berichterstattung über die Menschenrechtssituation sowie in der aktiven Förderung von Menschenrechten in mehr als 195 Staaten. Erst im Haushaltsjahr 1999/2000 autorisierte der amerikanische Kongress die Verwendung von staatlichen Entwicklungshilfegeldern (Economic Support Funds) für die Unterstützung insbesondere von Rechtsberatungsprojekten in der VRC, die auf die Förderung von Demokratie und Rechtsstaatlichkeit ausgerichtet sind. Gleichwohl erteilte der Kongress die Auflage, dass diese Gelder nur an nicht-chinesische Organisationen fließen dürften.[602] Im Zusammenhang mit der PNTR Gesetzgebung wurde diese Auflage im Jahr 2002 gleichwohl aufgehoben, und der amerikanische Kongress stellte darüber hinaus Mittel in Höhe von zehn Millionen US$ für die Unterstützung von Programmen zur Förderung von Menschenrechten, Demokratie und Rechtsstaatlichkeit in der VRC zur Verfügung. Diese Gelder werden durch den Human Rights and Democracy Fund (HRDF) des DRL verwaltet.[603]

Gleichwohl war die Entscheidung, das DRL mit Geldern für die Förderung von konkreten Projekten in der VRC auszustatten, im Kongress nicht unumstritten. Einige Mitglieder des Kongress verweigerten einer direkten Zusammenarbeit mit dem chinesischen *Regime* in diesen Bereichen ihre Zustimmung und befürworteten statt dessen die Strategie, auf der internationalen Ebene, vor allem vor der Menschenrechtskommission der Vereinten Nationen, weiter außenpolitischen Druck auf die VRC auszuüben. Nur widerstrebend entschied sich der Kongress dafür, zur Förderung von Menschenrechten, Rechtsstaatlichkeit und Demokratie in der VRC verschiedene Instrumente zum Einsatz zu bringen,[604] sodass erst im Jahr 2003 vom Kongress Finanzmittel in ausreichendem Umfang für die Arbeit des DRL in diesem Bereich zur Verfügung gestellt wurden.[605] Es wird somit deutlich, dass der Kongress, nachdem es durch die PNTR Gesetzgebung keine Möglichkeit mehr gab, die Menschenrechtssituation in der VRC gekoppelt an die amerikanische Handelspolitik zu debattieren, nun auch das DRL – in ähnlicher Weise wie auch die CECC – als ein Instrument ansah, um die Diskussion über die Situation von Menschenrechten und Rechtsstaatlichkeit in der VRC in einem anderen Rahmen fortzuführen und hier auch weiter – wenn auch nicht durch wirtschaftlichen Druck, sondern durch die finanzielle Förderung

602 GAO 2004: 2.

603 ibid.: 3. Die entsprechende Rechtsgrundlage stellt der Foreign Operations, Export Financing, and Related Programs Appropriations Act, 2002, Pub. L. No. 107–115, § 526(a), 115 Stat. 2118, 2147 dar (siehe Gewirtz 2003: 615, FN 23).

604 Persönliches Gespräch mit einem amerikanischen Regierungsbeamten, Washington, D.C., Februar 2004

605 Im Haushaltsjahr 2003 stellte der amerikanische Kongress zusätzliche 15 Millionen US$ für derartige Projekte zur Verfügung (GAO 2004: 3).

von Rechtsberatungsmaßnahmen – auf die Entwicklung von Menschenrechten und Rechtsstaatlichkeit in der VRC Einfluss zu nehmen.

2.2.1.1 Darstellung der Förderaktivitäten des DRL

Die Finanzmittel, die dem DRL über den HRDF zur Verfügung stehen, dienen in erster Linie dazu, »[to] support democratic institutions, promote human rights, and build civil society in countries and regions of the world that are geo-strategically critical to the U.S.«;[606] hier nimmt die VRC einen prominenten Platz ein. Die Aktivitäten, die durch Gelder des HRDF finanziert werden, sind dabei auf die Förderung von Menschenrechten, Rechtsstaatlichkeit und Demokratie im engeren Sinne ausgerichtet.[607] Dies bedeutet auch, dass die von DRL/HRDF unterstützten Projekte nicht in erster Linie auf die Förderung amerikanischer Wirtschaftsinteressen, zum Beispiel durch die Unterstützung von Reformen im Wirtschaftsrecht, ausgerichtet sind. Gleichwohl wird davon ausgegangen, dass sich nur durch die Verbesserung von Rechtsstaatlichkeit und Menschenrechten in der VRC ein Umfeld schaffen lässt, das auch der wirtschaftlichen Zusammenarbeit zuträglich ist. Insbesondere einige Gesichtspunkte des Good Governance Konzeptes, wie zum Beispiel Verlässlichkeit und Transparenz des Verwaltungshandelns sowie Rechtssicherheit sind in gleicher Weise Voraussetzung für einen wirksamen Menschenrechtsschutz wie auch für eine reibungslose wirtschaftliche Entwicklung.[608]

Das DRL oder das State Department selber implementieren jedoch keine Rechtsberatungsmaßnahmen in der VRC. Vielmehr führt das DRL jährlich eine Ausschreibung durch, bei der sich internationale (nicht notwendig amerikanische) staatliche und nicht-staatliche Organisationen sowie chinesische NRO mit eigenen Rechtsberatungsprojekten in der VRC um eine Finanzierung aus Mitteln des HRDF bewerben können. Dabei bevorzugt das DRL derartige Projekte, die sich um die Förderung einer unabhängigen Justiz, die Förderung des Rechtsbewusstseins der Bevölkerung, die Unterstützung von demokratischen Wahlen auf der Dorfebene, den Ausbau der Bürgerbeteiligung an der lokalen Verwaltung sowie um Verwaltungsreformen bemühen.[609] Einmal jährlich erfolgt die Auswahl, welche der Projekte eine Förderung aus Mitteln des HRDF erhalten. Auch wenn der amerikanische Kongress das Verbot einer Ausschüttung von öffentlichen Geldern an chinesische Organi-

---

606 Vgl. »Human Rights and Democracy Fund«; Fundstelle: http://www.state.gov/g/drl/c7607.htm [Zugriff: 15.07.2005]

607 Interview 06/2004

608 ibid.

609 »HRDF Project Highlights«; Fundstelle: http://www.state.gov/g/drl/c7970.htm [Zugriff: 15.07.2005]

sationen im Jahre 2002 aufgehoben hatte, verhält es sich in der Praxis gleichwohl nach wie vor so, dass HRDF Gelder in erster Linie an nicht-chinesische – und hier wiederum meist an amerikanische – Organisationen vergeben werden. Die amerikanischen Organisationen sind selbst dafür verantwortlich, geeignete chinesische Partner für die von ihnen geplanten Rechtsberatungsprojekte zu finden; auch hier nimmt das DRL keinen Einfluss.[610] Dies bedeutet somit, dass sowohl für die chinesischen Partnerorganisationen, die zusammen mit amerikanischen Organisationen Rechtsberatungsprojekte umsetzen, als auch für die chinesische Regierung, der die Genehmigung derartiger Projekte obliegt,[611] die amerikanische Regierung nur sehr indirekt, über die Bereitstellung und Vergabe der Fördergelder, an der Zusammenarbeit beteiligt ist.

Auf diese Weise ist das DRL als eine Regierungsstelle auch nicht an der Ausarbeitung und inhaltlichen Konzeptionisierung der einzelnen Rechtsberatungsprojekte beteiligt. Statt dessen bleibt es in der Regel den chinesischen Partnerorganisationen überlassen zu entscheiden, in welchen Bereichen eine Kooperation inhaltlich sinnvoll ist. Auch sind die chinesischen Organisationen besser in der Lage einzuschätzen, wo politische Freiräume für die Behandlung bestimmter, auch sensibler Themengebiete wie Verwaltungs- und Strafrecht im Rahmen von Rechtsberatungsprojekten bestehen. Daher arbeiten die chinesischen NRO auch in der Regel eng mit den lokalen chinesischen Behörden vor Ort, wo die Projekte implementiert werden sollen, zusammen. Diese Zusammenarbeit ergibt sich nicht zuletzt aus der besonderen Natur der chinesischen NRO, die im Folgenden zum besseren Verständnis kurz erläutert werden soll.

So sind diejenigen chinesischen Organisationen, die bisher als *Nichtregierungs*organisationen bezeichnet wurden, nicht strikt mit NRO, wie sie in westlichen demokratischen politischen Systemen anzutreffen sind, gleichzusetzen. Hier beschreibt der Terminus »Nichtregierungsorganisation« in der Regel »non-profit organizations as privately constituted, privately funded, independently operated organizations established by individual citizens who are united by a common vision of the collective good.«[612] Das heißt als solche sind NRO ein integraler Bestandteil der Zivilgesellschaft, welche ihrerseits

---

610 Interview 06/2004

611 So sind Universitäten wie auch lokale Regierungsinstitutionen, die zusammen mit ausländischen Partnern die Durchführung von Rechtsberatungsprojekten planen, verpflichtet, diese Projekte beim chinesischen Außenministerium anzumelden und die Erlaubnis des Ministeriums vor Projektbeginn einzuholen (Woodman 2004: 41).

612 Lee 2000: 375 bezieht sich auf BUCHOLTZ, Barbara K. (1998). Reflections on the Role of Non-profit Associations in a Representative Democracy. In: *Cornell Journal of Law and Public Policy*, Vol.7; 555, 571–576.

ein wichtiges Gegengewicht gegenüber Staat und Regierung bildet und auf diese Weise das Ausufern staatlicher Autorität in alle Lebensbereiche der Bürger verhindern soll.[613]

Chinesische NRO (*feizhengfu zuzhi*) unterscheiden sich deutlich von dieser Konzeption. So besitzen NRO in der VRC keinen unabhängigen rechtlichen Status, sondern stellen mehr oder weniger autonome Untereinheiten von Regierungsinstitutionen dar. Dies bedeutet, dass derartige NRO immer auch der möglichen Kontrolle und Einflussnahme durch diese Regierungsstellen unterstehen. Dies ermöglicht es den chinesischen NRO somit nicht, in gleicher Weise wie westliche NRO eine Rolle als wirksames Gegengewicht zur Staatsmacht einzunehmen; vielmehr scheinen chinesische NRO im Wesentlichen die Funktion eines »Transmissionsriemens« zu erfüllen, mit dessen Hilfe staatliche Vorgaben zur Umsetzung an die Bevölkerung weitergeleitet werden.[614]

Eine solche Sichtweise wird der Funktion chinesischer NRO gleichwohl nicht völlig gerecht. Zwar verfügen chinesische NRO formell über keinen unabhängigen rechtlichen Status und sind stets einer staatlichen Institution, zum Beispiel einer Behörde, zugeordnet, welche als eine Art »Patron« fungiert.[615] Auf der einen Seite ermöglicht dies dem Patron, nicht unerheblichen Einfluss auf die Arbeit der NRO auszuüben. Dennoch ist es chinesischen NRO häufig möglich, ein gewisses Maß an Autonomie für ihre Arbeit zu bewahren. So sind viele NRO bereits in finanzieller Hinsicht unabhängig von den Regierungsstellen, denen sie zugeordnet sind, da sie faktisch keinerlei staatliche Gelder für ihre Arbeit erhalten.[616] Darüber hinaus eröffnet aber auch die institutionelle Anbindung an eine staatliche Organisation den chinesischen NRO häufig Freiräume für ihre Arbeit. So verleiht die Anbindung an einen staatlichen Patron gerade denjenigen NRO, die in sensibleren Bereichen, wie zum Beispiel auch dem Rechtsbereich, tätig sind, ein gewisses Maß an Legitimität, sodass es häufig erst die Unterstützung eines seinerseits reformorientierten Patrons ist, die die Arbeit der NRO im Grenzbereich des politisch noch Tolerierten erst möglich macht.[617] Schließlich bietet die institutionelle Anbindung an einen staatlichen Patron den chinesischen NRO ebenfalls wichtige Kanäle, über welche Forderungen nach konkreten Veränderungen, für die sich die NRO in ihrer Arbeit einsetzen, in die staatlichen politischen Entscheidungsprozesse in der VRC eingespeist werden können.[618]

613 Lee 2000: 376.
614 ibid.: 376–378.
615 ibid.: 423.
616 Liebman 1999: 270/271.
617 Lee 2000: 378.
618 ibid.

Diese besondere Beziehung zwischen chinesischen NRO und deren staatlichen Patronen erklärt auch, warum amerikanische NRO, wie im Falle der von DRL finanzierten Projekte, erfolgreich mit chinesischen Partnern zusammen arbeiten können, auch ohne dass die chinesische Zentralregierung direkt in diese Zusammenarbeit einbezogen wird. Es wurde bereits darauf hingewiesen, dass es bei den von DRL finanzierten amerikanisch-chinesischen Rechtsberatungsprojekten den chinesischen Partnerorganisationen obliegt zu entscheiden, ob für die Durchführung konkreter Projekte mit Bezügen zu Rechtsstaatlichkeit und Menschenrechtsschutz ausreichend politischer Freiraum in der VRC besteht. Da die chinesischen NRO, wie dargelegt, über eine enge institutionelle Anbindung an staatliche Organisationen, die als Patrone dieser NRO wirken, verfügen, ist es möglich, in Abstimmung mit dem jeweiligen Patron eine Entscheidung darüber zu treffen, ob konkrete Projekte, die mit den amerikanischen Partnern durchgeführt werden sollen, noch im Rahmen des von der chinesischen Regierung Tolerierbaren liegen. Wenn die Zustimmung eines Patrons für ein bestimmtes Projekt erreicht werden kann, so verleiht dies dem Projekt wie auch den mit der Durchführung befassten amerikanischen und chinesischen NRO ausreichende Legitimation, da der Patron letztlich als eine Verlängerung des Armes auch der chinesischen Zentralregierung anzusehen ist. Dies bedeutet somit, dass es in dem Falle, dass es sich bei den jeweiligen Patronen um staatliche Stellen handelt, die mit reformbereiten Entscheidungsträgern besetzt sind, auch möglich ist, progressive Kooperationsprojekte selbst in sensiblen Rechtsbereichen umzusetzen.

Ein Beispiel für ein derartiges konstruktives Zusammenspiel von chinesischen NRO und deren Patronen stellt die Arbeit einiger legal aid Zentren dar. Zwei der bekanntesten dieser Zentren sind das Peking University Center for Women's Law Studies and Legal Services und das Wuhan University Center for the Protection of the Rights of Disadvantaged Citizens.[619] Beide legal aid Zentren sind formal einer staatlichen Institution – den juristischen Fakultäten der Peking Universität bzw. der Wuhan Universität – unterstellt. Gleichwohl erhalten beide Zentren kaum staatliche finanzielle Unterstützung und sind damit für die Durchführung ihrer Arbeit nicht auf Regierungsmittel angewiesen, was ihnen bereits ein hohes Maß an Unabhängigkeit ermöglicht.[620] Beide Zentren sind eng mit individuellen wie auch institutionellen Patronen verknüpft: Der Gründer des legal aid Zentrums der Universität von Wuhan, Prof. Wan Exiang, ist zugleich Vize-Präsident des OVG; darüber hinaus wird das Zentrum bei seiner Arbeit von der Regierung der Stadt Wuhan wie auch vom chinesischen Justizministerium unterstützt. Etliche Berater des legal aid Zent-

619 Liebman 1999: 233, *passim*
620 ibid.: 271.

rums der Peking Universität bekleiden darüber hinaus hohe Regierungsämter. Dies bedeutet, dass beide Zentren in der Lage sind, unter dem institutionellen Schutz der jeweiligen Patrone Mandanten auch in gesellschaftlich besonders bedeutsamen Fällen aus den Bereichen Familienrecht, Arbeitsrecht und Schadensersatzrecht (v.a. Schadensersatzansprüche bei Körperverletzung) zu vertreten. Dabei setzen sich die Zentren auch für notwendige gesetzgeberische Reformen ein (Peking Universität legal aid Zentrum) und vertreten Mandanten in Streitigkeiten mit Behörden (legal aid Zentrum der Universität Wuhan).[621]

Diese beiden Beispiele sollen illustrieren, dass die enge Verbindung zwischen chinesischen NRO und deren (individuellen oder institutionellen) Patronen nicht nur eine Einschränkung der Unabhängigkeit der NRO bedeuten muss, sondern in vielen Fällen – abhängig von der Offenheit und Reformbereitschaft der Patrone – auch wie eine Art von Schutzschirm wirken und der Arbeit der NRO ein Maß an Legitimität verleihen kann, welches erst die Voraussetzung dafür schafft, auch in sensiblen Bereichen substanzielle Arbeit zu leisten. Da insbesondere auf den untergeordneten Arbeitsebenen in der VRC häufiger reformbereite Regierungsvertreter anzutreffen sind, ist es möglich, deren Zustimmung – wenn auch häufig erst nach langwierigen informellen Verhandlungsprozessen – für die Durchführung von amerikanisch-chinesischen Rechtsberatungsprojekten auch mit deutlichem Bezug zu Rechtsstaatlichkeit und Menschenrechtsschutz zu gewinnen.[622] Dies bedeutet zum einen, dass die chinesische Zentralregierung nicht direkt an der Auswahl und Genehmigung der einzelnen DRL finanzierten amerikanisch-chinesischen Rechtsberatungsprojekte beteiligt ist. Daraus ergibt sich des weiteren, dass die chinesische Regierung zwar generell darüber informiert ist, dass von amerikanischer Seite Rechtsberatungsmaßnahmen mit chinesischen Partnerorganisationen finanziert werden; die Details, welche chinesischen NRO im Einzelnen mit der Durchführung dieser Programme befasst sind und welche konkreten Inhalte diese Projekte unter der häufig sehr allgemein gehaltenen Projektbeschreibung verfolgen, werden dagegen mit den lokalen chinesischen Regierungsstellen ausgehandelt und erreichen die Zentralregierung nicht unmittelbar.[623]

In dieser Hinsicht scheint sich eine stillschweigende Vereinbarung zwischen der chinesischen und der amerikanischen Seite abzuzeichnen: so lange die amerikanische Regierung nicht explizit versucht, über die Rechtszusammenarbeit direkt auf die Lage von Rechtsstaatlichkeit und Menschenrechten in der VRC Einfluss zu nehmen, besteht auf der Arbeitsebene ein relativ

621 ibid.: 234–236.
622 Interview 06/2004
623 ibid.

großer Spielraum für die Durchführung von konkreten Projekten. Dabei ist es vor allem die Aufgabe der chinesischen Projektpartner sicherzustellen, dass die Rechtsberatungsmaßnahmen jedenfalls formell diese Grenze nicht überschreiten; die chinesischen Partnerorganisationen handeln daher auch mit den jeweiligen zuständigen lokalen Regierungsstellen den inhaltlichen Spielraum für die Projektarbeit aus.

Auf der anderen Seite kann die chinesische Regierung auch davon profitieren, dass sie in einem gewissen Rahmen die Durchführung der von der amerikanischen Regierung finanzierten Rechtsberatungsprojekte toleriert. So kann die chinesische Seite auf diese Weise unter Beweis stellen, dass sie sich konkreten Maßnahmen zur Verbesserung von Rechtsstaatlichkeit und Menschenrechtsschutz nicht gänzlich verweigert und dadurch auch den Druck, der seitens der amerikanischen Regierung in der Menschenrechtsfrage nach wie vor auf die VRC ausgeübt wird, etwas abmildern. Darüber hinaus erlaubt die Akzeptanz der verschiedenen informellen amerikanisch-chinesischen Rechtsberatungsmaßnahmen der chinesischen Regierung auch ein weitaus höheres Maß an Kontrolle gegenüber anderen Formen, etwa der formellen, zwischenstaatlichen Rechtszusammenarbeit. Während die Aufkündigung oder Modifikation einer formellen Vereinbarung über Rechtszusammenarbeit mit sehr hohen politischen Kosten verbunden wäre, ist es leichter möglich, die Tätigkeit privater amerikanischer Organisationen einzuschränken oder gegebenenfalls auch ganz zu unterbinden. Mit der Tolerierung privater, informeller Formen der Rechtszusammenarbeit geht die chinesische Regierung somit keinerlei politische Verpflichtungen ein und ist daher auch eher bereit, Formen und Inhalte der Zusammenarbeit (temporär) zu akzeptieren, über die auf offizieller, zwischenstaatlicher Ebene keine Einigung zu erzielen gewesen wäre.

2.2.1.2 Strategie und möglicher Einfluss auf die Migration von Rechtsnormen und Konzepten

Hinsichtlich der Strategie, die die Arbeit des DRL anleitet, ist festzustellen, dass das DRL, falls möglich, stets versucht, Projekte zu fördern, die mit reformorientierten Personen und Organisationen in der VRC zusammenarbeiten und auf diese Weise einen »Wandel von innen heraus« anstoßen können.[624] Diese Vorgehensweise impliziert wiederum, dass die Förderung von Rechtsstaatlichkeit und Menschenrechtsschutz in der VRC durch Mittel des DRL – zumindest implizit – einer »Trojan Horse« Strategie folgt. So unterstützt das DRL vornehmlich derartige Rechtsberatungsprojekte, die mit ihrer Arbeit auch versuchen, den politischen Freiraum, der in der VRC gegenwär-

624 Persönliche Kommunikation

tig für die Ausführung dieser Zusammenarbeit schon besteht, kontinuierlich weiter auszudehnen. Das heißt, dass das Maß an Reformen im rechtlichen, aber auch im politischen Bereich, welches die geförderten Projekte anstreben, häufig auch über das hinaus geht, was die chinesische Regierung offiziell bereit ist an Veränderungen zuzugestehen. Daher fördert das DRL bevorzugt solche Projekte, die Kräfte in der VRC, die ein höheres Maß an Reformbereitschaft zeigen, unterstützen, um auf diese Weise progressive Entwicklungen anzuschieben, die dann mittel- bis langfristig ein Eigenleben entwickeln und in der Folge von der chinesischen Regierung nur noch schwer eingedämmt werden können. Vor diesem Hintergrund ist das DRL bestrebt, die genauen Inhalte und Arbeitsschwerpunkte der geförderten Rechtsberatungsprojekte gegenüber der chinesischen Regierung nicht detailliert öffentlich darzulegen, da eine derartige umfassende Zusammenschau durchaus eine »subversive Strategie« erkennen lassen könnte.[625]

Die Strategie des DRL zur Förderung von Rechtsstaatlichkeit und Menschenrechten in China kann somit als eine Ergänzung der offiziellen amerikanischen Außenpolitik gegenüber der VRC angesehen werden. Während die amerikanische Diplomatie versucht, die chinesische Regierung durch politischen und wirtschaftlichen Druck und Anreize zu einer Verbesserung in den Bereichen Rechtsstaatlichkeit und Menschenrechtsschutz zu bewegen, verfolgt das DRL eine sehr viel unauffälligere Strategie, indem private amerikanisch-chinesische Initiativen zur Rechtszusammenarbeit gefördert und reformbereite Kräfte in der VRC selbst unterstützt werden. Auf diese Weise soll die VRC nicht durch äußeren Druck zu Reformen im Bereich von Rechtsstaatlichkeit und Menschenrechtsschutz gezwungen, sondern das in China bereits vorhandene Reformpotenzial unterstützt werden.

Die Strategie des DRL, Rechtsstaatlichkeit und Menschenrechte in der VRC über die Finanzierung von amerikanisch-chinesischen partnerschaftlichen Rechtsberatungsprojekten zu fördern, führt auch dazu, dass Netzwerke zwischen den beteiligten amerikanischen und chinesischen NRO und schließlich auch epistemische Gemeinschaften zwischen amerikanischen Rechtsexperten und deren chinesischen Kollegen, die für die jeweiligen NRO, im akademischen Bereich sowie für chinesische Regierungsstellen tätig sind, entstehen können. Auch weiten sich diese Netzwerke ständig aus, da die

---

625 Insbesondere gibt das DRL keine Informationen darüber Preis, welche chinesischen NRO und Individuen konkret an den einzelnen geförderten Rechtsberatungsprojekten beteiligt sind. Auf diese Weise wird versucht, die Freiräume für die Arbeit der einzelnen NRO, aber auch die Sicherheit der beteiligten Personen nicht zu gefährden, da eine direkte Verbindung der Beteiligten zu den USA bzw. zu amerikanischen Rechtsberatungsinitiativen das Misstrauen der chinesischen Regierung provozieren und somit für die Arbeit der Projekte nachteilig sein könnte.

gegenwärtig an der Rechtszusammenarbeit Beteiligten sich auch dafür einsetzen, neue Individuen und Organisationen in der VRC für eine Rechtszusammenarbeit mit amerikanischen Partnern und die Durchführung neuer Projekte zu gewinnen.[626] Da, wie oben bereits dargelegt, insbesondere die Kontakte zwischen Individuen von besonderer Bedeutung für eine Migration von Rechtsnormen und Konzepten sind, ist die Förderung der Entstehung von epistemischen Gemeinschaften zwischen amerikanischen und chinesischen Rechtsexperten, wie sie durch die Arbeit des DRL möglich wird, von besonderem Nutzen für den Export amerikanischer Rechtsnormen und Konzepte in das chinesischer Rechtssystem hinein. So führen persönliche Kontakte zwischen amerikanischen und chinesischen Juristen, Rechtswissenschaftlern und Studenten sehr oft zu einer auch affektiven Identifikation der chinesischen Beteiligten mit dem amerikanischen Rechtssystem und den diesem zugrunde liegenden Werten und Standards. [627] Dies äußert sich häufig in einer Präferenz für das amerikanische Rechtswesen als ein geeignetes Bespiel für die chinesischen Reformanstrengungen, sodass die chinesischen Experten in ihrer Funktion als Berater von Regierungsstellen auch bei konkreten Rechtsreformvorhaben eine Orientierung am amerikanischen Recht empfehlen. Weiterhin empfinden ehemalige Teilnehmer an amerikanisch-chinesischen Maßnahmen zur Rechtszusammenarbeit – vor allem im Bereich der Juristenausbildung – häufig eine starke Verbundenheit gegenüber diesen Programmen. Viele ehemalige chinesische Teilnehmer drücken ihre Solidarität durch finanzielle Zuwendungen an die durchführenden Organisationen aus und tragen auf diese Weise auch zur Fortführung der Rechtsberatungsprogramme bei.[628]

---

626 Interview 06/2004

627 Vgl. Mattei 1994: 204.

628 Diese Verbundenheit ehemaliger chinesischer Teilnehmer mit amerikanischen Rechtsberatungsprogrammen wird deutlich z. B. im Zusammenhang mit dem Committee on Education Exchange with China (CLEEC) Programm der Ford Foundation. CLEEC führte von 1983 bis 1995 LL.M. Programme an amerikanischen Universitäten für chinesische Juristen und Regierungsmitarbeiter durch (Gray 1995: 7). Einige der chinesischen Absolventen, die zum überwiegenden Teil auch aufgrund der Ausbildung, die sie in den USA genossen hatten, in einflussreiche Positionen in Politik und Wissenschaft gelangten, spendeten in der Folge hohe Summen, um auf diese Weise ihre persönliche Verbundenheit und Dankbarkeit zum Ausdruck zu bringen. Diese Gelder unterstützten auch die Fortführung des CLEEC Programms sowie, in jüngster Zeit, der Einrichtung eines Stipendienprogramms an der Columbia University, welches jungen chinesischen Juristen in gleicher Weise wie das CLEEC Programm eine Ausbildung in den USA ermöglichen soll (»Columbia University Center for Chinese Legal Studies R. Randle Edwards Fellowship for Visiting Chinese Law Scholars 2004–05«;

Darüber hinaus sind auch institutionelle Kontakte von großer Bedeutung für den Export von Rechtsnormen und Konzepten. So verstärken sich individuelle und institutionelle Kontakte wechselseitig. Zum einen stellen institutionelle Beziehungen die Grundlage für persönliche Kontakte dar, wie andererseits Kontakte zwischen Institutionen häufig erst durch vorherige individuelle Kontakte vermittelt werden können. Institutionelle Kontakte haben dabei einen besonders starken Einfluss auf die Reform des chinesischen Rechtswesens. Als ein Beispiel können hier die zahlreichen Kooperationen zwischen amerikanischen und chinesischen Universitäten genannt werden, in deren Zuge amerikanische Ausbildungsinhalte und Methoden vermittelt werden und die heute die Juristenausbildung in der VRC in hohem Maße prägen. So wurde beispielsweise an der Qinghua Universität (Beijing) in Zusammenarbeit mit der Columbia University (New York) eine juristische Fakultät aufgebaut, an der chinesische Juristen nach dem Vorbild amerikanischer Methoden im amerikanischen Recht ausgebildet werden. Weiterhin unterhält die Qinghua Universität zusammen mit der CUPR und der Temple University (Philadelphia) ein gemeinsames LL.M. Programm.[629] Da es sich bei der Qinghua Universität wie auch bei der CUPR um zwei der bedeutendsten und einflussreichsten Universitäten der VRC handelt, ist es somit möglich, dass die Zusammenarbeit mit amerikanischen Universitäten in der Juristenausbildung auch anderen chinesischen Universitäten als Vorbild dient und es somit zu einer Ausweitung derartiger Kooperationsprogramme und damit zu einer noch stärkeren Beeinflussung der chinesischen Juristenausbildung durch das amerikanische System kommt.

Ein weiteres wichtiges Beispiel für die Beeinflussung des chinesischen Rechtswesens durch das amerikanische Rechtssystem ist das chinesische legal aid System. Da Programme zur Unterstützung des Aufbaus eines legal aid Systems in der VRC ab 1996 fast ausschließlich nur mit amerikanischen Universitäten und rechtlichen Institutionen durchgeführt wurden, ist das heute in der VRC vorgefundene System weitestgehend an das amerikanische System angelehnt.[630]

Es wird somit deutlich, dass eine Strategie der Rechtszusammenarbeit, die wie diejenige des DRL auf der Förderung von Netzwerken zwischen amerikanischen und chinesischen Institutionen und von epistemischen Gemeinschaften aufbaut, sehr effektiv zu der Verbreitung von amerikanischen

Fundstelle: http://www.law.columbia.edu/center_program/chinese/Edwards [Zugriff: 20.07.2005]). Das CLEEC Programm wird ausführlich unten in Abschnitt 3.4.2.1.1 beschrieben.

629 Weinstein 1998: 224. Das LL.M. Kooperationsprogramm der Temple University wird ausführlich unten in Abschnitt 3.1.1 beschrieben.

630 Choate 2000: 6.

Rechtsnormen und Konzepten in der VRC beiträgt. Diese Effizienz erhöht sich dabei noch dadurch, dass das DRL als amerikanische staatliche Institution im Zuge der Zusammenarbeit ganz im Hintergrund verbleibt und die Projekte allein durch private amerikanische Organisationen und deren chinesische Partner durchgeführt werden; nur über die Finanzierung der Projekte durch HRDF Gelder sind die Kooperationsmaßnahmen mit der amerikanischen Regierung in Verbindung zu bringen. Auf diese Weise sind die einzelnen Projekte in weit geringerem Maße dem möglichen Misstrauen der chinesischen Partner wie auch der chinesischen Regierung, die Zusammenarbeit diene nur der Durchsetzung amerikanischer außenpolitischer Interessen gegenüber der VRC, ausgesetzt. Dies könnte einen Export amerikanischer Rechtsnormen und Konzepte erschweren, während die Rechtsberatung durch Private in geringerem Maße den Anschein erweckt, übergeordneten politischen Zielen zu dienen.[631] Auf diese Weise trägt die Strategie des DRL, Rechtsberatungsprojekte nur zu finanzieren und von privaten amerikanischen und chinesischen Organisationen durchführen zu lassen, sowohl dazu bei, vorhandene politische Freiräume für die Zusammenarbeit möglichst weitgehend auszuschöpfen und gegebenenfalls auch auszudehnen wie auch dazu, den Export amerikanischen Rechts vom Verdacht des »Rechtsimperialismus« zu befreien und auf diese Weise zu erleichtern.

2.2.2 National Endowment for Democracy

Das National Endowment for Democracy (NED) stellt einen weiteren Kanal für die Förderung von Rechtsstaatlichkeit und Demokratie in der VRC durch staatliche amerikanische Finanzierung dar.

NED wurde im Jahr 1983 von der Reagan-Administration gegründet. Ursprünglich bestand die Aufgabe des NED darin, weltweit für die Förderung von Demokratie einzutreten und so den »war of ideas«, den die amerikanische Regierung gegen die Verbreitung der marxistisch-leninistischen Ideologie von der ehemaligen Sowjetunion aus führte, zu unterstützen. Formal handelt es sich bei NED um eine rein private Organisation; da aber der überwiegende Teil der finanziellen Mittel, über die NED verfügt, aus jährlichen Zuweisungen des amerikanischen Kongresses besteht, ist NED zutreffender als eine quasi-gouvernementale Organisation zu bezeichnen. Neben den staatlichen Geldern erhält NED auch Zuwendungen von privater Seite, wenn auch in weit geringerem Umfang. NED verwendet die Stiftungsmittel, um konkrete Projekte anderer Organisationen zu finanzieren. Die vier wichtigsten amerikanischen Empfänger von NED Geldern sind das Center for International Private Enterprise, das American Center for International Labor

631 DeLisle 1999: 284; Interview 01/2004; Interview 03/2004

Solidarity, das International Republican Institute (IRI) sowie das National Democratic Institute for International Affairs (NDI);[632] in geringerem Umfang werden auch Projekte chinesischer Organisationen direkt gefördert.

Im Gegensatz zu den Beschränkungen, die der Mittelvergabe durch das DRL seitens des amerikanischen Kongress bis zum Haushaltsjahr 1999/2000 auferlegt waren, war es dem NED als einer formal privaten Organisation nicht gesetzlich untersagt, Gelder auch direkt für Projekte in der VRC zur Verfügung zu stellen; auf diese Weise war das NED in der Lage, auch bereits vor dem Haushaltsjahr 1999/2000 Projekte zur Förderung von Rechtsstaatlichkeit und Menschenrechtsschutz in der VRC zu unterstützen.[633]

Gegenwärtig liegt der Schwerpunkt der von NED geförderten Projekte nicht auf der Unterstützung von Rechtsstaatlichkeit im engeren Sinne, sondern Programme zur umfassenden Förderung von Menschenrechten stehen im Mittelpunkt der Arbeit. In diesem Zusammenhang unterstützt NED Maßnahmen zur Dokumentation von Menschenrechtsverletzungen in der VRC, Reform des Systems der »Reform durch Arbeit« (*laogai*),[634] zum Schutz von Pressefreiheit und zur Verbesserung der Menschenrechtslage in Tibet.

Weitere Schwerpunkte bilden Maßnahmen zur Unterstützung von Meinungs- und Informationsfreiheit, Pressefreiheit, Arbeiterrechten, Wahlrechtsreformen, Analysen der politischen Entwicklung Chinas sowie die Förderung marktwirtschaftlicher Reformen in der VRC.[635] Anhang V bietet eine detaillierte Übersicht über die von NED in den Jahren 2000 bis 2003 geförderten Projekte.

Nicht alle Gelder, die NED zur Verfügung stellt, fließen an Organisationen wie das IRI oder das NDI, die Rechtsreformprojekte direkt in der VRC unterstützen und implementieren. Vielmehr fördert NED schwerpunktmäßig

632 Carothers 1999: 7; 30–32.

633 GAO 2004: 5.

634 Das System der »*Reform* durch Arbeit« (*laogai*) ist nicht zu verwechseln mit der »*Umerziehung* durch Arbeit« (*laojiao*). So ist *laogai* eine Form der Bestrafung, die von einem ordentlichen Gericht als Sanktion für eine Straftat, also für ein Vergehen, das nach den Vorschriften des Strafgesetzbuches zu ahnden ist, verhängt wird. In diesem Sinne erfüllt *laogai* dieselbe Funktion wie eine Haftstrafe. *Laojiao* (»*Umerziehung* durch Arbeit«) dagegen stellt eine Administrativstrafe dar, die von der Exekutive (in der Regel den Polizeibehörden) und nicht von Gerichten für minder schwere und damit nicht strafrechtlich relevante Vergehen verhängt wird (Siehe: »What is Laogai?«; Fundstelle: http://www.laogai.org/news/newsdetail.php?id=1881 [Zugriff: 02.07.2005]; ausführlich zu *laojiao* siehe: CHEN, Zexian. *The System of Reeducation Through Labor and ist Reform.* Fundstelle: http://www.iolaw.org.cn/shownews.asp?id=923 [Zugriff: 22.07.2005]).

635 GAO 2004: 6.

auch – zumeist amerikanische – NRO, die in den USA operieren und somit von außen versuchen, Verbesserungen im Bereich Rechtsstaatlichkeit und Menschenrechtsschutz in der VRC zu erzielen. Auch die Förderung derartiger externer Unterstützung ist eine wichtige Ergänzung zur Arbeit von Beratungsmaßnahmen vor Ort in der VRC, da externe Organisationen in der Lage sind, in wesentlich stärkerem Maße Lobby-Arbeit, zum Beispiel bei den Gremien der Vereinten Nationen, zu betreiben als in der VRC ansässige NRO.[636] Durch diese Lobby-Arbeit, wie beispielsweise das regelmäßige Erstellen von Lageberichten zur Menschenrechtssituation oder die Dokumentation von Menschenrechtsverletzungen, ist es den externen NRO möglich, die nationale (amerikanische) wie auch die internationale öffentliche Meinung zu mobilisieren. Dadurch können letztlich nationale Regierungen unter Druck gesetzt werden, sich ihrerseits gegenüber der Regierung der VRC für Verbesserungen in den genannten Bereichen einzusetzen.

Vor dem Hintergrund, dass NED in den Jahren 2000 bis 2003 Projekte in diesen Bereichen mit Geldern in Höhe von mehr als elf Millionen US$ unterstützt hat,[637] wobei der überwiegende Teil dieser Gelder von der amerikanischen Regierung zur Verfügung gestellt wurde, wird deutlich, dass sich die amerikanische Regierung mit sehr hohem finanziellen Aufwand für die derartige externe Förderung von Menschenrechten in der VRC einsetzt. Darüber hinaus verfolgen die USA eine verdeckte Strategie zur Förderung von Rechtsstaatlichkeit und Menschenrechten in der VRC. So handelt es sich bei NED zum einen formal um eine private Organisation. Dies bedeutet, dass die von NED für einzelne Projekte zur Verfügung gestellten Gelder nicht mehr in erster Linie als amerikanische staatliche Förderung identifiziert werden können. Weiterhin tritt NED, in gleicher Weise wie DRL, nicht bei der Implementierung konkreter Maßnahmen in Erscheinung, sondern finanziert nur die Projekte Dritter. Da die Regierungsgelder für derartige Programme – wie in Abbildung 1 schematisch dargestellt – also über verschiedene Stufen, das heißt vermittelt über NED und dessen Förderempfänger, an die konkreten Projekte geleitet werden, wird es erneut schwieriger, die amerikanische Regierung als den Ursprung der Gelder, die für die Finanzierung bestimmter Maßnahmen verwendet werden, zu identifizieren. Daher kann die amerikanische Regierung effektiver für Verbesserungen im Bereich Rechtsstaatlichkeit und Menschenrechtsschutz eintreten, wenn sie nicht selbst in Erscheinung tritt, sondern vielmehr die Arbeit privater Organisationen in diesen Bereichen unterstützt.

---

636 Woodman 2004: 44.

637 Siehe Nachweise in Anhang V

Abbildung 1: Streuung amerikanischer Regierungsgelder für die Unterstützung von Projekten im Bereich Rechtsstaatlichkeit und Menschenrechtsschutz in der VRC am Beispiel NED

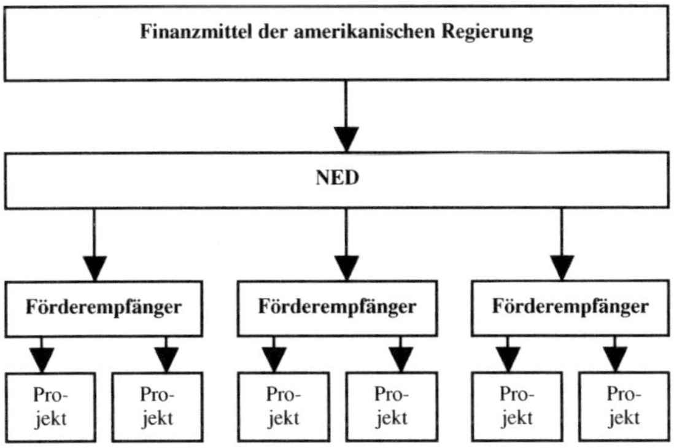

Neben der Finanzierung von Rechtsberatungsmaßnahmen in der VRC durch DRL und NED gibt es noch einige weitere Kanäle, über die staatliche Gelder von der amerikanischen Regierung für die Unterstützung von Projekten im Bereich der Förderung von Rechtsstaatlichkeit und Menschenrechten in der VRC eingesetzt werden.

2.2.3. State Department Bureau for East Asia and Pacific Affairs Grants

Zum einen vergibt auch das Bureau for East Asia and Pacific Affairs des State Department in ähnlicher Weise wie das DRL Fördergelder für Projekte zur Verbesserung von Rechtsstaatlichkeit und Menschenrechten in der VRC. So wurden beispielsweise in den Haushaltsjahren 1999/2000 bis 2003/2004 insgesamt sieben Millionen US$ für die bereits oben angesprochenen LL.M. Kooperationsprogramme der Temple University mit der Qinghua Universität bzw. mit der CUPR zur Verfügung gestellt. Das »China Environmental Governance Training Program« der American Bar Association wurde darüber hinaus im Jahr 2001 mit 385.000 US$ unterstützt.[638] Diese Gelder wurden den Programmen über USAID zugeleitet.[639]

638 GAO 2004: 4. Zu den Projekten der ABA siehe ausführlich unten, Abschnitt 3.2

639 GAO 2004: 5.

2.2.4 Botschaft der USA in Beijing

Auch die diplomatische Vertretung der USA in Beijing ist in die Bemühungen der amerikanischen Regierung um die Förderung von Rechtsstaatlichkeit und Menschenrechten in der VRC eingebunden. So bestellte die George W. Bush Administration zunächst einen Juristen mit einschlägigen Erfahrungen im chinesischen Recht zum amerikanischen Botschafter in Beijing.[640] Darüber hinaus wurde die Stelle eines Resident Legal Advisor an der amerikanischen Botschaft geschaffen. Aufgabe dieses Beraters ist es insbesondere, »to engage with Chinese counterparts to stimulate justice sector reforms through (for example) bilateral discussions and programs focusing on substantive and procedural criminal and civil law topics.«[641] Im Jahr 2000 wurde dieses Mandat dahingehend konkretisiert, dass ein »Rule of Law Small Grants Program« aufgelegt wurde, welches von der amerikanischen Botschaft organisiert und vom State Department finanziert wird.[642] Dieses Programm vergibt kleinere Förderbeträge in Höhe von etwa 4.000 US$ bis maximal 25.000 US$ an chinesische NRO bzw. an amerikanische NRO, die mit chinesischen Partnern in den Bereichen Förderung von Demokratie und Zivilgesellschaft, Presse- und Informationsfreiheit, transparente Regierungsführung, Unterstützung für den NRO Sektor, Rechtsreformen, friedliche Konfliktbeilegung, Menschenrechte, Aufklärung über grundlegende Bürgerrechte, Minderheiten- und Frauenrechte, Terrorismus- und Anti-Amerikanismusbekämpfung sowie Integration von muslimischen Gruppen arbeiten.[643] Auch diese große Bandbreite der Gebiete, in denen konkrete Projekte durch das »Rule of Law Small Grants Program« gefördert werden, verdeutlicht erneut, dass *Rechtsstaatlichkeit* seitens der amerikanischen Regierung nicht in einem engen, rechtstechnischen Sinn verstanden, sondern umfassend auch auf Bereiche des Menschen- und Bürgerrechtsschutzes sowie der Demokratieförderung bezogen wird. In jüngerer Zeit wurden beispiels-

640 »Human Rights in China in the Context of the Rule of Law« – Hearing before the Congressional-Executive Commission on China, One Hundred Seventh Congress, Second Session (February 7, 2002): Prepared Statement of William P. Alford

641 GAO 2004: 5.

642 Bisher stellte das Bureau of East Asia and Pacific Affairs des State Department 175.000 US$ für das »Rule of Law Small Grants Program« zur Verfügung (GAO 2004: 5).

643 Mitteilung der amerikanischen Botschaft Beijing, 20.03.2003; Interview 13/2002; United States Department of State. »Supporting Human Rights and Democracy. The U.S. Record 2002–2003.« (released 24.06.2004): 76; Fundstelle: http://www.state.gov/g/drl/rls/shrd/2002/ [Zugriff: 19.07.2005]; *im Folgenden: State Department 2004.*

weise Fördergelder für einen Fernstudiengang der People's University (*Renmin Daxue*), Beijing, zum WTO-Recht[644] sowie für die China Law Initiative der American Bar Association zur Verfügung gestellt.

Die Strategie des »Rule of Law Small Grants Program« ähnelt der schon beschriebenen Vorgehensweise des DRL. Auch bei der Umsetzung dieses Programms der amerikanischen Botschaft bleibt die amerikanische Regierung selbst weitgehend im Hintergrund. So ist es die Aufgabe des Botschafters und des Resident Legal Advisor, chinesische bzw. amerikanische NRO, deren Projekte für eine Förderung durch das »Rule of Law Small Grants Program« in Betracht kommen, zu identifizieren.[645] Des Weiteren treffen Botschafter und Resident Legal Advisor auch Absprachen mit den chinesischen Behörden darüber, in welchen Bereichen die Durchführung konkreter Rechtsberatungsprojekte mit Unterstützung der amerikanischen Botschaft möglich ist. Diese Kontakte verbleiben aber auf der Arbeitsebene, das heißt vor allem, dass das amerikanische State Department nicht in die Zusammenarbeit einbezogen wird.[646] Diese Vorgehensweise hat wiederum den Vorteil, dass konkrete in der VRC durchgeführte Projekte mit weniger Misstrauen seitens der chinesischen Behörden betrachtet werden, da eine direkte Verbindung dieser Maßnahmen zur amerikanischen Regierung fehlt, sodass es den chinesischen Organisationen möglich ist, einen größeren Freiraum für ihre Arbeit zu bewahren.

Hinsichtlich der Zielsetzung richtet sich das »Rule of Law Small Grants Program« vor allem darauf, durch die geförderten Projekte die Verbreitung demokratischer Werte zu unterstützen und auf diese Weise langfristig auch zu einem Wandel des politischen Systems der VRC beizutragen.[647] Somit ist davon auszugehen, dass auch das »Rule of Law Small Grants Program« eine »Trojan Horse« Strategie verfolgt.

Insgesamt hat die amerikanische Regierung seit Beginn der formellen staatlichen Förderung im Haushaltsjahr 1999/2000 bis heute insgesamt mehr als 39 Millionen US$ für Rechtsberatungsprojekte in der VRC mit Bezug zu Rechtsstaatlichkeit und Menschenrechten zur Verfügung gestellt.[648] Im Anhang sind Aufstellungen enthalten, die einen Überblick über die einzelnen von DRL (Anhang IV) und NED (Anhang V) geförderten Projekte geben. Tabelle 1 gibt Aufschluss darüber, welche Summen im Einzelnen durch das State Department und dessen Abteilungen (das heißt DRL, Bureau for East

644 Interview 13/2002
645 Interview 13/2002
646 State Department 2004: 76.
647 ibid.
648 GAO 2004: 2.

Asia and Pacific Affairs Grants, Bureau for International Narcotics and Law Enforcement Affairs), NED sowie das DoL zur Verfügung gestellt wurden.

Übersicht 1: Staatliche Finanzierung von Rechtsberatungsmaßnahmen mit Bezug zu Rechtsstaatlichkeit und Menschenrechten in der VRC in den Haushaltsjahren 1999/2000 bis 2003/2004 (Angaben in Mio. US$)[649]

Jahr / Geber	*1999/ 2000*	*2000/ 2001*	*2001/ 2002*	*2002/ 2003*	*2003/ 2004*	***Gesamt***
State Dept.:						
DRL[650]	0,296			3,827[651]	5,661	*9,709*
EAP♣			2,135	2,300	3,155	*7,590*
INL♦			0,489	0,476		*0,965*
State Dept. gesamt	0,296		2,624	6,603	9,186	**18,339**
NED	1,887	2,662	3,096	3,144	4,228	**15,017**
DoL				6,400		**6,400**
Gesamt	**2,183**	**2,662**	**5,720**	**16,147**	**13,044**	**39,756**

Aus der Übersicht wird deutlich, dass das finanzielle Engagement allein der amerikanischen Regierung für die Förderung von Rechtsstaatlichkeit und Menschenrechten in der VRC in den vergangenen Jahren beträchtlich ist. Hinzu kommen weiterhin die teilweise bereits langjährigen Aktivitäten privater amerikanischer Geber, die ebenfalls hohe Fördersummen für Rechtsberatungsprojekte in der VRC zur Verfügung stellen. Diese Rechtsberatungspro-

649 Übersicht entnommen aus GAO 2004: 4, leicht modifiziert

650 Die Gesamtsumme der Gelder, die von DRL zur Verfügung gestellt wurden, wurde berechnet auf Grundlage der Angaben des DRL selbst; Fundstelle: http://www.state.gov/g/drl/rls/32893.htm; http://www.state.gov/g/drl/rls/32957.htm; http://www.state.gov/g/drl/rls/32961.htm; http://www.state.gov/g/drl/rls/42370.htm [Zugriff jeweils: 12.07.2005]

651 Diese Summe beinhaltet einen Betrag von 75.000 US$, der durch das Bureau of Oceans and International and Scientific Affairs des State Department zur Verfügung gestellt wurde (siehe GAO 2004: 4, Tabelle 1)

♣ Bureau for East Asia and Pacific Affairs des State Department

♦ Bureau for International Narcotics and Law Enforcement Affairs des State Department gramme verschiedener amerikanischer privater Akteure sollen im Folgenden Gegenstand der Betrachtung sein.

3. Programme privater Akteure in der amerikanisch-chinesischen Rechtszusammenarbeit

Es gibt eine große Vielfalt an Rechtsberatungsprogrammen, die von privaten amerikanischen Akteuren wie Stiftungen, Wirtschaftsvereinigungen, Standesorganisationen und vor allem Universitäten durchgeführt werden. Aufgrund der Fülle dieser verschiedenen Aktivitäten ist es im Rahmen der vorliegenden Studie nicht möglich, ausführliche Informationen über sämtliche dieser Aktivitäten zu präsentieren. Daher muss sich die Darstellung und Analyse auf einige ausgewählte private Akteure beschränken. Dabei wurden Programme derjenigen amerikanischen Akteure ausgewählt, die zu den einflussreichsten im Bereich der Rechtszusammenarbeit mit der VRC zählen und hier kontinuierlich Beratungsmaßnahmen anbieten. Daher wird davon ausgegangen, dass die Ergebnisse, die auf dieser empirischen Grundlage gewonnen werden konnten, auch verallgemeinernde Aussagen über die amerikanisch-chinesische Rechtszusammenarbeit zulassen.

3.1 Universitäre amerikanisch-chinesische Rechtsberatungsprogramme

3.1.1 Temple University Beasley School of Law

Die Initiierung der Kooperation zwischen der Beasley School of Law der Temple University (Philadelphia) und der CUPR (Beijing) geht auf eine direkte Einladung der chinesischen Regierung zurück, nachdem der ehemalige Vorsitzende der KPC Deng Xiaoping eine Intensivierung der Kooperation zwischen amerikanischen und chinesischen Universitäten angeregt hatte.[652] Dabei fühlte sich Deng Xiaoping selbst der Temple University in besonderem Maße verbunden, da allein diese Universität dem ehemaligen KPC Vorsitzenden anlässlich seines Staatsbesuches in den USA die Ehrendoktorwürde verliehen hatte. Über diese persönliche Verbundenheit Deng Xiaopings mit der Temple University hinaus war die chinesische Regierung ebenfalls von dem Erfolg, den ein seit 1994 eingerichtetes Kooperationsprogramm der juristischen Fakultät der Temple University in Japan verzeichnete, über-

652 »Master of Laws Program«; Fundstelle: http://www.law.temple.edu/servlet/com.rnci.products.DataModules.RetrieveAttachment/Beijing+LLM+Brochure/?server=templelawdb&dbname=templelaw&site=TempleLaw&sction=International_attachments&article=1&filename=Beijing+LLM+Brochure.pdf [Zugriff: 12.07.2005]

zeugt,[653] sodass im Jahr 1995 das chinesische Justizministerium und die CUPR an die Beasley School of Law der Temple University mit dem Vorschlag herantraten, auch in der VRC ein gemeinsames LL.M. Programm für chinesische Absolventen der Rechtswissenschaft ins Leben zu rufen.[654]

3.1.1.1 Programmbeschreibung

Das zweijährige LL.M. Programm vermittelt chinesischen Studenten Kenntnisse in internationaler Rechtspraxis und in grundlegenden juristischen Fertigkeiten. Dabei liegt der Programmgestaltung die Überzeugung zugrunde, dass es nicht ausreicht, den teilnehmenden Studenten allein Kenntnisse in konkreten Rechtsbereichen zu vermitteln; vielmehr sollen die chinesischen Studenten auch in die Lage versetzt werden, nach ihrer Ausbildung mit der internationalen juristischen Gemeinschaft zu kommunizieren und zu interagieren. Daher bildet insbesondere auch die Vermittlung von fachspezifischen Fremdsprachenkenntnissen einen Schwerpunkt des Programms, dessen Kurse sämtlich in englischer Sprache unterrichtet werden. Bei erfolgreichem Abschluss der Ausbildung erwerben die teilnehmenden Juristen einen akademischen Abschluss der juristischen Fakultäten sowohl der Temple University wie auch der CUPR.[655]

Hinsichtlich der inhaltlichen Ausrichtung des Programms lag der Schwerpunkt der Ausbildung zunächst auf dem Wirtschaftsrecht unter besonderer Berücksichtigung von Rechtsgebieten mit Bezug zur WTO.[656] Die anfängliche Beschränkung auf diese weniger sensiblen, sehr rechtstechnischen Bereiche erlaubte es, zunächst Vertrauen zwischen den Beteiligten auf chinesischer und amerikanischer Seite aufzubauen.[657] Auf dieser Grundlage konnten die Inhalte des Programms in den folgenden Jahren nach und nach ausgeweitet werden. So befasst sich das Programm seit 2001 auch mit sensibleren und menschenrechtsrelevanten Rechtsbereichen wie amerikanischem Verfas-

653 »Promoting Rule of Law in China« – Roundtable before the Congressional-Executive Commission on China, One Hundred Seventh Congress, Second Session (May 24, 2002): Testimony of Robert J. Reinstein, Dean, Temple University Beasley School of Law before the Senate Appropriations Committee, Subcommittee on Foreign Operations (March 7, 2002) (*im Folgenden: Testimony of Robert J. Reinstein, 07.03.2002*)

654 »Promoting Rule of Law in China« – Roundtable before the Congressional-Executive Commission on China, One Hundred Seventh Congress, Second Session (May 24, 2002): Statement of Robert J. Reinstein, Dean, Temple University School of Law (*im Folgenden: Statement of Robert J. Reinstein, 24.05.2004*)

655 Testimony of Robert J. Reinstein, 07.03.2002; Conner 2003: 242.

656 Statement of Robert J. Reinstein, 24.05.2002

657 Interview 03/2004

sungsrecht, Arbeits- und Beschäftigungsrecht, Aufgaben des Anwaltes bei der Vertretung von Mandanten vor Gericht, insbesondere im Strafverfahren sowie anwaltliche Berufsethik.[658] Dabei ist das LL.M. Programm nicht rechtsvergleichend angelegt, sondern vermittelt Kenntnisse über das amerikanische Recht und das *common law* System, wobei auf amerikanisches oder in den USA ausgebildetes Lehrpersonal zurückgegriffen wird.[659]

Zu den Teilnehmern des LL.M. Programms zählen sowohl chinesische Rechtswissenschaftler, Richter des OVG und Anwälte wie auch Angehörige von chinesischen Regierungsinstitutionen wie dem Rechtsarbeitsausschuss des SA NVK, der China Securities Regulatory Commission (CSRC), des NVK Fachausschusses für Inneres und Justiz sowie des MOFCOM.[660] Weiterhin ist das Programm auch explizit darum bemüht, Juristen, die ethnischen Minoritäten angehören, für die Ausbildung zu gewinnen, um so auch unter Nicht-Han-Chinesen Nachwuchs für Führungsaufgaben in Politik und Wirtschaft vorzubereiten.[661] Falls es gelingt, Angehörige ethnischer Minoritäten durch ihre Ausbildung zu befähigen, in zentrale staatliche Positionen aufzurücken, so wird hier davon ausgegangen, dass es diesen Personen dann möglich sein sollte, sich effektiv für die Belange der unterrepräsentierten Bevölkerungsgruppen einzusetzen und auf diese Weise politische und rechtliche Reformen anzustoßen, die den Bedürfnissen dieser Gruppen entgegenkommen.

Jährlich nehmen etwa 30 bis 50 chinesische Juristen an den LL.M. Kursen teil; von 1999 bis Ende 2003 konnten auf diese Weise insgesamt 104 Juristen das LL.M. Programm erfolgreich absolvieren. Eine weitere Gruppe von 47 Studenten hat ihr Studium im Laufe des Jahres 2004 aufgenommen.[662] Ge-

---

658 Statement of Robert J. Reinstein, 24.05.2002; »Master of Laws Program«; Fundstelle: http://www.law.temple.edu/servlet/com.rnci.products.DataModules.RetrieveAttachment/Beijing+LLM+Brochure/?server=templelawdb&dbname=templelaw&site=TempleLaw&sction=International_attachments&article=1&filename=Beijing+LLM+Brochure.pdf [Zugriff: 12.07.2005]

659 Conner 2003: 272, FN 200.

660 Testimony of Robert J. Reinstein, 07.03.2002

661 »Temple aims to westernize China's legal system«; in: Philadelphia Business Journal, 23.11.2001; Fundstelle: http://www.bizjournals.com/philadelphia/stories/2001/11/26/focus3.html [Zugriff: 12.07.2005]

662 Informationen von USAID; Fundstelle: http://www.usaid.gov/policy/budget/cbj2005/ane/pdf/china_cbj_fy05.pdf [Zugriff: 29.07.2005])

genwärtig wird das LL.M. Kooperationsprogramm der Temple University und der CUPR auf die Qinghua Universität, Beijing, übertragen.[663]

Neben diesen LL.M. Kooperationsprogrammen mit den beiden bedeutenden Universitäten unterstützt die Temple University auch das Business and Comparative Law Center (BCLC) in Beijing. Das BCLC vereinigt verschiedene Kooperationsprojekte mit chinesischen juristischen Institutionen unter seiner Ägide und ist in seiner Arbeit generell darauf ausgerichtet, einen Beitrag zur Stärkung der Rechtsstaatlichkeit in der VRC zu leisten.[664] In Bereich der Juristenausbildung besteht auch eine Verzahnung der LL.M. Kooperationsprogramme der Temple University mit der CUPR und der Qinghua Universität mit dem BCLC. Darüber hinaus bietet das BCLC auch einige Kurzzeitkurse in einzelnen Rechtsgebieten sowie Sprachkurse für Richter des OVG und für Studenten der NRA an. Weiterhin ist das BCLC regelmäßig beratend und unterstützend an konkreten Gesetzgebungsvorhaben beteiligt. So wurde beispielsweise das OVG bei der Ausarbeitung eines Regelwerkes zu den Grundsätzen juristischer Berufsethik von Experten des BCLC beraten; weiterhin unterstützte das BCLC den NVK bei der Erarbeitung von Gesetzesentwürfen zum Privateigentum und Grundbesitz und arbeitete mit der Abteilung für Wirtschaftsrecht des Rechtsarbeitsausschusses des SA NVK bei der Anpassung des chinesischen Wirtschaftsrechts an WTO-Vorgaben zusammen.

Ein weiterer Schwerpunkt des BCLC liegt neben der Juristenausbildung und Gesetzgebungsberatung auf der Einrichtung und langfristigen Förderung von Arbeitsgruppen zwischen chinesischen und amerikanischen Rechtswissenschaftlern, Anwälten, Richtern und Persönlichkeiten aus dem Wirtschaftsbereich. Zum einen sollen diese Arbeitsgruppen als wichtige Kanäle dienen, um generell den Austausch zwischen den amerikanischen und chinesischen Angehörigen der juristischen Profession über aktuelle Rechtsentwicklungen in beiden Staaten zu ermöglichen und zu intensivieren. Darüber hinaus – und dies ist von besonderer Bedeutung – sollen diese Expertengruppen sich langfristig auch zu einem sich ständig vergrößernden »pool of knowledge« entwickeln, dessen Mitglieder in der Lage sind, chinesischen Gesetzgebungsorganen, Regulierungsbehörden, Wissenschaftlern und Richtern praktische Rechtsberatung anzubieten und auf diese Weise den Rechtsreformprozess in der VRC unterstützend zu begleiten.[665] Einige derartige Ar-

---

663 Conner 2003: 272, FN 200.

664 Alle Informationen über das BCLC wurden entnommen aus: Testimony of Robert J. Reinstein, 07.03.2002

665 »China to Get Lessons in the Rule of Law«; in: *Asia Times*, 04.10.2001; »Temple aims to westernize China's legal system«; in: Philadelphia Business Journal, 23.11.2001; Fundstelle:

beitsgruppen konnten bereits etabliert werden. Die Joint Working/Study Group on Property Law der juristischen Fakultäten der Temple, CUPR und Qinghua Universität sowie der China Society of Comparative Law (CSCL) wird von Jiang Ping, Professor an der CUPR und Vorsitzender der CSCL, geleitet. Eine weitere Arbeitsgruppe befasst sich mit Rechtsfragen im Zusammenhang mit dem WTO-Beitritt der VRC und wird von Jeffrey Dunoff, Professor der Temple University, geleitet. Eine dritte Arbeitsgruppe schließlich umfasst Experten der Temple und Qinghua Universität sowie der Union of Public Health/Chinese Academy of Preventive Medicine und befasst sich mit gesundheitsrechtlichen Fragen. Für die Zukunft ist die Einrichtung einer Arbeitsgruppe im Bereich des E-Commerce geplant.

Die Kooperationsprojekte der Temple University mit der CUPR und der Qinghua Universität werden überwiegend aus Mitteln der amerikanischen und der chinesischen Regierung (Justizministerium) sowie durch Spenden der amerikanischen Wirtschaft finanziert. So erhielt das Programm im Jahr 1999 eine Anschubfinanzierung von 2,0 Millionen US$ durch die Starr Foundation, eine Wohltätigkeitsorganisationen, die mit dem amerikanischen Versicherungskonzern *American International Group* (AIG) verbunden ist. Im Jahr 2002 stellte die Starr Foundation/AIG erneut 2,5 Millionen US$ für das Programm zur Verfügung.[666] Ergänzt wird dieses private Engagement durch Zahlungen der amerikanischen Regierung. So gewährte das DRL dem Temple LL.M. Kooperationsprogramm in den Jahren 1999 bis 2004 Finanzmittel in Höhe von insgesamt sieben Millionen US$.[667] Weiterhin erhält das Programm auch regelmäßig Zuwendungen durch große amerikanische Firmen, wie zum Beispiel *General Motors*, *DuPont*, *Microsoft*, *CIGNA* und *United Airlines*[668] sowie seitens einflussreicher amerikanischer Anwaltskanzleien und Absolventen der LL.M. Programme.[669]

---

http://www.bizjournals.com/philadelphia/stories/2001/11/26/focus3.html [Zugriff: 12.07.2005]

666 »AIG Donates Additional $2,5 Million to Temple in China«; in: *Temple Esquire*, Vol.2 (Fall 2002);
Fundstelle:
http://www.law.temple.edu/servlet/com.rnci.products.DataModules.RetrieveAttachment/esqfall2002/?server=templelawdb&dbname=templelaw&site=TempleLaw&sction=Publications_Attachments&article=1&filename=esqfall2002.pdf [Zugriff: 29.07.2005]

667 Diese Gelder wurden dem Programm über USAID zugeleitet (GAO 2004: 5).

668 »AIG Donates Additional $2,5 Million to Temple in China«; in: *Temple Esquire*, Vol.2 (Fall 2002);
http://www.law.temple.edu/servlet/com.rnci.products.DataModules.RetrieveAttachment/esqfall2002/?server=templelawdb&dbname=templelaw&site=TempleLa

3.1.1.2 Strategie und möglicher Einfluss auf die Migration von Rechtsnormen und Konzepten

Bei den LL.M. Kooperationsprogrammen handelt es sich um Rechtsberatungsmaßnahmen des Typ II, die die Ausbildung von chinesischen Juristen im amerikanischen Recht in den Mittelpunkt stellen. Dabei wird deutlich, dass auch diese Maßnahme der amerikanisch-chinesischen Rechtszusammenarbeit darauf ausgerichtet ist, Reformen des chinesischen Rechtssystems von innen heraus, mit Unterstützung chinesischer Juristen und Rechtswissenschaftler, anzustoßen und zu fördern. Durch die Ausbildung hoch qualifizierter chinesischer Juristen, die die Möglichkeit haben, im Verlauf ihrer Karriere in einflussreiche Regierungspositionen aufzusteigen, wird fachliches Wissen und Rechtsdenken, das von amerikanischen wie auch internationalen Normen und Standards geprägt wurde, in die Entscheidungsstrukturen des politischen Systems der VRC eingebracht. Langfristig ist es auf diese Weise möglich, die Entscheidung der chinesischen Regierung – insbesondere im wirtschaftlichen Bereich – das Rechtssystem mehr und mehr mit internationalen Standards und Anforderungen in Einklang zu bringen und auf diese Weise dazu beizutragen, dass sich die VRC zu einem verlässlichen Partner in den internationalen (Wirtschafts-) Beziehungen entwickelt, positiv zu beeinflussen. Dies ist insbesondere hinsichtlich der Anpassung der VRC an WTO-Bestimmungen, wo die Kooperationsprogramme schwerpunktmäßig ansetzen, von großer Bedeutung.

Aber auch hinsichtlich verschiedener gesellschaftlicher Probleme ist ein Wandel von innen heraus in der VRC notwendig. Dies betrifft insbesondere auch das bereits angesprochene Problem der ethnischen Minoritäten. Diese Gruppen sind in den politischen, rechtlichen und wirtschaftlichen Entscheidungsprozessen in der VRC sehr stark unterrepräsentiert und daher in ihren Partizipationsmöglichkeiten massiv eingeschränkt. Vor diesem Hintergrund bemühen sich die Temple Kooperationsprogramme, vor allem auch Nicht-Han-Chinesen den Zugang zu den LL.M. Studiengängen zu eröffnen. Durch die angebotene Weiterqualifizierung sollen dann die Angehörigen dieser Gruppen in die Lage versetzt werden, in ihrer beruflichen Laufbahn auch höhere und einflussreiche Regierungspositionen zu bekleiden, in denen es

---

w&sction=Publications_Attachments&article=1&filename=esqfall2002.pdf [Zugriff: 29.07.2005]

669 Vgl. Interview 13/2002; »Temple aims to westernize China's legal system«; in: Philadelphia Business Journal, 23.11.2001; Fundstelle: http://www.bizjournals.com/philadelphia/stories/2001/11/26/focus3.html [Zugriff: 12.07.2005]; siehe auch: »Teaching and Pro Bono Efforts«; Fundstelle: http://www.coudert.com/practices/default.asp?action=practicedetails&id=14 [Zugriff: 20.07.2005]

ihnen möglich ist, die Interessen der unterrepräsentierten Gruppen, denen sie selbst angehören, besser zu vertreten.

Auch wird weiterhin angestrebt, durch die Ausbildung von Anwälten, Richtern und Regierungsbeamten aus Gebieten ethnischer Minoritäten die Rechtsanwendung und -durchsetzung in diesen Teilen der VRC wesentlich zu verbessern wie auch der dortigen Bevölkerung einen Zugang zu qualifiziertem rechtlichen Beistand zu ermöglichen. Insofern enthält das Programm auch Elemente der Rechtsberatung des Typ III.

Da die Teilnehmer an den LL.M. Programmen, wie oben dargelegt, im amerikanischen *common law* ausgebildet werden, beeinflusst diese Verbreitung amerikanischer Rechtslehre und amerikanischer Methoden der Juristenausbildung auch die zukünftige Arbeit der teilnehmenden chinesischen Juristen. Dies bedeutet zum einen, dass die chinesische Rechts*praxis* über die Vermittlung von Kenntnissen über das amerikanische Recht und insbesondere über die Methoden der Rechtsanwendung dem Einfluss des amerikanischen Rechtssystems ausgesetzt ist.

Aber auch hinsichtlich der Entwicklung des chinesischen Gesetzesrechtes sind Einflüsse aus Kooperationsmaßnahmen wie den Temple Programmen denkbar. Wie bereits oben dargestellt wurde, wenden sich viele chinesische Rechtssetzungsorgane beispielsweise an das BCLC, um Beratung zur Ausarbeitung von konkreten Gesetzesentwürfen einzuholen. Auf diese Weise werden amerikanische rechtliche Modelle über die amerikanischen bzw. im amerikanischen Recht ausgebildeten Experten in den chinesischen Gesetzgebungsprozess eingespeist. Dies bedeutet, dass die Migration von amerikanischen Rechtsnormen und Konzepten in das chinesische Rechtssystem durch Kooperationsprogramme wie das Temple Programm unterstützt wird.

Dieser Prozess der Migration von Rechtsnormen und Konzepten wird wiederum wesentlich beeinflusst durch epistemische Gemeinschaften, die zwischen chinesischen und amerikanischen Rechtsexperten im Zuge der Rechtszusammenarbeit entstehen. Es wurde darauf hingewiesen, dass das Temple Programm ausdrücklich auf die Förderung derartiger Netzwerke ausgerichtet ist. Dies wird beispielsweise deutlich an der Einrichtung der verschiedenen chinesisch-amerikanischen Arbeitsgruppen unter der Ägide des BCLC. In diesen Arbeitsgruppen arbeiten amerikanische Rechtswissenschaftler mit chinesischen Juristen, die vielfach Angehörige chinesischer Gesetzgebungsorgane sind, zusammen. Dies bedeutet, durch die Kooperation und den wissenschaftlichen Austausch werden die chinesischen Juristen mit dem amerikanischen Recht und Rechtsdenken wie auch mit den amerikanischen Methoden der Rechtsanwendung vertraut. Das so erworbene Wissen kann dann in den chinesischen Gesetzgebungsprozess, an welchem die chinesischen Juristen beteiligt sind, eingespeist werden. Auf diese Weise unterstützen die durch die Kooperation in den Arbeitsgruppen entstehenden epistemischen Gemeinschaften zwischen chinesischen und amerikanischen Rechtsexperten die Migration von amerikanischen Rechtsnormen und Konzepten in das chinesische Rechtssystem.

Ein Beispiel für den möglichen Einfluss derartiger epistemischer Gemeinschaften kann an der Arbeit von Prof. Jiang Ping verdeutlicht werden. Prof. Jiang Ping engagiert sich seit langer Zeit für die Ausweitung der amerikanisch-chinesischen Kooperation im Bereich der Juristenausbildung.[670] Darüber hinaus ist Prof. Jiang einer der einflussreichsten chinesischen Experten im Bereich des Zivilrechts und war an der Ausarbeitung wichtiger zivil- und verwaltungsrechtlicher Gesetzeswerke, wie z. B. den Allgemeinen Grundsätzen des Zivilrechts, dem Gesellschaftsrecht und dem Verwaltungsverfahrensgesetz, federführend beteiligt.[671] Darüber hinaus steht Prof. Jiang der Forschungsgruppe Verwaltungsrecht des Rechtsarbeitsausschusses des SA NVK (*quanguo renda changweihui fazhi gongzuoweiyuanhui xingzhenglifa yanjiuzu* – Administrative Law Research Group [ALRG]) wie auch der Gemeinsamen Arbeits- und Forschungsgruppe Zivil- und Wirtschaftsrecht der Universitäten Temple, Qinghua und CUPR vor.[672] Gegenwärtig leitet Prof. Jiang die Ausarbeitung des chinesischen Zivilgesetzbuches.[673] Dies bedeutet, wenn – wie im Fall von Prof. Jiang – einflussreiche chinesische Rechtswissenschaftler, die auch am chinesischen Gesetzgebungsprozess beteiligt sind, in Netzwerke mit ihren amerikanischen Kollegen eingebunden werden, dann können über diese chinesischen Juristen Normen und Konzepte aus dem amerikanischen Rechtssystem in das chinesische Recht eingeschleust werden.

Es kann somit für den Export eigener Rechtsnormen und Konzepte für einen Geberstaat in der Tat sehr nützlich sein, die Bildung von epistemischen Gemeinschaften zwischen Juristen aus dem eigenen Rechtssystem und deren chinesischen Kollegen zu fördern. Dabei sind universitäre Kooperationsprogramme in besonderer Weise geeignet für die Entwicklung derartiger epistemischer Gemeinschaften wie auch für die Durchführung progressiver Rechtsberatungsprojekte. Dies ergibt sich zum einen aus dem Umstand, dass der akademische Bereich reformbereiten und progressiven chinesischen Rechtswissenschaftlern relativ viel Freiraum für die Erforschung und Entwicklung neuer Konzepte für weitere Rechtsreformen in der VRC bietet. Daher sind die Universitäten und Forschungseinrichtungen wichtige »Inkubatoren«, von denen neue Impulse für den Rechtsreformprozess ausgehen, vor

---

670 Vgl. »Drafting a Uniform Chinese Contract Law«;
Fundstelle: http://www.columbia.edu/cu/chinalaw/calendar/4-10-96.html [Zugriff: 20.07.2005]

671 ibid.

672 Testimony of Robert J. Reinstein, 07.03.2002. Die ALRG wird detailliert dargestellt in Abschnitt 3.4.1.1.1

673 Informationen abrufbar unter:
http://www.1488.com/english/about/aboutus/default.asp [Zugriff: 20.07.2005]

allem, da die Kontrolle von Staat und Partei über den akademischen Bereich mehr und mehr gelockert wird.[674] Weiterhin sind die Kontakte zwischen chinesischen und amerikanischen Juristen auf der wissenschaftlichen Ebene in der Regel nicht durch die allgemeine Lage der amerikanisch-chinesischen Beziehungen und diplomatische Zwänge belastet, sodass auch in sensiblen Bereichen mit Bezug zu Rechtsstaatlichkeit und Menschenrechtsschutz ein offener Austausch möglich ist.

Schließlich ist es wichtig darauf hinzuweisen, dass die Bedeutung persönlicher Kontakte und der daraus resultierenden epistemischen Gemeinschaften zwischen amerikanischen und chinesischen Rechtswissenschaftlern für die Transplantation von Recht auch von privaten Akteuren, die ein Interesse am Export amerikanischer Rechtsnormen und Konzepte in die VRC haben, anerkannt wird. So wurde bereits oben angesprochen, dass beispielsweise Rechtsanwaltskanzleien, die ihre Klienten in der VRC vertreten, sich dafür einsetzen, dass sich die Entwicklung des chinesischen Rechtssystems am amerikanischen Rechtssystem orientieren solle, um auf diese Weise ein günstiges und vertrautes Umfeld für amerikanische Klienten, die sich vor allem geschäftlich in der VRC engagieren, zu schaffen.[675] Vor diesem Hintergrund richtete eine bedeutende in den USA ansässige, international agierende Kanzlei (*Coudert Brothers*) in Kooperation mit dem Temple-CUPR LL.M. Programm ein Stipendium ein (*Coudert Brothers Scholarship*), um die Juristenausbildung in der VRC zu fördern.[676] Durch die Vergabe derartiger Stipendien haben amerikanische Rechtsanwaltskanzleien gleichzeitig die Möglichkeit, die Juristenausbildung *nach amerikanischem Muster* in der VRC zu unterstützen. Langfristig bedeutet dies, dass künftige Generationen chinesischer Juristen mehr und mehr mit dem amerikanischen Recht und der amerikanischen Rechtspraxis vertraut werden und daher auch die Entwicklung des chinesischen

---

674 Gleichwohl sind den akademischen Diskursen in der VRC nach wie vor Grenzen gesetzt, vor allem, wenn sich diese mit Fragen die Machtbasis der KPC betreffend befassen. So wurden beispielsweise im Sommer 2003 im Vorfeld der jüngsten Revision der chinesischen Verfassung einige sehr kritische und konstruktive Diskussionen in chinesischen rechtswissenschaftlichen Kreisen über die Auswirkungen der Verfassungsänderung, insbesondere über die Aufnahme des Schutzes von Privateigentum, auf die Legitimation der Herrschaft der KPC geführt. Die politische Führung der VRC versuchte daraufhin, diese Diskussionen zu unterbinden, indem einigen beteiligten Juristen die weitere Teilnahme an der Diskussion sowie der Besuch von Konferenzen zum Thema untersagt wurde (siehe hierzu ausführlich. Heilmann/Schulte-Kulkmann/Shi 2004a).

675 DeLisle 1999: 207; vgl. Interview 11/2002

676 Informationen abrufbar unter: http://www.coudert.com/practices/default.asp?action=practicedetails&lang=&id=14&x=14&y=10 [Zugriff: 20.07.2005]

Rechtssystems entlang des amerikanischen Vorbildes befürworten. Dies wiederum entspricht dem Interesse amerikanischer Anwaltskanzleien und deren Klienten, in der VRC ein vertrautes rechtliches Umfeld vorzufinden.[677] An diesem Beispiel wird somit deutlich, dass akademische Kooperationsprogramme und private finanzielle Förderung im Bereich der amerikanischen Rechtszusammenarbeit mit der VRC häufig Hand in Hand gehen, um den Export amerikanischer Rechtsnormen und Konzepte in die VRC zu unterstützen.

Neben den Kooperationsprogrammen der Temple University mit der CUPR und der Qinghua Universität unterhält mit der Yale University eine weitere bedeutende amerikanische Universität ein groß angelegtes Rechtsberatungsprogramm, das im Folgenden näher dargestellt werden soll.

3.1.2 Yale Law School China Law Centre

Die Einrichtung des China Law Center (CLC) der juristischen Fakultät der Yale University kann als ein unmittelbares Ergebnis der oben beschriebenen Gemeinsamen Erklärung der Präsidenten Bill Clinton und Jiang Zemin zur »Zusammenarbeit im Rechtsbereich« im Jahr 1997 betrachtet werden. So nahm Paul Gewirtz, Professor an der juristischen Fakultät von Yale, in den Jahren 1997/1998 unter der Clinton-Administration das Amt des »Special Coordinator for Global Rule of Law« wahr und war in dieser Funktion auch für die Ausarbeitung der »Zusammenarbeit im Rechtsbereich« zwischen der VRC und den USA verantwortlich. Auch wenn Prof. Gewirtz in seiner Funktion als »Special Coordinator for Global Rule of Law« für die Ausarbeitung und Umsetzung amerikanischer Rechtsberatungsmaßnahmen *weltweit* zuständig war, erlag er doch sehr bald der Faszination Chinas und konzentrierte seine Arbeit auf die Initiierung von Rechtszusammenarbeit mit der VRC.[678] Infolgedessen gründete Prof. Gewirtz zusammen mit Prof. Jonathan Hecht unmittelbar nach Beendigung seiner Tätigkeit für das State Department im Jahr 1999 das CLC an der juristischen Fakultät der Yale University.[679] Seither dient das CLC als Kompetenzzentrum für die Unterstützung des Rechtsreformprozesses in der VRC; darüber hinaus setzt sich das CLC in seiner Arbeit für ein besseres Verständnis des chinesischen Rechts und Rechtssystems in den USA ein, indem es beispielsweise auch Kurse in chinesischem Recht für amerikanische Studenten an der Yale University anbietet und amerikanische Juristen als Dozenten an chinesische Universitäten entsendet.[680]

677 Vgl. Alford 2000: 1713, FN 90.

678 Prof. Gewirtz sagt in diesem Zusammenhang von sich selbst: »I caught the China bug big-time.« (Gewirtz 2003: 616)

679 ibid.

680 »The China Law Centre – Yale Law School«; Fundstelle:

3.1.2.1 Programmbeschreibung

Das CLC führt Rechtsberatungsmaßnahmen in Zusammenarbeit sowohl mit einzelnen chinesischen Rechtsexperten wie auch mit chinesischen Regierungsinstitutionen durch. Konkrete Projekte bieten zum einen Unterstützung für die Reform chinesischer juristischer Institutionen, das heißt der Gerichte, der Verwaltung und der juristischen Fakultäten, an und stellen damit Rechtsberatungsmaßnahmen des Typ II dar. Ein weiterer Schwerpunkt der Arbeit des CLC liegt auf der Gesetzgebungsberatung (Rechtszusammenarbeit des Typ I); hier erfolgt die Zusammenarbeit mit wichtigen zentralen chinesischen Gesetzgebungsorganen wie auch mit einzelnen chinesischen Rechtswissenschaftlern. Weiterhin bietet das CLC Zusammenarbeit und Beratung in den Bereichen Justizreform, Verwaltungsreform und juristische Ausbildung an. Anhang VI gibt einen Überblick über die verschiedenen Rechtsberatungsprojekte, die gegenwärtig vom CLC mit chinesischen Partnern umgesetzt werden.

3.1.2.2 Strategie und möglicher Einfluss auf die Migration von Rechtsnormen und Konzepten

Die Übersicht in Anhang VI verdeutlicht zum einen, dass das CLC in der Lage ist, mit seinen chinesischen Partnern Projekte auch in einer Vielzahl sehr sensibler Rechtsbereiche, wie z. B. das Beweisrecht im Strafverfahren, Verwaltungsrecht, Unabhängigkeit der Justiz sowie Aufbau eines Systems der Verfassungsgerichtsbarkeit zur Kontrolle der Verfassungsmäßigkeit von Gesetzen und Akten der Exekutive durchzuführen. Die Zusammenarbeit in diesen Bereichen erfordert ein hohes Maß an Vertrauen zwischen den amerikanischen und chinesischen Beteiligten. Im Fall des CLC sind insbesondere zwei Aspekte zu nennen, die den Aufbau dieses Vertrauens sehr erleichtert haben. Zum einen steht das CLC als eine akademische Einrichtung in keinem Zusammenhang mit der amerikanischen Regierung und wird auch nicht mit amerikanischen Regierungsgeldern finanziert. Auf diese Weise unterliegen die vom CLC angebotenen Rechtsberatungsmaßnahmen in den Augen der chinesischen Partner nicht dem Verdacht, als »Transmissionsriemen« für die Durchsetzung weiter gehender amerikanischer außenpolitischer Interessen instrumentalisiert zu werden.[681]

Weiterhin handelt es sich bei den Gründern des CLC, Prof. Gewirtz und Prof. Hecht, um Persönlichkeiten, die hohes Ansehen in chinesischen rechts-

---

http://chinalaw.law.yale.edu/html/current.htm [Zugriff: 20.07.2005]. Alle Informationen über das CLC wurden, falls nicht anders angegeben, dieser Quelle entnommen.

681 Interview 02/2002

wissenschaftlichen wie auch Regierungskreisen genießen. So bereitete Prof. Gewirtz als »Special Coordinator for Global Rule of Law« die zwischen Bill Clinton und Jiang Zemin 1997 vereinbarte »Zusammenarbeit im Rechtsbereich« vor. Prof. Hecht ist seinerseits ein anerkannter Experte im chinesischen Recht und insbesondere im chinesischen Strafrecht. Darüber hinaus war er mehr als ein Jahrzehnt lang u. a. für die Ford Foundation, die Vereinten Nationen und das State Department als Berater und Verantwortlicher für Rechtsberatungsprogramme in der VRC tätig.[682] Sowohl Prof. Gewirtz als auch Prof. Hecht waren während ihrer Tätigkeit in diesen Positionen in der Lage, persönliche Kontakte zu chinesischen Rechtswissenschaftlern und Angehörigen von Regierungsinstitutionen, die am Rechtsreformprozess in der VRC beteiligt sind, aufzubauen. Diese Kontakte bestehen fort und lassen beide Personen – und damit auch das von ihnen gegründete CLC – als vertrauenswürdige Partner für chinesische Regierungsmitarbeiter wie auch für Akademiker, die an einem Rechtsaustausch mit den USA zur Unterstützung des chinesischen Rechtsreformprozesses interessiert sind, erscheinen.

Dies verdeutlicht erneut die große Bedeutung von epistemischen Gemeinschaften zwischen amerikanischen und chinesischen Rechtsexperten für die Migration von Rechtsnormen und Konzepten. So sind beispielsweise sowohl der Direktor als auch der Stellvertretende Direktor des Rechtsamtes des SR durch frühere Kontakte mit den Professoren Gewirtz und Hecht bekannt. Als der damalige chinesische Ministerpräsident Zhu Rongji das Rechtsamt des SR mit der Ausarbeitung eines Entwurfes des chinesischen Verwaltungsgenehmigungsgesetzes beauftragte, lag es somit nahe, dass die Leiter des Rechtsamtes sich an die ihnen persönlich bekannten und vertrauten Experten des CLC wandten mit der Bitte um Unterstützung bei der Ausarbeitung des Entwurfes.[683] Auf diese Weise ermöglichten es die guten persönlichen Kontakte zwischen amerikanischen Rechtsexperten und Angehörigen chinesischer Regierungsinstitutionen, dass amerikanische Expertise für die Ausarbeitung chinesischer Gesetzeswerke herangezogen und somit die Migration von amerikanischen Rechtsnormen und Konzepten in das chinesische Recht erleichtert wurde.

Ein weiteres Beispiel für die Migration von Rechtsnormen und Konzepten durch Rechtsberatungsmaßnahmen stellt der Aufbau des legal aid Systems in Zusammenhang mit der Entwicklung der praktischen Rechtsausbildung in der VRC dar. Neben Justizreformen und Verwaltungsrecht stellt der Bereich

682 Der Lebenslauf von Professor Hecht ist abrufbar unter: http://chinalaw.law.yale.edu/html/personnel.htm [Zugriff: 20.07.2005]

683 »The Law School Engages China«; in: *Yale Law Report*, Winter 2003: 52–59; 58. Fundstelle: http://chinalaw.law.yale.edu/china_Winter03.pdf [Zugriff: 20.07.2005]

legal aid im Rahmen von Rechtsberatungsmaßnahmen des Typ III den dritten Arbeitsschwerpunkt des CLC dar. Hier unterstützt das CLC die juristischen Fakultäten chinesischer Universitäten bei der Entwicklung der praktischen Rechtsausbildung.[684] Die praktische Rechtsausbildung zielt darauf ab, Studenten der Rechtswissenschaft bereits während ihrer Ausbildung die Möglichkeit zu eröffnen, an realen Fällen zu arbeiten und auf diese Weise mit Rat suchenden Bürgern – Klienten – in Verbindung zu kommen. Hieraus ergibt sich auch die enge Verknüpfung von praktischer Rechtsausbildung und legal aid, da die Studenten ihre praktische Arbeit in der Regel in legal aid Zentren für bedürftige Personen, die den Universitäten angegliedert sind, verrichten. Die praktische Rechtsausbildung in Verbindung mit dem legal aid Service ist eine Besonderheit des amerikanischen Systems der Juristenausbildung, die erfolgreich in die VRC transplantiert wurde.

Da Beratung und Austausch im Zuge des Auf- und Ausbaus des chinesischen legal aid Systems seit 1996 fast ausschließlich mit amerikanischen juristischen Institutionen und juristischen Fakultäten vorgenommen wurde, ist das nun in der VRC etablierte legal aid System sehr eng am amerikanischen Modell orientiert.[685] Auch die juristische Fakultät der Yale University spielt in diesem Bereich eine wichtige Rolle. So arbeitet beispielsweise eines der bedeutendsten und bekanntesten legal aid Zentren der VRC, das Centre for Women's Law Studies and Legal Services der Peking Universität, seit seiner Gründung im Jahr 1995 eng mit der Yale University zusammen.[686]

---

684 ibid.: 52–59; 57. *Clinical Legal Education* – praktische Rechtsausbildung – ist ein Spezifikum der amerikanischen juristischen Ausbildung und verfügt demzufolge über keine Entsprechung im deutschen System der Juristenausbildung. Insbesondere ist die praktische Rechtsausbildung in keinem Fall mit dem Referendariat zu vergleichen, welches deutsche Juristen zwischen dem Ersten und dem Zweiten Staatsexamen absolvieren müssen. Bei der praktischen Rechtsausbildung an amerikanischen juristischen Fakultäten handelt es sich vielmehr um Beratungsdienste, die ehrenamtlich von amerikanischen Studenten in der Regel für bedürftige Personen, die sich einen anwaltlichen Rat nicht leisten können, angeboten werden.

685 Choate 2000: 6.

686 Vgl. Liebman 1999: 235–236. Weitere Partner des legal aid Zentrums der Peking Universität sind die juristischen Fakultäten der New York University und der Columbia University. Auch wird die Arbeit des Zentrums teilweise von der Ford Foundation finanziell unterstützt (Liebman 1999: 235; Interview 05/2002). So kommt die Ford Foundation beispielsweise für die Gehälter der Tutoren, die die Arbeit der Studenten im legal aid Zentrum anleiten, auf sowie für die Kosten für die Erstellung von Lehrmaterialien und Publikationen über Methoden der praktischen juristischen Ausbildung im Bereich legal aid. Darüber hinaus organisiert und finanziert die Ford Foundation in Zusammenarbeit mit amerikanischen Uni-

Somit ist auch dieses Zentrum in seiner Arbeit sehr vom Beispiel amerikanischer legal aid Zentren beeinflusst.[687] Ein anderes bedeutendes legal aid Zentrum, das Centre for Protection of Rights of Disadvantaged Citizens der Universität von Wuhan, wurde bereits 1992 mit finanzieller Unterstützung durch die Ford Foundation gegründet.[688] Prof. Wan Exiang, der Gründer und Direktor des Zentrums, ist seinerseits Absolvent der Yale University (LL.M.) und arbeitet nun eng mit der juristischen Fakultät von Yale und dem CLC im Bereich legal aid zusammen.[689] Dies bedeutet, dass in diesem Fall die Kontakte, die seit der Ausbildung zur Yale University bestehen, die Basis für eine Zusammenarbeit legten, die heute mit dazu beiträgt, dass Methoden der amerikanischen juristischen Ausbildung in das chinesische System übertragen werden. Darüber hinaus wird das legal aid Zentrum der Universität von Wuhan vom chinesischen Justizministerium als ein »Musterzentrum« betrachtet,[690] sodass zahlreiche andere chinesische Universitäten ihre jeweiligen legal aid Einrichtungen an diesem Beispiel orientieren.[691] Dies verdeutlicht erneut, dass nicht nur persönliche Kontakte, sondern auch der Einfluss, der von beispielhaften Institutionen ausgeht, von großer Bedeutung für den Export von amerikanischen Rechtsnormen und Konzepten in das chinesische Rechtssystem sind.

Schließlich ist auch das Gebiet des Straf- und Zivilverfahrensrechts ein Bereich, indem sich eine erfolgreiche Transplantation von amerikanischen bzw. *common law* Rechtskonzepten vollzogen hat. Seit den ersten Reformversuchen des chinesischen Rechtssystems nach Gründung der Volksrepublik Anfang der 1950er Jahre wurde das chinesische Recht stark vom kontinentaleuropäischen *civil law* wie auch vom sozialistischen Rechtssystem der ehemaligen Sowjetunion beeinflusst. Hinsichtlich des Verfahrensrechtes bedeutete dies, dass das chinesische Zivil- und Strafverfahren dem inquisitorischen System folgte.[692] Aber vor allem durch den Einfluss der immer größeren Anzahl chinesischer Juristen, die durch amerikanische Rechtsberatungspro-

versitäten auch Austauschprogramme für amerikanische und chinesische Rechtsprofessoren über das Gebiet legal aid (Interview 05/2002).

687 Interview 05/2002

688 Liebman 1999: 233–235.

689 »The U.S. China Rule of Law Initiative«, in: *Yale Law Report*, Summer 1999: 47–52; 52. Fundstelle: http://chinalaw.law.yale.edu/YLRSummer99.pdf [Zugriff: 26.07.2005]

690 Lee 2000: 384.

691 »The U.S. China Rule of Law Initiative«, in: *Yale Law Report*, Summer 1999: 47–52; 52. Fundstelle: http://chinalaw.law.yale.edu/YLRSummer99.pdf [Zugriff: 26.07.2005]

692 Für eine Einführung in die Besonderheiten des inquisitorischen wie auch des adversatorischen Verfahrensstils siehe Chen, Albert H.Y. 2000: 67.

gramme eine amerikanische Rechtsausbildung genossen und zum Teil im Anschluss daran auch in den USA als Juristen gearbeitet haben, wurde der Einfluss des amerikanischen Modells des gerichtlichen Verfahrens immer stärker und führte dazu, dass sich das chinesische Straf- und Zivilverfahren heute zunehmend am adversatorischen Modell des *common law* Systems orientiert.[693] Dies schlägt sich vor allem auch in der Revision des chinesischen Strafprozessgesetzes im Jahr 1996 nieder, indem das neue Strafprozessrecht nun die Rolle der Parteien und ihrer Anwälte während des Prozesses, vor allem hinsichtlich der Beibringung von Beweismaterial, wesentlich stärkt.[694] Wie bereits oben dargestellt wurde, unterhält das Yale CLC ein wichtiges Beratungsprogramm mit dem Rechtsarbeitsausschuss des SA NVK im Bereich der Ausarbeitung eines Beweisrechts im Strafverfahren, welches gegenwärtig in der VRC noch fehlt. Dabei richtet sich die Beratung durch das CLC explizit auf die Entwicklung von stärker adversatorischen Elementen im Strafverfahren;[695] auf diese Weise zielt also auch diese Kooperation auf die Transplantation eines amerikanischen bzw. dem *common law* entspringenden Rechtskonzeptes in das chinesische Rechtssystem.

Auch wenn die vorliegende Studie aus der großen Vielfalt an amerikanisch-chinesischen universitären Kooperationsprogrammen nur zwei Programme genauer darstellen und analysieren kann, so sollte aus den Ausführungen deutlich geworden sein, dass derartige Programme infolge ihres Potenzials für die Entstehung von epistemischen Gemeinschaften zwischen amerikanischen und chinesischen Rechtswissenschaftlern von großer Bedeutung für die Migration von Rechtsnormen und Konzepten sind. Gleichwohl stellen diese Formen des Austauschs im akademischen Bereich nicht die einzigen institutionalisierten Kontakte zwischen amerikanischen und chinesischen Juristen dar. Die American Bar Association als eine Standesorganisation unterhält ebenfalls ein bedeutendes Rechtsberatungsprogramm mit chinesischen Partnern; dieses Programm soll nun im Folgenden näher dargestellt werden.

3.2 Berufsständische Organisationen: Die Asia Law Initiative der American Bar Association

Die American Bar Association (ABA) ist eine berufsständische Organisation mit mehr als 400.000 Mitgliedern. Seit 1990 unterhält die ABA ein Rechtsberatungsprogramm mit Mittel- und Osteuropäischen Staaten und Nachfolgestaaten der Sowjetunion. Diese Central and Eastern European Law

---

693 ibid.

694 ibid.: 68.

695 »The China Law Center – Yale Law School"; Fundstelle: http://chinalaw.law.yale.deu/html/current.htm [Zugriff: 20.07.2005]

Initiative (CEELI) unterstützt Reformen im Bereich Justizwesen und Juristenausbildung, Strafrecht und Korruptionsbekämpfung sowie Stärkung von Bürger- und Frauenrechten.[696] Aufbauend auf den Erfahrungen mit dem CEELI Programm rief die ABA Ende der 1990er Jahre ein Rechtsberatungsprogramm für die VRC ins Leben, die ABA Asia Law Initiative (ABA-Asia).

3.2.1 Programmbeschreibung

Auch ABA-Asia wurde unmittelbar in Reaktion auf die Vereinbarung zur »Zusammenarbeit im Rechtsbereich« zwischen den Präsidenten Bill Clinton und Jiang Zemin 1997/1998 ins Leben gerufen.[697] Auch wenn Kontakte zwischen der ABA und chinesischen juristischen Institutionen schon lange vor 1997 existierten, wurden diese Kontakte, zum Beispiel mit der chinesischen Rechtsanwaltskammer (*zhongguo quanguo lüshi xiehui* – All-China Lawyers Association [ACLA]) wie auch mit einzelnen chinesischen Anwälten und Juristen, nach dem amerikanisch-chinesischen Gipfel 1997 wesentlich ausgebaut und vertieft.[698] Nachdem ABA-Asia auf diese Weise zunächst nur informell die Arbeit aufnahm, konnte das Programm im Februar 2002 mit der Einrichtung eines Verbindungsbüros in Beijing und der Entsendung einer Kontaktperson weiter institutionalisiert werden. Dieses Büro unterstützt wesentlich die Planung und Implementierung der von ABA-Asia angebotenen Rechtsberatungsmaßnahmen und insbesondere des China Environmental Governance Project als gegenwärtig bedeutendstem Projekt von ABA-Asia. Die Einrichtung des Verbindungsbüros wurde durch das Bureau for East Asia and Pacific Affairs des State Department mit 385.000 US$ unterstützt.[699] ABA-Asia führt Rechtszusammenarbeit vor allem in den Bereichen Entwicklung und Reform der juristischen Ausbildung und Profession, Korruptionsbekämpfung und Stärkung von Bürgerrechten durch.

Im Bereich der Entwicklung und Reform der juristischen Ausbildung und Profession richten sich die Maßnahmen von ABA-Asia darauf, chinesische Juristen mit der Funktionsweise des Justizsystems in demokratischen Staaten vertraut zu machen. Besonderer Nachdruck wird hier auf die Betonung der Rolle einer unabhängigen Justiz sowie auf die Bedeutung der Einhaltung einer professionellen Ethik gelegt. Weiterhin bietet ABA-Asia auch Schulun-

---

696 »Clearing the Air: The Human Rights and Legal Dimensions of China's Environmental Dilemma« – Hearing before the Congressional-Executive Commission on China, One Hundred Seventh Congress, Second Session (January 27, 2003): Statement of Brian Rohan, Associate Director American Bar Association/Asia Law Initiative; *im Folgenden: Statement of Brian Rohan, 27.01.2003*

697 Interview 05/2004

698 ibid.

699 Statement of Brian Rohan, 27.01.2003; GAO 2004: 5

gen für chinesische Juristen in konkreten Rechtsbereichen an. Schließlich unterstützt ABA-Asia die Reorganisationsbemühungen der chinesischen Anwaltskammer ACLA, um auf diese Weise die Entwicklung demokratischer und transparenter Strukturen innerhalb der Organisation zu fördern und die Rolle der Standesvertretung als Fürsprecher für Rechtsreformen und Entwicklung von Rechtsstaatlichkeit in der VRC zu stärken.[700]

Im Bereich der Korruptionsbekämpfung werden gegenwärtig konkrete Kooperationsmaßnahmen geplant. Diese sollen sich nach den Vorstellungen von ABA-Asia in erster Linie auf die Unterstützung verschiedener Mechanismen der Rechtsdurchsetzung sowie auf die Verhinderung von Korruption unter Beamten richten. Besondere Bedeutung wird hier auf die Sensibilisierung der breiten Öffentlichkeit für das Problem der Korruption sowie auf eine stärkere Bürgerbeteiligung an Regierungsbeschlüssen als Gegenmaßnahme gegen Korruption im Amt gelegt werden.[701]

Im Bereich der Stärkung von Bürgerrechten schließlich verfolgt ABA-Asia einen »bottom-up« Ansatz zur Initiierung von Reformen, indem vornehmlich »grassroots« Projekte in der VRC gefördert werden. Beratung erfolgt hier vor allem durch das Angebot von Schulungsmaßnahmen für engagierte Bürger und durch den Dialog mit örtlichen Regierungsstellen. Ziel ist es zum einen, die Bürger für ihre Rechte und die Möglichkeiten zu deren Durchsetzung zu sensibilisieren. Auf der anderen Seite soll die Beratung die Verwaltung bei der Einrichtung entsprechender Rechtsberatungsangebote für die Bürger unterstützen.[702]

In den genannten Bereichen erfolgt die Rechtsberatung vor allem in Form technischer Beratungsmaßnahmen, die durch den Koordinator vor Ort organisiert werden; weiterhin durch Workshops und Schulungen in der VRC und in den USA; Begleitung der Ausarbeitung von Gesetzesentwürfen; Bereitstellung von juristischem Fachinformationsmaterial zu bestimmten rechtlichen Gebieten und Problemen; Beurteilung der Fortschritte des chinesischen Rechtsreformprozesses, vor allem hinsichtlich der Umsetzung und Einhaltung des Internationalen Paktes über Bürgerliche und Politische Rechte und der UN Konvention zur Abschaffung aller Formen der Diskriminierung der Frauen.[703]

---

700 »Judicial and Legal Professional Development«; Fundstelle: http://www.abanet.org/aba-asia/development.html [Zugriff: 20.07.2005]

701 »Fighting Corruption«; Fundstelle: http://www.abanet.org/aba-asia/corruption.html [Zugriff: 20.07.2005]

702 »Citizens' Rights Advocacy«; Fundstelle: http://www.abanet.org/aba-asia/advocacy.html [Zugriff: 20.07.2005]

703 »How ABA-Asia Works«; Fundstelle: http://www.abanet.org/aba-asia/works.html [Zugriff: 20.07.2005]

Nach diesem allgemeinen, kursorischen Überblick sollen nun im Folgenden einige konkrete Rechtsberatungsmaßnahmen im Rahmen des ABA-Asia Programms näher erläutert werden.

3.2.1.1 China Trial Demonstration Program

Nachdem es infolge des Gipfeltreffens zwischen Bill Clinton und Jiang Zemin zu einer Erneuerung und Vertiefung der Kontakte zwischen der ABA und ihren chinesischen Partnern gekommen war, initiierte ABA-Asia im Jahr 1998 das China Trial Demonstration Program.[704] In Zusammenarbeit mit der NRA des OVG und der Berliner Richtervereinigung organisierte ABA-Asia eine Folge von Demonstrationsprozessen, so genannten »moot courts«.[705] Im ersten dieser moot courts verhandelten amerikanische und deutsche Rechtsexperten in rechtsvergleichender Perspektive ein Strafverfahren und ein Verfahren aus dem Bereich des Wirtschaftsrechts jeweils nach deutschem und nach amerikanischem Recht. In den folgenden Jahren wurde das Programm auf breiterer Basis und mit finanzieller Unterstützung durch die Ford Foundation weitergeführt. Während das erste Verfahren nur von Studenten der NRA besucht wurde, wurden die moot courts in den folgenden Jahren für eine größere Zuhörerschaft aus chinesischen rechtswissenschaftlichen Kreisen geöffnet, z. B. für Angehörige der Richtervereinigung von Shaanxi, um so eine stärkere Breitenwirkung der Maßnahme zu erzielen. So nahmen am ersten Demonstrationsprozess nur etwa 200 Studenten der NRA teil; 2001 konnten bereits 400 chinesische Rechtswissenschaftler erreicht werden. Darüber hinaus wird jeder moot court auf Video aufgezeichnet und landesweit Gerichten und Universitäten als Demonstrations- und Schulungsmaterial zur Verfügung gestellt. Auf diese Weise soll nicht nur generell über Unterschiede in der Verfahrensführung im *civil law* System bzw. im *common law* System informiert werden, sondern auch eine Anleitung für die Behandlung konkreter bei chinesischen Gerichten anhängiger Fälle zur Verfügung gestellt werden.[706]

---

704 Interview 05/2004

705 »Moot courts« sind ein typisches Element vor allem der amerikanischen Juristenausbildung. Im Rahmen dieser Übung nehmen Studenten die Rolle von Richter, Staatsanwalt, Anwalt/Verteidigung sowie ggf. der Jury ein und bereiten einen fiktiven Fall vor. Durch diese Vorbereitung und anschließende Verhandlung des Falles unter realistischen Bedingungen sollen die angehenden Juristen erste Erfahrungen mit der praktischen Vorbereitung von Fällen sowie mit den je spezifischen Anforderungen, denen sich die einzelnen Akteure (Richter, Anwälte etc.) in einem Verfahren gegenüber sehen, sammeln.

706 »China Environmental Governance Training Program«; Fundstelle: http://www.abanet.org/aba-asia/china.html [Zugriff: 20.07.2005]; Testimony Be-

3.2.1.2 Austausch zwischen chinesischen und amerikanischen Juristen

Im Jahr 1999 griff die ABA die von Bill Clinton und Jiang Zemin während ihres zweiten Gipfeltreffens 1998 geäußerte Empfehlung, den Austausch zwischen chinesischen und amerikanischen Juristen zu vertiefen, auf und unterzeichnete ein Kooperationsabkommen mit der ACLA. Im Zuge dieser Zusammenarbeit soll die Ausbildung chinesischer Anwälte, auch durch die Vermittlung von Praktikumsplätzen bei amerikanischen Anwaltskanzleien, gefördert werden. Konkrete Aktivitäten im Rahmen dieser Zusammenarbeit umfassen so beispielsweise die sechsmonatige universitäre und praktische Ausbildung in Anwaltskanzleien in den USA für bis zu zehn besonders qualifizierte chinesische Anwälte in jedem Jahr.[707]

Weiterhin steht Unterstützung bei der organisatorischen Reform der chinesischen Anwaltskammer ACLA sowie der Austausch von Informationen über aktuelle Rechtsentwicklungen in der VRC und den USA im Mittelpunkt der Rechtszusammenarbeit. Darüber hinaus riefen ABA-Asia und ACLA im April 2002 eine Workshop-Reihe zu Fragen der professionellen Ethik und zu besonderen Problemen im Bereich der Strafverteidigung ins Leben, die auch im Jahr 2003 fortgesetzt wurde. Finanzielle Unterstützung erhielt dieses Projekt durch die amerikanische Botschaft in Beijing sowie aus Mitteln, die das U.S.-China Business Council zur Verfügung stellte.[708]

Das China Trial Demonstration Program und der Austausch zwischen chinesischen und amerikanischen Juristen dienen als Rechtsberatungsmaßnahmen des Typ II der Qualifizierung von Angehörigen der juristischen Profession. Darüber hinaus bietet ABA-Asia auch Rechtsberatung des Typ III an, welche sich auf die Erleichterung des Zugangs der Bürger zum Recht und auf die Verbesserung der Rechtskenntnisse sowie des Rechtsbewusstseins der Bevölkerung richten. Damit wirken derartige Rechtsberatungsmaßnahmen komplementär zu Maßnahmen des Typ II.

---

fore the 106th Congress: Written Statement of Timothy L. Dickinson, Immediate-Past Chair, Section of International Law and Practice on behalf of the American Bar Association before the Committee on Appropriations Sub-committee on Foreign Operations, Export Financing and Related Programs of the U.S. Senate on the subject of Foreign Assistance Programs (April 30, 1999); *im Folgenden: Written Statement of Timothy L. Dickinson, 30.04.1999*; Statement of Rona Mears, Chair American Bar Association Section of International Law and Practice on behalf of the American Bar Association before the Senate Appropriations Subcommittee on Foreign Operations, Export Financing and Related Programs of the U.S. Senate on the subject of Foreign Assistance (May 1, 2000); *im Folgenden: Statement of Rona Mears, 01.05.2000*

707 Written Statement of Timothy L. Dickinson, 30.04.1999

708 Zur Arbeit des U.S.-China Business Council siehe unten Abschnitt 3.3

3.2.1.3 China Legal Aid Project

Seit 2000 unterhält ABA-Asia das China Legal Aid Project. Auch diese Maßnahme zur Rechtszusammenarbeit folgt den Empfehlungen des amerikanisch-chinesischen Gipfeltreffens zur Initiierung einer »Zusammenarbeit im Rechtsbereich«.[709] Nach einem gemeinsamen amerikanisch-chinesischen Auftaktsymposium in Beijing im Juni 2000 über die jeweiligen legal aid Systeme in den USA und in der VRC führte das Projekt, das von der Ford Foundation, der Asia Foundation und dem U.S.-China Business Council finanziell unterstützt wird, bisher einige Studienreisen in die USA für chinesische Juristen, die im Bereich legal aid tätig sind, durch (2002). Im Jahr 2003 folgten weitere Trainingsmaßnahmen zum Gebiet legal aid. Während der Studienreise erhielten zehn Leiter von chinesischen staatlichen und nichtstaatlichen legal aid Zentren die Möglichkeit, sich mit Repräsentanten amerikanischer legal aid Einrichtungen wie NRO, privaten Anwaltskanzleien, Pflichtverteidigern, universitären legal aid Zentren sowie mit Richtern, Staatsanwälten und Verteidigern auszutauschen. Gegenwärtig ist das legal aid System in der VRC noch sehr uneinheitlich organisiert und die verschiedensten Akteure wie Universitäten, Anwaltskanzleien oder auch einzelne Anwälte arbeiten relativ unabhängig voneinander in so verschiedenen Bereichen wie public interest lawyering,[710] Vertretung von Fällen mit umfassender gesellschaftlicher Bedeutung, Mandantenberatung und Mediation.[711] Daher sollte die von ABA-Asia durchgeführte Studienreise neben Informationen über das amerikanische legal aid System den chinesischen Teilnehmern vor allem auch die Gelegenheit bieten, miteinander in Kontakt zu kommen und auf diese Weise eine bessere Vernetzung und langfristig auch Koordination der vielfältigen legal aid Aktivitäten in der VRC anzustoßen. Ziel des Projektes ist es dabei, angesichts der vielfältigen Akteure und Aktivitäten im Bereich legal aid für mehr Transparenz zu sorgen, um so auch einen Dialog

---

709 Statement of Rona Mears, 01.05.2000

710 Bei den »public interest lawyers« (PIL) handelt es sich um eine spezialisierte Form anwaltlicher Tätigkeit, die ein Spezifikum des amerikanischen Rechtssystems darstellt. PIL vertreten Klienten vor allem in solchen Fällen, in denen der Ausgang eines – zivil- oder strafrechtlichen – Verfahrens nicht nur für den individuellen Mandanten von Bedeutung ist, sondern auch über den konkret anhängigen Fall hinaus gesellschafliche Reformen oder Reformen innerhalb des Rechtssystems anstoßen soll. Für diese Art anwaltlicher Tätigkeit gibt es kein Äquivalent im deutschen Rechtssystem, sodass hier weiterhin die englische Bezeichnung *»public interest lawyer«* bzw. *»public interest lawyering«* verwendet wird.

711 Statement of Brian Rohan, 27.01.2003; eine Übersicht über das legal aid System der VRC liefern Liebman 1999 und Choate 2000; siehe auch Lee 2000: 382–399.

unter den Teilnehmern darüber anzustoßen, welche Maßnahmen und Organisationsformen langfristig am besten für die Umsetzung eines den chinesischen Bedürfnissen entsprechenden legal aid Systems geeignet sind.[712] Finanzielle Unterstützung erhält dieses ABA-Asia Projekt von der Ford Foundation, der Asia Foundation sowie durch das U.S.-China Business Council und das State Department.[713]

Darüber hinaus arbeitet ABA-Asia auch eng mit dem BCLC der Temple University, CUPR und Qinghua Universität, das oben bereits dargestellt wurde, zusammen.[714] Dies bedeutet, dass auch die Arbeit von ABA-Asia erneut als ein Beispiel für die Entstehung von Netzwerken nicht nur zwischen Individuen, sondern auch zwischen Institutionen im Zuge der amerikanisch-chinesischen Rechtszusammenarbeit anzusehen ist.

Das gegenwärtig wichtigste Rechtsberatungsprojekt, das von ABA-Asia umgesetzt wird, ist das China Environmental Governance Project. Daher soll dieses Projekt nun in größerer Ausführlichkeit dargestellt werden.

3.2.1.4 China Environmental Governance Training Programm

Im Februar 2002 begann ABA-Asia mit den Vorbereitungen für die Implementierung des China Environmental Governance Project (CEGP) durch das ABA Verbindungsbüro in Beijing.[715] Von Beginn an kam es ABA-Asia darauf an, das Projekt nicht als eine kurzfristige Rechtsberatungsmaßnahme zur Lösung eines bestimmten, im Zuge des chinesischen Rechtsreformprozesses aufgetretenen Problems anzulegen, sondern eine langfristige Beratung anzubieten, die insbesondere auch lokale chinesische Experten und betroffene Bürger einbeziehen sollte. Daher war es in der Anfangsphase des Projektes nötig, Kontakte mit chinesischen Regierungsstellen, wie dem Environmental Protection and Resources Conservation Committee (EPRCC) des SR, der China State Environmental Protection Agency (SEPA) und dem SEPA Center for Environmental Education and Communication (CEEC) für die spätere Zusammenarbeit aufzubauen und auch chinesische nichtstaatliche Akteure wie die ACLA, die China Law Society sowie im Bereich Umweltschutz tätige chinesische NRO und Berater einzubeziehen; ein Teil der Finanzierung des Projektes wurde schließlich mit dem amerikanischen State

---

712 »Chinese Legal Aid Directors Learn from U.S. Study Tour«; in: *Asia Reporter* (Fall 2002): 2–5. Fundstelle: http://www.abanet.org/aba-asia/9046abaafall02.pdf [Zugriff: 20.07.2005]

713 »China Environmental Governance Training Program«; Fundstelle: http://www.abanet.org/aba-asia/china.html [Zugriff: 20.07.2005]

714 Written Statement of Timothy L. Dickinson, 30.04.1999.

715 Wenn nicht anders angegeben, sind alle Informationen über das CEGP entnommen aus: Statement of Brian Rohan, 27.01.2003

Department vereinbart.[716] Es wurde in der Folge entschieden, die Trainings- und Beratungsaktivitäten des Projektes schwerpunktmäßig auf drei chinesische Städte – Shenyang, Wuhan und Chifeng – mit jeweils gravierenden Umweltproblemen zu konzentrieren. In der ersten Projektphase wurden in jeder der drei Städte Einführungsveranstaltungen zu ausgewählten Themen wie dem chinesischen Umweltrecht, der Rolle von Betroffenen bei der Beurteilung von möglichen Umwelteinflüssen, den Möglichkeiten der Einflussnahme von Bürgern auf umweltrelevante Entscheidungen der Verwaltung (z. B. im Hinblick auf die Ansiedelung von Industrie) sowie den verschiedenen Möglichkeiten des Schutzes und der Durchsetzung der Interessen der von umweltrelevanten Maßnahmen betroffenen Bürger angeboten.[717] Die folgende Projektphase behandelte in Absprache mit den chinesischen Partnern jeweils unterschiedliche Schwerpunktbereiche. In Shenyang unterstützte das Projekt die Stadtregierung bei der Ausarbeitung von gesetzlichen Regelungen zur Verbesserung der Bürgerbeteiligung im Bereich des Umweltschutzes. In Wuhan arbeitete CEGP an der Umsetzung einer regionalen Internetdatenbank mit Umweltinformationen. In Chifeng schließlich richtete sich die Projektarbeit schwerpunktmäßig darauf, mit der lokalen Regierung Möglichkeiten der nachhaltigen und extensiven Nutzung von landwirtschaftlichen Flächen zu erarbeiten, um auf diese Weise der fortschreitenden Desertifikation zu begegnen.[718]

Eine konkrete Beratungsleistung des CEGP, die Unterstützung der Stadtregierung von Shenyang bei der Ausarbeitung einer »Maßnahme« (*banfa*)[719]

---

716 Woodrow Wilson International Center for Scholars: Environmental Governance in China – Event Summary (Dec. 17, 2002); Fundstelle: http://wwics.si.edu/index.cfm?fuseaction=events.event_summary&event_id=26128 [Zugriff: 20.07.2005]

717 »ABA-Asia Helps Chinese Agencies Open Their Doors«; in: *Asia Reporter* (Fall 2002): 3–4. Fundstelle: http://www.abanet.org/aba-asia/9046abaafall02.pdf [Zugriff: 20.07.2005]. Eine Übersicht über die einzelnen Trainingsmaßnahmen im Rahmen des CEGP ist abrufbar unter: http://www.cecc.gov/pages/roundtables/012703/rohanTrainSched.php [Zugriff: 06.07.2005]

718 »ABA-Asia Helps Chinese Agencies Open Their Doors«; in: *Asia Reporter* (Fall 2002): 3–4. Fundstelle: http://www.abanet.org/aba-asia/9046abaafall02.pdf [Zugriff: 20.07.2005]; Statement of Brian Rohan, 27.01.2003

719 Unter einer »Maßnahme« (*banfa*) ist eine Verwaltungsrechtsnorm zu verstehen, das heißt es handelt sich hier um eine Normsetzung der Exekutive. Im chinesischen Rechtssystem dienen »Maßnahmen« (*banfa*) der relativ konkreten Regelung bestimmter Verwaltungsbereiche (Heuser 2003: 197). Zur Gesetzgebung in der VRC sowie zu verschiedenen Typen von Rechtsnormen siehe ausführlich Heilmann/Schulte-Kulkmann/Shih 2004b.

zur Verbesserung der Bürgerbeteiligung im Bereich des Umweltschutzes (im Folgenden: »die Maßnahme«), wurde bereits angesprochen. Im Vorfeld der Zusammenarbeit im Rahmen des CEGP wurde ein erster Entwurf dieser Maßnahme vom Shenyang Environmental Protection Bureau (Shenyang EPB) ausgearbeitet. Dieser Entwurf enthält Vorschriften, die die Erleichterung des Zugangs der Bürger zu umweltrelevanten Informationen regeln, die Einbeziehung der Bürger in umweltrelevante Entscheidungen der Regierung (z. B. bei der Ansiedlung von Industrie) festschreiben und die Betreiber von Anlagen, die umweltbelastende Stoffe freisetzen, dazu verpflichten, über Art und Menge der Emissionen sowie über deren Auswirkungen auf die Umwelt und die Gesundheit der Menschen Auskunft zu erteilen.[720]

Während der Zusammenarbeit im Rahmen des CEGP fand im Sommer/Herbst 2002 ein Workshop für Umweltrechtexperten und Betroffene statt. In diesem Zusammenhang organisierte ABA-Asia auch ein Symposium zur Analyse des Entwurfes der Maßnahme, an dem amerikanische, chinesische und internationale Umweltrechtexperten teilnahmen.[721] Aufbauend auf den während dieser Veranstaltung geäußerten Verbesserungsvorschlägen der Experten wurde der Entwurf nochmals überarbeitet. Gleichzeitig wurden die beiden Entwürfe der Maßnahme im Juni und Oktober 2002 in lokalen Tageszeitungen veröffentlicht und auf diese Weise der Öffentlichkeit zur Diskussion und Stellungnahme präsentiert. Auf Grundlage der Experteneinschätzungen im Rahmen der CEGP Projektarbeit sowie der von Bürgern geäußerten Vorschläge wurde schließlich im Jahr 2003 die »Maßnahme (*banfa*) der Stadt Shenyang zur Verbesserung der Bürgerbeteiligung im Bereich des Umweltschutzes« von der Stadtregierung Shenyang verabschiedet.[722] Es wird weiterhin davon ausgegangen, dass diese Maßnahme in näherer Zukunft vom Volkskongress der Stadt Shenyang als ein lokales Gesetz (*difangxing fagui*) verabschiedet werden wird.[723]

720 Statement of Brian Rohan, 27.01.2003

721 »ABA-Asia Helps Chinese Agencies Open Their Doors«; in: *Asia Reporter* (Fall 2002): 3–4. Fundstelle: http://www.abanet.org/aba-asia/9046abaafall02.pdf [Zugriff: 20.07.2005]

722 Statement of Brian Rohan, 27.01.2003, Appendix C. Der Entwurf der Maßnahme der Regierung von Shenyang zur Verbesserung der Bürgerbeteiligung an umweltrelevanten Regierungsentscheidungen ist abrufbar unter: http://www.temple.edu/iilpp/EnvironmentalRoundtableResearchDocs/PPRegEnglish.doc [Zugriff: 04.07.2005]

723 Statement of Brian Rohan, 27.01.2003

3.2.2 Strategie und möglicher Einfluss auf die Migration von Rechtsnormen und Konzepten

Die ABA deckt mit dem ABA-Asia Programm alle Bereiche der Rechtszusammenarbeit ab. So lassen sich das China Trial Demonstration Program sowie der Austausch zwischen chinesischen und amerikanischen Juristen als Rechtsberatungsmaßnahmen des Typ II charakterisieren, während das China Legal Aid Project zum Typ III zu rechnen ist. Das CEGP schließlich bietet vor allem Gesetzgebungsberatung (Typ I) an, richtet sich aber auch auf die Verbesserung des Zugangs der Bürger zum Recht, um diese in die Lage zu versetzen, mit juristischen Mitteln ihre Interessen in umweltrechtlichen Belangen besser durchzusetzen (Typ III). Indem das ABA-Asia Programm die einzelnen Bereiche, in denen im chinesischen Rechtssystem Reformbedarf besteht, somit nicht isoliert betrachtet, liefert es einen sehr ganzheitlichen Ansatz der Rechtsberatung.

Eine Besonderheit des China Trial Demonstration Program ist darin zu sehen, dass dieses nicht darauf zielt, den teilnehmenden chinesischen Juristen nur Einsichten in die Verfahrensführung nach dem amerikanischen *common law* zu vermitteln, sondern vielmehr explizit rechtsvergleichend ausgerichtet ist.[724] Aus diesem Grund wurde auch die Berliner Richtervereinigung in das Programm mit einbezogen. Eine solche Kooperation deutscher und amerikanischer Akteure ist überdies in der Rechtszusammenarbeit mit der VRC nur sehr selten anzutreffen.

Von einem stärkeren Einfluss des amerikanischen Rechts vor allem auf die Rechtspraxis in der VRC ist wiederum im Fall des Austausches zwischen chinesischen und amerikanischen Juristen auszugehen, da hier die chinesischen Juristen im Verlauf ihrer Praktika in amerikanischen Anwaltskanzleien direkt mit der Praxis des amerikanischen Rechts in Berührung kommen. Darüber hinaus führt auch dieses Projekt zu einer Intensivierung von Kontakten zwischen chinesischen Juristen und ihren amerikanischen Kollegen, die die Entstehung von epistemischen Gemeinschaften fördern können. Insgesamt ist auch hier wieder davon auszugehen, dass die chinesischen Juristen, die über das Programm Kenntnisse des amerikanischen Rechts erworben haben und Kontakte zu amerikanischen Kollegen aufbauen konnten, als wichtige »Transmissionsriemen« für die Migration von Rechtsnormen und Konzepten aus dem amerikanischen Rechtssystem in die VRC hinein wirken werden.

Den Aufbau von Netzwerken möchte auch das China Legal Aid Project fördern, indem hier versucht wird, die sehr heterogenen Akteure im chinesischen legal aid System miteinander in Kontakt zu bringen und so letztlich

724 Interview 05/2004

auch den Fluss von Informationen zu verbessern. Dies bietet auch die Grundlage dafür, dass Beratungsleistungen, die von amerikanischer Seite im Bereich legal aid an einer Stelle angeboten werden, sich leichter verbreiten und damit eine stärkere Wirkung entfalten können.

Das CEGP schließlich soll sich nicht auf die Verbesserung der umweltrechtlichen Rahmenbedingungen in der VRC beschränken, sondern verfolgt vielmehr wesentlich umfassendere Ziele. So richtet sich die Programmarbeit explizit auf die Steigerung der »capacity in rule of law and developing replicable models in good governance, particularly in such areas as access to information, governmental transparency, citizen participation in decision-making, and defense of citizens' rights through legal advocacy.«[725] Trotz dieser direkten Ausrichtung des Projektes auf die Förderung von Rechtsstaatlichkeit, Good Governance sowie die Verbesserung des Schutzes von Bürger- und Menschenrechten war es den Verantwortlichen der ABA von Beginn an klar, dass gegenwärtig in der VRC nicht genug politischer Spielraum – »political space« – vorhanden ist, um diese sehr sensiblen Themengebiete direkt und explizit zum Gegenstand amerikanisch-chinesischer Rechtszusammenarbeit zu machen.[726] Daher bemühte sich ABA-Asia zunächst darum, einen »Aufhänger« (»wedge issue«) zu finden, das heißt ein Rechtsgebiet ausfindig zu machen, in dem die chinesische Regierung selber einen hohen Reformbedarf sieht und daher auch eher bereit ist, Angebote der amerikanischen Seite zur Durchführung von Rechtsberatungsmaßnahmen anzunehmen. Da die gravierenden Umweltprobleme in der VRC und deren negative Auswirkungen auf beispielsweise die Gesundheit der Bevölkerung, die landwirtschaftliche Produktion, die Wasserzufuhr und -verteilung und damit in letzter Konsequenz mittelfristig auch auf die wirtschaftliche Entwicklung der VRC gegenwärtig von der chinesischen Regierung sehr ernst genommen werden, ist der Bereich des Umweltrechtes sehr gut als ein solcher »Aufhänger« für die Einleitung von Rechtsberatungsmaßnahmen geeignet, da hier auch genügend »politischer Spielraum« für eine konstruktive Zusammenarbeit besteht.[727]

Darüber hinaus versucht das CEGP in ähnlicher Weise wie auch andere Initiativen der amerikanischen Rechtsberatung gegenüber der VRC, reformbereite Mitglieder in chinesischen Regierungsstellen sowie nicht-staatliche Akteure für die Rechtszusammenarbeit zu gewinnen. Des Weiteren richtet sich das CEPG explizit an die lokale Ebene in der VRC und konzentriert die Zusammenarbeit nicht auf Beijing und die dort ansässigen Regierungsstellen bzw. Organisationen. Diese beiden Aspekte der Vorgehensweise sind in verschiedener Hinsicht von Vorteil.

725 Statement of Brian Rohan, 27.01.2003

726 ibid.

727 ibid.

Zum einen sind reformbereite Mitglieder der chinesischen Regierung wie auch chinesische NRO eher als ausländische Akteure in der Lage, diejenigen Bereiche – wie im Fall des CEGP das Umweltrecht – zu identifizieren, in denen seitens der chinesischen politischen Führung ausreichend Spielraum für eine Zusammenarbeit mit ausländischen, das heißt hier amerikanischen, Organisationen gewährt wird und damit auch eine konstruktive, unbehinderte Zusammenarbeit möglich ist. Weiterhin sind Vertreter der chinesischen Regierung auf den untergeordneten Verwaltungsebenen, wie hier der Stadtregierung von Shenyang, häufig eher reformbereit als die entsprechenden Personen auf der Zentralebene. Auf der einen Seite ergibt sich diese Einstellung daraus, dass der ganz überwiegende Teil an Rechtsberatungsmaßnahmen mit zentralstaatlichen Akteuren kooperiert, sodass untergeordnete Ebenen kaum Beratung und Unterstützung aus dem Ausland erhalten. Da aber gerade die unteren Verwaltungsebenen mit der praktischen Umsetzung der verschiedenen Reformmaßnahmen aus Beijing betraut werden, sehen sich die Verantwortlichen vor Ort häufig vor große praktische Probleme gestellt. Daher sind die lokalen Regierungen sehr daran interessiert, ausländische Hilfe bei der Lösung dieser Probleme in Form von Rechtsberatungsmaßnahmen zu erhalten. Schließlich ist noch darauf hinzuweisen, dass untere Verwaltungsebenen vielfach in höherem Maße experimentierfreudig sind als zentrale Regierungsstellen. Dies ergibt sich nicht zuletzt daraus, dass es für Verantwortliche auf lokaler Ebene einen starken Anreiz gibt, Lösungen für Probleme zu finden, da die Möglichkeit besteht, dass diese auch auf höhere Ebenen übertragen und gegebenenfalls beispielhaft für die nationale Politik werden. Um sich hier hervorzutun, ist es für lokale Verantwortliche sehr attraktiv, ausländischen Expertenrat im Rahmen von Rechtsberatungsmaßnahmen heranzuziehen. Dies bedeutet, dass nicht zuletzt auch das Streben lokaler Regierungsvertreter nach Prestige dazu führt, dass diese bereit sind, der Rechtszusammenarbeit mit ausländischen Partnern ausreichend Spielraum zu gewähren. In dem Fall, dass der ausländische Partner, wie hier die ABA, seinerseits über ein sehr hohes Ansehen verfügt, ist der Prestigegewinn für die chinesischen Beteiligten nochmals größer und erhöht dementsprechend zusätzlich die Bereitschaft zur Einleitung von Kooperationsmaßnahmen.[728]

Neben dem Bemühen um Identifikation von reformbereiten Vertretern der chinesischen Regierung vor allem auf der lokalen Ebene ist ein weiteres Merkmal des CEGP darin zu sehen, dass dieses Projekt explizit eine »Trojan Horse« Strategie verfolgt.[729] Gemäß dieser Strategie verfolgt das CEGP we-

728 ibid.

729 Interview 05/2004; Brian Rohan, stellvertretender Direktor der ABA Asia Law Initiative und Koordinator des CEGP, spricht explizit davon, dass »the environment [is] the wedge issue, the *Trojan Horse*, by which the ABA is working with

sentlich weitergehende Ziele als nur eine Verbesserung des chinesischen Umweltrechts. Es wurde bereits angesprochen, dass das CEGP vielmehr auch eine Stärkung von Rechtsstaatlichkeit und Good Governance sowie eine Verbesserung des Schutzes von Menschen- und Bürgerrechten erreichen möchte. Da gegenwärtig jedoch nicht genügend politischer Spielraum für Rechtszusammenarbeit in diesen Bereichen besteht, das heißt die chinesische Regierung nicht hinreichend bereit ist, mit ausländischen Akteuren in sensiblen Rechtsbereichen, die ausdrücklich mit Rechtsstaatlichkeit und Menschenrechtsschutz in Zusammenhang stehen, zu kooperieren, war es für CEGP notwendig, die Rechtszusammenarbeit vordergründig auf einen technischen Rechtsbereich wie das Umweltrecht zu fokussieren, um überhaupt die Möglichkeit zu erhalten, mit chinesischen Partnern zusammen arbeiten zu können.[730] So erklärten sich chinesische Regierungsstellen in der Tat nach anfänglicher Skepsis bereit, in dem technischen Bereich des Umweltrechtes eine Zusammenarbeit mit ABA-Asia im Rahmen des CEGP einzugehen; auf diese Weise konnte sich das Projekt zunächst einen Zugang erschließen. Durch die Zusammenarbeit bei der Ausarbeitung der »Maßnahme der Stadt Shenyang zur Verbesserung der Bürgerbeteiligung im Bereich des Umweltschutzes« konnten dann einige wichtige Elemente des Konzeptes der Good Governance und der Rechtsstaatlichkeit, wie zum Beispiel eine effektive Ausgestaltung des Verwaltungsverfahrens auf der lokalen Ebene, freier Zugang zu Informationen sowie die Möglichkeit für die Bürger, gerichtlich gegen Maßnahmen der Regierung vorzugehen zunächst in das chinesische *Umwelt*recht integriert werden.[731] Folgt man der »Trojan Horse« Strategie, so ist davon auszugehen, dass derartige rechtsstaatliche Verbesserungen, nachdem sie zunächst in einem bestimmten Rechtsgebiet verwurzelt werden konnten, sich langsam auch in andere Rechtsbereiche verbreiten werden.[732]

Auch wenn davon auszugehen ist, dass auch andere amerikanische Rechtsberatungsmaßnahmen gegenüber der VRC jedenfalls implizit eine »Trojan Horse« Strategie verfolgen, so ist es wiederum eine Besonderheit des CEGP, diese Strategie explizit als Hintergrund der Programmarbeit zu benennen. Daran wird deutlich, dass außerrechtliche Interessen, vor allem die

---

the legal reform community in China to advance cutting edge concepts of rule of law, governance, and transparency.« (Statement of Brian Rohan, 27.01.2003; Hervorhebung und Ergänzung der Verfasserin)

730 Interview 05/2004

731 Statement of Brian Rohan, 27.01.2003

732 ibid.; Woodrow Wilson International Center for Scholars: Environmental Governance in China – Event Summary (Dec. 17, 2002); Fundstelle: http://wwics.si.edu/index.cfm?fuseaction=events.event_summary&event_id=26128 [Zugriff: 20.07.2005]; Interview 05/2004; vgl. Stephenson 2000: 14.

Durchsetzung auch politischer Reformen in der VRC, nicht nur auf die staatliche amerikanische Rechtszusammenarbeit mit der VRC beschränkt ist. Vielmehr teilen auch private amerikanische Akteure diese allgemeine außenpolitische Zielsetzung und versuchen dementsprechend, diese in ihren Rechtsberatungsprojekten in der VRC umzusetzen.

Ergänzend zu den akademischen und berufsständischen juristischen Organisationen ist auch die amerikanische Wirtschaft im Bereich der Rechtszusammenarbeit mit der VRC engagiert. Neben der punktuellen finanziellen Unterstützung einzelner Unternehmen für einzelne Rechtsberatungsmaßnahmen wurde seitens des amerikanischen Wirtschaftsverbandes U.S.-China Business Council eine Initiative zur kontinuierlichen Förderung amerikanisch-chinesischer Rechtszusammenarbeit ins Leben gerufen. Dieses Engagement soll im Folgenden näher erläutert werden.

3.3 Rechtsberatungsprogramme amerikanischer Wirtschaftsorganisationen: Das United States-China Business Council

Das United States-China Business Council (USCBC) wurde im Jahr 1973 gegründet und ist die wichtigste Dachorganisation amerikanischer Unternehmen, die in der VRC engagiert sind. Gegenwärtig sind etwa 215 Unternehmen Mitglieder des USCBC. Das USCBC ist eine private, parteipolitisch unabhängige, gemeinnützige Organisation, die von den Beiträgen ihrer Mitglieder getragen wird und vor allem Beratung für Mitgliedsunternehmen anbietet, die bereits in der VRC engagiert sind oder erstmals den chinesischen Markt für sich erschließen wollen.

Darüber hinaus arbeitet das USCBC auch als eine Lobby-Organisation, die versucht, nicht nur die amerikanische Wirtschaftspolitik gegenüber der VRC zu beeinflussen, sondern in einer umfassenden Weise auf die amerikanisch-chinesischen Beziehungen Einfluss zu nehmen. Dabei treffen Vertreter des USCBC regelmäßig mit Angehörigen des amerikanischen Kongresses und deren Mitarbeitern zusammen und nehmen an Expertenanhörungen vor den Kongressausschüssen zu Fragen der amerikanischen Wirtschaftspolitik gegenüber der VRC und den diesbezüglichen Erwartungen amerikanischer Unternehmen teil.[733]

Einen wichtigen Bereich, in dem das USCBC versucht seinen Einfluss geltend zu machen, stellt dabei auch der Rechtsreformprozess in der VRC dar. Dabei geht der Einsatz des USCBC für Rechtsreformen in China ebenfalls auf die zwischen Bill Clinton und Jiang Zemin im Jahr 1997/1998 vereinbarte »Zusammenarbeit im Rechtsbereich« zurück. So wurde 1998, ein

---

733 Informationen über das USCBC wurden entnommen aus: »An Introduction to the US-China Business Council«; Fundstelle: http://www.uschina.org/more.html [Zugriff: 16.07.2005]

Jahr nach der Gemeinsamen Erklärung von Bill Clinton und Jiang Zemin, deutlich, dass der amerikanische Kongress nicht bereit sein würde, die notwendigen finanziellen Mittel für die Umsetzung der Initiative zur Verfügung zu stellen. Vor dem Hintergrund der immer noch nachwirkenden Eindrücke von der Niederschlagung der städtischen Protestbewegung in Beijing 1989 war eine Mehrheit der Mitglieder des amerikanischen Kongresses davon überzeugt, dass Rechtszusammenarbeit kein wirksames Mittel zur Verbesserung der Situation von Rechtsstaatlichkeit und Menschenrechten in der VRC darstelle. Im Gegenteil wurde befürchtet, dass das chinesische *Regime* die Initiierung von Rechtsberatungsmaßnahmen seitens der USA als Zugeständnis und Entgegenkommen interpretieren könnte, wodurch die Möglichkeiten der amerikanischen Regierung, in dieser Frage Druck auf die chinesische Führung auszuüben, geschwächt worden wären. Da der amerikanische Kongress aufgrund dieser Einschätzung keine Gelder für die Rechtszusammenarbeit mit der VRC zur Verfügung stellte, entschlossen sich 33 im USCBC organisierte amerikanische Unternehmen, sich ihrerseits für die Förderung der Rechtsreformen in China einzusetzen.[734]

Die Ursache für diese Bereitschaft der Unternehmen zu finanziellem Engagement ist darin zu sehen, dass auch die amerikanischen Unternehmen direkt und indirekt von der Situation von Rechtsstaatlichkeit und Menschenrechten in der VRC betroffen sind. Zum einen stellen fehlende rechtsstaatliche Rahmenbedingungen ein schwerwiegendes Hindernis für die geschäftlichen Aktivitäten amerikanischer Unternehmen in der VRC dar und erhöhen für diese maßgeblich die Transaktionskosten. Daher haben amerikanische Unternehmen – wie auch ausländische Unternehmen im Allgemeinen – ein natürliches wirtschaftliches Interesse an der Verbesserung der Rechtsstaatlichkeit in der VRC. Gleichwohl sind amerikanische Unternehmen im Besonderen noch einer weiteren Schwierigkeit bei ihrem Engagement in der VRC ausgesetzt.

So ist in weiten Teilen der amerikanischen Öffentlichkeit nach wie vor die Empörung über die Niederschlagung der städtischen Protestbewegung in Beijing im Juni 1989 sowie auch über die fortdauernden Menschenrechtsverletzungen, zum Beispiel in den Bereichen des Arbeitsrechts, der Minderheitenrechte, der Religionsfreiheit, der Zwangsumsiedlung etc., sehr groß. Aus diesem Grund sind amerikanische Unternehmen, die sich in der VRC engagieren, häufig heftiger öffentlicher Kritik ausgesetzt, da die amerikanische Öffentlichkeit dieses Engagement als Unterstützung für die chinesische Regierung ansieht und somit die Unternehmen der Komplizenschaft hinsichtlich

---

734 »US Business Supports China's Legal Development«; in: *China Business Review*, September/Ocober 2001; Fundstelle: http://www.chinabusinessreview.com/public/0109/trends.html [Zugriff: 27.07.2005]

der Menschenrechtsverletzungen verdächtigt.[735] Dies ist insbesondere im Bereich des Arbeitsrechts der Fall, da amerikanische Unternehmen hier oft selbst von der weitgehenden faktischen Rechtlosigkeit chinesischer Arbeitnehmer, den geringen Sicherheits- und Gesundheitsstandards in den Produktionsstätten sowie von fehlenden Garantien für Mindestlöhne profitieren, da diese Mängel die Produktionskosten gering halten.[736] Dies führt zum einen dazu, dass das Ansehen der in der VRC tätigen amerikanischen Unternehmen vielfach sehr leidet, was wiederum einen negativen Einfluss auf den Absatz der Produkte dieser Unternehmen bei den amerikanischen Verbrauchern hat. Weiterhin sind diese Unternehmen auch einem starken Druck der amerikanischen Öffentlichkeit ausgesetzt, ihrer »Konzernverantwortung« (»corporate responsiveness«) auch im China-Geschäft gerecht zu werden. Auch wenn amerikanische Unternehmen generell bereit sind anzuerkennen, dass sie zu einer Wahrnehmung dieser »corporate responsiveness« verpflichtet sind, so ist es häufig nicht leicht, diese Verpflichtung in der Praxis zur Milderung so verschiedenartiger Probleme wie Menschenrechtsschutz, Arbeitsrechtsschutz, Umweltschutz und Nicht-Diskriminierung von Frauen auch vor dem Hintergrund des Schutzes der eigenen wirtschaftlichen Interessen umzusetzen. Daher dient auch in diesem Bereich die Bezugnahme auf Rechtsstaatlichkeit als eine Möglichkeit, die genannten diversen und häufig auch widerstreitenden Aspekte unter einer allgemein akzeptablen »Überschrift« zu vereinen. Aus diesem Grund entschieden sich die Mitgliedsunternehmen des USCBC dafür, sich in Erfüllung ihrer »corporate responsiveness« für die Förderung der Rechtsstaatlichkeit in der VRC zu engagieren. Vor diesem Hintergrund wurde im Jahr 1998 der U.S.-China Legal Cooperation Fund (USCLCF) gegründet.[737]

Die Einrichtung des USCLCF spiegelt somit das Bemühen der Mitglieder des USCBC wider, Maßnahmen zu unterstützen, die auf der einen Seite positive Veränderungen in der VRC anstoßen können und auf der anderen Seite auch günstige Auswirkungen für die Unternehmen selbst haben – das Ziel war es mit anderen Worten »to do something that is good and smart«.[738] Auf der einen Seite »tun die beteiligten Unternehmen etwas Gutes«, indem durch die mit Mitteln des USCLCF geförderten Projekte zu einer Verbesserung der Situation von Menschenrechten und Rechtsstaatlichkeit in der VRC beigetra-

735 Interview 04/2004; vgl. Kapp 2003: 86.

736 Vgl.: Remarks of Congressional-Executive Commission on China Legislative Branch Commissioner Representative Marcy Kaptur (»Human Rights in China in the Context of the Rule of Law« – Hearing before the Congressional-Executive Commission on China, One Hundred Seventh Congress, Second Session, February 7, 2002)

737 Interview 04/2004

738 ibid.; vgl. Kapp 2003: 86.

gen wird. Gleichzeitig aber ist dieses Engagement auch eine geschickte Maßnahme, die es den Unternehmen erlaubt, ihrer »corporate responsiveness« gerecht zu werden und auf diese Weise ihr Ansehen in der amerikanischen Öffentlichkeit und bei den Verbrauchern zu verbessern.[739]

Schließlich strebten die beteiligten Unternehmen mit der Einrichtung des USCLCF auch an, ein Zeichen dahingehend zu setzen, wie ihrer Ansicht nach die amerikanische (Wirtschafts-)Politik gegenüber der VRC zu gestalten ist. Die amerikanische Privatwirtschaft hätte eine weniger konfrontative Linie der amerikanischen Politik zur Lösung der Probleme mit der VRC vor allem im Bereich des Wirtschaftsrechts mit Bezug zur WTO, wie sie sich durch die Einigung auf die »Zusammenarbeit im Rechtsbereich« andeutete, bevorzugt. Da der Kongress durch die Verweigerung der notwendigen finanziellen Mittel die Durchsetzung dieser Linie verhinderte, ergriff die amerikanische Privatwirtschaft ihrerseits die Initiative und stellte mit dem USCLCF Mittel – wenn auch nur in vergleichsweise geringem Umfang – für die Förderung amerikanisch-chinesischer Rechtsberatungsprojekte zur Verfügung.[740]

3.3.1 Programmbeschreibung

Der USCLCF wird aus Zuwendungen von Mitgliedsunternehmen des USCBC gespeist. Eine Gruppe von Treuhändern, die von den Mitgliedern aus ihrer Mitte gewählt werden, ist verantwortlich für die Verwaltung der Fondsgelder. Zweimal jährlich schreiben die Treuhänder Fördergelder für Rechtsberatungsprojekte in der VRC aus. Um diese Gelder können sich Rechtsberatungsprojekte bewerben, die *gemeinschaftlich* von einem amerikanischen und einem chinesischen Partner umgesetzt werden, wobei es sich bei beiden Partnern um NRO handeln sollte. In einer Vorgehensweise ähnlich der des DRL schüttet auch der USCLCF die Fördergelder nur an die amerikanische Partnerorganisation aus; dies wird damit gerechtfertigt, dass chinesische NRO aufgrund ihrer organisatorischen Strukturen häufig nicht den strengen Audit-Kriterien genügen, deren Einhaltung das USCBC von Antragstellern erwartet. Vor allem aber verfügt das USCBC nicht über die finanziellen oder personellen Ressourcen, um die sachgerechte Verwendung der Mittel des USCLCF in der VRC zu überprüfen, sodass diese Verantwortung den amerikanischen Partnerorganisationen übertragen wird.[741]

Mit Geldern aus dem USCLCF werden schwerpunktmäßig Projekte aus dem Bereich der Fortbildung von Anwälten und Richtern, der gerichtlichen Durchsetzung von Menschenrechten, dem Verwaltungsrecht, dem Handelsrecht und der Schlichtung sowie im Gebiet legal aid unterstützt. Weiterhin

739 Interview 04/2004

740 ibid.

741 ibid.

wird besonderes Gewicht auf Projekte gelegt, die an der Beseitigung von Problemen arbeiten, die sich aus dem Beitritt der VRC zur WTO ergeben.[742]

Im Allgemeinen werden durch den USCLCF nur kleinere Summen in einer Größenordnung zwischen 2.000 und 25.000 US$ an amerikanisch-chinesische Rechtsberatungsprojekte vergeben.[743] So sind die Gelder aus dem USCLCF in der Regel auch nicht die einzige Förderung, die diese Projekte erhalten; vielmehr versucht der USCLCF dort unterstützend einzugreifen, wo Projekte bereits gefördert werden, diese Gelder aber nicht ausreichen und daher der Erfolg der gesamten Maßnahme ohne weitere Zuschüsse gefährdet sein könnte.[744]

Da die Fördersummen jeweils nur sehr gering sind, erregt diese Unterstützung wie auch die geförderten Projekte selbst in weit geringerem Maße die Aufmerksamkeit der chinesischen Behörden als dies bei hohen Summen der Fall wäre; die geförderten Projekte bleiben somit »unter dem Radar«.[745] Würden dagegen große Summen seitens des USCLCF bereitgestellt, so wäre es denkbar, dass auf Seiten der chinesischen Regierung der Verdacht entstünde, die amerikanische Industrie versuche massiv, durch die Förderung von Rechtsberatung die amerikanischen wirtschaftlichen Interessen gegenüber der VRC, vor allem im Hinblick auf die Einhaltung von arbeitsrechtlichen und WTO-Prinzipien, durchzusetzen. Ein solcher Verdacht könnte die Arbeit und den Erfolg der einzelnen Projekte gefährden und ist weiterhin auch einer Transplantation von Rechtsnormen und Konzepten nicht zuträglich. Da die amerikanischen Unternehmen, wie unten dargestellt wird, in der Tat ein Interesse an einer solchen Transplantation haben, sind sie dementsprechend auch darum bemüht, die von ihnen geförderten Rechtsberatungsmaßnahmen keinem derartigen Verdacht auszusetzen. Anhang VII enthält eine Übersicht über die durch den USCLCF im Zeitraum 1999 bis 2004 geförderten Projekte.

3.3.2 Strategie und möglicher Einfluss auf die Migration von Rechtsnormen und Konzepten

Die Übersicht in Anhang VII verdeutlicht die große Vielfalt der durch Gelder des USCLCF geförderten amerikanisch-chinesischen Rechtsberatungsprojekte, wobei der Schwerpunkt der Förderung auf Maßnahmen aus den folgenden Bereichen liegt: Erleichterung des Zugangs zum Recht/legal aid; Projekte mit Bezug zur WTO (einschließlich Verbesserungen im Bereich

742 »U.S.-China Legal Cooperation Fund – Scope of Grant Program«; Fundstelle: http://www.uschinalegalcoop.org/scope.html [Zugriff: 16.07.2005]

743 Statement of Robert Kapp, 24.05.2004; Interview 04/2004

744 Interview 04/2004

745 ibid.

Gesetzgebung und Rechtsdurchsetzung, IPR Schutz, Streitbeilegung und Schlichtung); Arbeitsrecht; Förderung von Rechtsstaatlichkeit im umfassenden Sinne (einschließlich Verfassungsreformen, Unabhängigkeit der Richter und Gerichte, professionelle Ethik); Ausbildung von chinesischen Richtern, Anwälten und Studenten im materiellen Recht; Standardisierung der chinesischen juristischen »Infrastruktur« unter Zugrundelegung amerikanischer Standards (das heißt Vereinheitlichung des Zitationssystems, chinesisch-amerikanische Übersetzung wichtiger juristischer Fachbegriffe; Entwicklung eines einheitlichen Systems zur Abfassung und Veröffentlichung chinesischer Gesetze). Damit wurden insbesondere Rechtsberatungsmaßnahmen des Typ II und Typ III durch den USCLCF unterstützt.

Diese Aufstellung deutet bereits darauf hin, dass das USCBC mit der Förderung spezifischer Rechtsberatungsprojekte in der VRC bestrebt ist, »Geschäft« und »Moral« miteinander zu verbinden. Zum einen dient Rechtsberatung im Bereich des materiellen (Wirtschafts-)Rechts, der Rechtsstaatlichkeit allgemein, der Fortbildung von Richtern und Beamten von Verwaltungs- und Regulierungsbehörden sowie des WTO-Rechts in erster Linie dazu, das rechtliche Umfeld für amerikanische Unternehmen, die in der VRC tätig sind, sowohl hinsichtlich der Gesetzeslage wie auch der Rechtsumsetzung zu verbessern. Auch die Bemühungen um eine Standardisierung der chinesischen juristischen Infrastruktur nach amerikanischem Vorbild tragen dazu bei, die Tätigkeit amerikanischer Unternehmen und ihrer Anwälte in der VRC zu erleichtern. Dies bedeutet, dass die Zuschüsse amerikanischer Unternehmen zum USCLCF jedenfalls teilweise für Maßnahmen verwendet werden, die zur Durchsetzung der Interessen amerikanischer Unternehmen an der Entstehung eines verlässlichen rechtlichen Umfeldes in der VRC beitragen.

Auf der anderen Seite aber unterstützt der USCLCF auch Rechtsberatungsprojekte, die potenziell den Interessen amerikanischer Unternehmen zuwiderlaufen könnten. Dies ist insbesondere hinsichtlich der Förderung von legal aid Projekten im Bereich des Arbeitsrechts (Rechtsberatungsmaßnahmen des Typ III) der Fall. Der USCLCF fördert eine Vielzahl an legal aid Projekten, insbesondere auch für weibliche Arbeitnehmer. Durch derartige Projekte wird chinesischen Arbeitern häufig erst der Zugang zu rechtlichem Rat und somit zu der Möglichkeit, ihre Rechte zu kennen und auch durchzusetzen, ermöglicht. Dies bedeutet, dass der USCLCF durch seine Förderung chinesische Arbeitnehmer in die Lage versetzt, ihre Rechte gegenüber ihren Arbeitgebern, häufig also auch gegenüber amerikanischen Unternehmen, durchzusetzen. Dies erhöht in hohem Maße die Glaubwürdigkeit der Bemühungen amerikanischer Unternehmen – insbesondere wenn einzelne Maßnahmen den Interessen der Unternehmen entgegen stehen könnten – durch die Förderung von Rechtsberatung in der VRC ihrer »corporate responsiveness« gerecht zu werden und damit auch das Ansehen dieser Unternehmen in der amerikanischen Öffentlichkeit.[746]

Gleichwohl muss aber auch darauf hingewiesen werden, dass diese Bereitschaft amerikanischer Unternehmen, zur glaubhaften Erfüllung ihrer »corporate responsiveness« auch Rechtsberatungsmaßnahmen zu fördern, die ihren eigenen Interessen entgegen stehen, Grenzen hat. Es wurde bereits erwähnt, dass ein Treuhänderausschuss, den Angehörige der Mitgliedsfirmen des USCBC bilden, über die Vergabe der Fördergelder aus dem USCLCF entscheidet. Dies bedeutet, dass in den Fällen, in denen die Treuhänder davon ausgehen, dass bestimmte Rechtsberatungsprojekte den Interessen ihrer eigenen Unternehmen zu stark entgegen stehen, die Möglichkeit besteht, dass ein Antrag auf Förderung abgelehnt wird. Auch wenn das USCBC bestrebt ist, in Erfüllung der »corporate responsiveness« Rechtsstaatlichkeit in der VRC in einem möglichst umfassenden Sinne durch Rechtsberatungsmaßnahmen zu fördern, so steht dennoch außer Frage, dass die Mitgliedsunternehmen des USCBC nicht bereit sind, eigene Interessen zu stark durch die Unterstützung spezifischer Projekte zu verletzen. Dennoch aber bleibt der USCLCF ein Beispiel dafür, wie wirtschaftliche Interessen und das Engagement für Rechtsstaatlichkeit und Menschenrechtsschutz in der VRC erfolgreich verbunden werden können.

Hinsichtlich der Frage, auf welche Weise die Arbeit des USCLCF einen Einfluss auf die Migration von Rechtsnormen und Konzepten nehmen kann, ist sowohl der Bereich des materiellen Rechts wie auch das Gebiet der Rechtspraxis zu betrachten. Zum einen wird die Ausbildung von chinesischen Juristen im materiellen Recht, wie zum Beispiel dem Arbeitsrecht, IPR, Handels- und Gesellschaftsrecht, WTO-Recht sowie Verwaltungsrecht gefördert. Da die für diese Ausbildungsmaßnahmen verantwortlichen Rechtsexperten zumeist amerikanische Juristen sind, ist eine gewisse Ausrichtung der Inhalte am amerikanischen Recht und Rechtssystem nicht zu vermeiden.[747] Dies hat schließlich auch die Entwicklung einer spezifischen »mentalen Infrastruktur« auf Seiten der geschulten chinesischen Juristen und Studenten zur Folge; das heißt durch die Ausbildung werden diese an das amerikanische Recht herangeführt und bleiben, nachdem sie einmal mit diesem vertraut geworden sind, auch zukünftig gegenüber amerikanischen Rechtsnormen und Konzepten stärker aufgeschlossen als gegenüber dem Recht anderer Staaten.[748]

Weiterhin wird die Grundlage für die Entwicklung dieser »mentalen Infrastruktur« insbesondere auch durch Maßnahmen der Juristenausbildung gelegt. Ähnlich wie andere amerikanische Organisationen fördert auch der

746 ibid.
747 ibid.
748 ibid.

USCLCF schwerpunktmäßig Projekte, die im Bereich der Ausbildung chinesischer Juristen, das heißt von Anwälten, Verwaltungspersonal, Richtern und Studenten arbeiten. Auf diese Weise werden große Teile der praktizierenden wie auch der nachwachsenden Generation chinesischer Juristen mit dem amerikanischen Recht vertraut gemacht. Dieser Effekt verstärkt sich noch dadurch, dass der USCLCF auch darum bemüht ist, eine Standardisierung der chinesischen juristischen Infrastruktur nach amerikanischem Vorbild zu fördern. So sind Kenntnisse im Umgang mit dieser Infrastruktur von großer Bedeutung für die Rechtspraxis. Dies bedeutet, dass chinesische Juristen, die mit der spezifischen amerikanischen juristischen Zitierweise und Systematisierung von Gesetzestexten, gerichtlichen Entscheidungen etc. vertraut sind, in ihrer praktischen Arbeit keine Schwierigkeiten haben werden, auf amerikanische Rechtstexte zurückzugreifen. Auf diese Weise erhalten auch die amerikanische juristische Literatur sowie die Entscheidungen amerikanischer Gerichte Eingang in die chinesische Rechtspraxis und tragen zu einer Verbreitung amerikanischer Rechtsnormen und Konzepte in das chinesische Rechtssystem bei.

Schließlich erhöht auch die Tatsache, dass wichtige amerikanische Unternehmen durch den USCLCF die Rechtsberatungsmaßnahmen fördern, den Einfluss auf die Migration von Recht. Zwar kann gegebenenfalls, wie oben bereits dargestellt, die Verbindung der Förderung mit der amerikanischen Wirtschaft dazu führen, dass die Arbeit des USCLCF dem Verdacht ausgesetzt wird, lediglich als »Transmissionsriemen« für die Durchsetzung amerikanischer wirtschaftlicher Interessen gegenüber der VRC zu dienen. Auf der anderen Seite jedoch sind die USA der wichtigste Wirtschaftspartner der VRC, sodass es für die chinesische Seite, vor allem in Fragen der Anpassung an WTO Standards, unumgänglich ist, amerikanische Normen und Konzepte, wie sie auch im Zuge der Rechtszusammenarbeit vermittelt werden, zu übernehmen. Dies bedeutet somit, dass die internationale Marktmacht der USA und amerikanischer Unternehmen einen starken Einfluss auf die Übernahme amerikanischer Rechtsnormen und Konzepte durch die VRC ausüben kann.

Während die oben dargestellten Rechtsberatungsprojekte bzw. Förderprogramme amerikanischer Universitäten sowie der amerikanischen Wirtschaft erst seit relativ kurzer Zeit aktiv sind und in erster Linie auf die zwischen Bill Clinton und Jiang Zemin im Jahr 1997 getroffene Vereinbarung über die »Zusammenarbeit im Rechtsbereich« zurückgehen, unterhalten amerikanische private Stiftungen schon seit langer Zeit Projekte zur Förderung von Rechtsstaatlichkeit und Menschenrechten in der VRC. Darüber hinaus verfügen diese Stiftungen – im Gegensatz zu den bisher dargestellten Programmen – auch über erhebliche Finanzmittel für die Durchführung ihrer Maßnahmen. Aus diesen Gründen sind die Stiftungen, vor allem die Asia Foundation und die Ford Foundation als die bedeutendsten unter ihnen, auch in der Lage, durch ihre Arbeit den chinesischen Rechtsreformprozess in einem nicht geringen Maße mit zu beeinflussen. Daher soll die Arbeit der Stiftungen im Folgenden eingehender dargestellt und analysiert werden.

3.4 Private Stiftungen

3.4.1 Asia Foundation

Die Asia Foundation (AF) arbeitet als eine private, gemeinnützige und regierungsunabhängige Organisation bereits seit 1979 im Bereich der Rechtszusammenarbeit mit der VRC.[749] Die einzelnen Aktivitäten der AF werden durch Zuwendungen von Unternehmen, anderer Stiftungen sowie von privaten Spendern aus den USA und Asien unterstützt. Darüber hinaus erhält die AF auch öffentliche Gelder von amerikanischen Regierungsinstitutionen sowie eine jährliche Mittelzuweisung des amerikanischen Kongresses.[750] Aus diesen Geldern gewährt die AF in der Regel finanzielle Unterstützung für spezifische Projekte, die von amerikanischen und chinesischen Organisationen in der VRC implementiert werden. Auf diese Weise finanziert die AF eine Vielzahl an Rechtsberatungsmaßnahmen in den Bereichen Rechtsreform, Stärkung der Zivilgesellschaft und Frauenrechte; jährlich werden für diese Projekte etwa eine Million US$ zur Verfügung gestellt.[751]

Da es im Rahmen dieser Studie nicht möglich ist, das gesamte Angebot der AF detailliert darzustellen, konzentrieren sich die folgenden Ausführungen auf ein Rechtsberatungsprogramm der AF, das in den größeren Programmschwerpunkt der AF zur Förderung von Good Governance, Rechts- und Wirtschaftsreformen integriert ist.[752] Dieses Programm wird direkt vom Büro der AF in Beijing aus organisiert und implementiert und richtet sich auf die Bereiche Verwaltungsrechtsreform (vor allem im Hinblick auf das Verwaltunsgverfahrensrecht sowie auf die Erzielung von Konformität des chinesischen Verwaltungshandelns mit den WTO Vorgaben) und legal aid/Rechtskunde.[753] Drei Projektmaßnahmen, die beispielhaft für dieses Rechtsberatungsprogramm sind, sollen im Folgenden näher erläutert werden.

---

749 »Legal Reform in China«;
Fundstelle: http://www.asiafoundation.org/pdf/ChinaLegalReform.pdf [Zugriff: 06.07.2005]

750 Vgl. »About the Asia Foundation«; Fundstelle: http://www.asiafoundation.org/About/overview.html [Zugriff: 18.07.2005]

751 Wang/Evasdottir 2003: 28.

752 Statement of Nancy Yuan, 24.05.2002

753 ibid.

3.4.1.1 Programmbeschreibung

3.4.1.1.1 Verwaltungsrechtsreform – Administrative Law and WTO Compliance Program

Reformen im Bereich des Verwaltungsrechts sind von besonderer Bedeutung für die Förderung von Rechtsstaatlichkeit und Menschenrechtsschutz in der VRC. So umfasst das Verwaltungsrecht Regelungen, die die Rechte der Bürger definieren, die Kompetenzen und Befugnisse von Regierungsorganen verbindlich regeln sowie Mechanismen bereitstellen, mit denen Bürger gegen rechtswidriges Handeln der Verwaltung vorgehen können. Auf diese Weise stellt das Verwaltungsrecht ein wichtiges Instrument dar, um die Macht staatlicher Organe dem Recht unterzuordnen und einzugrenzen. Darüber hinaus sind Verwaltungsrechtsreformen auch eine wichtige Voraussetzung, damit die VRC die sich aus dem WTO-Beitritt ergebenden Verpflichtungen hinsichtlich der einheitlichen und nicht diskriminatorischen Rechtsanwendung durch die Verwaltung auf nationaler und lokaler Ebene, vor allem im Bereich des Handels- und Wirtschaftsrechts, erfüllen kann. Daher stellt die Unterstützung der Verwaltungsrechtsreformen einen wichtigen Schwerpunkt der Rechtsberatungstätigkeit der AF dar. Die in diesem Bereich angesiedelten Projekte können zwei Typen der Rechtsberatung zugeordnet werden: Rechtsberatung für die Ausarbeitung eines Entwurfs des Verwaltungsverfahrensgesetzes (Typ I) sowie Trainingsmaßnahmen für lokale Regierungsbeamte, um diese mit den WTO-Regularien vertraut zu machen und so eine einheitliche, WTO-konforme Rechtsanwendung zu ermöglichen (Typ II).

a) Unterstützung bei der Ausarbeitung des Verwaltungsverfahrensgesetzes

Seit 1998 leistet die AF im Rahmen des Administrative Law and WTO Compliance Program Rechtsberatung zur Ausarbeitung des Verwaltungsverfahrensgesetzes der VRC. Ein Verwaltungsverfahrensgesetz ist deshalb von so großer Bedeutung für die Erfüllung der WTO-Verpflichtungen der VRC wie auch generell für die Entwicklung von Rechtsstaatlichkeit, weil durch ein derartiges Gesetz Transparenz und Rechtsbindung des Verwaltungshandelns, öffentliche Anhörungen im Zuge des Verwaltungsverfahrens, sowie einheitliche Rechtsanwendung durch alle Verwaltungsbehörden auf allen Verwaltungsebenen erzielt werden soll. Chinesische Partner der Rechtszusammenarbeit sind zum einen die Forschungsgruppe Verwaltungsrecht des Rechtsarbeitsausschusses des SA NVK (*quanguo renda changweihui fazhi gongzuoweiyuanhui xingzhenglifa yanjiuzu* – Administrative Law Research Group [ALRG]), das Zentrum für Verwaltungsrechtsstudien der Nationalen Verwaltungsakademie (*guojia xingzheng xueyuan* – NVA]) sowie das Zentrum für Öffentliches Recht der Peking Universität.[754]

Die ALRG wurde im Jahr 1986 vom Rechtsarbeitsausschuss des SA NVK als ein Netzwerk von hochrangigen chinesischen Rechtswissenschaftlern, Juristen und Regierungsbeamten gegründet.[755] Die ALRG unterstützt den Rechtsarbeitsausschuss des SA NVK bei der Forschung zu verwaltungsrechtlichen Fragestellung sowie bei der Ausarbeitung von konkreten Gesetzesentwürfen im Verwaltungsrecht; so wurden beispielsweise das Verwaltungsverfahrensgesetz (1989), das Staatshaftungsgesetz (1994) sowie das Verwaltungsstrafgesetz (1996) mit Hilfe der ALRG ausgearbeitet.[756] Im Fall des Verwaltungsverfahrensgesetz ist die ALRG zusammen mit dem Stellvertretenden Vorsitzenden der Politischen Konsultativkonferenz des chinesischen Volkes, dem Stellvertretenden Vorsitzenden des Rechtsarbeitsausschusses des SA NVK und hochrangigen Mitgliedern des Rechtsausschusses des NVK (*renda falü weiyuanhui*) für die Ausarbeitung des Gesetzesentwurfes zuständig. Diese Gruppe chinesischer Experten wird von einem achtköpfigen Team ausländischer Juristen, der International Experts Consulting Group (IECG), welche von der AF ausgewählt wurden und von dieser finanzielle Unterstützung erhalten, beraten.[757] Die IECG wird von Prof. Stanley Lubman, einem anerkannten Experten für chinesisches Recht,[758] geleitet und unterstützt die ALRG bei der Bearbeitung verwaltungsrechtlicher Fragestellungen und begleitet so kontinuierlich den Prozess der Ausarbeitung des Gesetzesentwurfes.[759] Im Verlauf dieser Zusammenarbeit stehen die Mitglieder der ALRG und der IECG auch in persönlichem Kontakt miteinander, um durch den Austausch von Forschungsergebnissen und vorläufigen Entwürfen des Verwaltungsverfahrensgesetz von der Einschätzung ihrer amerikanischen bzw. chinesischen Kollegen zu profitieren.

---

754 »Legal Reform in China«; Fundstelle: http://www.asiafoundation.org/pdf/ChinaLegalReform.pdf [Zugriff: 06.07.2005]

755 Potter 1994a: 274; siehe: »Focus on People in the Law. Luo Haocai – A Justice and Scholar«; in: *Beijing Review* (April 1998)

756 McCutcheon 2000a: 171.

757 »Legal Reform in China«; Fundstelle: http://www.asiafoundation.org/pdf/ChinaLegalReform.pdf [Zugriff: 06.07.2005]

758 Statement of Nancy Yuan, 24.05.2002. Prof. Lubman hat chinesisches Recht an den Universitäten Stanford, Berkeley, Columbia, Harvard und Heidelberg sowie an der School of Oriental and African Studies der University of London gelehrt (siehe: http://www.law.berkeley.edu/faculty/profiles/facultyProfile.php?facID=1103 [Zugriff: 17.07.2005])

759 »Legal Reform in China«; Fundstelle: http://www.asiafoundation.org/pdf/ChinaLegalReform.pdf [Zugriff: 06.07.2005]

Neben der geschilderten Gesetzgebungsberatung zum Verwaltungsverfahrensgesetz bietet die AF im Zuge der Rechtszusammenarbeit auch Schulungsmaßnahmen (Rechtsberatungsmaßnahmen des Typ II) für die Mitarbeiter chinesischer Behörden auf lokaler Ebene an, um auf diese Weise nicht nur die *Normsetzung*, sondern auch die *Rechtsanwendung* im Bereich des Verwaltungsrechts, vor allem wiederum im Hinblick auf die WTO-Verpflichtungen der VRC, zu verbessern

b) Trainingsmaßnahmen für Mitarbeiter lokaler chinesischer Behörden

Im Jahr 1998 wandte sich das Rechtsamt des SR mit einer Anfrage bezüglich der Durchführung von Ausbildungs- und Trainingsmaßnahmen speziell für Mitarbeiter chinesischer Behörden auf der lokalen Ebene an die AF.[760] Gemeinsam mit dem Rechtsamt des SR und den Rechtsämtern der Regierungen auf Provinz- und Stadtebene implementiert die AF seither im Rahmen des Administrative Law and WTO Compliance Program ein Trainingsprogramm mit dem Ziel, die einheitliche und transparente Rechtsanwendung sowie die unvoreingenommene Überprüfung von Verwaltungsakten und Verwaltungsvorschriften durch die lokalen Behörden sicherzustellen. Auch hier arbeitete die AF wieder mit Prof. Stanley Lubman bei der Planung und Umsetzung des Programms zusammen. Auf chinesischer Seite nahmen bisher über 40 Mitarbeiter von Behörden, die im Bereich der Ausarbeitung und Umsetzung von Maßnahmen zur Erfüllung der WTO-Verpflichtungen der VRC eingesetzt waren, aus allen chinesischen Provinzen – einschließlich Tibets und der vier Regierungsunmittelbaren Städte Beijing, Tianjin, Shanghai und Chongqing – sowie aus den wirtschaftlich besonders bedeutenden Städten Shenzhen, Guangzhou, Dalian und Qingdao an dem Programm teil.[761]

Das Programm durchlief drei Phasen. Im ersten Schulungsabschnitt wurden die Teilnehmer durch Vorträge internationaler Verwaltungsrechtsexperten mit den wesentlichen Grundlagen des chinesischen Verwaltungsrechts im internationalen Vergleich vertraut gemacht. Während des zweiten Teils des Programms wurde den chinesischen Teilnehmern eine Studienreise in die USA angeboten, in deren Verlauf sie die Möglichkeit erhielten, Einblicke in die praktischen Verfahren der Normsetzung und Rechtsanwendung durch die amerikanische Verwaltung zu gewinnen. Nachdem die Teilnehmer von der Studienreise wieder in ihre heimatlichen Verwaltungen zurückgekehrt waren, sollte in einer dritten Projektphase schließlich der regelmäßige Austausch unter den im Zuge des Programms geschulten Beamten über ihre praktischen

760 »Uniform Application of WTO Rules: Training for Local Government Staff«; Fundstelle: http://www.asiafoundation.org/pdf/china.wto.uniform.pdf [Zugriff: 06.07.2005]

761 ibid.

Probleme vor Ort und wie diese im Lichte ihrer neu erworbenen Kenntnisse und Erfahrungen zu lösen seien, angestoßen werden.[762]

Insbesondere die Schulungsmaßnahmen im Rahmen des Programms richten sich explizit an die Mitarbeiter lokaler Behörden und Verwaltungen. Dies ist vor allem deshalb von großer Bedeutung, da gerade auf den unteren Verwaltungsebenen in der VRC sowohl Kenntnisse der WTO-Erfordernisse wie auch die Bereitschaft, nationale Rechtsvorschriften im Lichte dieser Vorgaben anzuwenden und umzusetzen, häufig nicht ausreichend vorhanden sind. So neigen chinesische Behörden nach wie vor dazu, beispielsweise lokale Unternehmen gegenüber ausländischen Mitbewerbern zu bevorzugen, wenn es im Streitfall um die Rechtsdurchsetzung geht. Dies bedeutet, dass die Erfüllung der Verpflichtungen der VRC aus Art.2 des Beitrittsprotokolls zur WTO wie z. B. die einheitliche Anwendung und Durchsetzung von Gesetzen und Verordnungen sowie die unabhängige gerichtliche Überprüfung allen Verwaltungshandelns durch das – vorsätzliche oder aus Unkenntnis resultierende – Fehlverhalten lokaler Behörden gefährdet ist.[763] Um in Zukunft kostenreiche Konflikte der VRC mit anderen WTO-Mitgliedstaaten zu vermeiden, ist es somit notwendig, verstärkt lokale Behördenmitarbeiter in WTO-relevanten Rechtsbereichen auszubilden und so zu gewährleisten, dass die Verwaltung in ihren jeweiligen Zuständigkeitsbereichen ihren aus der WTO-Mitgliedschaft der VRC resultierenden Verpflichtungen gerecht wird.

Vor diesem Hintergrund misst auch die politische Führung der VRC selbst der Gesetzgebung und Ausbildung im Bereich des Verwaltungsrechts höchste Priorität zu und kooperiert daher mit einer Vielzahl westlicher Partner, um in diesen Gebieten Reformen möglichst schnell umsetzen zu können. Wie oben bereist erwähnt, ist auf amerikanischer Seite neben der AF auch das CLC der Yale University an der Ausarbeitung des Verwaltungsgenehmigungsgesetzes[764] sowie des Verwaltungsprozessgesetzes beteiligt. Darüber hinaus arbeitet auch die deutsche GTZ seit August 2000 mit dem Rechtsarbeitsausschuss des SA NVK im Bereich des Verwaltungsrechts zusammen. Dabei erfolgt die Arbeit der AF und der GTZ sowohl inhaltlich als auch hinsichtlich der Einzelmaßnahmen weitgehend parallel.

So wird sowohl von deutscher als auch von amerikanischer Seite Gesetzgebungsberatung zum Verwaltungsverfahrensgesetz, Staatshaftungsgesetz, Verwaltungsgenehmigungsgesetz und Verwaltungsprozessgesetz angeboten. Auch die von der AF und der GTZ durchgeführten Einzelmaßnahmen – Symposien unter Beteiligung ausländischer Experten, Studienreisen und Workshops – gleichen einander stark. Die Arbeit der AF im Bereich der

762 ibid.

763 ibid.

764 Das Verwaltungsgenehmigungsgesetz trat am 01.07.2004 in Kraft.

Ausbildung von Mitarbeitern chinesischer Behörden in WTO-relevanten Rechtsbereichen findet weiterhin ihre Entsprechung im MOFCOM-Projekt der GTZ.

Schließlich führte auch die EU von November 2000 bis Dezember 2003 in Kooperation mit dem MOFCOM ein hochrangiges Rechtsberatungsprojekt zur Erleichterung des WTO-Beitritts der VRC durch.[765] In gleicher Weise wie die Programme der AF und der GTZ zielte auch das europäische Programm auf die Stärkung der Verwaltungsstrukturen in der VRC, wobei ein besonderer Schwerpunkt der Arbeit ebenfalls auf der Ausbildung und Schulung von Verwaltungspersonal, das im Bereich der Vorbereitung und Umsetzung von WTO-relevanten Verwaltungsvorschriften eingesetzt ist, lag. Darüber hinaus unterstützte das EU Programm die chinesischen Behörden bei der besseren Einhaltung von WTO Verfahrensvorschriften (z. B. Notifikation, Konsultation etc.), bei der Anwendung des WTO-Schlichtungsverfahrens und bei der Umsetzung von WTO Beschlüssen sowie schließlich bei der Einrichtung eines Informationssystems über chinesische Rechtsnormen für WTO-Mitgliedstaaten.[766]

Es wird somit deutlich, dass die VRC aufgrund der Bedeutung, die eine Erfüllung der WTO-Auflagen für eine reibungslose Integration in das internationale Wirtschaftssystem und damit für die weitere wirtschaftliche Entwicklung Chinas hat, der Zusammenarbeit mit den für sie wichtigsten WTO-Mitgliedstaaten Deutschland und den USA sowie der EU im Bereich der Anpassung der rechtlichen Rahmenbedingungen an WTO-Vorgaben höchste Priorität einräumt. Auf der anderen Seite verdeutlicht das geballte Engagement amerikanischer und deutscher Organisationen wie auch der EU im Bereich des Verwaltungsrechts bzw. der Umsetzung von WTO-Vorgaben, dass es auch für diese Staaten von großer Bedeutung ist, dass die VRC möglichst schnell ihr Rechtssystem hinsichtlich des Normenbestandes wie auch der praktischen Rechtsanwendung an WTO-Vorgaben anpasst, da nur auf diese Weise kostenintensive Auseinandersetzungen um Regelverletzungen vermieden und gleiche Chancen für amerikanische, deutsche und europäische Unternehmen auf dem chinesischen Markt zu gewährleisten sind.

Um hier schnellstmöglich Erfolge zu erzielen, ergibt sich, wie anhand des gleichgerichteten Engagements der BRD, USA und EU deutlich wird, eine starke Häufung der Rechtsberatungsaktivitäten westlicher Geber, die oft auch mit einer Konzentration der Beratungsaktivitäten auf eine spezifische chinesische Partnerorganisation, wie in diesem Fall den Rechtsarbeitsausschuss

765 Informationen abrufbar unter:
http://www.delchn.cec.eu.int/en/Co-operation/WTO.doc [Zugriff: 18.07.2005]

766 ibid.

des SA NVK, einhergeht.[767] Hier stellen sich jedoch einige Probleme für die Rechtszusammenarbeit.

Zum einen fehlen der betreffenden Institution häufig die notwendigen, vor allem personellen, Ressourcen, um die Fülle des Beratungsangebotes angemessen verarbeiten und damit auch den größtmöglichen informationellen Nutzen aus der Rechtsberatung ziehen zu können.[768] Darüber hinaus führt ein Überangebot an Beratung bei einzelnen chinesischen Institutionen auch häufig dazu, dass diese angesichts der Erfahrung, sich nicht um Unterstützung bemühen zu müssen, sondern diese in großer Fülle – sozusagen »von selbst« – von ausländischer Seite angeboten zu bekommen, dazu neigen, die Zusammenarbeit nicht mit der notwendigen Konzentration und Sorgfalt zu betreiben.[769] Diese Haltung wird oft noch dadurch gefördert, dass vor allem von ausländischer Geberseite aus keine hinreichende Evaluation der Ergebnisse der Zusammenarbeit betrieben wird,[770] sodass auf Seiten stark frequentierter chinesischer Partner oft das Bemühen um sorgfältige Planung und Implementierung der Beratungsmaßnahmen nachlässt. Dies bedeutet, dass Rechtszusammenarbeit mit »überlaufenen« chinesischen Institutionen wie insbesondere dem Rechtsarbeitsausschuss des SA NVK häufig nur wenig effizient ist und, gemessen am Mitteleinsatz, oft nicht den entsprechenden Erfolg bringt.

Schließlich verdeutlicht die Konzentration verschiedener Rechtsberatungsangebote auf bestimmte zentrale chinesische Institutionen auch die zwischen den einzelnen Gebern bestehende Konkurrenz. Diese erhöht sich – und damit auch das Beratungsangebot an die entsprechenden chinesischen Institutionen – in dem Maße, wie grundlegende Interessen der Geber mit der Rechtszusammenarbeit verknüpft sind. Dies ist, wie oben dargelegt, insbesondere hinsichtlich des Verwaltungsrechts, verbunden mit der Umsetzung von WTO Vorgaben durch die VRC, der Fall. Hier führen die jeweiligen wirtschaftlichen Interessen der Geber dazu, dass das Bemühen um die Beeinflussung der chinesischen Rechtsordnung im Lichte der eigenen Interessenlage stark forciert wird.

Neben der dargestellten, eng mit der Durchsetzung in diesem Fall amerikanischer wirtschaftlicher Interessen verbundenen Rechtsberatung im Verwaltungsrecht mit WTO Bezug führt die AF auch Projekte mit einem stärkeren Bezug zur Verbesserung der Menschenrechtslage in der VRC durch. Hier liegt der Schwerpunkt der von der AF angebotenen Rechtsberatungsmaß-

767 Vgl. Woodman 2004: 41.

768 persönliche Kommunikation

769 Woodman 2004: 41.

770 ibid.: 39.

nahmen auf der Förderung von legal aid und Rechtskunde für Bürger und somit auf Rechtsberatungsmaßnahmen des Typ III.

3.4.1.1.2 Rechtszusammenarbeit im Bereich Legal Aid und Rechtskunde für Bürger

Den zweiten Schwerpunkt der Rechtszusammenarbeit der AF stellt der Bereich legal aid und Rechtskunde für Bürger dar.[771] Die AF unterstützt im Rahmen der von ihr angebotenen Rechtsberatung sowohl private wie auch staatliche legal aid Programme in der VRC und arbeitet mit dem staatlichen Nationalen Legal Aid Zentrum des Justizministeriums, staatlichen legal aid Zentren auf Provinz- und Kreisebene, der ACLA, dem Gesamtchinesischen Frauenverband sowie mit einzelnen Universitäten zusammen.[772] Da die chinesische Zentralregierung keine finanziellen Mittel für die Arbeit lokaler legal aid Einrichtungen zur Verfügung stellt, bietet die AF Unterstützung gerade in diesem Bereich an. So wurden finanzielle Mittel von der AF für die Arbeit von legal aid Zentren in den ärmsten Regionen der VRC, wie den Provinzen Guizhou, Yunnan, Xinjiang und Ningxia zur Verfügung gestellt.[773] Darüber hinaus veranstaltet die AF Studienreisen für Mitarbeiter von legal aid Einrichtungen. So besuchte im Mai 2001 eine Delegation des chinesischen Nationalen Legal Aid Zentrums die USA. Ziel dieser Studienreisen ist es, den Teilnehmern zum einen Einblicke in die unterschiedlichen Formen des praktischen Angebotes von legal aid für Bedürftige in den USA zu ge-

---

771 Das legal aid System der VRC wurde im Zusammenhang mit der Verabschiedung des Rechtsanwaltsgesetzes (RAG) 1996 (in Kraft seit dem 01.01.1997) etabliert. Das RAG legt fest, dass jede Person, die aus finanziellen Gründen nicht in der Lage ist, in einem gerichtlichen Verfahren die Vertretung durch einen Anwalt in Anspruch zu nehmen, im Rahmen von legal aid Anspruch auf unentgeltliche anwaltliche Vertretung hat (Art.41). Gleichzeitig verpflichtet das RAG die Anwälte, ihrerseits auf einer *pro bono* Basis für Personen tätig zu werden, die nach dem Gesetz Anspruch auf legal aid haben (Art.42).

772 Das Nationale Legal Aid Zentrum des chinesischen Justizministeriums wurde im Jahr 1996 eingerichtet und wird von einem Stellvertretenden Justizminister geleitet. Die Aufgabe des Zentrums besteht zum einen darin, die nationale Politik für den Bereich legal aid auszuarbeiten, die Arbeit der staatlichen legal Zentren im ganzen Land zu koordinieren und für eine möglichst flächendeckende Versorgung der Bevölkerung mit Zugang zu legal aid zu sorgen. Darüber hinaus aber übernimmt das Zentrum auch selbst die Vertretung von Bürgern in Rechtsstreitigkeiten, vor allem wenn diese von weit reichender nationaler Bedeutung sind (»Legal Aid in China«; Fundstelle: http://www.ahrchk.net/hrsolid/mainfile.php/2000vol10no11/753/ [Zugriff: 10.07.2005]).

773 ibid.; »Legal Reform in China«; Fundstelle: http://www.asiafoundation.org/pdf/ChinaLegalReform.pdf [Zugriff: 06.07.2005]

währen und darüber hinaus auch spezifische Fragen, wie zum Beispiel Möglichkeiten der Finanzierung von legal aid, unterschiedliche Beratungsmethoden, spezielle Anforderungen an die Ausbildung von public interest lawyers (PIL)[774] sowie die Möglichkeit der Verbindung von praktischer Rechtsausbildung an den Universitäten mit dem Angebot von legal aid zu erörtern.[775]

Zusätzlich zu diesen Maßnahmen, die allgemein die Förderung von legal aid in der VRC zum Ziel haben, unterhält die AF seit dem Jahr 2000 ein Projekt, dass sich im Besonderen auf die Schaffung eines legal aid Angebotes sowie auf Rechtskunde für Wanderarbeiterinnen in der Provinz Guangdong richtet. Auch das U.S. Department of Labor ist an der Finanzierung dieses Projektes beteiligt.[776] In Zusammenarbeit mit dem Frauenverband von Guangdong bietet dieses Projekt legal aid für Wanderarbeiterinnen an, um diesen den Zugang zu rechtlicher Beratung und Vertretung vor allem in den Bereichen Arbeitsrecht, Eigentumsstreitigkeiten, Familien- und Sorgerechtsfällen sowie in Fällen von körperlicher Belästigung zu ermöglichen. Darüber hinaus bietet der Frauenverband von Guangdong auch Informationen für Wanderarbeiterinnen über ihre Rechte und die Möglichkeiten, diese gerichtlich durchzusetzen, an. So veröffentlichte der Frauenverband beispielsweise im Jahr 2001 mit finanzieller Unterstützung durch die AF ein Handbuch, das über die grundlegenden Rechte von Frauen aufklärt und berichtet darüber hinaus regelmäßig in lokalen Zeitungen in einer speziellen Rubrik über das Angebot des Frauenverbandes im Bereich legal aid sowie über konkrete Fälle, in denen sich Arbeiterinnen mit Hilfe der legal aid Einrichtung um die Durchsetzung ihrer Rechte bemühten.[777]

Neben den hier näher beschriebenen Aktivitäten fördert die AF noch eine Vielzahl weiterer Projekte. Anhang VIII gibt einen Überblick über diese Projekte in den Jahren 2003 und 2004.

3.4.1.2 Strategie und möglicher Einfluss auf die Migration von Rechtsnormen und Konzepten

Der mögliche Einfluss des Administrative Law and WTO Compliance Program der AF auf die Migration von Rechtsnormen und Konzepten ergibt

---

774 Zu den Besonderheiten der PIL siehe oben, FN 710

775 »Supporting Legal Aid in China«; Fundstelle: http://www.asiafound.org/pdf/china.legal.aid.pdf [Zugriff: 06.01.2004]

776 »U.S. Labor Department to Provide Technical Assistance to China on Labor Law, Worker Rights, and Mine Safety«; Fundstelle: http://www.dol.gov/opa/media/press/ilab/ILAB2002584.htm [Zugriff: 08.07.2005]

777 »Solving Legal Issues for Guangdong's Women Laborers«; Fundstelle: http://www.asiafoundation.org/pdf/china.guangdong.women.pdf [Zugriff: 06.07.2005]

sich zum einen aus der institutionellen Anknüpfung an die ALRG und des weiteren aus der Entwicklung von Netzwerken zwischen amerikanischen und chinesischen Rechtsexperten.

Die ALRG setzt sich zum einen aus hochrangigen Mitarbeitern staatlicher Rechtssetzungsorgane der VRC wie auch aus einflussreichen chinesischen Rechtswissenschaftlern zusammen; darüber hinaus wurde die ALRG vom Rechtsarbeitsausschuss des SA NVK explizit eingerichtet, um die Verwaltungsrechtsreform der VRC durch die Ausarbeitung wichtiger verwaltungsrechtlicher Gesetze zu begleiten und voranzubringen. Durch dieses Mandat der ALRG und die entsprechende institutionelle Anbindung ist es den chinesischen Rechtswissenschaftlern, die der ALRG angehören, jederzeit möglich, mit zentralen Entscheidungsträgern in der chinesischen Regierung und im SA NVK zusammen zu kommen.[778] Dies bedeutet auch, dass die Anregungen und Vorschläge, die amerikanische Rechtsexperten in der Zusammenarbeit mit ihren Kollegen zur Verwaltungsrechtsreform äußern, über diese direkt an die entsprechenden chinesischen Entscheidungsträger weitergeleitet werden können und somit Eingang in die entsprechenden Entscheidungsprozesse finden.

Dieser mögliche Einfluss amerikanischer Rechtsexperten auf das chinesische Verwaltungsrecht verstärkt sich noch dadurch, dass einzelne Mitglieder der ALRG auch persönliche Beziehungen zum amerikanischen Rechtssystem und rechtlichen Institutionen unterhalten. So haben viele der chinesischen Juristen, die gegenwärtig in der ALRG arbeiten, selbst eine weiterführende juristische Ausbildung in den USA genossen; diese wurde in vielen Fällen durch das von der Ford Foundation in den Jahren 1983 bis 1995 unterhaltene U.S.-China Committee for Legal Education Exchange (CLEEC) Programm gefördert.[779] Daher ist es diesen chinesischen Juristen möglich, ihr in den USA erworbenes Wissen bei der Ausarbeitung der Verwaltungsgesetzgebung in der VRC zum Einsatz zu bringen. Darüber hinaus bleiben häufig die persönlichen Beziehungen dieser chinesischen Juristen zu amerikanischen juristischen Institutionen bestehen. So arbeitet beispielsweise Prof. Jiang Ping, Leiter der ALRG, Vorsitzender der China Society of Comparative Law und Präsident der CUPR eng mit amerikanischen Rechtswissenschaftlern im BCLC der Temple University und der Universitäten CUPR und Qinghua, wie auch mit den amerikanischen Beratern der ALRG zusammen. Ein weiteres Mitglied der ALRG, Wang Xixin, Rechtsprofessor und Stellvertretender Dekan an der juristischen Fakultät der Peking Universität, arbeitet seit 2003

778 McCutcheon 2000a: 172.

779 ibid.: 171; zum CLEEC Programm siehe unten Abschnitt 3.4.2.1.1

als *Fellow* am China Law Center der Yale University.[780] Da auch das Yale CLC an der Beratung zur Verwaltungsrechtsgesetzgebung in der VRC beteiligt ist, ist es nahe liegend, dass amerikanische Verwaltungsrechtsnormen und Konzepte über die chinesischen Rechtsexperten, die Kontakte sowohl zum amerikanischen Rechtssystem und dessen Institutionen pflegen wie auch am chinesischen Gesetzgebungsprozess beteiligt sind, Eingang in das chinesische Verwaltungsrecht finden.

Dieser mögliche positive Effekt der persönlichen und institutionellen Kontakte auf die Migration von Rechtsnormen und Konzepten wird weiterhin dadurch verstärkt, dass sowohl bei den Programmen der AF wie auch in den meisten anderen Fällen amerikanischer Rechtsberatung gegenüber der VRC ausgewiesene Experten für chinesisches Recht und langjährige Chinakenner wie beispielsweise Prof. Stanley Lubman für die Implementierung der Einzelmaßnahmen verantwortlich sind. Aufgrund ihrer Kenntnisse des chinesischen Rechts und der Vertrautheit mit den chinesischen Verhältnissen, die sich zumeist aus langjährigen Aufenthalten in der VRC sowie den entsprechenden chinesischen Sprachkenntnissen ergeben, genießen diese amerikanischen Experten höchstes Ansehen bei ihren chinesischen Kollegen wie auch bei Vertretern der chinesischen Regierung. Daher wird auch der Beratung, die von diesen amerikanischen Juristen geleistet wird, wesentlich mehr Beachtung und Gewicht beigemessen als vergleichbaren Projekten, die – wie dies in vielen Fällen der deutschen Rechtsberatung gegenüber der VRC der Fall ist – von Rechtsexperten angeboten wird, die über keinerlei persönliche Kontakte zu China oder entsprechende gründliche Kenntnisse des chinesischen Rechts verfügen.[781]

Vor diesem Hintergrund lässt sich somit davon ausgehen, dass trotz der ursprünglichen Verwurzelung des chinesischen Verwaltungsrecht in der Tradition des deutschen Verwaltungsrechts[782] langfristig der amerikanische Einfluss auf das chinesische Verwaltungsrecht, vor allem im Hinblick auf die in Zukunft anstehenden Revisionen zentraler chinesischer verwaltungsrechtlicher Normen, stärker werden wird. Beispielsweise zeigen schon die gegenwärtigen Diskussionen um die Revision des Staatshaftungsgesetzes von 1994, in welchen sich abzeichnet, dass mit der Überarbeitung eine deutliche

780 Informationen abrufbar unter: http://chinalaw.law.yale.edu/html/personnel.htm [Zugriff: 20.07.2005]

781 Vgl. Woodman 2004: 39.

782 Konzepte wie der Verwaltungsakt, Verwaltungsverfahrensrecht, Verwaltungsvollstreckung und Staatshaftungsrecht sind im *common law* Rechtskreis weitgehend unbekannt und wurden aus westeuropäischen *civil law* Rechtssystemen in das chinesische Rechtssystem transplantiert. (Chen, Albert H.Y. 2000: 64; eine generelle Übersicht über das chinesische Verwaltungsrecht und dessen bisherige Entwicklung liefert Chen, Jianfu 1999:127–166).

Erhöhung der Entschädigungszahlungen sowie eine Umdeutung des Zweckes der Entschädigung von vormals einer Ausgleichsleistung für den Geschädigten hin zu einer Strafe für den Schädiger vorgenommen werden wird,[783] dass das im amerikanischen Recht verwurzelte Konzept der »punitive damages« sich auch im chinesischen Recht durchzusetzen beginnt.

Der mögliche Einfluss von Netzwerken zwischen amerikanischen und chinesischen juristischen Institutionen und Rechtsexperten auf die Migration von Rechtsnormen und Konzepten wird auch erneut an der Arbeit der Ford Foundation im Bereich der Rechtsberatung gegenüber der VRC deutlich.

3.4.2 Ford Foundation

Die Ford Foundation (FF) wurde im Jahr 1936 als Wohltätigkeitsorganisation mit zunächst nur regional begrenztem Operationsgebiet im US-Bundesstaat Michigan gegründet. Seitdem arbeitet die FF als eine politisch unabhängige, nichtstaatliche gemeinnützige Organisation. Ursprünglich ausgestattet mit finanziellen Mitteln, die der FF aus Beteiligungen an der *Ford Motor Company* in Form von Geschenken und Vermächtnissen durch Henry und Edsel Ford zuflossen, besitzt die FF heute keine Anteile mehr an dem Unternehmen *Ford* und ist daher auch völlig unabhängig von diesem.[784] Darüber hinaus erhält die FF auch keine Zuwendungen aus amerikanischen Regierungsgeldern und kann sich daher in ihrer Arbeit ebenfalls glaubwürdig als unabhängig von den Interessen der amerikanischen Regierung bezeichnen.[785]

Die FF ist bei weitem die bedeutendste amerikanische private gemeinnützige Stiftung, die sich in der Rechtszusammenarbeit mit der VRC engagiert; jährlich wendet die FF Finanzmittel in Höhe von etwa fünf Millionen US$ für konkrete Projekte im Bereich Menschenrechtsschutz und Rechtsstaatlichkeit auf.[786] Dabei blickt die FF, ebenso wie auch die AF, auf eine langjährige Tradition der Zusammenarbeit mit China zurück.

Als die chinesische politische Führung unter Deng Xiaoping im Dezember 1978 den Entschluss fasste, die Politik der Öffnung und Reform umzusetzen,

---

783 So setzte der SA des X. NVK im März 2004 die Revision des Staatshaftungsgesetzes auf den Gesetzgebungsplan; *Beijing Rundschau*, 33/2004 (Fundstelle: http://www.bjrundschau.com/2004-33/2004.33-fm-1.htm; Zugriff: 20.07.2005]); siehe auch: »Lawyers Call for Amendment of Compensation Law«; *China Daily*, 23.06.2003 (Fundstelle: http://www.chinadaily.com.cn/en/doc/2003-06/23/content_240240.htm [Zugriff: 20.07.2005])

784 Ford Foundation: »Our Mission«; Fundstelle: http://www.fordfound.org/about/mission2.cfm [Zugriff: 20.07.2005]

785 Interview 11/2002

786 Wang/Evasdottir 2003: 28.

wurde bald deutlich, dass vor allem das Rechtssystem nicht ohne Hilfe von außen, das heißt von westlichen Staaten, reformiert werden konnte. Auch erkannten bereits zu diesem frühen Zeitpunkt einige Mitglieder der chinesischen Regierung, dass insbesondere eine moderne Ausbildung von Juristen als Voraussetzung für den Erfolg dieser Reformen unerlässlich war und waren daher bereit, gerade in diesem Bereich die Rechtsberatung westlicher Staaten und Organisationen in Anspruch zu nehmen. Vor diesem Hintergrund gelang es dem amerikanischen Juristen Prof. Jerome Cohen, einem ausgewiesenen Kenner des chinesischen Rechts und Chinas »der ersten Stunde«, im April 1979 in einem persönlichen Gespräch dem damaligen chinesischen Stellvertretenden Minister für Außenhandelsbeziehungen, Wang Daohan, die FF und deren Arbeit vorzustellen.[787] Diese persönliche Vermittlung und nicht zuletzt auch das Vertrauen, das Prof. Cohen aufgrund seiner Kenntnisse der chinesischen Rechts, der chinesischen Sprache und Chinas insgesamt von der chinesischen Seite entgegengebracht wurde, führten schließlich dazu, dass die FF die Erlaubnis der chinesischen Regierung erhielt, ihre Arbeit in der VRC aufzunehmen.

In der ersten Phase ihres Engagements in der VRC bemühte sich die FF zunächst darum, Vertrauen zwischen der amerikanischen und der chinesischen Seite aufzubauen. Auf dieser Basis wurde die Arbeit nach und nach ausgebaut, sodass die FF im Jahr 1988 als erste ausländische private Stiftung ein eigenes Büro in Beijing eröffnen konnte. Einer der ersten Förderempfänger in dieser Zeit war die CASS, eine direkt dem SR unterstehende Forschungseinrichtung und wichtiger think tank der chinesischen Regierung. Gleichzeitig erfüllte die CASS auch die Funktion des offiziellen Partners der FF, der es nur in diesem »Tandem« möglich war, Repräsentanzen in der VRC zu unterhalten.[788]

In ihrer Arbeit von 1979 bis heute hat die FF verschiedene Schwerpunkte bei der Unterstützung des Rechtsreformprozesses in der VRC gesetzt. Zunächst lag das Hauptaugenmerk auf dem Aufbau einer grundlegenden rechtlichen Infrastruktur, vor allem durch die Ausbildung von chinesischen Juristen, die auch als Dozenten arbeiten sollten (Rechtsberatung Typ II). Dies führte schließlich zur Initiierung des U.S.-China Committee for Legal Education Exchange (CLEEC) Programms von 1983 bis 1995.[789] Das CLEEC Programm stellt somit die früheste und gleichzeitig die bisher umfassendste

---

787 »A Legal Laoganbu Looks Back« – Interview with Jerome Cohen: 15; in: *China Rights Forum*, Vol.11, No.2 (2003); 11–21. Fundstelle: http://www.hrichina.org/fs/view/downloadables/pdf/downloadable-resources/jcohen.pdf [Zugriff: 16.07.2005]

788 McCutcheon 2000a: 165–166.

789 ibid.: 166–167.

amerikanische Einzelrechtsberatungsmaßnahme gegenüber der VRC dar und soll daher unten näher beschrieben werden.

Mit der Eröffnung des Büros in Beijing erweiterte sich das Arbeitsgebiet der FF, und Bereiche wie Gesetzgebungsberatung (Rechtsberatung Typ I), Ausbildung und Schulung von Richtern und Staatsanwälten wurden in das Programm-Portfolio aufgenommen. Die Gesetzgebungsberatung richtete sich dabei zunächst auf die Bereiche des Verwaltungsrechts und des Strafprozessrechts, aber seit 1992 werden auch Fragen des Menschenrechtsschutzes und des Verfassungsrechts mit einbezogen.[790] Gleichwohl wurde im Verlauf dieser Arbeit rasch deutlich, dass das wesentliche Hindernis für die Entwicklung von Rechtsstaatlichkeit in der VRC nicht in einem Mangel an gesetzlichen Regelungen, sondern vielmehr in einer unzureichenden Anwendung und Durchsetzung der existierenden Normen besteht. Daher entschloss sich die FF, in ihrer Arbeit mehr Gewicht auf die Förderung umfassender Reformen im Rechtsbereich zu legen, wozu insbesondere auch ein verstärktes Engagement im Bereich der Ausbildung und Schulung von juristischem Personal wie Richtern, Anwälten, Staatsanwälten und auch der Polizei zählt. Darüber hinaus ist aber auch die Stärkung des Rechtsbewusstseins in der Bevölkerung und die Anerkennung des Rechts als einem Instrument zur Erzielung von Gerechtigkeit sowie die grundlegende Kenntnis der eigenen Rechte eine wichtige Voraussetzung für die Entwicklung von Rechtsstaatlichkeit in der VRC. Dementsprechend unterstützt die FF seit 1995 in zwei wichtigen Schwerpunkten die Justiz- und Gerichtsreformen in der VRC sowie, auf der Ebene der Gesellschaft, den Bereich »law-in-action«.[791] Diese letztgenannten Programmschwerpunkte sollen unten, nach der Analyse des CLEEC Programms, ausführlich dargestellt werden.

3.4.2.1 Programmbeschreibung

3.4.2.1.1 U.S.-China Committee for Legal Education Exchange

Von 1983 bis 1995 finanzierte die FF das U.S.-China Committee for Legal Education Exchange Programm (CLEEC). Mit der Initiierung dieses Programms reagierte die FF auf die Entscheidung der politischen Führung der VRC, einige chinesische Universitäten zu Zentren der Rechtswissenschaft und der juristischen Ausbildung auszubauen, um auf diese Weise den Wiederaufbau der juristischen Profession nach dem Ende der Kulturrevolution zu beschleunigen.[792] In einem Memorandum of Understanding mit dem chinesischen Erziehungsministerium wurde die FF eingeladen, das Lehrpersonal an

790 ibid.: 169–171.

791 ibid.: 173.

792 Wang/Evasdottir 2003: 28.

acht ausgewählten führenden Universitäten und Instituten für Politik und Recht[793] – Fudan Universität, Qinghua Universität, Jilin Universität, Wuhan Universität, Peking Universität, CUPR, das East China Institute of Political Science and Law sowie das Southwest China Institute of Political Science and Law – in amerikanischen Methoden der Rechtsausbildung sowie im amerikanischen Recht auszubilden.

Auch die FF war davon überzeugt, dass gut ausgebildete Juristen in gleicher Weise für den chinesischen Rechtsreformprozess unerlässlich waren wie eine adäquate Ausstattung mit Gesetzen. Daher bot das CLEEC Programm chinesischem juristischen Lehrpersonal die Teilnahme an Ausbildungsprogrammen und juristischen Aufbaustudiengängen an amerikanischen Universitäten an. Im Zuge dieser Ausbildungsmaßnahmen wurden die chinesischen Teilnehmer intensiv von amerikanischen Juristen an den einzelnen Fakultäten betreut, um eine möglichst intensive und anspruchsvolle Ausbildung zu gewährleisten. Insgesamt nahmen mehr als 40 juristische Fakultäten in den USA am CLEEC Programm teil und ermöglichten so die Ausbildung von insgesamt mehr als 250 chinesischen Juristen.[794]

Der ehemalige Programmleiter der FF, Mark Sidel, beschreibt das Ziel des CLEEC Programms damit, einen »wesentlichen Multiplikator-Effekt zu erzielen.«[795] Dementsprechend wurden im Rahmen des CLEEC Programms junge chinesische Juristen nicht nur im materiellen amerikanischen Recht ausgebildet, sondern auch mit den Methoden der Juristenausbildung in den USA vertraut gemacht. Durch dieses »Training of Trainers« gelang es dem CLEEC Programm einerseits, Kenntnisse des amerikanischen Rechts in den chinesischen Rechtsreformprozess einzuspeisen. Darüber hinaus sollten die Teilnehmer des Programms aber auch in die Lage versetzt werden, ihrerseits die Rechtsreformen in der VRC dadurch zu unterstützen, dass sie ihr in den USA erworbenes Wissen um die Methoden der juristischen Ausbildung nach ihrer Rückkehr in die VRC an ihren Heimatuniversitäten und Instituten umsetzten.

Eine zweite Komponente des CLEEC Programms richtete sich darauf, amerikanische Rechtswissenschaftler mit China in Kontakt zu bringen. Im Rahmen dieser Rechtsberatungsmaßnahme boten amerikanische Juristen Kurzzeittrainingskurse im amerikanischen Recht für chinesische Juristen,

793 ibid.; »A Legal Laoganbu Looks Back« – Interview with Jerome Cohen: 15; Lubman 2003: 24.

794 »The Accession to the World Trade Organization of the People's Republic of China (PRC) and Related Rule-of Law Issues«. Prepared Statement of James V. Feinerman before the Congressional-Executive Commission on China, One Hundred Seventh Congress, Second Session (Feb. 7, 2002); *im Folgenden: Prepared Statement of James V. Feinerman, 07.02.2002*

795 McCutcheon 2000a: 166.

Rechtswissenschaftler, Anwälte und Regierungsbeamte in der VRC an. Diese Programmkomponente erhielt zusätzliche finanzielle Unterstützung durch die United States Information Agency (USIA), die heute in das State Department integriert ist.[796]

Neben der Ausbildung von chinesischen Juristen in den USA oder in der VRC war es das ausdrückliche Ziel dieser beiden ersten Komponenten des CLEEC Programms, Netzwerke sowohl zwischen amerikanischen und chinesischen Juristen wie auch unter chinesischen Rechtswissenschaftlern selbst aufzubauen. So wurden derartige Netzwerke zum einen als notwendig erachtet um zu verhindern, dass die chinesischen CLEEC Teilnehmer nach ihrer Rückkehr aus den USA den Anschluss an chinesische juristische Kreise verlören und so in der Isolation ihr neu erworbenes Wissen nicht würden ausreichend verbreiten können. Somit war es unerlässlich für den nachhaltigen Erfolg des CLEEC Programms, durch die Förderung von Netzwerken dazu beizutragen, dass sich zwischen den in den USA geschulten und ihren in der VRC verbliebenen Kollegen ein »mutually supportive intellectual environment, especially for new ideas",[797] mithin Netzwerke von der Qualität epistemischer Gemeinschaften entwickeln konnten. Darüber hinaus stellten diese epistemischen Gemeinschaften auch einen wichtigen Kanal dar, über den Informationen über die verschiedenen Möglichkeiten für chinesische Juristen, auch über das CLEEC Programm hinaus an anderen Formen des wissenschaftlichen Austausches mit amerikanischen Kollegen und juristischen Institutionen teilzunehmen, verbreitet werden konnten,[798] sodass auf diese Weise zusätzliche Juristen für die Rechtszusammenarbeit mit den USA gewonnen werden konnten.

Neben der Förderung von Ausbildung und Austausch von Juristen förderte das CLEEC Programm, mit weiterer finanzieller Unterstützung durch die Henry Luce Foundation, schließlich auch den Aufbau von rechtswissenschaftlichen Bibliotheken an chinesischen Universitäten und am Rechtsinstitut der CASS. Diese Bibliotheken wurden mit umfangreichen Materialien in Druckform und in elektronischer Form zum amerikanischen Recht wie auch mit Zugängen zu amerikanischen juristischen Online-Datenbanken sowie zum Internet ausgestattet.[799] Insgesamt investierte die FF in den Jahren 1983 bis 1995 finanzielle Mittel in Höhe von mehr als vier Millionen US$ in das CLEEC Programm.[800]

---

796 Prepared Statement of James V. Feinerman, 07.02.2002

797 McCutcheon 2000a: 167.

798 Prepared Statement of James V. Feinerman, 07.02.2002; Wang/Evasdottir 2003: 28.

799 Prepared Statement of James V. Feinerman, 07.02.2002

800 ibid.

3.4.2.1.2 Gesetzgebungsberatung

Seit 1992 bot die FF auch Unterstützung in Form von Rechtsberatungsmaßnahmen des Typ I für ausgewählte chinesische Gesetzgebungsorgane an. Dabei konzentrierte sich die FF jedoch ausdrücklich nicht auf den Bereich des Wirtschaftsrechts, sondern bemühte sich um Reformen im Bereich des Verwaltungsrechts und des Straf- und Strafprozessrechts, da Verbesserungen in diesen Gebieten als besonders bedeutsam für die Entwicklung umfassender Rechtsstaatlichkeit in der VRC angesehen wurden.[801]

So wurden sowohl die CASS wie auch die ALRG des Rechtsarbeitsausschusses des SA NVK von der FF beraten. Zu jener Zeit war die ALRG verantwortlich für die Ausarbeitung wichtiger Gesetzeswerke im Verwaltungsrecht, zum Beispiel des Verwaltungsprozessgesetzes, des Verwaltungsstrafgesetzes und des Verwaltungsverfahrensgesetzes. Die CASS beschäftigte sich mit Untersuchungen zu den möglichen Auswirkungen eines Beitritts der VRC zum Internationalen Pakt über Wirtschaftliche, Soziale und Kulturelle Rechte sowie zum Internationalen Pakt über Bürgerliche und Politische Rechte auf das nationale Rechtssystem.[802]

In der Folge unterstützte die FF auch die Vorbereitungen zur Revision des chinesischen Strafprozessgesetzes. So war eine Gruppe reformorientierter Rechtswissenschaftler um Prof. Chen Guangzhong, dem ehemaligen Präsidenten der CUPR, vom Rechtsarbeitsausschuss des SA NVK mit der Ausarbeitung eines Entwurfes zur Revision des Strafprozessgesetzes beauftragt worden. Diese Gruppe erhielt für ihre Arbeit finanzielle Unterstützung durch die FF.[803]

Ab 1995 verlagerte die FF ihre Förderaktivitäten erneut und wandte sich zwei neuen Schwerpunktbereichen zu: der Justizreform sowie dem Bereich »law-in-action«.[804] Dieser Neuorientierung lag die Überzeugung zugrunde, dass eines der Hauptprobleme des chinesischen Rechtsreformprozesses in der unzureichenden Umsetzung bestehender Rechtsnormen zu sehen sei. Um hier Verbesserungen zu erzielen, konzentrierte die FF ihre Arbeit zum einen auf die Ausbildung von Richtern sowie auf die Unterstützung von Forschung zu Justizreformen im Allgemeinen. Zusätzlich jedoch wurde es auch als notwendig erachtet, der Bevölkerung den Zugang zum Recht zu ermöglichen sowie deren Rechtskenntnisse zu verbessern; wenn die Bürger dergestalt über ihre Rechte informiert und in die Lage versetzt werden, diese auch gerichtlich durchzusetzen, so wird auch auf diese Weise Druck »von unten« auf das Justizsystem ausgeübt, die Rechtsanwendung und -durchsetzung zu verbes-

801 McCutcheon 2000a: 170.
802 ibid.: 171.
803 ibid.: 172.
804 ibid.: 173.

sern, sodass eine komplementäre Wirkung zur Förderung der Justizreformen »von oben« erzielt werden kann. Vor diesem Hintergrund erhielt die Rechtsberatung des Typ III verstärktes Gewicht in der Arbeit der FF.

3.4.2.1.3 Justizreform

Die Unterstützung der FF für Justizreformen in der VRC konzentriert sich gegenwärtig auf vier Hauptaspekte. Zum einen werden Gerichte und juristische Forschungseinrichtungen finanziell unterstützt, die im Bereich *verfahrensrechtlicher Reformen* arbeiten. Diese Arbeit wird ergänzt durch, zweitens, Unterstützung für *angewandte Forschung* in diesem Bereich. Derartige Forschungsprojekte sollen zum einen wichtige Informationen für Richter und Staatsanwälte liefern, wie mögliche Reformen gestaltet und umgesetzt werden könnten. Sehr wichtig ist es im Rahmen dieser Forschung aber auch, Erkenntnisse über die Einstellung der breiten Bevölkerung zum Rechtssystem sowie über mögliche Schwierigkeiten, denen sich Bürger beim Zugang zu den Gerichten sowie bei der Durchsetzung von Gerichtsentscheidungen gegenübersehen, zu gewinnen. Diese Informationen müssen wiederum in die wissenschaftliche Diskussion über Justizreformen rückgekoppelt werden, um so zu gewährleisten, dass die Reformen auch auf die tatsächlichen praktischen Probleme antworten.[805]

Den dritten Schwerpunkt der Arbeit der FF stellt die *Aus- und Fortbildung von Richtern und Staatsanwälten* dar. Die wichtigsten Partner der FF sind hier – im wissenschaftlichen Bereich – das Zentrum für Juristische Studien an der Peking Universität und die NRA des OVG. Das Zentrum für Juristische Studien hat beispielsweise mit Unterstützung der FF Studien zum mangelnden Vertrauen der Bevölkerung in das Rechts- und Justizsystem und zur unzureichenden Kompetenz von Richtern als wesentliche Ursachen für die fehlende effektive Rechtsdurchsetzung durchgeführt. Die NRA arbeitet nicht nur daran, die fachliche Kompetenz der Richter zu verbessern, sondern legt besonderen Wert auch auf die Vermittlung der Bedeutung von juristischer Ethik und richterlicher Unabhängigkeit. Gleichwohl muss an dieser Stelle betont werden, dass, solange die *strukturellen* Ursachen für die gegenwärtig noch häufig fehlende richterliche Unabhängigkeit – vor allem Kontrolle der Gerichte durch die Volkskongresse *und* durch die Parteikomitees auf der jeweiligen Verwaltungsebene, Finanzierung der Gerichte und Zahlung der Gehälter und sonstiger Leistungen für Richter und Justizpersonal durch die jeweilige lokale Regierung[806] – nicht ausgeräumt werden, Ausbildungsmaßnahmen zur Bedeutung des Konzeptes der richterlichen Unabhängigkeit in der Praxis kaum eine Wirkung entfalten werden.

805 Vgl. ibid.: 174–176.
806 Peerenboom 2002: 280.

Einen ersten Schritt in diese Richtung stellt schließlich die Förderung der FF für den *Aufbau von Richtervereinigungen und Organisationen*, durch die eine größere Unabhängigkeit der juristischen Infrastruktur erzielt werden soll, dar.[807]

3.4.2.1.4 Law-in-action

Der zweite gegenwärtige Schwerpunkt der Förderarbeit der FF zur Verbesserung der Rechtsdurchsetzung ist der Bereich »law-in-action«. Dieser Terminus umschreibt Maßnahmen, welche dazu dienen »to strengthen citizen's awareness of law as a means to justice, demonstrate how the legal system can be used to protect rights, give practical experience to lawyers and students, and strengthen the ability of the legal system to deliver justice.«[808] Während somit die Arbeit der FF im Bereich der Justizreform (Rechtsberatung Typ II) darauf ausgerichtet ist, in einer »top-down« Ausrichtung die Durchführung der justiziellen Verfahren und die Qualifikation des Justizpersonals zu verbessern, zielt der Programmschwerpunkt law-in-action (Rechtsberatung Typ III) darauf ab, die Bürger selbst in die Lage zu versetzen, das Recht zur Durchsetzung ihrer eigenen Rechte und Interessen zu nutzen und durch diese Verstärkung der Nachfrage nach Leistungen des Justizsystems Druck »von unten« auf dessen Reform hin aufzubauen. Dabei sind vor allem legal aid Zentren wichtige Mittler, die der Bevölkerung häufig erst den Zugang zum Recht ermöglichen; daher zählen derartige Einrichtungen auch zu den wichtigsten Förderempfängern der FF im Bereich law-in-action.

Es wurde bereits oben darauf hingewiesen, dass die Entwicklung eines flächendeckenden legal aid Systems in der VRC mit dem Erlass des Rechtsanwältegesetzes 1996 eingeleitet wurde. Auch die Revision des Strafprozessgesetzes 1996 und der damit verbundene Übergang zu einem mehr adversatorisch ausgerichteten Strafverfahren, welches die Beweislast sowie die Aufgabe der Beweisbeschaffung in stärkerem Maße dem Beklagten überträgt, macht es erforderlich, dass auch diejenigen Personen, die nicht über ausreichende finanzielle Mittel verfügen, anwaltlich vertreten werden. Doch auch wenn Anwälte in der VRC durch das Rechtsanwältegesetz verpflichtet sind, jährlich eine gewisse Anzahl an legal aid Fällen unentgeltlich zu bearbeiten, so wird doch gegenwärtig der größte Teil der legal aid Arbeit in der VRC nicht von Anwaltskanzleien, sondern von universitären oder gesellschaftlich getragenen (z. B. durch den Gesamtchinesischen Frauenverband) legal aid Zentren angeboten. Nach Angaben des legal aid Zentrums des chinesischen Justizministeriums wurden in den Jahren 1997 bis 2003 von legal

807 McCutcheon 2000a: 174.
808 ibid.: 179.

aid Zentren in der VRC insgesamt mehr als 6,4 Millionen Menschen beraten und mehr als 800.000 Fälle vor Gericht vertreten.[809]

Das legal aid System erfüllt dabei eine wichtige Funktion im gesamten Rechtsreformprozess in der VRC. So stellen legal aid Einrichtungen nach wie vor für weite Teile der chinesischen Bevölkerung die einzige Möglichkeit dar, juristischen Rat einzuholen oder einen Anwalt zu gerichtlichen Verfahren hinzuzuziehen, da viele Bürger die hohen Kosten für einen Rechtsbeistand nicht aufbringen können und überdies, vor allem in ländlichen Regionen und Gebieten nationaler Minderheiten, Anwälte nicht ausreichend vertreten sind. Darüber hinaus bieten derartige legal aid Einrichtungen nicht nur Beratung und Vertretung in konkreten Rechtsfällen an, sondern führen auch allgemeine Informationsveranstaltungen für die örtliche Bevölkerung zu verschiedenen rechtlichen Themen durch. Auf diese Weise tragen legal aid Zentren dazu bei, grundlegende Kenntnisse über das Recht und das Rechtssystem gerade auch unter benachteiligten Gruppen der Bevölkerung, wie zum Beispiel Frauen, Bauern, einfachen (Wander-)Arbeitern, Angehörigen ethnischer Minoritäten etc. zu verbreiten.[810]

Schließlich fördert die Unterstützung, die legal aid Zentren den Bürgern bei der Durchsetzung ihrer Rechte anbieten, auch die Implementierung des Rechts und der Rechtsreformen insgesamt.[811] Dies ist insbesondere in sensiblen Rechtsbereichen wie dem Verwaltungsrecht und dem Strafrecht der Fall. Hier schrecken Bürger nach wie vor häufig davor zurück, mit Hilfe des Verwaltungsrechts gegen belastende oder fehlerhafte Entscheidungen der Behörden vorzugehen; mit Unterstützung durch die legal aid Zentren ist es dagegen möglich, die Interessen der Bürger hier erfolgreich durchzusetzen.[812] Für Angeklagte im Strafverfahren schließlich ist die Vertretung durch einen Verteidiger im Rahmen von legal aid oft die einzige Möglichkeit, ein möglichst faires Verfahren zu gewährleisten.[813]

---

809 »Legal Assistance: Government Duty«; *Beijing Review* 06/2004; Fundstelle: http://www.bjreview.com.cn/200406/Nation-200406(B).htm [Zugriff: 20.07.2005]

810 So unterstützt z. B. die AF legal aid Zentren in einigen der am wenigsten entwickelten Regionen der VRC, wie den Provinzen Guizhou, Yunnan, Autonome Region Xinjiang und Autonome Region Ningxia (»Legal Reform in China«; Fundstelle: http://www.asiafoundation.org/pdf/ChinaLegalReform.pdf [Zugriff: 06.07.2005]

811 McCutcheon 2000b: 269.

812 So hat sich z. B. das Center for the Protection of the Rights of Disadvantaged Citizens der Universität Wuhan auf die Vertretung von Bürgern in Verwaltungsverfahren spezialisiert (Liebman 1999: 234).

813 Während viele universitäre legal aid Zentren, wie z. B. die legal aid Zentren der Peking Universität und der Universität Wuhan, keine Vertretung und Beratung in

Darüber hinaus bieten legal aid Einrichtungen chinesischen Studenten an juristischen Fakultäten die Möglichkeit, bereits während ihrer Ausbildung wichtige praktische Erfahrungen zu sammeln. Daher ist eine Vielzahl der legal aid Zentren an Universitäten angesiedelt und in das juristische Studium integriert; die Arbeit der Studenten im Bereich legal aid bereichert damit die gegenwärtig noch sehr theoretisch ausgerichtete juristische Ausbildung in der VRC um notwendige praktische Komponenten der Mandantenberatung und Fallvorbereitung, die für die berufliche Arbeit der Absolventen von großer Bedeutung sind.[814] Daher wird die Möglichkeit, in einem legal aid Zentrum mitzuarbeiten, von der überwiegenden Mehrzahl der chinesischen Jurastudenten sehr gerne angenommen, auch wenn diese Arbeit während der Freizeit abgeleistet und nicht vergütet wird.[815]

Schließlich zeitigt die Arbeit der legal aid Zentren auch gesamtgesellschaftlich positive Effekte und fördert den Prozess der Rechtsreformen. So spezialisieren sich einige legal aid Zentren auf die Beratung und Vertretung von Angehörigen gesellschaftlicher Randgruppen wie Frauen, Kindern, ethnischen Minderheiten, Wanderarbeitern und Behinderten. Dadurch versuchen diese legal aid Zentren, die spezifischen Probleme dieser Gruppen mit dem bestehenden Rechtssystem herauszustellen und auf Reformen im Sinne der besseren Durchsetzung der Interessen und Bedürfnisse dieser Gruppen zu drängen.[816] Andere legal aid Zentren wiederum arbeiten schwerpunktmäßig an Fällen, in denen sich Mängel des Rechtssystems der VRC besonders deutlich manifestieren oder die insgesamt von besonderer gesamtgesellschaftlicher Relevanz sind. Auf diese Weise sollen die jeweiligen Probleme hervorgehoben und Reformen angeregt werden.[817]

Aus der Aufstellung der wichtigsten Rechtsreformprojekte, die das Büro der FF in Beijing zwischen 1995 und 2005 unterstützte (Anhang IX), geht

---

Strafrechtsfällen anbieten, ist das Center for Criminal Law and Justice der CUPR (Beijing) das erste auf Strafrecht spezialisierte legal aid Zentrum in der VRC.

814 McCutcheon 2000b: 271–272.

815 So erhält das Center for the Protection of the Rights of Disadvantaged Citizens der Universität Wuhan mehr Anfragen von Studenten als das Zentrum tatsächlich für die Beratungsarbeit aufnehmen kann (Liebman 1999: 234).

816 Als Beispiel sei hier erneut das Center for the Protection of the Rights of Disadvantaged Citizens der Universität Wuhan genannt.

817 Das Center for Women's Law Studies and Legal Services der Peking Universität hat sich auf die Vertretung von Fällen von großer gesellschaftlicher Bedeutung spezialisiert, die darüber hinaus auch in besonderer Weise bestehende Schwächen und Reformbedürfnisse des Rechtssystems offenlegen. Auf diese Weise versucht das Zentrum, durch die – häufig auch sehr medienwirksam aufbereitete – Vertretung dieser Fälle, notwendige Reformen anzustoßen, selbst wenn die Erfolgsaussichten im einzelnen Fall nur gering sind (Liebman 1999: 235–236).

hervor, dass in der Tat der Großteil der von der FF zur Verfügung gestellten Fördermittel an legal aid Einrichtungen floss; die wichtigsten Förderempfänger sind hier das legal aid Zentrum für die Landbevölkerung des Frauenverbandes des Kreises Qianxi, das Center for the Protection of the Rights of Disadvantaged Citizens der Universität Wuhan, das auf Strafrecht spezialisierte legal aid Zentrum des Center for Criminal Law and Justice der CUPR (Beijing) sowie das Center for Women's Law and Legal Services der Peking Universität.

Darüber hinaus unterstützt die FF auch den Aufbau von legal aid Zentren an verschiedenen weiteren chinesischen Universitäten und berät bei der Integration der legal aid Arbeit in die juristische Ausbildung an den jeweiligen Fakultäten. Gefördert wurden hier vor allem die East China University of Political Science and Law (Shanghai), die Fudan Universität (Shanghai), die Northwest University of Political Science and Law, die People's University of China (*renmin daxue*, Beijing), die Qinghua Universität (Beijing), die Zhongshan Universität (Guangzhou), die SCUEL (Wuhan), die Sichuan Universität sowie die Yunnan Universität. Auf diese Weise stellte die FF in den Jahren von 1995 bis 2005 (Februar) insgesamt mehr als sieben Millionen US$ für den Aufbau von legal aid Zentren in der VRC und für die Integration von legal aid in die Rechtsausbildung zur Verfügung.

Bei diesen Bemühungen im Bereich legal aid beschränkt sich die Arbeit der FF gleichwohl nicht auf die punktuelle Unterstützung einzelner legal aid Zentren. Vielmehr setzt sich die FF auch für den Aufbau eines Netzwerkes zwischen den legal aid Einrichtungen und den im Bereich legal aid tätigen Juristen ein. Daher fördert die FF zum einen die »Mini-Initiative on Clinical Legal Education and Legal Aid in China«, die für die flächendeckende Einrichtung von legal aid Komponenten an chinesischen Universitäten eintritt, um auf diese Weise möglichst vielen chinesischen Jurastudenten frühzeitige praktische Erfahrungen zu ermöglichen. Darüber hinaus hat die FF auch chinesische Rechtsprofessoren bei der Gründung des Chinese Clinical Legal Education Network (CCLEN) unterstützt. Diese Gruppe hält regelmäßige Treffen ab, veranstaltet Konferenzen und unterhält eine Website im Internet, um auf diese Weise für die Integration von praktischen Komponenten und legal aid Arbeit in die Juristenausbildung in der VRC zu werben. Auch der Austausch dieser chinesischen Juristen mit ausländischen Kollegen und legal aid Experten wird von der FF unterstützt.[818]

818 Diese Informationen wurden vom Büro der FF in Beijing zur Verfügung gestellt.

3.4.2.2 Strategie und möglicher Einfluss auf die Migration von Rechtsnormen und Konzepten

Die einzelnen Initiativen der FF zur Unterstützung der Rechtsreformen in der VRC folgen jeweils einer spezifischen Strategie und konnten ebenfalls als Kanäle für die Migration von amerikanischen Rechtsnormen und Konzepten in das chinesische Rechtssystem Wirkung entfalten. Dies soll im Folgenden näher erläutert werden.

Insbesondere das CLEEC Programm ist die wichtigste und umfassendste Einzelrechtsberatungsmaßnahme, die bislang von amerikanischer Seite in der VRC durchgeführt wurde; tatsächlich kann das CLEEC Programm als prägend für die gesamte Arbeit der FF im Bereich der Rechtsreformen in der VRC angesehen werden.[819] Dabei beeinflusste das CLEEC Programm die Migration von Rechtsnormen und Konzepten auf verschiedene Weise.

Zum einen wurde der Neuaufbau des chinesischen Systems der Juristenausbildung durch die Unterstützung des CLEEC Programms, vor allem hinsichtlich der Ausbildung chinesischer Rechtslehrer und der Ausstattung chinesischer rechtswissenschaftlicher Bibliotheken mit Materialien zum amerikanischen Recht, von Anfang an stark durch das amerikanische Modell geprägt. So gehörten die am CLEEC Programm teilnehmenden chinesischen Universitäten zu den besten und einflussreichsten Bildungseinrichtungen der VRC. Dies bedeutet, dass diese juristischen Fakultäten, die über in den USA ausgebildetes Lehrpersonal und über mit amerikanischen Materialien ausgestattete Bibliotheken verfügen, als modellhafte Einrichtungen gelten, an denen sich die Juristenausbildung landesweit orientieren soll.[820] Darüber hinaus wurden die Studenten an diesen juristischen Fakultäten bereits zu einem frühen Zeitpunkt von in den USA ausgebildeten Lehrkräften unterrichtet und konnten auf amerikanische juristische Literatur für ihre Studien zurückgreifen. Dies bedeutet, dass die neuen Generationen chinesischer Juristen an diesen Universitäten durch ihre Ausbildung bereits an das amerikanische Recht herangeführt wurden. Wenn man davon ausgeht, dass »a lawyer [...] always maintains the imprinting received during his first year of legal study« und dass, *vice versa*, »a law teacher shares the minds of thousands of future lawyers, [so that] the very fact that they are exposed to his teaching influence the legal system to which they belong«,[821] dann wird deutlich, dass das CLEEC Programm vor allem durch die Vermittlung amerikanischer juristischer Lehrmethoden,[822] aber auch durch die Verbreitung von Kenntnissen des

819 McCutcheon 2000a: 167.

820 Interview 02/2004

821 Mattei 1994: 204 (Ergänzungen der Verfasserin).

822 Lubman weist darauf hin, dass von den mehr als 100 CLEEC Teilnehmern, die in die VRC an juristische Fakultäten zurückkehrten, in der Tat viele ihr in den USA

materiellen amerikanischen Rechts tatsächlich einen Einfluss auf die Migration amerikanischer Rechtsnormen und Konzepte in das chinesische Rechtssystem hinein hatte.

Dieser Befund lässt sich auch dann aufrechterhalten, wenn an dieser Stelle darauf hingewiesen werden muss, dass nicht alle chinesischen Teilnehmer am CLEEC Programm unmittelbar nach ihrer Ausbildung in den USA in die VRC zurückkehrten, sondern zunächst in den USA ihre Karriere verfolgten. Insgesamt kehrten 69% der CLEEC Teilnehmer zurück in die VRC und insgesamt 49% der Teilnehmer lehrten an chinesischen juristischen Fakultäten.[823] Diejenigen der Teilnehmer, die zurückkehrten, nahmen darüber hinaus in vielen Fällen im Laufe ihrer Karriere einflussreiche Positionen im chinesischen Rechtssystem oder in der chinesischen Politik ein, zum Beispiel als Rechtsprofessoren, Dekane juristischer Fakultäten, Angehörige von gesetzgebenden Institutionen, Angehörige der *China International Economic & Trade Arbitration Commission* (CIETAC), Mitglieder des *WTO Dispute Settlement Body* (DSB) sowie als Angehörige der Politischen Konsultativkonferenz des Chinesischen Volkes (PKKCV). Übersicht 2 stellt einige CLEEC Alumni und die von ihnen wahrgenommenen beruflichen Aufgaben dar.

erworbenes Wissen nutzten, um den sehr formalistischen Stil der chinesischen Rechtsausbildung der amerikanischen, mehr praktisch und am selbstständigen Umgang der Studenten mit rechtlichen Problemen orientierten Methode der juristischen Ausbildung anzupassen (Lubman 2003: 24).

823 McCutcheon 2000a: 168.

Übersicht 2: Ehemalige chinesische Teilnehmer am CLEEC Programm in einflussreichen Positionen[824]

CLEEC Alumnus	*Wichtige berufliche Positionen*
Prof. Wang Liming	Prodekan der Renmin Universität, Beijing
Prof. He Jiahong	Rechtsprofessor der Renmin Universität; Prodekan der juristischen Fakultät der Renmin Universität
Prof. Wan Exiang	Gründer des Center for the Protection of the Rights of Disadvantaged Citizens der Universität Wuhan; Vize-Präsident des OVG
Prof. Zhu Lanye	Professorin und Prodekanin der Abteilung für Internationales Recht an der East China University of Political Science and Law (Shanghai); Schlichterin bei der China International Economic & Trade Arbitration Commission (CIETAC); Schlichterin bei der Shanghai Arbitration Commission und der Shenzhen Arbitration Commission; Mitglied des Shanghai Trademark Evaluation Board; Mitglied des WTO Dispute Settlement Body (DSB)
Prof. Zhang Wenxian	Ehemaliger Dekan der juristischen Fakultät der Universität von Jilin; Vize-Präsident der Universität von Jilin
Prof. Wang Chenguang	Ehemaliger Prodekan der juristischen Fakultät der Peking Universität; Professor und Dekan der juristischen Fakultät der Qinghua Universität; Schlichter bei der CIETAC; Vize-Präsident des Comparative Law Council der China Law Society
Prof. Li Jiaojie	Professor für Internationales Recht, Qinghua Universität
Prof. Luo Haocai	Ehemaliger Vize-Präsident der Peking Universität; Ehemaliger Vize-Präsident des OVG; Ehemaliger Leiter der ALRG; Stellvertretender Vorsitzender der IX. Politischen Konsultativkonferenz des Chinesischen Volkes
Prof. Xin Chunying	Ehemalige Direktorin des Rechtsinstituts der CASS; Mitglied des SA NVK (seit 2003)
Prof. Wang Xixin	Professor an der juristischen Fakultät der Peking Universität; Mitglied der ALRG

824 Diese Übersicht wurde auf Grundlage der in McCutcheon 2000a, Lubman 2003, sowie in Quellen aus dem Internet enthaltenen Informationen erstellt

Durch den Einsatz vieler ehemaliger CLEEC Teilnehmer auf einflussreichen Positionen konnten diese somit als wichtige Kanäle für die Migration von amerikanischen Rechtsnormen und Konzepten in das chinesische Rechtssystem hinein wirken. Auch kann generell davon ausgegangen werden, dass der überwiegende Teil derjenigen chinesischen Juristen, die heute einflussreiche Positionen im politischen und im Rechtssystem der VRC einnehmen, eine (weiterführende) juristische Ausbildung in den USA genossen haben.

So erkennen auch andere ausländische Geber, zum Beispiel die deutsche Seite, dass der Zugang insbesondere zu amerikanischer juristischer Literatur die Migration von Rechtsnormen und Konzepten sehr erleichtert hat und daher ein starker Einfluss des amerikanischen Rechts auf das chinesische Recht ausgeübt werden konnte. Um vor diesem Hintergrund dennoch einen gewissen Einfluss des kontinentaleuropäischen *civil law*, und vor allem des deutschen Rechtssystems auf das chinesische Recht zu sichern, startete der DAAD das oben beschriebene Programm zur Übersetzung etwa 30 wichtiger Werke der deutschen Rechtsliteratur ins Chinesische. Im Vergleich dazu stattete das CLEEC Programm bereits zu Beginn der 1980er Jahre die juristischen Bibliotheken von acht großen chinesischen Universitäten mit amerikanischer Rechtsliteratur sowie mit Online-Zugängen zu amerikanischen juristischen Materialien, zum Beispiel Gerichtsentscheidungen, aus. Es wird somit deutlich, dass die deutsche Initiative zur Einflussnahme auf das chinesische Recht durch die Verbreitung deutscher Rechtsliteratur zum einen wesentlich zu spät einsetzt. Weiterhin sollen insgesamt nur etwa 30 Werke übersetzt werden, was angesichts des Umfanges an Rechtsliteratur, die von CLEEC und bis heute auch von anderen amerikanischen Programmen zur Verfügung gestellt wird, eine verschwindend geringe Anzahl ausmacht. Daher ist von dieser Initiative der deutschen Seite kein wesentlicher Einfluss auf das chinesische Recht mehr zu erwarten.

Weiterhin ermöglichte es das CLEEC Programm, wie oben dargestellt, dass amerikanische und chinesische Rechtswissenschaftler persönlich miteinander in Kontakt kamen und so epistemische Gemeinschaften entstehen konnten. In vielen Fällen entwickelten sich diese Kontakte in der Folge weiter und führten dazu, dass chinesische Absolventen des CLEEC Programms zusammen mit ihren ehemaligen Gastuniversitäten in den USA neue Rechtszusammenarbeitsinitiativen ins Leben riefen oder zu diesen Universitäten fortdauernd Arbeitskontakte unterhielten. So absolvierte Prof. Wan Exiang, Gründer des »Center for the Protection of the Rights of Disadvantaged Citizens« an der Universität Wuhan, 1987 als Teilnehmer des CLEEC Programms einen LL.M. Studiengang an der Yale University. Auch gegenwärtig arbeitet Prof. Wan noch eng mit dem CLC der Yale University im Bereich der Reform der Juristenausbildung und der Förderung von legal aid in der VRC zusammen.[825] Auf diese Weise dienen somit die epistemischen Gemeinschaften zwischen CLEEC *alumni* und ihren ehemaligen amerikanischen Gasteinrichtungen auch heute noch als wichtige Kanäle für den Austausch zwischen chinesischen und amerikanischen Rechtswissenschaftlern und damit auch für die Migration von Rechtsnormen und Konzepten.

Darüber hinaus genoss das CLEEC Programm sowohl bei den chinesischen Teilnehmern als auch bei der chinesischen Regierung eine sehr hohe Wertschätzung. Nach Einschätzung der CLEEC *alumni* wirkt das Vertrauen, das durch die Zusammenarbeit im Rahmen von CLEEC zwischen der chinesischen und der amerikanischen Seite allgemein aufgebaut wurde, bis heute nach und erleichtert insbesondere auch die gegenwärtige Arbeit der FF im Bereich der Rechtsberatung.[826]

Der große Erfolg des CLEEC Programms ist damit auch ein Grund dafür, dass insbesondere amerikanische Universitäten nach wie vor sehr engagiert Kooperationsprogramme mit chinesischen Partnerinstitutionen aufbauen, wie beispielsweise die oben dargestellten LL.M. Programme der Temple University mit der Qinghua Universität und der CUPR.[827] Darüber hinaus richtete die Columbia University im Jahr 2002 in Anknüpfung an das CLEEC Programm und zu Ehren eines der Gründungsmitglieder von CLEEC, Prof. R. Randle Edwards, das *Edwards Fellowship* Programm ein. Dieses Stipendienprogramm, das chinesischen Studenten eine juristische Ausbildung an der Columbia University ermöglichen soll, erhielt auch Unterstützung von der FF und ist mit finanziellen Mitteln in Höhe von insgesamt einer Million US$ ausgestattet.[828]

Neben dem CLEEC Programm konnten auch die Maßnahmen der FF zur Gesetzgebungsberatung über einzelne chinesische Rechtswissenschaftler wie

825 »The U.S. China Rule of Law Initiative«, in: *Yale Law Report*, Summer 1999: 47–52; 52; Fundstelle: http://chinalaw.law.yale.edu/YLRSummer99.pdf [Zugriff: 26.07.2005]

826 McCutcheon 2000a: 170, Zitat des CLEEC *alumnus* Professor Wang Liming; Interview 11/2002

827 Lubman 2003: 24; siehe oben, Abschnitt 3.1.1

828 Die juristische Fakultät der Columbia University wie auch ehemalige amerikanische und chinesische Studenten von Prof. Edwards brachten insgesamt 500.000 US$ für das Stipendienprogramm auf; die gleiche Summe wurde von der FF zur Verfügung gestellt (Lubman 2003: 25, FN 113; »Columbia University Center for Chinese Legal Studies R. Randle Edwards Fellowship for Visiting Chinese Law Scholars 2004–05«
(Fundstelle: http://www.law.columbia.edu/center_program/chinese/Edwards_ [Zugriff: 20.07.2005]))

auch über entstehende institutionelle Netzwerke einen gewissen Einfluss auf die Migration von Rechtsnormen und Konzepten ausüben.

Zum einen nahmen zahlreiche chinesische Rechtswissenschaftler, die für die ALRG und die CASS arbeiteten, auch am CLEEC Programm teil[829] und konnten daher ihr im Zuge ihrer Studien an amerikanischen Universitäten erworbenes Wissen direkt in den chinesischen Gesetzgebungsprozess einspeisen. Daher kann argumentiert werden, dass beispielsweise die Vertrautheit dieser chinesischen Rechtswissenschaftler mit westlichen und internationalen Ideen des Menschenrechtsschutzes, welche sie während ihrer Ausbildung in den USA erworben haben, ihre Forschungstätigkeit bei der CASS prägte und damit auch die Entscheidung der VRC beeinflusste, den Internationalen Pakt über Bürgerliche und Politische Rechte sowie den Internationalen Pakt über Wirtschaftliche, Soziale und Kulturelle Rechte zu unterzeichnen.[830] Darüber hinaus manifestiert sich auch in einzelnen Neuerungen im chinesischen Verwaltungsrecht, die es den chinesischen Bürgern erlauben, Entscheidungen der Behörden gerichtlich überprüfen zu lassen und gegebenenfalls Entschädigungen für fehlerhaftes Verwaltungshandeln zu verlangen,[831] eine Unterordnung der Regierung unter das Recht und somit ein Übergang zu mehr Rechtsstaatlichkeit, sodass auch hier von einem Einfluss der in den USA ausgebildeten und daher mit dem Konzept der Rechtsstaatlichkeit vertrauten chinesischen Rechtswissenschaftler ausgegangen werden kann. Ein derartiger Einfluss wird auch im Zusammenhang mit der Revision des Straf- und Strafprozessgesetzes im Jahr 1996 deutlich.

Es wurde bereits oben erwähnt, dass die FF eine Gruppe reformorientierter chinesischer Rechtswissenschaftler unter der Leitung des ehemaligen Präsidenten der CUPR, Prof. Chen Guangzhong, unterstützte, die vom Rechtsarbeitsausschuss des SA NVK mit der Ausarbeitung eines Entwurfes des neuen Strafprozessgesetzes beauftragt worden war.[832] So enthält das neue Strafprozessgesetz nun Vorschriften, die die Rechte des Angeklagten stärken, zum Beispiel das Recht, einen Anwalt hinzuzuziehen oder das Recht auf einen Pflichtverteidiger, falls dem Angeklagten die finanziellen Mittel für die Be-

829 So war der CLEEC *alumnus* Prof. Luo Haocai (Peking Universität), zusammen mit Prof. Jiang Ping and Prof. Ying Songnian (beide CUPR), der erste Direktor der ALRG bei ihrer Einrichtung im Jahr 1986; auch Prof. Zhang Chunsheng, Mitglied der ALRG, und die frühere Direktorin des Rechtsinstituts der CASS, Prof. Xin Chunying, sowie mehr als 30 weitere chinesische Rechtswissenschaftler, die in den 1990er Jahren für die CASS arbeiteten, waren Teilnehmer des CLEEC Programms (McCutcheon 2000a: 171).

830 Vgl. McCutcheon 2000a: 171.

831 Zu den Errungenschaften wie auch zu den weiterhin bestehenden Mängeln des Verwaltungsprozessgesetzes von 1989 siehe Potter 1994a.

832 McCutcheon 2000a: 172.

auftragung eines eigenen Anwaltes fehlen.[833] Auch hier spiegelt sich ein gewisser Einfluss des Erfordernisses eines fairen Prozesses wider, wie er im Konzept der Rechtsstaatlichkeit enthalten ist.[834] Darüber hinaus enthält das neue Strafprozessgesetz einige Vorschriften, die das Strafverfahren dem im amerikanischen *common law* Kontext verbreiteten adversatorischen Verfahren angleichen,[835] sodass auch hier »a clear sign of common law influence«[836] deutlich wird.

Weiterhin ermutigte die FF die Rechtswissenschaftler, die mit der Ausarbeitung des Strafprozessgesetzes beauftragt worden waren, sich zu einer Gruppe zusammenzuschließen und so ihre Arbeit im Bereich der Straf- und Strafprozessrechtsreform fortzuführen und zu institutionalisieren. Daraufhin wurde 1996 mit finanzieller Unterstützung durch die FF an der CUPR das »Center for Criminal Law and Justice« eingerichtet.[837] Aus diesem Zentrum ging im Oktober 1999 das »Procedural Law Research Center« (*zhongguo zhengfa daxue susongfa yanjiu zhongxin* – PLRC) an der CUPR hervor.[838] Prof. Chen Guangzhong, der ehemalige Leiter der Gruppe von chinesischen Rechtswissenschaftlern, die an der Ausarbeitung des Entwurfes zum neuen Strafprozessgesetz beteiligt waren, ist der Ehrenvorsitzende des PLRC.[839]

---

833 Siehe Art.33 und Art.34 Strafprozessgesetz (der englische Text des Strafprozessgesetzes kann abgerufen werden unter: http://www.cecc.gov/pages/newLaws/criminalProcedureENG.php [Zugriff: 20.07.2005])

834 Selbstverständlich muss an dieser Stelle darauf hingewiesen werden, dass viele der Bestimmungen des neuen Strafprozessgesetzes zum Schutz der Rechte des Angeklagten wie auch seines Rechtsbeistandes in der Praxis aufgrund weit verbreiteter Verstöße seitens der Polizei und der Staatsanwaltschaften nicht eingehalten werden. Siehe hierzu statt Vieler: CECC (May 2003). *Defense Lawyers Turned Defendants: Zhang Jianzhong and the Criminal Prosecution of Defense Lawyers in China* (Fundstelle: http://www.cecc.gov/pages/news/ZhangCriminalDef.pdf [Zugriff: 20.07.2005]); CECC (February 2003). *The Execution of Lobsang Dondrub and the Case Against Tenzin Deleg: The Law, the Courts, and the Debate on Legality.* (Fundstelle: http://www.cecc.gov/pages/news/lobsang.pdf [Zugriff: 20.07.2005])

835 So legt beispielsweise das Strafprozessgesetz von 1996 fest, dass das Gericht vor Prozessbeginn einen Fall nur noch auf die Einhaltung der Verfahrensvorschriften und nicht mehr hinsichtlich materieller Rechtsfragen überprüft (Art.150). Zudem geht die primäre Beweispflicht vom Gericht auf die Beteiligten und ihre Vertreter über (Art.157) (Chen, Albert H.Y. 2000: 68).

836 Chen, Albert H.Y. (2000): 66.

837 McCutcheon 2000a: 173.

838 »Brief Introduction to the Center«; Fundstelle: http://www.procedurallaw.com.cn/article.html?id=9447 [Zugriff: 20.07.2005]

839 ibid.

Das PLRC gliedert sich heute in die vier Abteilungen für Strafprozessrecht, Zivilprozessrecht, Verwaltungsverfahrensrecht und Beweisrecht. Einen wichtigen Arbeitsbereich des PLRC stellt die juristische Ausbildung dar. So bietet das PLRC zum einen LL.M. und Promotionsstudiengänge für chinesische Studenten an, wendet sich aber mit Kurzzeitkursen zu neuen Entwicklungen im Verfahrensrecht auch an chinesische Juristen und Mitarbeiter von Behörden. Darüber hinaus bietet das PLRC als think tank auch seine Expertise bei der Ausarbeitung neuer Gesetze an und unterstützt so die chinesischen Gesetzgebungsorgane. Auf diese Weise waren Experten des PLRC in jüngerer Zeit bereits an der Ausarbeitung und Revision einiger zentraler Verfahrensgesetze beteiligt.[840] Schließlich beschäftigt sich das PLRC in Zusammenarbeit mit Rechtswissenschaftlern in der VRC und im Ausland auch wissenschaftlich mit Entwicklungen im Verfahrensrecht, organisiert internationale Konferenzen und lädt regelmäßig ausländische Rechtswissenschaftler als Dozenten oder als Vortragende ein.

In gleicher Weise wie die ALRG hat auch das PLRC enge institutionelle Kontakte zu chinesischen Gesetzgebungsorganen wie dem Rechtsarbeitsausschuss des SA NVK und dem Rechtsamt des SR aufgebaut. Auf diese Weise dient somit auch das PLRC als ein wichtiger Kanal, über den Erkenntnisse aus der rechtswissenschaftlichen Forschung in den Gesetzgebungsprozess Eingang finden. Da auch etliche Mitglieder des PLRC eine juristische Ausbildung in den USA genossen haben und ausländische Juristen regelmäßig zu Vorlesungen oder Konferenzen an das PLRC eingeladen werden, ist auch davon auszugehen, dass über die Arbeit des PLRC ebenfalls ausländische Rechtsnormen und Konzepte in das chinesische Rechtssystem eingespeist werden. Dies bedeutet somit, dass die FF mit der Unterstützung für die Einrichtung des PLRC gleichzeitig die Institutionalisierung von Kontakten zwischen chinesischen und ausländischen Rechtsexperten förderte, welche nun dazu beitragen, dass es zu einem kontinuierlichen Austausch zwischen den chinesischen Juristen und ihren ausländischen Kollegen und damit auch zu einem Import ausländischer Rechtsnormen und Konzepte kommen konnte.

Zum Abschluss der empirischen Betrachtung amerikanischer Rechtsberatungsmaßnahmen gegenüber der VRC soll nachfolgend noch auf die Arbeit der privaten parteigebundenen Stiftungen – das International Republican Institute und das National Democratic Institute for International Affairs –

---

840 Zum Beispiel das Strafprozessgesetz, Zivilprozessgesetz, Verwaltungsverfahrensgesetz, Gesetzgebungsgesetz, Gesetz über Verwaltungsstrafen, Gesetz über die gerichtliche Überprüfung des Verwaltungshandelns, Staatshaftungsgesetz, Konkursgesetz, Gesetz über die Schiedsgerichtsbarkeit, Notargesetz (»Legal Services and Consultation«; Fundstelle: http://www.procedurallaw.com.cn/article.html?id=9454 [Zugriff: 20.07.2005])

hingewiesen werden. Da jedoch nur in sehr begrenztem Umfang Informationen über die konkrete Projektarbeit dieser Akteure zur Verfügung standen, wird die folgende Darstellung sich auf einen Überblick beschränken.

3.5 Private parteigebundene Organisationen

3.5.1 International Republican Institute

Das International Republican Institute (IRI) wurde im Jahr 1983 gegründet und ist eine NRO, deren Arbeit zum größten Teil durch NED und USAID finanziert wird. Darüber hinaus erhält das IRI auch Zuwendungen durch Wirtschaftsunternehmen, andere Stiftungen sowie von privaten Spendern.[841] Das Engagement für die Unterstützung von Rechtsreformen in der VRC erfolgt im Rahmen des Einsatzes von IRI für Demokratie, Freiheit, Selbstbestimmung und Rechtsstaatlichkeit weltweit.[842]

Seit 1994 liegt der Schwerpunkt der Arbeit des IRI in der VRC auf der Unterstützung für Wahlrechtsreformen und Wahlen auf der Dorfebene. Im Rahmen dieses Programms bietet IRI Workshops und Seminare für Wahlleiter und Angehörige der lokalen Regierungen an und setzt sich darüber hinaus besonders für die Verbesserung der Partizipationsmöglichkeiten von Frauen in ländlichen Regionen ein.[843] Während sich dieses Programm somit in den übergeordneten Bereich der Förderung von Good Governance einordnet, hat das IRI in der Vergangenheit auch spezifische Rechtsberatungsprogramme in der VRC umgesetzt. Zum einen unterstützte das IRI seit 1993 den NVK FiWi bei der Ausarbeitung von Wirtschaftsgesetzen.[844] Neben dieser Gesetzgebungsberatung (Rechtsberatung Typ I) engagierte sich das IRI auch für die Verbesserung der Rechtsanwendung (Rechtsberatung des Typ II). So wurde in Zusammenarbeit mit der NRA des OVG und dem NVK ein Trainingsprogramm angeboten, in dessen Verlauf Richter, Angehörige des NVK sowie ausländische Wirtschaftsrechtsexperten Möglichkeiten der besseren Umsetzung von Wirtschaftsgesetzen erarbeiteten. Schließlich förderte das IRI auch

---

841 Informationen abrufbar unter: http://www.iri.org/faq.asp [Zugriff: 20.07.2005]

842 »About IRI – History«; Fundstelle: http://www.iri.org/history.asp [Zugriff: 20.07.2005]

843 »IRI in China«; Fundstelle: http://www.iri.org/countries.asp?id=1039578672 [Zugriff: 20.07.2005]

844 So wurde beispielsweise Beratung zu den folgenden Gesetzen angeboten: Antimonopolgesetz, Bankengesetz, Konkursgesetz, Vertragsgesetz, Körperschaftssteuergesetz, Devisenkontrollgesetz, Gesetz über Termingeschäfte, Verwaltungsbeschaffungsgesetz, Bürgschaftsgesetz, Erbschaftsgesetz, Gesetzgebungsgesetz, Partnerschaftsgesetz, Einkommensteuergesetz, Gesetz über Personenkapitalgesellschaften, Immobiliengesetz, Aktiengesetz, Gesetz über den Einzelkaufmann, Treuhandschaftsgesetz (ibid.)

den Aufbau des legal aid Systems in der VRC. Im Zuge dieses Programms wurden Studienreisen für chinesische legal aid Experten in die USA organisiert sowie seit 2002 legal aid Zentren in der Provinz mit direkter Zusammenarbeit unterstützt.[845]

Die verschiedenen genannten Projekte wurden jedoch vom IRI in der Zwischenzeit aufgegeben, sodass heute der Schwerpunkt der Arbeit auf der Unterstützung von Dorfwahlen liegt. Diese Entscheidung wird vom IRI dadurch gerechtfertigt, dass zum einen die Zusammenarbeit mit dem NVK nicht wie gehofft dazu führte, die Entwicklung des NVK zu einer stärker professionell arbeitenden Legislative anzustoßen. Nach Einschätzung des IRI muss der NVK nach wie vor als ein »Gummistempel« betrachtet werden, welcher in erster Linie politische Entscheidungen absegnet, sodass eine Zusammenarbeit seitens des IRI nicht als fruchtbar angesehen wurde.[846]

Nach den Erfahrungen der frühen Zusammenarbeit mit chinesischen Institutionen lehnt es IRI nun generell ab, zu eng mit chinesischen Regierungsinstitutionen zusammenzuarbeiten. Als Hauptursache hierfür wird die in diesem Bereich nach wie vor sehr stark verbreitete Korruption benannt, die häufig dazu führe, dass chinesische Kooperationspartner nicht an einer inhaltlichen Zusammenarbeit, sondern vielmehr am materiellen Nutzen, der sich aus Rechtsberatungsmaßnahmen gewinnen lässt, interessiert seien. Unter diesen Vorzeichen ist eine konstruktive Zusammenarbeit nicht möglich. Aus dem gleichen Grund wurde auch die Unterstützung durch das IRI für den Bereich legal aid aufgegeben; auch hier ist eine enge Zusammenarbeit mit dem chinesischen Justizministerium notwendig, sodass sich IRI in gleicher Weise mit dem Problem der Korruption konfrontiert sah.[847]

Diese Entwicklungen führten somit zur Aufgabe der Arbeit des IRI im Bereich Rechtsberatung, sodass das IRI nicht länger als ein wichtiger Akteur in der amerikanischen Rechtszusammenarbeit mit der VRC anzusehen ist.

3.5.2 National Democratic Institute for International Affairs

Das National Democratic Institute for International Affairs (NDI) ist ein weiterer Hauptförderempfänger des NED und richtet seine Arbeit auf die »weltweite Stärkung und Verbreitung von Demokratie.«[848] In der VRC arbeitet das NDI vor allem im Bereich der Verbesserung der Partizipation von Bürgern am Gesetzgebungsprozess. Der wichtigste chinesische Partner ist hier das Center for the Study of Comparative Legislatures der juristischen

845 ibid.

846 Interview 01/2004

847 ibid.

848 »The Work of the National Democratic Institute«; Fundstelle: http://www.ndi.org/about/about.asp [Zugriff: 20.07.2005]

Fakultät der Peking Universität. Dieses Zentrum, das auch finanzielle Unterstützung durch die FF erhält, führt in der Hauptsache vergleichende Studien zu Gesetzgebungsprozessen und Möglichkeiten der Bürgerbeteiligung in verschiedenen Rechtssystemen durch.[849]

Seit 1999 stellt das NDI dem Zentrum regelmäßig Materialien zur Gesetzgebung in demokratischen Staaten zur Verfügung. Diese Forschungsunterlagen werden in der Bibliothek der juristischen Fakultät der Peking Universität gesammelt und sukzessive ins Chinesische übersetzt, um auf diese Weise ihre weitere Verbreitung zu unterstützen.[850] Darüber hinaus hat das NDI seit 2000 in Zusammenarbeit mit dem Zentrum jährlich ein Seminar zum Thema Gesetzgebung und Bürgerbeteiligung durchgeführt. Der Hauptschwerpunkt dieser Veranstaltungen lag dabei bisher auf dem Einbau des Instruments der Anhörung in das Gesetzgebungsverfahren.[851] Neben Abgeordneten des amerikanischen Senats nahmen Angehörige des NVK, des Rechtsarbeitsausschusses des SA NVK sowie des Rechtsamts des SR an diesen Seminaren teil.[852] In den Jahren 2000 und 2001 unterstützte NED die Maßnahmen mit finanziellen Mitteln in Höhe von jeweils 209.666 US$ bzw. 209.778 US$. Weiterhin arbeitet das NDI auf diesem Gebiet auch mit der Abteilung für Verwaltungsrecht des Rechtsamtes der Stadt Shanghai zusammen. Zusammen mit dem Rechtsamt organisierte das NDI bisher zwei Seminare zur Rolle von Anhörungen im Gesetzgebungsprozess bzw. im Verwaltungsverfahren.[853] Im Jahr 2000 wurden diese Maßnahmen von der FF mit 100.000 US$ unterstützt.

Mit der Beratung zur Verbesserung des Gesetzgebungsprozesses durch Bürgerbeteiligung deckt die Arbeit des NDI eine wichtige Nische im chinesischen Rechtsreformprozess ab. Diese Bemühungen um eine Verbesserung der Möglichkeiten der Bürger zur Einflussnahme auf die Rechtsetzung sind, wie oben dargelegt, auch Gegenstand des CEGP der ABA. Dabei spiegeln diese Projekte wider, dass für einen Erfolg des chinesischen Rechtsreformprozesses nicht nur die Existenz von Rechtsnormen sowie deren angemessene Anwendung von Bedeutung sind. Vielmehr kann die Implementierung von Recht langfristig nur dann verbessert werden, wenn auch die Rechtsunterworfenen an der Ausarbeitung der für sie geltenden Regeln beteiligt werden. Aus diesem Grund sollten Maßnahmen zur Förderung der Bürgerbeteiligung am

---

849 »NDI Worldwide – Asia«;
Fundstelle: http://www.ndi.org/worldwide/asia/asia.asp [Zugriff: 20.07.2005]

850 »NDI Worldwide – Asia: China«; Fundstelle:
http://www.ndi.org/worldwide/asia/china/china.asp [Zugriff: 15.07.2005]

851 ibid.

852 ibid.

853 ibid.

Gesetzgebungsverfahren ein stärkeres Gewicht in der amerikanischen wie auch der deutschen Rechtsberatung gegenüber der VRC erhalten.

4. Zwischenbetrachtung

An der Darstellung der verschiedenen amerikanisch-chinesischen Rechtsberatungsmaßnahmen lassen sich einige charakteristische Merkmale ablesen, die an dieser Stelle zusammenfassend kurz genannt werden sollen.

Zum einen ist das staatliche Engagement weitgehend auf die Finanzierung der Rechtsberatungsaktivitäten privater Akteure beschränkt; ein umfassendes staatliches Rechtsberatungsprogramm mit der VRC existiert auf amerikanischer Seite bisher nicht. Dem entsprechend erhalten private Akteure sowohl aus dem akademischen und wirtschaftlichen Bereich wie auch die großen gemeinnützigen Stiftungen ein deutlich stärkeres Gewicht; diese Akteure sind für die Durchführung bzw. die Finanzierung der ganz überwiegenden Mehrzahl aller amerikanischen Rechtsberatungsmaßnahmen verantwortlich.

Inhaltlich dominieren Beratungsangebote zur Ausbildung von chinesischen Juristen sowie zur Erleichterung des Zuganges der Bevölkerung zum Recht, vor allem durch legal aid (Rechtsberatung Typ II und Typ III). Hier spiegeln sich sowohl außenpolitische Interessen der USA an der Herbeiführung auch von politischem Wandel in der VRC sowie ein umfassendes, auch normative Elemente umfassendes Rechtsstaatsverständnis als Grundlage der Beratung wider.

Die hier kurz skizzierten Besonderheiten der amerikanisch-chinesischen Rechtszusammenarbeit sollen nun ausführlicher als Teil der empirischen Ergebnisse der vorliegenden Studie vergleichend den charakteristischen Merkmalen der deutsch-chinesischen Rechtszusammenarbeit gegenüber gestellt werden.

Kapitel VII. Untersuchungsergebnisse

Nach der empirischen Aufarbeitung der verschiedenen deutschen und amerikanischen Rechtsberatungsmaßnahmen, die jeweils von staatlicher und privater Seite mit der VRC durchgeführt werden, sollen die empirischen und theoretischen Befunde der Untersuchung nun zusammenfassend vorgestellt werden.

Die Darstellung der empirischen Ergebnisse bedient sich dabei einer vergleichenden Gegenüberstellung der wichtigsten Merkmale der deutsch-chinesischen bzw. der amerikanisch-chinesischen Rechtszusammenarbeit. Dadurch sollen insbesondere auch für die deutsche Praxis der Rechtsberatung Vorschläge entwickelt werden, auf welche Weise das jeweilige Vorgehen gegebenenfalls zu verbessern ist.

Die Vorstellung der theoretischen Ergebnisse nimmt die in Kapitel II der Studie aufgeworfenen konzeptionellen Fragestellungen hinsichtlich der Bedeutung des Konzeptes der epistemischen Gemeinschaften für die Analyse der deutsch-chinesischen bzw. der amerikanisch-chinesischen Rechtszusammenarbeit sowie hinsichtlich der Frage nach der Migration von Rechtsnormen wieder auf und führt sie vor dem Hintergrund der empirischen Ergebnisse einer Bewertung zu. Dabei wird insbesondere auch auf methodische Probleme sowie sich daraus ergebende Forschungs-Desiderata eingegangen.

1. Empirische Ergebnisse der Untersuchung

1.1 Politische Einbettung der Rechtszusammenarbeit: Staatsgetragen versus in der Zivilgesellschaft wurzelnd

Deutsche Rechtsberatung gegenüber der VRC wird zum ganz überwiegenden Teil – sowohl hinsichtlich der Kontinuität der Zusammenarbeit, des Umfanges der Projekte wie auch der Ausstattung mit finanziellen Ressourcen – von staatlicher Seite durch die GTZ geleistet.

Die staatliche deutsch-chinesische Rechtszusammenarbeit ist dabei eng an die Chinapolitik der jeweiligen Bundesregierungen geknüpft. Dies spiegelt sich auch in dem Bemühen, die Rechtszusammenarbeit auf Regierungsebene zu formalisieren, wider. So bildete zunächst das »Abkommen zwischen der Regierung der Bundesrepublik Deutschland und der Regierung der Volksrepublik China über technische Zusammenarbeit« vom 13.10.1982[854] den

854 Abgedruckt in Leutner 1995: 228–233 (Dok. 93)

Grundstein für die deutsch-chinesische Rechtszusammenarbeit. Im Jahr 1999 wurde mit der Vereinbarung des deutsch-chinesischen Rechtsstaatsdialoges zwischen Bundeskanzler Schröder und dem damaligen chinesischen Ministerpräsidenten Zhu Rongji eine weitere Stufe der Formalisierung erreicht, indem alle bis dahin existierenden Rechtsberatungsmaßnahmen deutscher staatlicher und auch privater Akteure unter dem »Dach« des Rechtstaatsdialoges zusammen gezogen wurden. Damit übernahm formal das BMJ die Federführung und die Koordination aller deutschen staatlichen und privaten Rechtsberatungsmaßnahmen mit der VRC.

Das Engagement von Akteuren der Zivilgesellschaft spielt dagegen kaum eine Rolle in der deutschen Rechtszusammenarbeit mit der VRC. Erst in jüngerer Zeit verstärkt sich die deutsch-chinesische Kooperation im akademischen Bereich, bleibt dabei aber nur sehr punktuell ausgerichtet. Dabei wird die Entwicklung der akademischen deutschen Rechtszusammenarbeit mit der VRC vor allem durch die völlig unzureichende finanzielle Ausstattung der Programme behindert. Insbesondere wurde die Arbeit privater Akteure auch nicht durch die Initiierung des Rechtsstaatsdialoges erleichtert, da diese nicht mit der Bereitstellung von zusätzlichen Fördergeldern einherging.

Die Vereinbarung des deutsch-chinesischen Rechtsstaatsdialoges dient in erster Linie der Zentralisierung der deutsch-chinesischen Rechtszusammenarbeit auf höchster politischer Ebene. Dies führt dazu, dass die einzelnen Bereiche der staatlichen Rechtszusammenarbeit ebenso wie konkrete Maßnahmen zunächst in Regierungsverhandlungen mit der chinesischen Seite ausgehandelt und anschließend formell zwischen dem deutschen und dem chinesischen Justizministerium als »Zweijahresprogramm zur Durchführung der Deutsch-Chinesischen Vereinbarung zu dem Austausch und der Zusammenarbeit im Rechtsbereich« (2001) bzw. (2003) vereinbart wurden. Erst im Anschluss an diese Vereinbarungen werden die von den beiden Regierungen benannten Ausführungsorganisationen (auf deutscher Seite die GTZ und auf chinesischer Seite z. B. das MOFCOM) damit beauftragt, konkrete Formen und Inhalte der Zusammenarbeit zu erarbeiten.

Das formalisierte Vorgehen führt dabei zu einem erheblichen Mangel an Flexibilität. So können in der konkreten Rechtszusammenarbeit nur die Themen behandelt werden, die zuvor im langwierigen Prozess der Regierungsverhandlungen vereinbart wurden. Es fehlt daher die Möglichkeit, auf kurzfristig auftretende Entwicklungen schnell mit neuen Projekten zu reagieren. Weiterhin wurde im Zuge der empirischen Aufarbeitung darauf hingewiesen, dass die chinesische Zentralregierung häufig große Vorbehalte gegenüber einer Behandlung von sensiblen Themen, die sich explizit mit Fragen der Rechtsstaatlichkeit und des Menschenrechtsschutzes auseinander setzen, im Rahmen der Rechtszusammenarbeit hegt. Lokale Regierungsstellen dagegen sind häufig bereit, hier weitaus größere Spielräume zuzugestehen. Indem im Falle der staatlichen deutsch-chinesischen Rechtszusammenarbeit im Rahmen des Rechtsstaatsdialoges bereits sehr detailliert auf höchster politischer Ebene über einzelne Bereiche der Rechtsberatung verhandelt wird, ist es nur möglich, solche Bereiche in die Rechtszusammenarbeit aufzunehmen, die auch für die chinesische Zentralregierung offiziell konsensfähig sind. Dies bedeutet, dass durch diese Vorgehensweise der chinesischen Regierung die Möglichkeit eröffnet wird, den Rechtsstaatsdialog inhaltlich wesentlich zu beeinflussen und damit sicher zu stellen, dass im Zuge der staatlichen Rechtszusammenarbeit mit der BRD keine Bereiche angeschnitten werden, die der Definition von Rechtstaatlichkeit und Menschenrechtsschutz, wie sie die politische Führung der VRC vertritt, entgegen stehen. Auf diese Weise ist es der deutschen staatlichen Rechtszusammenarbeit auch nicht möglich, mit der Rechtsberatung progressive Kräfte in der VRC zu unterstützen, deren Vorstellungen hinsichtlich der Entwicklung von Rechtsstaatlichkeit und Menschenrechten sich aber noch nicht in den höchsten politischen Kreisen durchsetzen konnten. Damit engt die politische Verankerung und Formalisierung der deutsch-chinesischen Rechtszusammenarbeit im Rechtsstaatsdialog letztlich den inhaltlichen Spielraum der Beratungsmaßnahmen auf die von der chinesischen Regierung ausdrücklich gewünschten Themen ein.

Die Formalisierung der Rechtsberatung auf Regierungsebene impliziert weiterhin, dass die Rechtszusammenarbeit nicht »von unten«, auf Initiative einzelner deutscher und chinesischer Akteure, erwächst, sondern zunächst politisch gewollt ist. Dies wirkt sich zum einen dahin gehend aus, dass die im Zuge der Rechtszusammenarbeit behandelten Inhalte nicht in jedem Fall die Fragen abdecken, die in der VRC im Zuge des Rechtsreformprozesses im akademischen und praktischen juristischen Bereich als besonders relevant betrachtet werden und zu deren Bearbeitung ausländische Expertise sehr begrüßt würde. Vielmehr werden die Themen der Zusammenarbeit vor allem nach politischer Konsensfähigkeit ausgewählt. Darüber hinaus sind die für die Organisation des Rechtsstaatsdialoges auf deutscher Seite im BMJ Verantwortlichen überwiegend nicht mit dem chinesischen Recht und den besonderen Problemen des Rechtsreformprozesses in der VRC und den sich in diesem Zusammenhang stellenden Problemen vertraut.[855] Erschwerend kommt hinzu, dass von Seiten des BMJ auch kaum auf die in Deutschland im akademischen Bereich vorhandene Expertise zum chinesischen Recht zurückgegriffen wird, um auf diese Weise eine bessere inhaltliche Gestaltung des Rechtsstaatsdialoges zu gewährleisten.[856] Dies wurde bereits oben im Zusammenhang mit der Darstellung der deutsch-chinesischen Symposien im offiziellen Rechtsstaatsdialog näher erläutert.

855 Interview 09/2004

856 Interview 07/2003; Interview 09/2003

Für die Arbeitsebene ergibt sich ein ähnlicher Befund. Auch die an der Umsetzung der staatlichen deutschen Rechtszusammenarbeit beteiligten Experten der GTZ verfügen zum ganz überwiegenden Teil über keine Kenntnisse des chinesischen Rechts, der chinesischen Sprache oder auch des politischen Kontextes, in dem die Rechtsreformen in der VRC angesiedelt sind.[857] Auf diese Weise ist es ihnen nicht möglich, Entwicklungen und Diskussionen, die den chinesischen Rechtsreformprozess begleiten, aber nicht in englischsprachigen Medien oder Publikationen behandelt werden, nachzuvollziehen und auf diese Weise zu erkennen, wo auf Seiten ihrer chinesischen Partner besonderer Beratungsbedarf besteht.[858] Dies führt zum einen dazu, dass die GTZ Experten vor Ort nicht in der Lage sind, neue Erkenntnisse zur Gestaltung der Rechtszusammenarbeit an die verantwortlichen politischen Stellen in der BRD, also in diesem Falle an das BMZ und das BMJ, zurückzumelden, um auf diese Weise eine bessere Anpassung der Beratungsmaßnahmen an die Bedürfnisse der chinesischen Partner zu gewährleisten. Hieraus resultiert häufig eine sehr schematische und formalisierte Art der Beratung, die stets den gleichen Mustern und Abläufen folgt; besonders augenfällig wird dies an dem von der GTZ in allen Beratungsprojekten angebotenen »Maßnahmen-Dreiklang« von Symposien/Workshops, Schulungseinheiten und Studienreisen. Dies ruft auf Seiten der chinesischen Partner vielfach »Sättigungserscheinungen« hervor, die zu einem raschen Erlahmen des Interesses an den Rechtsberatungsmaßnahmen führen.[859] Da jedoch durch den hohen Grad an Formalisierung, die langfristige Planung sowie durch die Verankerung auf der politischen Ebene die Beratungsprojekte der GTZ sehr wenig flexibel sind, gibt es hier keine Möglichkeit, einen für beide Seiten unbefriedigenden Verlauf der Zusammenarbeit zum Beispiel durch eine Modifikation der Projektmaßnahmen zu verbessern. In diesen Fällen geht es zumeist nur noch darum, einen »Gesichtsverlust« für beide Seiten durch ein Scheitern des Projektes zu vermeiden und statt dessen für einen »geordneten Mittelabfluss« zu sorgen.

Die mangelnde Expertise der auf deutscher Seite Beteiligten führt weiterhin zu Frustrationen auf Seiten der individuellen chinesischen Partner,[860] die sich häufig durch die Konfrontation mit deutschen GTZ Experten, denen ausreichende Kenntnisse über diejenigen Bereiche des chinesischen Rechts, zu denen sie Beratung anbieten, fehlen, nicht ernst genommen fühlen. Als Konsequenz dieser Situation werden zum Beispiel die von der GTZ regelmäßig angebotenen Symposien und Studienreisen von den chinesischen Partnern

857 Interview 09/2004

858 ibid.

859 ibid.

860 Vgl. Woodman 2004: 39.

vielfach nicht mehr als wertvolle inhaltliche Angebote angesehen, sondern vor allem als »Freizeitangebote« geschätzt.[861]

Die Formalisierung der staatlichen deutsch-chinesischen Rechtszusammenarbeit auf hoher politischer Ebene wirkt sich schließlich auch auf die Auswahl der Partner für einzelne Rechtsberatungsmaßnahmen aus. So werden auf beiden Seiten immer wieder die gleichen Organisationen, das heißt die deutsche GTZ sowie auf chinesischer Seite zentrale Institutionen wie der NVK, das OVG und einzelne Ministerien bestimmt. Diese Institutionen sind jedoch als Ansprechpartner für eine Vielzahl von ausländischen Rechtsberatungsangeboten oft nicht mehr in der Lage, diese Beratungsmaßnahmen aufzunehmen, da ihnen häufig nicht genug Personal zur Verfügung steht, das aufgrund des Ausbildungshintergrundes (zum Beispiel Fremdsprachenkenntnisse, Kenntnisse des Rechtssystems des Geberlandes etc.) und des Tätigkeitsfeldes (zum Beispiel leitende Mitarbeit an der Ausarbeitung von Gesetzesentwürfen) sinnvoll an den Beratungsmaßnahmen teilnehmen und die gewonnenen Erkenntnisse so in den chinesischen Rechtsreformprozess einspeisen könnte.[862] Verbunden mit der geschilderten häufig eher verhaltenen Einschätzung des Nutzens der Programme durch die chinesischen Verantwortlichen auf der Arbeitsebene verpuffen auf diese Weise viele Schulungsmaßnahmen, da sie mit in den Institutionen wenig einflussreichen Teilnehmern besetzt werden.

Ein deutlich anderer Befund ergibt sich bei der Betrachtung der amerikanisch-chinesischen Rechtszusammenarbeit. Bereits seit Einleitung des Reform- und Öffnungsprozesses in der VRC Ende der 1970er Jahre gibt es ein starkes Engagement amerikanischer zivilgesellschaftlicher Organisationen, vor allem großer privater Stiftungen wie der AF und der FF, aber auch akademischer Einrichtungen und berufsständischer Organisationen im Bereich der Rechtszusammenarbeit mit der VRC. Diese Arbeit wurde und wird auch zu großen Teilen aus nichtstaatlichen Geldern finanziert. Dies bedeutet, dass die amerikanische Regierung lange Zeit sowohl in finanzieller wie auch in politischer Hinsicht nicht nennenswert in den Bereich der Rechtszusammenarbeit mit der VRC involviert war. Hieraus ergab sich ein erheblicher Freiraum für die amerikanischen Organisationen, die Inhalte der Rechtszusammenarbeit mit chinesischen Partnern relativ frei von politischer Einflussnahme durch die amerikanische Regierung abzustimmen. Auch die Wahl der chinesischen Partner wurde nicht politisch gesteuert, sodass diese privaten Formen der amerikanisch-chinesischen Rechtszusammenarbeit »von unten« gewachsene Kooperationen darstellen. Dabei gehen viele dieser Gemeinschaftsprojekte auf Kontakte zurück, die chinesische Rechtswissenschaftler

861 Interview 05/2003

862 Interview 09/2004

während ihrer Ausbildung in den USA mit amerikanischen Institutionen knüpfen konnten. Aufgrund dieser Konstellation sind die amerikanischen Organisationen in hohem Maße in der Lage, mit ihren Projektangeboten auf konkret in chinesischen juristischen Kreisen vorgebrachte Beratungsnachfragen zu reagieren und auf diese Weise einen relevanten Beitrag zu den Rechtsreformen in der VRC zu leisten.

Erst im Jahr 1997 versuchte die amerikanische Regierung unter Präsident Clinton, die amerikanisch-chinesische Rechtszusammenarbeit durch die Vereinbarung einer »Zusammenarbeit im Rechtsbereich« mit dem damaligen chinesischen Präsidenten Jiang Zemin auf höchster politischer Ebene zu formalisieren und zu zentralisieren. Zu diesem Zweck wurde auch beim State Department die Position des »Special Coordinator for Global Rule of Law« geschaffen. Aufgrund der Weigerung des amerikanischen Kongresses, Gelder für die Durchführung konkreter Projekte im Rahmen der vereinbarten »Zusammenarbeit im Rechtsbereich« zur Verfügung zu stellen, konnte aber nicht mehr als eine politische Absichtserklärung zur Intensivierung der amerikanisch-chinesischen Rechtszusammenarbeit erzielt werden. Dennoch wurde durch diese Übereinkunft das Klima in der VRC für von amerikanischer Seite angebotene Rechtsberatungsmaßnahmen merklich verbessert, sodass wiederum zahlreiche private amerikanische Organisationen die neu entstandenen Freiräume nutzten, um gemeinsam mit chinesischen Partnern konkrete Rechtsberatungsprojekte zu implementieren.

Dem Ansatz, Rechtsberatung vor allem durch private Akteure anzubieten, blieb die amerikanische Seite auch treu, als im Zusammenhang mit der PNTR Gesetzgebung ab den Jahren 1999/2000 erstmals staatliche Gelder für die Durchführung von Rechtszusammenarbeit mit der VRC bereit gestellt wurden. So hat sich die Rolle der amerikanischen Regierung in der amerikanisch-chinesischen Rechtszusammenarbeit nur dahingehend verstärkt, dass heute vermehrt staatliche Gelder direkt für diesen Bereich aufgewendet werden dürfen. Gleichzeitig bleibt die amerikanische Regierung aber nach wie vor sehr im Hintergrund, da die Entwicklung konkreter Projektmaßnahmen, die Identifikation chinesischer Partner, die Aushandlung mit den chinesischen Regierungsstellen sowie die Implementierung der Maßnahmen rein in den Händen privater Organisationen verbleibt. Die Hauptgründe für diese Vorgehensweise liegen zum einen darin, dass die privaten amerikanischen Organisationen über wesentlich größere Expertise im Bereich des chinesischen Rechts verfügen als staatliche Behörden und daher in der Lage sind, genau auf die chinesischen Bedürfnisse abgestimmte Beratungsangebote zu unterbreiten. Weiterhin wird von chinesischer Seite die direkte Beteiligung ausländischer Regierungen an Rechtsberatungsmaßnahmen, vor allem in sensiblen Rechtsbereichen mit Bezug zu Rechtsstaatlichkeit und Menschenrechtsschutz, mit sehr großem Misstrauen betrachtet, was die Projektarbeit beeinträchtigen kann. Beschränkt sich die ausländische staatliche Beteiligung dem gegenüber rein auf die Finanzierung der Maßnahmen, so ist dieses Misstrauen wesentlich geringer;[863] dies gilt umso mehr, da die amerikanische Seite in vielen Fällen durch eine stufenweise Verteilung der Mittel über verschiedene zwischengeschaltete private Organisationen die Verknüpfung der eingesetzten Gelder mit der amerikanischen Regierung erfolgreich verschleiert. So gibt es trotz der Vielzahl an amerikanischen Rechtsberatungsaktivitäten und dem seit 1999/2000 sehr stark angestiegenen Einsatz staatlicher Gelder für diese Projekte bis heute kein formelles amerikanisches staatliches Rechtsberatungsprogramm, das mit dem deutsch-chinesischen Rechtsstaatsdialog zu vergleichen wäre.

1.2 Finanzierung der Rechtszusammenarbeit und Akteure: Zentralisiert versus differenziert

Die deutsche Rechtszusammenarbeit mit der VRC ist zum ganz überwiegenden Teil staatlich finanziert. Dabei konzentriert sich wiederum der größte Teil dieser Gelder auf die GTZ als Durchführungsorganisation des BMZ. So stehen der GTZ im Zeitraum 1994 bis 2007 Gelder in Höhe von insgesamt 18,79 Millionen Euro (ca. 24,34 Millionen US$) für das Programm »Advisory Service to the Legal Reform in China« zur Verfügung.[864] Weitere staatliche Gelder fließen an den DAAD sowie an die politischen Stiftungen KAS und FES.[865]

Dem gegenüber erhalten private Akteure, vor allem aus dem akademischen Bereich wie das DCIR und das CDIR, kaum staatliche finanzielle Unterstützung. Auch die deutsche Wirtschaft hat kein wesentliches Interesse daran, die Rechtszusammenarbeit mit der VRC zu fördern, da der enge Zusammenhang zwischen der Ausbildung chinesischer Juristen im deutschen Recht und der Etablierung einer Rechtsordnung in der VRC, die den Interessen deutscher Unternehmen am chinesischen Markt zuträglich ist, nicht realisiert wird.[866] Daher werden auch von dieser Seite kaum Mittel für Rechtsberatungsprojekte zur Verfügung gestellt.

Diese Konzentration der Gelder für Rechtszusammenarbeit auf die GTZ führt dazu, dass die deutsche Rechtsberatung gegenüber der VRC von der GTZ dominiert wird. Eine solche Vormachtstellung eines einzelnen Gebers ist dabei jedoch in hohem Maße innovationsfeindlich. Vor allem, da die GTZ als große und damit auch sehr bürokratische und schwerfällige Organisation

863 Woodman 2004: 36.

864 Siehe Informationen zu den einzelnen GTZ-Projekten auf der Seite: http://www.gtz-legal-reform.org.cn; Auskunft des GTZ-Büro Beijing vom 03.02.2005

865 Hier konnten keine Informationen zu den einzelnen Summen ermittelt werden.

866 Interview 07/2004; Interview 02/2005

kaum in der Lage ist, sich rasch neuen Situationen in der VRC anzupassen und sich neuen Konzepten zu öffnen, birgt dies die Gefahr, dass die von der GTZ angebotenen Rechtsberatungsmaßnahmen zunehmend routiniert und schematisiert ablaufen und damit nicht mehr den sich wandelnden Interessen der chinesischen Partner entsprechen. Dabei verführt die dominante Position der GTZ dazu, dass diese vielfach nicht mehr bereit ist, konstruktiv mit anderen Akteuren in der Rechtszusammenarbeit, zum Beispiel aus dem akademischen Bereich, zur Entwicklung passgenauerer Beratungskonzepte zusammen zu arbeiten. Dies resultiert nicht zuletzt daraus, dass die GTZ darum bemüht ist, ihre Position in der deutschen Rechtszusammenarbeit mit der VRC und damit auch die hierfür zur Verfügung gestellten finanziellen Mittel in vollem Umfang zu erhalten, da auf Seiten einzelner Mitarbeiter auch individuelle Interessen am Erhalt der eigenen Position sowie im politischen Bereich Interessen am Erhalt des Einflusses der Organisation GTZ und damit des hinter dieser stehenden BMZ berührt sind. Alternative Konzepte anderer Akteure werden daher regelmäßig als Konkurrenz betrachtet, an deren Erstarken die GTZ kein Interesse hat.

Auf diese Weise führt im Bereich der deutschen Rechtsberatung gegenüber der VRC die starke Asymmetrie vor allem der finanziellen Leistungsfähigkeit der einzelnen Akteure dazu, dass innovative Projektkonzepte, die von kleineren Akteuren vorgebracht werden, in der Regel kaum eine Chance auf Umsetzung erhalten. Mit der Entwicklung eines vielfältigeren Angebotes an deutscher Rechtsberatung gegenüber der VRC ist daher auch in Zukunft nicht zu rechnen.

Im Gegensatz zur deutschen Rechtszusammenarbeit spielen bei der Finanzierung der amerikanisch-chinesischen Rechtszusammenarbeit staatliche Gelder nur eine untergeordnete Rolle. So ermöglicht die PNTR-Gesetzgebung erst seit dem Haushaltsjahr 1999/2000 die Verwendung amerikanischer Regierungsgelder für die Rechtszusammenarbeit mit der VRC. Seitdem wurden die staatlichen finanziellen Mittel für diesen Bereich sehr schnell und in großem Umfang aufgestockt, sodass bis Ende 2004 insgesamt 39,756 Millionen US$ (ca. 29,934 Millionen Euro) zur Verfügung gestellt wurden.[867] Diese staatliche Förderung der Rechtszusammenarbeit mit der VRC durch die USA liegt weit über dem Betrag von 18,79 Millionen Euro (ca. 24,34 Millionen US$), den die BRD für die Jahre 1994 bis 2007 für die Rechtsberatungsarbeit der GTZ zur Verfügung gestellt hat. Hinzu kommen die hohen Summen, die private amerikanische Akteure für Rechtsberatungsmaßnahmen mit chinesischen Partnern aufwenden. Eine grobe Zusammenstellung der öffentlichen und privaten Beträge in Anhang X, die nur der ungefähren Orientierung dienen kann, ergibt, dass insgesamt mindestens 48,36

867 GAO 2004: 4.

Millionen US$ (ca. 39,61 Millionen Euro) in den Jahren 2000 bis 2004 von staatlicher und privater amerikanischer Seite zur Verfügung gestellt wurden.[868]

Dabei ist im Zusammenhang mit der amerikanischen Finanzierung von Rechtsberatungsmaßnahmen in der VRC keine Konzentration der Mittel festzustellen. Da es auf staatlicher Seite weder eine zentrale Durchführungsorganisation ähnlich der deutschen GTZ noch ein zentrales staatliches Rechtsberatungsprogramm gibt, werden die staatlichen Gelder zum ganz überwiegenden Teil entweder direkt oder vermittelt über NED und DRL an private Organisationen, die diese Mittel für eigene Projekte verwenden, weitergeleitet. Auf diese Weise ist es der amerikanische Regierung wie bereits erwähnt möglich, einerseits im Bereich der Rechtszusammenarbeit mit der VRC politisch im Hintergrund zu bleiben und andererseits die große Kompetenz der privaten Organisationen und ihrer chinesischen Partner für die Rechtszusammenarbeit zu nutzen.

Weiterhin entsteht durch die Praxis, Gelder für Rechtsberatungsprojekte durch Ausschreibungen anzubieten, wie dies beispielsweise vom DRL und USCBC praktiziert wird, auch eine Situation der Konkurrenz unter den privaten Akteuren. Das heißt diese sehen sich der Notwendigkeit gegenüber, ihre Konzepte und Projekte immer wieder neu zu überarbeiten, den aktuellen Entwicklungen in der VRC anzupassen und die Vorgehensweise genau zu reflektieren und zu begründen, um sich gegen andere Anbieter von Maßnahmen durchzusetzen. Dies birgt ein hohes Potenzial an Innovation in der Projektgestaltung und -implementierung und verpflichtet die Organisationen weiterhin zu einer strengen Erfolgskontrolle. Insofern ist durch diese Praxis zum einen die Gefahr, dass Rechtsberatungsmaßnahmen immer stärker standardisiert werden und dadurch den Kontakt zu den in der VRC vorhandenen Bedürfnissen verlieren, geringer wie auch zum anderen die Gefahr der »Capture« einer großen und finanzkräftigen Organisation in dominierender Stellung durch politische Zwänge.

Die amerikanischen Organisationen streuen die Mittel, die sie für Rechtsberatungsmaßnahmen erhalten, wiederum sehr stark über viele Einzelprojekte. Dies trägt zum einen dem Umstand Rechnung, dass in der VRC viele innovative Projekte mit chinesischen Partnern vor allem im akademischen Bereich und im Bereich der Zivilgesellschaft bereits mit sehr geringen Mitteln erfolgreich umgesetzt werden können. Durch die Vergabe nur geringer Summen wird gleichzeitig vermieden, dass chinesische Akteure an Rechtsberatungsmaßnahmen teilnehmen, deren Interesse sich hauptsächlich auf die Erzielung eines finanziellen Vorteils bezieht. Dies ist beispielsweise oft bei zentralen chinesischen Institutionen wie Ministerien der Fall, die von den

868 Die Ermittlung dieser Summe wird in der Anmerkung zu Anhang X erläutert.

Rechtsberatungsangeboten ausländischer Geber überschwemmt werden und angesichts des Überangebotes die Partner häufig nach den besten finanziellen Leistungen auswählen. Weiterhin vermindert ein nur geringes finanzielles Engagement der amerikanischen Seite das Misstrauen der chinesischen Behörden gegenüber den Beratungsmaßnahmen, sodass Projekte, die nur ein geringes finanzielles Volumen aufweisen, leichter »unter dem Radar«[869] bleiben und auf diese Weise größeren Freiraum für ihre Arbeit, vor allem in sensiblen Rechtsbereichen, genießen.

1.3 Gebiete der Rechtszusammenarbeit und inhaltliche Schwerpunktsetzung: Gesetzgebungsberatung versus Unterstützung für den Aufbau von Institutionen und die Erleichterung des Rechtszuganges für Bürger

Die deutsche staatliche Rechtszusammenarbeit durch die GTZ konzentriert sich im Wesentlichen auf Beratungsmaßnahmen im Bereich des Wirtschaftsrechts. Auch die Beratung zum Verwaltungsrecht zielt vorrangig darauf ab, diejenigen Gebiete des Verwaltungsrechts zu stärken, die unmittelbar für die bessere Umsetzung staatlicher Vorgaben von Nutzen sind und hier wiederum vor allem eine Verbesserung der Implementierung der WTO-Regularien bewirken sollen. Dies kommt unmittelbar auch Wirtschaftsakteuren aus anderen WTO-Mitgliedstaaten wie der BRD, die am chinesischen Markt tätig sind, zugute. Menschenrechtsbezogene Aspekte des Verwaltungsrechts, zum Beispiel die Möglichkeit der Nutzung verwaltungsrechtlicher Verfahren zur Durchsetzung der Rechte der Bürger gegenüber staatlichen Stellen und zur Kontrolle des Verwaltungshandelns, spielen keine Rolle bei den Beratungen. Dies gilt auch für das System der »Umerziehung durch Arbeit« (*laojiao*), welches einen vor dem Hintergrund von Menschenrechtsschutz und Rechtsstaatlichkeit besonders problematischen Bereich des chinesischen Verwaltungsrecht darstellt; mögliche Reformen in diesem Bereich sind nicht Gegenstand der Beratungsmaßnahmen.

Insgesamt gilt für die Beratung in allen Rechtsbereichen, dass in erster Linie nur die rechtstechnischen Aspekte des jeweiligen Rechtsgebietes bearbeitet werden. Ausdrückliche Bezüge zum Konzept der Rechtsstaatlichkeit oder zum Menschenrechtsschutz fehlen sowohl in der formalen Konzeption der einzelnen Beratungsangebote und werden auch von den deutschen Experten bei der Durchführung der Maßnahmen nicht explizit thematisiert.

Hinsichtlich der Typen der angebotenen staatlichen Rechtsberatung dominiert die Gesetzgebungsberatung (Rechtsberatung des Typ I); diese bildet den Schwerpunkt aller GTZ-Projekte. Die Schulung chinesischer Richter in Rechtsanwendung und Fallbearbeitungstechniken (Rechtsberatung Typ II)

869 Interview 04/2004

spielt nur eine vergleichsweise untergeordnete Rolle in der Projektarbeit der GTZ. Ab Oktober 2005 soll dieser Bereich aber ggf. im Rahmen eines neuen Projektes ausgebaut werden.[870]

Auch die Förderung der universitären Ausbildung von chinesischen Nachwuchsjuristen (Rechtsberatung Typ II) wird in der Arbeit der GTZ kaum berücksichtigt. Nur im Jahr 2002/2003 bot die GTZ an der Peking Universität sowie an der CUPR Vorlesungen zum deutschen Vertragsrecht bzw. Verwaltungsrecht an. Obwohl die Veranstaltungen gut von den chinesischen Studenten angenommen wurden, konnten diese Maßnahmen nicht etabliert werden. Dies liegt vor allem darin begründet, dass die GTZ, wie oben bereits erläutert, sowohl aufgrund der strikten Orientierung der Beratungstätigkeit an den vorab in den deutsch-chinesischen Regierungsverhandlungen festgeschriebenen Tätigkeitsbereichen wie auch aufgrund ihrer Organisationsstruktur nicht in der Lage ist, flexibel auf neu aufkommende Bedürfnisse der chinesischen Partner mit einer Anpassung der Beratungsmaßnahmen zu reagieren. So konnte das Vorlesungsangebot nicht in den formellen Projektablauf integriert werden, sondern blieb die Einzelinitiative eines Mitarbeiters des GTZ Büros in Beijing. Mit dem Ausscheiden dieses Mitarbeiters aus den Diensten der GTZ wurde dem entsprechend auch das Vorlesungsangebot eingestellt.[871]

Rechtsberatungsmaßnahmen des Typ III (Erleichterung des Zugangs zum Recht für die Bürger und legal aid) sind nicht im Programm der GTZ enthalten. Hier spielt vor allem eine Rolle, dass zum einen der Bereich legal aid als relativ sensibel anzusehen ist und daher nur schwer Einigkeit über eine Zusammenarbeit auf diesem Gebiet auf höchster politischer Ebene erzielt werden kann. Darüber hinaus verfügt die GTZ über keine ausreichende Expertise im chinesischen Recht, um ein derartiges Angebot für Bürger in der VRC selbst unterbreiten zu können. Aufgrund der Notwendigkeit der Vertrautheit mit dem chinesischen Recht werden Beratungsmaßnahmen des Typ III auch regelmäßig von chinesischen NRO angeboten, die im Zuge der Zusammenarbeit mit ausländischen (das heißt hier vor allem amerikanischen) Partnern finanzielle und organisatorische Unterstützung erhalten. Da die GTZ jedoch nicht mit derartigen chinesischen Organisationen zusammenarbeitet, ist der Bereich legal aid und Erleichterung des Zugangs zum Recht für chinesische Bürger nicht sinnvoll in das Projektportfolio zu integrieren.

Die Konzentration der deutschen staatlichen Rechtsberatung auf Beratungsmaßnahmen des Typ I, die sich weiterhin im Wesentlichen auf rein rechtstechnische Aspekte beschränken, birgt jedoch eine weitere Gefahr in

870 GTZ Newsletter 02/2005; Fundstelle: http://www.gtz-legal-reform.org.cn/en/newsletter.php?cid=38 [Zugriff: 02.08.2005]

871 persönliche Kommunikation

sich. Es wurde bereits erwähnt, dass ein wichtiger Beweggrund für die deutsche Bundesregierung zur Initiierung des deutsch-chinesischen Rechtsstaatsdialoges darin lag, Fragen die Rechtsstaatlichkeit und den Menschenrechtsschutz betreffend aus dem Rampenlicht der deutsch-chinesischen Beziehungen heraus zu nehmen und statt dessen zu versuchen, ohne offenen außenpolitischen Druck durch konstruktive Rechtszusammenarbeit in diesem Bereich Verbesserungen zu erzielen. Zum einen jedoch spielen Rechtsstaatlichkeit im umfassenden Sinne sowie der Menschenrechtsschutz praktisch keine Rolle in den konkreten Rechtsberatungsmaßnahmen, sondern treten nur als allgemein formulierte Zielvorgaben in Erscheinung. Darüber hinaus wird der Umstand, dass durch die Initiierung des Rechtstaatsdialoges der Druck auf die chinesische Regierung abgenommen hat, seitens reformbereiter Kräfte in der VRC, vor allem aus dem akademischen Bereich, sehr kritisch gesehen. Hier wird argumentiert, dass es vor allem dem konstanten außenpolitischen Druck westlicher Staaten zu verdanken ist, dass die VRC in den vergangenen Jahren zu ersten schrittweisen Verbesserungen im Menschenrechtsbereich bereit war. Entfällt nun dieser Druck dadurch, dass die Verständigung über Menschenrechtsfragen in den Bereich der Rechtszusammenarbeit verschoben wird, so wird dies als sehr nachteilig für die weitere Entwicklung in der VRC angesehen.[872] Auf diese Weise können der Rechtsstaatsdialog und die deutsche staatliche Rechtszusammenarbeit, die sich rein auf rechtstechnische Aspekte beschränkt, als kontraproduktiv für den weiteren Fortgang des chinesischen Rechtsreformprozesses angesehen werden.

Die Beratungsangebote privater deutscher Akteure sind gegenüber dem Angebot von staatlicher Seite inhaltlich relativ breit gestreut. Auf Seiten der politischen Stiftungen bietet die KAS in ähnlicher Weise wie die GTZ schwerpunktmäßig Gesetzgebungsberatung (Rechtsberatung Typ I) zu weitgehend technischen Aspekten des Wirtschafts- und WTO-relevanten Verwaltungsrechts an. In jüngerer Zeit bezieht die Arbeit der KAS, zum Beispiel im Rahmen von Konferenzen sowie durch die Finanzierung von Studien chinesischer Rechtswissenschaftler, aber auch sensiblere Bereiche wie die Umsetzung der UN Menschenrechtskonvention in chinesisches Recht sowie Möglichkeiten der Humanisierung des Strafvollzuges in der VRC in ihre Beratungsaktivitäten ein.

Die Diskussion über verschiedene Aspekte des Menschenrechtsschutzes bildet auch einen Schwerpunkt der Arbeit der FES, die seit 1999 den DCMRD führt. Da die chinesischen Partner der FES hier jedoch nur über begrenzten politischen Einfluss verfügen, sind die von dieser Form der Zusammenarbeit ausgehenden Impulse auf die chinesischen Rechtsreformen als moderat einzuschätzen. Um hier der Beratung stärkeres Gewicht zu verlei-

872 Woodman 2004: 38; 42.

hen, bemüht sich die FES gegenwärtig um die Einbeziehung auch von Angehörigen chinesischer Rechtssetzungsorgane wie des NVK.

Die HBS schließlich kombiniert in ihrem erst 2004 initiierten Beratungsprogramm Gesetzgebungsberatung (Typ I) im Bereich des Vereins- und Stiftungsrechts mit der Schulung von Mitarbeitern chinesischer NRO (Rechtsberatung Typ II). Der in der VRC zunehmend an Bedeutung gewinnende NRO Sektor hat bislang kaum in der deutsch-chinesischen Rechtszusammenarbeit Beachtung gefunden, sodass hier das Angebot der HBS, das auf aktuelle Entwicklungen in der VRC reagiert, als besonders bedeutsam anzusehen ist.

Insgesamt wird somit deutlich, dass die politischen Stiftungen eine größere Bandbreite an Rechtsberatung anbieten als die deutsche staatliche Rechtszusammenarbeit über die GTZ und auch bereit sowie in der Lage sind, mit ihren chinesischen Partnern sensiblere Bereiche wie den Menschenrechtsschutz, Aspekte des Strafrechts und die Förderung von NRO zu bearbeiten.

Auch die deutsch-chinesische Rechtszusammenarbeit im akademischen Bereich zeichnet sich durch inhaltlich größere Vielfalt aus. So bietet das DCIR der Universitäten Göttingen und Nanjing, welches sich zu Beginn seiner Tätigkeit 1989 zunächst nur auf das Wirtschaftsrecht beschränkt hatte, seit 2001 auch einen Schwerpunkt im Verwaltungsrecht an. Hier werden auch menschenrechts- und rechtstaatsrelevante Bereiche des Verwaltungsrechts explizit hervorgehoben, sodass nicht nur rechtstechnische Aspekte im Zentrum der Zusammenarbeit stehen. Weiterhin soll dieses Angebot zukünftig durch Kursangebote zum »Rechtsstaatsverständnis« für chinesische Studenten erweitert werden; damit nutzt das DCIR Freiräume, die besonders im akademischen Bereich für die konstruktive Behandlung auch sensibler Themengebiete bestehen,[873] aus.

Das CDIR, das im Jahr 2004 an der CUPR gegründet wurde, geht ebenfalls thematisch sehr umfassend vor, indem geplant ist, dass das Ausbildungsangebot des Instituts alle Bereiche des deutschen Rechts anbietet; eine Einengung nur auf Aspekte des Wirtschaftsrechts wird hier also bewusst vermieden.

Das Übersetzungsprojekt des DAAD schließlich ist durch die Verbreitung deutscher Rechtsliteratur zu allen juristischen Gebieten ebenfalls sehr umfassend ausgerichtet. Einen besonderen Schwerpunkt der Arbeitet bildet gleichwohl die Übersetzung rechtswissenschaftlicher Grundlagenwerke aus dem Bereich Rechtstheorie und Rechtsphilosophie, die insbesondere dem Interesse chinesischer Rechtswissenschaftler an der Auseinandersetzung mit den geistesgeschichtlichen Grundlagen des deutschen Rechts entgegen kommt.

In dem ganzheitlichen Ansatz, den sowohl das DCIR wie auch das CDIR verfolgen, spiegelt sich wider, dass diese Programme von Rechtswissen-

873 ibid.: 36.

schaftlern selbst getragen werden, die die Rechtszusammenarbeit nicht von vornherein mit anderen, außerrechtlichen Interesse verknüpfen, sondern in erster Linie an der Verbreitung deutschen Rechts um seiner selbst willen in der VRC interessiert sind. Ein etwas anderer Befund zeigt sich hingegen bei der Arbeit des CDHK, welches seit 2003 eine Ausbildung im deutschen Wirtschaftrecht anbietet. Diese thematische Einschränkung ergibt sich daraus, dass das CDHK selbst wie auch der neu geschaffene Stiftungslehrstuhl von der deutschen Wirtschaft finanziert werden, sodass hier das Interesse an der Verbesserungen der Arbeitsbedingungen für deutsche Unternehmen durch die Förderung der Verbreitung des deutschen Wirtschaftsrechts im Vordergrund stehen.

Durch die Arbeit des MPI für ausländisches und internationales Strafrecht sowie durch einzelne Veranstaltungen der KAS in den Jahren 2004 und 2005 wird schließlich auch der sensible Bereich des Strafrechts in der deutsch-chinesischen Rechtszusammenarbeit ansatzweise abgedeckt.

Die Rechtsberatungsangebote aus dem akademischen Bereich richten sich auf die Ausbildung von chinesischen Juristen und stellen daher Rechtsberatungsmaßnahmen des Typ II dar. Dabei erfolgt die Ausbildung entweder direkt durch das Angebot von speziellen Studiengängen für chinesische Juristen (DCIR und CDIR) bzw. durch die Kooperation im Postgraduiertenbereich und in der Forschung (MPI und Kooperation der juristischen Fakultät der Universität des Saarlandes mit der SCUEL) oder indirekt durch die Übersetzung von Rechtsliteratur (DAAD) bzw. durch die Vergabe von Stipendien auch an chinesische Juristen durch KAS und FES, auch wenn diese über kein Stipendienprogramm nur für chinesische Juristen verfügen. Rechtsberatungsmaßnahmen des Typ III (Erleichterung des Zugangs zum Recht für Bürger und legal aid) fehlen auch im Angebot der privaten deutschen Akteure, was neben den oben aufgeführten Gründen auch darauf zurückzuführen ist, dass das legal aid System keine Tradition im deutschen Recht sowie besonders in der deutschen Juristenausbildung aufweist.

Die Konzentration der für die Rechtszusammenarbeit zur Verfügung stehenden finanziellen Mittel auf die GTZ führt jedoch dazu, dass das Angebot deutscher privater Akteure vor allem im Bereich der Ausbildung chinesischer Juristen nur sehr punktuell wirken kann. Gleichwohl ist der Bedarf der VRC zum gegenwärtigen Zeitpunkt des Rechtsreformprozesses an gut ausgebildeten Juristen sehr hoch, während ein ausreichender Grundstock an Gesetzen, vor allem im Bereich des Wirtschaftsrechts, bereits vorhanden ist.[874] Vor diesem Hintergrund wird deutlich, dass die deutsche staatliche Rechtsberatung mit einem sehr hohen Aufwand an finanziellen Mitteln und an Personal Beratung in Bereichen betreibt, in denen kein vorrangiger Bedarf mehr be-

874 Interview 11/2002

steht, während private deutsche Akteure, die mit ihren Angeboten zur Juristenausbildung auf Erfordernisse in der VRC adäquat reagieren, aufgrund mangelnder Ressourcen ihre Arbeit nicht ausweiten können.

Auch dieser Zustand erklärt sich aus der institutionellen Trägheit der Anbieter staatlicher Rechtsberatung sowie aus der Konkurrenz um die zur Verfügung stehenden Mittel. So ist die Veranstaltung von Symposien und Workshops, an denen deutsche Juristen als Experten zu einzelnen Rechtsgebieten beteiligt werden, zum einen wesentlich einfacher zu organisieren als ein umfassendes Ausbildungsangebot für chinesische Juristen, welches beispielsweise den Aufbau einer langfristigen Kooperation mit chinesischen Universitäten verlangte. Weiterhin zeigen sich die Erfolge eines Ausbildungsprogramms erst relativ spät, wenn nach einigen Jahren die ersten Absolventen das Programm durchlaufen haben. Darüber hinaus ist die Wirkung eines solchen Programms kaum zu bewerten, da nicht eindeutig abzusehen ist, welchen Beitrag die einzelnen ausgebildeten Juristen zum Rechtsreformprozess in der VRC liefern werden. Demgegenüber lassen sich die Leistungen von Rechtsberatungsprogrammen im Bereich der Gesetzgebungsberatung unmittelbar ablesen und überdies auch quantitativ fassen, indem darauf verwiesen wird, wie viele Symposien etc. zu wie vielen Gesetzgebungsvorhaben abgehalten wurden. In dem Fall, dass eine Gesetzesvorlage, zu der Beratung erteilt wurde, als Gesetz verabschiedet wird, ist es auch hier möglich, diese Entwicklung unmittelbar als Erfolg der Rechtsberatung zuzuschreiben, auch wenn der Kausalzusammenhang zwischen Beratung und Verabschiedung des Gesetzes nicht immer eindeutig hergestellt werden kann. Dies bedeutet, dass große Organisationen wie die GTZ oder auch die KAS, die zur Rechtfertigung ihrer Aktivitäten und der Verwendung ihrer Mittel auf Evaluierungen angewiesen sind, dazu neigen, Maßnahmen zu bevorzugen, deren Erfolge und Wirkungen sich scheinbar unmittelbar ablesen lassen. Hier sind Rechtsberatungsmaßnahmen des Typ I wesentlich besser geeignet als Maßnahmen der Typen II oder III.

Angesichts der dominierenden Stellung der GTZ in der deutsch-chinesischen Rechtszusammenarbeit ist es für andere Akteure, wie zum Beispiel die Universitäten, auch sehr schwierig, zusätzliche Mittel für ihre Tätigkeiten zu erhalten. Da mit einer Aufstockung der staatlichen Gelder für diesen Bereich nicht zu rechnen ist, bedeutete eine Umorientierung der Rechtszusammenarbeit von staatlichen zu privaten Akteuren und von Rechtsberatung des Typ I zu Typ II einen unmittelbaren Verlust an Ressourcen für die GTZ. Einen solchen hinzunehmen ist die GTZ nicht bereit und kann aufgrund ihrer Stellung als wichtigster Anbieter von Rechtszusammenarbeit und aufgrund der Anbindung an das BMZ ihre Opposition in dieser Frage auch wirksam durchsetzen.

Im Gegensatz zur Situation in der BRD resultiert in der amerikanisch-chinesischen Rechtszusammenarbeit aus der Vielfalt der Akteure im Bereich der Rechtsberatung auch eine breite thematische Vielfalt. Eine wichtige Rolle in der amerikanisch-chinesischen Rechtszusammenarbeit spielt dabei zunächst Rechtsberatung im Bereich des Wirtschaftsrechts. Vor allem das USCBC unterstützt Projekte, die sich auf Gesetzgebungsberatung sowie auf die Juristenausbildung in verschiedenen Bereichen des Wirtschaftsrechts (zum Beispiel Aktien- und Gesellschaftsrecht, Umsetzung von WTO-Auflagen, IPR, Handelsrecht) richten.

Weiterhin bilden die für die Umsetzung der WTO-Verpflichtungen der VRC relevanten Bereiche des Verwaltungsrechts einen Beratungsschwerpunkt. Insbesondere die AF ist mit ihrem WTO Legal Compliance Program maßgeblich beteiligt, aber auch das CLC der juristischen Fakultät der Yale University sowie das USCBC bieten Beratung in diesem Bereich an bzw. finanzieren entsprechende Rechtsberatungsprojekte. Gleichwohl beschränken sich diese Programme in ihrer Zielsetzung nicht allein auf die Erzielung von Verbesserungen im Verwaltungsrecht, die für die reibungslose Umsetzung der WTO-Vorgaben von Bedeutung sind, sondern beschäftigen sich auch mit der Frage, wie das Verwaltungsrecht als ein wirkungsvolles Instrument für die Durchsetzung der Rechte der Bürger gegenüber dem Staat zur Geltung gebracht werden kann. Hier spielt sowohl Beratung zur Effektuierung des Verwaltungsrechtschutzes als auch insbesondere zur Verstärkung der Bürgerbeteiligung im Verwaltungsverfahren eine wichtige Rolle. Auf diese Weise zielt die Beratung auch in diesen Gebieten auf die Verwirklichung von Rechtsstaatlichkeit in einem umfassenden Sinne sowie auf einen verbesserten Menschenrechtsschutz ab. Im Bereich des Verwaltungsrechts werden vor allem Rechtsberatungsmaßnahmen des Typ I und Typ II angeboten. Dabei konzentriert sich die Gesetzgebungsberatung auf das Verwaltungsverfahrensrecht, das Verwaltungsprozessrecht sowie auf Verfahrensregeln für öffentliche Anhörungen. Schulungsmaßnahmen zur WTO-konformen Anwendung von Verwaltungsrechtsnormen richten sich an Mitarbeiter der chinesischen Verwaltungsbehörden auf zentraler, vor allem aber auch auf lokaler Ebene sowie an Richter.

Weiterhin erfolgt amerikanische Rechtsberatung im Bereich des Arbeitsrechts. Hier stehen sowohl Projekte im Mittelpunkt, die bei der Ausarbeitung von Arbeitsrechtsnormen, die internationalen Standards entsprechen, helfen (Rechtsberatung des Typ I), wie auch Maßnahmen, die sich auf die Ausbildung von Behördenmitarbeitern zur korrekten Umsetzung von Arbeitsrechtsnormen richten (Typ II). Schließlich spielt auch die Förderung von legal aid Projekten, die sich auf die Unterstützung von Arbeitern bei der Durchsetzung ihrer Rechte spezialisiert haben, eine wichtige Rolle (Rechtsberatung Typ III). Insbesondere das DoL, aber auch DRL, NED, USCBC, die AF und die FF finanzieren bzw. implementieren Rechtsberatungsprojekte in diesem Bereich.

Eine ebenfalls sehr bedeutende Rolle in der amerikanisch-chinesischen Rechtszusammenarbeit nimmt das Gebiet des Strafrechts ein. Hier bieten fast alle untersuchten Akteure verschiedene Rechtsberatungsmaßnahmen aller Typen I, II und III an bzw. finanzieren derartige Projekte. Gesetzgebungsberatung im Bereich des Strafrechts erfolgt hauptsächlich auf dem Gebiet des Strafprozessrechts sowie des Beweisrechts im Strafverfahren. Hierbei strebt die Beratung explizit an, im amerikanischen Recht verankerte Grundsätze wie ein stärker adversatorisch ausgerichtetes Strafverfahren im chinesischen Recht zu verankern. Dabei setzt die Beratung sowohl bei zentralen Rechtsetzungsorganen wie dem Rechtsarbeitsausschuss des SA NVK wie auch bei wichtigen think tanks, zum Beispiel dem Rechtsinstitut der CASS und universitären Forschungseinrichtungen wie dem PLRC an der CUPR sowie bei einzelnen chinesischen Rechtswissenschaftlern an, die als Berater wichtigen Einfluss auf die Gesetzesreformen in diesem Bereich haben.[875] Ziel der Rechtszusammenarbeit ist es hier vor allem, einen besseren Schutz der Rechte des Angeklagten durch gesetzlich verankerte Verfahrensreformen zu erreichen, womit auch ein unmittelbarer Bezug dieser Art von Beratung zum Menschenrechtsschutz besteht. Rechtsberatung des Typ II im Bereich des Strafrechts soll die Bemühungen um eine gesetzliche Verbesserung des Schutzes der Rechte der Angeklagten durch Reformen im Bereich der praktischen Verfahrensführung ergänzen. Daher richten sich die Beratungsmaßnahmen vor allem an Rechtsanwälte und Richter. Hierbei sollen auf der einen Seite die Richter darin geschult werden, die bestehenden Vorschriften zum Schutz der Rechte des Angeklagten korrekt umzusetzen und durch die Einhaltung von Verfahrensregeln ein faires Verfahren zu gewährleisten. Die Anwälte werden demgegenüber darin ausgebildet, welche Rechte ihnen als Strafverteidiger bei der Erfüllung ihrer Aufgaben zustehen, um hier wiederum eine möglichst wirkungsvolle Vertretung der Angeklagten zu erreichen. Rechtsberatung des Typ III im Bereich des Strafrechts fördert schließlich die Arbeit von legal aid Zentren, die sich auf Beratung und Vertretung in strafrechtlichen Verfahren spezialisiert haben.

Neben der schwerpunktmäßigen Beratung in den Rechtsgebieten Wirtschaftsrecht, Arbeitsrecht, Verwaltungsrecht und Strafrecht lassen sich einige übergreifende Schwerpunkte identifizieren, die durch die Beratungstätigkeiten aller untersuchten amerikanischen Akteure abgedeckt werden. Hierzu zählen zum einen Justizreform unter besonderer Berücksichtigung der Unabhängigkeit der Justiz; Juristenausbildung im amerikanischen Recht; legal aid sowie generell der Menschenrechtsschutz.

Im Bereich der Justizreform werden vor allem Rechtsberatungsmaßnahmen des Typ I und II angeboten, um zum einen durch entsprechende Geset-

875 Vgl. Potter 2001: 157, FN 7; Woodman 2004: 42.

zesreformen Grundsätze der Unabhängigkeit der Justiz bzw. des Richters und den Schutz der Rechte der beteiligten Bürger, sei es als Angeklagte oder als Parteien, besser durch die Rechtsetzung zu schützen. Die praktische Umsetzung derartiger Normen und Grundsätze soll weiterhin durch Schulungen von Richtern und Rechtsanwälten (Rechtsberatung Typ II) verbessert werden. Eine wichtige Rolle spielen hierbei die so genannten »moot courts«,[876] die in der universitären Juristenausbildung, aber auch im Rahmen von Fortbildungen für Praktiker chinesische Juristen an die Prozessabläufe, wie sie vor allem im amerikanischen Recht verankert sind, heranführen sollen. Neben den verfahrensrechtlichen Fragen stehen bei diesen Veranstaltungen vor allem die Betonung der Rolle von Richtern und Anwälten bei der Wahrung der Unabhängigkeit der Justiz sowie die juristische Berufsethik im Mittelpunkt.

Darüber hinaus nimmt die Ausbildung chinesischer Juristen im amerikanischen Recht (Rechtsberatung Typ II) einen wichtigen Platz in der amerikanischen Rechtszusammenarbeit ein. Vorreiter war hier das CLEEC Programm der FF, während gegenwärtig die Temple University in Kooperation mit der Qinghua Universität und der CUPR ein groß angelegtes LL.M. Kooperationsprogramm unterhält. Hinzu kommen zahlreiche Stipendienprogramme anderer amerikanischer Universitäten, die chinesischen Juristen einen Studienaufenthalt in den USA ermöglichen.

Von großer Bedeutung in der amerikanisch-chinesischen Rechtszusammenarbeit ist weiterhin der Bereich legal aid. Zahlreiche Projekte arbeiten mit universitären sowie mit lokalen legal aid Zentren zusammen. Dabei profitieren die chinesischen Partner zum einen von den Erfahrungen, die im amerikanischen Rechtssystem mit dem Angebot von legal aid gewonnen wurden. Darüber hinaus ist aber auch die von amerikanischer Seite geleistete finanzielle Unterstützung von großer Bedeutung, da die legal aid Zentren in der Regel keine staatlichen Gelder oder Spenden für ihre Arbeit erhalten.[877] Da gleichwohl das legal aid Angebot für viele Bürger in der VRC angesichts der in weiten Teilen des Landes immer noch unzureichenden Versorgung mit anwaltlichen Dienstleistungen[878] sowie der fehlenden Bereitschaft vieler Anwälte, auch mittellose Bürger sowie Straftäter zu vertreten,[879] die einzige Möglichkeit darstellt, rechtliche Beratung bzw. Vertretung zu erhalten, wird mit der Förderung von legal aid durch amerikanische Akteure ein besonders bedeutsamer Bereich der Rechtspflege in der VRC unterstützt.

Von übergreifender Bedeutung ist schließlich der allgemeine Menschenrechtsschutz, der in allen Rechtsberatungsmaßnahmen amerikanischer Akteu-

---

876 Zur Erläuterung des Systems der »moot courts« siehe oben, FN 705

877 Peerenboom 2002: 363.

878 ibid.: 362.

879 ibid.: 352.

re eine wichtige Rolle spielt. So wird bei der Gesetzgebungsberatung, vor allem im Arbeits-, Verwaltungs- und Strafrecht, auch die Einhaltung menschenrechtlicher Standards durch gesetzliche Regelwerke als Ziel der Beratung genannt. Ebenso dient die Ausbildung von Anwälten und Richtern zur Gewährleistung fairer Verfahren und einer stärkeren Unabhängigkeit der Justiz dem Menschenrechtsschutz wie schließlich die Förderung von legal aid zur Sicherstellung der rechtlichen Beratung und Vertretung von Bürgern diese in die Lage versetzen soll, ihre Rechte, die sich nicht zuletzt auch aus menschenrechtlichen Normen ableiten, gegenüber dem Staat oder Dritten durchzusetzen.

1.4 Interessen in der Rechtszusammenarbeit: Wirtschaftliche Interessen versus außenpolitische Interessen

Die soeben erläuterte schwerpunktmäßige Ausrichtung der deutsch-chinesischen bzw. der amerikanisch-chinesischen Rechtszusammenarbeit auf bestimmte Rechtsgebiete bzw. auf bestimmte Typen der Rechtsberatung illustriert weiterhin, welche Interessen die Rechtszusammenarbeit der BRD bzw. der USA dominieren.

Bereits aus der oben vorgenommenen Betrachtung der Asienkonzepte der Bundesregierung wie auch des BMZ selber, die der deutschen Chinapolitik und damit auch der Rechtszusammenarbeit mit der VRC zugrunde liegen, wird deutlich, dass die Förderung der wirtschaftlichen Entwicklung der VRC wie auch der deutsch-chinesischen Wirtschaftsbeziehungen das dominierende Interesse der BRD darstellt. Dem entsprechend wird der deutsch-chinesische Rechtsstaatsdialog auch als »zweite Schiene des Wirtschaftsdialogs« bezeichnet.[880] Weiterhin diente die Initiierung des Rechtsstaatsdialoges auch dazu, die Beziehungen zur VRC als einem wichtigen Wirtschaftspartner von Fragen die Situation von Rechtsstaatlichkeit und Menschenrechten betreffend zu entlasten.[881] Insofern wird deutlich, dass die BRD mit der Rechtsberatung keine anderweitigen außenpolitischen Interessen, die sich etwa auch auf politische Reformen in der VRC beziehen, verfolgt.

Dieser Befund wird durch die inhaltlichen Schwerpunkte und die Typen der Rechtszusammenarbeit, die das deutsche Angebot dominieren, untermauert. So richtet sich die Arbeit der GTZ, wie gesehen, hauptsächlich auf Gesetzgebungsberatung zu Rechtsetzungsvorhaben aus dem Bereich des Wirtschafts- und Verwaltungsrechts. Das heißt, diese Art der Rechtszusammenarbeit zielt darauf ab, die VRC dabei zu unterstützen, möglichst schnell einen gesetzlichen Rahmen zu etablieren, der zentrale Bereiche des Wirtschaftsgeschehens abdeckt und überdies die Umsetzung von WTO-Vorgaben in natio-

---

880 Interview 07a/2003
881 Interview 09/2003

nales Recht beschleunigen hilft. Auf diese Weise soll ein möglichst reibungsloser Wirtschaftsverkehr zwischen der VRC und der BRD gewährleistet werden. Die Einschätzung, dass die staatliche Rechtszusammenarbeit mit der VRC ganz im Dienste der Förderung der Wirtschafsbeziehungen steht, wird auch dadurch unterstrichen, dass das BMZ die Förderung von Rechtsstaatlichkeit nicht als einen eigenständigen Schwerpunkt der Zusammenarbeit mit der VRC benennt, sondern Rechtszusammenarbeit als Teilaspekt dem Kooperationsschwerpunkt »Wirtschaftsreform und Aufbau der Marktwirtschaft« unterordnet.[882] Insbesondere wird von deutscher Seite auch nicht versucht, im Sinne einer »Trojan Horse« Strategie im Zuge der konkreten Beratungsarbeit unter dem Deckmantel von stärker rechtstechnisch ausgerichteten Veranstaltungen Aspekte, die das Konzept der Rechtsstaatlichkeit in einem umfassenden Sinne sowie explizit Fragen des Menschenrechtsschutzes betreffen, in die Beratungsarbeit einfließen zu lassen. Insofern verfolgt die deutsche staatliche Rechtsberatung auch keine »hidden agendas«.[883]

Dabei kommt diese offen im Dienste der wirtschaftlichen Entwicklung stehende Rechtszusammenarbeit den Interessen der chinesischen Regierung sehr entgegen. So kommt es dieser im Wesentlichen darauf an, durch die Rechtsberatung neutrale Informationen zu bestimmten Rechtbereichen zu erhalten, ohne dass die Geber versuchen, die politischen Aspekte des Rechtsreformprozesses in der VRC zu beeinflussen. Dabei ist sich die chinesische Seite durchaus bewusst, dass viele Geber Rechtszusammenarbeit nicht auf rechtstechnische Aspekte beschränken wollen, sondern versuchen, in die Beratung ebenfalls Fragen die Rechtsstaatlichkeit in einem umfassenden Sinne sowie den Menschenrechtsschutz betreffend einfließen zu lassen.[884] Hier präsentiert sich die deutsche staatliche Rechtsberatung als unverdächtig und wird daher von der chinesischen Seite gerne angenommen.

Trotz der engen Verknüpfung der deutschen Rechtsberatung gegenüber der VRC mit der Förderung wirtschaftlicher Interessen spielen deutsche Wirtschaftsunternehmen, im Gegensatz zur Situation in den USA, kaum eine Rolle als Akteure in der Rechtszusammenarbeit. Insbesondere sind deutsche Unternehmen häufig nicht bereit, sich in größerem Umfang, zum Beispiel durch die Vergabe von Stipendien oder Stiftungslehrstühlen, als Förderer von Maßnahmen der Ausbildung chinesischer Juristen im deutschen Recht, wie sie das DCIR, das CDIR oder auch das CDHK anbieten, zu engagieren.[885]

---

882 Siehe: »Schwerpunkte der deutschen Zusammenarbeit mit der VR China«; Fundstelle: http://www.bmz.de/de/laender/partnerlaender/china/zusammenarbeit.html [Zugriff: 17.07.2005]

883 Interview 09/2003

884 Woodman 2004: 33.

885 Interview 07/2004

Die Ursache ist darin zu sehen, dass die deutsche Wirtschaft allgemein den Zusammenhang zwischen der Ausbildung chinesischer Juristen im deutschen Recht und den sich daraus ergebenden Einflussmöglichkeiten auf das chinesische Rechtssystem, welche dazu führen können, dass sich das chinesische Rechtssystem dem deutschen angleicht und damit auch für deutsche Investoren ein vertrauter Handlungsrahmen entsteht, als für die Praxis nicht relevant ansieht.[886] Nach Einschätzung der amerikanischen Wirtschaft dagegen, die sich sehr stark für die Förderung der Rechtszusammenarbeit mit der VRC und hier insbesondere für die Ausbildung chinesischer Juristen im amerikanischen Recht einsetzt, scheint dieser Zusammenhang gleichwohl durchaus zu bestehen. Angesichts des auch insgesamt sehr starken Engagements der USA in der Rechtszusammenarbeit mit der VRC trägt somit das mangelnde Engagement der deutschen Wirtschaft nicht dazu bei, den Stand des deutschen Rechts gegenüber dem des amerikanischen Rechts in der VRC zu stärken.

Auf Seiten der privaten Anbieter von Rechtszusammenarbeit aus dem universitären Bereich dominieren zum einen Interessen am wissenschaftlichen Austausch mit chinesischen Rechtswissenschaftlern. Hier bemühen sich die jeweiligen Institute um eine intensive rechtsvergleichende Grundlagenforschung mit den chinesischen Partnern.[887]

Darüber hinaus spielen bei deutschen Anbietern von Rechtsberatung aus dem akademischen Bereich Prestigeinteressen eine ebenfalls bedeutende Rolle. So weisen viele deutsche Rechtswissenschaftler, die an Rechtberatungsmaßnahmen beteiligt sind, immer wieder auf die traditionellen Wurzeln des chinesischen Rechts in der deutschen Rechtstradition, vor allem im BGB, hin und begründen damit, dass Rechtsberatung von deutscher Seite den Bedürfnissen der VRC in weitaus höherem Maße entspreche als das amerikanische Angebot.[888] Diese Sichtweise vernachlässigt jedoch die Tatsache, dass das chinesische Rechtssystem vielen Einflüssen unterlag und weiterhin unterliegt, sodass es nicht als eindeutig vom deutschen Recht beeinflusst, sondern vielmehr als hybrid bezeichnet werden muss.

Dennoch sehen viele deutsche Rechtswissenschaftler die Aufgabe deutscher Rechtsberatung gegenüber der VRC darin, den Einfluss des amerikanischen Rechts »zurückzudrängen« und dem deutschen Recht zu der ihm aufgrund der historischen Entwicklung des chinesischen Rechtssystems – vermeintlich – zustehenden Geltung zu verhelfen. Insofern sehen sich deutsche Rechtswissenschaftler häufig in einem ausgeprägten Konkurrenzverhältnis gegenüber der amerikanischen Rechtsberatung in der VRC.[889] Ausdruck

886 ibid.; Interview 10/2004
887 Interview 10/2004; Interview 11/2004
888 Interview 12/2003; Interview 10/2004
889 Interview 03/2003; Interview 08/2004

dieses Konkurrenzdenkens ist dabei eine oft extrem negative Darstellung des amerikanischen Rechts als ein dem deutschen Recht hinsichtlich Dogmatik und Systematik weit unterlegenem Rechtssystem.[890] Auch der Einwand, das amerikanische Recht als Bestandteil des *common law* Rechtskreises eigne sich als »Fallrecht« *per se* nicht für die Übertragung in ein im Aufbau befindliches Rechtssystem wie das der VRC, das geschriebener Gesetze bedürfe, wie sie das deutsche Recht als Bestandteil des *common law* umfasst, wird vorgebracht.[891] Der dennoch große Erfolg amerikanischer Rechtsberatungsangebote insbesondere im akademischen Bereich wird vor diesem Hintergrund in deutschen rechtswissenschaftlichen Kreisen regelmäßig mit dem starken finanziellen Engagement amerikanischer Anbieter von Rechtsberatung sowie mit den besseren Karrieremöglichkeiten, die sich chinesischen Juristen durch eine Ausbildung im amerikanischen Recht bieten, begründet und nicht auf die inhaltlichen Leistungen der amerikanischen Rechtsberatung oder auf die bessere Passgenauigkeit amerikanischer Rechtsnormen für bestimmte Gebiete des chinesischen Rechts zurückgeführt.[892]

Dabei wird häufig nicht kritisch hinterfragt, inwiefern deutsche Rechtsberatungsangebote für chinesische Juristen attraktiv sind. So stellt sich als besonders problematisch dar, dass die deutschen Rechtsberatungsmaßnahmen, die vom DCIR, CDIR und CDHK vor allem zur Ausbildung von chinesischen Juristen angeboten werden, regelmäßig deutsche Sprachkenntnisse voraussetzen. Dadurch wird nur ein sehr kleiner Teil der chinesischen Juristen angesprochen, da im Vergleich zur englischen Sprache Deutsch in der VRC kaum verbreitet ist. Eine Umstellung der Unterrichtssprache könnte somit das Interesse für die von deutscher Seite angebotene Rechtsberatung und auch für das deutsche Recht maßgeblich erhöhen.[893] Hier fehlt vielen deutschen Juristen aber die notwendige Flexibilität, an einer adäquaten Darstellung und Erläuterung vor allem der Termini des deutschen Rechts auch in englischer Sprache zu arbeiten, sodass ein entsprechendes Unterrichtsangebot bisher fehlt. Einen Ansatz, die Sprachbarriere hier zu überwinden, stellt das vom DAAD geförderte Projekt zur Übersetzung deutscher Rechtsliteratur ins Chinesische dar.

Das in der deutschen akademischen Rechtszusammenarbeit mit der VRC verbreitete Prestigedenken geht somit davon aus, dass die deutsche Seite das bessere »Produkt« anzubieten habe,[894] welches sich langfristig auch gegenüber dem amerikanischen Recht durchsetzen werde. Dies verstellt jedoch den

---

890 Interview 05/2003; Interview 11/2004

891 Interview 10/2004

892 ibid.; Interview 11/2004

893 Interview 06/2003; Interview 07/2004

894 Interview 10/2004

Blick darauf, dass nicht immer die dogmatisch und inhaltlich »überlegenen« Normen erfolgreich transplantiert werden, sondern dass insbesondere auch außerrechtliche Aspekte wie die Sprache, in der die Normen abgefasst sind, eine wichtige Rolle spielen.[895] Hier ist das amerikanische Recht dem deutschen überlegen.

Auf amerikanischer Seite sind zum einen wirtschaftliche Interessen wichtige Triebkräfte für die Rechtszusammenarbeit. Hier geht es den USA in erster Linie darum, durch die Rechtsberatung internationale Standards, vor allem im Bereich der WTO-Bestimmungen, des Arbeitsrechts und des Schutzes von IPR, sowohl in der chinesischen Gesetzgebung zu verankern als auch zu gewährleisten, dass derartige Regelungen von der chinesischen Verwaltung eingehalten und durchgesetzt werden. Da die Missachtung von Arbeitsrechtsstandards, Copyrightbestimmungen und WTO-Verpflichtungen durch die VRC bzw. durch chinesische Unternehmen zu unlauteren Wettbewerbsvorteilen für chinesische Anbieter führt, ist die amerikanische Regierung als Vertreterin der Interessen der einheimischen Industrie bestrebt, derartige Verstöße zu verhindern bzw. diesen durch eine Einflussnahme auf Regelungsinhalte und -praxis in der VRC durch Rechtsberatung vorzubeugen. So dient insbesondere auch die Ausbildung von chinesischen Juristen im amerikanischen (Wirtschafts-)Recht dem Ziel, mittel- bis langfristig den Einfluss der USA und des amerikanischen Rechtssystems auf das chinesische Rechtssystems zu stärken und auf diese Weise nicht nur durch eine Harmonisierung des chinesischen Rechts zur Einhaltung internationaler Standards (welche sich vielfach wiederum an Normen des amerikanischen Rechts orientieren[896]) beizutragen, sondern auch, um für amerikanische Unternehmen am chinesischen Markt ein verlässliches und vertrautes rechtliches Umfeld zu schaffen.

Der diesbezügliche Nutzen der Rechtszusammenarbeit wird auch von der amerikanischen Wirtschaft selbst anerkannt. Daher ist diese auch bereit, beispielsweise über den USCLCF des USCBC jährlich größere Summen für die Förderung von Projekten zur Rechtszusammenarbeit mit der VRC zur Verfügung zu stellen. Auch die massive Unterstützung des LL.M. Kooperationsprogramms der Temple University mit der Qinghua Universität und der CUPR durch amerikanische Unternehmen belegt die Einschätzung amerikanischer Unternehmen, dass Rechtszusammenarbeit mit der VRC ihren wirtschaftlichen Interessen entgegen kommt.

Gleichwohl ist das Engagement der amerikanischen Wirtschaft nicht nur von ökonomischen Interessen getragen. Es wurde bereits darauf hingewiesen, dass die Rechtszusammenarbeit der amerikanischen Seite mit der VRC in der Hauptsache von Akteuren der Zivilgesellschaft getragen wird, sodass der

895 Interview 06/2003

896 Siehe DeLisle 1999: 202.

Bereich der Rechtsberatung seinerseits auch starken Impulsen aus der Zivilgesellschaft ausgesetzt ist. Hier werden die Beziehungen der USA zur VRC nicht nur unter wirtschaftlichen Aspekten betrachtet; insbesondere Fragen die Situation von Rechtsstaatlichkeit und Menschenrechtsschutz in der VRC betreffend erhalten großes Gewicht.[897] Daher sieht sich die amerikanische Wirtschaft dem Druck ausgesetzt, nicht nur von den Beziehungen zur VRC im ökonomischen Sinne zu profitieren, sondern ihrerseits dazu beizutragen, dass in der VRC ein wirtschaftliches, soziales und auch politisches Umfeld entsteht, dass amerikanischen Vorstellungen von Demokratie und Rechtsstaatlichkeit entspricht.[898]

Dieses von der amerikanischen Gesellschaft und Öffentlichkeit getragene Bestreben, in der VRC politische Veränderungen anzustoßen bzw. zu unterstützen, die langfristig zur Etablierung eines demokratischen politischen Systems nach amerikanischem Muster führen,[899] liegt auch den außenpolitischen Interessen, die von amerikanischer Seite mit der Rechtsberatung gegenüber der VRC verbunden werden, zugrunde.[900]

So knüpfte der amerikanische Kongress seine Zustimmung zur Gewährung des PNTR Status für die VRC ausdrücklich an die Auflage für die amerikanische Regierung, Rechtsberatungsmaßnahmen mit der VRC zur Verbesserung von Rechtsstaatlichkeit und Menschenrechtsschutz durchzuführen, um auf diese Weise den Verlust der Möglichkeit, durch die Ausübung von wirtschaftlichem Druck im Zuge der jährlichen MFN-Verhandlungen die chinesische Regierung zu Veränderungen in diesen Bereichen zu bewegen, auszugleichen. Mit den Geldern, die der Kongress zu diesem Zweck ab dem Jahr 2000 zur Verfügung stellt, werden daher nicht nur rechtstechnische Beratungsmaßnahmen im Bereich des Wirtschaftsrechts durchgeführt, sondern insbesondere Projekte gefördert, die sich explizit auf die Verbesserung von Rechtsstaatlichkeit, Menschenrechten und Demokratie in der VRC richten. Hier sind vor allem die Förderaktivitäten des DRL, NED sowie der amerikanischen Botschaft in Beijing zu nennen. Die große Bedeutung, die die USA der Förderung von Rechtsstaatlichkeit und Menschenrechten beimessen, spiegelt sich auch in den hohen Summen – bis Ende 2004 über 39 Millionen US$ – die von der amerikanischen Regierung für diesen Bereich zur Verfügung gestellt wurden,[901] wider.

Dabei sind sich sowohl staatliche wie auch private amerikanische Akteure bewusst, dass die mit der Rechtsberatung verbundene Zielsetzung, letztlich

897 Siehe Thurston 2003.
898 Kapp 2003: 86.
899 Thurston 2003: 93–94.
900 DeLisle 1999: 184.
901 GAO 2004: 4.

das amerikanische Modell von Rechtsstaatlichkeit und Demokratie auch in die VRC zu exportieren,[902] nicht den Interessen der chinesischen Regierung entspricht. Daher verfolgen Rechtsberatungsprojekte sehr häufig eine »Trojan Horse« Strategie. Dies bedeutet, dass Projekte, zumeist in Zusammenarbeit mit chinesischen Partnerorganisationen, vordergründig als rein auf rechtstechnische Fragen ausgerichtet konzipiert werden und auch Termini wie »Rechtsstaatlichkeit« und »Menschenrechte« nicht explizit bei der Projektbeschreibung verwenden.[903] Unter diesem Deckmantel jedoch erhalten Fragen mit Bezug zu Rechtsstaatlichkeit und Menschenrechten in der konkreten Beratungsarbeit einen zentralen Stellenwert. Weiterhin versuchen amerikanische Anbieter von Rechtszusammenarbeit durch die Streuung der Fördergelder auf möglichst viele kleinere Projekte das Misstrauen der chinesischen Regierung zu zerstreuen. Diesem Zweck dient auch die Strategie, dass die amerikanische Regierung in der Regel nicht selber bei der Organisation und Implementierung von Rechtsberatungsprojekten in Erscheinung tritt, sondern nur die benötigten finanziellen Mittel, oft über zwischengeschaltete Organisationen wie NED, zur Verfügung stellt.

Nicht immer gelingt es jedoch amerikanischen Akteuren, die der Rechtszusammenarbeit zugrunde liegenden Interessen zu verbergen. Daher wird Rechtsberatungsprojekten, die von amerikanischer Seite angeboten werden, nicht selten großes Misstrauen sowohl seitens der chinesischen Regierung, aber auch von Seiten der an den Maßnahmen teilnehmenden chinesischen Juristen entgegengebracht.[904] Auf diese Weise kann sich die Einbettung der Rechtsberatung in übergeordnete außenpolitische Zielsetzungen auch nachteilig auf den Erfolg von Maßnahmen auswirken.

Das außenpolitische Interesse der USA an einer Förderung von Rechtsstaatlichkeit, Menschenrechten und letztlich der Demokratie in der VRC ergibt sich aus dem tief in der amerikanischen Psyche[905] verwurzelten Bewusstsein, dass es in der Natur eines jeglichen Gemeinwesens liege, sich einer staatlichen und gesellschaftlichen Organisationsform anzugleichen, die dem Modell der amerikanischen Demokratie entspricht, sobald die Hindernisse auf diesem Weg, wie sie zum Beispiel die autoritäre Herrschaft der KPC in der VRC darstelle, beseitigt seien.[906] Bei der Überwindung derartiger Hindernisse ist die Rechtszusammenarbeit – neben der Ausübung von außenpolitischem Druck, zum Beispiel in den Gremien der internationalen Organisationen – nach dem Verständnis sowohl der amerikanischen Regierung als

902 Vgl. Lubman 1999: 5; Woodman 2004: 42.
903 Woodman 2004: 35.
904 Interview 12/2002; vgl. Woodman 2004: 36.
905 Thurston 2003: 93.
906 ibid.

auch der privaten Akteure als ein wichtiges Instrument anzusehen, sodass sich die Interessen staatlicher Förderung von Rechtsberatung und privater Akteure hier ergänzen.

1.5 Angestrebte Reformrichtung: »Top-down« versus »bottom-up«

Die Analyse der schwerpunktmäßigen Ausrichtung der deutsch-chinesischen bzw. der amerikanisch-chinesischen Rechtszusammenarbeit auf bestimmte Typen der Rechtsberatung bzw. auf bestimmte Rechtsgebiete illustriert neben den mit der Rechtszusammenarbeit verfolgten Interessen auch das Konzept, das beide Seiten jeweils dem Gang der Rechtsreformen in der VRC zugrunde legen.

So deutet der Schwerpunkt, der in der deutschen staatlichen Rechtszusammenarbeit mit der VRC sowie auch in der Arbeit der KAS auf die Gesetzgebungsberatung gelegt wird, darauf hin, dass dem Verständnis des Rechtsreformprozesses in der VRC ein »top-down« Ansatz zugrunde liegt. Hier wird zum einen davon ausgegangen, dass eine Verbesserung der institutionellen Rahmenbedingungen, das heißt der gesetzlichen Regelwerke und der Arbeit der Behörden, wesentliche Voraussetzung dafür sind, dass Rechtsreformen erfolgreich sind und zum Entstehen von mehr Rechtsstaatlichkeit führen. Des Weiteren arbeiten Rechtsberatungsmaßnahmen, die einen »top-down« Ansatz verfolgen, schwerpunktmäßig mit staatlichen Einrichtungen auf der zentralen Ebene zusammen. Hier liegt die Auffassung zugrunde, dass Reformen einerseits erfolgreich von staatlichen Stellen verordnet werden können und dass sich des weiteren Reformerfolge auf der Zentralebene langsam zu den unteren Ebenen herunterarbeiten werden. Entsprechend diesem Ansatz bietet die deutsche Rechtsberatung gegenüber der VRC vor allem Gesetzgebungsberatung und Schulungen von Behördenmitarbeitern an; Partner sind hierbei ganz überwiegend chinesische staatliche Einrichtungen auf der Zentralebene.

Der »top-down« Ansatz birgt jedoch einige Schwierigkeiten. So stützt die Gesetzgebungsberatung, die der chinesischen Regierung die notwendigen »Werkzeuge« zur Erreichung bestimmter rechtspolitischer Reformziele an die Hand geben will, die ohnehin in der VRC verbreitete instrumentelle Rechtsauffassung, insbesondere im Hinblick auf das Recht als Mittel zur Förderung wirtschaftlicher Entwicklung.[907] Durch Beratung, die sich rein auf rechtstechnische Aspekte bezieht, entsteht so auf Seiten der chinesischen Partner der Eindruck, dass es für Reformerfolge ausreiche, wenn Sprache und Form ausländischer Gesetzeswerke übernommen werden, um so in der VRC die gleiche Wirkung zu erzielen, die diese Gesetze auch in ihren Ursprungs-

907 Alford 1999: 204; Orts 2001: 69.

rechtsordnungen zu erzielen in der Lage sind; das Recht wird hier also als ein kontextunabhängiges Werkzeug betrachtet, das ungeachtet aller kulturellen, gesellschaftlichen und politischen Rahmenbedingungen überall die gleiche Wirkung entfaltet.[908] Ohne das Verständnis und vor allem die Verinnerlichung des grundlegenden Konzeptes der Rechtsstaatlichkeit, das insbesondere auch die Unterordnung der KPC und des Staates unter das Recht fordert, ist jedoch nicht davon auszugehen, dass die Gesetze die angestrebte Wirkung entfalten werden.[909] Darüber hinaus fördert ein derartiges instrumentelles Rechtsverständnis auch nicht den Respekt vor dem Recht als übergeordneter Instanz, sodass dem Problem der Manipulation von Recht zur Durchsetzung politischer Ziele nicht wirksam begegnet wird und mithin auch keine Rechtssicherheit erzielt werden kann.[910]

Weiterhin ist nicht davon auszugehen, dass Rechtsreformen, die auf der zentralen Ebene erfolgreich umgesetzt werden konnten, sich auf untergeordneten Ebenen fortsetzen.[911] So konnten in der VRC auf der zentralen Ebene, in Beijing, sowie in großen Städten der Küstenregion beispielsweise Justizreformen zur Professionalisierung der Richter und Anwälte sowie zur Steigerung der Unabhängigkeit der Gerichte bereits erfolgreich umgesetzt werden; diese Fortschritte hatten bisher jedoch keinerlei Auswirkungen auf ländliche Regionen, in denen es nach wie vor kaum qualifizierte Anwälte gibt und auch die Gerichte, zum Beispiel infolge von ausgeprägtem Lokalprotektionismus, nicht unabhängig arbeiten.[912]

Schließlich muss sich ein »top-down« ausgerichteter Ansatz von Rechtsberatung, der sich an staatliche Stellen und deren Vertreter als zentrale Ansprechpartner für Reformprojekte wendet, stets an den Interessen orientieren, die diese Partner mit einzelnen Reformmaßnahmen verfolgen und die sich häufig auch auf die Erhaltung des status quo richten.[913] Ebenso gehen die Interessen, die die Bevölkerung mit den Rechtsreformen verbindet, kaum in eine »top-down« ausgerichtete Rechtsberatung ein. Vor diesem Hintergrund fällt es einer rein »top-down« ausgerichteten Rechtsberatung schwer, progressiven Wandel anzustoßen.

Die deutsche private Rechtsberatung gegenüber der VRC durch Akteure aus dem akademischen Bereich sowie die Arbeit der HBS konzentriert sich dabei mit dem Angebot von Ausbildungsmaßnahmen für chinesische Juristen bzw. mit dem Bemühen um eine Stärkung des NRO Sektors in der VRC fast

908 Alford 1999: 204.
909 ibid.: 204–205.
910 Potter 2001: 11.
911 Woodman 2004: 33.
912 Peerenboom 2002: 290–295; 310–312; Woodman 2004: 33.
913 Vgl. Woodman 2004: 33.

ausschließlich auf Projekte, die einem »bottom-up« Ansatz folgen. Aufgrund der unzureichenden Finanzierung der akademischen Programme sowie der erst kurzen Laufzeit der Maßnahmen der HBS aber kann hier nur eine sehr punktuelle Wirkung erzielt werden.

Dem gegenüber verfolgt sowohl die amerikanische staatliche bzw. staatlich finanzierte Rechtszusammenarbeit mit der VRC als auch das Angebot privater Akteure schwerpunktmäßig einen »bottom-up« Ansatz. Zum einen wird dieser »bottom-up« Ansatz an der starken Gewichtung deutlich, die die Ausbildung chinesischer Juristen (Rechtsberatung Typ II) in der amerikanischen Rechtsberatung erfährt. Hier wird davon ausgegangen, dass nachwachsende Juristengenerationen, die gut ausgebildet sind und durch die Vertrautheit mit westlichen Rechtssystemen auch über eine größere Offenheit gegenüber Rechtsstaatlichkeit in einem umfassenden Sinne und gegenüber dem Menschenrechtsschutz verfügen, als Katalysatoren für Transformationsprozesse wirken, wenn sie im Verlauf ihrer Karriere in politisch einflussreiche Positionen gelangen.[914] In vielen Fällen sind bereits Ansätze erkennbar, dass diese »bottom-up« Strategie Wirkung zeigt, da in der Tat viele im Ausland (und hier wiederum in den USA) ausgebildete chinesische Juristen nach ihrer Rückkehr in bedeutsame Positionen gelangten.[915] Auch deutsche private Akteure aus dem akademischen Bereich, insbesondere das DCIR, verfolgen einen derartigen Ansatz;[916] aufgrund der nur sehr geringen Anzahl an chinesischen Juristen, die an diesen Maßnahmen teilnehmen können, nimmt diese Strategie wie erwähnt in der deutsch-chinesischen Rechtszusammenarbeit aber nur eine untergeordnete Position ein.

Weiterhin berücksichtigt ein »bottom-up« ausgerichteter Beratungsansatz auch in hohem Maße die Interessen, die die Bürger mit dem Rechtsreformprozess verbinden. So zählt es zu den wichtigsten Anliegen weiter Teile der Bevölkerung in der VRC, dass Möglichkeiten für die Durchsetzung von häufig schon in Gesetzen festgeschriebenen Rechten geschaffen werden.[917] Hier versucht vor allem das Angebot von legal aid, welches durch Projekte aller Akteure in der amerikanisch-chinesischen Rechtszusammenarbeit unterstützt wird, die oft noch unzureichende Verbreitung anwaltlicher Dienstleistungen auszugleichen und insbesondere auch marginalisierten Bevölkerungsgruppen wie Frauen, Kindern, Angehörigen ethnischer Minderheiten, Behinderten und Wanderarbeitern einen Zugang zum Recht zu eröffnen. Neben dem Rechts-

914 Interview 02/2004

915 Potter 2001: 4; 157, FN 7 (hier Aufzählung bedeutender chinesischer Juristen, die an ausländischen Rechtsberatungsmaßnahmen partizipierten); siehe auch die Aufstellung einiger CLEEC Alumni in Kapitel VI, Abschnitt 3.4.2.2

916 Interview 07/2003; siehe auch oben, Kapitel V, Abschnitt 5.1

917 Vgl. Woodman 2004: 34.

schutz im individuellen Fall fördert die legal aid Arbeit darüber hinaus auch die Umsetzung und Vertiefung von Rechtsreformen. So entsteht beispielsweise erst dann Druck hinsichtlich des Erlasses von adäquaten Verfahrensvorschriften bzw. hinsichtlich der Erhöhung von richterlicher Kompetenz und Unabhängigkeit, wenn immer mehr Bürger die Dienste von Gerichten in Anspruch nehmen und sich so die Nachfrage nach fairen Verfahren erhöht. Auch die Notwendigkeit eines besseren Schutzes der Rechte von benachteiligten Bevölkerungsgruppen durch Gesetzgebung und Rechtspraxis wird häufig erst dadurch deutlich, dass diese Gruppen durch das Angebot von legal aid die Möglichkeit erhalten, auf ihre Lage und notwendige Verbesserungen im Rechtssystem aufmerksam zu machen.

Schließlich ist ein »bottom-up« ausgerichteter Beratungsansatz auch vor dem Hintergrund von Bedeutung, dass die Rechtsberatung amerikanischer Akteure, wie oben dargestellt, explizit darauf abzielt, politische Transformationsprozesse in der VRC durch Rechtszusammenarbeit zu fördern. So sollen durch die Rechtsberatungsprojekte mit chinesischen Partnerorganisationen, die auch Fragen der Entwicklung von Rechtsstaatlichkeit und Menschenrechtsschutz zum Gegenstand der Zusammenarbeit machen, positive Trends in der VRC selbst im Hinblick auf die Entstehung von Rechtsstaatlichkeit und einer Zivilgesellschaft verstärkt werden.[918] Es wird davon ausgegangen, dass diese Trends ein Eigenleben entwickeln und so schließlich einen Reformdruck erzeugen, dem auch die chinesische Regierung nicht mehr entgegen treten kann; langfristig soll auf diese Weise der Weg für eine Demokratisierung der VRC bereitet werden.[919] Rechtszusammenarbeit wird somit angesehen als »the most *subversive* thing we can get to happen. That starts to create subterranean fissures, by changing the way people think, understand, and process issues. That's ultimately more effective than standing in Tiananmen Square.«[920] Die amerikanische Rechtszusammenarbeit ist mit der Verfolgung eines »bottom-up« Ansatzes somit auf eine Veränderung des status quo in der VRC mit Hilfe progressiver inländischer Kräfte ausgerichtet.

Der jeweils von der deutschen bzw. von der amerikanischen Seite verfolgte Beratungsansatz gibt in einem weiteren Schritt auch Aufschluss über das den jeweiligen Rechtsberatungsmaßnahmen zugrunde liegende Rechtsstaatsverständnis.

---

918 Stephenson 2000: 6.

919 ibid.: 14.

920 ibid.: 15 (Hervorhebung der Verfasserin).

1.6 Zugrunde liegendes Rechtsstaatsverständnis: »Thin theory« versus »thick theory«

Auch wenn davon auszugehen ist, dass es eine große Vielzahl an Bedeutungen gibt, die dem Konzept der Rechtsstaatlichkeit beigemessen werden, sodass Rechtsstaatlichkeit als ein »essentially contested concept«[921] anzusehen ist, so gibt es dennoch eine Minimaldefinition der Inhalte von Rechtsstaatlichkeit, die weithin anerkannt ist und daher auch hier dem Vergleich des jeweiligen Verständnisses von Rechtsstaatlichkeit, das die deutsch-chinesische bzw. die amerikanisch-chinesische Rechtszusammenarbeit anleitet, zugrunde gelegt werden soll. So lässt sich das Konzept der Rechtsstaatlichkeit in zwei Typen einteilen: einem »formalen« oder »instrumentalistischen« Konzept von Rechtsstaatlichkeit steht ein »normatives« Konzept von Rechtsstaatlichkeit gegenüber. In der englischsprachigen Literatur werden die Ausdrücke »thin theory of rule of law« bzw. »thick theory of rule of law« verwendet.[922]

Das formale Rechtsstaatskonzept hebt die wesentlichen Elemente hervor, die ein Rechtssystem benötigt, um seine elementare Aufgabe zu erfüllen: die Fähigkeit, das Verhalten der Menschen verlässlich anzuleiten.[923] Zu diesen Elementen zählen feste Regeln darüber, welche staatlichen Organe mit Rechtssetzungsbefugnis ausgestattet sind; weiterhin müssen Gesetze gemäß bestimmter festgelegter Verfahren erlassen worden sein, um Gültigkeit beanspruchen zu können. Gesetze müssen klar, allgemein verständlich und für alle Rechtsunterworfenen in gleicher Weise anwendbar sein sowie dem Rückwirkungsverbot genügen. Die Umsetzung der Gesetze durch Staat und Verwaltung muss gewährleistet sein, und schließlich müssen die durch die Gesetze getroffenen Regelungen dem Gerechtigkeitsempfinden der Bevölkerung weitgehend entsprechen.[924] Ziel der Errichtung eines Rechtsstaates im formalen Sinne ist es dabei, Anarchie und Willkür staatlichen Handelns zu vermeiden, Erwartungssicherheit für Bürger und Wirtschaftssubjekte und damit die Voraussetzungen für persönliche Freiheit und wirtschaftliche Entwicklung zu schaffen, Möglichkeiten der fairen und friedlichen Konfliktbeilegung anzubieten und schließlich die Legitimität der Regierung zu stärken.[925]

Das normative Rechtsstaatskonzept ergänzt die genannten Merkmale des formalen Konzeptes um Vorgaben, die die jeweilige Ausgestaltung des Wirtschaftssystems eines Staates (freie Marktwirtschaft, soziale Marktwirtschaft,

921 Peerenboom 2004a: 1.

922 ibid.: 2.

923 Peerenboom 2000a.

924 Peerenboom 2004a: 2–3.

925 ibid.: 3.

Planwirtschaft etc.), das Regierungssystem (Demokratie, Ein-Parteien-System etc.) und den Status von Menschenrechten betreffen.[926]

Vor dem Hintergrund dieser Ausführungen wird deutlich, dass der deutschen staatlichen Rechtszusammenarbeit mit der VRC ein formales Rechtsstaatskonzept zugrunde liegt. So richtet sich die Arbeit der GTZ im Bereich Gesetzgebungsberatung und (bis Ende 2004) Ausbildung von Verwaltungspersonal auf die Herstellung einer Rechtsordnung in der VRC, die den formalen Kriterien von Rechtsstaatlichkeit genügt. Darüber hinaus gehende Aspekte, wie etwa die Wirtschaftsordnung oder das politische System zu gestalten sind und welchen Rang der Schutz von Menschenrechten genießen sollte bzw. welches Menschenrechtskonzept überhaupt Gültigkeit beanspruchen soll, sind nicht Gegenstand der Beratungsmaßnahmen.

Auch private Akteure in der deutsch-chinesischen Rechtszusammenarbeit folgen im Wesentlichen diesem formalen Rechtsstaatskonzept, auch wenn hier, vor allem bei der Ausbildung von chinesischen Juristen, die Sensibilisierung für die normativen Grundlagen des Konzeptes eine stärkere Rolle spielen.

Eine solche Beschränkung auf rechtstechnische bzw. formale Aspekte der Rechtsstaatlichkeit kann die Rechtszusammenarbeit mit der VRC zunächst erleichtern. So wird auch seitens der chinesischen Regierung das formale Rechtstaatskonzept weitgehend akzeptiert,[927] auch wenn dieses aufgrund der nach wie vor bestehenden zahlreichen Mängel des Rechtssystems noch nicht als verwirklicht angesehen werden kann.[928] Zur Überwindung dieser Mängel, vor allem im Bereich der Verwaltungstätigkeit und der Gesetzgebung, ist die chinesische Regierung auch bereit, mit westlichen Staaten wie der BRD zu kooperieren, während westliche, liberal-demokratische Versionen eines normativen Rechtsstaatskonzeptes nicht konsensfähig sind und von der chinesischen Regierung zurückgewiesen werden. Insofern kann die Beschränkung auf formale Aspekte der Rechtszusammenarbeit zunächst die Tür öffnen, indem die Punkte, in denen auf beiden Seiten Einigkeit herrscht, als Grundlage für eine Zusammenarbeit gewählt werden, während strittige Fragen (zum Beispiel hinsichtlich der normativen Ausgestaltung des Rechtsstaatskonzeptes) ausgeklammert bleiben.[929]

Die amerikanische Rechtsberatung gegenüber der VRC dagegen sieht die Förderung von Rechtsstaatlichkeit und Menschenrechten sowie auch von Demokratie stets als eine Einheit an und geht damit von einem normativen Rechtsstaatskonzept aus, das in einem westlichen liberalen Demokratiever-

926 Peerenboom 2002: 3.

927 Orts 2001: 69.

928 Peerenboom 2000b

929 Peerenboom 2004a: 8; Interview 02/2005

ständnis wurzelt. Dies zwingt amerikanische Rechtszusammenarbeit mit der VRC zum einen dazu, im Sinne einer »Trojan Horse« Strategie zunächst vordergründig formale Aspekte der Rechtsstaatlichkeit in den Vordergrund zu stellen, um überhaupt eine Basis für die Initiierung von Rechtsberatungsmaßnahmen zu schaffen.[930] Im Laufe dieser Zusammenarbeit wird dann von amerikanischer Seite häufig versucht, unter diesem Deckmantel auch normative Elemente des Rechtsstaatskonzeptes, vor allem hinsichtlich des Menschenrechtsschutzes, in die Zusammenarbeit einfließen zu lassen.

Dieses Vorgehen wird in der VRC teilweise ambivalent beurteilt. Zum einen besteht, vor allem im akademischen Bereich, ein großes Interesse daran, im Rahmen eines der Rechtszusammenarbeit zugrunde liegenden normativen Konzeptes von Rechtsstaatlichkeit auch Fragen aus dem Bereich des Menschenrechtsschutzes und der demokratischen Entwicklung zu behandeln.[931] Da diese Probleme jedoch nicht offen diskutiert werden können, dient das Konzept der Rechtsstaatlichkeit in vielen Fällen auch als »Chiffre«, um im Rahmen der Zusammenarbeit diese sensiblen Bereiche abdecken zu können.

Auf der anderen Seite jedoch führt die Betonung eines normativen Rechtsstaatskonzeptes auch dazu, dass den Rechtsberatungsangeboten amerikanischer Geber vor allem von staatlicher chinesischer Seite mit großem Misstrauen begegnet wird, da diese Programme als zu offensichtlich an die Erreichung außenpolitischer Interessen gekoppelt angesehen werden.[932] Daher wird teilweise empfohlen, die Rechtszusammenarbeit von Inhalten, die über die reine Rechtsberatung hinausgehen, zu entkoppeln und auf diese Weise nicht länger unter dem Vorwand der Verfolgung eines normativen Rechtsstaatskonzeptes für eine Verwirklichung von politischen Reformen in der VRC zu arbeiten.[933] Hier ist jedoch zu entgegnen, dass die amerikanische Rechtsberatung bereits seit langer Zeit und in erheblichem Umfang in der Lage ist, Rechtsberatungsmaßnahmen mit chinesischen Partnern auch in sensiblen Bereichen wie dem Strafrecht durchzuführen. Wäre unter den chinesischen Partnern in der Tat ein Misstrauen gegenüber den amerikanischen Beratungsangeboten weit verbreitet bzw. herrschte hier keine Übereinstimmung mit der Ausrichtung der Zusammenarbeit an einem normativen Rechtsstaatskonzept, wäre eine derartige Kontinuität nicht möglich. So haben vielmehr amerikanische Geber, im Gegensatz vor allem zu deutschen staatlichen Anbietern von Rechtszusammenarbeit, erkannt, dass im universitären Bereich und im Bereich der NRO in der VRC ein starkes Potenzial für die Durchführung von Rechtsberatungsmaßnahmen auch mit deutlichem Bezug zu Fragen

930 Peerenboom 2004a: 8.

931 ibid.: 9–10.

932 Woodman 2004: 36; Interview 11/2002

933 Peerenboom 2000a.

aus dem Bereich des Menschenrechtsschutzes vorhanden ist und nutzen dieses Potenzial zur Unterstützung von Reformen »von innen heraus« aus.

2. Zwischenbetrachtung

Vor dem Hintergrund der oben dargestellten empirischen Ergebnisse wird der große Unterschied zwischen deutscher und amerikanischer Rechtszusammenarbeit mit der VRC sowohl hinsichtlich des politischen Hintergrundes, der Finanzierung, des Gewichtes staatlicher bzw. privater Initiativen, der Gewichtung der mit der Zusammenarbeit verfolgten Interessen sowie hinsichtlich der schwerpunktmäßig beratenen Rechtsgebiete und eingesetzten Typen von Beratungsmaßnahmen deutlich.

Dabei zeigt sich zum einen, dass die von deutscher Seite schwerpunktmäßig verfolgte Gesetzgebungsberatung vor allem zu Bereichen des Wirtschaftsrechts nicht mehr in jeder Hinsicht als den chinesischen Bedürfnissen angemessen anzusehen ist. Der Überblick über die verschiedenen von amerikanischer Seite angebotenen Programme verdeutlicht vielmehr, dass auf chinesischer Seite großes Interesse an einer Zusammenarbeit im Bereich der Juristenausbildung herrscht und auch eine Beratung zu sensibleren Themen mit stärkerem Bezug zu Menschenrechten und normativen Rechtsstaatskonzepten nicht nur politisch möglich ist, sondern, vor allem von akademischer Seite, von den chinesischen Partnern auch gewünscht wird. Da insbesondere die Ausbildung junger chinesischer Juristen als ein wichtiger »Schlüssel« für die zukünftige Entwicklung des chinesischen Rechtssystems anzusehen ist, sollte sich die deutsche Rechtsberatung wesentlich stärker als bisher in diesem Bereich engagieren. Dies gilt insbesondere vor dem Hintergrund, dass eine Beeinflussung des chinesischen Rechts auch zur Wahrung deutscher wirtschaftlicher Interessen von großer Bedeutung ist.

Um hier ein stärkeres Gewicht für die deutsche Rechtsberatung zu erreichen, sind jedoch wichtige Anpassungen nötig. Zum einen bedarf es einer Erhöhung und Umverteilung der für die Rechtszusammenarbeit zur Verfügung gestellten Ressourcen. So können die deutschen akademischen Programme zur Ausbildung chinesischer Juristen kaum Wirkung entfalten, da ihnen die finanziellen Mittel zum Ausbau der Projekte fehlen. Vor dem Hintergrund, dass die USA bereits seit Jahren junge chinesische Juristen ausbilden und die entsprechenden Programme über ausreichende Mittel verfügen, um gegenüber den deutschen Programmen ein Vielfaches an chinesischen Studenten aufzunehmen, wird deutlich, dass die deutschen Maßnahmen nur dann überhaupt noch Wirkung erzielen können, wenn die finanziellen Unterstützung schnell und umfassend erhöht wird.

Auch insgesamt ist die deutsche Rechtsberatung im Vergleich zur amerikanischen deutlich unterfinanziert. Dies liegt zum einen an fehlenden staatlichen Geldern, ist aber insbesondere darauf zurückzuführen, dass es auf deutscher Seite fast kein zivilgesellschaftliches oder wirtschaftliches Engagement für die Rechtszusammenarbeit gibt, während diese Bereiche in den USA den Großteil der angebotenen Maßnahmen finanzieren. Hier sind somit insbesondere auch deutsche Großunternehmen gefragt, die im Gegensatz zu amerikanischen Unternehmen bisher noch kaum die Bedeutung der Rechtszusammenarbeit mit der VRC für die Durchsetzung ihrer Interessen erkannt haben und dem entsprechend auch nur in sehr geringem Maße als Förderer derartiger Maßnahmen in Erscheinung treten.

Darüber hinaus ist aber auch eine Flexibilisierung der deutschen akademischen Programme nötig. Vor dem Hintergrund, dass immer mehr junge Chinesen Englisch lernen (wollen) und gleichzeitig die Bemühungen der Bundesrepublik um die Verbreitung der deutschen Sprache im Ausland, zum Beispiel durch die Schließung von Goethe-Instituten, zurück gehen, ist das Angebot einer Ausbildung im deutschen Recht *in deutscher Sprache*, wie es vom DCIR und CDIR praktiziert wird, nicht mehr angemessen. So müssen auch deutsche Juristen – nicht zuletzt angesichts der deutschen Sprachpolitik – umdenken lernen und sich um eine adäquate Darstellung des deutschen Rechts in englischer Sprache bemühen, auch wenn dieses angesichts vieler spezifischer Begriffe der deutschen Rechtssprache sehr aufwändig ist. Die Übersetzung deutscher Rechtsliteratur ins Chinesische, wie sie vom DAAD unterstützt wird, kann hier keine Alternative darstellen, da diese Art, das deutsche Recht chinesischen Juristen zugänglich zu machen, bei weitem zu zeit- und kostenaufwändig ist. Gelingt die Vermittlung deutschen Rechts in englischer Sprache nicht, so ist davon auszugehen, dass das deutsche Recht in der VRC langfristig auf den Status eines »Exotenfachs«, das nur von wenigen interessierten »Deutschrechtlern« betrieben wird, festgelegt bleibt.

Weiterhin sollte die Konzentration der finanziellen Mittel für die Rechtszusammenarbeit bei der GTZ aufgebrochen werden. Es wurde deutlich, dass die Größe der Organisation sowie der häufig nicht ausreichend vorhandene Sachverstand hinsichtlich des chinesischen Rechts zu einem Maßnahmenangebot führt, das nicht immer den chinesischen Bedürfnissen entspricht. Das amerikanische Beispiel zeigt, dass eine hohe Diversifizierung der Anbieter von Rechtszusammenarbeit ein hohes Innovationspotenzial für die Ausarbeitung passgenauer Programme bietet. Darüber hinaus erlaubt es auch die Zusammenarbeit mit chinesischen regierungsfernen Organisationen sowie das auf amerikanischer Seite vorhandene Fachwissen auf dem Gebiet des chinesischen Rechts und Rechtsreformprozesses, auf die auf chinesischer Seite vorhandenen Bedürfnisse mit der Rechtsberatung gezielt einzugehen. Auch hier sollte verstärkt auf das im deutschen akademischen Bereich durchaus vorhandene Fachwissen zur Verbesserung des deutschen Angebotes zurückgegriffen werden.

Insgesamt muss somit festgehalten werden, dass von deutscher Seite – vor allem durch mangelnde Finanzierung sowie durch die Vernachlässigung kompetenter Akteure – nicht hinreichend und angemessen auf das auf chinesischer Seite durchaus bestehende Interesse am deutschen Recht geantwortet wird. Dies führt dazu, dass amerikanische Rechtsberatungsmaßnahmen hier deutlich im Vorteil sind und somit langfristig von einer immer stärkeren Orientierung des chinesischen Rechts am amerikanischen Rechtssystem auszugehen ist. Hier ändert auch die von deutschen Rechtswissenschaftlern häufig vorgebrachte Behauptung, das amerikanische Recht sei dem deutschen qualitativ unterlegen, nichts. Wenn Sprachbarrieren nicht durchbrochen werden und Rechtsberatung aufgrund mangelnder Finanzierung und Sachverstandes häufig nur punktuell und nicht immer passgenau angeboten wird, kann auch die »Qualität des angebotenen Produktes«[934] diese strukturellen und inhaltlichen Defizite nicht immer ausgleichen. Insofern kann es hilfreich sein, wenn sich deutsche in der Rechtsberatung gegenüber der VRC engagierte Akteure – auch kritisch – mit dem Beispiel der amerikanisch-chinesischen Rechtszusammenarbeit auseinandersetzen. Hierzu möchte die vorliegende Arbeit anregen und die notwendige empirische Grundlage liefern.

3. Theoretische Ergebnisse der Untersuchung

3.1 Entstehung von epistemischen Gemeinschaften

Im methodischen Teil der Studie wurde auf die Schwierigkeit der Operationalisierung des Konzeptes der epistemischen Gemeinschaften und damit zusammenhängend auf die Probleme, denen sich jeder Versuch des *Nachweises* der Existenz derartiger epistemischer Gemeinschaften zwischen deutschen bzw. amerikanischen und chinesischen Juristen gegenübersieht, hingewiesen. Vor dem Hintergrund dieser Problematik wurde ein Vorschlag unterbreitet, welche beobachtbaren Phänomene als Indikatoren plausibel auf die Existenz von epistemischen Gemeinschaften hindeuten können. Diese Indikatoren sollen im Folgenden nochmals genannt werden, um daraufhin zu überprüfen, inwieweit sich diese in der Empirie der deutsch-chinesischen bzw. der amerikanisch-chinesischen Rechtszusammenarbeit manifestieren. Darauf aufbauend kann dann eine Aussage darüber getroffen werden, ob es plausibel ist, in den jeweiligen Fällen von der Existenz epistemischer Gemeinschaften auszugehen.

Zum einen wurde die Möglichkeit der chinesischen und deutschen bzw. amerikanischen Juristen, während der Rechtszusammenarbeit miteinander in einen direkten fachlichen Austausch zu treten, als ein Indikator für die Entstehung epistemischer Gemeinschaften genannt. Voraussetzung für einen

934 Interview 10/2004

derartigen Austausch ist zunächst die Fähigkeit wie auch die Gelegenheit zur Verständigung.

In der staatlichen deutsch-chinesischen Rechtszusammenarbeit stellen sich hier Probleme, da es zum einen kaum Personen gibt, die die chinesische Sprache beherrschen. Insofern muss auf die englische Sprache zur Kommunikation ausgewichen werden. Da jedoch vor allem die höherrangigen und damit auch älteren der an den Rechtsberatungsmaßnahmen teilnehmenden chinesischen Juristen häufig nicht ausreichend Englisch sprechen bzw. verstehen, muss in vielen Fällen auf Dolmetscher zurückgegriffen werden.[935] Eine derartige über Dritte vermittelte Kommunikation kann jedoch in der Regel nicht zu einem fruchtbaren Gedankenaustausch führen, da Gespräche sowohl durch die notwendigen Unterbrechungen erschwert werden wie auch Hemmungen bestehen, eigene Ansichten gegebenenfalls auch zu sensiblen Themen unter Einbeziehung Dritter zu äußern.

Erschwerend kommt hinzu, dass häufig auf Seiten der Rechtswissenschaftler, die an der staatlichen deutschen Rechtsberatung gegenüber der VRC teilnehmen, keine umfassenden Kenntnisse des chinesischen Rechts bzw. der Situation in der VRC selbst vorhanden sind. Hier fehlt somit jede Grundlage, an der ein Austausch mit chinesischen Kollegen ansetzen könnte.

Schließlich ist auch die Art der Veranstaltungen der staatlichen deutsch-chinesischen Rechtszusammenarbeit nicht geeignet, persönliche Kontakte, wie sie die Grundlage für die Entstehung epistemischer Gemeinschaften sind, zu fördern. So gibt es zum einen keine personelle Kontinuität auf Seiten der deutschen Experten, sodass Kontakte nicht im Zuge des wiederholten Zusammentreffens deutscher und chinesischer Rechtswissenschaftler wachsen können. Darüber hinaus weist die Zusammensetzung der chinesischen Delegationen zumeist ein starkes hierarchisches Gefälle auf, sodass insbesondere jüngere chinesische Juristen – die in der Lage wären, auch auf Englisch mit den ausländischen Kollegen zu kommunizieren – sich nicht in der Position fühlen, aus eigener Initiative heraus Kontakte zu den deutschen Experten zu knüpfen.[936] Schließlich muss auch erwähnt werden, dass auf Seiten der deutschen und anderer Juristen nicht immer Interesse daran besteht, mit ihren chinesischen Kollegen in Kontakt und Austausch zu treten,[937] da für einige der ausländischen Experten nicht das Interesse an der VRC und am chinesischen Recht Ausschlag gebend für die Teilnahme an Rechtsberatungsmaßnahmen ist, sondern vielmehr finanzielle Anreize, Reisegelegenheiten und Prestigeinteressen im Vordergrund stehen.

---

935 Interview 01/2003; 04/2003; 05/2003;

936 Vgl. Interview 02/2003

937 Interview 09/2002

Ein etwas anderer Befund ergibt sich hinsichtlich der deutschen privaten Rechtszusammenarbeit mit der VRC. Hier geht die Zusammenarbeit in fast allen Fällen auf chinesische Rechtswissenschaftler zurück, die in Deutschland im deutschen Recht ausgebildet wurden.[938] Nach ihrer Rückkehr in die VRC lassen diese Juristen in vielen Fällen den Kontakt zu den von ihnen in Deutschland besuchten Universitäten wieder aufleben und bemühen sich um die Einrichtung von Kooperationsprogrammen, wie dies im Fall des DCIR und des CDIR geschehen ist oder stehen als Ansprechpartner und Organisatoren für einzelne Maßnahmen wie das Übersetzungsprojekt des DAAD oder auch für die Programme der politischen Stiftungen zur Verfügung. So haben alle chinesischen Juristen, die an dem Projekt des DAAD beteiligt sind, in Deutschland studiert bzw. auch promoviert.[939] Hier lässt somit der gemeinsame Ausbildungshintergrund im deutschen Recht als Indikator auf die Entstehung einer epistemischen Gemeinschaft schließen.

Weiterhin ergeben sich, da die in Deutschland ausgebildeten Juristen die deutsche Sprache beherrschen, keine Verständigungsprobleme, auch wenn deutsche an den Kooperationsmaßnahmen beteiligte Juristen der chinesischen Sprache nicht immer mächtig sind. Daher sind sowohl der persönliche Austausch wie auch die Möglichkeit der wechselseitigen Rezeption von Publikationen als weitere Indikatoren für die Entstehung von epistemischen Gemeinschaften gegeben.

Darüber hinaus sind die in Deutschland ausgebildeten chinesischen Juristen auch innerhalb der VRC gut miteinander vernetzt und bilden einen »Pool« an »Deutschrechtlern«, die miteinander in engem, auch persönlichem Austausch stehen.[940] Durch die in Zusammenarbeit mit den deutschen ehemaligen Ausbildungsinstitutionen der chinesischen Juristen entstehenden Kooperationsprogramme werden weiterhin auch junge chinesische Juristen an das deutsche Recht und an die deutsche Sprache herangeführt, sodass sich die Gemeinschaft der chinesischen »Deutschrechtler« stetig vergrößert. Hinzu kommt, dass an deutsch-chinesischen Instituten wie dem DCIR und dem CDIR auch junge deutsche Juristen, zumeist in Sommerkursen, in den Grundlagen des chinesischen Rechts ausgebildet und überdies ermuntert werden, ihrerseits die chinesische Sprache zu erlernen.[941] Auf diese Weise wächst nach und nach im Zuge dieser Art von Rechtszusammenarbeit eine deutsche und chinesische Juristengeneration heran, die sowohl über Kenntnisse des jeweils anderen Rechtssystems verfügt wie auch über die Möglichkeit, sich direkt miteinander zu verständigen.

938 Interview 01/2005; Interview 02/2005; Interview 03/2005

939 Interview 07/2004

940 ibid.; Interview 08/2004; Interview 10/2004; Interview 02/2005

941 Interview 07/2003; Interview 10/2004

Schließlich wurde die relative Unabhängigkeit von der Politik, also die Bereitschaft, auch über sensible Themen wie das Strafrecht und den Menschenrechtsschutz in einen offenen und konstruktiven Austausch zu treten, als ein weiterer Indikator für die Existenz von epistemischen Gemeinschaften angeführt. Hier zeigt die Untersuchung der deutschen privaten Rechtsberatungsprogramme, dass zwischen chinesischen und deutschen Rechtswissenschaftlern diese Themen durchaus offen behandelt werden, indem zum Beispiel das MPI gemeinsame Forschungsprojekte im Bereich des Strafrechts durchführt und sowohl das DCIR wie auch das CDIR die Behandlung normativer Aspekte des Rechtsstaatskonzeptes in ihr Kursangebot aufnehmen.[942] Auch die FES sowie in jüngerer Zeit die KAS behandeln Menschenrechtsfragen und Aspekte des Strafrechts in ihrem Beratungsangebot.

Insofern kann davon ausgegangen werden, dass mit den in Deutschland ausgebildeten chinesischen Juristen und ihren heute an der Rechtszusammenarbeit im akademischen Bereich beteiligten deutschen Kollegen bereits eine epistemische Gemeinschaft besteht, die durch die stetige Ausbildung junger deutscher und chinesischer Juristen noch erweitert werden kann. Jedoch muss hier erneut darauf hingewiesen werden, dass aufgrund der völlig unzureichenden finanziellen Förderung der deutschen privaten akademischen Rechtszusammenarbeit mit der VRC letztlich nur eine sehr geringe Anzahl an chinesischen und auch deutschen Juristen eine entsprechende Ausbildung genießen kann, sodass die hier entstehenden epistemischen Gemeinschaften kein großes Gewicht erhalten können.

Hinsichtlich der amerikanisch-chinesischen Rechtszusammenarbeit lassen sich ebenfalls Indikatoren für die Existenz von epistemischen Gemeinschaften zwischen Juristen aus den USA und der VRC feststellen. Zum einen stellt die Verständigung unter den amerikanischen Juristen und ihren chinesischen Kollegen sowie die wechselseitige Rezeption von Publikationen kein Problem dar, da ein großer Teil der in der amerikanischen Rechtszusammenarbeit mit der VRC tätigen amerikanischen Experten Chinesisch spricht. Darüber hinaus bemüht sich die amerikanische Rechtsberatung gegenüber der VRC explizit darum, amerikanische Experten auf dem Gebiet des chinesischen Rechts in die Zusammenarbeit einzubinden,[943] sodass sowohl durch die Möglichkeit zur Verständigung wie auch durch die Kompetenz der amerikanischen Experten die praktischen wie auch die fachlichen Grundlagen für einen

942 Interview 08/2004

943 Hier ist zum Beispiel die Beteiligung von Prof. Stanley Lubman an den Projekten der AF zu nennen (siehe oben, Kapitel VI, Abschnitt 3.4.1.1.1) wie auch die Tätigkeit von Prof. Jerome Cohen und Prof. Jonathan Hecht für die FF (siehe oben, Kapitel VI, Abschnitt 3.4.2 bzw. Abschnitt 3.1.2.2) sowie die Mitbegründung des Yale CLC durch Prof. Jonathan Hecht (siehe oben, Kapitel VI, Abschnitt 3.1.2).

fruchtbaren Austausch gelegt sind. Darüber hinaus erlernen immer mehr junge Chinesen die englische Sprache, sodass es künftigen Generationen chinesischer Juristen immer leichter fällt, auch englischsprachige amerikanische Rechtsliteratur zur Kenntnis zu nehmen und zu rezipieren. Diese Entwicklung wird auch dadurch gefördert, dass ein Teil der amerikanischen Rechtsberatung sich darauf richtet, amerikanische Rechtsliteratur und auch den Zugang zu amerikanischen juristischen Datenbanken in der VRC zu verbreiten, sodass über diese Kanäle eine Anbindung der chinesischen Rechtswissenschaft an die aktuellen Entwicklungen des Faches in den USA gewährleistet wird.

Weiterhin manifestiert sich in dem hohen Stellenwert, den Rechtsbereiche wie das Strafrecht und das Verwaltungsrecht sowie der Menschenrechtsschutz und normative Konzepte der Rechtsstaatlichkeit in der amerikanisch-chinesischen Rechtszusammenarbeit inne haben, eine Bereitschaft der chinesischen Juristen, mit ihren amerikanischen Kollegen auch über sensible Bereiche in einen offenen Austausch zu treten, welche als ein weiterer Indikator für die Existenz einer epistemischen Gemeinschaft anzusehen ist.

Darüber hinaus verfügen auch viele, vor allem jüngere, chinesische Juristen wie ihre amerikanischen Kollegen über einen Ausbildungshintergrund im amerikanischen Recht. Bereits seit Anfang der 1980er Jahre erhielten durch das CLEEC Programm der FF viele chinesische Juristen die Möglichkeit, in den USA zu studieren oder zu promovieren. Die Kontakte dieser Juristen zu ihren ehemaligen Ausbildungsinstitutionen in den USA bestanden und bestehen auch nach ihrer Rückkehr in die VRC in vielen Fällen weiter. Darüber hinaus förderte insbesondere CLEEC auch den Aufenthalt amerikanischer Juristen an chinesischen Universitäten, sodass auch hier – in der entgegengesetzten Richtung – eine Anbindung amerikanischer Juristen an chinesische Ausbildungsinstitutionen entstehen konnte. Diese persönlichen und institutionellen Vernetzungen sind ein wichtiger Indikator für die Existenz einer epistemischen Gemeinschaft zwischen amerikanischen und chinesischen Juristen.

So sind in vielen Fällen Kooperationsprogramme entstanden, die auf Anregung der jeweiligen zurückgekehrten Juristen zwischen ihren Heimatuniversitäten und den Gastuniversitäten in der VRC bzw. in den USA etabliert wurden. Diese Programme ermöglichen es auch heute noch chinesischen bzw. amerikanischen Studenten, einen Teil ihrer Ausbildung in den USA bzw. in der VRC zu absolvieren, sodass auch hier eine neue Juristengeneration heranwächst, die ebenfalls über enge persönliche und institutionelle Kontakte zu chinesischen bzw. amerikanischen Kollegen und Universitäten verfügt und so ebenfalls zu einer epistemischen Gemeinschaft wird. Aufgrund der hohen finanziellen Mittel, mit denen derartige Maßnahmen, wie zum Beispiel die LL.M. Kooperationsprogramme der Temple University mit der Qinghua Universität und der CUPR oder auch die Entsendung von amerikanischen Dozenten in die VRC durch das Yale CLC, gefördert werden, kann eine große Anzahl chinesischer und amerikanischer Juristen diese Möglichkeit des Austausches wahrnehmen, sodass von einem raschen Wachstum der epistemischen Gemeinschaften auszugehen ist.

Jedoch tragen nicht nur universitäre Ausbildungs- und Kooperationsprogramme zur Entstehung und Ausweitung von epistemischen Gemeinschaften bei. So besetzen zum Beispiel einige chinesische Juristen, die aufgrund ihrer Ausbildung, gefördert vor allem durch das CLEEC Programm der FF, eine Anbindung an amerikanische Universitäten haben und damit Angehörige epistemischer Gemeinschaften sind, in der VRC leitende Funktionen in Gesetzgebungsinstitutionen wie zum Bespiel der ALRG des Rechtsarbeitsausschusses des SA NVK oder in think tanks wie dem Rechtsinstitut der CASS. Diese chinesischen Juristen können daher als Schnittstelle wirken, indem sie die chinesischen Institutionen, denen sie angehören, an eine Zusammenarbeit mit amerikanischen Institutionen, mit denen sie ebenfalls in Kontakt stehen, heranführen. Eine solche Vermittlung von Kontakten zwischen amerikanischen und chinesischen Institutionen, zum Beispiel zum Zwecke der Initiierung von Rechtszusammenarbeit, wird wesentlich durch die Vermittlung von Individuen, die an der Schnittstelle stehen, erleichtert. Auf diese Weise erfolgt nicht nur eine Vernetzung dieser amerikanischen und chinesischen Institutionen, sondern auch eine Einbeziehung weiterer Mitarbeiter der chinesischen Institutionen, die gegebenenfalls noch keine Kontakte zu amerikanischen Kollegen und Institutionen hatten, in das Netzwerk. So kommt es zu einer Ausweitung der epistemischen Gemeinschaften. Fast in allen wichtigen chinesischen Universitäten, Gesetzgebungsinstitutionen und think tanks, die mit amerikanischen Partnern Rechtsberatungsmaßnahmen betreiben, arbeiten heute chinesische Juristen, die – zumeist als Alumni des CLEEC Programm der FF – über persönliche Kontakte zu den beratenden amerikanischen Institutionen verfügen.

Diese Funktion von Individuen als Schnittstellen soll die Abbildung auf Seite 324 schematisch verdeutlichen. Herausgegriffen werden zu diesem Zweck beispielhaft einige chinesische Juristen, die als CLEEC Alumni eine Ausbildung in den USA genossen haben[944] und heute leitende Funktionen in chinesischen Institutionen inne haben, die wiederum mit amerikanischen Gebern Rechtsberatungsmaßnahmen unterhalten. Auf diese Weise soll illustriert werden, wie um die betreffenden chinesischen Juristen und die Institutionen auf amerikanischer und chinesischer Seite, mit denen diese über Ausbildung bzw. berufliche Position verbunden sind, ein Netzwerk an Kontakten und damit eine epistemische Gemeinschaft entsteht.

---

944 Siehe oben die Übersicht zu verschiedenen CLEEC-Alumni in Kapitel VI, Abschnitt 3.4.2.2

Die oben erläuterten Indikatoren für eine Existenz epistemischer Gemeinschaften zwischen deutschen bzw. amerikanischen und chinesischen Juristen sowie die Illustration der Funktion von in den USA ausgebildeten chinesischen Juristen als Schnittstellen für Kontakte zwischen Institutionen können gleichwohl keinen *Beweis* für die Existenz epistemischer Gemeinschaften liefern. Dennoch erscheint es durchaus *plausibel*, epistemische Gemeinschaften zwischen deutschen bzw. amerikanischen und chinesischen Jusristen, die an der Rechtszusammenarbeit beteiligt sind, anzunehmen.

Für eine Bewertung des theoretischen Konzeptes der epistemischen Gemeinschaften ist somit Folgendes festzuhalten. Zum einen hat die vorliegende Untersuchung gezeigt, dass es sehr schwierig ist, empirische Nachweise zu erbringen, die zweifelsfrei die Existenz epistemischer Gemeinschaften beweisen. Gleichwohl liefert die Empirie, vor allem hinsichtlich der amerikanisch-chinesischen, aber auch für die deutsch-chinesische Rechtszusammenarbeit, zahlreiche Hinweise auf die Existenz und die gezielte Förderung von Netzwerken zwischen amerikanischen bzw. deutschen und chinesischen Juristen. Diese Netzwerke erreichen, wie dargelegt, vor allem hinsichtlich der Beteiligung amerikanischer und chinesischer Juristen aufgrund des gleichen Ausbildungshintergrundes der Beteiligten, der gemeinsamen institutionellen Anbindung, den Möglichkeiten des kommunikativen Austausches sowie der Bereitschaft, auch sensible Themen offen und konstruktiv zu besprechen, durchaus die Qualität epistemischer Gemeinschaften. Dies bedeutet, dass das theoretische Konzept der epistemischen Gemeinschaften, trotz offensichtlicher Schwierigkeiten bei der Operationalisierung, durchaus ein Instrument anbietet, mit dem empirisch auftretende Phänomene genauer benannt und analysiert werden können. Daher können die hier erarbeiteten Befunde – bis zum Auftreten gegenteiliger Ergebnisse – zunächst als Stützung des Konzeptes angesehen werden.

Abbildung 2: Vernetzung zwischen chinesischen Juristen und amerikanischen sowie chinesischen Institutionen

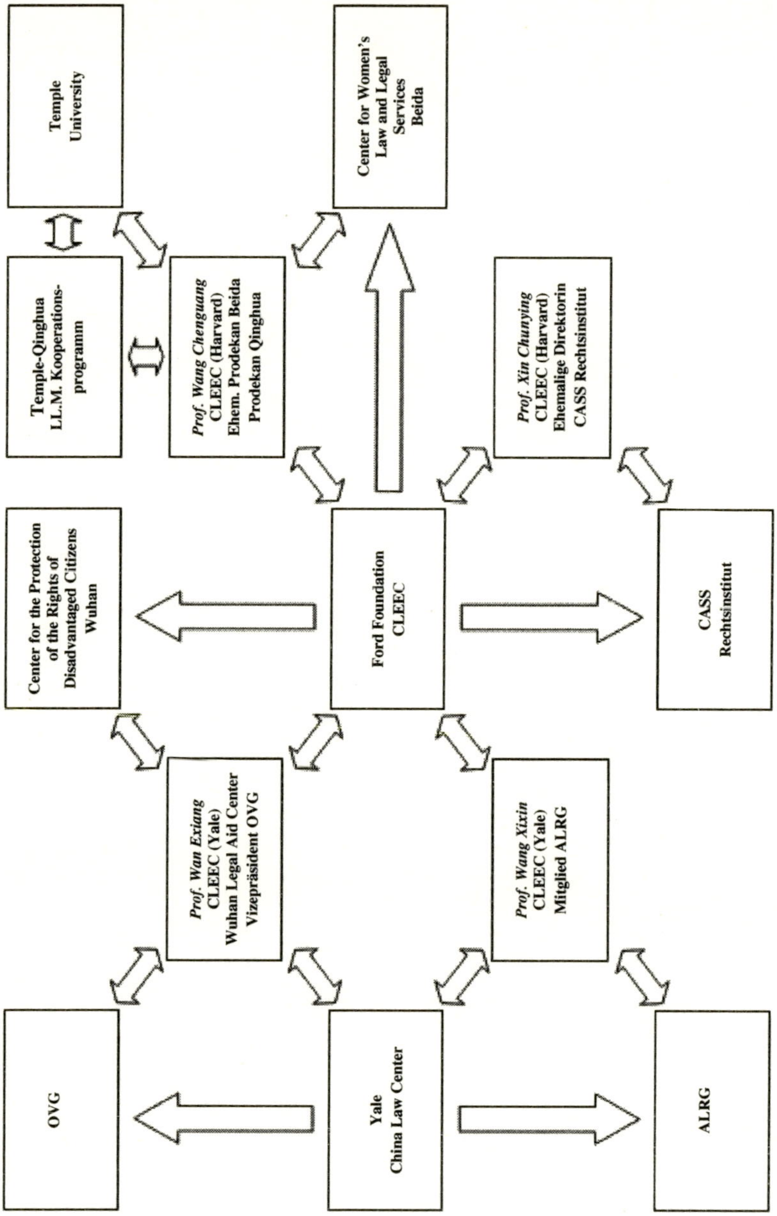
Temple University
Center for Women's Law and Legal Services Beida
Temple-Qinghua LL.M. Kooperations-programm
Prof. Wang Chenguang CLEEC (Harvard) Ehem. Prodekan Beida Prodekan Qinghua
Prof. Xin Chunying CLEEC (Harvard) Ehemalige Direktorin CASS Rechtsinstitut
Center for the Protection of the Rights of Disadvantaged Citizens Wuhan
Ford Foundation CLEEC
CASS Rechtsinstitut
Prof. Wan Exiang CLEEC (Yale) Wuhan Legal Aid Center Vizepräsident OVG
Prof. Wang Xixin CLEEC (Yale) Mitglied ALRG
OVG
Yale China Law Center
ALRG

3.2 Einfluss der Rechtsberatung auf die Migration von Rechtsnormen und Konzepten.

Im methodischen Teil der Studie wurde ebenfalls auf die Schwierigkeiten eines empirischen Nachweises der Transplantation von Rechtsnormen durch die deutsch-chinesische bzw. die amerikanisch-chinesische Rechtszusammenarbeit hingewiesen. Wie oben weiter erläutert, kann ein solcher Nachweis nur erbracht werden, indem ein genauer Abgleich zwischen Beratungs-Input – das heißt also den Vorschlägen, die deutsche oder amerikanische Rechtsexperten während einzelner Rechtsberatungsmaßnahmen wie Symposien oder Workshops vorgebracht haben – und Output – das heißt der konkreten Form eines Gesetzes oder Gesetzesentwurfs, der Gegenstand der Beratung war, nach Abschluss der Beratung – durchgeführt wird. Da in den allermeisten Fällen, mit Ausnahme einiger von der deutschen GTZ durchgeführter Beratungsmaßnahmen, der Beratungs-Input nicht genau dokumentiert ist, konnte im Rahmen dieser Arbeit ein solcher Abgleich nicht an einer ausreichenden Anzahl von Fällen deutscher und amerikanischer Rechtsberatung durchgeführt werden. Daher können hier keine Hinweise darauf gegeben werden, welche konkreten Rechtsnormen aus dem deutschen oder dem amerikanischen Rechtssystem infolge von Rechtsberatungsmaßnahmen in das chinesische Rechtssystem transplantiert wurden.

Dem gegenüber versucht die Arbeit, aus den empirischen Befunden der deutsch-chinesischen und der amerikanisch-chinesischen Rechtszusammenarbeit herzuleiten, welche Rechtsberatungsmaßnahmen über ein besonderes *Potenzial* für die Migration von Rechtsnormen und Konzepten verfügen. Gemäß der theoretischen Überlegungen sollen hier epistemische Gemeinschaften zwischen deutschen bzw. amerikanischen und chinesischen Juristen eine wichtige Rolle für die Erleichterung der Transplantation von Recht spielen. Es wurde im vorangegangenen Abschnitt bereits erläutert, dass die empirischen Befunde die Existenz derartiger epistemischer Gemeinschaften insbesondere zwischen chinesischen und amerikanischen, aber auch – wenn auch zahlenmäßig weniger ausgeprägt – zwischen deutschen und chinesischen Juristen plausibel erscheinen lassen. Dies bedeutet, dass vor dem Hintergrund der theoretischen Vorüberlegungen die Hypothese aufzustellen ist, dass es aufgrund der Existenz epistemischer Gemeinschaften zu einer verstärkten Migration von Rechtsnormen und Konzepten vor allem aus dem amerikanischen Rechtssystem in das der VRC kommen müsste.

Einige Anhaltspunkte, die diese Hypothese stützen, lassen sich bereits an dieser Stelle nennen. So wurde zum einen darauf hingewiesen, dass das in der VRC gegenwärtig im Aufbau befindliche legal aid System und das daran gekoppelte System der praktischen Rechtsausbildung seinen Ursprung im amerikanischen Rechtssystem hat. Hier ist es nahe liegend davon auszugehen, dass diese Elemente des amerikanischen Rechts über chinesische Juristen, die eine Ausbildung in den USA genossen haben und daher mit diesen Systemen vertraut waren, in das chinesische Rechtssystem transplantiert wurden. Darüber hinaus sind amerikanische Geber schwerpunktmäßig im Bereich legal aid und Reform der Juristenausbildung in der VRC rechtsberatend tätig, sodass auch hier weiter davon ausgegangen kann, dass die Rechtszusammenarbeit die Übernahme dieser Elemente des amerikanischen Rechts in das chinesische Rechtssystem förderte.

Auch die mit der Revision des chinesischen Straf- und Strafprozessgesetzes 1997 einhergehende stärkere Orientierung an einem adversatorischen Verfahrensstil und damit einer stärkeren Betonung der Rolle der Parteien und ihrer Anwälte, vor allem bei der Beweissammlung, gegenüber dem Gericht geht auf das anglo-amerikanische Rechtssystem zurück.[945] Da auch die Beratung im Bereich des Strafrechts ein Schwerpunkt amerikanischer Rechtszusammenarbeit mit der VRC ist, zeichnet sich auch hier ab, dass durch diese Beratungsmaßnahmen Einfluss auf die Entwicklung des chinesischen Strafrechts genommen werden konnte, welcher durch die Existenz von epistemischen Gemeinschaften zwischen amerikanischen und chinesischen Juristen zudem noch verstärkt wurde.

Jedoch sollten zur Erhärtung der hier erläuterten Zusammenhänge in einem weiteren Schritt rechtsvergleichende Untersuchungen zu einzelnen konkreten deutschen bzw. amerikanischen und chinesischen Rechtsnormen angestellt werden, um auf diese Weise die Existenz von Transplantaten aus dem deutschen oder amerikanischen Recht im chinesischen Recht festzustellen. Wenn sich in den Fällen, in denen auch von der Existenz epistemischer Gemeinschaften zwischen chinesischen Juristen und ihren ausländischen Kollegen ausgegangen wurde, verstärkt derartige Transplantate identifizieren lassen, bedeutet dieser Befund damit gleichzeitig auch eine Erhärtung der These, dass epistemische Gemeinschaften als wichtige Kanäle die Transplantation von Recht fördern. Da derartige Untersuchungen im Rahmen der vorliegenden Arbeit nicht durchgeführt werden können, ist hier ein Ansatzpunkt für künftige Forschungstätigkeit im Bereich der deutsch-chinesischen bzw. der amerikanisch-chinesischen Rechtszusammenarbeit zu sehen.

945 Allgemein zum Unterschied zwischen inquisitorischem und adversatorischem Verfahren siehe: Chen, Albert H.Y. 2000: 67.

Literatur

A. Dokumente und Quellen

»A Comprehensive Human Rights Strategy for China« – Assistant Secretary of State Lorne W. Craner, Carnegie Endowment for International Peace, Washington, D.C. (January 29,2004); Fundstelle: http://www.usembassy.it/file2004_02/alia/a4020307.htm [Zugriff: 19.07.2005]

»A Legal Laoganbu Looks Back« – Interview with Jerome Cohen.In: *China Rights Forum*, Vol.11, No.2 (2003); 11–21. Fundstelle: http://www.hrichina.org/fs/view/downloadables/pdf/downloadable-resources/jcohen.pdf [Zugriff: 16.07.2005]

Asien-Debatte im Deutschen Bundestag – Rede des Bundesministers des Auswärtigen, Dr. Kinkel, am 1. Dezember 1993. In: Auswärtiges Amt (Hrsg.)(1995). *Außenpolitik der Bundesrepublik Deutschland. Dokumente von 1949 bis 1994.* Köln: Verlag Wissenschaft und Politik; 987–989.

Auswärtiges Amt (Hrsg.)(1994). *Das Asienkonzept der Bundesregierung.* Bonn: 1994.

Auswärtiges Amt (2002). *Aufgaben der deutschen Außenpolitik am Beginn des 21. Jahrhunderts. Ostasien – Japan, Süd- und Nordkorea, Mongolei, China einschließlich Hong Kong und Macau, Taiwan.* Fundstelle: http://www.auswaertiges-amt.de/www/de/infoservice/download/pdf/asien/ostasien.pdf [Zugriff: 24.07.2005]

BMZ (2001). *Asien-Konzept.* Fundstelle: http://www.bmz.de/de/service/infothek/fach/konzepte/konzept114_asien.pdf [Zugriff: 03.07.2005]

BMZ (2002a). *Medienhandbuch Entwicklungspolitik.* Bonn.

BMZ (2002b). *Recht und Justiz in der deutschen Entwicklungszusammenarbeit. Ein Positionspapier des BMZ.* Fundstelle: http://www.bmz.de/de/service/infothek/fach/spezial/spezial047/spezial047_90.pdf [Zugriff: 03.07.2005]

CECC (2003). *Defense Lawyers Turned Defendants. Zhang Jianzhong and the Criminal Prosecution of Defense Lawyers in China.* Topic Paper, 27.05.2003. Fundstelle: http://www.cecc.gov/pages/news/ZhangCriminalDef.pdf [Zugriff: 15.07.2005]

China-US Joint Statement – October 29, 1997. Fundstelle: http://www.shaps.hawaii.edu/fp/us/us-china-jc4.html [Zugriff: 01.07.2005]

»Clearing the Air: The Human Rights and Legal Dimensions of China's Environmental Dilemma« – Hearing before the Congressional-Executive Commission on China, One Hundred Seventh Congress, Second Session (January 27, 2003): Statement of Brian Rohan, Associate Director American Bar Association/Asia Law Initiative. Washington, D.C.: U.S. Government Printing Office, 2003. Fundstelle: http://www.cecc.gov/pages/roundtables/012703/rohanStmt.php [Zugriff: 20.07.2005]

»Das Rechtsstaatsprinzip – Voraussetzung für eine moderne Gesellschaft«. Rede von Bundespräsident Johannes Rau in der Universität Nanjing, 13.09.2004. Fundstelle: http://www.deutschebotschaft-china.org/de/home/pressemitteilungen/Presidaent-Rau-Rede2.htm [Zugriff: 20.07.2005]

Deutsch-Chinesische Vereinbarung zu dem Austausch und der Zusammenarbeit im Rechtsbereich. Fundstelle: http://www.bundesregierung.de/Anlage254834/Deutsch-Chinesische+Vereinbarung+zu+dem+Austausch+und+der+Zusammenarbeit+im+Rechtsbereich+.pdf [Zugriff: 26.07.2005]

Fact Sheet: Achievements of the U.S.-China Summit (Beijing Summit agreements build on October 1997 Summit), June 27, 1998. Fundstelle: http://canberra.usembassy.gov/hyper/WF980629/epf104.htm [Zugriff: 02.07.2005]

»Für eine aktive deutsche Asienpolitik« – Informationsaufzeichnung des Botschafters Dr. Klaus Zeller, Beauftragter für Asienpolitik im Auswärtigen Amt, vom 10. Mai 1993. In: Auswärtiges Amt (Hrsg.)(1995). *Außenpolitik der Bundesrepublik Deutschland. Dokumente von 1949 bis 1994*. Köln: Verlag Wissenschaft und Politik; 929–932.

»Human Rights in China in the Context of the Rule of Law« – Hearing before the Congressional-Executive Commission on China, One Hundred Seventh Congress, Second Session (February 7, 2002): Prepared statement of William P. Alford. Washington, D.C.: U.S. Government Printing Office, 2002. Fundstelle: http://frwebgate.access.gpo.gov/cgi-bin/getdoc.cgi?dbname=107_house_hearings&docid=f:78790.pdf [Zugriff: 04.07.2005]

»Human Rights in China in the Context of the Rule of Law« – Hearing before the Congressional-Executive Commission on China, One Hundred Seventh Congress, Second Session (February 7, 2002): Opening statement of Hon. Max Baucus, a U.S. Senator from Montana, Chairman, Congressional-Executive Commission on China. Washington, D.C.: U.S. Government Printing Office, 2002. Fundstelle: http://frwebgate.access.gpo.gov/cgi-bin/getdoc.cgi?dbname=107_house_hearings&docid=f:78790.pdf [Zugriff: 04.07.2005]

»Human Rights in China in the Context of the Rule of Law« – Hearing before the Congressional-Executive Commission on China, One Hundred Seventh Congress, Second Session (February 7, 2002): »The Accession to the World Trade Organization of the People's Republic of China (PRC) and Related Rule-of Law Issues«. Prepared Statement of James V. Feinerman before the Congressional-Executive Commission on China, One Hundred Seventh Congress, Second Session (Feb. 7, 2002). Washington, D.C.: U.S. Government Printing Office, 2002. Fundstelle: http://frwebgate.access.gpo.gov/cgi-bin/getdoc.cgi?dbname=107_housc_hearings&docid=f:78790.pdf [Zugriff: 04.07.2005]

»Human Rights in China in the Context of the Rule of Law« – Hearing before the Congressional-Executive Commission on China, One Hundred Seventh Congress, Second Session (February 7, 2002): Opening statement of Hon. Doug Bereuter, a U.S. Representative from Nebraska, Co-Chairman, Congressional-Executive Commission on China. Washington, D.C.: U.S. Government Printing Office, 2002. Fundstelle: http://frwebgate.access.gpo.gov/cgi-bin/getdoc.cgi?dbname=107_house_hearings&docid=f:78790.pdf [Zugriff: 04.07.2005]

H.R.4444 – Title III – Congressional-Executive Commission on the People's Republic of China – Sec. 303. Membership of the Commission. Fundstelle: http://www.cecc.gov/pages/general/HR4444_Title3.pdf [Zugriff: 16.07.2005]

»Promoting Rule of Law in China« – Roundtable before the Congressional-Executive Commission on China, One Hundred Seventh Congress, Second Session (May 24, 2002): Statement of Robert Kapp, President, U.S.-China Business Council. Washington, D.C.: U.S. Government Printing Office, 2002. Fundstelle: http://frwebgate.access.gpo.gov/cgi-bin/getdoc.cgi?dbname=107_house_hearings&docid=f:80531.wais [Zugriff: 20.07.2005]

»Promoting Rule of Law in China« – Roundtable before the Congressional-Executive Commission on China, One Hundred Seventh Congress, Second Session (May 24, 2002): Statement of William Sullivan, Director of Executive Education Programs, Maxwell School of Public Affairs, Syracuse University. Washington, D.C.: U.S. Government Printing Office, 2002. Fundstelle: http://frwebgate.access.gpo.gov/cgi-bin/getdoc.cgi?dbname=107_house_hearings&docid=f:80531.wais [Zugriff: 20.07.2005]

»Promoting Rule of Law in China« – Roundtable before the Congressional-Executive Commission on China, One Hundred Seventh Congress, Second Session (May 24, 2002): Statement of Nancy Yuan, Director, Asia Foundation. Washington, D.C.: U.S. Government Printing Office, 2002. Fundstelle: http://frwebgate.access.gpo.gov/cgi-bin/getdoc.cgi?dbname=107_house_hearings&docid=f:80531.wais [Zugriff: 20.07.2005]

»Promoting Rule of Law in China« – Roundtable before the Congressional-Executive Commission on China, One Hundred Seventh Congress, Second Session (May 24, 2002): Statement of Robert Reinstein, Dean, Temple University School of Law. Washington, D.C.: U.S. Government Printing Office, 2002. Fundstelle: http://frwebgate.access.gpo.gov/cgi-bin/getdoc.cgi?dbname=107_house_hearings&docid=f:80531.wais [Zugriff: 20.07.2005]

»Promoting Rule of Law in China« – Roundtable before the Congressional-Executive Commission on China, One Hundred Seventh Congress, Second Session (May 24, 2002): Testimony of Robert J. Reinstein, Dean, Temple University Beasley School of Law before the Senate Appropriations Committee, Subcommittee on Foreign Operations (March 7, 2002). Washington, D.C.: U.S. Government Printing Office, 2002. Fundstelle: http://frwebgate.access.gpo.gov/cgi-bin/getdoc.cgi?dbname=107_house_hearings&docid=f:80531.wais [Zugriff: 20.07.2005]

Rechtlicher Rahmen für die unternehmerische Tätigkeit in der Marktwirtschaft – staatliche Regulierung und Schutz der legitimen Rechte und Interessen der Bürger und Unternehmer. Beiträge zum zweiten Symposium im Rahmen des deutsch-chinesischen Rechtsstaatsdialogs am 8. und 9. Oktober 2001 in Berlin / durchgeführt vom Bundesministerium der Justiz und Bundesministerium für Wirtschaftliche Zusammenarbeit und Entwicklung in Kooperation mit dem Rechtsamt beim Staatsrat der Volksrepublik China, 2001 (Deutsch-Chinesischer Rechtsstaatsdialog Band 3)

»Remarks by Secretary of State Madeleine K. Albright to U.S. Business Representatives, Sheraton International Club, Beijing, China, April 30, 1998«. Fundstelle: http://www.usconsulate.org.hk/uscn/state/1998/0430a.htm [Zugriff: 02.07.2005]

»Science and Progress in International Relations – Conversation with Ernst B. Haas.« (October 30, 2000). Fundstelle: http://globetrotter.berkeley.edu/people/Haas/haas-con0.html [Zugriff: 09.07.2005]

»Secretary of State Madeleine K. Albright Luncheon Remarks – Wilmington, Delaware May 1997«. Fundstelle: http://www.usembassy-china.org.cn/press/release/1997/wwwhit24.html [Zugriff: 02.07.2005]

SPD/Bündnis90/Die Grünen (1998). *Aufbruch und Erneuerung – Deutschlands Weg ins 21. Jahrhundert.* Koalitionsvertrag zwischen der Sozialdemokratischen Partei Deutschlands und Bündnis90/Die Grünen, 20.10.1998. Fundstelle: http://www.spd-bildungsserver.de/dokumente/koalition_brd.pdf [Zugriff: 22.07.2005]

SPD/Bündnis90/Die Grünen (2002). *Erneuerung – Gerechtigkeit – Nachhaltigkeit. Für ein wirtschaftlich starkes, soziales und ökologisches Deutschland. Für eine lebendige Demokratie.* Koalitionsvertrag zwischen der Sozialdemokratischen Partei Deutschlands und Bündnis90/Die Grünen, 16.10.2002. Fundstelle:

http://www.bundesregierung.de/Anlage444120/Koalitionsvertrag+zwischen+SPD+und+B%FCndnis+90/Die+Gr%FCnen+vom+16.+Oktober+2002.pdf [Zugriff 22.07.2005]

Statement by Kenneth Wollack, President, National Democratic Institute for International Affairs, before the Committee on International Relations, U.S. House of Representatives (July 9, 2003). Fundstelle: http://wwwc.house.gov/international_relations/108/wol0709.htm [Zugriff: 19.07.2005]

Synopse: Projekte des Rechtsstaatsdialoges mit der VR China (2003–2005). Fundstelle: http://www.bmj.de/media/archive/910.pdf [Zugriff: 21.07.2005]

Testimony Before the 106th Congress: Statement of Rona Mears, Chair American Bar Association Section of International Law and Practice on behalf of the American Bar Association before the Senate Appropriations Subcommittee on Foreign Operations, Export Financing and Related Programs of the U.S. Senate on the subject of Foreign Assistance (May 1, 2000). Fundstelle: http://www.abanet.org/poladv/testimony/forassistsen050100.html [Zugriff: 20.07.2005]

Testimony Before the 106th Congress: Written Statement of Timothy L. Dickinson, Immediate-Past Chair, Section of International Law and Practice on behalf of the American Bar Association before the Committee on Appropriations Subcommittee on Foreign Operations, Export Financing and Related Programs of the U.S. Senate on the subject of Foreign Assistance Programs (April 30, 1999). Fundstelle: http://www.abanet.org/poladv/testimony/fops4309.html [Zugriff: 20.07.2005]

United States Department of State (2004). Supporting Human Rights and Democracy. The U.S. Record 2002–2003. Washington, D.C.: Department of State. Fundstelle: http://www.state.gov/g/drl/rls/shrd/2002/ [Zugriff: 19.07.2005]

United States General Accounting Office (2004). *Foreign Assistance: U.S. Funding for Democracy Related Programs (China)[GAO-04-445R].* Washington, D.C.: GAO. Fundstelle: http://www.gao.gov/new.items/d04445r.pdf [Zugriff: 12.07.2005]

»U.S. Renews Most-Favored-Nation Trade Status for China – President Clinton Opening statement at a news conference, Washington, DC, May 26, 1994«. US Department of State Dispatch Vol.5, No.22 (May 30, 1994). Fundstelle: http://dosfan.lib.uic.edu/ERC/briefing/dispatch/1994/html/Dispatchv5no22.html [Zugriff: 01.07.2005]

»Zehn Leitlinien zur deutschen Asienpolitik vom 26. Januar 1994« – Botschafterkonferenz Asien-Pazifik vom 24.–26. Januar in Bonn. In: Auswärtiges Amt (Hrsg.)(1995). *Außenpolitik der Bundesrepublik Deutschland. Dokumente von 1949 bis 1994.* Köln: Verlag Wissenschaft und Politik; 1025–1029.

Zweijahresprogramm zur Durchführung der Deutsch-Chinesischen Vereinbarung zu dem Austausch und der Zusammenarbeit im Rechtsbereich. Fundstelle:

http://www.bundesregierung.de/Anlage254838/Zweijahresprogramm+zur+Du rchf%fchrung+der+Deutsch-Chinesischen+Vereinbarung+zu+dem+Austausch+und+der+Z.pdf [Zugriff: 26.07.2005]

Zweijahresprogramm zur Durchführung der Deutsch-Chinesischen Vereinbarung zu dem Austausch und der Zusammenarbeit im Rechtsbereich 2004–2005. Fundstelle: http://www.bmj.bund.de/media/archive/614.pdf [Zugriff: 26.07.2005]

B. Sekundärliteratur

ADLER, Emanuel/HAAS, Peter M. (1992). Conclusion: Epistemic Communities, World Order, and the Creation of a Reflective Research Program. In: *International Organization*, Vol.46, No.1 (Winter); 367–390.

AHRENS, Helen/NOLTE, Detlef (Hrsg.)(1999*). Rechtsreformen und Demokratieentwicklung in Lateinamerika.* Schriftenreihe des Instituts für Iberoamerikakunde, Hamburg, Band 48 Frankfurt/Main: Vervuert.

ALBRECHT, Jörg (1998). *Bericht – Drittes Chinesisch-Deutsches Kolloquium vom 31.8. bis 4.9. in Beijing*. Fundstelle: http://www.iuscrim.mpg.de/info/aktuell/projekte/bericht.pdf [Zugriff: 02.07.2005]

ALFORD, William P. (1995). *To Steal a Book is an Elegant Offence. Intellectual Property Law in the Chinese Civilization.* Stanford: Stanford University Press.

DERS. (1999). A Second Great Wall? China's Post-Cultural Revolution Project of Legal Construction. In: *Cultural Dynamics*, Vol.11, No.2; 193–213.

DERS. (2000). Exporting »The Pursuit of Happiness.« In: *Harvard Law Review*, Vol.113; 1677–1715.

BERLAGE, Lodewijk/STOKKE, Olav (1992). Evaluating Development Assistance. State of the Art and Main Challenges Ahead. In: DIES. (eds.)(1992). *Evaluating Development Assistance. Approaches and Methods.* London, Portland: Frank Cass; 1–32.

BLAUROCK, Uwe (1994). Möglichkeiten für Rechtsvergleiche und Rechtsdialoge in Asien. In: *Konrad-Adenauer-Stiftung Auslandsinformation* 4/1994; 3–18.

BLUME, Andreas (2004). Produkt- und Markenpiraterie in der Volksrepublik China. *China Analysis*, No. 33 (April). Fundstelle: http://www.chinapolitik.de/studien/index.htm [Zugriff: 20.07.2005]

BOHNET, Michael. Entwicklungszusammenarbeit und Rechtsdialog. In: *Rechtlicher Rahmen für die unternehmerische Tätigkeit in der Marktwirtschaft – staatliche Regulierung und Schutz der legitimen Rechte und Interessen der Bürger und Unternehmer.* Beiträge zum zweiten Symposium im Rahmen des deutsch-chinesischen Rechtsstaatsdialogs am 8. und 9. Oktober 2001 in Berlin / durchgeführt vom Bundesministerium der Justiz und Bundesministerium für Wirtschaftliche Zusammenarbeit und Entwicklung in Kooperation mit dem Rechtsamt beim Staatsrat der Volksrepublik China, 2001 (Deutsch-chinesischer Rechtsstaatsdialog Band 3); 95–101.

BORRMANN, Axel u. a. (1999). *Erfolgskontrolle in der deutschen Entwicklungszusammenarbeit. Analyse, Bewertung, Reformen.* Baden-Baden: Nomos.

BRANDT, Andreas von (2000). *Durch Rechtshilfe zum Rechtsstaat? Die Rolle der »Rule of Law« im entwicklungspolitischen Good-Governance-Paradigma der 1990er Jahre.* Universität Trier , unveröffentlichtes Manuskript

BRYDE, Brun-Otto (1986). Die Rolle des Rechts im Entwicklungsprozeß. In: DERS./ KÜBLER, Friedrich (Hrsg.)(1986). *Die Rolle des Rechts im Entwicklungsprozeß. Referate der Fachgruppe »Grundlagenforschung« anläßlich der Tagung für Rechtsvergleichung im September 1985.* Frankfurt/Main: Alfred Metzner; 9–36.

BÜNGER, Karl (1950). Die Rezeption des europäischen Rechts in China. In: WOLF, Ernst (ed.)(1950). *Beiträge zur Rechtsforschung.* Sonderveröffentlichung der Zeitschrift für Ausländisches und Internationales Privatrecht. Berlin: de Gruyter; 166–189.

CAROTHERS, Thomas (1998). The Rule of Law Revival. In: *Foreign Affairs*, Vol.77, No.2; 95–106.

DERS. (1999). *Aiding Democracy Abroad. The Learning Curve.* Washington, D.C.: Carnegie Endowment for International Peace.

CHEN, Albert H.Y. (1999/2000). Towards a Legal Enlightenment. Discussions in Contemporary China on the Rule of Law. In: *UCLA Pacific Basin Law Journal*, Vol.17; 125–165.

DERS. (2000). Socialist Law, Civil Law, Common Law, and the Classification of Contemporary Chinese Law. In: OTTO, Jan Michiel/POLAK, Maurice V./CHEN, Jianfu/LI, Yuwen (eds.)(2000). *Law Making in the People's Republic of China.* The Hague et al.: Kluwer Law International; 55–74.

CHEN, Jianfu (1999). *Chinese Law. Towards an Understanding of Chinese Law, Its Nature and Development.* The Hague et al.: Kluwer Law International.

CHEN, Weizuo/MARTINEK, Michael/PETERS, Stefan (2000). Auf Marco Polos Spuren. In: *Campus*, Ausgabe 2 (April). Fundstelle: http://www.uni-saarland.de/verwalt/presse/campus/2000/2/20-MarcoPolo.html [Zugriff: 16.07.2005]

CHENG, Li/WHITE, Lynn (1998). The Fifteenth Central Committee of the Chinese Communist Party. Full Fledged Technocratic Leadership with Partial Control by Jiang Zemin. In: *Asian Survey*, Vol.38, No.3; 231–264.

CHOATE, Allen C. (2000) . *Legal Aid in China.* The Asia Foundation Working Paper No.12 (April 2000).

CONNER, Alison W. (2003). The Comparative Law School of China. In: HSU, C. Stephen (ed.)(2003). *Understanding China's Legal System. Essays in Honor of Jerome A. Cohen.* New York: New York University Press; 210–273.

COOPER, Jeremy (1999). Lawyers in China and the Rule of Law. In: *International Journal of the Legal Profession*, Vol.6, No.1; 71–89.

DeLISLE, Jacques (1999). Lex Americana? United States Legal Assistance, American Legal Models, and LegalChange in the Post-Communist World and Beyond. In: *University of Pennsylvania Journal of International Economic Law*, Vol.20, No.2; 179–308.

DETHLEFSEN, Knut (2002). *IV. Deutsch-Chinesischer Menschenrechtsdialog in Stuttgart, 18.–19. Juni 2002. Gleichstellung von Frauen in sich wandelnden Gesellschaften*. Fundstelle: http://fesportal.fes.de/pls/portal30/docs/FOLDER/WORLDWIDE/ASIEN/VERANSTALTUNGEN/BERICHT/menschenrechte.pdf [Zugriff: 20.07.2005]

DIETRICH, Mark K. (2000) *Legal and Judicial Reform in Central Europe and the Former Soviet Union. Voices from Five Countries*. Washington, D.C.: The International Bank for Reconstruction and Development/The Worldbank. Fundstelle: http://www4.worldbank.org/legal/publications/LJR_ECA.pdf [Zugriff 31.07.2005]

DREWES, Eva (2000). Eröffnungsveranstaltung des Rechtsstaatsdialoges zwischen der Volksrepublik China und der Bundesrepublik Deutschland, 12.–13. Juni 2000 in Beijing. In: *Newsletter der deutsch-chinesischen Juristenvereinigung*, Vol.7, Heft 3 (September); 94–97.

DIES. (2002). Deutsch-Chinesisches Institut für Rechtswissenschaft der Universitäten Göttingen und Nanjing. In: *Berliner China-Hefte*, Nr.22 (Mai); 27–29.

EBSEN, Ingwer (1999). Zur Entstehung eines Verwaltungsrechts in der Volksrepublik China. In: *Verfassung und Recht in Übersee*, Vol.32, No.4; 434–453.

ECKELMANS, Franziska (2002). Drittes deutsch-chinesisches Rechtsstaats-Symposium im Rahmen des deutsch-chinesischen Rechtsstaatsdialoges, 20.–21. Mai 2002, Beijing. In: *Newsletter der deutsch-chinesischen Juristenvereinigung*, Vol.9, Heft 3+4; 199–201.

EPSTEIN, Edward J. (1994). Law and Legitimation in Post-Mao China. In: POTTER, Pitman B. (ed.)(1994). *Domestic Law Reforms in Post-Mao China*. London, New York: M.E. Sharpe; 19–53.

FONARI, Alexander (1999). *Politische Konditionalität im Rahmen der deutschen Entwicklungszusammenarbeit als Instrumentarium deutscher Außen- und Außenwirtschaftspolitik?* Inauguraldissertation an der Philosophischen Fakultät der Westfälischen Wilhelms-Universität Münster.

FRIEDRICH, Stefan (1998). Europa und China in den neunziger Jahren. Verlust der neugewonnenen politischen Bedeutung der EU? In: *Aus Politik und Zeitgeschichte*, B 27/98; 36–46.

DERS. (2000). Die Bedeutung der Menschenrechtsfrage in den europäisch-chinesischen Beziehungen. In: LUTHER, Susanne/OPITZ, Peter (Hrsg.)(2000). *Die Beziehungen der Volksrepublik China zu Westeuropa. Bilanz und Ausblick am Beginn des 21. Jahrhunderts*. München: Hanns-Seidel-Stiftung; 65–77.

GAUL, Wolfgang (2001). Sinn und Unsinn internationaler Rechtsberatung. In: *WeltTrends*, Nr.31 (Sommer); 63–83.

GEBHARDT, Immanuel (2002). Deutsch-chinesische Zusammenarbeit zur Verwaltungsgesetzgebung. In: DERS./GAO, Zhixin (eds.)(2002). *Systems of Administrative Law. Comparative Essays.* Beijing: China Foreign Economic Relations and Trade Publishing House; 250–252.

GELATT, Timothy A. (1991). *Lawyers in China: The Past Decade and Beyond.* Occasional Paper/Reprint Series in Contemporary Asian Studies No. 6. Baltimore: University of Maryland School of Law.

GEWIRTZ, Paul (2003). The U.S.-China Rule of Law Initiative. In: *William and Mary Bill of Rights Journal*, Vol.11; 603–621. Fundstelle: http://chinalaw.law.yale.edu/The%20U.S.-China%20Rule%20of%20Law%20Initiative.pdf [Zugriff: 01.07.2005]

GLASER, Bonnie/SAUNDERS, Phillip (2002). Chinese Civil Foreign Policy Research Institutes. Evolving Roles and Increasing Influence. In: *The China Quarterly*, No.171; 597–616.

GOTTWALD, Jörn-Carsten (2003). Im Osten nichts Neues. Vier Jahre und vier Monate rot-grüne Ostasienpolitik. In: MAULL, Hanns/HARNISCH, Sebastian/GRUND, Constantin (Hrsg.)(2003). *Deutschland im Abseits? Rot-grüne Außenpolitik 1998–2003.* Baden-Baden: Nomos; 133–147.

GRAY, Whitmore (1995). The Challenge of Asian Law. In: *Fordham International Law Journal*, Vol.19, No.1; 1–8.

HAAS, Peter M. (1989). Do Regimes Matter? Epistemic Communities and Mediterranean Pollution Control. In: *International Organization*, Vol.43, No.3 (Summer); 377–403.

DERS. (1992). Introduction: Epistemic Communities and International Policy Coordination. In: *International Organization*, Vol.46, No.1 (Winter); 1–35.

HAMMER, Sabine (2000). Mit der »Musterknabenmasche« wird bei den Diktatoren nichts erreicht. In: *Das Parlament*, Nr. 24 (09.06.2000); 12.

HAO, Tiechuan (1997). Zhongguo jindai faxue liuxuesheng yu fazhi jindaihua (Chinesische Studenten der Rechtswissenschaft im Ausland während der Epoche des Modernen China und die Modernisierung des chinesischen Rechtssystems). In: *Faxue Yanjiu*, Vol.19, No.6; 3–33.

HEILMANN, Sebastian (2002a). Grundelemente deutscher Chinapolitik. *China Analysis*, No.14 (August). Fundstelle: http://www.chinapolitik.de/studien/china_analysis/no_14.pdf [Zugriff: 22.07.2005]

DERS. (2002b). *Das politische System der Volksrepublik China.* Opladen/Wiesbaden: Westdeutscher Verlag.

DERS./SCHULTE-KULKMANN, Nicole/SHIH, Lea (2004a). Die Farbe der Macht hat sich geändert. Kontroversen um die Verfassungsreform in der VR China. In: *China aktuell* (Januar 2004); 33–39; zugleich: *China Analysis* No.31 (Februar 2004). Fundstelle: http://www.chinapolitik.de/studien/china_analysis/no_31.pdf [Zugriff: 27.07.2005]

DERS./DIES./DIES. (2004b). Gesetzgebung in der VR China 1998 bis 2004. Einführung und Übersicht über ausgewählte Rechtsnormen. *China Analysis* No.29 (März 2004). Fundstelle: http://www.chinapolitik.de/studien/index.htm [Zugriff: 20.07.2005]

HEINZ, Wolfgang/LINGNAU, Hildegard/WALLER, Peter (1995). *Evaluierung von Positivmaßnahmen der Europäischen Kommission zur Förderung von Menschenrechten und Demokratie (1991–1993).* Berlin: Deutsches Institut für Entwicklungspolitik.

DERS. (1998). Rechtsberatungsprogramme in der Entwicklungszusammenarbeit. In: *Nord-Süd aktuell*, 1. Quartal 1998; 75–90.

HEUSER, Robert (2003). *»Sozialistischer Rechtsstaat« und Verwaltungsrecht in der VR China (1982–2002). Analyse, Texte, Bibliographie.* Hamburg: Institut für Asienkunde.

HIRSCH, Ernst E. (1981) *Rezeption als sozialer Prozess. Erläutert am Beispiel der Türkei.* Schriften zur Rechtssoziologie und Rechtstatsachenforschung, Band 50. Berlin: Duncker & Humblot.

HOLMES, Stephen (1999). Can Foreign Aid Promote the Rule of Law? In: *East European Constitutional Review*, Vol.8, No.4 (Fall); 68–74.

HOLTHAUS, Ines (1998). *Förderung der Gleichberechtigung von Frauen durch Maßnahmen der Rechtsberatung in der Entwicklungszusammenarbeit.* Berlin: Deutsches Institut für Entwicklungspolitik.

HORNBERGER, Udo/SUND, Horst (2001). Repräsentative Deutsche Rechtsliteratur der Gegenwart. In: *China-Report*, Nr.35 (15. Juli 2001); 11–12.

HSU, Szu-Chien (2000). International Linkage and China's Environmental Policies. In: *Issues and Studies*, Vol.36, No.3 (May/June); 61–102.

JULIUS, Hinrich (2002). *Die Praxis des chinesischen Wirtschaftsrechts. Eine Bestandsaufnahme.* Unveröffentlichtes Manuskript.

KAHN-FREUND, Otto. (1978). *Selected Writings.* London: Stevens and Sons.

KAPP, Robert A. (2003). The Matter of Business. In: McGIFFERT, Carola (ed.)(2003). *China in the American Political Imagination.* Washington, D.C.: CSIS; 82–92.

KEITH, Ronald C. (1994). *China's Struggle for the Rule of Law.* New York: St. Martin's Press.

KEMPKEN, Daniel (1999). Der Stellenwert von Rechtsreformen im Rahmen der deutschen Entwicklungszusammenarbeit. In: AHRENS, Helen/NOLTE, Detlef (Hrsg.)(1999*). Rechtsreformen und Demokratieentwicklung in Lateinamerika.* Schriftenreihe des Instituts für Iberoamerikakunde, Hamburg, Band 48. Frankfurt/Main: Vervuert; 324–331.

KEOHANE, Robert O./NYE, Joseph S. Jr. (eds.)(1973). *Transnational Relations and World Politics.* 2. Auflage. Cambridge, MA: Harvard University Press.

KNIEPER, Rolf (1998). Probleme der juristischen Zusammenarbeit in Transformations-Staaten. In: HELDRICH, Andreas/SCHLECHTRIEM, Peter/SCHMIDT, Eike (Hrsg.)(1998). *Recht im Spannungsfeld von Theorie und Praxis. Festschrift für Helmut Heinrichs zum 70. Geburtstag*. München: Beck; 355–365.

KLOSE, Hans-Ulrich (2000). Viele Konzepte – Ein gemeinsamer Nenner. Deutsche Asienpolitik – Kritische Anmerkungen zur Sache. In: *Das Parlament*, Nr.24 (09.06.2000); 3.

LAMPTON, David M. (2001). China's Foreign and Security Policy-Making Process. Is it Changing and Does it Matter? In: DERS. (ed.)(2001). *The Making of Chinese Foreign and Security Policy in the Era of Reform, 1978–2000*. Stanford, CA: Stanford University Press; 1–19.

LEE, David C. (2000). Legal Reform in China. A Role for Nongovernmental Organizations. In: *Yale Journal of International Law*, Vol.25, No.2; 363–434.

LEUTNER, Mechthild (Hrsg.)(1995). *Bundesrepublik Deutschland und China 1949 bis 1995. Politik – Wirtschaft – Wissenschaft – Kultur. Eine Quellensammlung*. Berlin: Akademie Verlag.

LI, Yuwen (2000). Lawyers in China. A »Flourishing" Profession in a Rapidly Changing Society? In: *China Perspectives*, No.27 (January/February). Fundstelle: http://www.nhh.no/geo/chinese/2001/reading/lawyers/Lawyers.htm [Zugriff: 23.07.2005]

LIEBMAN, Benjamin L. (1999). Legal Aid and Public Interest Law in China. In: *Texas International Law Journal*, Vol. 34; 212–286.

LO, Carlos Wing-hung (1995). *China's Legal Awakening. Legal Theory and Criminal Justice in Deng's Era*. Hong Kong: Hong Kong University Press.

LOBB-RABE, Alison (2000). *Impact Assessment with a Poverty Focus in Policy Advisory Projects. Concepts, Questions and Cases*. Unveröffentlichtes Gutachten für ein GTZ Pilotprojekt zur Armutsminderung

LUBMAN, Stanley B. (1999). *Bird in a Cage. Legal Reform in China after Mao*. Stanford, CA: Stanford University Press.

DERS. (2003). The Study of Chinese Law in the United States. Reflections on the Past and Concerns about the Future. In: *Washington University Global Studies Law Review*, Vol.2, No.1; 1–35. Fundstelle: http://law.wustl.edu/Publications/WUGSLR/IssueArchive/Volume_2_1/Lubman_book_pages.pdf [Zugriff: 20.07.2005]

LUTTER, Marcus/STIEFEL, Ernst C./HOEFLICH, Michael H. (Hrsg.)(1993). *Der Einfluß deutscher Emigranten auf die Rechtsentwicklung in den USA und in Deutschland. Vorträge und Referate des Bonner Symposions im September 1991*. Tübingen: J.C.B. Mohr (Paul Siebeck)

MANTHE, Ulrich (2002). Die Rechtsentwicklung Chinas im 20. Jahrhundert. In: *Berliner China-Hefte*, Nr.22 (Mai), 3–18.

MATTEI, Ugo (1994). Why the Wind Changed. Intellectual Leadership in Western Law. In: *The American Journal of Comparative Law*, Vol.42; 195–218.

McCUTCHEON, Aubrey (2000a). Contributing to Legal Reform in China. In: McCLYMONT, Mary/GOLUB, Stephen (eds.)(2000). *Many Roads to Justice. The Law-related Work of Ford Foundation Grantees Around the World.* New York: The Ford Foundation; 159–196.

DERS. (2000b). University Legal Aid Clinics. A Growing International Presence with Manifold Benefits. In: McCLYMONT, Mary/GOLUB, Stephen (eds.)(2000). *Many Roads to Justice. The Law-related Work of Ford Foundation Grantees Around the World.* New York: The Ford Foundation; 267–282.

MERRYMAN, John Henry (1977). Comparative Law and Social Change: On the Origins, Style, Decline & Revival of the Law and Development Movement. In: *The American Journal of Comparative Law*, Vol.25; 457–491.

MESSICK, Richard E. (1999). Judicial Reform and Economic Development. A Survey of the Issues. In: *The World Bank Research Observer*, Vol.14, No.1; 117–136. Fundstelle: http://www.worldbank.org/research/journals/wbro/obsfeb99/pdf/article6.pdf [Zugriff: 20.07.2005]

MOORE, Thomas G. /YANG, Dixia (2001). Empowered and Restrained. Chinese Foreign Policy in the Age of Economic Interdependence. In: LAMPTON, David M. (ed.)(2001). *The Making of Chinese Foreign and Security Policy in the Era of Reform, 1978 – 2000.* Stanford: Stanford University Press, 2001; 191–229.

MÜNCH, Ingo von (1994). Rechtsexport und Rechtsimport. In: *Neue Juristische Wochenschrift*, Jg.47, Nr.48; 3145–3147.

MÜNZEL, Frank (2003). *Sagt Nein zum deutschen Recht!* Fundstelle: http://www.unusuniversus.com/zd/viewsws.asp?id=26 [Zugriff: 23.07.2005]

o.A. (1999). Zusammenfassung der Konferenz zu »Rechtsstaatlichkeit und Reform des Rechtssystems« (*yifa zhiguo yu sifa tizhi gaige yantaohui jiyao*). In: *Faxue Yanjiu*, Vol.21, No.4; 151–160.

O'BRIEN, Kevin J. (1994). Agents and Remonstrators: Role Accumulation by Chinese People's Congress Deputies. In: *The China Quarterly*, Vol.138; 359–379.

ORTS, Eric W. (2001). The Rule of Law in China. In: *Vanderbilt Journal of Transnational Law*, Vol. 34; 44–115.

PEERENBOOM, Randall (1998). *Lawyers in China. Obstacles to Independence and the Defense of Rights.* New York: Lawyers Committee for Human Rights.

DERS. (2000a). China and the Rule of Law. Part I. In: *Perspectives*, Vol.1, No.5. Fundstelle: http://www.oycf.org/Perspectives/5_043000/china_and_the_rule_of_law.htm [Zugriff: 07.07.2005]

DERS. (2000b). China and the Rule of Law. Part II. In: *Perspectives*, Vol.1, No.6 Fundstelle: http://www.oycf.org/Perspectives/6_063000/china_and_the_rule_of_law.htm [Zugriff: 07.07.2005]

DERS. (2002). *China's Long March Toward Rule of Law.* Cambridge: Cambridge University Press.

DERS. (2004a). Varieties of Rule of Law. An Introduction and Provisional Conclusion. In: DERS. (ed.)(2004). *Asian Discourses of Rule of Law. Theories and Implementation of Rule of Law in Twelve Asian Countries, France and the U.S.* London, New York: Routledge; 1–55.

DERS. (2004b). Competing Conceptions of Rule of Law in China. In: DERS. (ed.)(2004). *Asian Discourses of Rule of Law. Theories and Implementation of Rule of Law in Twelve Asian Countries, France and the U.S.* London, New York: Routledge; 113–145.

PETERSON, John (2004). Policy Networks. In: WIENER, Antje/DIEZ, Thomas (eds.)(2004). *European Integration Theory.* Oxford: Oxford University Press; 117–135.

PFEIL, Florian (2003). Bleibt alles anders. Kontinuität und Wandel rot-grüner Menschenrechtspolitik. In: MAULL, Hanns/HARNISCH, Sebastian/GRUND, Constantin (Hrsg.)(2003). *Deutschland im Abseits? Rot-grüne Außenpolitik 1998–2003.* Baden-Baden: Nomos; 177–192.

PICCIOTTO, Sol (1996). The Regulatory Criss-Cross. Interaction between Jurisdictions and the Construction of Global Regulatory Networks. In: BRATTON, William/McCAHERY, Joseph/DERS./SCOTT, Colin (eds.)(1996). *International Regulatory Competition and Coordination. Perspectives on Economic Regulation in Europe and the United States.* Oxford: Clarendon Press; 89–123.

POTTER, Pitman B. (1994a). The Administrative Litigation Law of the PRC. Judicial Review and Bureaucratic Reform. In: DERS. (ed.)(1994). *Domestic Law Reforms in Post-Mao China.* London, New York: M.E. Sharpe; 270–304.

DERS. (1994b). Riding the Tiger. Legitimacy and Legal Culture in Post-Mao China. In: *The China Quarterly*, No.138; 325–358.

DERS. (1998). Economic and Legal Reform in China: Whither Civil Society and Democratization? In: LINDAU, Juan D./CHEEK, Timothy (eds.)(1998). *Market Economics and Political Change. Comparing China and Mexico.* Lanham u. a.: Rowman & Littlefield; 159–185.

DERS. (2001). *The Chinese Legal System. Globalization and Local Legal Culture.* London u. a.: Routledge.

REDDIES, Bernd (2003). Die Arbeit der politischen Stiftungen in China am Beispiel der Friedrich-Ebert-Stiftung. In: SCHÜLLER, Margot (Hrsg.)(2003). *Strukturwandel in den deutsch-chinesischen Beziehungen. Analysen und Praxisberichte.* Hamburg: Institut für Asienkunde; 78–85.

RISSE-KAPPEN, Thomas. (1995). Bringing Transnational Relations Back In: Introduction. In: DERS. (ed.)(1995). *Bringing Transnational Relations Back In. Non-State Actors, Domestic Structures and International Institutions.* Cambridge: Cambridge University Press; 3–33.

RÖHL, Klaus F./MAGEN, Stefan (1996). Die Rolle des Rechts im Prozess der Globalisierung. In: *Zeitschrift für Rechtssoziologie*, Vol.17, No.1; 1–57.

RUNGE, Wolfgang (2003). Schritt in die Weltpolitik? Beziehungen der Bundesrepublik Deutschland zur VR China 1949–2002. In: SCHÜLLER, Margot (Hrsg.)(2003). *Strukturwandel in den deutsch-chinesischen Beziehungen. Analysen und Praxisberichte*. Hamburg: Institut für Asienkunde; 56–77.

SACCO, Rodolfo (1991). Legal Formants. A Dynamic Approach to Comparative Law. In: *American Journal of Comparative Law*, Vol.31; 1–34.

SAND, Klemens van de (1997). Menschenrechte als integraler Bestandteil der staatlichen Entwicklungspolitik. In: DICKE, Klaus/EDINGER, Michael/LEMBCKE, Oliver (Hrsg.)(1997). *Menschenrechte und Entwicklung*. Berlin: Duncker und Humboldt; 117–135.

SCHABER, Thomas/ULBERT, Cornelia (1994). Reflexivität in den Internationalen Beziehungen. Literaturbericht zum Beitrag kognitiver reflexiver und interpretativer Ansätze zur dritten Theoriedebatte. In: *Zeitschrift für Internationale Beziehungen*, Vol.1; 139–169.

SCHAUER, Frederic (2000). The Politics and Incentives of Legal Transplantation. *CID Working Paper* No.44 (April 2000). Fundstelle: http://www2.cid.harvard.edu/cidwp/044.pdf [Zugriff: 11.07.2005]

SCHULTE-KULKMANN, Nicole (2002). Der Einfluss westlicher Rechtsberatung auf die Rechtsreformen in der VR China. Akteure und Interessen. In: *China aktuell* (Juni 2002); 646–662.

DIES. (2003). Förderung von Rechtsstaatlichkeit und Menschenrechten in der europäisch-chinesischen Rechtszusammenarbeit. In: *Verfassung und Recht in Übersee*, Vol.36, No.4; 529–554.

DIES./SHIH, Lea/HEILMANN, Sebastian. (2004) Änderungen der Verfassung der Volksrepublik China 2004. Übersetzung und Kommentar. In: *Verfassung und Recht in Übersee*, Vol.37, No.3; 345–361; zugleich: *China Analysis* No.32 (April 2004)

SEIDMAN, Robert B./SEIDMAN, Ann (1994). *State and Law in the Development Process. Problem-Solving and Institutional Change in the Third World*. New York: St. Martin's Press.

DERS./DIES./PAYNE, Janice (eds.)(1997). *Legislative Drafting for Market Reform: Some Lessons from China*. London: Macmillan Press.

DERS./DIES./WÄLDE, Thomas W. (eds.)(1999). *Making Development Work. Legislative Reform for Institutional Transformation and Good Governance*. The Hague, London, Boston: Kluwer Law International.

SENGER, Harro von (1994). *Einführung in das chinesische Recht*. München: Beck.

SEVASTIK, Per (ed.)(1997). *Legal Assistance to Developing Countries. Swedish Perspectives on the Rule of Law*. Stockholm: Kluwer Law International.

SHEN, Yuanyuan (2000). Concpetions and Receptions of Legality. Understanding the Complexity of Law Reform in Modern China. In: TURNER, Karen G./FEINERMAN, James V./GUY, R. Kent (eds.)(2000). *The Limits of the Rule of Law in China*. Seattle, London: University of Washington Press; 20–44.

SHIH, Chih-yu (1993). Nascent Visions of Rule of Law in Mainland China. In: *Issues and Studies*, Vol.29, Nr.XXX, 1993; 38–62.

SONG, Kevin Ying Yue (1996). China's New Law on Lawyers Will Move System Closer to International Standards. In: *East Asian Executive Reports*, Vol.18, No.8 (15. August); 9–14.

STEPHENSON, Matthew C. (2000). A Trojan Horse behind Chinese Walls? Problems and Prospects of US Sponsored »Rule of Law« Reform Projects in the People's Republic of China. *CID Working Paper* No.47 (May 2000). Fundstelle: http://www2.cid.harvard.edu/cidwp/047.pdf [Zugriff: 20.07.2005]

STOBER, Rolf. Zum deutsch-chinesischen Rechtsdialog im Verwaltungsrecht. In: *Die öffentliche Verwaltung*, Vol.55, No.13; 547–556.

STUCKEN, Bernd-Uwe (1993). The Legal Framework of China's Economic Reforms. In: BOHNET, Arnim (Hrsg.)(1993). *Chinas Weg zur Marktwirtschaft – Muster eines erfolgreichen Reformprogramms? Band I.* Münster, Hamburg: Lit Verlag, 45–96.

TANNER, Murray Scot (1994a). The Erosion of Communist Party Control over Lawmaking in China. In: *The China Quarterly*, No.138; 381–403.

DERS. (1994b). Organizations and Politics in China's Post-Mao Law-Making System. In: POTTER, Pitman B. (ed.)(1994). *Domestic Law Reform in Post-Mao China*. London, New York: M.E. Sharpe; 56–93.

DERS. (1999). *The Politics of Lawmaking in Post-Mao China. Institutions, Processes and Democratic Prospects*. Oxford: Clarendon Press.

TEUBNER, Gunther (1998). Rechtsirritationen. Der Transfer von Rechtsnormen in rechtssoziologischer Sicht. In: BRAND, Jürgen/STREMPEL, Dieter (Hrsg.)(1998). *Soziologie des Rechts. Festschrift für Erhard Blankenburg zum 60. Geburtstag*. Baden-Baden: Nomos; 233–244.

TETZLAFF, Rainer (1999). Justizreformen im Rahmen der Globalisierungsdebatte. In: AHRENS, Helen/NOLTE, Detlef (Hrsg.)(1999). *Rechtsreformen und Demokratieentwicklung in Lateinamerika*. Frankfurt/Main: Vervuert; 36–52.

THURSTON, Anne F. (2003). Chinese Democracy in the American Political Imagination. In: McGIFFERT, Carola (ed.)(2003). *China in the American Political Imagination*. Washington, D.C.: CSIS; 93–102.

TOMSA, Dirk (1997). Die deutsche Entwicklungszusammenarbeit mit der VR China – Eine Bestandsaufnahme. In: *China aktuell* (October 1997); 997–1011.

TRUBEK, David M./GALANTER, Marc (1974). Scholars in Self-Estrangement. Some Reflections on the Crisis in Law and Development Studies in the United States. In: *Wisconsin Law Review*, Vol.1974, No.4; 1062–1102.

TURNER, Karen G./FEINERMAN, James V./GUY, R. Kent (eds.)(2000). *The Limits of the Rule of Law in China*. Seattle, London: University of Washington Press.

WANG, Guiguo/WEI, Zhenying (1996). *Legal Developments in China. Market Economy and Law*. Hong Kong, London: Sweet and Maxwell.

WANG, James C. F. (1999). *Contemporary Chinese Politics. An Introduction*. 4th ed. Upper Saddle River: Prentice Hall.

WANG, Shenguang (1997). Introduction. An Emerging Legal System. In: DERS./ZHANG, Xianchu (eds.)(1997). *Introduction to Chinese Law*. Hong Kong, Singapur: Sweet and Maxwell Asia; 1–29.

WANG, Stephanie/EVASDOTTIR, Erika (2003). Funding the Rule of Law and Civil Society. In: *China Rights Forum*, Vol.23, No.2 (2003); 22–35. Fundstelle: http://www.hrichina.org/fs/downloadables/pdf/downloadable-resources/HRIC_issues_paper3.2003.pdf?revision_id=8756 [Zugriff: 16.07.2005]

WATSON, Alan (1974). *Legal Transplants*. Charlottesville: University Press of Virginia.

DERS. (1976). Legal Transplants and Law Reform. In: *The Law Quarterly Review*, Vol.92; 79–84.

DERS. (1996). Aspects of Reception of Law. In: *American Journal of Comparative Law*, Vol.44; 335–351.

WEINSTEIN, Jack B. (1998). Some First Impressions of the Legal System in Three Chinese Cities. In: *Brooklyn Journal of International Law*, Vol.24, No.1; 221–238.

WOODMAN, Sophia (2004). Bilateral Aid to Improve Human Rights. In: *China Perspectives*, Vol.51; 28–49.

XU, Xiaoman (1999). *Der Beitrag der deutsch-chinesischen Entwicklungszusammenarbeit zur Wirtschafts- und Politikreform in der Volksrepublik China*. Hamburg: Lit Verlag.

YIN, Yijun (1999). Wenming jincheng zhong de fazhi yu xiandaihua (Rechtsstaatlichkeit und Modernisierung im Ablauf der Zivilisation). In: *Faxue Yanjiu*, Vol.21, No.6; 3–16.

ZWEIGERT, Konrad/KÖTZ, Hein (1996). *Einführung in die Rechtsvergleichung*. 3rd Edition, Tübingen: J.C.B. Mohr

C. Interviews

Interview 02/2002: Ehemaliger Programmkoordinator eines amerikanischen akademischen Rechtsberatungsrogramms; Telefongespräch am 21.02.2002

Interview 03/2003: Leitender Programmkoordinator einer deutschen politischen Stiftung; Telefongespräch am 19.03.2002

Interview 04/2002: Leitender Koordinator eines Europäischen Rechtsberatungsprogramms; Beijing, VRC, 13.08.2002

Interview 05/2002: Chinesischer Rechtswissenschaftler; Beijing, VRC, 28.08.2002

Interview 08/2002: Leitender Programmkoordinator einer Internationalen Organisation; Beijing, VRC, 11.09.2002

Interview 09/2002: Büroleiter einer deutschen politischen Stiftung; Beijing, 18.09.2002

Interview 11/2002: Ehemaliger leitender Programmkoordinator einer amerikanischen NRO; Beijing, VRC, 24.09.2002

Interview 12/2002: Leitender Mitarbeiter eines obersten chinesischen Rechtsetzungsorgans; Beijing, VRC, 30.09.2002

Interview 13/2002: Leitender amerikanischer Regierungsmitarbeiter; Beijing, VRC, 07.10.2002

Interview 01/2003: Fachbereichsleiter einer europäischen juristischen Ausbildungsinstitution; Trier, 29.01.2003

Interview 02/2003: Kursleiter einer europäischen juristischen Ausbildungsinstitution; Trier, 29.01.2003

Interview 03/2003: Deutscher Rechtswissenschaftler; Trier, 04.03.2003

Interview 04/2003: Deutscher Rechtswissenschaftler; Trier, 19.03.2003

Interview 05/2003: Deutscher Rechtswissenschaftler; Trier, 12.05.2003

Interview 06/2003: Leitender Mitarbeiter einer obersten deutschen Bundesbehörde; Telefongespräch am 04.06.2003

Interview 07/2003: Deutscher Rechtswissenschaftler; Telefongespräch am 10.07.2003

Interview 07a/2003: Deutscher Rechtswissenschaftler; Telefongespräch am 13.11.2003

Interview 09/2003: Leitender GTZ-Mitarbeiter; Eschborn, 18.11.2003

Interview 10/2003: Deutscher Rechtswissenschaftler; Telefongespräch am 27.11.2003

Interview 12/2003: Mitarbeiter einer obersten Bundesbehörde; Berlin, 05.12.2003

Interview 01/2004: Leitender Programmkoordinator einer amerikanischen NRO; Washington, D.C., 17.02.2004

Interview 02/2004: Amerikanischer Rechtswissenschaftler; Washington, D.C., 17.02.2004

Interview 03/2004: Mitarbeiter einer amerikanischen Regierungseinrichtung; Washington, D.C., 18.02.2004

Interview 04/2004: Präsident USCBC; Washington, D.C., 19.02.2004

Interview 05/2004: Leitender Programmkoordinator einer amerikanischen Standesorganisation; Washington, D.C., 19.02.2004

Interview 06/2004: Mitarbeiter einer obersten amerikanischen Bundesbehörde; Washington, D.C., 20.02.2004

Interview 07/2004: Referatsleiter DAAD; Telefongespräch am 24.11.2004

Interview 08/2004: Deutscher Rechtswissenschaftler; Telefongespräch am 25.11.2004

Interview 09/2004: Deutscher Rechtswissenschaftler; Telefongespräch am 29.11.2004

Interview 10/2004: Deutscher Rechtswissenschaftler; Telefongespräch am 30.11.2004

Interview 11/2004: Deutscher Rechtswissenschaftler; Telefongespräch am 01.12.2004

Interview 01/2005: Leitender Mitarbeiter einer deutschen politischen Stiftung; Telefongespräch am 07.04.2005

Interview 02/2005: Leitender Mitarbeiter einer deutschen politischen Stiftung; Telefongespräch am 18.04.2005

Interview 03/2005: Leitender Mitarbeiter einer deutschen politischen Stiftung; Telefongespräch am 19.05.2005

Anhänge

Anhang I: Gesetzgebungsberatung durch GTZ-Projekte von 1994 bis 2004[946]

Rechtsbereich	*Gesetz*
Wirtschaftrecht	Devisengesetz
	Aktiengesetz
	Investmentfondsgesetz
	Gesetz zur Förderung kleiner und mittlerer Unternehmen
	Konkursgesetz
	Unternehmensgesetz
	Partnerschaftsgesetz
	Gesetz über öffentliche Ausschreibungen
	Treuhandschaftsgesetz
	Eigentumsgesetz
	Gesetz über die öffentliche Auftragsvergabe
	Staatsvermögensgesetz

946 Informationen abrufbar unter: http://www.gtz-legal-reform.org.cn/ [Zugriff: 17.07.2005]

Sozialrecht	Armeesozialversicherungsgesetz
	Arbeitsförderungsgesetz
	Tarifvertragsgesetz
	Arbeitssicherungsgesetz
	Rentenversicherungsgesetz
	Sozialversicherungsgesetz
	Arbeitslosenversicherungsgesetz
Verwaltungsrecht	Verwaltungsvollstreckungsgesetz
	Verwaltungsgenehmigungsgesetz
	Verwaltungsverfahrensgesetz
	Beamtengesetz
Haushalts- und Steuerrecht	Erbschaftssteuergesetz
	Körperschaftssteuergesetz
	Revision des Haushaltsgesetzes
	Gesetz zur Bekämpfung der Geldwäsche

Anhang II: Förderung des DAAD für die Übersetzung deutscher Rechtsliteratur ins Chinesische[947]

Rechtsbereich	*Autor / Titel*	*Status**
Rechtsphilosophie und Rechtstheorie	ENGISCH, K. *Einführung in das juristische Denken*. 9. Aufl., Stuttgart u. a., 1997	erschienen
	HATTENHAUER, H. Die geistesgeschichtlichen Grundlagen des deutschen Rechts. 4. Aufl., Heidelberg, 1996	in Übersetzung
	JAKOBS, N. *Norm, Person, Gesellschaft*. 1. Aufl., Berlin, 1999	erschienen
	JHERING, R. von. *Der Kampf ums Recht*. 1. Aufl., Berlin, 1991	geplant
	KAUFMANN, A. *Rechtsphilosophie der Nach-Neuzeit*. 2. Aufl., Heidelberg, 1989	erschienen
	KAUFMANN, A./HASSEMER, W. Einführung in die Rechtsphilosophie und Rechtstheorie der Gegenwart. 6. Aufl., Heidelberg, 1994	erschienen
	PAWLOWSKI, H.-M. *Methodenlehre für Juristen*. 3. Aufl., Heidelberg, 1999	in Übersetzung
	RADBRUCH, G. *Kulturlehre des Sozialismus*. 4. Aufl., Frankfurt a.M., 1949	bereit zum Druck
Rechtsgeschichte	JAKOBS, H.-H. Wissenschaft und Gesetzgebung im bürgerlichen Recht nach der Rechtsquellenlehre des 19. Jahrhunderts. Paderborn, 1983.	erschienen
	WESENBERG, G./WESENER, G. Neuere deutsche Privatrechtsgeschichte. 4. Aufl., Wien, 1985	geplant
	WIEACKER, F. A History of Private Law in Europe with Particular Reference to Germany. Oxford, 1995	geplant

947 Quelle: Informationen des DAAD

* Stand: 15.10.2004

Zivilrecht	BAUR, F./STÜRNER, R. *Sachenrecht*. 15. Aufl., München 1989	Band I erschienen; Bang II in Überset-zung
	FLUME, W. *Allgemeiner Teil des BGB. Band II – Das Rechtsgeschäft*. 4. Aufl., Berlin u. a., 1992	in Übersetzung
	KASER/KNÜTEL. *Römisches Privatrecht*. 7. Aufl., München 2003	in Übersetzung
	KÖTZ, H./FLESSNER, A. *Europäisches Vertragsrecht*. Oxford 1997	erschienen
	LARENZ, K./WOLF, M. *Allgemeiner Teil des deutschen Bürgerlichen Rechts*. München, 1997	erschienen
	MEDICUS, D. *Allgemeiner Teil des BGB*. 7. Aufl., Heidelberg 1997	erschienen
	MEDICUS, D. *Schuldrecht Allgemeiner Teil*. 9. Aufl., München 1996	erschienen
	MEDICUS, D. *Schuldrecht II – Besonderer Teil*. 9. Aufl., München 1997	in Übersetzung
	SCHWAB, D. *Einführung in das Bürgerliche Recht*.	in Übersetzung
Handels- und Wirtschaftsrecht	CANARIS, C.W. *Handelsrecht*. 22. Aufl., München 1995	in Übersetzung
	HABERSACK, M. *Europäisches Gesellschaftsrecht*. München, 2003	geplant
	KÜBLER, F. *Gesellschaftsrecht*. 4. Aufl., Heidelberg 1994	in Übersetzung
	RITTNER, F. *Wirtschaftsrecht*. 2. Aufl., Heidelberg 1987	in Übersetzung
	SCHMIDT, K. *Gesellschaftsrecht*. 3. Aufl., Köln u. a. 1997	in Übersetzung
Strafrecht und Strafverfahrensrecht	WESSELS, J. *Strafrecht Allgemeiner Teil*. 27. Aufl., Heidelberg 1997	in Übersetzung
	WESSELS, J. *Strafrecht Besonderer Teil – Band I*. 20. Aufl. Heidelberg 1997	geplant

Verwaltungsrecht	MAURER, H. *Allgemeines Verwaltungsrecht*. 11. Aufl., München 1997	erschienen
	SCHLAICH, K./KORIOTH, S. *Das Bundesverfassungsgericht. Stellung, Verfahren, Entscheidung*. 4. Aufl., München 1997	in Übersetzung
	WOLFF, H.-J./BACHOF, O./STOBER, R. *Verwaltungsrecht*. 11. Aufl., München 1999	erschienen
	ZIPPELIUS, R. *Allgemeine Staatslehre*. München, 2003	in Übersetzung
Sonstige	KÄSLER, D. Einführung in das Studium Max Webers. München 1979	erschienen
	KAUFMANN, A. Gustav Radbruch. Rechtsdenker, Philosoph, Sozialdemokrat. München u. a. 1987	erschienen
	KLEINHEYER, G./SCHRÖDER, J. Deutsche und europäische Juristen aus neun Jahrhunderten. 4. Aufl., Opladen 1996	bereit zum Druck
	KNIEPER, R. Gesetz und Geschichte. Baden-Baden 1997.	erschienen
	OPPERMANN, T. Europäisches Gemeinschaftsrecht.	in Übersetzung

Anhang III: Rechtsberatungsmaßnahmen der KAS 1997–2005[948]

Jahr	*Beratungsschwerpunkt*	*Maßnahme*	*Chinesischer Partner*
1997	»Staat und Verwaltung«	Symposium »Bestandsaufnahme des chinesischen Verwaltungsrechts«	Rechtsinstitut der CASS
		Fachkonferenz zum Entwurf des chinesischen Vergaberechts	Staatliche Entwicklungs- und Planungskommission
	Studien zur Begleitung des Rechtsreformprozesses	»Das chinesische Rechtssystem und die gegenwärtige Rechtsreform« (von Prof. Xin Chunying)	[Eigenmaßnahme KAS]
	Gesetzgebungsberatung	Vergaberecht	Staatliche Planungs- und Entwicklungskommission
	Rechtspolitische Dialoge	Aktuelle Themen zur Rechtsreform	Führungskräfte aus chinesischen Ministerien, Behörden und Gesetzgebungsinstitutionen

948 Quelle: Informationen der KAS

1998	»Staat und Verwaltung«	Studien zum Vergleich des deutschen und chinesischen Verwaltungsrechts und Anwendung rechtsstaatlicher Elemente in Chinas Rechtsreform	Rechtsinstitut der CASS
	Studien zur Begleitung des Rechtsreformprozesses	»Das chinesische Rechtssystem und die gegenwärtige Rechtsreform« (von Prof. Xin Chunying) [Fortführung]	[Eigenmaßnahme KAS]
	Gesetzgebungsberatung	Wachstums- und Stabilitätsgesetz	Staatliche Entwicklungs- und Planungskommission
	Rechtspolitische Dialoge	Aktuelle Themen zur Rechtsreform	Führungskräfte aus chinesischen Ministerien, Behörden und Gesetzgebungsinstitutionen
1999	»Staat und Verwaltung«	Studie zum Vergleich des deutschen und chinesischen Verwaltungsrechts und Anwendung rechtsstaatlicher Elemente in Chinas Rechtsreform [Fortführung]	Rechtsinstitut der CASS
	»Staat und Bürger«	Symposium zur Anwendung internationaler Verträge und Konventionen im chinesischen Rechtssystem	Rechtsinstitut der CASS
	Studien zur Begleitung des Rechtsreformprozesses	»Das chinesische Rechtssystem und die gegenwärtige Rechtsreform« (von Prof. Xin Chunying) [Fortführung]	[Eigenmaßnahme KAS]
	Gesetzgebungsberatung	Wachstums- und Stabilitätsgesetz [Fortführung]	Staatliche Planungs- und Entwicklungskommission
	Rechtspolitische Dialoge	Aktuelle Themen zur Rechtsreform	Führungskräfte aus chinesischen Ministerien, Behörden und Gesetzgebungsinstitutionen

2000	»Staat und Verwaltung«	Publikation zur Darstellung rechtsstaatlicher Grundsätze in Deutschland und deren Anwendung in China	[Eigenmaßnahme KAS]
		Symposium »Rechtsstaatliche Modernisierung – Erfahrungen in Deutschland und Perspektiven in China«	Rechtsinstitut der CASS
		Publikation der Ergebnisse des Symposiums	[Eigenmaßnahme KAS]
	»Staat und Bürger«	Publikation zum gegenwärtigen Stand der Einführung internationaler Verträge und Konventionen in der VRC	[Eigenmaßnahme KAS]
		Symposium zur Anwendung der Menschenrechtskonvention im chinesischen Rechtssystem	Rechtsinstitut der CASS
	Studien zur Begleitung des Rechtsreformprozesses	»Die chinesische Judikative und Reformnotwendigkeiten« (von Prof. Xin Chunying)	[Eigenmaßnahme KAS]
2001	»Staat und Bürger«	»Gegenwärtiger Stand der Einführung der Menschenrechtskonvention«	[Eigenmaßnahme KAS]
	Studien zur Begleitung des Rechtsreformprozesses	»Die chinesische Judikative und Reformnotwendigkeiten« (von Prof. Xin Chunying) [Fortführung]	[Eigenmaßnahme KAS]
2002	Studien zur Begleitung des Rechtsreformprozesses	»Die chinesische Judikative und Reformnotwendigkeiten« (von Prof. Xin Chunying) [Fortführung]	[Eigenmaßnahme KAS]
2003	»Staat und Verwaltung«	Integrierte Studien- und Seminarmaßnahme zur künftigen Reform des chinesischen Verwaltungsrechts	Rechtsinstitut der CASS
		Workshop zu WTO und Reform des Verwaltungsrechts in der VRC	Rechtsinstitut der CASS

	»Staat und Bürger«	Symposium zu ausgewählten Reformbereichen im Bürgerlichen Recht	Rechtsinstitut der CASS
		Fachgespräch zur Zivilrechtsreform	Rechtsinstitut der CASS
	Studien zur Begleitung des Rechtsreformprozesses	Nationales Recht und internationale Rechtsnormen: Staatssouveränität in der Globalisierung – Eine rechtspolitische Untersuchung	Rechtsinstitut der CASS
	Rechtspolitische Dialoge	Symposium zur Reform des Gerichtswesens	Rechtsinstitut der CASS
		Workshop zu Staatssouveränität in der Ära der Globalisierung	Rechtsinstitut der CASS
		Fachgespräch zu Konstitutionalismus und Staatssouveränität	Rechtsinstitut der CASS
2004	»Staat und Verwaltung«	Fachgespräch zum Kartellrecht	Rechtsarbeitsausschuss des SA NVK
		Fachgespräch zu Wettbewerbspolitik und Kartellrecht	[Europäische Handelskammer Beijing]
	»Staat und Bürger«	Fachgespräch zur Humanisierung des Strafvollzugs	Rechtsarbeitsausschuss des SA NVK
		Recht im E-Business	Rechtsarbeitsausschuss des SA NVK
		Konferenz zu Corporate Governance in China und Deutschland	CDHK
		Studie/Workshop/Publikation zur Patentrechtsforschung	CDHK
	Studien zur Begleitung des Rechtsreformprozesses	Konstitutionalismus und Globalisierung	Rechtsinstitut der CASS
		Staatssouveränität in der Ära der Globalisierung	Rechtsinstitut der CASS
		»Übersetzungsprojekt Rechts der Kapitalgesellschaften«	CDHK

	Rechtspolitische Dialoge	Vortragsreihe zu Rechtsfragen	DCIR, CDHK
2005	»Staat und Bürger«	Konferenz zur Reform des chinesischen Gesellschaftsrechts	Shanghai Academy of Social Sciences, CDHK
		Fachkonferenz zur Humanisierung des Strafvollzugs	Rechtsarbeitsausschuss des SA NVK
		Fachgespräch zum Menschenrechtsschutz in der VRC: Die Ratifizierung des Paktes über bürgerliche und politische Rechte (geplant für November 2005)	Rechtsinstitut der CASS

Anhang IV: Finanzierung für Rechtsberatungsmaßnahmen in der VRC mit Bezug zu Menschenrechten und Rechtstaatlichkeit durch DRL/HRDF (Haushaltsjahre 1999/2000 bis 2004/2005)

Haushaltsjahr	*Projekt*	*Fördersumme**	*Projektaktivitäten und Ziele*
1999/2000[949] *Gesamtfördersumme: US$ 296.000*	China Human Rights and Legal Reform	US$ 296.000	Konferenz zu internationalen Menschenrechtsnormen; Förderung von Rechtsstaatlichkeit und Menschenrechtsschutz
2002/2003[950] *Gesamtfördersumme: US$ 3.752.000*	Advancing the Rule of Law via Court to Court Exchange	US$ 116.000	Besuch einer siebenköpfigen Delegation hochrangiger amerikanischer Richter an Distrikt- und Berufungsgerichten in der VRC, um mit chinesischen Richtern über Fragen die Rechtsreformen betreffend zu diskutieren. Ziel des Besuches war es, amerikanisches Fachwissen zu wichtigen Fragen der chinesischen Rechtsreformen zur Verfügung zu stellen.

* Um Doppelzählungen zu vermeiden, wurden DRL Gelder, die an das NED flossen, nicht in dieser Übersicht berücksichtigt. Da im Haushaltsjahr 2000/2001 HRDF Gelder ausschließlich für Projekte des NED zur Verfügung gestellt wurde, ist dem entsprechend das Haushaltsjahr 2000/2001 nicht in der Darstellung enthalten.

949 Informationen abrufbar unter: http://www.state.gov/g/drl/rls/32893.htm [Zugriff: 12.07.2005]

950 Informationen abrufbar unter: http://www.state.gov/g/drl/rls/32961.htm [Zugriff: 12.07.2005]

	Improving Local Elections, Governance and Rule of Law	US$ 850.000	Unterstützung für die Schulung von Mitarbeitern von Wahlaufsichtsbehörden und möglichen Kandidaten mit dem Ziel, den Ablauf lokaler Wahlen zu verbessern und so einen Beitrag zur Förderung von Good Governance und Rechtsstaatlichkeit zu leisten
	Promoting Judicial, Administrative Law and Regulatory Reform	US$ 580.000	Dieses Projekt unterstützt die Diskussion über Unabhängigkeit der Justiz und die Beziehungen zwischen Gerichten und der Exekutive in der VRC. Anlässlich verschiedener Konferenzen werden Gesetzesentwürfe diskutiert, die im Zusammenhang mit der Rolle der Regierung bei der Gestaltung wirtschaftlicher und sozialer Aktivitäten sowie mit der Eingliederung von Anhörungen in das Gesetzgebungs- und das Verwaltungsverfahren stehen.
	Strengthening Direct Elections for Chinese Township and County Level People's Congress Deputies	US$ 350.000	Unterstützung für die Implementierung verschiedener Maßnahmen, die Transparenz und Fairness bei Wahlen zu den Volkskongressen auf Stadtebene und auf Kreisebene erhöhen sollen.
	Promotion of Citizen Participation in Government and Encouraging Government Accountability	US$ 758.000	Dieses Projekt arbeitet daran, das System der öffentlichen Anhörung zu stärken und unterstützt den Aufbau von NRO, die Regierungsaktivitäten überwachen. Im Verlauf des Projektes werden Schulungen über die Art und Weise, in der öffentliche Anhörungen abzuhalten sind wie auch über die Rolle von NRO im Gesetzgebungsverfahren angeboten. Darüber hinaus wird die Einrichtung einer Internetseite, die über parlamentarische Verfahren in demokratischen Regierungssystemen informiert, unterstützt.

	Promoting Criminal Defence	US$ 101.000	Unterstützung für die Arbeit chinesischer Strafverteidiger, um diese so in die Lage zu versetzen, einerseits ihre Klienten effektiv zu vertreten und auch gleichzeitig für ihren eigenen Schutz zu sorgen.[951]
	Support for Chinese Initiatives in Judicial Reform and Citizen's Rights	US$ 600.000	Unterstützung für Projekte chinesischer NRO, die in folgenden Bereichen angesiedelt sind: Ausbau des Angebotes von juristischen Dienstleistungen in ländlichen Gebieten; Stärkung der Möglichkeiten, rechtlich gegen Verletzungen von Wahlrechtsvorschriften vorzugehen; Förderung der Strafprozessrechtsreform; Verbesserung der Effizienz und Fairness gerichtlicher Entscheidungen.
	Strengthening Legal Services	US$ 297.000	Schulungen für Rechtsanwälte und Rechtsbeistände, um diese in die Lage zu versetzen, ihre Mandanten bzw. Rat suchende Bürger besser in Rechtsstreitigkeiten, vor allem im Familienrecht und in Fällen von genderspezifischer Diskriminierung, zu vertreten bzw. zu beraten.

951 Hintergrund für die Notwendigkeit eines derartigen Projektes ist der Umstand, dass Anwälte in der VRC, und insbesondere Strafverteidiger, vielfältigen persönlichen Gefährdungen ausgesetzt sind, wenn sie ihre Tätigkeit ausüben. So kommt es zum einen sehr häufig zu physischen Angriffen gegen Anwälte von Seiten der gegnerischen Parteien oder von Seiten des Gerichtspersonals. Auch die willkürliche Inhaftierung von Anwälten durch Richter, die mit dem Verfahrensverlauf zugunsten des von dem jeweiligen Anwalt vertretenen Mandanten wird häufig berichtet (Peerenboom 2002: 360–361). Darüber hinaus stellt insbesondere auch Art.306 des Strafgesetzbuches der VRC (der Text des Strafgesetzbuches der VRC ist abrufbar unter:
http://www.cecc.gov/pages/newLaws/criminalLawENG.php [Zugriff: 15.07.2005]) eine Gefährdung für Strafverteidiger dar. So wird Strafverteidigern häufig unter dieser Vorschrift die Fälschung von Aussagen und Beweismaterial vorgeworfen, was dazu führt, dass die Strafverteidiger selbst strafrechtlich verfolgt werden. Eine Konsequenz dieser Situation ist, dass es für Angeklagte in einem Strafverfahren immer schwieriger wird, einen Anwalt zu finden, der bereit ist, trotz möglicher eigener Gefährdung eine Vertretung zu übernehmen (siehe ausführlich zu dieser Problematik: CECC 2003).

	Promoting Civil Society and Public Advocacy	US$ 100.000	Unterstützung für Bürgerprojekte, die sich für eine Verbesserung des allgemeinen Umweltbewusstseins einsetzen. Gefördert wird vor allem die Durchführung von Kampagnen zur Erhöhung des Umweltbewusstseins, die Anstrengung von Musterverfahren im Umweltrecht sowie Beratungsmaßnahmen für Bürger in Umweltbelangen
2003/2004[952] *Gesamtfördersumme: US$ 5.661.000*	China Model Advocacy Courthouse	US$ 330.000	Dieses Projekt bietet Schulungen für Strafverteidiger, Staatsanwälte und Richter an, um diese in die Lage zu versetzen, ihren Mandanten eine wirkungsvolle Verteidigung zukommen zu lassen bzw. die Grundsätze eines fairen Strafverfahrens einzuhalten. Weiterhin setzt sich das Projekt auch für die Reform des Strafprozessrechts an sich ein, um auf diese Weise ebenfalls größere Fairness im Strafverfahren zu erreichen.
	Promoting Rule of Law	US$ 607.000	Unterstützung für den Aufbau von legal aid Einrichtungen in ländlichen Gebieten; weiterhin unterstützt das Projekt die Anstrengung von Gerichtsverfahren in verfassungsrechtlichen Fragen sowie den Aufbau eines einheitlichen Rechtssystems in der VRC.
	Women's Rights Task Force	US$ 299.000	Unterstützung für Frauenrechtsorganisationen, die im Bereich häusliche Gewalt, Arbeitsrecht und Eigentumsrecht arbeiten. Weiterhin unterstützt das Projekt den Aufbau eines Netzwerkes von Frauenrechtsgruppen
	China Criminal Justice Reform	US$ 350.000	Unterstützung für legal aid Einrichtungen, die im Bereich des Strafrechts arbeiten; weiterhin werden Schulungen für Angeklagte und Juristen angeboten, die über die Rechte von Angeklagten im Strafprozess informieren

952 Informationen abrufbar unter: http://www.state.gov/g/drl/rls/42370.htm [Zugriff: 12.07.2005]

	Rule of Law and Governance	US$ 550.000	Unterstützung für NRO, die sich für mehr Bürgerbeteiligung, Transparenz im Verwaltungshandeln und rechtliche Durchsetzung von Bürgerinteressen einsetzen.
	Electoral and Political Reform	US$ 800.000	Dieses Projekt setzt sich für die Verbesserung und Ausweitung von Dorfwahlen, verstärkte Partizipation der Bürger am politischen Prozess, verstärkte Transparenz und Verantwortlichkeit von Regierungsorganen sowie für den Anstoß einer Debatte über politische Reformen ein.
	Judicial, Administrative and Regulatory Reform in China	US$ 600.000	Unterstützung für Reformen im Bereich Justiz, Verwaltung und Regulierungsbehörden ein, um auf diese Weise die Entwicklung von Rechtsstaatlichkeit zu fördern.
	Promoting Standardized Elections	US$ 350.000	Dieses Projekt setzt sich für die Standardisierung und Stärkung von Dorfwahlen und anderen demokratischen Prozessen ein, um auf diese Weise das Verständnis der Bevölkerung für die Bedeutung von Demokratie und Partizipation zu verbessern
	Grassroots NGO Development	US$ 500.000	Unterstützung für die Arbeit von »grassroots« NRO, indem der Aufbau eines Netzwerkes zwischen verschiedenen »grassroots« NRO auf Stadtebene sowie unterhalb der Provinzebene gefördert wird. Dieses Netzwerk will die Leistungsfähigkeit der NRO durch das Angebot von Schulungen sowie durch die Eröffnung der Möglichkeit, voneinander zu lernen, verbessern.
	American Educational Traditions	US$ 500.000	Dieses Projekt fördert Studienprogramme, die sich mit den USA beschäftigen und bemüht sich um die Verbreitung westlicher journalistischer Traditionen und Praktiken unter chinesischen Journalisten. Auf diese Wiese soll auf Seiten der chinesischen Journalisten das Verständnis von westlicher Demokratie sowie des politischen Systems der USA verbessert werden.

	Labour Rights Project	US$ 370.000	Dieses Projekt unterstützt die Arbeit eines Ausbildungszentrums für Arbeiter in Südchina und schult chinesische NRO im Bereich des Arbeitsrechts. Auf diese Weise will das Projekt die Durchsetzung von Arbeitnehmerrechten in der VRC verbessern.
	Good Governance in China	US$ 205.000	Dieses Projekt arbeitet an der Verbesserung von Good Governance, indem es für die Verbreitung von öffentlichen Anhörungen eintritt und Schulungen für neu gewählte Dorfvorsteher etc. anbietet. Dadurch sollen diese in die Lage versetzt werden, die Interessen der lokalen Bevölkerung besser zu vertreten.
	Criminal Defence Training	US$ 200.000	Dieses Projekt bietet Schulungen für Strafverteidiger an und versucht darüber hinaus, diese Anwälte für ein Engagement im Bereich der Strafrechtsreform zu gewinnen.
2004/2005[953] *Gesamtfördersumme: US$ 10.068.000*	Rule of Law Program	US$ 2.100.000	Förderung von Rechtsstaatlichkeit in der VRC durch Unterstützung eines LL.M. Programms. Im Rahmen dieses Programms werden chinesischen Studenten vertiefte theoretische und praktische Kenntnisse des amerikanischen Rechts vermittelt. Das Programm schließt darüber hinaus auch Kurzzeitkurse für chinesische Staatsanwälte und Richter ein.
	Collaborative Action on Workplace Conditions	US$ 400.000	Unterstützung für die Durchführung von betriebsinternen Maßnahmen zur Verbesserung der Arbeitsbedingungen in der VRC, vor allem in den Bereichen Gesundheit und Arbeitssicherheit, Lohn- und Überstundenregelungen sowie Prävention von HIV / AIDS

953 Informationen abrufbar unter: http://www.state.gov/g/drl/rls/50318.htm [Zugriff: 12.07.2005]

	Promoting Democracy and Labour Standards in the Education Sector	US$ 220.000	Förderung von Demokratie und Hilfe bei der Verbesserung der Arbeitsbedingungen im Ausbildungssektor in der VRC durch Unterstützung eines Pilotprojektes. Diese Projekt untersucht in ausgewählten Städten die Rolle von Lehrern im Ausbildungssektor und identifiziert berufsständische Organisationen von Lehrern und Hochschullehrern, die außerhalb der offiziellen staatlichen Gewerkschaftsstruktur existieren. Mit Unterstützung des Projektes sollen diese Organisationen und die in ihnen Aktiven durch Workshops und Diskussionsrunden besser untereinander vernetzt werden, um auf diese Weise die Bedeutung von Arbeitnehmerrechten und demokratischen Prinzipien in ihrer täglichen Arbeit im Bildungssektor in der VRC kennen zu lernen.
	Expanding Initiatives to Promote Worker's Voice and Rule of Law	US$ 580.000	Förderung von Arbeitnehmerrechten und Rechtsstaatlichkeit in der VRC durch die Unterstützung von Arbeitnehmerorganisationen, die Informationen über Arbeitnehmerrechte anbieten und über Unruhen und Protest in der Arbeitnehmerschaft sowie über die verschiedenen Möglichkeiten der Beilegung dieser Schwierigkeiten berichten. Weiterhin Unterstützung für Organisationen, die rechtliche Beratung und Vertretung für Arbeitnehmer anbieten, über lokale Medien für den verbesserten Schutz von Arbeitnehmerrechten werben, für die Stärkung der Rechte von Wanderarbeitern eintreten und diesen bereits vor Verlassen ihrer Heimatregionen Beratung anbieten, und die schließlich Aktivisten ausbilden und unterstützen, die Verstöße gegen Arbeitnehmerrechte aufdecken, publik machen und gegen derartige Verstöße gerichtlich vorgehen.

	Grassroots NGO Development and Local Community Empowerment Program	US$ 295.000	Förderung von unabhängigen Interessenvertretungen in ländlichen Gebieten, indem chinesische NRO bei der Durchführung von Aktivitäten zur Durchsetzung der Interessen von Bauern und der armen Stadtbevölkerung unterstützt werden. Zu diesen Aktivitäten zählen: Einrichtung von Informationszentren für Bauern, Ausbildung von ehrenamtlichen Schlichtern, Informationsveranstaltungen für Bauern über das Landwirtschaftsgesetz sowie über die daraus für sie resultierenden Vor- und Nachteile, Ausbildung ausgewählter lokaler Bauern, um diese zu befähigen, größere Landwirtschaftskooperativen zu leiten, Aufbau einiger landwirtschaftlicher Pilot-Kooperativen, Angebot von legal aid für von Umsiedlungsmaßnahmen betroffene Bauern und Bewohner ländlicher Regionen
	Promoting Rule of Law in China's Labor Relations System	US$ 205.000	Förderung von Arbeitnehmerrechten und Rechtsstaatlichkeit in der VRC durch die Verbesserung der rechtlichen Vertretung von Arbeitnehmern. Im Rahmen eines Schulungsprogramms werden auf Arbeitsrecht spezialisierte Anwälte weitergebildet; weiterhin wird ein Handbuch, das Anwälte und Arbeitnehmer über die Möglichkeiten, arbeitsrechtliche Streitigkeiten vor Gericht überprüfen zu lassen, informiert, herausgegeben.
	Training Workers in Legal Strategies	US$ 164.000	Förderung von Rechtsstaatlichkeit in der VRC durch das Angebot von Informationsveranstaltungen für Arbeitnehmer über deren Rechte und die verschiedenen Möglichkeiten zur Durchsetzung dieser Rechte. Weiterhin gezielte Ausbildung einer kleineren Gruppe chinesischer Arbeitnehmer, die sich für die Durchsetzung von Arbeitnehmerrechten eingesetzt haben und über besondere Führungsqualitäten verfügen.

	Women's Rights Advocacy in China	US$ 295.000	Förderung der Rechte von Frauen in der VRC durch die Einrichtung eines Women's Action Forum und der Women's Rights Watch. Die letztgenannte Einrichtung soll unabhängig die verschiedenen NRO, die im Bereich der Förderung von Frauenrechten aktiv sind, beobachten, weiterhin Verletzungen von Frauenrechten aufdecken und dokumentieren, Gesetzgebungsvorhaben auf mögliche gender-Diskriminierung hin untersuchen und die praktische Anwendung von Gesetzen überwachen. Das Women's Action Forum wird Gesetzesvorhaben zu Frauenrechten überarbeiten und erarbeiten, Schulungsprogramme zum Thema Frauenrechte anbieten, Workshops und Publikationen zu Formen der gender-Diskriminierung im Bereich der Justiz erarbeiten, die Verletzung von Frauenrechten dokumentieren und untersuchen und sich schließlich dafür einsetzen, dass internationale Menschenrechtsnormen als gesetzliche Grundlagen in gerichtlichen Verfahren, in denen es um die Diskriminierung von Frauen und die Verletzung von Frauenrechten geht, herangezogen werden.
	Political Reforms and Rights Consciousness	US$ 850.000	Förderung von politischen Reformen und eines verbesserten Rechtsbewusstsein durch gezielte Ausbildung von Wahlleitern, Unterstützung beim Aufbau eines Modellprojektes zum demokratischen städtischen Management, Durchführung von Schulungsmaßnahmen zur Abhaltung von freien und fairen Wahlen, Unterstützung bei der Erarbeitung von gesetzlichen Regelungen für die Durchführung von direkten demokratischen Wahlen. Weiterhin fördert das Projekt die politische Beteiligung von Frauen, tritt für größere Verantwortlichkeit der Regierung ein und bemüht sich um den politischen Dialog zwischen Bürgern und Regierung.

	Congressional Studies and Journalist-in-Residence Program	US$ 410.000	Dieses Projekt bietet im Rahmen eines Schulungsprogramms Informationen über das politische System der USA, über demokratische Prozesse der Willensbildung sowie über westliche journalistische Traditionen an. Insbesondere bemüht sich das Projekt um Reformen im Medienbereich, indem führenden amerikanischen Journalisten und Medienunternehmern die Möglichkeit eröffnet wird, Seminare und Workshops zu westlichen journalistischen Praktiken und Traditionen in der VRC anzubieten.
	Promoting Better Elections in China	US$ 380.000	Dieses Projekt setzt sich für die Verbesserung der Standards für freie und faire Wahlen auf der lokalen Ebene ein und versucht Unterstützung für die Ausweitung von Wahlen auf die höheren Verwaltungsebenen zu erzeugen, indem Informationen für chinesische Regierungsvertreter und die Öffentlichkeit zur Verfügung gestellt werden. Weiterhin unterhält das Projekt zu diesem Zweck eine Internetseite mit Informationen über Wahlen in der VRC, bietet Diskussionsrunden für chinesische Regierungsvertreter und Wissenschaftler zu Fragen der Regierungsführung an und unterstützt chinesische Regierungsvertreter bei der Verbesserung von Wahlvorschriften auf der lokalen Ebene.
	Strengthening Political Parties and Civil Society in Hong Kong	US$ 377.000	Förderung von Demokratie und Zivilgesellschaft in Hong Kong durch gezielte Unterstützung und Ausbildung zivilgesellschaftlicher Organisationen, die es diesen erleichtern soll, für demokratische Entwicklung einzutreten, den Kontakt zu den Wählern zu verbessern, mit den Medien zu kommunizieren, Fördergelder einzuwerben, Meinungsumfragen durchzuführen, und Kampagnen für eine transparentere und verantwortlichere Regierungsführung durchzuführen.

	Encouraging Citizen Participation in China	US$ 471.000	Förderung von Demokratie und Stärkung der Bürgerbeteiligung an Entscheidungen der Regierung durch Unterstützung von öffentlichen Anhörungen im Gesetzgebungsprozess auf Provinz- und Stadtebene, Identifikation von Hindernissen, die hinreichend offenen und partizipatorischen Anhörungen entgegen stehen, Durchführung von Seminaren zur Abhaltung von Anhörungen im Gesetzgebungsverfahren auf der nationalen und lokalen Ebene.
	Legal Reform Project	US$ 750.000	Förderung der Justizreformen in der VRC durch die Unterstützung des Aufbaus von unabhängigen und fachlich versierten Gerichten und Rechtsdurchsetzungsorganen, die in der Lage sind, straf- und zivilrechtliche Streitigkeiten fair und transparent zu entscheiden. Weiterhin bemüht sich das Projekt um die Vertiefung von Verwaltungsreformen, die Verstärkung der Bürgerbeteiligung bei der Rechtsetzung durch die Verwaltung, die Ausweitung der Rechte, die es Bürgern erlauben, gerichtlich gegen Beamte vorzugehen, die Reform der Landrechte, den Aufbau eines Systems öffentlich bestellter Anwälte sowie um die Ausarbeitung von strafrechtlichen Sanktionen, die in minder schweren Fällen alternativ zur Haftstrafe zur Anwendung kommen können, z. B. Besserung durch gemeinnützige Arbeit.
	Citizens' Rights Advocacy Program	US$ 635.000	Förderung von Umweltschutz, Bürgerrechten und PIL durch den Aufbau eines Netzwerkes von PIL, das Angebot von Schulungsmaßnahmen für PIL, die Unterstützung von PIL Modellprojekten, und die Durchführung einer internationalen Konferenz zu PIL mit dem Ziel, einen Advocacy Action Plan für die VRC zu erstellen.

	Expanding the Model Advocacy Courthouse in China	US$ 300.000	Verbesserung der Rechtsfindung im Strafverfahren, indem Richter, Staatsanwälte und Strafverteidiger in Trainingskursen gezielt in den für ein adversatorisch ausgelegtes Strafverfahren benötigten Techniken ausgebildet werden. Weiterhin bemüht sich das Projekt um die Förderung eines vertrauensvollen Klimas in den Gerichten, das es den an den Strafverfahren beteiligten Strafverteidigern, Staatsanwälten und Richtern erlaubt, mit Vorgehensweisen zu experimentieren, um so schließlich einen größtmöglichen Schutz für die Rechte des Angeklagten zu erzielen.
	Training of China's Criminal Defense Lawyers	US$ 300.000	Verbesserung der Rechtsfindung im Strafverfahren, indem chinesische Strafverteidiger durch gezielte Schulung in die Lage versetzt werden, ihre Aufgabe in der Verteidigung Beschuldigter effektiv wahrzunehmen.
	Training Journalists to Cover Legal Issues and the Rule of Law in China	US$ 618.000	Förderung von Rechtsstaatlichkeit in der VRC, indem Journalisten, Herausgeber und im Medienbereich Tätige durch Seminare, Universitätskurse, Informationszentren und eine Internetseite gezielt darin geschult werden, Themen mit Bezug zu Rechtsstaatlichkeit und juristischen Fragen in ihrer Arbeit aufzugreifen. Das Projekt konzentriert sich dabei darauf, die rechtlichen Kenntnisse von Journalisten zu verbessern, die Berichterstattung über Gerichtsverfahren zu verstärken und auf diese Weise die Transparenz der Verfahren zu erhöhen und schließlich durch verbesserte journalistische Praktiken in diesem Bereich das Rechtsbewusstsein und die Rechtskenntnisse der Bevölkerung allgemein zu erhöhen.

	Support for Chinese Rule of Law and Citizens' Rights Initiatives	US$ 718.000	Förderung von Rechtsstaatlichkeit und des allgemeinen Bewusstseins für die Problematik der Diskriminierung durch: 1) die Einrichtung eines Forschungs- und Aktionszentrums, dessen Aufgabe es ist, sowohl die Öffentlichkeit als auch Regierungsvertreter für die Problematik der Diskriminierung zu sensibilisieren; 2) die Einrichtung eines Forschungs- und Ausbildungsprogramms, das eine informelle Aktionsgruppe aus Rechtsanwälten und anderen Individuen aufbauen und eine internationale Konferenz zum Thema Diskriminierung organisieren soll; 3) den Ausbau des ländlichen legal aid Systems, indem Studenten in ländlichen Gebieten rechtliche Beratung anbieten, legal aid Zentren an verschiedenen chinesischen Universitäten eingerichtet werden und Empfehlungen für die außergerichtliche Durchsetzung der Rechte von Bauern erarbeitet werden.

Anhang V: Finanzierung für ausgewählte Projekte aus dem Bereich Rechtsstaatlichkeit und Menschenrechtsschutz durch NED in den Jahren 2000 bis 2003

Jahr	*Förder-empfänger♣*	*Höhe der Fördersumme**	*Projektbeschreibung*
2000[954] *Gesamt-fördersumme: US$ 2.566.632*	Hong Kong Human Rights Monitor	US$ 48.000	Unterstützung für die Sammlung und Aufbereitung von Informationen über die Menschenrechtslage in der VRC, Unterstützung für Menschenrechtskampagnen und öffentliche Aufklärung
	Human Rights in China	US$ 200.000	Unterstützung für die Sammlung und Aufbereitung von Informationen über die Menschenrechtslage in der VRC, Unterstützung für Menschenrechtskampagnen und die Verbreitung von rechtlichem Informationsmaterial; Hilfe für die Opfer von politischer Verfolgung
	International Republican Institute	US$ 489.716	Unterstützung für Reformmaßnahmen im Bereich der Dorfwahlen; Unterstützung für wissenschaftliche Forschung, Veröffentlichungen und Austausch mit chinesischen Regierungsvertretern zum Problem der politischen Gefangenen und der allgemeinen Menschenrechtssituation

♣ Bei den Förderempfängern handelt es sich jeweils um NRO, die außerhalb der VRC, vor allem in den USA, ansässig sind und teilweise auch ihre Projekte außerhalb der VRC durchführen

* Diese Zahlenangaben enthalten finanzielle Mittel, die nicht allein aus Zuweisungen des amerikanischen Kongresses, sondern auch aus anderen Quellen stammen

954 Informationen abrufbar unter: http://www.ned.org/publications/00annual/grants-asia.html#China [Zugriff: 20.08.2004]

	International Republican Institute	US$ 165.000	Veranstaltung von Seminaren für neu gewählte Dorfkomitee-Vorstände und Wahlleiter zum Thema Transparenz in der Regierungsführung auf lokaler Ebene; Unterstützung für die Beobachtung von lokalen Wahlen durch Schulung von Beobachtern und durch die Finanzierung von Beobachtungsmissionen
	Laogai Research Foundation	US$ 85.000	Unterstützung für Forschung und Publikationen der Organisation zum Gegenstand *laogai* (»Reform durch Arbeit«); Untersuchung der allgemeinen Menschenrechtssituation in der VRC
	Press Freedom Guardian	US$ 48.000	Unterstützung für eine chinesischsprachige Zeitung (erscheint 2-monatlich), die Informationen und Analysen zur Entwicklung von Demokratie und Menschenrechtslage in der VRC sowie über die Arbeit der chinesischen Demokratiebewegung liefert
	International Republican Institute	US$ 460.000	Unterstützung für ein Projekt, das sich für Wahlrechtsreformen auf der Dorf-, Stadt- und Provinzebene einsetzt sowie für die Verbesserung der Bürgerbeteiligung an politischen Entscheidungen auf der Provinzebene und der nationalen Ebene
	National Democratic Institute for International Affairs	US$ 209.666	Unterstützung für die Durchführung eines Seminars zur Rolle der Legislative in demokratischen Staaten; Unterstützung für den Aufbau einer Informationsstelle über Gesetzgebungsverfahren in demokratischen Staaten

	The American Center for International Labor Solidarity	US$ 192.190	Unterstützung für Arbeitsrechtsorganisationen, die Arbeiter über ihre eigenen Rechte, die Möglichkeiten zu gewerkschaftlicher Organisation, bestehende Arbeitsschutzstandards sowie allgemein über Demokratie aufklären; Unterstützung für die Sammlung und Aufbereitung von Informationen über Arbeitsbeziehungen in der VRC und den Entwicklungsstand chinesischer Gewerkschaften für die internationale Verbreitung
	The American Center for International Labor Solidarity	US$ 184.560	Unterstützung für demokratische Gewerkschaften und Arbeitsrechtsorganisationen in Hong Kong, die sich für die Wahrung der Rechts von Arbeitern und Gewerkschaften in der Region Südchina einsetzen
	The Center for International Private Enterprise	US$ 56.000	Unterstützung für die Veranstaltung eines zweiwöchigen Symposiums über den Übergang der VRC zur Marktwirtschaft sowie für den Druck und die Verbreitung der während des Symposiums entstandenen Arbeitspapiere; Unterstützung für die Durchführung von Studien zur Verwaltungsreform
	The Center for International Private Enterprise	US$ 59.000	Unterstützung von Forschungsarbeiten, Konferenzen und Publikationen, die sich mit dem Problem der Privatisierung von Staatsbetrieben sowie mit der Verbesserung der Bürgerbeteiligung an wirtschaftlichen Reformprozessen auseinandersetzen
	The Center for International Private Enterprise	US$ 79.500	Unterstützung für den Aufbau eines landesweiten Internet-Netzwerkes in der VRC, über das Informationen über den Stand der wirtschaftlichen Entwicklung verbreitet werden sowie für die Durchführung von Fortbildungskursen im Bereich Management für Teilnehmer aus ganz China
	Center for Modern China	US$ 55.000	Unterstützung für die Publikation des Magazin Modern China Studies, einer sozialwissenschaftlichen Vierteljahreszeitschrift, die sich mit der Erarbeitung demokratischer Lösungsansätze für verschiedene politische Probleme in der VRC befasst

	Democratic China Magazine	US$ 75.000	Unterstützung für ein monatlich erscheinendes chinesischsprachiges Internetmagazin (http://www.chinamz.org), in dem Autoren aus der VRC, den USA und aus anderen Staaten Themen aus den Bereichen Politik, Gesellschaft, Kultur sowie Förderung von Pluralismus und Demokratie in der VRC bearbeiten
	Foundation for China in the 21st Century	US$ 60.000	Unterstützung für Forschungsvorhaben, Veröffentlichungen und Seminare zu den Themen Inter-Ethnische Beziehungen, Globalisierung und Modernisierung sowie Demokratisierung in der VRC
	International Campaign for Tibet	US$ 30.000	Unterstützung für Meetings, Symposien, Vorträge und Publikationen, die dem Austausch zwischen Tibetern und Han-Chinesen und dem besseren gegenseitigen Verständnis dienen sollen
	Tibetan Literary Society	US$ 20.000	Unterstützung für die Veröffentlichung der Tibet Times, einer tibetischsprachigen Tageszeitung, die Informationen über lokale tibetische und internationale Ereignisse für die Tibeter in Tibet und im Exil sowie für interessierte ausländische Leser anbietet
	Tibetan Multi-media Center	US$ 30.000	Unterstützung für die Verbreitung von Informationen über die Bemühungen um die Errichtung eines demokratischen Tibet. Zielgruppe sind Leser in Tibet, in der VRC und im indischen Exil; weiterhin demokratisch gesinnte chinesische Staatsbürger weltweit
	Tibetan Review	US$ 20.000	Unterstützung für die Veröffentlichung der Tibetan Review, einer englischsprachigen Monatszeitschrift, die sich an die tibetische Gemeinschaft im Exil sowie an eine internationale Leserschaft wendet

2001[955] *Gesamt-fördersumme: US$ 2.991.418*	Centre for International Private Enterprise	US$ 98.602	Unterstützung für die Durchführung einiger zweiwöchiger Symposien, anlässlich derer Privatunternehmer, Akademiker, Regierungsvertreter und Journalisten über die Themen Wirtschaftsreformen, Privatisierung, Liberalisierung und Rechtsstaatlichkeit in der VRC diskutierten
	Center for International Private Enterprise	US$ 82.763	Unterstützung für eine zweitägige Konferenz zur Etablierung von Corporate Governance Standards in der VRC, an der Regierungsvertreter, Journalisten und Geschäftsführer großer Unternehmen teilnahmen
	Center for International Private Enterprise	US$ 63.100	Unterstützung für einen zweitägigen Workshop zum Thema Korruption und den Möglichkeiten ihrer Bekämpfung, an dem führende chinesische Wissenschaftler teilnahmen
	Hong Kong Human rights Monitor	US$ 51.000	Unterstützung für die Arbeit der Organisation im Bereich des Schutzes der Bürgerrechte, sowie bei der Durchführung von Kampagnen zur Förderung eines öffentlichen Meinungsklimas in der VRC, das der Entwicklung von Demokratie und Rechtsstaatlichkeit positiv gegenüber steht
	International Republican Institute	US$ 409.850	Unterstützung für ein Projekt, das Ausbildungsmaßnahmen für Wahlleiter auf Dorfebene und neu gewählte Vorsteher der Dorfkomitees anbietet; Unterstützung für eine Konferenz, die sich mit den Formen und Möglichkeiten der Wahlkampfführung in Industriestaaten sowie in Entwicklungsländern beschäftigt; Unterstützung für die Reise einer Delegation von Rechtsanwälten und Mitarbeitern aus dem Bereich legal aid in die VRC, um sich dort über die Arbeit von legal aid Projekten zu informieren; Unterstützung für ein Programm, das versucht, die chinesische Regierung in einen Dialog über Verantwortlichkeit und Transparenz in der Regierungsführung sowie über die Verwirklichung von Rechtsstaatlichkeit einzubinden

955 Informationen abrufbar unter: http://www.ned.org/publications/01annual/grants-asia.html#China [Zugriff: 20.08.2004]

	International Republican Institute	US$ 80.000	Unterstützung für ein »train the trainers« Seminar zum Thema Wahlbeobachtung und für einen Workshop für lokale Wahlleiter zum Thema Direktwahlen. IRI wird darüber hinaus mit Unterstützung durch NED ein Seminar für lokale Wahlleiter und Wahlbeobachter in der Provinz Hainan anbieten
	International Republican Institute	US$ 508.700	Unterstützung für Projekte, die der Förderung von Rechts- und Wahlrechtsreformen sowie Reformen im Bereich der Gesetzgebung dienen; Unterstützung für ein Programm, das die Verantwortlichkeit der chinesischen Regierung hinsichtlich der Einhaltung grundlegender Menschenrechtsstandards erhöhen soll
	National Democratic Institute for International Affairs	US$ 209.778	Unterstützung für ein Projekt, das in vergleichender Perspektive Möglichkeiten der Heranführung von Angehörigen parlamentarischer Arbeitsstäbe, von Wissenschaftlern und von Studenten in der VRC an demokratische Grundsätze untersucht; Unterstützung für die Durchführung von zwei Seminaren zum Gesetzgebungsprozess in demokratischen politischen Systemen; Unterstützung für demokratische Reformen in Hong Kong
	Beijing Spring	US$ 40.000	Unterstützung für die Publikation der chinesischsprachigen Zeitschrift Chinese Spring, die Analysen gesellschaftlicher Entwicklungen, Dokumentation von Menschenrechtsverletzungen, Diskussionen über Fragen der Demokratisierung in der VRC anbietet
	Democratic China	US$ 85.000	Unterstützung für die Veröffentlichung eines monatlich erscheinenden chinesischsprachigen Internet-Magazins, das sich mit den Themen Demokratie, Menschenrechte und Modernisierung in der VRC auseinandersetzt

	Human Rights in China	US$ 200.000	Unterstützung für wissenschaftliche Untersuchungen und Veröffentlichungen zu Rechtsreformen, Menschenrechtsverletzungen und Gesetzgebung zur Aufrechterhaltung der nationalen Sicherheit in der VRC. Unterstützung für die Veröffentlichung einer Vierteljahreszeitschrift (»Human Rights Journal«) und den Unterhalt einer Internetseite
	Laogai Research Foundation	US$ 286.800	Unterstützung für die Informationsbeschaffung und wissenschaftliche Untersuchung des laogai Systems (»Reform durch Arbeit«) in der VRC auf Grundlage von Gesprächen mit Überlebenden der laogai Lager; Unterstützung für den Unterhalt einer Datenbank zum Gegenstand laogai und für die Veröffentlichung der Erlebnisse von laogai Insassen in chinesischer Sprache; Unterstützung für den weiteren Betrieb der englischsprachigen Internetseite der Organisation (http://www.laogai.org) sowie für den Aufbau einer chinesischsprachigen Version (http://www.laogai.org/cn); Unterstützung für die Veröffentlichung des vierteljährlichen Newsletter sowie für Publikationen zum Thema Menschenrechte in der VRC
	Social and Resource Development Fund	US$ 38.500	Unterstützung für eine lokale tibetische Organisation, die in der Autonomen Region Tibet Angehörige der nationalen Minderheit der Tibeter über Demokratie und Menschenrechte informiert und versucht, die Beteiligung am politischen Prozess zu erhöhen
	Tibet Information Network	US$ 90.000	Unterstützung für den Unterhalt einer Internetseite (http://www.tibetinfo.net) und für die Sammlung, Analyse und Verbreitung von Informationen zur Menschenrechtssituation in der VRC; Unterstützung für die Durchführung von Forschungsvorhaben
	Tibetan Multimedia Centre	US$ 30.000	Unterstützung für die Verbreitung von Informationen über Tibet in der Gemeinschaft der Exil-Tibeter wie auch in der VRC selbst; Information der chinesischen Öffentlichkeit über die Situation in Tibet mit Hilfe der Vorführung von Video- und Audiomaterial, der Veranstaltung von Diskussionen mit tibetischen Studenten und mit Hilfe der Veröffentlichung eines chinesischsprachigen Magazins über Tibet

	Tibetan Review Trust Society	US$ 20.000	Unterstützung für die Veröffentlichung einer englischsprachigen Monatszeitschrift, Tibetan Review, die ein Forum für tibetische Intellektuelle, politisch Engagierte und andere Interessierte zu Themen die tibetische Gesellschaft betreffend darstellen soll
	Voice of Tibet	US$ 14.400	Unterstützung für den Betrieb einer unabhängigen Kurzwellen-Radiostation, die in tibetischer Sprache regelmäßig Nachrichten über Tibet, die Gemeinschaft der Tibeter im Exil und die tibetische Exilregierung für Hörer in Tibet und in angrenzenden Gebieten anbietet
	International Campaign for Tibet	US$ 30.000	Unterstützung für die Verbesserung der Kenntnisse chinesischer Meinungsführer über Tibet. ICT organisiert in diesem Zusammenhang z. B. Treffen zwischen dem Dalai Lama und Angehörigen der chinesischen Demokratiebewegung im Exil, führt Konferenzen durch und leistet Informationsarbeit. Unterstützung für den Aufbau einer chinesischsprachigen Internetseite (http://www.savetibet.org/Chinese/ChineseMain.cfm) und für die Organisation einer Podiumsdiskussion zu den jeweiligen chinesischen und tibetischen Positionen zum 17-Punkte-Abkommen von 1951
	Tibetan Literary Society	US$ 20.000	Unterstützung für die Veröffentlichung der Tibet Times, einer tibetischsprachigen Tageszeitung, die Informationen über lokale tibetische und internationale Ereignisse für die Tibeter in Tibet und im Exil sowie für interessierte ausländische Leser anbietet
	American Center for International Labor Solidarity	US$ 181.114	Unterstützung für Arbeitsrechtsorganisationen, die Arbeiter über ihre eigenen Rechte, die Möglichkeiten zu gewerkschaftlicher Organisation, bestehende Arbeitsschutzstandards sowie allgemein über Demokratie aufklären; Unterstützung für die Sammlung und Aufbereitung von Informationen über Arbeitsbeziehungen in der VRC und den Entwicklungsstand chinesischer Gewerkschaften für die internationale Verbreitung
	American Center for International Labor Solidarity	US$ 198.073	Unterstützung für demokratische Gewerkschaften und Arbeitsrechtsorganisationen in Hong Kong, die sich für die Wahrung der Rechts von Arbeitern und Gewerkschaften in der Region Südchina einsetzen

	American Center for International Labor Solidarity	US$ 51.724	Unterstützung für ein Pilotprogramm in der VRC, das die Einhaltung der Rechte von Arbeitnehmern in den Bereichen Gesundheit und Sicherheit am Arbeitsplatz sowie Gleichberechtigung von Frauen im Beschäftigungsverhältnis verbessern soll
	Center for Modern China	US$ 65.000	Unterstützung für die Veröffentlichung von 3000 Exemplaren der wissenschaftlichen Zeitschrift Modern China Studies, die sich mit wirtschaftlichen und politischen Reformen sowie mit Rechtsreformen in der VRC beschäftigt. Die Exemplare der Zeitschrift gehen vor allem Institutionen und Individuen in der VRC zu, darunter hauptsächlich wissenschaftliche und politische Einrichtungen auf der Zentralebene, Universitätsabsolventen und führende Wissenschaftler
	China News Digest	US$ 35.000	Unterstützung für die Modernisierung der EDV, die CND benötigt, um regelmäßige Newsletter über Entwicklungen in der VRC in englischer und chinesischer Sprache zu erstellen sowie um ein Online-Archiv über Informationen, die in der VRC verboten sind, aufrechtzuerhalten (http://www.cnd.org)
	Press Freedom Guardian	US$ 48.000	Unterstützung für die Veröffentlichung einer chinesischsprachigen Tageszeitung und für den Aufbau einer Internetseite (http://www.pressfreedom.com/gb/gb.htm)
	Robert F. Kennedy Memorial Center for Human Rights	US$ 54.014	Unterstützung für die Erarbeitung eines Vorschlages und möglicher neuer Projekte, um Aktivisten der chinesischen Demokratiebewegung in der VRC wirkungsvoller unterstützen zu können

2002[956] *Gesamt-fördersumme: US$ 2.852.530*	American Centre for International Labor Solidarity	US$ 198.063	Unterstützung für demokratische Gewerkschaften und Arbeitsrechtsorganisationen in Hong Kong, die sich für die Wahrung der Rechts von Arbeitern und Gewerkschaften in der Region Südchina einsetzen
	American Centre for International Labor Solidarity	US$ 57.202	Unterstützung für den Aufbau und den Unterhalt einer zweisprachigen Internetseite (Chinesisch/Englisch), die Informationen für Wissenschaftler und Aktivisten, die im Bereich Arbeitsrecht in der VRC arbeiten, anbietet
	American Centre for International Labor Solidarity	US$ 60.517	Unterstützung für ein Zentrum zur Sammlung und Verbreitung von Informationen über Arbeiterrechte in der VRC (»China Labor Union Base«), das von der Wei Jingsheng Foundation ins Leben gerufen wurde
	American Centre for International Labor Solidarity	US$ 180.480	Unterstützung für Arbeitsrechtsorganisationen, die Arbeiter über ihre eigenen Rechte, die Möglichkeiten zu gewerkschaftlicher Organisation, bestehende Arbeitsschutzstandards sowie allgemein über Demokratie aufklären; Unterstützung für die Sammlung und Aufbereitung von Informationen über Arbeitsbeziehungen in der VRC und den Entwicklungsstand chinesischer Gewerkschaften für die internationale Verbreitung
	Beijing Spring Magazine	US$ 60.000	Fortgesetzte Unterstützung für die Veröffentlichung der chinesischsprachigen Monatszeitschrift Beijing Spring

956 Informationen abrufbar unter: http://www.ned.org/grants/02programs/grants-asia.html#China [Zugriff: 20.08.2004]

	Centre for International Private Enterprise	US$ 92.936	Unterstützung für eine Reihe von Workshops, die durch das National Economic Research Institute durchgeführt wurden. Ziel der Veranstaltungen war es, die Forschungsarbeiten des Instituts zur Liberalisierung der Wirtschaft in der VRC vorzustellen und das allgemeine Verständnis des Zusammenhanges zwischen wirtschaftlicher Liberalisierung und wirtschaftlicher Entwicklung zu verbessern
	Centre for International Private Enterprise	US$ 97.573	Unterstützung des China Center for Economic Research beim Ausbau eines elektronischen Wirtschaftsinformationsnetzwerkes und beim Bemühen um die Verstärkung des Austausches reformorientierter Ideen und Vorschläge unter chinesischen Wirtschaftswissenschaftlern
	Centre for International Private Enterprise	US$ 49.683	Unterstützung des Unirule Institute of Economics bei der Durchführung von zweiwöchigen Symposien zur Entwicklung marktwirtschaftlicher Strukturen in der VRC und bei der Veröffentlichung und Verbreitung der Symposienbeiträge
	Centre for Modern China	US$ 115.000	Fortsetzung der Unterstützung für die Veröffentlichung der wissenschaftlichen Zeitschrift Modern China Studies, die sich mit wirtschaftlichen und politischen Reformen sowie mit Rechtsreformen in der VRC beschäftigt
	China Information Centre	US$ 400.000	Unterstützung für Einrichtung und Unterhalt einer Internetseite, die unabhängige Nachrichten und Analysen zu internationalen Entwicklungen und Geschehnissen in der VRC liefert
	Democratic China Magazine	US$ 100.000	Unterstützung für die Veröffentlichung eines monatlichen chinesischsprachigen Internetmagazins, das sich mit den Themen Politik, Gesellschaft, Kultur in der VRC beschäftigt und sich für die Verbreitung von Demokratie in der VRC einsetzt
	Foundation for China in the 21st Century	US$ 160.000	Unterstützung für Forschungsvorhaben, Veröffentlichungen und Seminare zu den Themen Inter-Ethnische Beziehungen, Globalisierung und Modernisierung sowie Demokratisierung in der VRC

	Human Rights in China	US$ 300.000	Unterstützung für die Sammlung und Aufbereitung von Informationen über die Menschenrechtslage in der VRC, Unterstützung für Menschenrechtskampagnen und die Verbreitung von rechtlichem Informationsmaterial; Hilfe für die Opfer von politischer Verfolgung
	International Republican Institute	US$ 400.000	Unterstützung für Wahlrechtsreformen auf der Dorfebene; Unterstützung für die Etablierung von legal aid Programmen auf der nationalen Ebene und auf Provinzebene; Unterstützung für Reformen im Bereich Gesetzgebung und Rechtsumsetzung auf nationaler Ebene; Unterstützung für ein Projekt, das sich für die Ausweitung von Wahlen über die lokale Ebene hinaus einsetzt
	Laogai Research Foundation	US$ 261.000	Fortgesetzte Unterstützung für Forschung und Publikationen der Organisation zum Gegenstand laogai (»Reform durch Arbeit«) und für die Untersuchung der allgemeinen Menschenrechtssituation in der VRC
	National Democratic Institute for International Affairs	US$ 205.076	Unterstützung der Arbeit des NDI mit dem Center for the Study of People's Congress and Foreign Legislatures der juristischen Fakultät der Peking Universität. Ziel dieser Zusammenarbeit ist es, für Angehörige der Arbeitsstäbe des NVK, für Wissenschaftler und Studenten Informationen und Materialien zum Gesetzgebungsprozess in demokratischen politischen Systemen zur Verfügung zu stellen. Unterstützung für die Bereitstellung von Materialien und direkte technische Zusammenarbeit mit Hong Konger Organisationen, die sich für die Umsetzung demokratischer Reformen in Hong Kong einsetzen
	Press Freedom Guardian Newspaper	US$ 88.000	Unterstützung für eine chinesischsprachige Zeitung (erscheint 2-monatlich), die Informationen und Analysen zur Entwicklung von Demokratie und Menschenrechtslage in der VRC sowie über die Arbeit der chinesischen Demokratiebewegung liefert

2003[957] *Gesamt-fördersumme: US$ 3.306.906*	American Center for International Labor Solidarity	US$ 65.239	Fortgesetzte Unterstützung für ein Zentrum zur Sammlung und Verbreitung von Informationen über Arbeiterrechte in der VRC (»China Labor Union Base«), das von der Wei Jingsheng Foundation ins Leben gerufen wurde
	American Center for International Labor Solidarity	US$ 90.584	Unterstützung für die von China Labor Watsch unterhaltenen zweisprachigen Internetseite. Diese Internetseite dient der Bereitstellung von grundlegenden Informationen für Aktivisten und Wissenschaftler, die im Bereich des Arbeitsrechts arbeiten; der Information der chinesischen Bevölkerung über arbeitsrechtliche Fragen, die Rechte von Arbeitnehmern, und über Möglichkeiten der rechtlichen Durchsetzung von Arbeitsrechten. Ferner informiert die Internetseite internationale Menschenrechtsorganisationen, Wissenschaftler und andere Interessierte über die aktuelle Arbeitsrechtssituation in der VRC
	American Center for International Labor Solidarity	US$ 373.944	Unterstützung für die Ausweitung des China Labor Bulletin Programms, das chinesische Arbeitnehmer über ihre Rechte gegenüber den Arbeitnehmern, über bestehende und einzuhaltende Arbeitssicherheitsstandards, über betriebliche Mitbestimmung und Demokratie sowie über Möglichkeiten der gewerkschaftlichen Organisation informiert; weiterhin sammelt das Programm Informationen über Arbeitsbeziehungen und den Entwicklungsstand von Gewerkschaften in der VRC für ein internationales Publikum
	Beijing Spring	US$ 90.000	Unterstützung für die Veröffentlichung der chinesischsprachigen Monatszeitschrift Beijing Spring

957 Informationen abrufbar unter: http://www.ned.org/grants/03programs/grants-asia.html#China [Zugriff: 02.09.2004]

	Center for International Private Enterprise	US$ 88.610	Unterstützung von Aktivitäten, vor allem Diskussionsveranstaltungen, Vorträge, Veröffentlichungen und Konferenzen, die der Förderung von Rechtsstaatlichkeit und wirtschaftlicher Privatisierung dienen
	Center for International Private Enterprise	US$ 531.532	Förderung für sechs verschiedene Projekte, die chinesische Privatunternehmer, Wirtschaftswissenschaftler und Firmen helfen, auf transparente und demokratische Weise ihren Einfluss auf die Politikgestaltung im wirtschaftlichen Bereich zu erhöhen; Unterstützung für die Veröffentlichung eines chinesischsprachigen Internetmagazins
	Center for International Private Enterprise	US$ 85.760	Unterstützung für das China Center for Economic Research, um ein elektronisches Informationsnetzwerk aufrechtzuerhalten und um den Austausch von Ideen unter reformorientierten chinesischen Wirtschaftswissenschaftlern zu fördern
	Center for International Private Enterprise	US$ 53.151	Unterstützung für 14-tägliche Symposien, die vom Unirule Institute of Economics gemeinsam mit chinesischen Privatunternehmern, Regierungsvertretern und Journalisten zu Themen des chinesischen Wirtschaftsreformprozesses durchgeführt werden; Unterstützung für die Veröffentlichung und Verbreitung der Symposienbeiträge vor allem unter chinesischen Privatunternehmern, Wissenschaftlern und Regierungsvertretern, die an der Vertiefung der Wirtschaftsreformen interessiert sind
	Center for Modern China	US$ 148.000	Unterstützung für die Veröffentlichung der Zeitschrift Modern China Studies
	China Information Center	US$ 404.105	Fortgesetzte Unterstützung für Einrichtung und Unterhalt einer chinesischsprachigen Internetseite, die unabhängige Nachrichten und Analysen zu internationalen Entwicklungen und Geschehnissen in der VRC liefert

	Democratic China	US$ 135.000	Fortgesetzte Unterstützung für die Veröffentlichung eines monatlich erscheinenden chinesischsprachigen Internetmagazins, das sich mit den Themen Politik, Gesellschaft, Kultur in der VRC beschäftigt und sich für die Verbreitung von Demokratie in der VRC einsetzt; Unterstützung für ein experimentelles Programm, das versucht, die Veröffentlichung und Verbreitung von Büchern in der VRC zu ermöglichen, die ohne diese Unterstützung aufgrund ihres politisch sensiblen Inhaltes nicht verlegt worden wären
	Foundation for China in the 21st Century	US$ 160.000	Unterstützung für die Veröffentlichung eines chinesischsprachigen Internetmagazins; Unterstützung für die Durchführung von Konferenzen und die Veröffentlichung von Analysen zum Gegenstand lokale Regierungsführung, politische Reformen und Möglichkeiten der Entwicklung eines demokratischen Verfassungsstaates in der VRC
	Human Rights in China	US$ 350.000	Unterstützung für Sammlung und Aufbereitung von Informationen über die Menschenrechtslage in der VRC, Unterstützung für Menschenrechtskampagnen und die Verbreitung von rechtlichem Informationsmaterial; Hilfe für Opfer politischer Verfolgung
	International Republican Institute	US$ 350.000	Unterstützung für ein Programm zur Ausweitung von Wahlen in der VRC; Unterstützung für Wahlrechtsreformen auf der Dorf- und Stadtebene; Unterstützung für Programme, die Frauen in ländlichen Gebieten an die Wahrnehmung öffentlicher politischer Aufgaben und Ämter heranführen sollen; Unterstützung für die Erarbeitung von Materialien zur Unterrichtung der Bürger über ihre Rechte und Pflichten
	Laogai Research Foundation	US$ 292.981	Unterstützung für Forschung und Publikationen zum Gegenstand laogai (»Reform durch Arbeit«) und für die Untersuchung der Menschenrechtssituation in der VRC
	Press Freedom Guardian	US$ 88.000	Unterstützung für eine chinesischsprachige Zeitung, die Informationen und Analysen zur Entwicklung von Demokratie und Menschenrechtslage in der VRC sowie über die Arbeit der chinesischen Demokratiebewegung liefert

Anhang VI: Laufende Projekte des China Law Centre der juristischen Fakultät der Yale University[958]

Rechtsbereich	*Schwerpunkt*	*Chinesischer Partner*	*Projektbeschreibung*
Justizreform	Stärkung von juristischen Institutionen	OVG und NRA	Zusammenarbeit mit dem OVG und der NRA im Bereich der Justizreformen; Ziel der Zusammenarbeit ist es, Möglichkeiten aufzuzeigen, wie Qualifikation und Unabhängigkeit der Richter erhöht werden und Lokalprotektionismus sowie Einflussnahme auf die Gerichte bekämpft werden können
		Gerichte in Shanghai	Zusammenarbeit im Bereich der Reform des Zivilprozessrechts, vor allem hinsichtlich der Ausweitung des vorgerichtlichen Verfahrens, der Anwendung alternativer Möglichkeiten der Streitbeilegung und von Schlichtungsverfahren unter gerichtlicher Aufsicht; der Vereinfachung des Verfahrensablaufs und der Verbesserung der Revisionsmöglichkeiten
		Chinesische Rechtswissenschaftler	Ausarbeitung von Vorschlägen zur Abschaffung oder umfassenden Reform des Systems der »Umerziehung durch Arbeit« (*laojiao*)
		Rechtsinstitut der CASS	Ausarbeitung von Expertenvorschlägen zu den Themen Justizaufbau, Unabhängigkeit der Justiz, gerichtliche Überprüfung des Verwaltungshandelns und Verhältnis von Medien und Justiz, die führenden Regierungsvertretern unterbreitet werden sollen

958 Diese Übersicht basiert auf Informationen aus: »The China Law Centre – Yale Law School«; Fundstelle: http://chinalaw.law.yale.edu/html/current.htm [Zugriff: 20.07.2005]

		Chinesische Rechtswissenschaftler	Erarbeitung von kurzfristigen und langfristigen Maßnahmen zum Aufbau eines Systems der Verfassungsgerichtsbarkeit
	Gesetzgebungsberatung	Rechtsarbeitsausschuss des SA NVK	Unterstützung bei der Ausarbeitung eines Beweisrecht im Strafverfahren, unter besonderer Berücksichtigung folgender Fragen: Sammlung und Verwendung von Beweismaterial; das Aussageverweigerungsrecht Verdächtigter während der polizeilichen Vernehmung; Umgang des Gerichts mit unrechtmäßig erhobenem Beweismaterial; Erhöhung der Bedeutung von Zeugenaussagen während des Prozesses; Einführung von stärker adversatorischen Elementen in den chinesischen Strafprozess, insbesondere Aufwertung der Rolle der Verteidigung und Neuausrichtung der Rolle des Richters
		CUPR	Durchführung eines Projektes zur Unterstützung der Ausarbeitung eines Beweisrechts im Strafverfahren, parallel zur oben dargestellten Zusammenarbeit mit dem Rechtsarbeitsausschuss des SA NVK; Ausarbeitung eines »Expertenentwurfes« sowie von wissenschaftlichen Veröffentlichungen zum Beweisrecht im Strafverfahren
		Rechtsarbeitsausschuss des SA NVK	Unterstützung bei der Ausarbeitung eines Deliktsrecht
Verwaltungsrecht und behördliche Reform	Stärkung von Institutionen	SR, nichtstaatliche Akteure	Unterstützung bei der Ausarbeitung eines Kreditinformationssystems und bei der Etablierung verlässlicher Informationskanäle für Wirtschaftsakteure, um auf diese Weise das Vertrauen bei wirtschaftlichen Transaktionen zu erhöhen
		Stadtregierung Shanghai, Volkskongress der Stadt Shanghai, chinesische Rechtswissenschaftler	Unterstützung bei der Reform von berufsständischen und Wirtschaftsorganisationen mit dem Ziel, den Aufbau von Interessengruppen zu fördern, die in hohem Maße unabhängig, selbstfinanziert und selbstreguliert arbeiten und somit ein Gegengewicht zur Regierungsbürokratie darstellen

	Gesetzgebungsberatung	Rechtsamt des SR, Rechtsarbeitsausschuss des SA NVK	Unterstützung bei der Ausarbeitung eines Entwurfs des Verwaltungsgenehmigungsgesetzes
		NVA, CUPR, chinesische Rechtswissenschaftler und Mitarbeiter der Regierung	Durchführung einer Untersuchung über Möglichkeiten zur Stärkung des Verwaltungsprozessgesetzes als ein Mittel zur Kontrolle der Verwaltung
		Rechtsamt des SR, Rechtsamt der Stadtregierung von Shanghai, ALRG	Unterstützung bei der Ausarbeitung von Verfahrensregeln für öffentliche Anhörungen und andere Formen der Bürgerbeteiligung im Rahmen des Verwaltungsverfahrens
		Chinesische Rechtswissenschaftler (ALRG) und Mitarbeiter der Regierung	Unterstützung bei der Ausarbeitung eines Entwurfs des Verwaltungsverfahrensgesetz
		Rechtsarbeitsausschuss des SA NVK, chinesische Rechtswissenschaftler	Unterstützung bei der Revision des Unternehmensgesetzes
		Rechtsamt des SR, Rechtsamt der Stadtregierung von Shanghai, ALRG	Unterstützung für unabhängige Projekte zur Ausarbeitung von gesetzlichen Regelungen, die den Zugang zu Informationen über die Arbeit der Regierung für die Öffentlichkeit erleichtern und auf diese Weise zu mehr Effizienz und Verantwortlichkeit des Regierungshandelns beitragen
Juristische Ausbildung	Stärkung von Institutionen	Juristische Fakultäten verschiedener chinesischer Universitäten	Unterstützung beim Aufbau von Programmen zur praktischen Rechtsausbildung (»clinical legal education«)

Anhang VII: Finanzierung für amerikanisch-chinesische Rechtsberatungsprojekte durch den U.S.-China Legal Cooperation Fund in den Jahren 1999-2004[959]

Jahr	*Jährliche Fördersumme*	*Projektbeschreibung*
1999	US$ 131.400	Unterstützung für die Durchführung einer vergleichenden Studie zu Menschenrechtsschutz und Justiz in der VRC, Taiwan und Hong Kong
		Unterstützung bei der Verbesserung der Verwaltungstätigkeit in der VRC
		Unterstützung für die Ausarbeitung eines Englisch-Chinesisch Wörterbuchs zu anglo-amerikanischen Rechtsausdrücken
		Unterstützung für die Ausarbeitung von Internet basierten Seminaren zum amerikanischen Rechtssystem für chinesische Richter, Anwälte und Studenten
		Unterstützung für legal aid in der VRC
		Unterstützung für die Verbesserung der juristischen Ausbildung im Bereich des Wirtschafts- und Aktienrechts
2000	US$ 151.550	Unterstützung für die Erstellung eines Handbuches zu Dorfwahlen
		Unterstützung für die Durchführung von Fortbildungsmaßnahmen für chinesische Verwaltungsangestellte und Rechtsanwälte im Bereich der Anwendung des WTO-Rechts
		Unterstützung bei der Ausarbeitung eines Regelwerkes zur juristischen Berufsethik für chinesische Rechtsanwälte

959 Informationen abrufbar unter: http://www.uschinalegalcoop.org/prior.html [Zugriff: 08.07.2005]; zusätzliche Informationen des USCBC (liegen der Verfasserin vor)

		Unterstützung bei der Durchführung von Studien zu Rechtsstaatlichkeit, Verfassungsstaatlichkeit und Unabhängigkeit der Justiz
		Unterstützung für eine Untersuchung zu den rechtlichen Auswirkungen des WTO Beitritts der VRC auf die VRC selbst sowie auf die USA
		Unterstützung für die Erstellung eines einheitlichen Systems zur Abfassung und Veröffentlichung von chinesischen Gesetzen, das von Rechtsanwälten wie auch von Nicht-Juristen in ihrer täglichen Arbeit genutzt werden kann
		Unterstützung für eine Untersuchung des amerikanischen Aktienrechts, die von Angehörigen der chinesischen Börsenaufsicht sowie von chinesischen Studenten durchgeführt wird
2001	US$ 127.000	Unterstützung bei der Umsetzung von Verwaltungsrechtsreformen, die für die VRC zur Erfüllung der WTO Auflagen notwendig sind
		Unterstützung für die Durchführung eines Workshops zum Thema Informationsfreiheit und transparente Regierungsführung
		Unterstützung für die Durchführung von Feldforschung, um Hindernisse für eine umfassende Umsetzung der chinesischen Arbeitsrechtsbestimmungen auf der lokalen Ebene zu ermitteln
		Unterstützung für die Durchführung einer Untersuchung zur Ermittlung der spezifischen Reformbedürfnisse im Bereich legal aid in einer chinesischen Provinz; Unterstützung bei der Erstellung eines Handbuches zum Thema Strafrecht und Strafverfahren für chinesische Anwälte, die im Bereich legal aid arbeiten
		Unterstützung für die Durchführung einer interdisziplinären Seminarreihe zum WTO Recht, unter besonderer Berücksichtigung der Bereiche Rechtsstaatlichkeit und Streitbeilegung im WTO Kontext
		Unterstützung für die Aus- und Fortbildung von Mitarbeitern in legal aid Zentren für Frauen, vor allem hinsichtlich des Bereiches häusliche Gewalt
		Unterstützung für die Ausarbeitung eines Internet basierten Fortbildungskurses für Vertreter von lokalen Regierungen und Provinzregierungen zum WTO Recht
		Unterstützung für die Durchführung eines internationalen Symposiums zum Thema Landreform in der VRC, an dem Vertreter der chinesischen Regierung und der Volkskongresse teilnahmen
		Unterstützung bei der Ausarbeitung eines Trainingsprogramms zu alternativen Streitbeilegungsmechanismen

2002	US$ 142.500	Unterstützung für die Ausarbeitung einer Untersuchung zum chinesischen Gesetz für die Vergabe öffentlicher Aufträge in Zusammenhang mit sonstigen chinesischen Rechtsnormen zur Rechtmäßigkeit des Verwaltungshandelns, um so Missbräuche durch Regierungsstellen zu verhindern
		Unterstützung für die Durchführung einer Fortbildungsmaßnahme für chinesische Richter zum Schutz von IPR
		Unterstützung für die Durchführung von Kurzzeit-Intensivkursen zum amerikanischen Gesellschafts- und Aktienrecht an einer chinesischen Universität
		Unterstützung einer Fortbildungsmaßnahmen zur Umsetzung der Gesetze zur Verpachtung der Nutzungsrechte an Grund und Boden auf dem Land
		Unterstützung für die Durchführung einer Seminarreihe zum Arbeitsrecht für chinesische und amerikanische Experten auf diesem Rechtsgebiet, die auch der Kontaktpflege zwischen den Wissenschaftlern aus beiden Staaten dienen sollte
		Unterstützung für die Durchführung einer Fortbildungsmaßnahme zu den Grundlagen des WTO Rechts und den Mechanismen der Streitbeilegung für 25 chinesische Richter
		Unterstützung für die Durchführung von legal aid Workshops für Frauen in vier verschiedenen ländlichen Regionen der VRC, unter besonderer Berücksichtigung des Arbeitsrechts
		Unterstützung für die Einrichtung einer gemeinnützigen Internetseite, die über den Stand der Entwicklung der Informationstechnologie in der VRC informiert
2003	US$ 120.000	Unterstützung beim Aufbau einer wissenschaftlichen Zeitschrift zum amerikanischen Recht für chinesische Leser
		Unterstützung bei der Erleichterung des Zugangs zum Recht für Angehörige ethnischer Minoritäten in der Provinz Xinjiang
		Unterstützung bei der Herstellung eines Handbuches, welches die Anwendung eines elektronischen Übersetzungsprogramms (Englisch-Chinesisch) für juristische Termini aus dem Bereich des internationalen Handelsrechts erleichtern soll

		Unterstützung für das Angebot von Praktikumsplätzen für chinesische legal aid Aktivisten in legal aid Zentren in den USA; ein Schwerpunkt des Programms liegt auf der gezielten Ausbildung der chinesischen Teilnehmer hinsichtlich der besonderen Anforderungen bei der Vertretung und Beratung von Behinderten
		Unterstützung für die Durchführung einer Konferenzreihe, die sich mit den Erfahrungen verschiedener asiatischer Staaten bei der Umsetzung von Justizreformen und dem Bemühen um eine Verbesserung der Unabhängigkeit der Justiz befasst
		Übernahme der Kosten für einen amerikanischen Ausbilder im Bereich legal aid und praktische Rechtsausbildung an der Universität Wuhan durch den USCLCF
		Unterstützung für die Durchführung eines Workshops und für die Veröffentlichung von Begleitmaterial zu Möglichkeiten der Durchsetzung von Immobiliareigentumsrechten im Zusammenhang mit der Durchführung städtebaulicher Maßnahmen und Umsiedlungen
		Unterstützung für die Einrichtung einer Schlichtungsstelle für Streitigkeiten im Bereich des Handelsrechts
		Unterstützung für die Durchführung einer Konferenz zum Thema Verfassungsreform in der VRC
		Unterstützung für die Durchführung der nationalen chinesischen Ausscheidungsrunde 2004 der Jessup International Law Moot Court Competition
		Unterstützung für die Durchführung vergleichender Studien zu den in den USA und der VRC gebräuchlichen juristischen Zitationssysteme mit dem Ziel, eine Vereinheitlichung herbeizuführen
		Unterstützung für die Durchführung eines Workshop zum Patentrecht an einer chinesischen Universität
2004	US$ 137.000	Unterstützung bei der Revision des Zivilprozessgesetzes
		Unterstützung für den Aufbau eines amerikanisch-chinesischen Informationsnetzwerkes zum Arbeitsrecht
		Unterstützung für den Aufbau eines Zentrums, das sich für die Verstärkung der Bürgerbeteiligung im Verwaltungs- und Gesetzgebungsverfahren einsetzt
		Unterstützung für die Durchführung einer Studie, die auf Grundlage empirischer Erhebungen die Leistungen chinesischer Gerichte im Bereich der Verhandlung von Fällen aus dem Bereich des Wirtschaftsrecht untersucht

		Unterstützung für die Durchführung einer vergleichenden Studie zu Arbeitsrechtsstandards in vier verschiedenen Regionen der VRC
		Unterstützung für die Entsendung zweier Richter aus Shanghai an juristische Fakultäten amerikanischer Universitäten. Während ihres Aufenthaltes in den USA sollen die chinesischen Richter eine Ausbildung im Bereich des Wirtschaftsrechts und der gerichtlichen Verwaltung erhalten
		Fortgesetzte Unterstützung für ein Projekt, dass chinesischen Juristen Fortbildung im Bereich alternativer Methoden der Streitbeilegung im Arbeitsrecht anbietet
		Unterstützung für die Austragung der Nationalen Ausscheidungsrunde 2005 der »Jessup International Law Moot Court Competition«
		Unterstützung für die Durchführung einer Studie, die verschiedene Möglichkeiten der besseren Durchsetzung der Rechte von Opfern erarbeiten soll
		Unterstützung für die Durchführung von drei Konferenzen (in Kunming, Shanghai und Beijing), während derer Möglichkeiten der Etablierung des Gesundheits-/Medizinrechts als eine eigenständige juristische Disziplin erörtert werden sollen
		Unterstützung für die Durchführung einer Konferenz in Beijing, die sich mit den Möglichkeiten der Entwicklung eines einheitlichen juristischen Zitationssystems in der VRC befasst
		Unterstützung für die Durchführung einer Studie zum Gegenwärtigen Stand des Verbraucherschutzes in der VRC und zur vergleichenden Gegenüberstellung der Verbraucherschutzsysteme in den USA und in der VRC
		Unterstützung für die Etablierung eines Modellprojektes zur Förderung der Durchsetzung von Bürgerrechten in der VRC
		Unterstützung für die Durchführung einer dreitägigen Konferenz zur Revision des chinesischen Staatshaftungsgesetzes

Anhang VIII: Förderaktivitäten der Asia Foundation im Bereich Recht in den Jahren 2003 und 2004[960]

Jahr	*Bereich*	*Chinesischer Partner*	*Projektbeschreibung*
2003	Verwaltungsrechtsreform und Einhaltung von WTO Vorgaben	Rechtsamt des SR	Unterstützung für eine 14-tägige Studienreise zum Thema Umsetzung von WTO-Vorgaben und Verwaltungsrecht in die USA für zwei Gruppen von Mitarbeitern des Rechtsamtes des SR bzw. Rechtsämtern von Provinzregierungen; Unterstützung für die Teilnahme von 40 chinesischen Mitarbeitern des Rechtsamts des SR bzw. Rechtsämtern von Provinzregierungen sowie von amerikanischen Handelsrechtsexperten an einem Workshop in Hong Kong zum Thema Umsetzung von WTO-Vorgaben in Hong Kong
		NVA	Unterstützung für die Durchführung einer dreitägigen Konferenz in Beijing, während derer der Entwurf des Verwaltungsverfahrensgesetzes zwischen 30 chinesischen Teilnehmern und amerikanischen Verwaltungsrechtsexperten diskutiert wurde

960 Informationen abrufbar unter: http://www.asiafoundation.org/Locations/china_projects.html [Zugriff: 07.07.2005]. Informationen über Fördergelder, die durch die Asia Foundation in weiteren Jahren vergeben wurden, waren nicht erhältlich

		Juristische Fakultät der Peking Universität	Unterstützung für die Übersetzung eines von chinesischen Verwaltungsrechtsexperten angefertigten Entwurfs des chinesischen Verwaltungsverfahrensgesetz und begleitender Kommentare ins Englische
		Rechtsamt des SR und Rechtsämter der Regierungen auf Provinzebene	*WTO Phase II Legal Compliance Program* Unterstützung für eine 15-tägige Studienreise zum Thema Umsetzung von WTO-Vorgaben und Verwaltungsrecht in die USA für zwei Gruppen von Mitarbeitern des Rechtsamtes des SR bzw. Rechtsämtern von Provinzregierungen unter der Leitung von Prof. Stanley Lubman
		Rechtsamt des SR	*WTO Phase II Legal Compliance Program – Hong Kong* Unterstützung für die Durchführung von Konsultationen zwischen zwei Mitarbeitern des Rechtsamtes des SR und Vertretern der Hong Konger Wirtschaft zum Thema Umsetzung von WTO-Vorgaben
		NRA	Unterstützung für den Aufenthalt eines amerikanischen Bezirksrichters an der NVA, um dort Vorlesungen zum Thema Verwaltungsrecht, Gerichtsorganisation und Methoden der juristischen Ausbildung anzubieten
		Rechtsämter der Regierungen auf Provinzebene	*WTO Phase III Legal Compliance Program* Unterstützung für die Durchführung eines Workshop in Hong Kong, unter Beteiligung von Prof. Stanley Lubman, um die Mitarbeiter der Rechtsämter lokaler Regierungen, die bereits Teil I und II des Programms absolviert haben, abschließend auf ihre Aufgaben im Bereich der Umsetzung von WTO-Vorgaben in ihren Zuständigkeitsbereichen vorzubereiten

		Rechtsamt des SR	Vorbereitung des Stellvertretenden Ministers beim Rechtsamt des Staatsrates auf seine Teilnahme an der Eröffnungssitzung und an einem Teil der Arbeitsitzungen eines Workshop zur Entwicklung des chinesischen Rechtssystems und der Mechanismen zur Umsetzungen der WTO-Verpflichtungen der VRC
	Legal Aid	Legal Aid Zentrum der Autonomen Region Innere Mongolei	Unterstützung für die Ausweitung des legal aid Angebots in der Region
		CUPR	Unterstützung für das Angebot von Rechtsberatung und legal aid im Bereich des Strafrechts
		Legal Aid Zentrum der juristischen Fakultät der Universität Nanjing	Unterstützung für die Verbesserung des legal aid Angebotes des Zentrums in den Provinzen Anhui und Jiangsu
		Legal Aid Zentrum der Provinz Shanxi	Förderung des Angebots von legal aid auf lokaler Ebene in der Provinz Shanxi
		Legal Aid Zentrum der juristischen Fakultät der Sichuan Universität	Unterstützung für die Verbesserung des legal aid Angebots des Zentrums in den Bereichen Verfassungsrecht und Arbeitsrecht
		Legal Aid Zentrum der Autonomen Region Xinjiang	Unterstützung für die Aktivitäten des legal aid Zentrums, insbesondere: Übersetzung von legal aid Handbüchern in Uighur und Verteilung dieser Informationsmaterialien; Durchführung von Studienreisen, um die Arbeit von legal aid Zentren in anderen Provinzen kennen zu lernen; Durchführung von zwei jeweils fünftägigen Trainingskursen für über 100 Direktoren von legal aid Zentren auf der Bezirks-, Kreis- und Stadtebene in der Provinz Xinjiang

		Legal Aid Zentrum der Provinz Yunnan	Unterstützung für den Aufbau eines legal aid Angebots in der Provinz Yunnan
		Juristische Fakultät der Universität von Zhengzhou (Provinz Henan)	Unterstützung für das legal aid Programm »Bürger verklagen die Regierung« der juristischen Fakultät der Universität Zhengzhou. Dieses Programm unterstützt zum einen die Bürger in ihren gerichtlichen Auseinandersetzungen mit Regierungsstellen und fördert gleichzeitig die juristische Ausbildung der Studenten, die am Zentrum arbeiten und sich auf den Bereich des Verfassungs- und Verwaltungsrechts spezialisieren wollen
		Abteilung für Frauenrechte des Frauenverbandes von Guangdong	Unterstützung für die vierte Phase eines Projektes, das legal aid und rechtliche Beratung für bedürftige Arbeitnehmerinnen und Wanderarbeiterinnen anbietet
2004	Verwaltungsrechtsreform und Einhaltung von WTO Vorgaben	East China University of Science and Technology Shanghai	Unterstützung für die Durchführung eines zweitägigen Workshops zum Patentrecht an der East China University of Science and Technology in Shanghai, durch den das Bewusstsein für die Bedeutung von IPR gestärkt sowie Wege zu einem besseren Schutz von IPR erarbeitet werden sollten
		NVA	Unterstützung für die Durchführung einer dreitägigen Konferenz in San Francisco, während derer 12 chinesische Rechtswissenschaftler und Regierungsmitarbeiter die Möglichkeit erhielten, den Entwurf des chinesischen Verwaltungsverfahrensgesetzes mit sechs amerikanischen Verwaltungsrechtswissenschaftlern zu diskutieren

		Rechtsamt des SR und Rechtsämter der Regierungen auf Provinzebene	Fortgesetzte Unterstützung des *WTO Legal Compliance Program* unter Beteiligung von Prof. Stanley Lubman
	Legal Aid	China Society Press	Unterstützung für die Publikation eines sechsbändigen juristischen Handbuchs, das Informationen insbesondere für die Vorsitzenden von Dorfkomitees und für Bauern bieten soll
		CASS	Unterstützung für die Durchführung von Pilotprojekten, die zum einen der Zentralregierung der VRC Beratung im Bereich legal aid anbieten und des weiteren Rechtskunde-Schulungen für Bauern durchführen
		Legal Aid Zentrum der Autonomen Region Innere Mongolei	Fortgesetzte Unterstützung für die Ausweitung des legal aid Angebots in der Region
		Legal Aid Zentrum der Provinz Yunnan	Fortgesetzte Unterstützung für die Ausweitung des legal aid Angebots in der Provinz Yunnan; Vorbereitung eines Ausbildungsprogramms für legal aid Mitarbeiter
		Juristische Fakultät der Universität von Zhengzhou (Provinz Henan)	Fortgesetzte Unterstützung für die Ausweitung des legal aid Programms »Bürger verklagen die Regierung« der juristischen Fakultät der Universität Zhengzhou.

		U.S.-China Labor Law Cooperation Project / Abteilung für Arbeit und soziale Sicherheit der Regierung der Provinz Anhui	Unterstützung für die Durchführung einer Reihe von Pilotmaßnahmen zur Verbesserung der arbeitsrechtlichen Kenntnisse von Wanderarbeitern; Unterstützung des Projektleiters bei der Planung und Durchführung aller Maßnahmen; Durchführung von Erhebungen zum Stand der Kenntnisse im Arbeitsrecht und zu Beratungsbedarf in den Provinzen Anhui und Yunnan sowie in der Stadt Tianjin
		Beratungszentrum für Arbeit und soziale Sicherheit der Provinz Yunnan / Abteilung für Arbeit und soziale Sicherheit der Regierung der Provinz Yunnan	Durchführung einer Reihe von Pilotmaßnahmen zur Verbesserung der arbeitsrechtlichen Kenntnisse von Wanderarbeitern sowie zur Verbesserung und Ausweitung von legal aid Angeboten für Wanderarbeiter
		Abteilung für Frauenrechte des Frauenverbandes von Guangdong	Unterstützung für die fünfte Phase eines Projektes, das legal aid und rechtliche Beratung für bedürftige Arbeitnehmerinnen und Wanderarbeiterinnen anbietet
		Forschungsinstitut für die Entwicklung Guangdongs der Sun Sun Yat-sen Universität	Unterstützung für die Ausweitung und Verbesserung des legal aid Angebotes für Wanderarbeiterinnen

Anhang IX: Übersicht über ausgewählte Förderaktivitäten des Büros der Ford Foundation in Beijing zur Unterstützung der chinesischen Rechtsreformen, 1995-2005[961]

Jahr	*Schwerpunkt**	*Förderempfänger*	*Fördersumme*	*Projektbeschreibung*
1995 Gesamtfördersumme: US$ 159.500	Law-in-action	Frauenverband des Kreises Qianxi	US$ 35.000	Unterstützung für die Arbeit des legal aid Zentrums des Frauenverbandes, des ersten legal aid Zentrums im ländlichen Raum; Unterstützung für die Durchführung eines Projektes, das Frauen auf die Kandidatur bei Dorfwahlen vorbereiten und in die Lage versetzen soll, Gender-Aspekte im System der dörflichen Selbstverwaltung zum Tragen zu bringen
		Universität Wuhan	US$ 37.000	Unterstützung für die Arbeit des Center for the Protection of the Rights of Disadvantaged Citizens im Bereich legal aid und praktische Rechtsausbildung

961 Informationen über Fördergelder, die in den Jahren 1995 bis 2001 ausgeschüttet wurden, wurden der Verfasserin direkt vom Büro der Ford Foundation in Beijing zur Verfügung gestellt

* Einteilung der Verfasserin

	Justizreform	SCUEL	US$ 87.500	Unterstützung für die probeweise Einrichtung eines Ausbildungsprogramms für Richter an Unteren und Mittleren Volksgerichten in der Provinz Hubei. Die Ausbildung soll in ausgewählten Bereichen des materiellen Rechts erfolgen; Gegenstand ist darüber hinaus das amerikanische System der gerichtlichen Überprüfung von Verwaltungsentscheidungen, Fragen der Professionalisierung der Richterschaft, Verbesserung juristischer Fertigkeiten wie Interpretation von Rechtsnormen, juristische Argumentation und das Verfassen von Urteilen
1996 Gesamtfördersumme: US$ 251.000	Law-in-action	Frauenverband des Kreises Qianxi	US$ 75.000	Fortgesetzte Unterstützung für die Arbeit des legal aid Zentrums des Frauenverbandes
	Justizreform	SCUEL	US$ 111.000	Fortsetzung der Unterstützung für das Ausbildungsprogramm für Richter an Unteren und Mittleren Volksgerichten in der Provinz Hubei
		CUPR	US$ 65.000	Unterstützung für die Durchführung von Forschungsarbeiten zu Reformen im Bereich des Verfahrensrechts, mit besonderem Schwerpunkt auf dem Zivilprozessrecht

1997 Gesamtförder-summe: US$ 374.000	Law-in-action	CUPR	US$ 100.000	Unterstützung der Arbeit des Center for Criminal Law and Justice (CCLJ). Insbesondere Unterstützung für die Fortsetzung des Programms des CCLJ zum Strafrechtswesen (Durchführung einer Studie zum Stand der Umsetzung der Revision des Strafprozessgesetzes; Ausarbeitung von Vorschlägen zur Umsetzung des Internationalen Paktes über Bürgerliche und Politische Rechte in nationales chinesisches Recht); Unterstützung für die Arbeit des legal aid Zentrums des CCLJ; Unterstützung eines Projektes zur Ausarbeitung von Expertenvorschlägen zur Reform des Beweisrechts im Strafverfahren
		Juristische Fakultät der Peking Universität	US$ 72.000	Unterstützung für die Arbeit des Center for Women's Law and Legal Services, vor allem für die Entlohnung eines Teiles der Mitarbeiter; Unterstützung bei Vertretung von Bürgern durch das Zentrum in gesellschaftlich und juristisch besonders relevanten gerichtlichen Fällen
		Frauenverband des Kreises Qianxi	US$ 83.000	Fortgesetzte Unterstützung für die Arbeit des legal aid Zentrums des Frauenverbandes
		Universität Wuhan	US$ 47.000	Fortgesetzte Unterstützung für die Arbeit des Center for the Protection of the Rights of Disadvantaged Citizens im Bereich legal aid und praktische Rechtsausbildung
	Justizreform	Juristische Fakultät der Peking Universität	US$ 45.000	Unterstützung des Center of Judicial Studies bei der Durchführung von Studien zum Rechtsreformprozess sowie bei der Durchführung einer Untersuchung zur historischen Entwicklung des Distriktgerichtes von Hankou und des Mittleren Volksgerichts von Qingdao

1998 Gesamtförder-summe: US$ 282.000	Law-in-action	CUPR	US$ 70.000	Fortgesetzte Unterstützung für die Arbeit des Center for Criminal Law and Justice (CCLJ)
		Juristische Fakultät der Peking Universität	US$ 97.000	Fortgesetzte Unterstützung für die Arbeit des Center for Women's Law and Legal Services
		Frauenverband des Kreises Qianxi	US$ 75.000	Fortgesetzte Unterstützung für die Arbeit des legal aid Zentrums des Frauenverbandes
		Universität Wuhan	US$ 40.000	Fortgesetzte Unterstützung für die Arbeit des Center for the Protection of the Rights of Disadvantaged Citizens
1999 Gesamtförder-summe: US$ 891.700	Law-in-action	ABA	US$ 45.000	Unterstützung für die Durchführung einer amerikanisch-chinesischen Konferenz zum Thema legal aid (ABA China Legal Aid Project)
		CUPR	US$ 190.000	Fortgesetzte Unterstützung für die Arbeit des Center for Criminal Law and Justice (CCLJ)
		CUPR	US$ 80.000	Unterstützung für den Aufbau des ersten auf den Bereich des Umweltrechts spezialisierten legal aid Zentrums – des Center for Environmental Law Research and Legal Services. Die Arbeit des Zentrums richtet sich auf die Verbesserung des Umweltschutzes, indem mit Hilfe juristischer Mittel gegen Umweltbeeinträchtigungen vorgegangen wird. Zu den Angeboten des Zentrums zählt unentgeltliche Beratung von Bürgern in umweltrechtlichen Fragen, die Vertretung von ausgewählten umweltrechtlichen Fällen vor Gericht, die Durchführung von Forschungsarbeiten zum Umweltrecht sowie die Ausarbeitung von Expertenvorschlägen für die Politikberatung

		Frauenverband des Kreises Qianxi	US$ 305.000	Fortgesetzte Unterstützung für die Arbeit des legal aid Zentrums des Frauenverbandes
		Universität Wuhan	US$ 100.000	Fortgesetzte Unterstützung für die Arbeit des Center for the Protection of the Rights of Disadvantaged Citizens
	Justizreform	ABA	---*	Unterstützung für das China Trial Demonstration Program der ABA
		Federal Judicial Center (U.S.)	US$ 21.000	Unterstützung für die Teilnahme von zwei chinesischen Richtern am Visiting Foreign Judicial Fellows Programm des Federal Judicial Center in den USA. Dieses Programm ermöglicht chinesischen Richtern einen Forschungsaufenthalt am Federal Judicial Center zwischen einem und sechs Monaten. Während dieses Aufenthaltes wird insbesondere die Entwicklung von Kontakten zwischen den chinesischen Richtern und ihren amerikanischen Kollegen bzw. zu amerikanischen juristischen Institutionen gefördert
		Juristische Fakultät der Peking Universität	US$ 60.000	Unterstützung für den Aufbau des Peking University Center for the Study of Comparative Legislatures. Dieses Forschungszentrum wird sich schwerpunktmäßig mit der Arbeit des NVK sowie mit der Funktionsweise ausländischer Parlamente befassen; weiterhin wird das Zentrum Übersetzungen einschlägiger Rechtsnormen anfertigen sowie regelmäßig die Ergebnisse seiner Forschungstätigkeit veröffentlichen
		SCUEL	US$ 35.700	Fortsetzung der Unterstützung für das Ausbildungsprogramm für Richter an Unteren und Mittleren Volksgerichten in der Provinz Hubei

* Fördersumme nicht einzeln ausgewiesen, da diese bereits in der Summe enthalten ist, die oben unter »Unterstützung für eine amerikanisch-chinesische Konferenz zum Thema legal aid« angegeben wurde

		OVG	US$ 55.000	Unterstützung für die Arbeit der Forschungsgruppe des OVG zur Justizreform. Diese Forschungsgruppe arbeitet einen Expertenvorschlag für einen Fünf-Jahresplan zur Justizreform aus, der der Führung der KPC unterbreitet werden soll
2000 Gesamtfördersumme: US$ 672.300	Law-in-action	Ford Foundation	US$ 313.600	Unterstützung für die Arbeit der »Mini-Initiative on Clinical Legal Education and Legal Aid in China«, welche sich für die Ausweitung der praktischen Rechtsausbildung an chinesischen Universitäten einsetzt; Unterstützung für die Arbeit eines chinesischen Rechtsprofessors zur Gründung des »Chinese Clinical Legal Education Network« (CCLEN), welches regelmäßige Treffen der Mitglieder organisiert, Konferenzen durchführt und eine Internetseite unterhält, um die Verbreitung von praktischer Rechtsausbildung in der VRC zu fördern; Unterstützung für die Organisation von Austauschbegegnungen zwischen Angehörigen des CCLEN und ausländischen Experten auf dem Gebiet legal aid
		Institut für Verwaltungsrecht Shanghai	US$ 100.000	Unterstützung des Rechtsamtes der Stadtregierung von Shanghai bei der Ausarbeitung von Möglichkeiten, öffentliche Anhörungen in das Verwaltungsverfahren zu integrieren, vor allem im Bereich von Sanktionsmaßnahmen der Verwaltung und im Bereich der Rechtsetzung

	Justizreform	Rechtsinstitut der CASS	US$ 20.000	Unterstützung für die Durchführung einer Studie zu den wesentlichen Merkmalen und Voraussetzungen einer unabhängigen Justiz
		Rechtsinstitut der CASS	US$ 81.000	Unterstützung für das neu eingerichtete Zentrum für Öffentliches Recht am Rechtsinstitut der CASS. Dieses Zentrum führt schwerpunktmäßig Studien zur Justizreform unter besonderer Berücksichtigung der Erfordernisse der Umsetzung internationaler Menschenrechtsstandards durch
		Richtervereinigung Shanghai	US$ 112.700	Unterstützung für ein Projekt, das Reformen im Bereich des Gerichtsverfahrens untersucht, vor allem die Einführung von Richtersenaten (im Gegensatz zu Einzelrichtern) und Schöffen; vorgerichtliche Verfahren; Regeln zur Verfahrensführung; Vorschriften für die Erhebung und Verwendung von Beweismaterial im Strafverfahren und im Zivilprozess; Unterstützung für die Durchführung vergleichender Studien zum deutschen und amerikanischen Gerichtswesen und Verfahrens- bzw. Prozessrecht
		SCUEL	US$ 45.000	Fortsetzung der Unterstützung für das Ausbildungsprogramm für Richter an Unteren und Mittleren Volksgerichten in der Provinz Hubei

2001 Gesamtförder-summe: US$ 1.245.480	Law-in-action	CUPR	US$ 170.000	Fortgesetzte Unterstützung für die Arbeit des Center for Criminal Law and Justice (CCLJ)
		Ford Foundation	US$ 750.000	Fortgesetzte Unterstützung für die Arbeit der »Mini-Initiative on Clinical Legal Education and Legal Aid in China« und für das »Chinese Clinical Legal Education Network«
		Juristische Fakultät der Peking Universität	US$ 80.000	Unterstützung bei der Einrichtung eines Arbeitsrechtszentrums, welches Forschungsarbeiten aus dem Bereich des Arbeitsrecht durchführt und legal aid für Arbeitnehmer anbietet
		Research Center on Juvenile Legal Aid	US$ 76.400	Unterstützung für den Aufbau eines Informationszentrums mit Materialien zu den Rechten von Kindern; für die Aufrechterhaltes des legal aid Angebotes für Kinder; für den Aufbau eines Netzwerkes von Rechtsanwälten, die bereit sind, Kinder unentgeltlich zu vertreten; für die Erstellung von Informationsmaterial, das Kinder und die breite Öffentlichkeit über die Rechte von Kindern aufklärt
	Justizreform	CUPR	US$ 79.400	Unterstützung für die Ausarbeitung eines Expertenentwurfs zum »Gesetz über die Durchsetzung von Urteilen« durch eine Gruppe von Rechtsexperten im Bereich des Zivilprozessrechts am Procedural Law Research Center der CUPR
		SCUEL	US$ 89.680	Fortsetzung der Unterstützung für das Ausbildungsprogramm für Richter an Unteren und Mittleren Volksgerichten in der Provinz Hubei

2002[962] *Gesamtförder-summe: US$ 1.297.790*	Law-in-action	Gesamtchinesischer Frauenverband	US$ 39.000	Unterstützung für ein Fortbildungsprogramm für Anwälte, die sich auf die Vertretung von Frauen spezialisiert haben
		Nordwest Polytechnische Universität	US$ 63.200	Unterstützung für die Durchführung von Forschungsarbeiten und anderer Maßnahmen zur Stärkung der Rechte von Frauen am Arbeitsplatz
		Research Center on Juvenile Legal Aid	US$ 85.000	Fortgesetzte Unterstützung für Forschung und PIL, um die Rechte der Kinder zu stärken
		The Maple Women's Psychological Counseling Center (U.S.)	US$ 47.400	Unterstützung für ein Projekt, das rechtliche und psychologische Beratung für Frauen anbietet
		The Spangenberg Group (U.S.)	US$ 52.500	Unterstützung für ein Fortbildungsprogramm, das der Gesamtchinesische Frauenverbande für Anwälte, die sich auf die Vertretung von Frauen spezialisiert haben, anbietet
		Psychologisches und juristisches Beratungszentrum für Frauen und Kinder der Präfektur Xishuangbanna, Provinz Yunnan	US$ 35.000	Unterstützung für ein Projekt, das rechtliche und psychologische Beratung für Frauen in Gebieten ethnischer Minoritäten in der Provinz Yunnan anbietet; Unterstützung für die Veröffentlichung des »Xishuanbanna Social Work News« Newsletter

962 Informationen abrufbar unter: http://www.fordfound.org/global/office/grants.cfm?link_category=&expand1=Peace+and+Social+Justice&expand2=Human+Rights&office=Beijing&grant_year=2002 [Zugriff: 20.08.2004]

		NCUSCR	US$ 99.300	Unterstützung für die Durchführung eines Studienaufenthaltes chinesischer Richter in den USA. Während des Aufenthaltes sollen die Richter Einblicke in die Rolle, die die praktische Rechtsausbildung in der Ausbildung amerikanischer Juristen einnimmt sowie in die Bedeutung des Angebotes von legal aid für Bedürftige gewinnen
		Universität Wuhan	US$ 60.000	Fortgesetzte Unterstützung für die Arbeit des Center for the Protection of the Rights of Disadvantaged Citizens im Bereich legal aid und praktische Rechtsausbildung sowie für die Durchführung einer Konferenz anlässlich des zehnjährigen Bestehens des Zentrums
	Justizreform	Anwaltskammer Beijing	US$ 80.000	Unterstützung für die Umsetzung eines Programms, das versucht die Stellung von chinesischen Strafverteidigern im Strafprozess zu stärken
		Foundation for Criminal Justice (U.S.)	US$ 12.800	Unterstützung für die Entwicklung eines Netzwerkes und für den verstärkten Austausch zwischen chinesischen und amerikanischen Strafverteidigern
		Vera Institute of Justice, Inc. (U.S.)	US$ 80.000	Unterstützung für die Durchführung einer Studienreise in die USA, in deren Verlauf chinesische Rechtsprofessoren den Umgang mit minder schweren Vergehen im amerikanischen Rechtssystem untersuchen sollen
		CUPR	US$ 117.000	Unterstützung für die Durchführung von Studien im Bereich des Verwaltungsprozessrechts und der anwaltlichen Beratung bzw. Vertretung in verwaltungsrechtlichen Verfahren

		CASS	US$ 70.400	Unterstützung für die Durchführung von Studien zur Umsetzung der Gesetzgebung im Bereich der Abänderung fehlerhafter Verwaltungsentscheidungen
		NDI	US$ 11.400	Unterstützung des Research Center for Contemporary China bei der Abhaltung einer Schein-Anhörung im Gesetzgebungsverfahren zu Normen, die der Vorbeugung der weiteren Verbreitung von AIDS und der besseren Versorgung erkrankter dienen sollen
		Juristische Fakultät der Peking Universität	US$ 54.000	Unterstützung des Center for Research on People's Congresses & Foreign Legislatures bei der Durchführung von Studien zu verschiedenen Gesetzgebungs- und Wahlrechtssystemen sowie bei der Ausarbeitung von Expertengutachten zu Möglichkeiten der Verbesserung der Bürgerbeteiligung im Gesetzgebungsverfahren
		American Bar Association (U.S.)	US$ 42.790	Unterstützung für das Trial Demonstration Program der ABA
		SCUEL	US$ 113.400	Unterstützung für ein Pilotprojekt, dass Fortbildungsmaßnahmen im Strafprozessrecht für lokale Polizeikommandanten in der Provinz Hubei anbietet
		Renmin Universität	US$ 54.000	Unterstützung bei der Einrichtung des Studienangebotes Rechtssoziologie
		Universität Sichuan	US$ 39.500	Unterstützung bei der Durchführung von Grundlagenforschung und angewandter Forschung zur Rolle des OVG
		OVG	US$ 96.000	Unterstützung für die Durchführung von Studien zum gerichtlichen Personalmanagement, vor allem hinsichtlich des Einsatzes von wissenschaftlichen Mitarbeitern der Richter

		The University of Hong Kong	US$ 21.000	Unterstützung für ein Programm, das die Entwicklung von stärker ausgereiften und besser kulturell verwurzelten Rechtsstaatstheorien durch chinesische Wissenschaftler fördert
2003[963] *Gesamtfördersumme: US$ 2.027.070*	Law-in-action	Gesamtchinesischer Frauenverband	US$ 121.000	Unterstützung für die Durchführung von Informations- und Fortbildungsveranstaltungen, die Frauen über die Inhalte des neuen Landpachtrechts und ihre sich daraus ergebenden Möglichkeiten zur Durchsetzung ihrer Pachtrechte informieren
		CASS	US$ 220.300	Unterstützung für die Einrichtung eines Prozesszentrums für öffentliches Recht am Rechtsinstitut der CASS
		Beijing Child Legal Aid and Research Center	US$ 170.000	Unterstützung für Forschungsarbeit des Zentrums und für das Angebot von legal aid, um die Rechte von Kindern zu stärken
		Nordwest Polytechnische Universität	US$ 36.100	Fortgesetzte Unterstützung für die Durchführung von Forschungsarbeiten und anderer Maßnahmen zur Stärkung der Rechte von Frauen am Arbeitsplatz
		Juristische Fakultät der Peking Universität	US$ 200.000	Fortgesetzte Unterstützung für die Arbeit des Center for Women's Law Studies and Legal Services
		Frauenverband des Kreises Qianxi	US$ 56.000	Fortgesetzte Unterstützung für die Arbeit des legal aid Zentrums des Frauenverbandes

963 Informationen abrufbar unter: http://www.fordfound.org/global/office/grants.cfm?link_category=&expand1=Peace+and+Social+Justice&expand2=Human+Rights&office=Beijing&grant_year=2003 [Zugriff: 20.07.2004]

		Research Center on Juvenile Legal Aid	US$ 170.000	Fortgesetzte Unterstützung für Forschung und PIL, um die Rechte der Kinder zu stärken
		The Maple Women's Psychological Counseling Center (U.S.)	US$ 66.700	Unterstützung für die Fortführung des Rechtsberatungsangebotes für Frauen; Unterstützung für das Interventionsprogramm des Zentrums zur Bearbeitung von rechtlichen Problemen im familiären Bereich
		The Spangenberg Group (U.S.)	US$ 60.700	Unterstützung für den Aufbau eines Ausbildungsprogramms im Bereich Internationale feministische Rechtstheorie am neu gegründeten Forschungszentrum »Recht und Gender« der CASS
		Frauenverband von Wuhan	US$ 30.000	Unterstützung für die Durchführung von Informations- und Fortbildungsveranstaltungen, die Frauen über die Inhalte des neuen Landpachtrechts und ihre sich daraus ergebenden Möglichkeiten zur Durchsetzung ihrer Pachtrechte informieren
		China Law Society	US$ 114.870	Unterstützung des China Clinical Legal Educators' Committee bei der Ausarbeitung eines Programms zur praktischen Rechtsausbildung für die Universitäten in der VRC
		Ostchinesische Universität für Politik und Recht	US$ 20.500	Unterstützung bei der Ausarbeitung eines Lehrplanes für die praktische Rechtsausbildung
		Fudan Universität	US$ 21.400	Unterstützung bei der Ausarbeitung eines Lehrplanes für die praktische Rechtsausbildung
		Nordwest Universität für Politik und Recht	US$ 20.400	Unterstützung bei der Ausarbeitung eines Lehrplanes für die praktische Rechtsausbildung
		Renmin Universität	US$ 42.400	Unterstützung für den Aufbau eines Zentrums an der Renmin Universität, das Studien zum Arbeitsrecht durchführt und legal aid für Arbeitnehmer anbietet

		Sichuan Universität	US$ 21.100	Unterstützung bei der Ausarbeitung eines Lehrplanes für die praktische Rechtsausbildung
		SCUEL	US$ 30.400	Unterstützung bei der Ausarbeitung eines Lehrplanes für die praktische Rechtsausbildung
		Qinghua Universität	US$ 23.400	Unterstützung bei der Ausarbeitung eines Lehrplanes für die praktische Rechtsausbildung
		Universität Wuhan	US$ 22.300	Unterstützung bei der Ausarbeitung eines Lehrplanes für die praktische Rechtsausbildung
		Yale China Association (U.S.)	US$ 30.000	Finanzierung des Lehraufenthaltes eines jungen amerikanischen Rechtsanwalts an der Nordwest Universität für Politik und Recht
		Universität Yunnan	US$ 17.820	Unterstützung bei der Ausarbeitung eines Lehrplanes für die praktische Rechtsausbildung
		Zhongshan Universität	US$ 15.780	Unterstützung bei der Ausarbeitung eines Lehrplanes für die praktische Rechtsausbildung
	Justizreform	CUPR	US$ 80.000	Unterstützung für die Durchführung von Studien zur Reform der Staatsanwaltschaft, vor allem hinsichtlich der Bereiche der vorprozessualen Beweissicherung und der staatsanwaltschaftlichen Überwachung der polizeilichen Ermittlungen
		Forschungsabteilung des Präsidium des SA NVK	US$ 65.100	Unterstützung für die Durchführung von vergleichenden Studien zu Gesetzgebungsverfahren; Unterstützung für die Untersuchung chinesischer und ausländischer Verfahren zur Verbesserung der Bürgerbeteiligung am Gesetzgebungsprozess

		Nationale Akademie für Staatsanwälte	US$ 100.000	Unterstützung bei der Ausarbeitung eines standardisierten Ausbildungsprogramms für Staatsanwälte und für die Durchführung von Untersuchungen über die Auswirkungen der Einführung des einheitlichen juristischen »Staatsexamens« in der VRC
		Institut für Verbrechensprävention des Justizministeriums	US$ 25.000	Unterstützung für die Durchführung einer vergleichenden Studie zur Gefängnisverwaltung
		NRA	US$ 32.600	Unterstützung der Forschungs- und Publikationstätigkeiten des »Judicial Research Center«
		CASS	US$ 143.400	Unterstützung bei der Durchführung von Forschungsarbeiten zum Rechtsreformprozess und zu den Möglichkeiten der Verwirklichung einer stärkeren Bindung der Regierung an die Verfassung
		Institut für Recht und Wirtschaft, Shanghai	US$ 39.600	Unterstützung für die Durchführung einer Konferenz zum Thema der Wechselwirkungen von Wirtschafts- und Rechtsreform in der VRC

2004[964] Gesamtfördersumme: US$ 2.689.420	Law-in-action	China Legal Aid Foundation	US$ 278.200	Unterstützung bei der Einrichtung eines Stipendiums im Bereich PIL für einen jungen chinesischen Juristen
		NCUSCR	US$ 65.050	Steigerung der Leistungsfähigkeit chinesischer legal aid Zentren durch die Förderung der Vernetzung unter chinesischen Anwälten, die im Bereich legal aid arbeiten sowie durch das Angebot an diese Anwälte, in den USA in legal aid Einrichtungen zu arbeiten und so Erfahrungen zu sammeln
		Yunnan Xishuangbanna Prefecture Women and Children Psychological and Legal Consultation Service Center	US$ 121.850	Fortgesetzte Unterstützung für ein Projekt, das rechtliche und psychologische Beratung für Frauen in Gebieten ethnischer Minoritäten in der Provinz Yunnan anbietet; Unterstützung für die Veröffentlichung des »Xishuanbanna Social Work News« Newsletter
		Women's Studies Institute of China	US$ 99.300	Unterstützung von Forschungsarbeiten zu Gender-relevanten Aspekten im Bereich der Gesetzgebung
		Nordwest Universität für Politik und Recht	US$ 60.000	Unterstützung für die Durchführung interaktiver Fortbildungsmaßnahmen für Strafverteidiger in fünf nordwestlichen Provinzen der VRC
		Ostchinesische Universität für Politik und Recht	US$ 10.000	Unterstützung für die Einrichtung eines auf Arbeitsrecht spezialisierten legal aid Zentrums im Rahmen der praktischen Rechtsausbildung an der juristischen Fakultät der Universität

964 Informationen abrufbar unter: http://www.fordfound.org/grants_db/view_grant_by_keyword.cfm?keyword=china [Zugriff: 02.07.2005]

		CUPR	US$ 190.000	Unterstützung für das Center for Legal Assistance to Pollution Victims der CUPR, welches sich auf das Angebot von legal aid im Bereich des Umweltrechts spezialisiert hat
		China Law Society	US$ 880.000	Unterstützung für die weitere Etablierung von Programmen zur praktischen Rechtsausbildung an chinesischen Universitäten durch bessere Vernetzung und Curriculums-Entwicklung
		Columbia University, New York	US$ 73.800	Unterstützung für die Public Interest Law Initiative der juristischen Fakultät der Universität, in deren Rahmen ein Stipendium für einen PIL aus der VRC ausgeschrieben wird und weiteren chinesischen PIL die Möglichkeit eröffnet wird, an legal Einrichtungen in den USA zu arbeiten
		Qinghua Universität	US$ 63.500	Unterstützung für das Constitutional Law and Civil Rights Center, ein Gemeinschaftsprojekt der juristischen Fakultät der Qinghua Universität und der Anwaltskammer von Beijing. Ziel der Arbeit des Zentrums ist es, Möglichkeiten für einen besseren Schutz der Bürgerrechte in der VRC zu erarbeiten
		Volksstaatsanwaltschaft des Stadtbezirks Haidian (Beijing)	US$ 50.000	Unterstützung für die Durchführung von Fortbildungsmaßnahmen und Forschungsarbeiten mit dem Ziel, eine Verbesserung der Verteidigung misshandelter Frauen im chinesischen Recht zu ermöglichen
		Wuhan Universität Center for Protection for the Rights of Disadvantaged Citizens	US$ 33.600	Fortgesetzte Unterstützung für die legal aid Arbeit des Zentrums

		Beijing Dadao Administrative Law Legal Aid Center	US$ 117.000	Unterstützung für die Arbeit des Zentrums im Bereich der Beratung und gerichtlichen Vertretung von Bürgern
		The Spangenberg Group (U.S.)	US$ 85.800	Unterstützung chinesischer Rechtswissenschaftler, Anwälte und Frauenrechtsaktivisten bei der Entwicklung von besseren Strategien zur Durchsetzung der Interessen und Rechte von Frauen
		Columbia University, New York	US$ 70.900	Förderung eines Stipendiums für zwei chinesische PIL am Budapest Public Law Center der juristischen Fakultät der Columbia University, um ihnen auf diese Weise die Möglichkeit zu eröffnen, Netzwerke mit PIL in den USA und in Osteuropa aufzubauen
	Justizreform	Renmin Universität	US$ 35.000	Unterstützung für das Institute of Labor Relations der Universität, um Forschungsarbeiten und Publikationen zum Thema Arbeitsrecht und Arbeitsmarktpolitik in der VRC durchzuführen
		SCUEL	US$ 60.000	Unterstützung für die Ausarbeitung und Veröffentlichung von Lehrbüchern für die Ausbildung von Richtern an Gerichten auf Provinzebene in der ganzen VRC
		CUPR	US$ 33.400	Unterstützung für das Center for Criminal Law bei der Durchführung von Konferenzen zur Zusammenarbeit zwischen Polizei und Staatsanwaltschaft sowie zur Methodik der Strafrechtsreform
		Juristische Fakultät der Peking Universität	US$ 40.610	Unterstützung für die Durchführung von Forschungsarbeiten zur Reform des Systems der »Umerziehung durch Arbeit« (laojiao) und anderer Sanktionssysteme für minder schwere Delikte

		Juristische Fakultät der Peking Universität	US$ 29.700	Fortgesetzte Unterstützung für das Center for Research on People's Congresses and Foreign Legislatures bei der Ausarbeitung von Studien über verschiedene Gesetzgebungs- und Wahlrechtssysteme sowie über Möglichkeiten zur Verbesserung der Bürgerbeteiligung im Gesetzgebungsverfahren
		Fudan Universität	US$ 39.000	Unterstützung der juristischen Fakultät der Fudan Universität bei der Durchführung von Forschungsprojekten zur Reform des Strafermittlungssystems
		Vera Institute of Justice (U.S.)	US$ 152.710	Unterstützung für die Durchführung einer Studienreise in die USA, während der Strafverteidiger, Polizeibeamte und Strafrechtswissenschaftler aus Beijing Einblick in die Möglichkeiten des Zugangs zu rechtlichem Beistand für Verdächtigte in den USA erhalten
		Vera Institute of Justice (U.S.)	US$ 100.000	Unterstützung eines Projektes, das chinesische Strafrechtswissenschaftler bei der Ausarbeitung und Durchführung von Pilotprojekten im Bereich der Reform des Strafrechtswesens anleitet

2005[965] *Gesamtfördersumme: US$ 1.084.215*	Law-in-action	Beijing Child Legal Aid and Research Center	US$ 170. 000	Fortgesetzte Unterstützung für Forschungsarbeit des Zentrums und für das Angebot von legal aid, um die Rechte von Kindern zu stärken
		Universität Sichuan	US$ 80.000	Unterstützung für die juristische Fakultät der Universität Sichuan für die Vertretung von Modell-Fällen, die sich besonders für die gerichtliche Überprüfung verfassungsrechtlicher Fragen eignen und anhand derer Möglichkeiten zur Verbesserung der Überprüfung der Verfassungsmäßigkeit von Staatsakten und Rechtsnormen herausgearbeitet werden sollen; Unterstützung für die Durchführung von Symposien zu Problemen im Bereich der gerichtlichen Überprüfung von Staatsakten und Rechtsnormen
		The Spangenberg Group (U.S.)	US$ 40.250	Unterstützung für die Durchführung von Forschungsarbeiten und für das Angebot von Beratung für chinesische Rechtsanwälte, um diese in die Lage zu versetzen, mit Hilfe des Rechts Formen der geschlechtsspezifischen Diskriminierung zu bekämpfen; Unterstützung für die Durchführung einer regionalen Konferenz zum Thema »Gender und Recht«

965 Stand: Februar 2005; Informationen abrufbar unter: http://www.fordfound.org/grants_db/view_grant_by_keyword.cfm?keyword=china [Zugriff: 02.07.2005]

	Justizreform	CUPR	US$ 232.655	Unterstützung für das Center for Criminal Law and Justice der CUPR empirische und politikberatende Studien zur Strafrechtsreform durchzuführen
		Juristische Fakultät der Peking Universität	US$ 119.860	Fortgesetzte Unterstützung für das Center for Research on People's Congresses and Foreign Legislatures bei der Ausarbeitung von Studien über verschiedene Gesetzgebungs- und Wahlrechtssysteme sowie über Möglichkeiten zur Verbesserung der Bürgerbeteiligung im Gesetzgebungsverfahren
		CUPR	US$ 198.500	Unterstützung für das Procedural Law Research Center der CUPR bei der Durchführung eines Pilotprojektes zur Verbesserung des Schutzes der Rechte von Verdächtigten bei Verhören
		New York University (U.S.)	US$ 146.150	Unterstützung der juristischen Fakultät der New York University bei der Durchführung eines Forschungsprojekts zur Reform des Systems der außergerichtlichen Absprachen zwischen Staatsanwaltschaft und Angeklagtem im Strafverfahren (z. B. zur Festlegung des Strafmaßes, v.a. bei minder schweren Vergehen) sowie zur Durchführung einer Konferenz zu Strafrechtsreformen in Ostasien und in der Russischen Föderation
		Juristische Fakultät der Peking Universität	US$ 96.800	Unterstützung bei der Durchführung von Feldforschung, Workshops und eines internationalen Symposium zur Vermeidung der Anwendung von Folter und zur Reform des Justizsystems in der VRC

Anhang X: Finanzielle Förderung amerikanisch-chinesischer Rechtszusammenarbeit durch amerikanische Institutionen 2000 bis 2004[966]

Jahr	*Institution*	*Summe Fördergelder (US$)*
2000	State Department (ohne DRL)	-- --
	DRL	296.000
	USCLCF	151.550
	NED	1.887.000
	FF	672.300
2000 gesamt:		***3.006.850***
2001	State Department (ohne DRL)	-- --
	DRL	-- --
	USCLCF	127.000
	NED	2.662.000
	FF	1.245.480
2001 gesamt:		***4.034.480***

966 Quelle (State Department, DoL, DRL, NED): GAO 2004: 2; Informationen zu den von der FF und dem USCLCF aufgebrachten Fördergeldern sind den jeweils bei Anhang IX (FF) bzw. VII (USCLCF) angegebenen Quellen entnommen. Es muss an dieser Stelle darauf hingewiesen werden, dass trotz allgemein großer Transparenz einige amerikanische Organisationen (z. B. die AF) die Frage der Finanzierung von Rechtsberatungsprojekten sehr zurückhaltend behandeln. Daher konnten in einigen Fällen (siehe hierzu auch die Anmerkungen zu den Anhängen) trotz persönlicher Nachfrage keine bzw. keine vollständigen Informationen zu den jeweils aufgewendeten Geldern ermittelt werden. Die hier in dieser Aufstellung genannte Zahl ist daher als ein reiner Schätzwert anzusehen, der auf Grundlage der allgemein und öffentlich zugänglichen Informationen, wie sie auch in den Anhängen enthalten sind, ermittelt wurde.

2002	State Department (ohne DRL)	2.624.000
	DRL	-- --
	USCLCF	142.500
	NED	3.096.000
	FF	1.297.790
2002 gesamt:		***7.160.290***
2003	State Department (ohne DRL)	2.776.000
	DoL	6.400.000
	DRL	3.827.000
	USCLCF	120.000
	NED	3.144.000
	FF	2.027.070
2003 gesamt:		***18.294.070***
2004	State Department (ohne DRL)	3.155.000
	DRL	5.661.000
	USCLF	137.000
	NED	4.228.000
	FF	2.689.420
2004 gesamt:		***15.870.420***
2000–2004 gesamt:		***48.366.110***